DISCARD

Linda Goodman:
Los signos del Zodíaco
y las relaciones personales

LINDA GOODMAN:

LOS SIGNOS DEL ZODÍACO Y LAS RELACIONES PERSONALES

Traducción de
Hipólito García

PLAZA & JANÉS EDITORES, S.A.

Título original: *Linda Goodman Relationship Signs*

Primera edición: julio, 1999

© 1998, Golden Mountain Investments
© de la traducción: Hipólito García
© 1999, Plaza & Janés Editores, S. A.
   Travessera de Gràcia, 47-49. 08021 Barcelona

Printed in Spain – Impreso en España

ISBN: 84-01-01281-3
Depósito legal: B. 29.131 – 1999

Fotocomposición: Fort, S. A.

Impreso en Hurope, S. L.
Lima, 3 bis. Barcelona

L 012813

✭ Dedicatorias ✭

De Crystal

En primer lugar dedico este libro a Linda Goodman, diosa de la astrología, por la innegable fe y confianza que depositó en mí para que en su ausencia pudiera terminar esta parte tan importante de su legado y así compartirla con el universo. A ti, mi querida Linda, te doy las gracias con todo mi corazón.

A mi maravillosa hija Kate, cuyo amor incondicional, su apoyo y fe en mí y en la misión de Linda Goodman han hecho que todo esto sea posible. Gracias.

A su querido marido Daren, por estar siempre a nuestro lado a pesar de todo, por ser tan paciente y nunca quejarse de nada. Gracias. No sabes cuánto te hemos necesitado.

A las otras joyas que adornan la corona de mi felicidad: mis hijas Karen Maria y Kelly-Anne; ha sido una bendición poder contar con vuestro cariño, apoyo y comprensión cuando disponíamos de tan poco tiempo. Os lo agradezco de verdad.

A Jim, mi leal amigo y compañero, la luz de la serenidad que brilla en mi universo y que nunca dejó de confiar en nosotras para que pudiéramos hacer realidad este sueño imposible. Gracias de verdad.

A la encantadora Carolyn, cuyos conocimientos en astrología y cuyo cariño por Linda Goodman fueron imprescindibles para llegar hasta aquí. Desde aquí te doy las gracias.

A Cheri, ese ángel que me cuida en la Tierra, mi amiga y mi fortaleza. Gracias.

Y por último, pero no por ello menos importante, a ti, Cathi, por todas las horas interminables que has pasado mecanografiando y por estar siempre disponible para mí. Gracias.

De Carolyn

En primer lugar, ahora y siempre, quiero dar las gracias a mi querida madre, que ya ha llegado al otro mundo. A mi maravilloso marido Patrick, la estrella que más y mejor brilla en mi vida, y a nuestro hijo Stevie. Finalmente quiero dar las gracias a Crystal, por haberme brindado la posibilidad de llevar a cabo este proyecto.

A los seguidores de Linda

Y bien, nuestra querida e incomparable Linda ya no está con nosotros. Pero tampoco se encuentra demasiado lejos; para los que estuvimos trabajando con ella cada día en lo que iba a ser su último proyecto, con esas pequeñas emociones que íbamos encontrando por el camino, ella sigue aquí entre nosotros.

Linda dejó a sus admiradores —y los tiene a millones— una última historia que contar, la de cómo conseguir que la relación con nuestros seres más queridos sea mejor, más fuerte y fácil de comprender. Sus agudas observaciones constituyen ahora la clave con que poder comprender el mundo de las correspondencias de los signos del zodíaco.

En esta obra hemos querido satisfacer uno de los últimos deseos de Linda. Ella quería que se la recordara como poeta, de modo que hemos incluido algunos de sus versos en este último manuscrito para honrarla como poeta espiritual.

Linda Goodman fue muy valiente y nunca se rindió ante ningún obstáculo para buscar la verdad en todos los aspectos de la vida. Extendió su amor por la astrología al mundo entero y a todos nos conmovió. Tuvimos que rendirnos ante su trabajo, su profundidad, su humor y por primera vez comprendimos cómo afectan los planetas a nuestra personalidad y nuestras vidas. Su valeroso esfuerzo permanecerá para siempre en nuestros corazones, en nuestras mentes y nuestras almas. Linda, no imaginas lo agradecidas que estamos de que un día llegaras y quisieras pasar un tiempo con nosotras.

Índice

SECCIÓN TERCERA
**Las interpretaciones de Linda Goodman
sobre tu correspondencia zodiacal**

SECCIÓN CUARTA
Cómo establecer tu signo ascendente

SECCIÓN QUINTA
Cómo encontrar tu planeta dominante

Apéndices

Prólogo de Crystal

Los primeros recuerdos de mi infancia en Irlanda son muy felices. Soy la menor de seis hermanos, la pequeña de una madre muy fuerte, independiente y trabajadora. El objetivo de mi madre irlandesa no fue otro que el de ayudarme a valorarme como persona, a creer en lo increíble y no conformarme con nada que no tuviera un fondo de honradez y verdad.

Aunque no nadábamos en la abundancia, disponíamos de todo cuanto un niño necesita: familia, amigos y una comunidad muy unida. Todo el mundo se conocía muy bien, por lo que siempre te contaban historias sobre tu abuelo, tu tío Tom, la tía Jane o la prima Sarah. A veces resultaban un poco molestas, pero casi siempre era divertido escuchar las mismas historias una y otra vez en boca de los más viejos. Mi madre era muy instruida y siempre tenía tiempo para mí. Aún me veo sentada en sus rodillas mientras me enseñaba qué es lo que hay de importante en la vida: ir a misa los domingos y creer en Dios. Ella me hizo comprender que la educación es básica, que la vida no es más que un proceso de aprendizaje, y que es a través de las mayores tribulaciones como aprendemos a conocernos de verdad.

Una de sus frases favoritas era: «La educación viaja contigo, aumenta cada día y nadie podrá arrebatártela; el dinero, en cambio, podrás tenerlo hoy para dejar de tenerlo mañana.»

A veces nos adentrábamos juntas en las tradiciones irlandesas, las de las hadas, los duendes, la Calzada del Gigante y otras muchas cosas. Cada día me recordaban la existencia de ese ángel tan especial que velaba siempre por mí, para impedir que nada ni nadie me hiciera daño. Mientras escribo esto, pienso en la mágica infancia que tuve la suerte de vivir; muy humilde, sí, pero llena de amor y de un concepto de la vida que siempre me ha impulsado a preguntarme el porqué de las cosas, en busca de más conocimientos sobre el misticismo del universo. Ya entonces el cosmos quiso preparar los cimientos de mi futuro interés por la metafísica, la astrología y el maravilloso mundo de Linda Goodman.

Y así fui creciendo, cada vez con más obligaciones, como correspondía a la estricta educación cristiana en que vivía. Así, cantaba en el coro de la iglesia, era alumna de enfermería en el Cuerpo de Ambulancias de Saint John, exploradora y aprendía bailes tradicionales irlandeses. La vida cotidiana giraba alrededor de la familia, la educación y las aficiones, y resultaba prácticamente imposible aburrirse. La televisión era un lujo y no era frecuente en los hogares de aquel entonces.

Un día, con cerca de once años de edad y mientras volvía a casa de la escuela (en aquella época todo el mundo iba a pie a todas partes, sólo algunos privilegiados como mi hermano disponían de un automóvil), me detuvo un hombre muy mayor, de unos setenta años, o quizá más. Fue algo muy extraño, sobre todo después de reflexionar un poco sobre lo que pasó. El anciano en cuestión era una especie de alma errante, pero tampoco me atrevería a calificarlo de vagabundo, ya que esta palabra se refiere más bien a alguien que vive hundido en la miseria y que viste sucios harapos. Desde luego, él no era así. Ya lo había visto en alguna ocasión, quizá un par de veces al año en mi camino de regreso a casa desde la escuela. Tenía un aspecto desconcertante, pero no en el mal sentido de la palabra, ya que en ningún momento me inspiró miedo. En el momento de mirarme, sentí como si me atravesara con los ojos para ver dentro de mi propia alma. Y se quedó quieto mirándome. Llevaba un abrigo de lana en perfecto estado que le llegaba casi a los tobillos. Calzaba lo que me parecieron unas botas de vaquero, lo cual era extraño en la Irlanda de aquella época. Tenía una barba extraordinariamente larga,

con una mezcla de cabellos blancos y grises y unas manchas amari-
llentas, como de tabaco, rodeándole la boca, pero lo más cautivador
de él eran los ojos, muy especiales. Aún hoy recuerdo perfectamente la imagen de aquellos ojos amables, alegres y llenos de afecto,
unos ojos hundidos, de forma que en los extremos quedaban medio
ocultos por las arrugas, coronados por unas cejas muy pobladas y
todo ello en un rostro de piel curtida.

Empezó a charlar conmigo sobre la escuela y mis estudios, tratando de ganarse mi confianza, y entonces me preguntó si tenía curiosidad por saber qué sería de mí en la vida. Me dijo que le gustaría contármelo. Me tomó la mano y miró la palma. Creo que además
de observar la palma de la mano también estaba leyendo mi energía.
La verdad es que estaba como hipnotizada ante la posibilidad de que
alguien pudiera hacer algo así y me dispuse a escuchar cada una de
las palabras que pronunció. He repetido esta anécdota tantas veces a
lo largo de mi vida que recuerdo tan bien lo que me dijo como si hu-
biera pasado ayer. Me contó que acabaría mis estudios en Inglaterra,
que me casaría y formaría una familia y pasaría la mitad de mi vida
allí. La otra mitad, viviría en América, dedicándome a algo completamente distinto de los estudios que yo había escogido. También me
contó otras cosas que entonces fui incapaz de comprender. Ahora sé
más cosas y lo entiendo mejor. Estoy convencida de que ese hombre
era un gurú, un ángel o un avatar, alguien muy especial, desde luego. Ojalá tuviera la oportunidad de volver a hablar con él. ¡La de cosas que le preguntaría!

Lo cierto es que no se equivocó en el futuro que me profetizó. La
primera mitad de mi vida la pasé en Inglaterra, y en la actualidad me
encuentro en Norteamérica trabajando en este proyecto tan especial:
Los signos del zodíaco y sus correspondencias según Linda Goodman.

El primer libro de Linda Goodman, *Los signos del zodíaco y su
carácter,* se publicó a finales de los años sesenta y ya entonces con-
siguió despertar mi pasión por la astrología. A finales de los años setenta, leí con verdadera devoción el segundo libro de Linda, *Los
signos del zodíaco y el amor,* una obra tan profunda y exacta sobre las
relaciones humanas y el modo en que se complementan los signos
del zodíaco, que se convirtió en mi biblia personal para todo lo con-
cerniente a la relación con los demás, aparte de que en mi familia se

convirtió en una obra de constante consulta. Una Navidad de finales de los años ochenta me regalaron *Los signos del zodíaco y las estrellas*. Era un libro tan absorbente que no podía dejarlo. Las partes de este libro referidas a la numerología y a los lexigramas me fascinaron especialmente. La verdad es que estaba surgiendo un mundo completamente nuevo para mí. Recuerdo que entonces deseé con todas mis fuerzas conocer a esa mujer, Linda Goodman, por todo lo que podía enseñarme. Uno de sus rasgos más especiales era su manera de escribir. No se trataba únicamente del mensaje, del significado que encerraba cada frase, sino de la extraordinaria belleza de las palabras que utilizaba, del espíritu que impregnaba el lenguaje y la forma tan musical de exponer el contenido de la información. Esto era lo que hacía de Linda una autora absolutamente única. Era una gurú. Sus libros abrían la mente y el alma, introduciendo una nueva forma de aprendizaje asequible a todo el mundo, y además con un gran sentido del humor. Al fin y al cabo las relaciones humanas no dejan de ser divertidas, ¿no? Eso fue en 1987. Desgraciadamente mi matrimonio se rompió y decidí entregarme de lleno a mi carrera en un estado de confusión personal y una gran infelicidad. Mi adicción al trabajo consistía en mantener una actividad laboral febril para no tener que pensar, para no permitirme la mínima reflexión, para no sentir emociones, para no darme pena.

Pese a todo, recordé a aquel anciano que un día me profetizó tantas cosas que ya había vivido y me pregunté si mi futuro estaría en América, aunque de momento no sabía cómo. La verdad es que tuve mucho éxito en mi profesión. Vivir y trabajar en Londres suponía un esfuerzo constante, pero tenía sus compensaciones. Finalmente, un día de marzo de 1992, mientras caminaba desde mi casa de Eaton Place para encontrarme con unos clientes, reparé en que el día era muy bonito y soleado. Alcé la cara hacia el sol como si quisiera *respirarlo,* ya que es tan poco frecuente verlo en Londres, y entonces ocurrió algo muy extraño: miré aquellos maravillosos rayos de sol empapados de humedad y de repente, como comprendiéndolo todo al instante, me dije: «Adiós, Londres. Nuestra historia de amor ha terminado. Me voy a Estados Unidos.» Necesité varios meses para resolver todo lo relacionado con el trabajo y dar el paso tan gigantesco de mudarse a Norteamérica. Mis tres hijas creían que me había vuelto loca, pero nada me hizo cambiar de opinión. No tenía la menor idea de qué iba a hacer allí, sólo sabía que debía seguir adelante, que necesitaba aquel cambio. Iba a tomarme un año sabático para ver qué me tenía reservado el universo. Desde luego no fue una decisión sencilla.

Pero estoy segura de que todos vosotros, lectores y admiradores de Linda Goodman, estaréis ansiosos por saber cómo llegué a conocerla.

Mi hija menor, Kate, uno de los tesoros más preciados de mi vida —quien, por extraño que parezca, resulta que nació el mismo día que Linda, el 9 de abril—, se vino conmigo a Estados Unidos y me presentó a una astróloga. Gracias a que llegué a conocer a esta persona, empecé a pensar en la astrología desde un punto de vista mucho más abierto de lo que hubiese imaginado. Ya no buscaba únicamente la satisfacción personal, sino la ayuda que podía prestar a la gente en la vida cotidiana por el mero hecho de tener una relación más directa con los astrólogos. Quería establecer una red astrológica de contacto, en vivo y en directo, con las personas. Y entonces me presentaron a un amigo de Linda que ya estaba trabajando en los principios básicos de lo que iba a ser su última obra: *Los signos del zodíaco y el amor*. Este amigo me preguntó si deseaba conocer a la diosa de la astrología, y yo le contesté: «Ésa sólo puede ser Linda Goodman.» Nadie sabrá nunca cómo me sentía en aquellos momentos. Estaba tan emocionada y entusiasmada ante la idea de poder hablar con ella... Después de tantos años leyendo sus libros y deseando conocerla, por fin mi sueño iba a hacerse realidad.

Nunca menosprecies el poder del pensamiento, ni la energía que produce un deseo cuando lo hacemos nuestro y lo lanzamos al aire.

Y entonces conocí al representante de Linda, Jim McLin, y me hicieron pasar por una prueba. En cuanto comprobaron que no había ningún inconveniente, por fin se decidió que Linda podía recibirme.

El encuentro se produjo en Cripple Creek, Colorado, a tres mil metros sobre el nivel del mar y con unas montañas nevadas al fondo. Era un día nublado y frío, con algún que otro rayo de luz iluminándonos de vez en cuando. La casa de Linda era cálida y muy acogedora, con la chimenea encendida y una espléndida vista de los valles que nos rodeaban. Una vez me encontré en la sala de estar, advertí la presencia de un montón de libros sobre Abraham Lincoln. Recuerdo que pensé que Linda debía de ser experta en historia o una especialista en la vida de Lincoln, entre otras muchas cosas. Sin embargo, el vínculo que más tarde descubrí entre Linda y aquel gran personaje histórico resulta del todo inverosímil y ya se contará en otro libro y otro momento.

Aquel maravilloso lugar de retiro de Linda era desde luego una especie de escondrijo alejado del mundo. Resultaba comprensible, ya que Linda necesitaba su propio mundo para meditar y asimilar la información que reunía para sus libros. Era un lugar ideal.

Más tarde, Linda me contó que todos los días pasaba cierto tiempo meditando en una habitación con un altar, situada junto a la sala de estar. Cuando fui a verla, me mostró las magníficas vidrieras de aquella estancia, iluminada por los rayos de sol y llenando el lugar de una atmósfera casi celestial, como si en cualquier momento pudiera aparecer un ángel de verdad. Linda pasaba unos momentos muy especiales allí dentro. La verdad es que una habitación como aquélla invitaba a alcanzar unos niveles muy profundos de meditación.

Al principio me dijeron que miss Goodman únicamente podía prestarme una hora de su tiempo. El encuentro se fijó para las diez de la mañana. Necesitamos tres horas para llegar a lo alto de la montaña, casi como una auténtica escalada, pero llegamos a tiempo. Me dolía mucho la cabeza, aunque no sé si atribuirlo a la altura o al hecho de que por fin iba a conocer a la escritora cuyos libros llevaba disfrutando desde hacía treinta años. Cuando Linda apareció en la sala de estar, me sorprendió su estatura. Era más baja de lo que había imaginado, como de un metro sesenta. Enseguida me pregunté cómo era posible que una persona tan menuda fuera capaz de tener tanto que ofrecernos a la comunicación entre las personas y las influencias planetarias que nos gobiernan.

En el momento de presentarnos, Linda me tomó la mano y la retuvo durante un rato, mirándome fijamente a los ojos, como queriendo llegar hasta lo más profundo de mi alma. Y entonces sonrió y traté de recordar en qué momento había experimentado una sensación como aquélla. Naturalmente, lo recordaba muy bien.

Linda estaba encantada de que yo hubiese realizado un viaje tan largo para conocerla. La verdad es que fue fascinante. Sentía la misma emoción que tenemos cuando vemos cumplido un sueño y logramos algo que parecía del todo imposible. Por fin me encontraba allí, en presencia de una fuente increíble de conocimiento.

Aunque quien más habló fue Linda, la verdad es que estuvimos charlando un buen rato. De vez en cuando se reía y se despejaba el cabello mientras hablaba. Nos olvidamos del tiempo, del almuerzo y de todo lo demás. A veces cruzaba las piernas o se acurrucaba en la silla, y movía las manos como queriendo subrayar algún punto en particular. Pasaron varias horas (tal vez como ese período de tiempo que ella misma menciona en *Los signos del zodíaco y las estrellas*), hasta que por fin el calor de la sala, o la altitud, o quizá el madrugón que me había dado, empezaron a hacer mella en mí. Eran casi las seis de la tarde y mi dolor de cabeza se había convertido en una migraña devastadora. Teniendo en cuenta que me esperaban tres horas de duro descenso hasta llegar al hotel, en aquellos momentos di las gracias por disponer de Jim para llevarme. Nos despedimos y emprendí el camino de regreso con un montón de pensamientos rondándome por la cabeza. Fue una experiencia increíble, de esas que sólo pasan una vez en la vida, y supuso el comienzo de una amistad que había de durar muchos años, años de largas conversaciones diarias con una profesora maravillosa, una maestra de nuestro tiempo.

Mucho tiempo después, Jim me conto qué le había dicho ella el mismo día en que nos conocimos. Linda le dijo que, desde el momento en que empezó a hablar conmigo, supo perfectamente quién era yo. De ahí que lo más importante fuera que la conversación se prolongara tanto. Linda accedió a trabajar conmigo en lo que acabó siendo su último proyecto, y que no es otro que el contenido de este libro. Aunque trabajaba a la vez en varios libros, Linda siempre quiso que se la recordara como poeta; su maravilloso libro *Gooberz* —una historia en prosa sobre el amor, la vida y el más allá— demuestra que lo era de verdad. Otro de sus grandes deseos era escribir libros de astrología para niños.

Su último deseo fue que únicamente yo me encargara de la difusión de su imagen y su nombre al mundo entero. Creo que nunca me he sentido tan poco digna de algo, teniendo en cuenta que una persona con toda su profundidad, sus conocimientos y especialmente dotada para la escritura —sobre todo por la cantidad de gente a la que ha ayudado— de pronto confiara en mí para dar a conocer toda su obra. Era una gran responsabilidad. Espero vivir lo bastante para dar cumplida respuesta a la confianza que ella depositó en mí.

Linda me escribió unas líneas poco antes de morir. En ellas me daba las gracias por tantos milagros y me recordaba de nuevo la responsabilidad que yo tenía hacia ella.

Por eso te pido, lector, que disfrutes de la última obra de Linda, que es también su último acto de amor con la máquina de escribir, y emprendamos juntos este último viaje.

¡Aquí tienes el último regalo de Linda Goodman!

CRYSTAL

Los planetas

Larga y dura ha sido la batalla que hemos librado, mi gemelo y yo,
solos y perdidos, como ángeles caídos, desterrados
de esa galaxia de estrellas; Oober, ya lejana y olvidada.

Caímos en las redes de Neptuno,
Marte nos hirió con su dolorosa puñalada,
nos torturó Mercurio con sus hábiles mentiras.

Golpeados y casi hechos pedazos
por el trueno lejano y furioso de Vulcano,
atravesados por el rayo violento
terrible e inesperado de Urano

aplastados bajo el peso del severo e inasible Saturno,
que las horas convertía en días... los días en años...
y los años en milenios de espera interminable.

Abrasados por los estallidos del orgullo que muestra
el Sol, mientras lloraban los ángeles errantes, esos que llevamos dentro,
solos y perdidos,
pero seguíamos luchando, con la furia que no se rinde ante nada,

golpe tras golpe,
los tambores del gigante Júpiter nos guiaban, con la pasión que vibra
tropezando ante el abismo tentador de la Luna y su locura,

para caer, por fin, temblando de miedo,
ante la terrible amenaza del silencio sepulcral de Plutón,
consumidos por una tristeza inconsolable
y por el horror de la desesperación

llevamos...

heridas y cicatrices de la batalla terrible, mi gemelo y yo,

pero ahora caminamos en paz... reunimos nuestros pedazos,
mano a mano..., y juntamos otra vez el círculo
con el arco iris del mañana que nos espera,
coronados por la dulce Venus con la victoria del amor

que nunca murió, sino que ha sobrevivido
a la noche de la búsqueda egoísta

para esperar el dulce perdón de la mañana

y el alba de la comprensión.

de *Gooberz*
LINDA GOODMAN

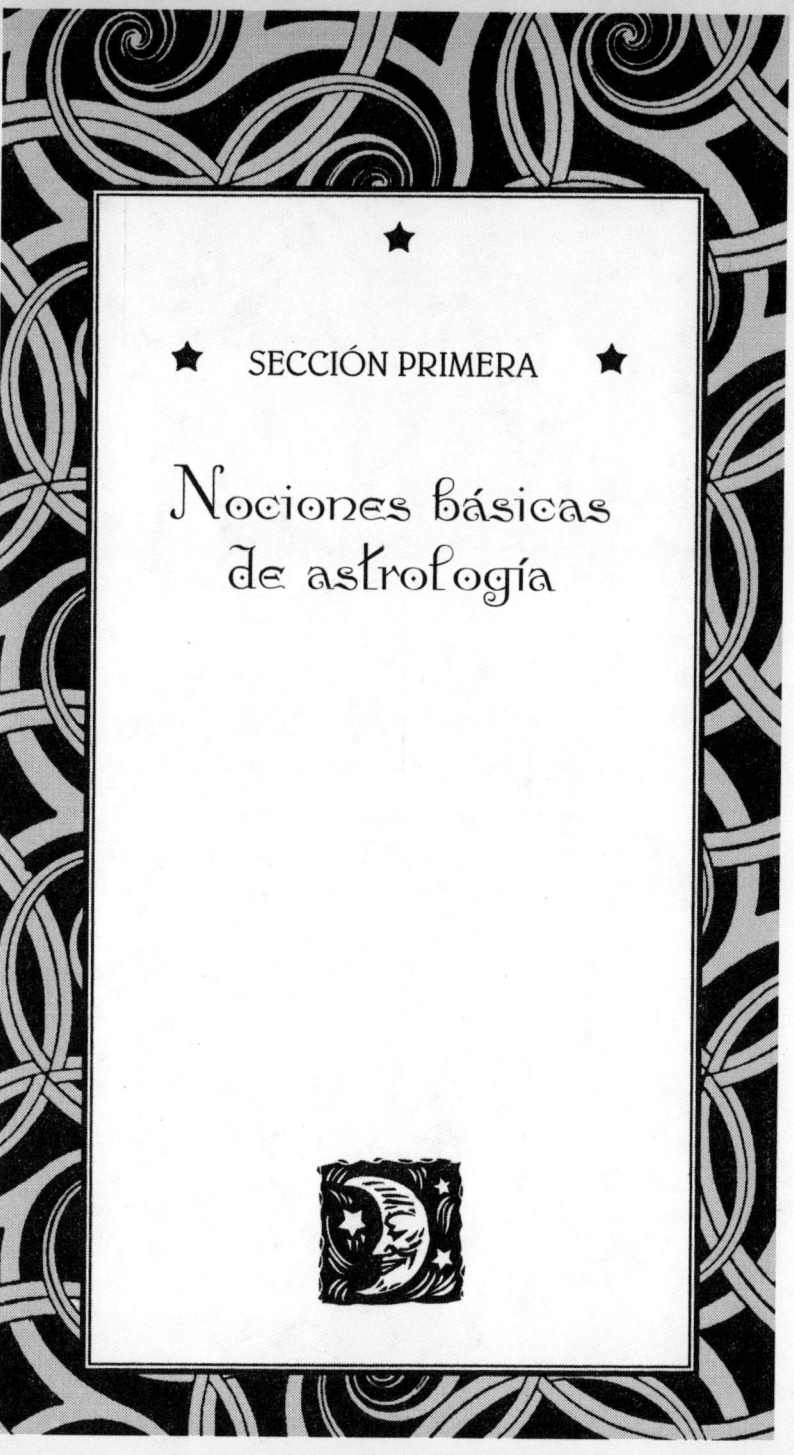

SECCIÓN PRIMERA

Nociones básicas de astrología

Cómo usar este libro

Al igual que otros libros de Linda, trataremos de que éste también sea de fácil comprensión. Aunque el contenido sea complejo, las conclusiones son la culminación del genio de Linda y no es en absoluto necesario tener conocimiento alguno de astrología para que el lector confeccione su propia carta astral, o la de un ser querido o la persona a la que ama, y busque su correspondencia con los demás signos del zodíaco.

Todo el trabajo ya está hecho, querido lector. Bastará con que escribas la fecha de tu nacimiento (mes, día, año y hora) junto con la fecha de nacimiento (mes, día, año y hora) de la persona de la cual quieras conocer su idoneidad de correspondencia zodiacal. En este libro encontrarás todo lo necesario para que confecciones tu propia carta astral.

En poco tiempo te convertirás en tu propio astrólogo y ya no te sentirás como un novato; en cuanto consigas familiarizarte con las correspondencias del zodíaco, podrás reconocer los símbolos, los planetas y los aspectos, y sabrás qué significan en relación contigo y con tus seres más queridos. La sección primera del libro no es más que un compendio de nociones básicas. Léela si todavía no estás familiarizado con alguna parte del proceso que lleva a la confección de una carta astral. Para averiguar la correspondencia astrológica con otra persona, dirígete a la Sección Segunda: «Cómo definir astrológicamente a tu pareja.»

Pero lo más importante es que te diviertas desvelando los misterios astrológicos de quienes te rodean.

¿Qué es la astrología?

La astrología es el estudio del ser humano en relación con los cuerpos celestes o, para ser más exactos, con los planetas. Se trata de un orden de pensamiento que trata de encontrar la relación entre el hombre y las cosas que lo rodean.

Hace mucho tiempo, hacia el año 10.000 a.C., los cazadores señalaban las fases de la Luna haciendo muescas en los cuernos de los renos que cazaban. De todas las cosas que he leído sobre la historia de la astrología, ésta es sin duda una de las más fascinantes.

¿Por qué me lo parece así? Pues porque resume en sí misma la historia del hombre primitivo, que vivía sin mapas ni telescopios ni disponía de tecnología. Lo que aquellos hombres intentaban era comprender la vida, sintonizar con el entorno y vivir en armonía con la naturaleza.

El hombre de las cavernas sabe que todos los elementos de la naturaleza se relacionan entre sí, sean de origen animal, humano, vegetal o celeste. No obstante, necesita encontrar algo que le ayude a saber cuándo debe sembrar o cazar y cómo comprender los ciclos de causa y efecto que le rodean, o de lo contrario no podrá sobrevivir.

Y así deja constancia de las fases lunares para iniciarse en la predicción astrológica. Ahora calcula los ciclos de las cosechas y, a medida que evoluciona, aprende a traducir estos descubrimientos en razones que le ayudan a vivir en armonía con el entorno: la del hombre con los animales, la del marido con la mujer y la de los seres físicos con los seres espirituales.

Acaso esas muescas sirvieron para algo más que guardar información sobre la caza. Al igual que las secciones del horóscopo de nuestros periódicos de hoy en día, tal vez las fases lunares proporcionaban al hombre primitivo lo que éste quería saber sobre la vida y su entorno a partir de los modelos que siguen la Luna, el Sol y las estrellas.

Al dirigir su mirada hacia las estrellas, nuestros antepasados navegantes pudieron predecir el flujo de las mareas, del mismo modo que nuestros antepasados cazadores supieron predecir las fases de la Luna y así comprender el comportamiento variable de los rebaños.

Si el hombre ya conocía las fases lunares, es indudable que había reparado en el gran número de nacimientos que se producían durante la Luna llena (representándola con un círculo) o cuando llegaba el mes de septiembre.

Tal vez ya representaron la Luna creciente como la «luna de la mano derecha», que es como la conocemos. Esta fase puede simbolizarse doblando los dedos índice y pulgar de la mano derecha hasta formar una luna creciente. ¿Es posible que ya el hombre primitivo supiera que los matrimonios realizados en esta fase de la Luna tienen más posibilidades de ser felices que en cualquier otro momento del año?

La Luna menguante y el símbolo de la «luna de la mano izquierda» también significan cambios. ¿Sabía ya el hombre primitivo que a medida que la Luna decrece, la savia de los árboles se contrae de modo que es más fácil cortarlos y secarlos?

Hoy disponemos de una tecnología que los antiguos no podían ni imaginar, y sin embargo nos hacemos las mismas preguntas que el hombre que vivió en el año 10.000 a.C.:

1) ¿Cuándo sabemos si es o no el momento propicio para emprender un negocio importante? Lo que antes era cazar, sembrar y cosechar ahora se llama beneficio, pérdida y riesgo empresarial.

2) ¿Cómo podemos llegar a vivir en armonía los unos con los otros? Lo que antes constituían tribus y poblados hoy se han convertido en redes de personas que se relacionan entre sí.

¿Reconocía ya el hombre primitivo las señales de los cielos, permitiéndole así comprender mejor su entorno y su afinidad con la tribu? Aunque no lo sepamos con certeza, sí podemos estar seguros de algo: el hombre primitivo tenía una estrecha relación con el cielo, relación que manifestaba, utilizaba y comunicaba.

¿A que no está eso tan lejos de nuestros horóscopos?

De modo que la utilización de la astrología ya viene de lejos. En realidad es muy antigua.

¿Qué es una carta astral?

El hombre tiene un concepto del universo que es al mismo tiempo físico y místico. Para visualizar el cielo y los planetas que contiene, recurrimos a la esfera. Y la esfera celeste, como cualquier otro círculo, se compone de 360 grados. Los planetas se sitúan en el interior de esta esfera celeste.

En astrología también usamos un círculo —360 grados— para representar la posición de los planetas y a este círculo lo denominamos carta astral. Cómo influyen los planetas en tu vida es algo que depende del lugar donde se encuentren en tu carta astral. Cada planeta ocupa un lugar concreto en esta carta para representar su situación exacta en el momento de tu nacimiento. El lugar donde naciste también es un factor que afecta a la posición de los planetas en la carta. Por eso cada persona tiene una carta astral diferente.

Para interpretar estas cartas, resulta imprescindible situar cada planeta en ella para así interpretar su posición. De modo que hay que establecer un orden que todo el mundo pueda utilizar. Así pues, los 360 grados que componen el círculo de la carta astral se han dividido en doce partes iguales, llamadas «casas». Cada una de estas casas se corresponde con cada uno de los signos del zodíaco en función de la hora de nacimiento. Además, cada casa rige un aspecto diferente de la vida, como la familia, el dinero o la relación con los demás.

Este sistema funciona por igual para todos y cada uno de nosotros, lo cual nos recuerda que la astrología es un orden de pensamiento y está muy bien organizada.

¿Cómo nos afecta el movimiento de los planetas?

La palabra planeta procede del griego *planetes,* que significa vagabundo (porque se mueven, a diferencia de las estrellas). Los planetas vagan por el cielo siguiendo varias direcciones y atravesando diferentes signos del zodíaco. A medida que se mueven y rotan sobre sí mismos, su energía varía y de esta forma nos afecta a nosotros en la Tierra. El ser humano reacciona ante estas vibraciones de la misma manera que las plantas se muestran muy sensibles a los movimientos del sol desde la mañana hasta el atardecer.

Tenemos ejemplos muy claros de cómo estos ritmos cósmicos están vinculados al hombre y a su cuerpo. Sabemos que la temperatura corporal varía según si es de día o de noche, y que las estaciones del año nos ayudan a sembrar en primavera y a cosechar en otoño. Sabemos que los seres humanos necesitamos la luz del sol porque nos proporciona vitamina D, y que muchos de nosotros nos deprimimos cuando los rayos del sol pierden intensidad en invierno. Todos los planetas nos transmiten su energía de diferentes maneras, pero siguiendo el mismo principio. Es parte de la relación que el hombre mantiene con la naturaleza.

¿Son lo mismo los signos del zodíaco y las constelaciones?

Cuando se refieren a la posición de los planetas, los astrólogos utilizan los signos del zodíaco y no las constelaciones.

Esta puntualización es importante porque hay una vieja discusión sobre si los astrólogos nos equivocamos de signo, algo que los astrónomos sacan a relucir siempre que quieren polemizar con nosotros. Si por casualidad un día hablas con un astrónomo y le dices que eres Capricornio, puedes estar seguro de que hará todo lo posible para convencerte de que estás equivocado y que en realidad naciste bajo la constelación de Sagitario. Puedes mostrarte de acuerdo con él sin temor alguno. Los dos tendréis razón, pero estaréis hablando de dos cosas diferentes.

Hasta el 200 a.C. aproximadamente, se aseguraba que la Tierra era el centro de nuestro sistema solar. A medida que los conocimientos matemáticos fueron progresando, surgieron nuevos conceptos sobre el camino que seguían la Tierra y el Sol. Debido a que las constelaciones forman parte de las estrellas fijas, este cambio de concepto afectó a la posición que las constelaciones ocupaban en el nuevo mapa celeste. Pero como la astrología se basa en el movimiento de los planetas, en realidad este cambio de concepto no afecta para nada a las predicciones de los astrólogos. El significado de los signos del zodíaco seguían inalterables.

Por eso puedes estar seguro de que eres Capricornio, lo que pasa es que naciste bajo el signo de Sagitario.

¿Qué son los aspectos?

Los aspectos son los grados matemáticos que señalan dónde se sitúa un planeta en relación con otro, y de ahí se deduce cómo interactúan sus energías. Los aspectos nos indican la diferencia que hay entre un buen día y un mal día, o con quién nos llevamos mejor o peor, o a quién amamos aunque no seamos correspondidos. ¿Y qué más?

Los aspectos son favorables cuando los planetas se encuentran en el mismo signo (conjunción), cuando les separan —60 grados— dos signos (sextil), o cuando les separan —120 grados— cuatro signos (trígono). Los aspectos no son tan buenos cuando a los planetas les separan tres signos —90 grados— (cuadratura) o seis signos —180 grados— (oposición).

De modo que si un buen planeta como Júpiter se encuentra en la quinta casa de la especulación y ofrece un buen aspecto (como un trígono) junto con otro planeta favorable, será el momento ideal para comprar un boleto de lotería. Así funcionan los aspectos.

Pero hay más: Júpiter es uno de los buenos planetas y cada día nos será favorable. En realidad no importa si los demás aspectos no son buenos en un día concreto, Júpiter siempre estará ahí proporcionándonos fe, suerte y esperanza. Y si tú, lector, eres como yo, sabrás que a veces hay que concentrarse sobre todo en lo bueno, aunque sólo sea para seguir creyendo.

Así que recuerda: si en algún momento recibes una lectura negativa de algún astrólogo (por cierto, eso nunca lo hará uno bueno), dile: «Sí, bueno, pero ¿qué pasa con Júpiter?»

Bien, ¿y ahora qué?

Ahora que ya sabes cómo funcionan los principios básicos de la astrología, es el momento de pasar a los símbolos, a las tablas y al método, para que conozcas la correspondencia astrológica con los demás.

Introducción a la simbología

Signos	Planetas	Aspectos
♈ Aries	☉ Sol	☌ Conjunción
♉ Tauro	☽ Luna	⚹ Sextil
♊ Géminis	☿ Mercurio	△ Trígono
♋ Cáncer	♀ Venus	☐ Cuadratura
♌ Leo	♂ Marte	☍ Oposición
♍ Virgo	♃ Júpiter	
♎ Libra	♄ Saturno	
♏ Escorpio	♅ Urano	
♐ Sagitario	♆ Neptuno	
♑ Capricornio	♇ o ♇ Plutón	
♒ Acuario		
♓ Piscis		

Los doce signos del zodíaco y sus símbolos

Existen doce signos en tu carta astral. Dichos signos se representan con unos símbolos o jeroglíficos. Son símbolos gráficos y los astrólogos los llamamos «glifos». Cada uno de los siguientes glifos se corresponde con un signo astrológico:

Los símbolos astrológicos y los signos del zodíaco

Aries	♈	Los cuernos del carnero Símbolo de Fuego
Tauro	♉	Los cuernos del toro Símbolo de Tierra
Géminis	♊	Dos en números romanos Signo de los gemelos Signo de Aire
Cáncer	♋	El cangrejo Signo de Agua

Leo	♌	La melena del león Signo de Fuego
Virgo	♍	Una «M» con una barra oblicua (/) Signo de la Virgen Signo de Tierra
Libra	♎	La balanza Un semicírculo con dos pequeñas rayas a los lados y una muy larga debajo Signo de Aire
Escorpio	♏	El escorpión *Cuidado: este símbolo se parece al de Virgo, pero Virgo tiene una barra oblicua (/). El símbolo de Escorpio tiene una fle- cha que apunta hacia arriba.
Sagitario	♐	La flecha del arquero Signo de Fuego
Capricornio	♑	La cabra con cola de pez Signo de Tierra
Acuario	♒	El que lleva el agua Dos garabatos uno encima del otro como ondas de agua Signo de Aire
Piscis	♓	Dos peces Signo de Agua

¿Qué es un signo solar?

Un signo solar es una zona concreta del zodíaco —Aries, Tauro, Géminis, etc.— en la que el Sol estaba situado en el preciso instante en

que respiraste aire por primera vez y que describe una posición exacta a partir de una serie de tablas llamadas efemérides, tablas que calculan los astrónomos.

De todos los cuerpos estelares, el Sol es el más fuerte. Proporciona tal carácter a las personas, que es posible realizar un retrato sorprendentemente exacto de aquel que ha nacido bajo su influencia a través de las peculiaridades ya conocidas de determinados signos astrológicos. Estas vibraciones electromagnéticas (a falta de otro término más sencillo que describa lo mismo en la fase de aprendizaje en que nos encontramos) seguirán marcando a la persona en cuestión a lo largo de su vida con las características de su signo solar. El Sol no es el único factor que hay que destacar a la hora de analizar los rasgos y el comportamiento humano, pero es uno de los que primero se tiene en cuenta.*

Casi todo el mundo está familiarizado con los signos del zodíaco porque ya conoce su signo solar. ¿No tienes curiosidad por averiguar en qué signo se encuentra el resto de tus planetas?

Los elementos astrológicos y los cuatro temperamentos

Fuego	Tierra	Aire	Agua
Aries	Tauro	Géminis	Cáncer
Leo	Virgo	Libra	Escorpio
Sagitario	Capricornio	Acuario	Piscis

El concepto de los cuatro elementos ya se utilizaba en las primeras cosmologías para describir los pilares básicos en que se basa toda vida orgánica. Astrológicamente utilizamos el mismo criterio para describir los cuatro «elementos» del hombre. Como ya hemos dicho antes, cada signo del zodíaco está gobernado por uno de los temperamentos. Véase la tabla anterior.

*Extraído del libro de Linda Goodman *Los signos del zodíaco y el Sol.*

Lo cierto es que cada día nos referimos a los cuatro elementos de una u otra forma:

«Tiene los pies en la tierra.»
«Esa chica es puro fuego.»
«Agua que no has de beber, déjala correr.»

El elemento o temperamento de Fuego

Este elemento concierne a las energías activas y vitales. A él pertenecen los espíritus independientes y emprendedores, los temperamentos más agresivos.

El elemento o temperamento de Tierra

Este elemento se relaciona con lo real, lo tangible, lo físico, con las cosas que tienen valor. A él pertenecen los temperamentos prácticos, prudentes, trabajadores y perseverantes.

El elemento o temperamento de Aire

Es el elemento que concierne a las energías sociales, mentales y a menudo inquietas. A él pertenecen los temperamentos lógicos, amistosos, versátiles y comunicativos.

El elemento o temperamento de Agua

Este elemento se relaciona con las energías intuitivas, sensibles y emocionales. Son los temperamentos inconstantes, fáciles de impresionar y a menudo misteriosos.

Los símbolos planetarios y lo que significan

Cada uno de los siguientes glifos representa un planeta

Sol	☉	Júpiter	♃
Luna	☽	Saturno	♄
Mercurio	☿	Urano	♅
Venus	♀	Neptuno	♆
Marte	♂	Plutón	♇

El Sol y la Luna se consideran planetas, aunque ya sabemos que no lo son. Son luminares, pero tan importantes para nosotros que los consideramos planetas. El undécimo *planeta* en realidad no lo es, sino que se trata de un punto situado en el tiempo basado en el momento de nuestro nacimiento. En nuestras cartas es considerado el tercer elemento más importante, después del Sol y la Luna. Se le conoce por el nombre de ascendente. Siempre aparece en la primera casa de la carta astral, tal como se muestra en la siguiente página. Las tablas para determinar tu signo ascendente figuran en la Sección Cuarta.

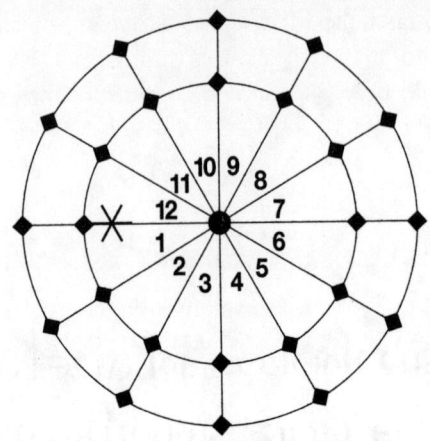

⊙
El Sol
Un círculo con un punto en el centro.

Rige
La fuerza física, la fuerza vital,
el carácter.

Significa
El padre, el varón en general,
el lado masculino de la mujer.

«Represento la fuerza de la vida y el cuerpo físico y estoy en el centro de cualquier carta astral. ¿De qué signo eres? O bien, ¿a qué Sol perteneces? El punto central está para que nunca olvides que debes intentar mantenerte siempre centrado. Las fuerzas de la vida deben estar centradas, nunca dispersas ni descentradas.»

☽
La Luna
Símbolo de la media Luna.

Rige
Las emociones, la empatía,
la receptividad en las necesidades
subconscientes.

Significa
La madre, la mujer en general,
el lado femenino del hombre.

«Represento las necesidades emocionales. Soy muy cambiable. Unas veces tengo más necesidades que otras. Mi símbolo es el de la media Luna, pero en una carta astral también puedo ser una luna menguante o llena, dependiendo de las necesidades del momento.»

☿
Mercurio
Es casi como Venus, pero con un semicírculo encima.

Rige	**Significa**
La actividad mental, la inteligencia, el razonamiento y la comunicación.	Viajes cortos, hermanos y hermanas, estudios.

«Represento los pensamientos, las frases y los sonidos de la manera que tienes de hablar. Yo indico la manera que tienes de hablarle a tu pareja, según la inspiración de los aspectos planetarios astrológicos que te corresponden.»

♀
Venus
Un círculo con una cruz debajo.

Rige	**Significa**
Amor, matrimonio, atracción física.	Nuestra capacidad para amar. La belleza y la armonía.

«Represento los colores, el sonido, la música y las variedades del amor. También puedo ayudarte a que navegues con calma por los procelosos mares de la vida. Proporciono la belleza y la bendición.»

♂
Marte
Una flecha con un círculo en el extremo inferior.

Rige

La energía, el vigor físico, la motivación.

Significa

Cómo manifestamos nuestros impulsos sexuales, la pasión y los desafíos. Es la expresión sexual de los hombres.

«Represento tu energía física, la manera que tienes de actuar y reaccionar.»

♃
Júpiter
Un número «4» grande y abultado.

Rige

Los beneficios, la buena fortuna, las ideas expansivas, la adaptación social.

Significa

La ética personal, la filosofía, la maduración personal.

«Represento la proeza de todas las cosas buenas. Soy tu buena suerte. Siempre estaré en tu carta para traerte algo bonito, aunque las cosas no vayan bien, y para recordarte que nunca estarás solo y abandonado.»

♄
Saturno
Un número «7» muy alto con un sombrero en la punta. También se le presenta con una cruz y un semicírculo al pie de la misma.

Rige

Las carreras, las filosofías, la maduración personal y el reconocimiento público.

Significa

El sentido de responsabilidad, la lealtad, la entrega a la familia y la estabilidad.

¿POR QUÉ ANOCHE SOÑÉ CON SATURNO?

Sí, ¿por qué Saturno?
El severo, duro y silencioso
planeta del Karma,
de la muerte y la disciplina.
¿Por qué soñé con... Saturno?
En las pocas horas que puedo dormir
¿por qué mis sueños intranquilos son sobre Saturno?
Saturno no me deja descansar.

Cuando aprendí a dibujar por vez primera
el símbolo astrológico de Saturno,
el planeta severo, duro y silencioso,
descubrí un truco para saber siempre
cómo dibujarlo.
¿En qué consistía ese truco
para dibujar el símbolo de Saturno?

Oh, sí, ¡ya recuerdo!
Ahora lo recuerdo.
Dibuja el número siete —haz un siete
y luego alárgalo mucho—, así.
Luego toma este siete alargado
y colócale un pequeño sombrero encima.
¡Así!
Un 7, luego un 7 más largo y después un sombrero.
Y así tendrás
el símbolo de Saturno.

de *Gooberz*
LINDA GOODMAN

Al igual que todos nosotros, también Linda tuvo que empezar desde el principio para conocer la astrología. Ella también debió aprender los símbolos. Y así nos dejó este poema, para ayudarnos a recordar cómo se dibuja el símbolo de Saturno.

♅
Urano
Una letra «H» con una línea vertical en medio y un pequeño círculo en el extremo inferior.

Rige	Significa
La capacidad de experimentación, innovación y cambio. Tiene que ver con todo lo que es repentino e inesperado.	Nuestro lado más temerario, nuestras excentricidades, allí donde buscamos nuestros propios desafíos.

«Represento el planeta del cambio. Mis cambios son bruscos y radicales. Se puede decir que soy el rock-and-roll de tu carta astral; impredecible y sorprendente, pero no antipático, a no ser que hagas todo lo posible para evitarme.»

♆
Neptuno
Un tenedor con una cruz en el extremo inferior.

Rige	Significa
Las ilusiones, la imaginación, la visión, las fantasías y las ideas erróneas.	Nuestro lado más romántico, las fantasías amorosas, aquello que puede desengañarnos, allí a donde nos gusta evadirnos.

«Soy el planeta del desengaño. A veces te traigo la confusión y el equívoco. A veces te cuento mentiras o trato de engañarte. Yo te traigo los sueños y las ilusiones. Todo el mundo me necesita en alguna ocasión para traerle un poco de ilusión. Imagínate la vida sin otro aliciente que el de la dura realidad, viendo sólo lo que tienes delante y nada más; a veces necesitamos algo que nos ayude a ver las cosas de color rosa. Sí, eso es: piensa en mí como en lo que te ayuda a verlo todo de color rosa.»

Plutón

Una cruz sobre la que hay un semicírculo muy abierto y en el que se encaja un círculo. O bien una letra «P» mayúscula con el mismo pie de la letra «L».

Rige	Significa
La transformación, la capacidad de reinventarnos a nosotros mismos, el cambio, las fuerzas y los impulsos subconscientes.	Rejuvenecimiento, crisis, el comienzo y el final de algo.

«Hola, soy Plutón y he venido a cambiarte la vida. Cuando aparezca en tu carta, es que estoy ahí para derribar algo y reconstruirlo. Mi presencia es beneficiosa, o por lo menos eso intento, siempre que no te resistas a la influencia de mis energías. Soy el planeta de la vida y la muerte, soy tu antiguo y tu nuevo "yo". Traigo la reparación y la resurrección. Soy la causa de que te reinventes a ti mismo en cada momento.»

Símbolos de los aspectos: últimos símbolos astrológicos

Cada uno de los siguientes glifos se utiliza para representar los grados matemáticos que muestran la separación entre los planetas y qué clase de armonía existe entre dos o más personas.

Conjunción (planetas situados en el mismo signo) ☌
Sextil (los planetas están separados por 60 grados) ⚹
Trígono (los planetas están separados por 120 grados) △
Cuadratura (los planetas están separados por 90 grados) □
Oposición (los planetas están separados por 180 grados) ☍

☌ Conjunción: El símbolo de la conjunción se parece a un signo de exclamación. Es un aspecto positivo y fortalecedor. Hay conjunción cuando dos planetas o signos chocan ligeramente el uno con el otro.

⚹ Sextil: El símbolo del sextil parece un cristal de nieve o un asterisco. Es bueno que aparezca en tu carta.

△ Trígono: El símbolo del trígono es el de un triángulo. Trae suerte, mucha suerte. Representa la promesa de grandes cosas. Sin embargo, a veces es el causante de que las personas no se aprecien como es debido.

□ Cuadratura: El símbolo de la cuadratura es tan sencillo como un cuadrado. Representa las energías que no fluyen con facilidad. Resulta difícil manejarla bien. Pero no te hagas una idea equivocada de la cuadratura. Puede traerte grandes cosas si la trabajas bien.

☍ Oposición: El símbolo de la oposición es como una barra oblicua con un círculo en cada extremo. La oposición implica un desafío. La relación entre dos personas con mucha oposición no suele salir bien. Sin embargo, no hay que olvidar la romántica atracción de los signos contrarios.

La conjunción ☌

Hay conjunción cuando uno de los planetas de tu carta astral coincide en el mismo signo con el planeta de otra persona. Observa la siguiente carta:

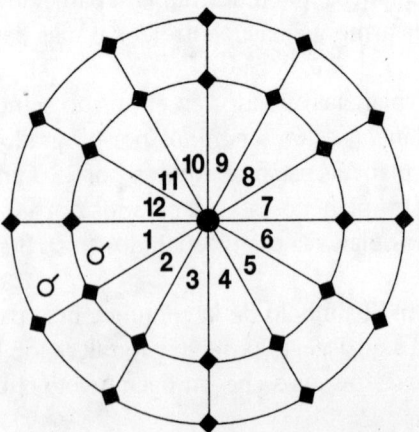

Cuando los planetas están tan cerca, sus energías se intensifican. Si por ejemplo dos personas tienen sus planetas en conjunción en el signo de Piscis, ambas tendrán el doble de sensibilidad e introversión en la relación. Vuestras personalidades se reflejan como en un espejo o como en el agua. Vuestra relación puede ser intuitiva y a menudo podréis leeros el pensamiento mutuamente.

Si los planetas se encuentran en el signo de Cáncer, la relación puede ser tan variable como el tiempo —soleado en un momento concreto y frío justo al cabo de un segundo— e incluso tan oscura como la cara oculta de la Luna.

Cuando se refuerza el lado positivo de las energías que coinciden, hay parejas que llegan a conseguir lo que parece imposible, esto es, activarse, llenarse de energías el uno al otro y comprenderse mutuamente sin necesidad de hablar.

Si eres Sagitario y el Sol de tu pareja se encuentra en la primera casa del mismo signo, entonces habrá conjunción de soles. Una vez sabido esto, puedes consultar el apartado de «Aspectos del Sol» que aparece en la Sección Segunda del libro y comprenderás más cosas sobre la relación con tu pareja. Para ayudarte a dominar el procedimiento de comprensión de los aspectos, he desarrollado unos ejemplos con una pareja formada por Ryan y Maria, nuestros verdaderos Romeo y Julieta. Observa cómo Plutón (en Maria) y Venus (en Ryan) están en conjunción en las cartas de comparación que hay en la página 72.

Sextil ✳

El sextil se produce cuando el planeta que te corresponde se encuentra separado por dos signos del planeta de otra persona o, lo que es lo mismo, por 60 grados (cada una de las casas representa 30 grados). Se considera favorable. Mira la siguiente carta:

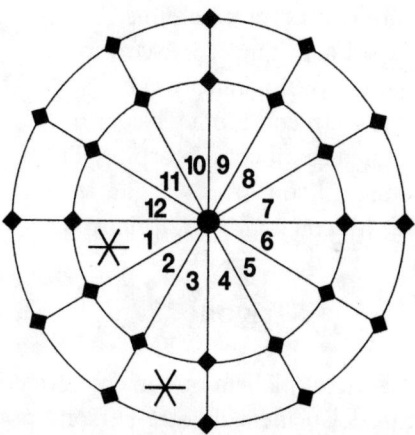

Aunque el sextil no tenga tanta fuerza como la conjunción, podemos decir que es complementario. Los planetas en sextil llegan a ser buenos compañeros. Para mí el sextil proporciona una energía cordial y beneficiosa. Allí donde las energías se unen, siempre se crea cierta armonía.

Con un sextil entre el Sol de Aries y el Sol de Géminis, por ejemplo, habrá un esfuerzo común para dar ideas y descubrir nuevas salidas de expresión creativa.

Los sextiles necesitan cierto trabajo, ya que sus energías no son tan intensas como las de otros aspectos.

Si tu Luna está en Capricornio y la persona con la que quieres compararte tiene la Luna en Piscis, tendréis un sextil de Lunas, porque les separa dos signos. Hay un sextil entre Venus en Virgo (en Ryan) y Venus en Escorpión (en Maria) (véase página 72). En este caso, Linda dice lo siguiente: «Los dos tendéis a expresar vuestro afecto de la misma manera, y probablemente habrá pocas diferencias entre ambos cuando haya que compartir vida social e intereses culturales. La mayoría de las veces estaréis de acuerdo sobre cuándo ahorrar el dinero o cuándo gastarlo.»

Otros sextiles:

Aries está en sextil con Géminis y Acuario.
Tauro está en sextil con Cáncer y Piscis.
Géminis está en sextil con Leo y Aries.
Cáncer está en sextil con Virgo y Tauro.
Leo está en sextil con Libra y Géminis.
Virgo está en sextil con Cáncer y Escorpio.
Libra está en sextil con Sagitario y Leo.
Sagitario está en sextil con Libra y Acuario.
Capricornio está en sextil con Escorpio y Piscis.
Acuario está en sextil con Aries y Sagitario.
Piscis está en sextil con Tauro y Capricornio.

Trígono △

Hay un trígono cuando el planeta que te corresponde en la carta se encuentra separado del planeta de otra persona por cuatro signos.

Dado que cada casa se compone de 30 grados, en este caso habrá 120 grados. Por ejemplo, el Sol de Aries está separado de Tauro por 30 grados, de Géminis por 60 grados, de Cáncer por 90 grados y de Leo por 120 grados. El Sol de Aries está en trígono con el Sol o los planetas de Leo. Mira la siguiente carta:

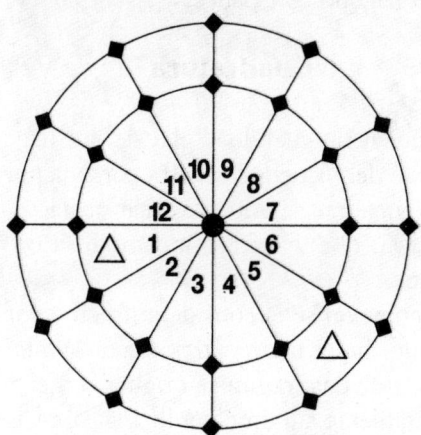

A esta configuración se la considera muy perezosa. Sus energías fluyen con tanta facilidad que uno se pregunta dónde queda el desafío y la lucha por crecer.

Por ejemplo, si el trígono se origina por el Sol de Virgo y el Sol de Capricornio, se descubre que los asuntos de negocios a menudo tienen éxito sin necesidad del trabajo y la preocupación que generalmente comportan. El éxito suele acompañar a esta configuración.

Para un ejemplo de trígono, consulta las cartas de Ryan y Maria de la página 72. Maria tiene a Saturno en Aries; Ryan al Sol en Leo, de modo que están en trígono (separados cuatro signos).

Otros trígonos:

Aries está en trígono con Leo y Sagitario.
Tauro está en trígono con Virgo y Capricornio.
Géminis está en trígono con Libra y Acuario.
Cáncer está en trígono con Escorpio y Piscis.
Leo está en trígono con Sagitario y Aries.
Virgo está en trígono con Capricornio y Tauro.

Libra está en trígono con Acuario y Géminis.
Escorpio está en trígono con Piscis y Cáncer.
Sagitario está en trígono con Aries y Leo.
Capricornio está en trígono con Tauro y Virgo.
Acuario está en trígono con Géminis y Libra.
Piscis está en trígono con Cáncer y Escorpio.

Cuadratura □

La cuadratura tiene lugar cuando el planeta que te corresponde en la carta está separado del planeta de la otra persona por tres signos. Las cuadraturas nos encierran. Tienden a crear obstáculos que bloquean las energías y hacen que te sientas incómodo. Consulta la carta de esta misma página.

A esta configuración se la considera difícil y conflictiva, y la lucha que se produce no es tanto exterior cuanto interior.

Por ejemplo, si la cuadratura se origina con el Sol en Tauro y el Sol en Leo, seguramente surgirán conflictos sobre asuntos de dinero y poder. Nadie se libra de esta situación hasta que uno de los dos la acepta tal como es.

Por otro lado, tiene una parte positiva que nos corrige y nos limita, ayudándonos a aceptar las imposiciones.

En la página 72 comprobarás que Ryan tiene la Luna en Tauro y Maria tiene a Marte en Acuario, lo que significa que están en cuadratura.

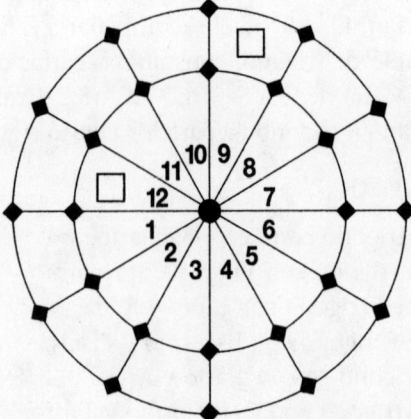

Otras cuadraturas:

Aries está en cuadratura con Cáncer y Capricornio.
Tauro está en cuadratura con Leo y Acuario.
Géminis está en cuadratura con Piscis y Virgo.
Cáncer está en cuadratura con Aries y Libra.
Leo está en cuadratura con Tauro y Escorpio.
Virgo está en cuadratura con Géminis y Sagitario.
Escorpio está en cuadratura con Acuario y Leo.
Libra está en cuadratura con Cáncer y Capricornio.
Sagitario está en cuadratura con Virgo y Piscis.
Capricornio está en cuadratura con Aries y Libra.
Acuario está en cuadratura con Escorpio y Tauro.
Piscis está en cuadratura con Sagitario y Géminis.

Oposición ☍

Hay oposición cuando el planeta que te corresponde en la carta está separado por seis signos con respecto al planeta de la otra persona. Esto supone una separación de 180 grados, la más tensa y desafiante. Consulta la carta de la página siguiente.

Los opuestos se atraen, son como el reflejo de un espejo. En las cartas de correspondencias astrológicas los opuestos implican siempre un desafío. Qué voy a contaros sobre los opuestos. No tenéis nada en común, todo lo veis diferente y nunca se consigue del otro lo bastante. Eso es una oposición.

Si la cuadratura llama a la puerta, allí está la oposición para echarla abajo. Las energías de la oposición son más intensas y exigentes.

Por lo general, la oposición se asocia con los conflictos externos más que internos. Es un aspecto que requiere acción.

Si, por ejemplo, hay un aspecto de oposición entre Libra y Aries en tu carta personal, te encontrarás ante el dilema de verte solo o bien de no separarte de alguien en concreto. Para ti las relaciones de pareja son así de radicales. La oposición nos recuerda que debemos mirar a ambos lados, así como aprender el arte del compromiso.

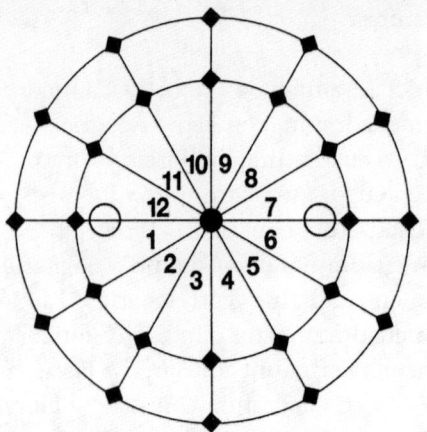

Para ver una oposición, consulta las cartas de Maria y Ryan en la página 72. En Maria, Venus está en Escorpio y en Ryan la Luna está en Tauro. Se encuentran, por tanto, en oposición.

Otras oposiciones:

Aries está en oposición con Libra.
Tauro está en oposición con Escorpio.
Géminis está en oposición con Sagitario.
Cáncer está en oposición con Capricornio.
Leo está en oposición con Acuario.
Virgo está en oposición con Piscis.

Aproximación a los principios de armonía y discordia

Combinaciones armónicas

Aries	*Tauro*	*Géminis*	*Cáncer*
Leo	*Virgo*	*Libra*	*Escorpio*
Sagitario	*Capricornio*	*Acuario*	*Piscis*

Cuando los planetas están en armonía, favorecen la mutua comprensión entre las personas, la posibilidad de ser felices y la compenetración con la pareja. Esta influencia se inclina hacia intereses mutuos, objetivos compartidos y, en la mayoría de las ocasiones, hacia una feliz convivencia. Es difícil que los planetas que armonizan entre sí den pie a graves malentendidos en la pareja. Cualquier desacuerdo se resuelve con pequeños ajustes y compromisos. Las cosas se arreglan con facilidad, sin necesidad de armar ningún escándalo ni recurrir a propósitos ocultos. Esta corriente armónica de trígonos y sextiles, esto es, de energías propicias, estimula la relación de pareja con un buen equilibrio de poder, de forma que los dos se ayudan mutuamente para llevar a buen término cualquier cometido. Todas las conjunciones aportan una especial sensibilidad en cuanto a las emociones, así como un fuerte lazo de afecto entre las dos personas que se encuentren bajo sus influencias.

Combinaciones discordantes

Aries	Géminis	Tauro
Cáncer	Virgo	Leo
Libra	Sagitario	Escorpio
Capricornio	Piscis	Acuario

Cuando los planetas están en discordia provocan una mayor confrontación y dificultan considerablemente cualquier relación. Las personas se enemistan bajo estas influencias. Los sentimientos heridos pueden llevar a situaciones conflictivas y la solución a los problemas suele ser más complicada y difícil de alcanzar. En estos casos las parejas suelen tener gustos, caracteres e intereses muy diferentes. Debido a estas diferencias básicas, a veces las peleas duran mucho tiempo y las separaciones son bastante más frecuentes que en las personas con energías y aspectos más favorables. A pesar de todo, siempre existe la posibilidad de que estas personas recurran a su fuerza de voluntad para ver las cosas desde una perspectiva diferente, de forma que se procuren el uno al otro el cambio positivo y la maduración personal.

¿Y por qué los aspectos tienden a crear energías armónicas o discordantes? Porque cuando los planetas se encuentran en los mismos signos, o bien en signos que son compatibles entre sí, las personas también tenemos nuestros parecidos o vemos que existe una compenetración innata con alguien.

¿Alguna vez has conocido a alguien y has tenido la sensación de que le conoces desde siempre? Esto sucede a menudo porque existe una corriente perfecta de comunicación, o porque los dos «pensáis igual» y «os sentís como almas gemelas», o bien porque de repente os dais cuenta de que ya os conocéis y os atraéis mutuamente. Esa persona te resulta familiar en algún nivel de tu subconsciente. Los dos os sentís muy bien juntos y entonces empiezas a pensar que, ya que compartís un pasado con tanta afinidad, es posible que podáis compartir el futuro a la perfección. En la mayoría de los casos esto acaba siendo verdad.

¿Has conocido alguna vez a alguien por el que has sentido un profundo rechazo desde el primer momento? Sabes que no puedes llevarte bien con esa persona, que no tenéis nada en común y que vuestros objetivos en la vida son completamente opuestos. A veces conocemos a alguien que es nuestro «opuesto», al igual que sucede con las oposiciones astrológicas. Estamos convencidos de que esa persona no nos conviene y, sin embargo, no podemos resistirnos a ella.

Resulta muy difícil convivir con estas energías discordantes, pero lo cierto es que también pueden dar lugar a una relación muy romántica, llena de interés y desafíos. Pensemos por ejemplo en esas novelas románticas en que la heroína no soporta al héroe y sin emcargo siente por él una pasión irresistible. Con el tiempo, los dos acaban haciendo pequeños ajustes en su relación, aprendiendo a valorar sus diferencias y haciendo lo posible por vivir felices para siempre. Desde luego no será nada fácil, pero ¿no es menos cierto que las cosas que más queremos son también las que más esfuerzo han significado para nosotros?

Las armonías de los aspectos relacionados con el amor son muy importantes y constituyen una de las muchas herramientas a la que puedes recurrir en la vida para ayudarte en tus relaciones. Y nunca olvides, como dice Linda, que «el amor todo lo puede».

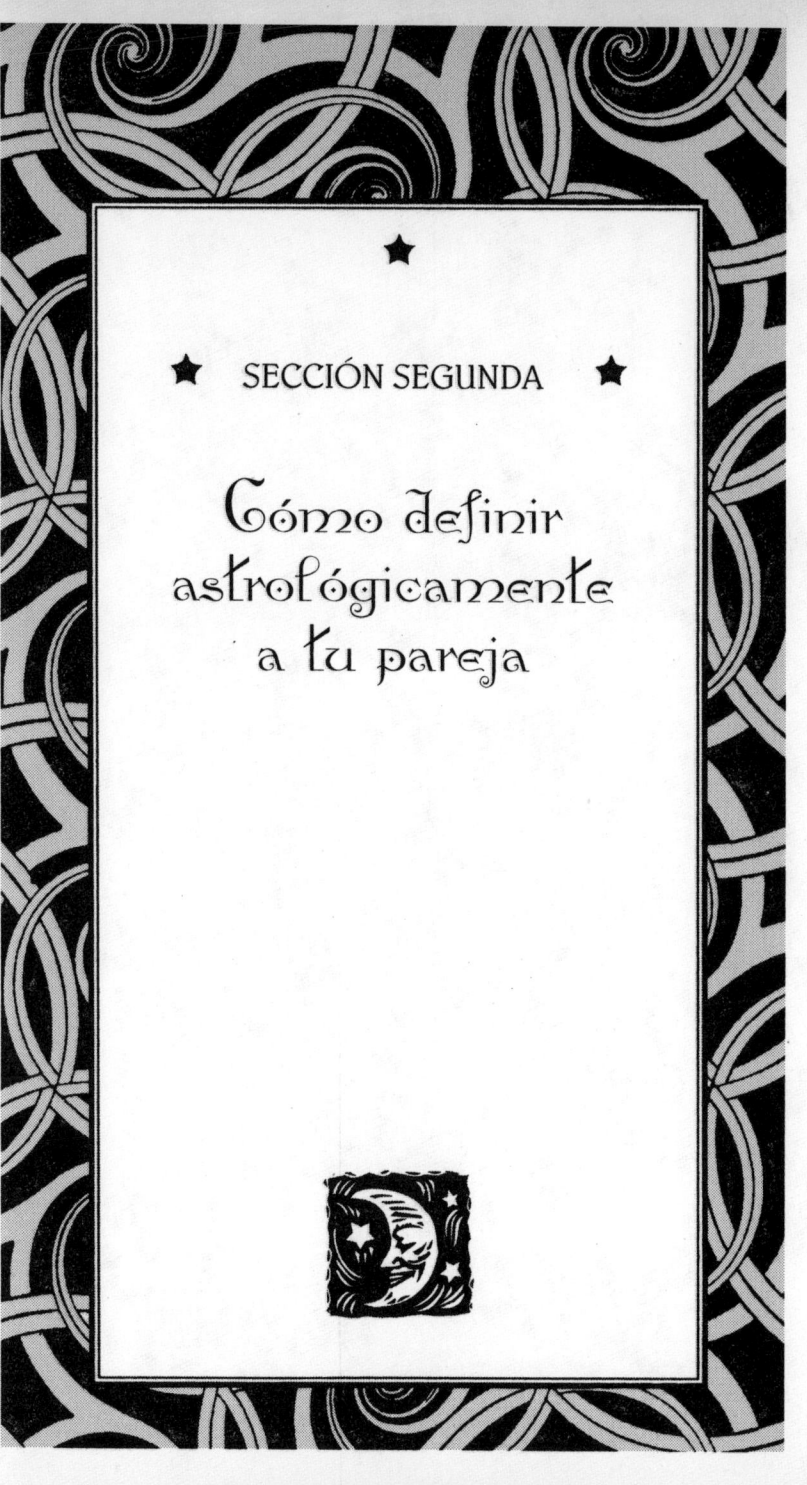

SECCIÓN SEGUNDA

Cómo definir astrológicamente a tu pareja

Cómo empezar

Primer paso: el signo ascendente

Usa las cartas en blanco que aparecen en la página 80 y escribe tu signo ascendente junto a la primera casa (el trozo del pastel donde aparece el número 1). Antes de empezar, quizá te servirán de ejemplo las cartas de la página 72, donde comparamos los casos de Ryan y Maria. Cada una de las casas (o trozos del pastel) que hay en la carta se identifica con el número que aparece en el centro de la carta.

Si desconoces cuál es tu signo ascendente, sigue las instrucciones de la Sección Cuarta.

Es preciso aclarar que sólo un astrólogo profesional te dirá los grados exactos de tu signo ascendente; pese a todo, estas tablas son por lo general bastante exactas.

El signo ascendente es el signo del zodíaco que se encontraba sobre el lugar y la hora en que naciste.

El ascendente es el punto de partida de la carta astral y se considera uno de los tres factores más importantes que determinan el horóscopo en su conjunto. Los otros dos son la posición zodiacal del Sol, también llamado signo solar, y la posición zodiacal de la Luna en el día en que naciste. El ascendente representa nuestra actitud ante la vida, el modo que tenemos de enfrentarnos a sus desafíos y cómo nos expresamos con respecto a los demás. Mientras nuestro signo solar representa el carácter básico que tenemos, el ascendente supone más bien su manifestación activa.

¿Te lanzas en la vida con el ímpetu de un ascendente Aries? ¿Tal vez eres tan sensible e inconstante como Cáncer? ¿O más bien dramático y encantador como el ascendente Leo?

Si los ascendentes de dos personas coinciden en el mismo signo, es muy probable que tengan una actitud muy parecida ante la vida.

Si los ascendentes están en cuadratura o en oposición unos con otros, estas actitudes serán completamente diferentes e incluso discordantes. El aspecto de la oposición, sin embargo, dará pie a que en algunos casos los ascendentes se interpreten como espejos enfrentados (ver Sección Tercera: «Las interpretaciones de Linda Goodman sobre tu correspondencia zodiacal»). Y en este caso pueden llegar a ser complementarios.

Cuando el ascendente está en trígono o sextil, se produce una armonía fundamental y una maravillosa sensación de unión, comprensión y apoyo.

En el caso de una conjunción (cuando dos ascendentes se encuentren en el mismo signo), lo que se produce es una armonía perfecta de mutua identidad, y a menudo se llega a la sensación kármica de poder conocerse sin necesidad de hablar. Aunque no estéis cerca el uno del otro, a los dos os pasarán cosas muy parecidas.

El ascendente es también el punto de partida para comprender a la gente que te rodea, sea tu pareja o un amigo. Para una mejor comprensión de lo que significa el signo ascendente, lee también los capítulos «Signos ascendentes para hombres» y «Signos ascendentes para mujeres» de la Sección Cuarta: «Cómo establecer tu signo ascendente». Los perfiles que proporciona el signo ascendente también pueden ayudarte a comprender mejor a cualquier persona de una forma sencilla y rápida.

Segundo paso: las doce casas

Ahora añade el resto de los signos en el sentido contrario a las agujas del reloj y junto al espacio que ocupa cada casa, sin olvidar que el orden de los signos es siempre el mismo: Aries, Tauro, Géminis, Cáncer, Leo, Virgo, Libra, Escorpio, Sagitario, Capricornio, Acuario y Piscis.

De modo que si tienes a Sagitario en la primera casa, tendrás a Capricornio en la segunda, a Acuario en la tercera, a Piscis en la cuarta, a Aries en la quinta, etc. Y completa el círculo siguiendo siempre el orden establecido.

Las casas astrológicas dividen los 360 grados de que se compone un círculo en doce secciones o casas. Cada casa representa algo así como un ministerio de la vida. Aquí tienes la lista de todas las casas (o trozos del pastel) y el aspecto de la vida que rige cada una:

Casa I

Es la casa del ascendente. En ella figura el signo ascendente o el signo del zodíaco situados en el horizonte en el momento de tu nacimiento. Es la casa de la personalidad, del modo en que te manifiestas ante el mundo, y también de tu aspecto físico. Esta casa es el inicio de tu carta astral, y desde aquí todas las demás se mueven en el sentido contrario a las agujas del reloj.

Casa II

Esta casa rige tus posesiones y tus finanzas, y cómo te manejas con el dinero.

Casa III

Rige todo lo relacionado con viajes cortos, correspondencia, comunicación y estudios, vecinos y familiares (como primos, hermanos y hermanas).

Casa IV

Esta casa rige tu entorno, tu hogar y también la madre.

Casa V

Es la casa que rige las ideas creativas, el amor, la especulación y la diversión, el entretenimiento, los niños y el sexo.

Casa VI

Esta casa rige el servicio que prestas a los demás, tu trabajo y rutina diarios, y es la casa de la salud.

Casa VII

Rige el matrimonio y cualquier asociación; aquí la primera casa converge con el mundo y te conviertes en alguien más público. También se encuentra tu cónyuge y tu socio de trabajo.

Casa VIII

Es la casa que rige el dinero que compartes con alguien (sea tu pareja o tu socio), los impuestos y las herencias. También rige el sexo o cualquier vínculo de naturaleza espiritual.

Casa IX

Esta casa rige los viajes largos, la religión, la ética y también los familiares políticos.

Casa X

Como si un reloj marcara las doce en punto. Esta casa también se conoce como «La mitad del cielo», y rige tu carrera profesional, tu posición dentro de la comunidad, así como tu estatus social. También se relaciona con el padre.

Casa XI

Esta casa rige los amigos, las esperanzas y los deseos. También se relaciona con las asociaciones.

Casa XII

Rige los secretos, la introversión, el pensamiento subconsciente y la autodisciplina.

Tercer paso: empieza la carta de la persona con la que quieras compararte

Una vez completado el segundo paso, date un respiro, anímate un poco y empieza a pensar en la carta de la persona con la que quieras compararte. Tendrás que hacer lo mismo, es decir, añadir cada signo rodeando el círculo.

Recuerda que hay que empezar con su signo ascendente. No tiene por qué coincidir con el tuyo y, de hecho, lo más probable es que no sea el mismo.

Cuarto paso: encuentra la posición de tus planetas

Todo cuanto necesitas está en las tablas que aparecen en la Sección Cuarta. Anota la posición de los planetas relacionados contigo y con la persona con la que quieras compararte. Luego ve rellenando los espacios que se corresponden con cada signo. Tendrás que dibujar los símbolos de tus planetas en el círculo más pequeño de la carta, para así dejar espacio a los que correspondan a la otra persona.

Repasemos los signos una vez más antes de empezar a realizar las cartas:

Aries ♈ Tauro ♉ Géminis ♊ Cáncer ♋
Leo ♌ Virgo ♍ Libra ♎ Escorpio ♏
Sagitario ♐ Capricornio ♑ Acuario ♒ Piscis ♓

Para practicar, nos serviremos de las cartas de Ryan y Maria como ejemplo. Comencemos con los planetas de Maria. Maria nació el 15 de diciembre de 1967 a las 12.36 P.M.

El Sol está en Sagitario ☉ ♐
La Luna está en Géminis ☽ ♊
Mercurio está en Sagitario ☿ ♐
Venus está en Escorpio ♀ ♏
Marte está en Acuario ♂ ♒

Júpiter está en Virgo ♃ ♍

Saturno está en Aries ♄ ♈

Urano está en Virgo ♅ ♍

Neptuno está en Escorpio ♆ ♏

Plutón está en Virgo ♇ ♍

El ascendente es Piscis* ASC. ♓

* Comprobamos en nuestras tablas de ascendentes (Sección Cuarta) que el 15 de diciembre el ascendente estaba en Piscis desde las 11.45 A.M. hasta las 12.54 P.M.

Ficha del lector

Nombre _Maria_

El Sol estaba en _Sagitario_

La Luna estaba en _Géminis_

Mercurio estaba en _Sagitario_

Venus estaba en _Escorpio_

Marte estaba en _Acuario_

Júpiter estaba en _Virgo_

Saturno estaba en _Aries_

Urano estaba en _Virgo_

Neptuno estaba en _Escorpio_

Plutón estaba en _Virgo_

El ascendente estaba en _Piscis_

Ryan nació el 18 de agosto de 1965 a las 11.30 A.M. Los planetas de Ryan son los que siguen:

El Sol está en Leo	☉	♌
La Luna está en Tauro	☽	♉
Mercurio está en Leo	☿	♌
Venus está en Virgo	♀	♍
Marte está en Libra	♂	♎
Júpiter está en Géminis	♃	♊
Saturno está en Piscis	♄	♓
Urano está en Virgo	♅	♍
Neptuno está en Escorpio	♆	♏
Plutón está en Virgo	♇	♍
El ascendente es Libra	ASC.	♎

Sólo por curiosidad, quise ver cuáles eran sus ascendentes y creo que su relación será muy bonita.

Según el perfil del ascendente que aparece en la página 261, Ryan es una persona a la que todo el mundo aprecia y tiene un marcado sentido del honor. Esto encaja perfectamente con Maria, quien permanecerá al lado de su hombre aunque pierda el trabajo o se quede sin coche, pero no si Ryan pierde el respeto por sí mismo. Maria es muy femenina (con ascendente Piscis), y eso es algo que todos los hombres con ascendente Libra buscan en una mujer.

Ficha del lector

Nombre *Ryan*

El Sol estaba en *Leo*

La Luna estaba en *Tauro*

Mercurio estaba en *Leo*

Venus estaba en *Virgo*

Marte estaba en *Libra*

Júpiter estaba en *Géminis*

Saturno estaba en *Piscis*

Urano estaba en *Virgo*

Neptuno estaba en *Escorpio*

Plutón estaba en *Virgo*

El ascendente era *Libra*

Tablas comparativas

Nombre *Maria*

Nombre *Ryan*

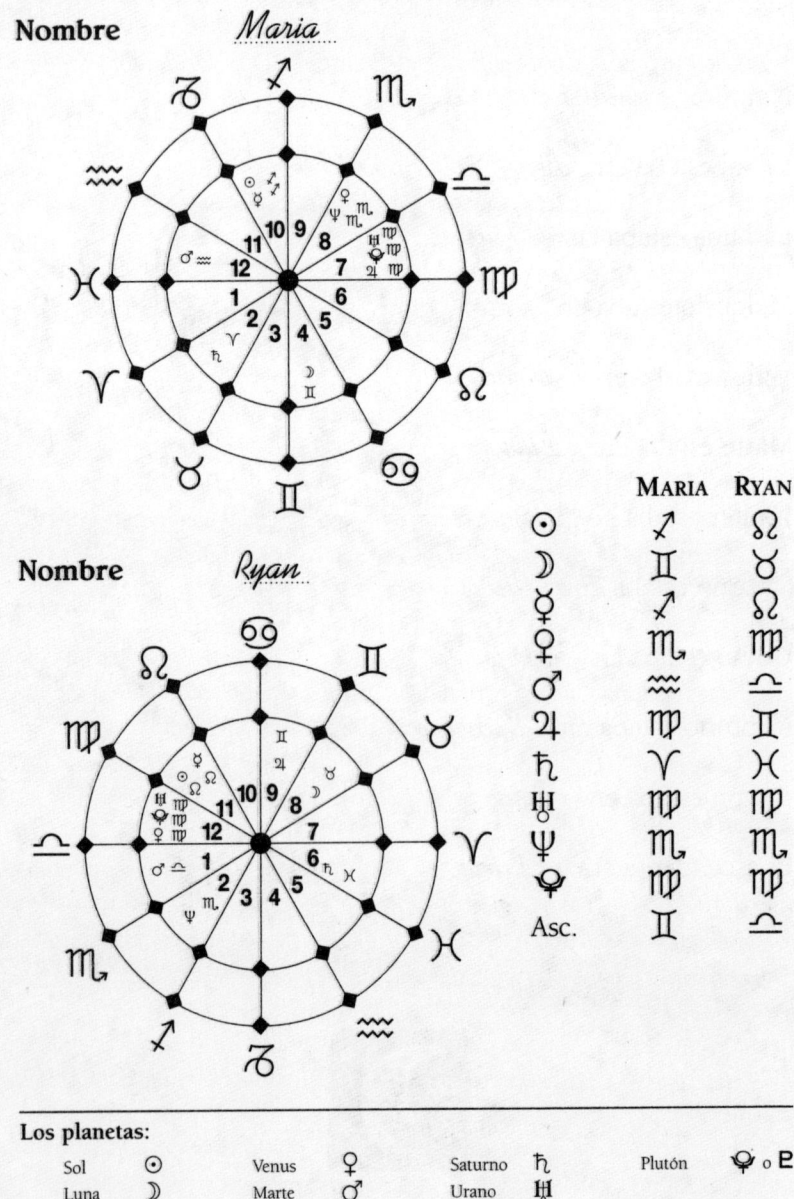

	MARIA	RYAN
☉	♐	♌
☽	♊	♌
☿	♐	♌
♀	♏	♍
♂	♒	♎
♃	♍	♊
♄	♈	♓
♅	♍	♍
♆	♏	♏
♇	♍	♎
Asc.	♊	♎

Los planetas:

Sol	☉	Venus	♀	Saturno	♄	Plutón	♀ o ♇
Luna	☽	Marte	♂	Urano	♅		
Mercurio	☿	Júpiter	♃	Neptuno	♆		

Quinto paso: busca las interpretaciones de Linda Goodman sobre tus aspectos y los de tu pareja

Cuando empieces a comparar las dos cartas, necesitarás saber en primer lugar cómo te afecta cada planeta en lo que constituye la dinámica de la relación con tu pareja. Para facilitar las cosas, a partir de ahora te llamarás «A», y la persona con la que quieras compararte será «B». También será más fácil si señalas los planetas de la otra persona rodeando el círculo de tu carta, así podrás determinar rápidamente cada uno de los aspectos que aparezcan.

Busca el capítulo titulado «Aspectos del amor» de la Sección Tercera (página 87) y lee a continuación los aspectos que aparecen detallados según la combinación de los planetas.

Cuando termines, deberás averiguar cómo afectan los planetas a tu pareja. Dibuja los planetas que te correspondan a ti fuera del círculo de la carta —que corresponden a A, y ahora tendrás que ponerte en el lugar de B—. A continuación podrás leer la interpretación de Linda sobre lo que inspiras en ellos y las energías que les aportas.

Las lecturas serán diferentes, puesto que vuestras reacciones individuales y astrológicas son completamente distintas. Dicho de otro modo, tal vez tú ves las cosas de una manera y tu pareja las ve de otra muy distinta. Si bien ambos sentís las energías de los planetas, lo cierto es que cada uno las siente de manera diferente.

Por ejemplo, si tu Sol se encuentra en la primera casa de tu pareja, que es la del ascendente, estarás influyendo en su vitalidad y en el modo en que estas energías se presentan ante los demás. De los dos, serás tú quien determine la imagen que deis como pareja. Sacarás la parte más física del otro.

En el caso de que el Sol de la otra persona se encuentre en tu duodécima casa, la que rige los secretos, tu tendencia será la de tener a esta persona en un segundo término. Tal vez os contáis vuestras confidencias pero en cambio, con respecto a los demás, mantenéis los detalles de vuestra relación casi en secreto. Esta persona extraerá la parte más reflexiva y profunda que hay dentro de ti.

Sois la misma pareja, pero a pesar de ello sentís las cosas de un modo totalmente diferente. Es muy importante tener en cuenta qué es lo que cada uno aporta al otro dentro de la relación y la verdad es que no deja de ser divertido contemplarlo todo desde la perspectiva del otro.

Aquí tienes las interpretaciones de la carta comparativa de Ryan y Maria según Linda Goodman:

♀ ☍ ☽

Maria tiene a Venus en oposición (esto es, con una separación de seis signos) con la Luna de Tauro de Ryan, lo que significa según Linda: «Entre los dos funciona la Ley de la Polaridad, que origina una vibración magnética que hace que os deis ánimos mutuamente y beneficia vuestra relación con una corriente tranquilizadora, suave y consoladora. Tal vez tengáis intereses o actividades que el otro no comparte, pero lo más probable es que esto se resuelva sin problemas, ya que cuando la Luna expone a Venus sus intereses, éste aprende a disfrutar.»

♄ ♈ △ ☉ ♌

Maria tiene a Saturno en Aries y está en trígono (separados por cuatro signos) con respecto al Sol de Leo de Ryan. Aquí Linda aconseja lo siguiente: «Cuando dos personas comparten este aspecto, generalmente tienen algún objetivo en común y son capaces de alcanzarlo juntas. Debido a que vuestras maneras de afrontar las obligaciones y las responsabilidades son compatibles, tendéis a poneros de acuerdo y ayudaros a solucionar cualquier obligación tanto en pareja como a nivel individual. Formaríais un gran equipo en cualquier actividad que tenga algo que ver con la seguridad, la inversión de capital, los seguros, el negocio inmobiliario o la investigación científica.»

♇ ☌ ♀

Maria tiene a Plutón en conjunción (o sea, en el mismo signo) con Venus de Ryan. Según Linda: «Hay un lazo kármico indudable entre los dos, y desde luego es muy fuerte. Tal vez no creáis en la "reencarnación", que es lo que produce esos lazos kármicos, pero no importa. El hecho de que no creáis en ella no impide que exista de verdad ni que siga funcionando. Nada conseguirá quien intente interponerse entre los dos. Será imposible.»

Parece que Maria y Ryan coinciden en muchas cosas. Tal vez incluso coinciden con una vida anterior.

Y ahora veamos qué nos dicen tus signos sobre ti y tu pareja.

Fichas para realizar cartas de correspondencia

Ficha del lector

Nombre ....

El Sol estaba en ....

La Luna estaba en ....

Mercurio estaba en ....

Venus estaba en ....

Marte estaba en ....

Júpiter estaba en ....

Saturno estaba en ....

Urano estaba en ....

Neptuno estaba en ....

Plutón estaba en ....

El ascendente era ....

Ficha del lector

Nombre ....

El Sol estaba en ....

La Luna estaba en ....

Mercurio estaba en ....

Venus estaba en ....

Marte estaba en ....

Júpiter estaba en ....

Saturno estaba en ....

Urano estaba en ....

Neptuno estaba en ....

Plutón estaba en ....

El ascendente era ....

Ficha del lector

Nombre ....

El Sol estaba en ....

La Luna estaba en ....

Mercurio estaba en ....

Venus estaba en ....

Marte estaba en ....

Júpiter estaba en ....

Saturno estaba en ....

Urano estaba en ....

Neptuno estaba en ....

Plutón estaba en ....

El ascendente era ....

Ficha del lector

Nombre ....

El Sol estaba en ....

La Luna estaba en ....

Mercurio estaba en ....

Venus estaba en ....

Marte estaba en ....

Júpiter estaba en ....

Saturno estaba en ....

Urano estaba en ....

Neptuno estaba en ....

Plutón estaba en ....

El ascendente era ....

Ficha del lector

Nombre ....

El Sol estaba en ....

La Luna estaba en ....

Mercurio estaba en ....

Venus estaba en ....

Marte estaba en ....

Júpiter estaba en ....

Saturno estaba en ....

Urano estaba en ....

Neptuno estaba en ....

Plutón estaba en ....

El ascendente era ....

Ficha del lector

Nombre ....

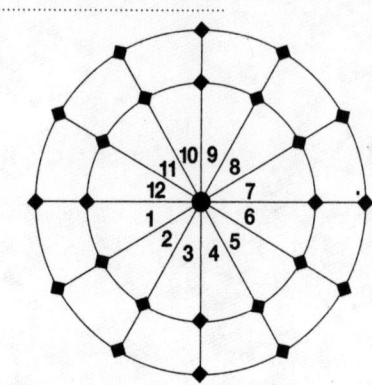

Nombre ....

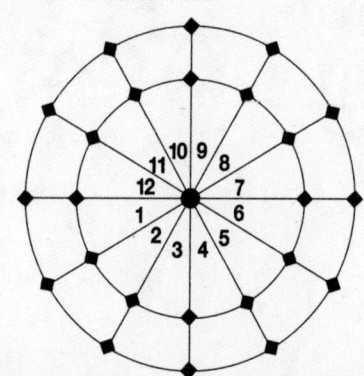

Signos (léase de izquierda a derecha y en sentido horizontal: Aries, Tauro, Géminis...):

Aries	♈	Tauro	♉	Géminis	♊	Cáncer	♋
Leo	♌	Virgo	♍	Libra	♎	Escorpio	♏
Sagitario	♐	Capricornio	♑	Acuario	♒	Piscis	♓

Planetas:

Sol	☉	Venus	♀	Saturno	♄	Plutón	♇ o ♄
Luna	☽	Marte	♂	Urano	♅		
Mercurio	☿	Júpiter	♃	Neptuno	♆		

Aspectos:

Conjunción	☌	Trígono	△	Cuadratura	□	Oposición	☍
Sextil	✶						

Ficha del lector

Nombre ....

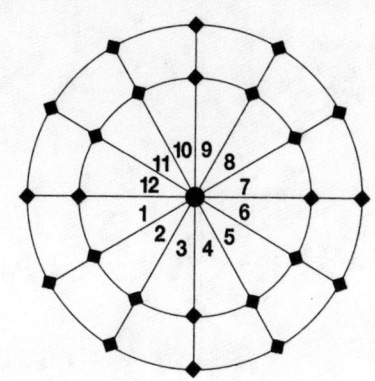

Nombre ....

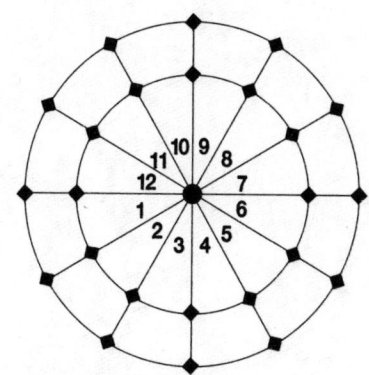

Signos (léase de izquierda a derecha y en sentido horizontal: Aries, Tauro, Géminis...):

Aries	♈	Tauro	♉	Géminis	♊	Cáncer	♋
Leo	♌	Virgo	♍	Libra	♎	Escorpio	♏
Sagitario	♐	Capricornio	♑	Acuario	♒	Piscis	♓

Planetas:

Sol	☉	Venus	♀	Saturno	♄	Plutón	♇ o ♇
Luna	☽	Marte	♂	Urano	♅		
Mercurio	☿	Júpiter	♃	Neptuno	♆		

Aspectos:

| Conjunción | ☌ | Trígono | △ | Cuadratura | ◻ | Oposición | ☍ |
| Sextil | ✶ | | | | | | |

Ficha del lector

Nombre 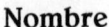 ....

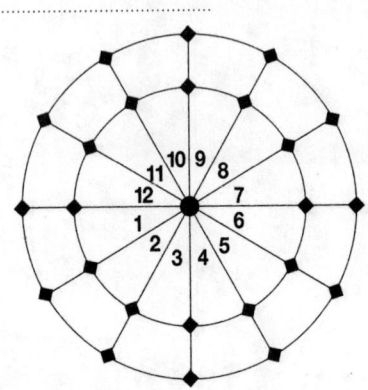

Nombre ....

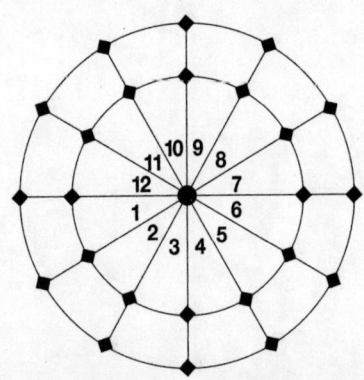

Signos (léase de izquierda a derecha y en sentido horizontal: Aries, Tauro, Géminis...):

Aries	♈	Tauro	♉	Géminis	♊	Cáncer	♋
Leo	♌	Virgo	♍	Libra	♎	Escorpio	♏
Sagitario	♐	Capricornio	♑	Acuario	♒	Piscis	♓

Planetas:

Sol	☉	Venus	♀	Saturno	♄	Plutón	♇ o ♇
Luna	☽	Marte	♂	Urano	♅		
Mercurio	☿	Júpiter	♃	Neptuno	♆		

Aspectos:

Conjunción	☌	Trígono	△	Cuadratura	□	Oposición	☍
Sextil	✳						

Ficha del lector

Nombre ....

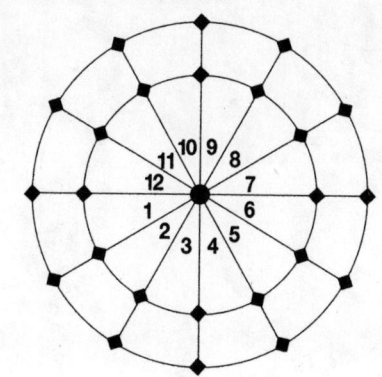

Nombre ....

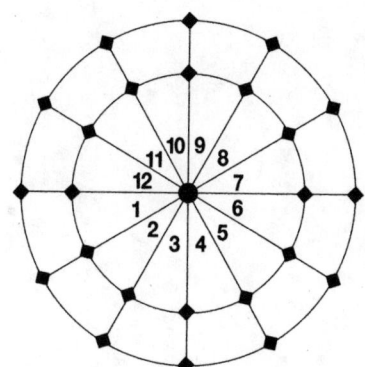

Signos (léase de izquierda a derecha y en sentido horizontal: Aries, Tauro, Géminis...):

Aries	♈	Tauro	♉	Géminis	♊	Cáncer	♋
Leo	♌	Virgo	♍	Libra	♎	Escorpio	♏
Sagitario	♐	Capricornio	♑	Acuario	♒	Piscis	♓

Planetas:

Sol	☉	Venus	♀	Saturno	♄	Plutón	♇ o P
Luna	☽	Marte	♂	Urano	♅		
Mercurio	☿	Júpiter	♃	Neptuno	♆		

Aspectos:

Conjunción	☌	Trígono	△	Cuadratura	☐	Oposición	☍
Sextil	⚹						

★

Las interpretaciones de Linda Goodman sobre tu correspondencia zodiacal

Aspectos del amor

Cuando las personas se relacionan entre sí son muchas las cartas que se combinan, de modo que estas combinaciones revelan el espíritu de familia o de grupo, o lo que es lo mismo, qué tienen en común unas con otras.

En nuestras relaciones con los demás actuamos de forma muy distinta en función de con quién estamos, ya que no todo el mundo nos considera de igual modo o bien las energías que nos impulsan varían según se combinen con las de los demás.

Cada planeta tiene una vibración y cada vibración *atrae* toda clase de energía sobre nosotros. En cuestiones de amor, la manera que tiene Venus de actuar sobre Piscis (menos práctico) es distinta que cuando afecta a Capricornio (más práctico).

Estas diferentes vibraciones pueden dar lugar a un mal emparejamiento de las necesidades emocionales. Siempre existe la posibilidad de que una persona produzca constantemente estrés o que sea incapaz de hacer concesiones. Tal vez una persona necesita más distancia, mientras que la otra no soporta las separaciones. Todo esto se lee en los planetas y los signos.

En este libro Linda separó los aspectos del amor de las interpretaciones de los demás aspectos, porque quería destacar ante todo el importantísimo papel que desempeñan en las cartas astrológicas de las parejas. En astrología los planetas pueden leerse para cualquier clase de relación humana, ya sea una relación de amor o incluso para conocer las vibraciones matrimoniales.

La interpretación de los aspectos que se detallan a continuación se centra especialmente en las pistas astrológicas que revelan una relación de amor más romántica, al estilo de un enamoramiento o un matrimonio.

Los «Aspectos del amor» también proporcionan una especial información a quienes ya tienen pareja o están casados, lo cual les ayudará a conocerse sexualmente a un nivel muy superior, a entregarse mutuamente a un nivel más espiritual y a afrontar muchos de los desafíos de la vida.

Los astrólogos siempre dan una especial importancia a los aspectos del amor porque indican la fuerza de las pasiones sexuales, quién tiene el poder, quién ama con mayor intensidad y cuál es la fuerza de los vínculos que unen a una pareja.

Linda estudió la Luna para las respuestas emocionales; Venus y Marte para la atracción sexual; y Mercurio para el mutuo entendimiento. En el momento de interpretar los aspectos del amor Linda ha tenido en cuenta cómo Júpiter ayuda a los demás planetas a expandirse. Por ejemplo, Venus —que rige la ternura y el amor— aumenta con Júpiter su capacidad de amar. El planeta Saturno puede añadir duración a la unión. Urano, en conjunción con la Luna, hace que uno regrese en busca de más amor sin saber muy bien por qué. Neptuno puede ayudarte a mantener vivo tu romance, y Plutón, el planeta preferido de Linda, puede ayudarte a descubrir quién es tu alma gemela o a distinguir qué amor es más fuerte que cualquier otro. Por ejemplo:

Sol en conjunción, sextil o trígono con Mercurio
☉ ☌ ⚹ △ ☿

He aquí los aspectos de la amistad, la cooperación intelectual y el poder de la propia capacidad. Os ayudarán a resolver juntos los problemas. Es posible que os conozcáis por motivos de trabajo, o que lleguéis a trabajar juntos después de conoceros o de iniciar vuestra relación. En cualquier caso, os inspiráis y aconsejáis el uno al otro. Vuestros intereses se centran en la cultura, la educación y la filosofía. Los sabios creían que, puesto que el Sol es el centro del sistema solar, aquella persona cuyo Sol afecta al planeta Mercurio de la otra es quien tiene la fuerza en la pareja.

Sol en oposición o cuadratura con Mercurio
☉ ☍ □ ☿

Este aspecto actúa bien en las relaciones platónicas porque hay un sentimiento de amor fraternal. Si la actividad de Marte-Venus no está muy presente, la atracción sexual será débil. El encanto de esta combinación se encuentra en la mente. La actividad mental, la concepción de múltiples ideas, los desafiantes descubrimientos científicos y la música acompañan a menudo a esta configuración. Estos aspectos favorecen los logros, la actividad y el trabajo. Pero también hay tensiones que pueden acabar afectando al sistema nervioso de los dos. Debido a que ambos os caracterizáis por tener los nervios crispados con respecto al otro, es posible que acabéis por considerar las peculiaridades de tu pareja francamente molestas. Hay un viejo refrán que dice: «Si alguien te gusta es por algo. Si amas a alguien, es a pesar de algo.» Cuando se produce esta combinación, este «a pesar de» se hace más evidente. Los sentimientos más románticos —ternura, armonía y atracción sexual— generalmente pierden intensidad, a no ser que se encuentren otros aspectos fuertes que favorezcan el amor romántico.

Los siguientes aspectos astrológicos relacionados con el amor constituyen la especial interpretación que hace Linda de aspectos más comunes, ya que se refieren específicamente a las relaciones amorosas.

Aspectos del amor

Sol en conjunción, sextil o trígono con la Luna
Sol en oposición o cuadratura con la Luna
Sol en conjunción, sextil o trígono con Venus
Sol en oposición o cuadratura con Venus
Sol en conjunción con Marte
Sol en oposición o cuadratura con Marte

Sol en conjunción, sextil o trígono con Júpiter
Sol en cuadratura con Saturno
Sol en sextil o trígono con Urano
Luna en oposición con la Luna
Luna en conjunción, sextil o trígono con Venus
Luna en oposición con Venus
Luna en conjunción con Marte
Luna en sextil o trígono con Marte
Luna en oposición o cuadratura con Marte
Luna en conjunción; sextil o trígono con Júpiter
Luna en sextil o trígono con Saturno
Luna en cuadratura o en oposición con Saturno
Luna en conjunción, sextil o trígono con Urano
Luna en oposición o cuadratura con Urano
Luna en oposición o cuadratura con Plutón
Mercurio en cuadratura con Mercurio
Mercurio en conjunción, sextil o trígono con Venus
Venus en conjunción, sextil o trígono con Marte
Venus en oposición o cuadratura con Marte
Venus en conjunción, sextil o trígono con Júpiter
Venus en conjunción con Saturno
Venus en sextil o trígono con Saturno
Venus en oposición o cuadratura con Saturno
Venus en conjunción, sextil o trígono con Urano
Venus en oposición o cuadratura con Urano
Venus en conjunción con Neptuno
Venus en sextil o trígono con Neptuno
Venus en oposición o cuadratura con Neptuno
Venus en conjunción, sextil o trígono con Plutón
Venus en oposición o cuadratura con Plutón
Marte en conjunción con Urano
Marte en oposición o cuadratura con Urano
Marte en conjunción, sextil o trígono con Neptuno
Marte en cuadratura o en oposición con Neptuno
Marte en cuadratura o en oposición con Plutón
Júpiter en conjunción, sextil o trígono con Júpiter

Sol en conjunción, sextil o trígono
con la Luna
☉ ☌ ⚹ △ ☽
                                    A es Sol, B es Luna

Cualquiera de estos tres aspectos constituye la mejor indicación posible de armonía absoluta en la pareja y, desde luego, es un excelente cimiento para un matrimonio. Si surge un problema, y éste desemboca ocasionalmente en separación, casi con toda seguridad será temporal. La puerta de la reconciliación siempre está abierta, si éste es vuestro deseo. Y lo será.

Sol en oposición o cuadratura
con la Luna
☉ ☍ □ ☽
                                    A es Sol, B es Luna

Podéis encontraros con pocas «peleas de enamorados» y muchas discusiones insignificantes. Si esto ocurre demasiado a menudo, es posible que la situación desemboque rápidamente en ruptura (esta posibilidad es permanente). Lo mejor que podéis hacer es retiraros prudentemente, tomaros unas breves vacaciones o quedaros en casa de unos amigos sólo unos días (y por separado), hasta que estos tránsitos planetarios que causan los problemas pasen de largo y dejen de provocar las molestias que os producís el uno al otro. Si queréis permanecer juntos para siempre, lo mejor es que procuréis evitar las discusiones. Otra manera es la de hacer un voto de silencio cuando se tenga la tentación de decir algo de lo que más tarde te arrepentirás con toda seguridad y esperar a que la cosa se haya enfriado un poco.

Sol en conjunción, sextil o trígono
con Venus
☉ ☌ ⚹ △ ♀
                                    A es Sol, B es Venus

Dado que os animáis mutuamente, este aspecto es importante para conseguir la armonía doméstica, la fidelidad y el afecto. En ocasiones también indica la estabilidad económica a través del matrimonio.

Sol en oposición o cuadratura con Venus   A es Sol, B es Venus
☉ ☍ □ ♀

Debido a determinadas reglas astrológicas de energía y polaridad, este aspecto (¡sorpresa!) suele tener una vibración favorable para el amor y el matrimonio, siempre y cuando uno de los dos controle su tendencia a la extravagancia y el otro domine su inclinación al falso orgullo.

Sol en conjunción con Marte   A es Sol, B es Marte
☉ ☌ ♂

No creo que haga falta recurrir a la astrología para deciros que entre vosotros existe una enorme química sexual y una gran pasión. La verdad es que a veces puede ser hasta abrumadora. Además, uno de los dos aporta energía vital a vuestros objetivos de negocios, sean éstos compartidos o por separado, aumentando la ambición y consiguiendo éxito con el dinero. Uno de los dos (¡adivinad quién!) puede ser en ocasiones un poco impaciente y exigente, pero al mismo tiempo se muestra afectuoso y protector. Puede decirse que sois una mezcla de vicios y virtudes. En términos generales, vuestra vida en común ha de pareceros más que satisfactoria, excepto en los momentos de conflicto causados por el orgullo del Sol y la obstinación de Marte.

Sol en oposición o cuadratura con Marte   A es Sol, B es Marte
☉ ☍ □ ♂

Por lo que al amor y al matrimonio se refiere, los dos podéis encontraros con frecuencia con más de un problema, y la mutua hostilidad puede llegar a ser emocionalmente explosiva. La ira aparece con demasiada facilidad y los dos os ponéis a menudo a la defensiva, lo que lógicamente provoca discusiones muy frecuentes, tratando de demostrar cada uno que tiene razón y que el que está equivocado es el otro. Un matrimonio entre los dos sólo funcionará si otros planetas de vuestras cartas astrológicas comparten aspectos que sean muy positivos, y si además os ejercitáis en la paciencia y la tolerancia. Uno de los dos deberá ceder cuando tengáis una discusión; la simple contemporización no basta. Por lo menos, tratad de ser justos e id cediendo por turnos.

Sol en conjunción, sextil o trígono
con Júpiter   A es Sol, B es Júpiter
☉ ☌ ⚹ △ ♃

Estos aspectos no hacen referencia a la pasión física ni al afecto que os tenéis, pero aportan a vuestra unión buena suerte en términos generales. A menudo indican dinero o prestigio social por medio del matrimonio y la vibración es capaz de suavizar cualquier pequeña dificultad.

Sol en cuadratura con Saturno   A es Sol, B es Saturno
☉ □ ♄

Cuando una pareja comparte este aspecto, a menudo existe una gran diferencia de edad, lo que hace que uno sea más maduro y experimentado que el otro. Sin embargo, esta persona no tiene por qué ser necesariamente la mayor. De los dos, el más maduro es quien tiene a Saturno en oposición con el Sol de su pareja. Saturno es el profesor en vuestra relación, y así el Sol debe aprender las lecciones que imparte Saturno, aunque a veces sea de mala gana.

En lo que al matrimonio se refiere, será muy difícil, por no decir imposible, romper el vínculo que hay entre los dos. Este aspecto os une aunque no queráis. Será de gran ayuda que Saturno recurra a un tono de voz más suave y alegre cuando quiera dar lecciones, de este modo al Sol no le costará tanto trabajo aceptarlas.

Si se produce la separación, tanto por causas exteriores como por vuestra personalidad, y eso siempre puede pasar (lo cual forma parte de las pruebas a las que sometemos nuestra alma), aunque el vínculo que os une no puede romperse, quizá pase un largo período de tiempo hasta el momento de la reconciliación. Una de las razones es el orgullo del Sol; la otra porque el planeta tiende a retrasarlo todo, absolutamente todo. No os arriesguéis con una separación, porque la soledad que luego se sufre tanto tiempo no compensa, sobre todo cuando las estrellas os dicen que esa ruptura no va a ser permanente.

Las limitaciones que ambos sentís bajo esta influencia pueden presentarse de varias maneras: por la enfermedad de uno o de los dos, por la dificultad de romper lazos con un antiguo amante o compañero, por breves períodos de impotencia o frigidez, por cortas restricciones económicas, etc. Pero fijaos en la palabra «breve». Ahí está la clave. Agarraos a eso y olvidad todo lo demás. Si sois mínimamente conscientes de las cosas, seréis capaces de conquistar estas vibraciones y disfrutar de la fabulosa recompensa de la verdadera felicidad, que únicamente se obtiene después de muchos esfuerzos y pruebas de todo tipo. De ahí que la verdadera felicidad sea tan poco frecuente en el amor. Hay muy poca gente con la paciencia o la fe necesarias para las promesas del mañana.

Sol en sextil o trígono con Urano   A es Sol, B es Urano
☉ ⚹ △ ♅

En un matrimonio o una relación de pareja este aspecto incrementa notablemente el lado romántico de la relación y también aumenta considerablemente las vibraciones de amistad entre los dos, de modo que siempre seréis una pareja romántica, además de buenos amigos, lo que constituye una situación ideal. Hay un encanto especial y extraño (en el buen sentido de la palabra) en el modo en que os habéis conocido, y esta misma aura de lo que no es habitual proseguirá cuando lleguéis a intimar. Esta aura hace que la vida en común sea interesante, lo que constituye un aliciente indudable, sobre todo cuando se basa en el don de poder ser «amantes-amigos» que os han regalado los planetas. Ninguno de los dos olvidará el aniversario de vuestro primer encuentro, o el aniversario de boda (el lado romántico), y seréis siempre los mejores amigos el uno para el otro. El Sol en sextil o trígono con Urano es una bendición astrológica tan armónica como poco habitual.

Luna en oposición con la Luna   A y B
☽ ☍ ☽

Debido a la ley de polaridad astrológica, una oposición entre vuestros signos de Luna puede constituir un excelente augurio de matrimonio, haciendo que vuestra convivencia diaria sea muy agradable, a lo que hay que añadir la armonía que supone la mutua comprensión sobre vuestras diferentes actitudes y vuestros estados de ánimo. Las vibraciones también ayudan a que entre los dos haya química sexual.

Luna en conjunción, sextil o trígono con Venus   A es Luna, B es Venus
$$\text{☽ ☌ ⚹ △ ♀}$$

La Luna en conjunción, sextil o trígono con Venus supone una fuerte vibración para el matrimonio, debido a que os producís un efecto tranquilizador de mutuo afecto y mutua devoción. Como pareja, descubriréis que este aspecto reduce considerablemente la posibilidad de que se produzcan conflictos de personalidad en vuestra relación.

Luna en oposición con Venus   A es Luna, B es Venus
$$\text{☽ ☍ ♀}$$

Es posible que no compartáis demasiados intereses en común, pero debido a la ley de polaridad que afecta a las oposiciones, lo cierto es que entre ambos hay una auténtica armonía y afecto, y emocionalmente encajáis bastante bien. Venus produce un efecto tranquilizador y comprensivo sobre las excentricidades y depresiones de la Luna.

Luna en conjunción con Marte   A es Luna, B es Marte
$$\text{☽ ☌ ♂}$$

Vuestra relación contiene unos estímulos muy fuertes y desde luego la atracción física no es el menos importante. Esta vibración estimula considerablemente la concepción y la procreación. Tal vez los dos deseáis ser padres, y con la clase de magnetismo sexual que compartís, la verdad es que es estupendo. El deseo de formar una familia puede verse mitigado por otros aspectos, pero en ningún caso lo anularán. Puede decirse que es como aquella canción que cantábamos en la escuela: «Primero llega el amor, después el matrimonio y acabamos sacando un bebé a pasear.» También puede existir la necesidad de adoptar a un niño o una niña. Si por alguna razón no deseáis concebir un ser humano, tenéis sobrada capacidad para crear juntos otra clase de *descendencia*, como un libro escrito por los dos o quizá concebir un magnífico proyecto relacionado con alguna de las artes. Al fin y al cabo, todo es creación. Si la conjunción se encontrara en el signo de Géminis, es posible que pudierais concebir gemelos o que crearais a la vez dos proyectos de vuestra mutua colaboración.

Luna en sextil o trígono con Marte   A es Luna, B es Marte
☽ ⚹ △ ♂

Al igual que la conjunción entre estos planetas, tanto el sextil como el trígono estimulan intensamente la mutua necesidad reproductiva y favorece de forma considerable la concepción, incluso en el caso de que, por una razón u otra, parezca algo improbable. Los dos tenéis necesidad de crear, tanto si se trata de formar una familia y tener niños como de llevar a cabo un proyecto artístico en común, el caso es crear algo juntos, un deseo que queda reforzado enormemente por el verdadero afecto y la pasión sexual que subyace en vuestro amor. Si en la situación de este aspecto la Luna o Marte se encuentran en el signo de Géminis, indicará que podríais ser padres de unos gemelos o bien *concebir* casi simultáneamente dos de esos proyectos artísticos, doblando así vuestra felicidad.

Luna en oposición o cuadratura
con Marte   A es Luna, B es Marte
☽ ☍ □ ♂

Al principio la química física funciona con fuerza entre los dos, lo cual no significa que se mantenga necesariamente una relación estable, porque tras la atracción sexual inicial podrían producirse conflictos de personalidad y discordias emocionales de cierta gravedad.

Las indiscreciones cometidas por uno o por los dos son una posibilidad (no una probabilidad, sino una posibilidad. Ya sabéis que no es
lo mismo). La dificultad en formar una familia puede ser un factor
determinante. Además, uno de los dos tiende a criticar demasiado y
el otro suele comportarse de forma precipitada, grosera y poco com-
prensiva. La única forma de mitigar estas vibraciones tan difíciles es
tener otros aspectos más positivos y armónicos entre vuestros otros
planetas. Estudiad cuidadosamente vuestras cartas.

Luna en conjunción, sextil o trígono con Júpiter

A es Luna, B es Júpiter

☽ ☌ ⚹ △ ♃

En las cartas de nacimiento de la pareja o los cónyuges este aspecto constituye un excelente presagio de fertilidad y posibilidad de
formar una familia, tanto si es por adopción como por paternidad
natural. Si uno de los dos tiene un problema de fertilidad, esta vibración aporta una ayuda considerable para conseguir un final feliz,
sin que importe demasiado lo que diga la profesión médica. El «Yo
superior» de quienes comparten este aspecto en sus cartas de nacimiento es más sabio y fuerte que los médicos. ¡Hay que esperar el
milagro!

Luna en sextil o trígono con Saturno

A es Luna, B es Saturno

☽ ⚹ △ ♄

Vuestra armonía emocional es casi siempre fuerte y estable. La
Luna ve a Saturno como alguien más sabio, cariñoso y protector, antes que severo y exigente. Saturno reconoce que la Luna tiene la rara
capacidad de producir un efecto tranquilizador ante el dolor y la depresión, proporcionando así la clase de optimismo y afecto que Saturno necesita y que además sabe apreciar. Vuestro amor no sólo no
se desvanecerá después del matrimonio, sino que lo más probable es
que permanezca y sobreviva a las pequeñas molestias diarias que
produce la convivencia.

Este aspecto constituye un excelente apoyo para asegurar la duración de la relación, y además indica que vuestro matrimonio será

fuerte a pesar de los problemas que puedan causar otros de los aspectos planetarios que os afecten. Compartiréis estabilidad emocional y económica, si bien esta última dependerá más de que la Luna esté dispuesta a seguir los sabios consejos de Saturno con respecto al dinero. La mutua lealtad y el instinto protector son también dos regalos que os da esta vibración. Mantiene firme los afectos y crea una interdependencia armónica.

Luna en cuadratura o en oposición con Saturno

A es Luna, B es Saturno

$\mathrm{D} \square \, \mathrm{o}^{\!\circ} \, \hbar$

Por muy armónica que sea vuestra atracción física por influencia de otros aspectos planetarios que tengáis, lo cierto es que éstos pueden causar periódicamente frialdad o desinterés en la unión sexual. Y digo periódicamente. Buscad la palabra en el diccionario. No es un sinónimo de permanente. Por eso no deberíais obsesionaros y acabar en una separación precipitada o en un tribunal de divorcios. Es posible que Saturno tienda a echar la culpa a la Luna de los problemas que tenéis, aunque en realidad sea igualmente culpable, lo que significa limitar emocionalmente a la Luna. Por lo que se refiere a esos períodos de desinterés sexual, quizá la causa esté temporalmente en la frigidez de ella o la impotencia de él, cualquiera de los dos puede desencadenar el problema (a veces los dos al mismo tiempo). Aquel de los dos que no sufra ese problema con respecto al otro no debería darle demasiada importancia. Hay que esperar a que la llama de la pasión vuelva a encenderse, sobre todo teniendo en cuenta que astrológicamente tenéis la seguridad de que eso acabará pasando, pero no mientras la respuesta al problema dé pie a una acusación llena de resentimiento. Así nunca conseguiréis volver a encender la llama de la pasión.

¡Paciencia! ¡Paciencia! ¡Paciencia! ¿Recordáis aquel viejo dicho? «La paciencia es una virtud que cuesta entender; la mujer la tiene a veces, pero en el hombre nunca la verás.» Está bien, lo reconozco. Soy feminista, excepto, claro está, cuando necesito a un auténtico macho para cargar con un objeto muy pesado.

Luna en conjunción, sextil o trígono
con Urano   A es Luna, B es Urano
☽ ☌ ⚹ △ ♅

Una atracción magnética fuerte, inexplicable y espontánea os ha unido en una situación tan inusual como poco convencional. Vuestra relación será siempre intensamente romántica y ese amor no se extinguirá después del matrimonio. Lo mismo pasará con la atracción magnética... y las situaciones poco ortodoxas. Podéis estar seguros de que nunca os aburriréis el uno con el otro, más bien al contrario, os fascináis mutuamente y de forma constante. Esta vibración favorece la concepción y habrá algo extraño, curioso o inesperado con respecto a eso. Si no se trata de un niño, entonces *concebiréis* juntos algún proyecto relacionado con el arte, lo cual puede resultar igualmente extraño, curioso e inesperado.

Luna en oposición o cuadratura
con Urano   A es Luna, B es Urano
☽ ☍ □ ♅

Tanto si se trata de una relación amorosa entre los dos como de una atracción romántica, el resultado puede ser una relación indiscreta, poco convencional o incluso no del todo aceptada por la sociedad tradicional. Aunque la relación sea muy estimulante y esté llena de sorpresas, en el caso del matrimonio también puede deparar sorpresas muy desagradables. La unión matrimonial traerá problemas, tales como separaciones repentinas que pueden acabar siendo definitivas. También en el matrimonio, en la unión legal u ortodoxa, además de los múltiples cambios y movimientos, que siempre provocan frustraciones y problemas, las fricciones pueden surgir por algo relacionado con la ambición profesional de uno, o tal vez de los dos. Si en vuestras cartas hay otros aspectos que indican que vuestro amor es verdadero, debemos pensar que dicho amor es capaz de superar cualquier obstáculo. Tal vez se produzca un retraso o alguna frustración al formar una familia, pero existen las mismas posibilidades de que se alcance un final feliz. Determinadas amistades, no todas, pueden ser la fuente de algún problema ocasional. Alejaos de ellas.

Luna en oposición o cuadratura
con Plutón
☽ ☌ □ ♀

A es Luna, B es Plutón

Los problemas sobre sexualidad pueden aflorar de vez en cuando y es posible que se produzcan graves desencuentros con respecto a situaciones domésticas o familiares. El matrimonio no se libra de los problemas. Hará falta una buena dosis de paciencia y tolerancia para lograr cierta armonía con esta vibración y mitigará sus efectos si compartís otros aspectos planetarios que sean positivos, siempre y cuando sean suficientes. El amor obra milagros. Uno de los asuntos que puede implicar problemas son los niños: tenerlos o no tenerlos, y cómo educarlos una vez hayan llegado. La Luna puede salir más perjudicada que Plutón en este tema. De modo que es responsabilidad de Plutón conseguir el milagro de transformar lo negativo en positivo. Plutón es capaz de cualquier cosa gracias a la tremenda fuerza que posee.

Mercurio en cuadratura con Mercurio
☿ □ ☿

A y B

Para evitar que vuestra relación se convierta en una constante batalla, os aconsejo que dejéis de ser tan críticos el uno con el otro y procuréis ser más tolerantes. Las diferencias entre vuestros procesos mentales son muy pronunciadas y se plasman prácticamente en todo. De todas formas, ¿habéis oído hablar de lo que significa un compromiso? Es algo que los buenos diplomáticos deben (y de hecho lo hacen) cultivar. Digámoslo ya: no es fácil. ¿Hay alguien capaz de entusiasmarse ante la idea de conseguir que Israel y la Organización para la Liberación de Palestina se pongan de acuerdo? Si un diplomático no puede desentenderse de lo que es su obligación, por mucho trabajo que cueste, vosotros tampoco. ¿Habéis intentado el arte de la diplomacia o del compromiso? Probablemente no.

Si vuestra relación o vuestro matrimonio realmente significa algo, debéis intentarlo. Si no es así, tal vez no tendréis ganas de hacer ningún esfuerzo. Sólo vosotros sabéis si lo que sentís mutuamente merece ese derroche de energía. Supongamos que sí, que lo vuestro es amor de verdad; en ese caso vale la pena que perdáis todo el tiempo del mundo en tratar de comprender el punto de vista del otro. Con diferencias como las vuestras, no se trata de que uno tenga toda la razón y el otro esté totalmente equivocado. Cada cual tiene su parte de razón y su parte de error. En algún lugar intermedio podréis poneros de acuerdo. Compromiso. Diplomacia. La paz es la recompensa, a no ser que disfrutéis discutiendo constantemente. En este caso seríais unos masoquistas, ¿o sería más propio decir que sois unos sádicos? Da lo mismo: las personas inteligentes no eligen lo uno ni lo otro. ¿De acuerdo? Bien. Pues entonces ¡no discutáis conmigo!

Mercurio en conjunción, sextil o trígono con Venus
A es Mercurio, B es Venus

☿ ♂ ⚹ △ ♀

Sois considerados con las emociones del otro; de ahí que un matrimonio entre los dos se base en una mezcla armónica de mutuo afecto y simpatía. Una ventaja añadida es que probablemente pensaréis de un modo parecido sobre cuestiones económicas, por lo que una cuenta bancaria conjunta nunca será un problema. Como solía decir mi tía abuela: «Los pajaritos nunca se pelean en sus nidos», y vosotros tampoco.

Venus en conjunción, sextil o trígono con Marte
A es Venus, B es Marte

☿ ♂ ⚹ △ ♂

Una de las facetas más importantes de vuestra unión es la pasión. ¡Pasión y más pasión! Tenéis la suerte de poder combinar el amor tierno y romántico con un intenso deseo sexual, lo que hace que vuestra unión física constituya una experiencia profundamente erótica a la vez que llena de sentimiento, una mezcla irresistible de inocencia y misterio. Si tenéis algún problema en vuestras cartas por las vibraciones de otros planetas, este conflicto generalmente desaparecerá en la cama. Las parejas que comparten cualquiera de estos tres aspectos entre Venus y Marte no suelen esperar al matrimonio para «ser los dos en uno». Quizá esta expresión os parece demasiado anticuada para la Nueva Era, así que, para decirlo de otra manera, dejad que os cuente una historia que en cierta ocasión escuché en una excursión:

Una chica se encontraba en una tienda eligiendo un vestido para su inminente boda. Se dirigió a la vendedora y le dijo:

—La verdad, no sé de qué color escoger el vestido de boda.

—Veamos —contestó la vendedora—: Si nunca ha estado casada, lo tradicional es que sea de color blanco; pero si ya lo ha estado, entonces debería ser de color violeta.

La futura novia dudó un instante y luego preguntó:

—Eh... ¿Y no tendrá uno blanco con un pequeño detalle de color lavanda?

Sólo os hago una pequeña advertencia: si el aspecto que ambos compartís es el de la conjunción, es posible que Marte albergue celos ocultos, una secreta falta de autoestima y un comportamiento mandón, aunque Venus siempre podrá suavizarlo.

En los textos antiguos el célebre astrólogo Ptolomeo escribe que cualquiera de estos tres aspectos entre Venus y Marte «conducen al amor y al afecto completos, y serán tan pronunciados como para atraer la atención y el comentario». ¡Fin de la cita!

Venus en oposición o cuadratura con Marte
♀ ☍ ☐ ♂
A es Venus, B es Marte

Existe una gran química sexual entre vosotros, pero, por desgracia, la historia no acaba aquí. Tanto antes como después del matrimonio, el fuerte estímulo de vuestra naturaleza apasionada tiende a derribar las barreras, de modo que puede haber una sexualidad excesiva en uno o en ambos, lo que quizá lleve a cometer alguna indiscreción. Naturalmente eso puede llegar a destruir la armonía. Los celos pueden suponer un grave problema en vuestra relación y no hay que olvidar que ambos sois sumamente sensibles. Necesitaréis un montón de aspectos positivos de otros planetas en vuestras cartas de nacimiento para diluir este que os gobierna. Un compromiso es un compromiso, de modo que no pretendáis llevarlo a cabo si no vais a mantenerlo. Dominad la necesidad latente de promiscuidad si queréis que el amor dure. El futuro de vuestra relación depende de que lo protejáis y lo miméis, o bien de que lo destruyáis. La astrología no va a decidir por vosotros. Esta vibración no es más que una prueba. Como dejó escrito el poeta Kahlil Gibran: «No pienses que puedes dirigir el camino del amor, pues será el amor, si te considera merecedor de ello, quien te dirija a ti.»

Venus en conjunción, sextil o trígono con Júpiter
A es Venus, B es Júpiter
♀ ☌ ✶ △ ♃

No sé cómo os comportáis con los demás (para ello debería estudiar vuestras cartas), pero juntos formáis una pareja de eternos optimistas, encantadores y despreocupados. Sois una pareja la mar de divertida. ¿Os sorprende? Os encantan los desafíos, la manera de mostrar vuestros afectos es muy parecida, vuestras emociones son generalmente armoniosas, no desperdiciáis ninguna oportunidad, os gustan los animales y el deporte, y un matrimonio entre los dos será muy afortunado por lo que al dinero se refiere. No dejéis volar vuestros ahorros apostando a algo grande. Pero ¿qué estoy diciendo? Aunque supongo que podréis tener una cuenta en el banco, con esta vibración no es algo que sea muy probable. No os preocupéis. Tanto si la tenéis como si no, siempre podréis deciros: «¡Esto no es más que el principio!» ¿Sabéis qué? Con vosotros dos todo será siempre el principio.

Venus en conjunción con Saturno
A es Venus, B es Saturno
♀ ☌ ♄

Esta vibración que os afecta puede convertirse tanto en una maldición como en una bendición. No voy a deciros cuál de las dos será, porque eso depende de vosotros. Tampoco quiero profundizar en ello ya que, por simple prudencia astrológica, este aspecto puede acabar dando a vuestra relación una combinación de experiencias positivas y negativas. Por el lado negativo, uno de los dos podría ser cronológicamente mayor que el otro, o más experimentado, de ahí que adopte una actitud superior y mandona con respecto al otro.

Saturno puede deprimir a Venus y enfriar considerablemente su capacidad afectiva por un exceso de prudencia y espíritu de conservación, o por no demostrar sus emociones, restringiendo las expresiones de amor de Venus. Por el lado positivo, Venus es capaz de animar a Saturno y sacarlo de todos estos defectos de personalidad. Además, quizá compartís un marcado sentido de protección y fidelidad frente a los demás, de modo que vuestro matrimonio tiene grandes posibilidades de durar. (Antes no me refería a que la diferencia de edad sea negativa, siempre y cuando el mayor de los dos no use la edad como un arma de control.)

Venus en sextil o trígono con Saturno
A es Venus, B es Saturno

♀ ⚹ △ ♄

Venus en sextil o trígono con Saturno constituye uno de los indicios más claros de amor permanente y matrimonio duradero. La vibración estabiliza las emociones y aumenta la fidelidad y la lealtad. Saturno se desvelará por el bienestar de Venus, y éste protegerá igualmente la felicidad de Saturno. La pasión física no disminuirá después del matrimonio, sino que aumentará. Os sentís responsables el uno del otro y ésta es una de las razones por las que este aspecto produce una relación tan fuerte.

Venus en oposición o cuadratura con Saturno
A es Venus, B es Saturno

♀ ☍ □ ♄

En una relación de pareja o marital, Venus experimentará alguna clase de dolor o pena por culpa de Saturno, ya sea de forma intencionada o involuntaria, a través de la interferencia de otras personas. Saturno podría criticar injustamente algunos rasgos de Venus por considerarlos defectos; tanto si lo son como si no, si Venus no hace un esfuerzo por corregirse, Saturno se sentirá muy molesto y frustrado. Venus podría pensar en la posibilidad de abandonar la relación si Saturno se vuelve demasiado dominante, depresivo y pesimista. Hay que reconocer que esta vibración puede causar graves discordias si ambos no lo remediáis a tiempo. Pero si hacéis un verdadero esfuerzo mutuo basado en la comprensión de lo que significa el amor verdadero y además recibís la influencia benéfica de otros aspectos de vuestras cartas de nacimiento, conseguiréis mitigar considerablemente el poder de este aspecto y podréis dominar vuestra propia relación.

Venus en conjunción, sextil
o trígono con Urano
♀ ☌ ⚹ △ ♅   **A es Venus, B es Urano**

Vuestra atracción se basa en un más que notable magnetismo que despierta vuestros sentimientos románticos y hace que las emociones se manifiesten con facilidad. Al principio diréis de esta atracción que es «sólo un curioso capricho», pero pronto os daréis cuenta de que es algo más, lo que no deja de ser algo extraño e inusual. ¿Habría tal vez que referirse a vuestra relación como «poco convencional»? ¿O quizá «estrafalaria»? ¿O tal vez simplemente «rara»? Es casi seguro que la fascinación romántica que habéis sentido al principio persista después del matrimonio. Aunque tal vez acabéis jugando al gato y al ratón separándoos repentinamente varias veces, con las consiguientes e igualmente repentinas reconciliaciones, vuestra relación quizá os aporte mucha felicidad y el uno para el otro seáis una compañía emocionante. Contemplad esas separaciones inesperadas, que tenéis después de alguna discusión tonta, como espasmódicas. Urano se alejará molesto, pero con la secreta intención de volver, aunque olvide la dirección de vuestro domicilio común y vuestro número de teléfono. No os riáis. Suele pasar cuando Urano se encuentra influyendo en cualquier aspecto. Urano es el planeta de la amnesia y se le relaciona con los profesores despistados, como solemos llamarlos.

Venus en oposición o cuadratura
con Urano
♀ ☍ □ ♅   **A es Venus, B es Urano**

A no ser que existan otros aspectos mucho más armónicos entre los dos, debo decir que éste no es el mejor para un matrimonio ni una relación estable de pareja. Es posible que vuestros sentimientos cambien, o que cambiéis de idea con respecto a vosotros y os desaniméis, lo que os llevará a unas separaciones tan repentinas como inesperadas. A falta de otras vibraciones positivas en vuestras cartas, lo mejor es que seáis amigos. Algo bueno: cualquier ruptura no será profundamente dolorosa, porque os olvidaréis de ella con bastante rapidez. Consultad vuestras cartas antes de tomar una decisión. Puede haber otros aspectos que os ayuden a *domesticar* con éxito este que os influye.

Venus en conjunción con Neptuno   A es Venus, B es Neptuno
♀ ☌ ♆

Dependiendo de lo maduros y responsables que seáis, y dando por hecho que compartís en vuestras cartas otros aspectos que apuntan hacia la estabilidad armónica, éste en concreto puede ser extremadamente favorable, aunque haya algo poco convencional en vuestra relación. Podéis escoger, por ejemplo, la unión por mutuo acuerdo, en lugar del tradicional matrimonio legal. Neptuno querrá tal vez hechizar, tentar o seducir a Venus, y a Venus probablemente no le importará, siempre que aquél no se muestre esquivo, de otro modo Venus puede empezar a sentirse engañada. Dado que en ocasiones la simpatía se confunde con el amor, y entre vosotros existe una gran dosis de mutua simpatía (lo cual es, por regla general, una situación ideal), debéis estar seguros que sentís verdadero amor. Vuestros corazones lo saben. El cariño con que os tratáis mutuamente hace que la relación sea muy agradable. A veces os leéis los pensamientos gracias al intenso vínculo psíquico que tenéis.

Venus en sextil o trígono
con Neptuno   A es Venus, B es Neptuno
♀ ✶ △ ♆

Compartís una percepción extrasensorial intensa y fiable. Con todo el cariño, la consideración, la generosidad, el afecto y la devoción que os tenéis, vuestra relación es maravillosamente armónica (excepto por determinados períodos de tiempo en que vibran brevemente otros aspectos discordantes). Adoptad algún animal doméstico, investigad juntos alguna materia mística y no tengáis miedo de esperar a que ocurra el milagro de la felicidad. Los dos sabéis que os rodea un aura de fantasía que sugiere un cuento de hadas lleno de magia, tanto si habéis hablado de ello como si no. Ambos sabéis que está ahí.

Venus en oposición o cuadratura
con Neptuno   A es Venus, B es Neptuno
♀ ☍ ◻ ♆

Esta vibración da cierto grado de inevitable tensión a la armonía romántica. En el caso de que dicha tensión sea insoportable, en lugar de llegar a la ruptura por alguna razón en concreto o por acuerdo mutuo, lo mejor es que os separéis poco a poco. Puede producirse una infidelidad por una de las dos partes; o, en el caso de que ésta no exista, por lo menos la sospecha equivocada de que es así. En cualquier caso, quizá se produzcan enfrentamientos desagradables y acusaciones reales o falsas sobre engaños de todo tipo. Es probable que estas fricciones, sean del tipo que sean, afecten más a Venus que a Neptuno. Es la deuda que hay que pagar por los actos negativos que os habéis infligido mutuamente en otra vida y siempre hay que buscar la manera de equilibrar el karma. Recordad que este aspecto favorece la posibilidad de que se produzca algún tipo de infidelidad o engaño, pero también supone la probabilidad (son dos palabras diferentes) de algo mucho más dañino para vuestra relación: la sospecha de infidelidad (o de otra clase de engaño) cuando no existe en realidad.

El motivo de que esta sospecha sea tan peligrosa para el amor se debe a que puede provocar que el engaño se manifieste cuando de otro modo no se habría llevado a cabo; el que recibe la acusación injustamente acaba hartándose de que se le acuse sin fundamento. Cuando algo que no es verdad se sospecha repetidamente, acaba haciéndose realidad: «Me ha ocurrido lo que tanto temía.» Si queréis salvar lo que sentís el uno por el otro, memorizad las palabras de este poema:

¡Oh, qué dura, qué dura lección del karma! Confiar en ese amor
que «ahuyenta el miedo» es lo más difícil, pero el alma lo busca
y es lo que los amantes deberían dominar al final.

El don de la confianza sin dolor sólo se da
cuando el que la recibe ama y es fiel de verdad...
Para que haya confianza es necesario
observar y escuchar con la mirada amable y la palabra de cariño,
para confirmar sin cesar el afecto y la devoción
y hay que darlo libremente,
antes de que la necesidad lo exija.

¿Acaso Romeo y Julieta desconfiaron el uno del otro?
¿Quién de los dos se habría atrevido a dudar del otro si constantemente
se ofrecían mutua devoción?

Pero si esto falta, la confianza pierde brillo por el moho de los celos
y las sospechas, que sólo son sinónimos de miedo.

El amor quita fácilmente el moho
si habla, actúa y mira con claridad.
Ni el tiempo, ni la marea, ni el mar podrán alejarme jamás de mí...
como dijo el poeta,

ni quitarme lo que es mío, podría haber añadido, si «lo mío»
repite siempre que él o ella, según el caso, no puede separarse del otro.

de *Gooberz*
LINDA GOODMAN

Al compartir los dos la vibración de esta molesta carga kármica (que siempre puede verse aligerada por la influencia de otros aspectos que aparezcan en vuestras cartas), tratad de practicar la fórmula que se os da en el poema para favorecer la mutua confianza, de modo que al final convirtáis lo que era «peligroso» en eso que los astrólogos llaman un aspecto planetario «suave como el algodón». ¿Cuándo fue la última vez que os dijisteis «te amo»?

Venus en conjunción, sextil o trígono
con Plutón   A es Venus, B es Plutón
♀ ☌ ⚹ △ ♇

Sea cual sea la clase de vínculo —familia, negocios o amistad—, estos tres aspectos implican claramente la existencia de una unión kármica a partir de muchas asociaciones del pasado.

En el caso de las cartas de una pareja o unos cónyuges, la unión es diferente y más profunda. (Como se muestra más adelante, hay otras asociaciones en las que existe el mismo lazo de unión, pero no es de carácter sexual.)

Estos aspectos indican lo que se conoce como «almas gemelas» o «almas unidas», que hace referencia a dos personas que en el pasado fueron una sola, con una mitad masculina y otra femenina. A medida que el universo fue evolucionando y cambió la relación del hombre con Dios, las almas se separaron. No obstante, ambas tienen una necesidad innata la una de la otra, se sienten incompletas o les falta una parte de sí mismas. Estas almas, que han ido pasando de vida en vida, acaban uniéndose y se sienten felices por ello. Cada parte encuentra la mitad gemela que le faltaba.

Este aspecto, sobre todo en el caso de la conjunción, indica la posibilidad de que estemos ante almas gemelas.

Las almas gemelas se absorben mutuamente; puede ocurrir que se produzca una gran tensión cuando las emociones no se expresan en su totalidad. La química sexual que hay entre los dos es magnética y profunda, como ya lo fue en vuestro primer encuentro. Puede o no consumarse si el aspecto es un sextil o un trígono, pero en el caso de la conjunción es inevitable.

Con cualquiera de estos tres aspectos (sobre todo en la conjunción), os conoceréis de forma involuntaria y a partir de ese momento ya no será posible separaros si no es por períodos cortos. Ni siquiera la muerte podrá separaros en la existencia astral, puesto que os precipitaréis el uno hacia el otro para conseguir otra unión carnal y así volver a uniros. Estamos ante esas vibraciones kármicas de amor que producen la clase de relación que llamamos «de amor a primera vista», que no es ninguna leyenda, sino sólo atribuible al karma. Cuando os separáis, los dos sentís una necesidad irresistible de estar con el otro, por mucho que queráis negarlo por la razón que sea. En el caso del sextil y el trígono, si escogéis aplazar la unión carnal hasta que se produzca otra encarnación, vuestros sentimientos seguirán siendo igual de intensos. Con la conjunción, es muy poco probable que decidáis posponer la unión. La antigua frase ceremonial del matrimonio, que dice «lo que Dios ha unido, que no lo separe el hombre», se ajusta a la perfección a esta clase de pareja y no precisamente a todos los novios. Como estos aspectos suponen un don precioso del universo y de la conciencia superior del hombre y la mujer, no son cosa que deba tomarse a la ligera. Requieren una profunda meditación y un análisis concienzudo.

A propósito de estas vibraciones Venus-Plutón, me he acordado de unos versos:

> *Quisiera daros un regalo de Navidad,*
> *unas gafas con muchos cristales diferentes*
> *que ayuden a los ojos a ver lo pasado*
> *y entonces conoceríais*
> *el porqué de la música.*

Las almas gemelas suelen tener otros aspectos en común, como el de la Luna en conjunción con el Sol, o tal vez comparten el ascendente, así como otros muchos vínculos y conjunciones. Además, su encuentro se produce después de haber sufrido uno u otro una gran crisis. Las verdaderas almas gemelas son mucho más complejas e inusuales de lo que generalmente se suele pensar en el ámbito de nuestra cultura.

Venus en oposición o cuadratura
con Plutón
A es Venus, B es Plutón
♀ ☍ □ ♀

Plutón es exigente y en cierto sentido puede llegar a imponerse a Venus, perturbando su estabilidad emocional. Podría haber problemas latentes que determinadas fuerzas circunstanciales harían que se manifestaran abiertamente. El amor no correspondido es una posibilidad, y es probable que necesitéis algún ajuste en vuestra relación sexual. Podría producirse alguna tensión causada por la dificultad de tener niños o por no llegar a un acuerdo sobre la manera de educarlos, y la estimación personal de los dos puede sufrir un proceso constante y agotador de revisión y reconstrucción. Plutón debería ser más cuidadoso con Venus para tratarla con mayor delicadeza, amabilidad y afecto; Venus debe dejar que Plutón se aleje a una distancia suficiente para poder estar solo y meditar. A pesar de todo, no podréis evitar que se produzcan fricciones entre los dos, lo cual, como siempre, no mermará vuestra relación si además compartís otros aspectos de armonía en vuestras cartas.

Marte en conjunción con Urano   A es Marte, B es Urano
♂ ☌ ♅

Francamente, tendréis momentos difíciles cuando os enfadéis el uno con el otro, pero la intensidad de estas disputas depende de los aspectos armónicos o discordantes que compartáis en vuestras cartas. Si muchos de éstos son positivos, la conjunción sólo os perturbará de vez en cuando sin crear ningún problema grave, o por lo menos no de forma permanente. Como las emociones que sentís mutuamente son tan intensas y ambos compartís un espíritu independiente y orgulloso, cuanto más os améis, más explosivos serán vuestros desacuerdos cuando éstos tengan lugar. Podéis consolaros pensando que las reconciliaciones serán tan rápidas e inesperadas como las discusiones. Teniendo en cuenta el caos causado periódicamente por los trastornos, las interferencias externas, los cambios repentinos y las incertidumbres que experimentáis de vez en cuando, no es extraño que vuestro sistema nervioso resulte afectado periódicamente. Tenéis una buena posibilidad de controlar esta vibración y lograr la armonía si uno de vosotros (preferiblemente ambos) goza de cierto desarrollo espiritual, por leve que sea, y siempre que los dos estéis dispuestos a controlar las respuestas y los temperamentos emocionales. Si sois tan fuertes e inteligentes como creéis, deberíais ser capaces de hacerlo. Claro que quizá sois demasiado débiles, ¿no? ¡Ahí os duele!

Marte en oposición o cuadratura
con Urano   A es Marte, B es Urano
♂ ☍ □ ♅

Vuestro matrimonio tendrá más posibilidades de durar si procuráis no mezclarlo con ninguna clase de colaboración o asociación relacionada con los negocios, lo cual puede afectar de modo adverso a vuestra relación. Lo mejor para suavizar esta vibración tan impredecible como explosiva es que os comprometáis a tomar frecuentes vacaciones por separado, que os separéis periódicamente y no rompáis ese propósito. Eso ayudará mucho a recuperar la armonía y suavizar la tensión que hay entre los dos. Si esto no es posible, actuad con suma precaución.

Marte en conjunción, sextil
o trígono con Neptuno   A es Marte, B es Neptuno
♂ ☌ ⚹ △ ♆

¿Recitáis poesía juntos o recurrís a la música mientras hacéis el amor? Tanto si es así como si no, vuestra unión sexual será en ocasiones más mística que erótica o sensual, más tierna y cariñosa que intensamente apasionada. Pero no siempre, sino ocasionalmente. ¿Y qué hay de malo en eso? Nada. Oberón y Titania... No pasa absolutamente nada.

Marte en cuadratura o en oposición
con Neptuno   A es Marte, B es Neptuno
♂ □ ☍ ♆

Tal vez Neptuno confunda a Marte y le reste energías, en tanto que Marte puede llegar a estimular e influir en Neptuno y al mismo tiempo tratar con poca delicadeza su sensibilidad. A pesar de todo, tanto en pareja como en el matrimonio, Marte sufrirá más porque Neptuno será capaz de apagar la vitalidad y el coraje de aquél, del mismo modo que una gota de agua que cae diariamente sobre una roca acabará erosionándola. También existe el peligro de que en algún momento uno de los dos, o quizá ambos, caigáis en la tentación de cometer excesos con el alcohol o las drogas, o ser demasiado indecisos o derrochadores. Las vibraciones negativas de este aspecto no desaparecerán de forma total ni permanente, pero no hay que olvidar que otros aspectos positivos pueden llegar a dominarlas. Además, vuestra propia determinación voluntaria es capaz de ejercer una influencia incluso superior para mitigar la tensión que se produce cuando Marte se alinea con Neptuno. No es un aspecto como para que lo celebréis con champán (en cualquier caso, siempre preferiréis el té frío), ni tampoco podemos decir que sea un pastel que a uno le apetezca comer (aunque sea una simple tarta de manzana), pero no destruirá vuestra relación si vosotros no queréis. No os descuidéis. Vigilad cualquier posible tormenta que se avecine y separaos por un tiempo antes de que caiga el chaparrón.

Marte en cuadratura o en oposición
con Plutón   A es Marte, B es Plutón
♂ □ ☍ ♀

Con esta vibración es posible que exista alguna forma de perversión sexual (probable no, sólo posible), ya que se produce algún tipo de disfunción sexual, como la frigidez, la impotencia o la infertilidad, tanto por un lado como por otro. Habrá que realizar algunos ajustes, ya que éste es uno de los aspectos del karma del pasado que necesitan equilibrarse. Algunas de las parejas que comparten esta vibración descubren que las dificultades que deben sobrellevar en su relación producen el efecto de acercarlos todavía más. Donde no hay dolor no puede producirse la compasión. Y la compasión lo cura todo, sin excepción. Evitad el enfrentamiento a toda costa, hagáis lo que hagáis, porque una pequeña discusión o desavenencia puede convertirse rápidamente en una guerra total, con unos campos de minas tan peligrosos que, a su lado, los de la guerra de Vietnam y el golfo Pérsico parecerán los prados floridos de la película *Sonrisas y lágrimas*. Marte y Plutón son enemigos naturales, pero sólo son planetas. Vuestras conciencias superiores tienen poder absoluto sobre estas influencias electromagnéticas si conseguís sintonizarlas bien.

Júpiter en conjunción, sextil o trígono con Júpiter   A y B
♃ ☌ ✶ △ ♃

Dicen los textos más antiguos que éste es uno de los mejores aspectos planetarios que podemos encontrar en las cartas de los cónyuges. Bendice vuestra unión con éxito material, compatibilidad mental y armonía emocional de forma casi permanente. Pero no siempre, mis queridos amigos, ya que no hay nada que permanezca igual para siempre, ni siquiera las cosas tan positivas como éstas. En realidad, suelen ser las que menos duran, ya que la felicidad constante puede pasar de ser emocionante a muy aburrida. La continuidad en la relación puede resultar engañosa. Necesitáis algo con lo que comparar vuestra alegría para llegar a apreciarla de verdad. Conformaos con saber que la felicidad que sentís cuando estáis juntos dura mucho más tiempo que la de los demás y que ese sentimiento siempre vuelve de forma inevitable. Con semejante póliza de seguro, creo que no podéis quejaros. Deberíais estar agradecidos. Por mucho que la lluvia de otros aspectos planetarios empañe vuestra relación, el aspecto que compartís hará que al final siempre vuelva a salir el Sol. Casi siempre sois tolerantes y considerados el uno con el otro, pero de vez en cuando necesitaréis aprender a perdonaros vuestras mutuas faltas. Seríais una magnífica pareja de abogados o agentes de bolsa. Tal vez os atraen unas vacaciones en un safari y posiblemente tenéis la casa llena de animales domésticos. Dado que Júpiter rige vuestro idealismo y vuestra expansión, probablemente hacéis el amor con bastante frecuencia, y aquella vieja frase que reza «cada vez es como la primera» encaja perfectamente con vosotros.

2

Aspectos del Sol

Sol en conjunción, sextil o trígono con la Luna
Sol en cuadratura con la Luna
Sol en oposición con la Luna
Sol en conjunción, sextil o trígono con Mercurio
Sol en cuadratura con Mercurio
Sol en oposición con Mercurio
Sol en conjunción, sextil o trígono con Venus
Sol en oposición o cuadratura con Venus
Sol en conjunción con Marte
Sol en cuadratura con Marte
Sol en oposición con Marte
Sol en conjunción, sextil o trígono con Júpiter
Sol en oposición o cuadratura con Júpiter
Sol en sextil o trígono con Saturno
Sol en conjunción con Saturno
Sol en cuadratura con Saturno
Sol en oposición con Saturno
Sol en conjunción con Urano
Sol en sextil o trígono con Urano
Sol en oposición o cuadratura con Urano

Sol en conjunción con Neptuno
Sol en sextil o trígono con Neptuno
Sol en oposición o cuadratura con Neptuno
Sol en conjunción con Plutón
Sol en sextil o trígono con Plutón
Sol en oposición o cuadratura con Plutón

Sol en conjunción, sextil o trígono con la Luna

$\odot$ σ $\ast$ $\triangle$ $\mathbb{D}$ **A es Sol, B es Luna**

Cualquiera de estos tres aspectos entre las luminarias (Sol y Luna) representa la más intensa de todas las armonías posibles entre dos personas, especialmente la conjunción, aunque el sextil y el trígono son dos buenos impulsores de la compatibilidad en pareja. No siempre (nada lo es en esta existencia nuestra), pero por lo menos el 95 por ciento de los casos en que dos personas comparten alguno de estos aspectos en sus cartas gozan de una especie de póliza de seguro de naturaleza cósmica contra la destrucción definitiva de su relación, tanto si se trata de amantes, cónyuges, amigos y parientes, como de socios de alguna empresa.

Esta vibración Sol-Luna no previene totalmente de las discusiones, las peleas o los diferentes problemas de los llamados aspectos negativos (que en realidad proporcionan energía) que podáis compartir en vuestras cartas con respecto a otros planetas, pero os ayudará a encontrar soluciones a cualquier suceso perturbador. Con semejante regalo astrológico, si por alguna razón los dos rompéis temporalmente vuestra relación, tenéis la seguridad de que dispondréis de muchas oportunidades para reconciliaros. Estos aspectos se encuentran casi siempre en las parejas que se divorcian y luego vuelven a casarse, en ocasiones más de una vez, y también en los amigos, los parientes o los socios que rompen su relación muy airados, luego se piden disculpas y «aquí no ha pasado nada».

La razón de que este aspecto proporcione una excelente armonía está en que la naturaleza emocional de la Luna y la personalidad del

Sol son compatibles; por eso la relación es básicamente armónica, por muchas vibraciones discordantes que produzcan otros aspectos planetarios en vuestras cartas.

Sol en cuadratura con la Luna   A es Sol, B es Luna
☉ □ ☽

Cuando se comparte este aspecto, hay una diferencia en los temperamentos básicos, un choque entre naturalezas y personalidades, incluso en dos personas del mismo sexo, pero especialmente en las de sexo opuesto, sea cual sea la clase de relación o asociación. El Sol puede comportarse de forma autoritaria, con desconsideración o arrogancia con respecto a la Luna, lo que suele causar lágrimas y alejamiento. Por otro lado (Libra insiste furtivamente en estos aspectos de compatibilidad), la Luna puede mostrarse demasiado sensible y exagerar la falta de consideración que a veces demuestra el Sol, tomándose la relación demasiado en serio como para lograr la armonía. El consejo cósmico para el Sol es el siguiente: procura darte cuenta de que no eres la única persona importante en esta relación; sólo eres la mitad de ella. El consejo cósmico para la Luna es que sea lo más sencilla posible. Y a los dos os digo: «¡Alegraos mutuamente!»

Sol en oposición con la Luna   A es Sol, B es Luna
☉ ☍ ☽

Esta vibración es mitad negativa y mitad positiva. Todo depende de vosotros dos. Es el reflejo del típico dilema sobre el pesimista y el optimista con respecto al vaso de agua: «¿Está medio vacío o medio lleno?»

Para evitar que la relación se convierta de alguna manera en una vibración sadomasoquista (sádico el Sol, masoquista la Luna), los dos tendréis que hacer un esfuerzo: el Sol para suavizar su actitud y comportamiento; la Luna para hacerse valer. He dicho hacerse valer, que no tiene nada que ver con ser dominante, ¡no vayamos a pasar de un extremo al otro! A pesar de las visiones opuestas que de vez en cuando puedan surgir entre los dos, no hay que olvidar el lado positivo del aspecto que compartís, en el sentido de que puede producirse una fuerte atracción magnética (como ocurre siempre con la polaridad), de forma que poco a poco vaya manifestándose lo mejor de cada uno para concretarse en algún logro común. Pero eso requiere cierto esfuerzo, además de un cuidadoso análisis de las cosas importantes y menos importantes que os separan.

Sol en conjunción, sextil o trígono con Mercurio   A es Sol, B es Mercurio
☉ ☌ ⚹ △ ☿

Si las personas que comparten este aspecto son profesor y estudiante, padre e hijo, o jefe y empleado, la relación será probablemente de una mutua cooperación tan afortunada como poco frecuente. También hace que la relación de la pareja o del matrimonio sea agradable y satisfactoria, disipando las disputas mentales que pueda haber entre los dos.

La mayoría de las veces Mercurio comprende muy bien por dónde viene el Sol (y no hay nada que tranquilice más al Sol que saberse comprendido), mientras que éste siente empatía y simpatía con las ideas de Mercurio, de forma que las anima y las estimula (y no hay nada que agrade más a Mercurio que entretenerse con cualquier juego emocionante que suponga un desafío mental, tratándose de una discusión con la pareja o con cualquier otro). En lugar de discrepar por las ideas del otro, sabréis unirlas de forma armónica y compartiréis muchos intereses comunes, lo que lógicamente facilita la concordia y evita los grandes conflictos. A pesar de que los dos sois absolutamente diferentes por lo que se refiere a la personalidad y al carácter emocional y mental, lo cierto es que pensáis de modo parecido en muchos asuntos, y eso supone un fuerte cimiento sobre el que construir una relación o una asociación cómoda y acogedora.

Sol en cuadratura con Mercurio   A es Sol, B es Mercurio
☉ □ ☿

No olvidéis lo que ya hemos comentado sobre la naturaleza de algunos de los aspectos astrológicos que podáis compartir, como que la cuadratura produce estrés y tensión, pero que también es una gran fuente de energía —para entendernos, es lo que hace que se ponga en marcha un coche, un avión o cualquier otra máquina—. Sin esta tensión ni estas vibraciones energéticas, todo permanecería inmóvil. Con este aspecto en particular que compartís, el estrés que produce implica la perspectiva diferente de Mercurio, que siempre es intelectual, mental o analítico, y también del Sol, que es más creativo al ver las cosas en su conjunto. El Sol no debe intentar proyectar, ni siquiera en silencio, una actitud condescendiente hacia la manera más intelectual y analítica que tiene Mercurio de interpretar las cosas, en tanto que Mercurio no haría mal en dar una respuesta más conciliadora con ese modo tan creativo que tiene el Sol de juntar las piezas del rompecabezas para ver la imagen terminada. Sería interesante que comprarais dos rompecabezas idénticos e intentarais montarlos en habitaciones separadas, cada uno con el suyo y con su propio método; así veríamos quién de los dos sería el primero en... No, no. Tachemos eso. No es una buena idea. La competición no os traería más que problemas. Lo siento. Sencillamente es una idea que se me ha ocurrido sin pensarlo demasiado. Como astróloga, debería avergonzarme.

Claro que, por otro lado (ya tenemos otra vez a Libra husmeando por aquí), un ejercicio como éste podría ser divertido y os ayudaría a ser más tolerantes con las diferencias que os separan. Lo importante es que el primero en terminar el rompecabezas no se ponga a fanfarronear ante el otro. Eso sí que no contribuiría a la armonía.

Sol en oposición con Mercurio   A es Sol, B es Mercurio
☉ ☍ ☿

Este aspecto está relacionado con vuestras mutuas energías mentales y creativas, que unas veces serán opuestas y otras estarán equilibradas. ¡Eso dependerá de vosotros! El efecto nunca será neutral. De vez en cuando puede llegar a producirse una pelea por diferencia de opiniones, incluso en situación de buen equilibrio de las energías mentales y creativas, pero estas diferencias suelen resolverse a través del diálogo. En algún momento de vuestra relación tal vez lleguéis a trabajar juntos, o quizá os interese al mismo tiempo algo relacionado con el mundo de la edición, la publicidad o la venta comercial. Mercurio iniciará los proyectos mentales, mientras que el Sol dará pie a los creativos. En cualquier caso, podéis acabar acusándoos mutuamente de ser unos adictos al trabajo o de esperar demasiado el uno del otro.

Sol en conjunción, sextil o trígono
con Venus   A es Sol, B es Venus
☉ ☌ ✳ △ ♀

Podéis estar seguros de vuestra mutua admiración y capacidad para dar ánimos, excepto cuando de forma temporal os afecte uno de los llamados aspectos negativos que compartáis en vuestras cartas. Aun así, no perderéis los beneficios básicos de estos tres aspectos entre el Sol y Venus (especialmente el de la conjunción, aunque el sextil y el trígono tiene su propia y maravillosa magia). La amistad, el compañerismo y la lealtad se engarzan en un hilo azul plateado que os mantiene siempre unidos, aunque no os encontréis físicamente en la misma habitación. Quizá tendréis los mismos objetivos o parecidas ambiciones. A menudo este aspecto indica que la asociación o la relación proporciona beneficios económicos, si bien el dinero generalmente (no siempre) pertenece a Venus. No importa quién de los dos es el responsable de la seguridad económica, ya que ambos tendéis a compartirlo todo, incluyendo el dinero, a no ser que otro aspecto planetario de vuestras cartas atenúe este impulso de generosidad. Aunque esto ocurra, vuestra inclinación a compartir las cosas volverá de forma periódica. Seréis afortunados a la hora de ganar dinero juntos y os lo repartiréis equitativamente sin problema alguno si llega el caso.

Sol en oposición o cuadratura
con Venus   A es Sol, B es Venus
☉ ☍ □ ♀

Existe un gran afecto entre los dos, aunque compartáis alguno de estos aspectos considerados negativos (que producen tensión), como la cuadratura o la oposición. Debido a que el Sol y Venus son unos planetas muy benéficos, lo cierto es que ningún contacto que se pro-

duzca entre ellos tendrá un carácter realmente antagónico o peligroso para la relación. Sin embargo, en el caso de la cuadratura o la oposición, pueden producirse algunas acusaciones mutuas por despilfarro (o tacañería), disputas motivadas por el dinero. Si tenéis una
educación distinta, puede causar alguna fricción. Es posible que los
dos tengáis estilos de vida diferentes, de modo que uno prefiera una
vida más retirada y con pocas relaciones, mientras que el otro quiera una vida más social, extravertida y gregaria; y lo mismo para los
pequeños desacuerdos, como por ejemplo si uno quiere encender de
noche todas las luces de la casa, mientras el otro prefiere la tranquila y acogedora penumbra. Tal vez a uno le gusta escuchar música
todo el día, mientras que el otro sólo quiere paz y escuchar música sólo de vez en cuando. Pero estos conflictos tienen una importancia relativa si se consideran como una faceta más de la relación en
su conjunto. Puede haber notables diferencias en cuestiones de gusto —de nuevo, un asunto sin importancia—, sea en todo lo relacionado con la decoración de la casa, como en la manera de vestir o di-
vertirse. En cuanto a las diferencias de educación, los dos podéis
aprender el uno del otro. Si uno procede de un ambiente obrero y el
otro de la clase alta, observad qué posibilidades tan interesantes se
os presentan. Uno de los dos podría invitar a un indigente a cenar a
casa la misma noche en que el otro invita al gobernador del estado.
¿Por qué no?

Sol en conjunción con Marte   A es Sol, B es Marte
☉ ☌ ♂

A veces os estimuláis y animáis mutuamente, tomando cualquier objetivo común o individual con una energía e intensidad im-
ponentes, lo cual da como resultado un impresionante éxito en común. Pero en otras ocasiones surgirá la envidia, de forma que
rivalizaréis por ver quién es el primero en llegar a la cima de la montaña. Vuestro progreso será siempre muy rápido en la medida en
que los dos os procuréis mutua ayuda, por eso os aconsejo que do-
minéis la posible necesidad de desbancar al otro en un momento
dado. Vuestros triunfos serán mucho mayores si los conseguís for-
mando un equipo por separado. No malgastéis vuestras energías

compitiendo el uno con el otro. ¡Unidlas y el mundo será vuestro! En vuestra relación cotidiana Marte a menudo provocará en el Sol algún que otro estallido de cólera, pero también le impulsará hacia la acción positiva, sacando a la luz toda su capacidad creativa. En la vida diaria y la astrología toda moneda tiene siempre dos caras. Igualmente el Sol puede provocar la ira de Marte, pero también convertirse en su gran protector, ayudándole a evitar los peligros de su carácter impulsivo e invitándole a mirar antes de dar un salto. Cuando estéis los dos juntos, la verdad es que no gozaréis de muchos ratos de paz y tranquilidad; es más probable que, para bien o para mal, os envuelva una atmósfera cargada de energía magnética. Generalmente será para bien, si conseguís evitar el exceso de mutua estimulación.

Sol en cuadratura con Marte   A es Sol, B es Marte
☉ □ ♂

En el caso de que no exista algún otro aspecto planetario extremadamente positivo en vuestras cartas, tal vez convendría buscar el equilibrio de vuestro karma en otra vida anterior. Si por el contrario compartís otros aspectos positivos entre los dos, entonces esta vibración que tanto perturba puede llegar a mitigarse considerablemente, incluso hasta el punto de vencerla definitivamente. Vuestra decisión estará mucho mejor fundamentada después de estudiar este análisis de vuestra relación.

Los problemas que pueden llegar a causar en vuestras cartas el Sol y Marte en situación de cuadratura tal vez no se manifiesten de manera inmediata, ni tampoco tendréis que enfrentaros a ellos cada día, pero cuando los planetas en tránsito activen de vez en cuando este aspecto tan sensible (os hará falta un astrólogo que calcule el momento), entonces, sea cual sea el tipo de relación que exista entre los dos, lo cierto es que será como moverse por un campo de minas.

Las ambiciones propias de cada uno pueden dar lugar a un conflicto que producirá una reacción de ira y de abierta hostilidad. El mal genio saldrá enseguida, de modo que ambos os pondréis radicalmente a la defensiva, provocándoos mutua frustración. El único modo de borrar completamente el daño que pueda producir este aspecto empieza por que uno de los dos ceda del todo y se rinda a la parte más fuerte ofreciendo una y otra vez la otra mejilla. El problema está en que el resentimiento oculto que produce esta especie de comportamiento masoquista puede afectar gravemente a la salud de quien decida someterse al otro, a no ser que este sometimiento venga motivado por el amor y la humildad. Teniendo esto claro, haz el favor de presentar al Vaticano tu candidatura para que te canonicen como santo. Pese a todo, el amor puede resolver cualquier dificultad y si hay bastante amor entre vosotros, la lucha entre el Sol y Marte quedará apaciguada ante su poder e influencia. No hay dolor en el mundo que el amor no pueda curar. Basta con que os améis lo suficiente y seréis las personas más felices, sabias y poderosas del planeta. El secreto está en la palabra «suficiente».

Sol en oposición con Marte   A es Sol, B es Marte
☉ ☍ ♂

¡Anuncio de tormentas! Pueden producirse «conflictos en River City», como dice la canción de *The Music Man*. Hay períodos en que la tensión es continua, como cuando uno de los dos se vuelve demasiado agresivo o dominante, ¡o cuando vuestros puntos de vista particulares son diferentes y resuenan como un címbalo! En serio, sois un constante estímulo para vuestras respectivas ideas, sólo que a veces os estimuláis demasiado. Y luego está vuestro temperamento (¡y qué temperamento!), que hace difícil la avenencia, si no imposible. Necesitaréis un buen montón de aspectos armoniosos entre vuestros otros planetas para compensar esta vibración generadora de tan serios conflictos. Estudiad el análisis de vuestra relación entera y estableced una detenida valoración de vuestras capacidades intuitivas. Dependéis enteramente de vosotros. Nadie más posee el suficiente conocimiento personal para ofrecer un dictamen final fiable.

Cada uno de vosotros adopta con demasiada frecuencia una actitud de resistencia, con pocos deseos de cooperación. Necesitáis recurrir a un mediador, aunque ninguno de los dos está nunca dispuesto a escucharle, al menos no más de lo que os escucháis el uno al otro. La impaciencia, el orgullo, la rivalidad y los celos pueden dejar cicatrices profundas en vuestra relación. Si la mayoría de vuestros otros aspectos planetarios son inarmónicos, descubriréis que la vida es más plácida si trabajáis vuestro karma con la otra persona en una encarnación futura y evitáis intimar en ésta. Pero si la mayoría de vuestros otros aspectos planetarios mutuos son armoniosos, pueden diluir el presente en disputas sólo ocasionales. Como todo en astrología, depende de vosotros. *Vosotros* tenéis siempre la última palabra. Es lo que se llama libre albedrío, y ejercitarlo fortalece el carácter. Superar los problemas es bueno para vosotros, tal y como solía deciros vuestra madre cuando teníais que comeros el bróquil y las coles de Bruselas.

Sol en conjunción, sextil o trígono con Júpiter   A es Sol, B es Júpiter
☉ ☌ ⚹ △ ♃

Al margen de cómo os comportéis con otras personas, cuando estáis juntos sacáis a relucir algo del payaso y el eterno optimista que lleváis dentro. Habéis descubierto que muchas veces una broma o una risa franca pueden hacer desaparecer la mayoría de las frustraciones de vuestra vida. Tenéis el don de alegrar al otro, de sacarle con poco esfuerzo de la depresión y la melancolía. Si otros aspectos planetarios entre vuestras cartas de nacimiento pueden indicar desacuerdos religiosos, legales, intelectuales o educacionales, en general os sentiréis afortunados de poder trabajarlos con dulzura en el análisis final, puesto que este aspecto tiene el poder de reducir cualquier falta de armonía en estos ámbitos.

Aunque desde un punto de vista astrológico está garantizado que el Sol obtendrá mayores beneficios económicos de una asociación con Júpiter, ambos os brindaréis apoyo financiero mutuo, y podréis contar con muy buena suerte en diferentes áreas, con una reciprocidad segura. La fidelidad y confianza que compartís permiten que afloren vuestras mejores cualidades. Os prestáis ayuda mutua de forma instintiva, en aspectos tanto materiales como espirituales. Como equipo, y si sois capaces de aunar esfuerzos, alcanzaréis cualquier meta en común, desde fundar con éxito una empresa o una nueva religión, hasta escalar el Everest.

Probablemente vuestras ambiciones son más expansivas que las de la mayoría, y quizá a ambos os guste toda clase de deportes, sobre todo aquellos que supongan un reto. Puesto que hay muchas probabilidades de que compartáis el afecto por los animales, desde perros y gatos hasta caballos y elefantes, ¿por qué no adoptáis un cerdito como mascota? ¡Os serviría de diversión y os haría reír con carcajada jupiterina!

Sol en oposición o cuadratura con Júpiter   A es Sol, B es Júpiter
☉ ☍ □ ♃

Es difícil definir esta vibración como totalmente positiva o, por así decirlo, totalmente negativa. Sin duda brinda influencias benéficas, pero el beneficio puede a veces ser un poco parcial, lo cual tampoco significa discordante. Si surgen voces de conflicto, será probablemente cuando vuestros sueños y vuestras metas sean diferentes. Júpiter tiende hacia metas más éticas e idealistas, mientras que el Sol se interesa por ambiciones más materiales. Es posible que el Sol se acostumbre a desviar con demasiada frecuencia las responsabilidades hacia Júpiter, y que casi siempre le encuentre dispuesto a apoyarle y ayudarle, pero también es posible que en alguna ocasión Júpiter le prometa al Sol más de lo que, desde una perspectiva realista, puede darle, por lo que se queje diciendo: «Esperabas demasiado de mí.» Si os une algún tipo de relación financiera, aunque Júpiter sea más idealista que materialista y el Sol sea por lo general todo lo contrario, quizá haya ocasiones en que el Sol acuse a Júpiter de ser demasiado derrochador. Este aspecto constituye una curiosa mezcla de beneficio mutuo y desequilibrio en el lado que presta la ayuda, de acuerdo con la idiosincrasia personal de cada uno. Según vuestros intereses individuales, el desacuerdo puede ser menor en el terreno de las creencias religiosas, en cuestiones educativas, en el campo de la edición, en el de los mercados de valores o en situaciones relacionadas con el derecho. No en todos, por supuesto, pero sí al menos quizá en uno de estos ámbitos.

Sol en sextil o trígono
con Saturno   A es Sol, B es Saturno
☉ ✶ △ ♄

Ambos sois capaces de combinar y equilibrar la confianza, el entusiasmo y el optimismo (el Sol) con la estabilidad, la paciencia y las cualidades organizativas necesarias para la obtención de un éxito duradero (Saturno). La mayor parte de las veces estaréis de acuerdo en quién debe asumir la responsabilidad de encargarse de los asuntos, quién lleva las riendas de la autoridad en las diferentes situaciones, cómo se reparte la realización de las tareas, etcétera. Saturno aceptará las sugerencias que le hagan con respecto a que sea más flexible y expansivo, e incluso estará más dispuesto a asumir cualquier cambio que venga del Sol que de cualquier otra persona, al tiempo que el Sol aceptará gustoso beneficiosas aunque restrictivas prevenciones y limitaciones sugeridas por Saturno (a menos que otros aspectos planetarios mutuos ensombrezcan seriamente este aspecto), sin sentirse ahogado como sucedería si cualquier otro lo intentase. De todos modos, es posible que el Sol se exceda en recriminaciones a Saturno por ser tan poco abierto y tan conservador. Cualquier cosa que haga Saturno por atenuar el orgullo y el exceso de confianza del Sol redundará al final en el bien y el beneficio de ambos, antes que ser causa de conflicto. Qué bien suena.

Ambos debéis saber que en encarnaciones anteriores ya habíais tenido algún tipo de relación o asociación, puesto que Saturno es el planeta del karma. Cuando está vinculado con el Sol (o con cualquier planeta) en dos cartas natales, sea cual sea la naturaleza del aspecto, ello indica un mayor o menor contacto en existencias pretéritas. El que tales contactos hayan sido mayores o menores depende de otros aspectos planetarios entre vuestras cartas. Esta vibración del Sol en sextil o en trígono con Saturno es excelente para la armonía familiar, las amistades duraderas, además de fortalecer los beneficios financieros de las uniones matrimoniales o de negocios. Aunque no siempre, junto con este aspecto suele darse una diferencia de edad cronológica, ya sea con arreglo a la edad real, o respecto a la madurez propia de la experiencia por parte de una de las personas y la falta de sabiduría mundana por parte de la otra.

Sol en conjunción con Saturno   A es Sol, B es Saturno
☉ ☌ ♄

Esta conjunción del Sol y de Saturno puede ser provechosa o desafortunada, según la mayoría de los demás aspectos de vuestras intercartas sean generadores de tensión o armonía. Estudiad vuestro análisis de compatibilidad planetaria completo, con el fin de descubrir qué efecto general tendrá esta conjunción en vuestra relación. Como la mayor parte de las cosas de la vida, lo más probable es que tenga un poco de cada.

Una cosa se puede dar por segura: cualesquiera que puedan ser vuestras pautas de conducta individuales, cuando unís esfuerzos y actuáis en equipo, ambos quedáis tan agotados por el deber y la responsabilidad que podríais necesitar la ayuda de Trabajoadictos Anónimos. Eso sí, esto forma parte del lado positivo de esta vibración... creo.

Una faceta de este aspecto que puede causar fricciones es que Saturno quizá trate de *aposentar* o refrenar el entusiasta deseo del Sol de seguir siempre adelante, cosa que éste no apreciará, aun cuando (o más bien, sobre todo cuando) le digan: «Aminora la marcha... es bueno para ti», lo cual es verdad. En el lado bueno, el Sol animará las ambiciones de Saturno, lo que servirá para aliviar en éste sus miedos, preocupaciones, negatividad pesimista y todo lo demás. Como sucede siempre con estos aspectos planetarios, y aunque el individuo Saturno pueda ser un Signo Solar (pues sucede también cuando una persona es un alegre y amistoso cachorrillo del Signo Solar de Aries), la posición de Saturno en la carta natal revela una parte seria e inclinada a la depresión en la personalidad global de esta persona (y de cualquiera).

La influencia de un aspecto mutuo del Sol en conjunción con Saturno hace que el Sol le ofrezca a Saturno muchas y excelentes sugerencias, que Saturno tendrá la sensatez de aceptar, ya que una de las virtudes del Sol es su facilidad para la formulación de conceptos creativos. Pero es posible que el Sol tenga que esperar una eternidad antes de que Saturno acepte sus beneficiosas ideas, ya que Saturno es lento para todo (o al menos eso le parece al Sol, que siempre es más agresivo).

Teniendo en cuenta que este aspecto puede considerarse de los «buenos» (reléase el primer párrafo, por favor), habrá una gran fidelidad entre vosotros, una especie de vínculo que os hará sentir «los dos juntos contra el mundo». Si la relación es de amistad, de parentesco, de socios, de amantes o compañeros, por lo general habrá entre vosotros una diferencia en la edad cronológica, o también puede ser simplemente que las actitudes y el comportamiento de Saturno hagan parecer de vez en cuando que uno de los dos es mayor cronológicamente, o más maduro.

El Sol es más tolerante y menos rencoroso que Saturno, lo cual es una suerte, ya que en vuestra relación es el Sol quien deberá garantizar la armonía haciendo la mayoría de las concesiones y las componendas.

Antes de que el Sol se queje por ello, recordad esta Ley Universal eterna: el Sol en conjunción con Saturno (igual que si están en cuadratura o en oposición) significa que hay lecciones kármicas que aprender, y que el maestro, el encargado de intercambiar ese conocimiento, es siempre aquel que aporta Saturno como aspecto del Sol del otro, y no a la inversa. No sé si esto supone o no una mayor facilidad para aceptar la disciplina y su enseñanza, pero lo que está claro, o al menos eso espero, es que resulta inútil luchar en contra. Es mejor, y más sensato, practicar la «gracia bajo presión». De otro modo, las lecciones habría que aprenderlas en alguna encarnación futura, puesto que no hay escapatoria a la inflexible ley de los maestros del karma, según la cual «a cada acción le corresponde una reacción» —a no ser que haya leído el capítulo 9 de mi libro *Signos astrales* y no tenga pensado dejar que muera su cuerpo actual, en cuyo caso las lecciones deberían aprenderse en algún momento concreto de la existencia de su «Inmortalidad Física» en esta Tierra. A buen entendedor...

Sol en cuadratura con Saturno   **A es Sol, B es Saturno**
⊙ □ ♄

Comenzaré por aconsejaros que luchéis contra vuestras frustraciones, porque, tanto en un sentido cósmico como kármico, no tenéis elección. Las cosas serán más fáciles si aceptáis las irritaciones que conlleva este aspecto. En cualquier caso, siempre será culpa vuestra, no de las estrellas. Vuestro comportamiento mutuo en una vida anterior (o en varias) creó los problemas que necesitan solución en la encarnación presente. Así que saldad las deudas kármicas y dejad de debatiros contra lo inevitable. Podéis estar seguros de que los conceptos de seguridad y estabilidad de Saturno chocarán en un momento u otro con los conceptos del Sol. De vez en cuando es posible que Saturno, en ocasiones con frialdad, vaya limando la confianza en sí mismo del Sol a través de críticas y limitaciones. Aunque de forma periódica, ello puede desanimar y deprimir mucho al Sol, hasta tal punto que la enfermedad física se convierta en una posibilidad real. Gran parte de la frustración resulta de la sistemática negativa del Sol a intentar siquiera seguir el modo de vida de Saturno. Éste, en respuesta y como represalia, tratará al Sol con una dolorosa frialdad cuando el propio Sol quiera jugar a seguir al líder, que por supuesto será Saturno. ¡Otra cosa es lo que el Sol tenga en mente! Aunque estos problemas no lleguen a expresarse en palabras, quedarán expuestos con la suficiente claridad a través de las experiencias de vuestra relación.

Las maneras superiores y arrogantes de Saturno se hacen difíciles de adaptar al orgulloso y no menos arrogante Sol. En último término, el Sol comprenderá las recompensas de la aceptación y la adaptación, pero hasta ese momento podéis pasar horas muy bajas... los dos, puesto que Saturno se sentirá tan frustrado por la insistencia en ser independiente del Sol como éste lo estará por las limitaciones que Saturno impone en la relación. Escuchad, vosotros juntos causasteis todo esto hace quién sabe cuántos siglos, milenios, eras; así que tenéis que sufrirlo también juntos. En astrología este aspecto está considerado el más importante de todos, razón por la cual supongo que es tan compleja su interpretación.

Sea cual sea la clase de relación que os une, puede haber una diferencia de edad cronológica. Esto cabe dentro de lo normal entre padre e hijo, claro está, pero a menudo también se da el caso entre socios de empresa, amigos, amantes y compañeros.

El contacto de Saturno con cualquier planeta indica que las dos personas han compartido una o más relaciones estrechas en vidas anteriores, pues como sabemos Saturno es el planeta del karma. Si vuestras intercartas revelan más de un aspecto de Saturno, las experiencias de reencarnaciones anteriores han sido plurales y profundas, sobre todo si estuvieron acompañadas por aspectos que implicaban a Neptuno o un contacto Plutón-Venus.

Siento tener que echarle encima al Sol esta carga, pero la Ley Universal sigue siendo inamovible en esto: cuando hay lecciones importantes que han de ser aprendidas por los dos, es la persona que aporta Saturno como aspecto del Sol la encargada de ejercer de maestra de la sabiduría mutua requerida, y no a la inversa. El Sol probablemente se reconcomerá en deseos de ser él quien enseñe, pero puesto que es algo inevitable, lo que deberá hacer es ponerse cómodo, relajarse y someterse al papel de profesor de Saturno. En cierto modo más bien sutil, es algo similar al consejo que la reina Victoria les daba a las jóvenes con respecto a la noche de boda: «No os preocupéis, estiraos y pensad en Inglaterra.»

De forma análoga, el Sol debe *estirarse* (en sentido figurado) y pensar en las felices recompensas que le esperan cuando vuestras escalas kármicas mutuas queden equilibradas. Al final, ambos os daréis cuenta de que la manera de resolver el peso de vuestro karma y vuestro pasado, que vuestra alma tanto necesita, es practicar la «gracia bajo presión». Como escribió el poeta: «Es la gracia lo que me ha permitido llegar a salvo hasta aquí... y será la gracia la que me conducirá hasta el hogar.»

En serio, este aspecto exige sacrificios ocasionales del ego, pero cualquier cosa que haya de tener un valor eterno requiere un sacrificio mutuo. Y, después de todo, el amor es eterno.

Saturno es consciente en secreto de la necesidad profunda de aquello que el Sol puede dar. Asimismo, el Sol es consciente en secreto de la necesidad profunda de aquello que Saturno puede dar. En consecuencia, es posible que ambos tratéis de poseer al otro y no queráis dejarle escapar, sin importaros las fricciones que puedan surgir, pero ésta es la razón principal de que esta vibración cree una atadura tan fuerte y difícil de romper. La expresión clave de la tensión existente entre vosotros podría definirse con rigor con la pregunta «¿Quién es el jefe?». Los dos creéis conocer la respuesta. ¡Lástima que no sea la misma para ambos!

Si os contáis entre los raros casos en que se produce una doble influencia de este aspecto entre vosotros (el Saturno de A está en cuadratura con el Sol de B, mientras que al mismo tiempo el Saturno de B está en cuadratura con el Sol de A), entonces la atadura que os une no sólo será difícil de romper, sino tal vez imposible. No importa la fuerza con que lo intentéis. Si éste es vuestro caso, ¡buena suerte, podéis ganar un buen montón de estrellas para vuestras coronas kármicas!

Una nota adicional: ¿sabéis quién es de verdad «el jefe»? Respuesta: vuestros Yos Superiores.

Sol en oposición con Saturno   A es Sol, B es Saturno
☉ ☍ ♄

Existe una resistencia casi instintiva que tira con fuerza de cada uno de vosotros. Esto es algo que sin duda habéis sentido con frecuencia. Las limitativas, recelosas y conservadoras actitudes de Saturno en diversas áreas de vuestra relación son vividas por parte del Sol con un agudo y penetrante sentimiento, que le hace ver a Saturno como una persona innecesariamente exigente y testarudamente intolerante, que se complace de forma incomprensible en adoptar una postura contraria a cualquier deseo o sugerencia del Sol. No siempre, sino más bien en raras ocasiones, Saturno puede comportarse de un modo suspicaz y quisquilloso, que ofenderá y humillará el orgullo y la confianza en sí mismo del Sol y motivará una respuesta explosiva nacida de un resentimiento largo tiempo reprimido. Por supuesto, la fricción no se produce sólo de una de las partes. Es posible que Saturno se queje de que el Sol es despótico, poco cooperante e incapaz de dejarse enseñar.

Pero vuestros problemas pueden superarse por la Ley de la Polaridad. Aunque dos personas tienen puntos de vista y temperamentos opuestos, quizá siga habiendo vibraciones de compatibilidad entre ellas. Por eso, si hacéis un esfuerzo, vuestras diferencias tal vez acaben mezclándose de forma armoniosa, pues cada uno puede aportar lo que al otro le falta. Si el Sol en oposición con Saturno en vuestras intercartas crea una resistencia mutua continuada e interminable o acaba por generar un efecto centrífugo de antimagnetismo, la posición de polaridad de estos dos planetas depende de vuestra libre elección. Corre por cuenta vuestra. Pero ambos debéis realizar el trabajo. Si sólo una persona se entrega a la adaptación, la vibración puede convertirse en sadomasoquista. Claro que siempre es posible que cuando uno de los dos inicie el esfuerzo necesario para hacer aflorar el lado positivo, sirva de influencia para que el otro haga lo mismo. Medias tintas no sirven. Son como la «esperanza», una palabra débil e impotente que admite la posibilidad de fracaso. Lo que hace milagros es saber que lo negativo no tiene existencia real más que en el mundo de lo ilusorio... y cantar con el corazón la sabia letra de una canción popular: «Tienes que acentuar lo positivo, / elimina lo negativo, / súmate a lo afirmativo, ¡no te quedes en medio!» *Fair dinkum!* (en Australia significa «¡Es verdad, amigo»). ¡Recordad que el magnetismo de la Ley de Polaridad puede resultar mágico!

Aquí tenéis otro dato de información astrológica en relación con este aspecto: Saturno es el planeta del karma. *Fair dinkum!* Cuando entra en el aspecto de cualquier planeta entre dos personas, ya sea en conjunción, cuadratura, oposición, sextil o trígono, podéis estar seguros de que habéis compartido una o más relaciones en vidas anteriores. Con varios contactos de Saturno en vuestras intercartas, las experiencias de pasadas reencarnaciones se incrementan en relación con el número de aspectos de Saturno que haya entre vosotros, sobre todo si también hay aspectos de Neptuno y alguno de Plutón-Venus. Cuando las cartas natales de dos personas carecen de aspectos de Saturno, significa que se encuentran por primera vez en esta encarnación actual, al menos en una relación significativa. En vidas pasadas sólo entrarían en contacto de un modo muy fugaz o superficial, como dos barcos que se cruzan en la noche.

Y hablando de barcos, un auténtico marinero prefiere ser capitán de un barco en probadas condiciones de navegar que en uno nuevo pero que jamás ha navegado. Si el barco ya ha navegado, significa que ha superado las tormentas sin daños serios o irreparables. Cuando penséis que vuestra relación es antigua, considerad que, a pesar de las tormentas, seguís juntos y esto es un dato positivo, no negativo. *Fair dinkum!*

Sol en conjunción con Urano   A es Sol, B es Urano
☉ ☌ ♅

En vuestra relación hay algo vagamente inquietante e inusual. ¡Pero más vale que os acostumbréis porque siempre existirá! No hay duda de que se trata de una asociación interesante. La única faceta generadora de tensión de esta vibración es que más de una vez habrá circunstancias que escapan a vuestro control que os separarán, por ejemplo, la inevitable necesidad de viajar que uno siente más que el otro. Pueden también producirse repentinas (y probablemente breves) separaciones motivadas por vuestros temperamentos, cuando Urano monte en cólera con la furia de un rayo, o cuando el orgullo del Sol sea causante de manifestaciones de una conducta arrogante. No obstante, esto no sucederá con frecuencia, aunque sí periódicamente. Cuando se trata de vosotros dos, siempre hay una sorpresa agazapada al doblar la esquina, y es fácil que sea única o poco convencional. Cualquier esfuerzo que emprendáis juntos tendrá aires progresistas e innovadores, pero nunca prosaicos o aburridos. Los talentos creativos, las ideas apasionantes y las ambiciones a gran escala del Sol inspirarán otro tanto en Urano. Por su parte, el Sol responderá con generosa hospitalidad cuando Urano (para quien la amistad es un ritual sagrado) se presente a cenar con invitados inesperados, que pueden ser el policía de la esquina, una indigente, el alcalde, el jefe de la empresa, un San Bernardo extraviado o el príncipe Carlos.

Sol en sextil o trígono
con Urano   A es Sol, B es Urano
☉ ⚹ △ ♅

Esta vibración suele dar lugar a una asociación fundamentada en proyectos comunes poco convencionales o bastante imaginativos relacionados con la política, la astrología, la metafísica o la investigación científica. Ambos os beneficiaréis en diversos sentidos de la relación. Os anima una tendencia a estimular la originalidad del otro a través del intercambio de ideas avanzadas y utópicas, además de despertar los talentos intelectuales y creativos mutuos. Como consecuencia, el interés del uno hacia el otro está siempre vivo. Es posible que los demás encuentren raras o excéntricas vuestras aspiraciones comunes, pero éstas constituyen los vínculos que os atan, y si el mundo os ridiculiza o ignora, lo único que consigue es uniros más y crear una empatía que hace nacer un sentimiento de «nadie más me comprende de verdad», lo cual causa a su vez una interdependencia que consolida un compañerismo duradero.

El Sol no encontrará nada raro en que Urano guarde un bote de lápices en la nevera para que estén afilados, mientras que Urano comprenderá la firme voluntad del Sol por coleccionar toda clase de objetos curiosos y peculiares. Formáis una pareja fascinante para invitaros a una fiesta, aunque vosotros seguramente preferiréis quedaros en casa a hablar de *Star Trek*, de las selvas ecuatoriales, de cómo proteger a los elefantes contra los cazadores furtivos o cómo establecer una biosfera en Marte. Si integráis vuestros sueños en un equipo, podéis formar un partido político nuevo, patentar algún invento maravilloso, producir una película innovadora o quizá un disco... ¡de rigurosa vanguardia, por descontado!

Los grandes planes del Sol para el futuro intrigarán y deleitarán a Urano y hasta es posible que animen en él alguna gigantesca ambición en consonancia con aquéllos. Por su parte, Urano podrá ponerse una de esas brillantes narices de plástico rojas de los payasos, sentado en mitad del tráfico de la autopista y haciendo alegres gestos con los brazos a los demás conductores, ¡sin que el Sol se sorprenda lo más mínimo! Compartir idiosincrasias compatibles puede ser una experiencia en verdad muy divertida, aunque los demás piensen que sois una pareja de infelices. ¿Qué os importa a vosotros? ¡Por lo menos os tenéis el uno al otro, como el Hombre Cocodrilo del circo y su cabra de tres cabezas!

Sol en oposición o cuadratura con Urano
⊙ ☌ □ ♅   **A es Sol, B es Urano**

El efecto más suave de estos tensos aspectos entre el Sol y Urano será una esporádica e intermitente relación llena de arrebatos periódicos de genio seguidos de reconciliaciones inesperadas, tras las cua-

les surgirán nuevos arrebatos, a los que sucederán nuevas reconciliaciones... Ya os hacéis una composición de conjunto. El efecto más
serio es cuando se da una asociación en que existe un fuerte conflicto de individualidades. La conducta con frecuencia anticonvencional
y totalmente impredecible de Urano tendrá sumido casi en la confusión al Sol, que nunca sabrá qué va a pasar a continuación. El Sol tratará de dominar o influir de alguna manera en Urano, quien dará
rienda suelta a su resentimiento y se rebelará contra el último intento del Sol por mostrar su autoridad en la relación. Pero la impaciencia y la rebeldía contra el otro vendrá de ambas partes. De forma
ocasional llegaréis a cooperar, pero sólo en raros momentos y sin
resultados fáciles. Si ambos tratáis de ser más introspectivos y apos-
táis por la serenidad, el equilibrio y la autodisciplina, podéis reducir
esta vibración generadora de tanta tensión a un nivel de molestia mínima. Ello depende en gran medida de otros aspectos mutuos que
haya entre vuestras cartas de nacimiento. Si son muy armoniosos,
podréis vencer los problemas suscitados por este aspecto, pues al final os daréis cuenta de que vale más un poco de tolerancia y humildad por las dos partes, sumada a generosas dosis de perdón, con el
fin de salvar la felicidad de la que se nutre vuestra experiencia en
otros ámbitos.

Sol en conjunción con Neptuno ☉ ☌ ♆   A es Sol, B es Neptuno

Cualesquiera que sean las demás dificultades que puedan surgir
entre vosotros de forma periódica a causa de las razones planetarias
que existan, vuestra relación se basa en una inagotable aportación de
compasión mutua, nacida de las muchas montañas que habéis esca-
lado juntos y que os han hecho compartir a lo largo de incontables
reencarnaciones tanta cantidad de experiencias, de amor y perdón.
Los lazos espirituales que os unen son profundos e inquebrantables,
lo cual es especialmente cierto si la conjunción de estos planetas en
vuestras intercartas tomadas por separado es menor a un grado. Pero
al margen del grado de la esfera de influencia astrológicamente permitido al calcular este aspecto, el entendimiento y la empatía entre
vosotros es notable. Según los antiguos, el Sol en conjunción con

Neptuno (y también en sextil o en trígono), ya se base en una comparación de dos cartas natales o en una carta individual, indica más de una reencarnación anterior en un convento o monasterio en calidad de sacerdote o sacerdotisa elevados, o bien puede indicar una vida muy antigua durante la cual la persona fue un líder religioso.

Como resultado de las implicaciones kármicas de este contacto planetario, hay mucha sensibilidad compartida en vuestra relación, un asombroso vínculo psíquico que os permite leer con frecuencia la mente del otro, seáis o no conscientes de ello: ambos sois capaces de comunicaros sin necesidad de oficinas de correos ni teléfonos. Otra cosa es que hayáis sido capaces o no de desarrollar este potencial, pero lo cierto es que, si no es así, deberíais tratar de hacerlo. Es una valiosa ventaja por varias razones.

Tenéis entre vosotros una especie de bola de cristal, como los experimentos extrasensoriales podrían demostrar de forma asombrosa. En vuestra relación o asociación existe una gran cantidad de devoción, tolerancia e idealismo, y muchas veces, por razones que escapan al control de ambos, se requiere de alguna forma de sacrificio personal. Pero no os preocupéis demasiado por esta vibración. La sutil influencia de este aspecto forjará un fuerte vínculo que tendrá el poder de responder a cualquier exigencia kármica pasajera. La única faceta algo negativa del Sol en conjunción con Neptuno es que puede suceder, en raras ocasiones, que Neptuno se sienta profundamente herido si el Sol considera necesario romper una promesa, aunque sea de menor importancia, o que Neptuno le parezca de pronto al Sol como una persona frustrantemente misteriosa e insondable. Aun así, la natural empatía con que está bendecida vuestra relación sanará la herida, de modo que la confianza mutua se renueva de forma constante. Tendría que haber muchos aspectos inarmónicos y muy poderosos en vuestras intercartas para echarla a perder.

Sol en sextil o trígono
con Neptuno
☉ ⚹ △ ♆

A es Sol, B es Neptuno

Como en el caso de la conjunción entre estos dos planetas, el sextil o trígono confiere un poderoso vínculo psíquico, intereses espirituales comunes y una gran cantidad de empatía y entendimiento mutuos. Cada uno de vosotros aporta al otro confianza y apoyo emocional. Es probable que compartáis un interés por el arte, la música, la danza, la poesía, el teatro y las cuestiones metafísicas. También existe la posibilidad de que haya un vínculo común que os relacione con la salud, la higiene o la medicina. Ambos tenéis un comportamiento amable con los animales y los infortunados terrícolas. Puede que también os una en algún momento un interés por el mar, los delfines y la amenazante cuestión medioambiental de la lluvia ácida. Los fines ecológicos pueden formar parte de vuestra relación o asociación, como también la problemática religiosa. Si os unís para producir una película sobre el salvamento de la Tierra y de sus criaturas, os acompañará el éxito. Os resultará fácil adivinar los deseos y anhelos del otro y, por extraño que parezca, es probable que seáis capaces de interpretar vuestros respectivos sueños, ¡por no hablar de vuestras pesadillas!

Sol en oposición o cuadratura con Neptuno
$\odot \, \mathcal{8} \, \square \, \Psi$

A es Sol, B es Neptuno

Neptuno tratará sin cesar de escapar a los intentos del Sol por desplegar la autoridad y las dotes de mando que le hacen esperar la obediencia del otro. Al Sol le resultarán muchas veces desconcertantes, e irritantes, las acciones evasivas de Neptuno, que interpretará como un engaño. En cierto sentido es una interpretación acertada, por cuanto Neptuno es bien capaz de aparecer sumiso, mientras al mismo tiempo, y de forma muy sutil, elude la influencia del Sol. Como es natural, tal conducta puede resultar engañosa y, en opinión del Sol, francamente falsa. Pueden darse acusaciones de deslealtad cuando se trate de relaciones familiares, de amistad o asociaciones de negocios, o pueden surgir sospechas de infidelidad entre amantes o compañeros. No obstante, tales enfados rara vez son tan serios como parecen, y la mayor parte de las veces estas situaciones provocadas por la arrogancia dominante del Sol y las técnicas de evasión puestas en práctica por Neptuno para tratar con él quedarán neutralizadas antes de convertirse en un obstáculo insuperable. Y una vez que ambos hayáis reconocido la fuente del problema, si los dos bajáis el tono un poco (si suavizáis el comportamiento que os molesta mutuamente), podéis llegar a una especie de tregua, aunque sea un poco incómoda. ¿Por qué no afrontáis la verdad? Si Neptuno es menos huidizo, el Sol será menos acusatorio y receloso, y si éste no se encierra en sus expectativas de obediencia por parte del otro, Neptuno será más libre para mostrarse franco y directo.

Sol en conjunción con Plutón   A es Sol, B es Plutón
☉ ☌ ♇

Aunque de forma latente y quizá no expresa, ambos queréis tener algún tipo de poder en la relación. Por definición, el Sol es poder, pero también lo es el planeta Plutón. Cuando este inmenso poder se combina sin envidias ni rivalidad, puede literalmente mover montañas. En cambio, si los dos lucháis por obtener la autoridad, podéis destruir la confianza mutua, por no hablar de los proyectos que forjasteis juntos. Es posible que Plutón trate de obligar al Sol a que cambie, de tal manera que ello afecte a la relación de forma radical. En términos generales, el Sol tratará de llegar a un arreglo con Plutón, porque... bueno, porque es menos estresante. La naturaleza de Plutón no es nada acomodaticia. Ambos estáis igualmente fascinados por los secretos y los misterios antiguos del universo, y os gusta examinar juntos con atención cualquier camino que pueda guiaros. (¡Podéis formar un gran equipo de investigación, como Watson y Sherlock Holmes, al margen de cuál sea vuestro sexo!) De todos modos, los secretos también pueden constituir una fuente de conflictos. Al Sol no le gustará nada que Plutón se guarde algún secreto, por inocente que sea.

Vuestra asociación es profundamente kármica, y ésta no es la primera vez que os encontráis, en modo alguno. Habéis viajado juntos en muchos mundos y épocas diferentes, constituyendo miríadas de relaciones. Podéis sentirlo o no, tal vez lo intuáis cuando os miráis a los ojos y aguantáis la mirada. Los ojos son las ventanas del alma. Y el alma sabe; el alma recuerda. Este aspecto puede crear dificultades periódicas si hay entre vosotros un espacio generacional, que no hará sino intensificar cualquier lucha por la supremacía en vuestros puntos de vista, ideas y modos de vida. Es inherente a vuestra relación una portentosa capacidad de construcción, y de destrucción. Pero ¿acaso vais a ser tan tontos de optar por lo segundo en lugar de lo primero? Pensadlo.

Sol en sextil o trígono
con Plutón   A es Sol, B es Plutón
☉ ⚹ △ ♇

Es una recompensa extremadamente favorable la que se os da, por vuestro buen comportamiento conjunto en vidas anteriores, a través de esta excelente nota en vuestro cuaderno kármico. Promete una considerable armonía entre vosotros en el intercambio de ideas y la solución de misterios o problemas. Estimuláis la ambición y la actitud emprendedora del otro, lo que redunda en sustanciales beneficios. En las cartas de personas entregadas a actividades empresariales, políticas, investigadoras o promocionales, puede aportar grandes éxitos. Entre amantes o compañeros sentimentales, puede llevarles a analizar y sondear las profundidades de su relación, lo que les hará tomar conciencia de quiénes son y *por qué*. Habrá por lo general un interés mutuo en los misterios por resolver de la existencia, en todos los ámbitos de la vida.

Sol en oposición
o cuadratura con Plutón   A es Sol, B es Plutón
☉ ☍ □ ♇

Cuanto más estrecha sea vuestra relación, más fricciones pueden resultar de este aspecto. Habrá períodos en que se ponga a prueba vuestra lealtad y tolerancia mutuas. Aun cuando haya otros aspectos planetarios en vuestras intercartas que sean fundamentalmente armoniosos, esta vibración puede ser en ocasiones generadora de problemas. En un sentido u otro, Plutón tratará de cambiar al Sol, lo cual molestará a éste. En contrapartida, Plutón está seguro de poder resistir a cualquier intento de autoridad o dominio por parte del Sol. De vez en cuando Plutón puede mostrarse celoso, exigente y, en ocasiones, rencoroso o hasta vengativo, mientras que el Sol se rebelará siempre y presentará batalla contra cualquier cambio o intento de control por parte de Plutón. Ninguno de los dos aceptáis que el otro os corrija. Suena como si estuvierais ante lo que suele llamarse una vía muerta, ¿verdad? Cada uno de vosotros posee una gran cantidad de poder personal, que es el motivo por el que ambos resistís al otro, aunque se trate de alguien con quien seáis compatibles en otros aspectos, y tratéis de dirigir las operaciones. Vuestras personalidades, fuertes por igual, crean la hostil testarudez que amenaza con dañar vuestra relación. ¿Cómo puedo contribuir a hacer esta vibración más llevadera para suavizarla y, en último término, resolverla? Está bien, intentemos esto: cuando Plutón se comporte de una forma desagradable, el Sol, antes de explotar en un feroz arrebato de rebeldía, debe reflexionar sobre la letra de una cancioncilla cantada por Mr. Rogers en el programa televisivo infantil titulado *El barrio de Mr. Rogers*. Son palabras que iluminan una verdad que nadie parece advertir nunca.

«Esas personas que sabes que son a veces malas / son las mismas que pueden hacerte sentir alegre.» El mensaje es sencillo y claro, y no necesita explicación. Comprendedlo y veréis hasta qué punto son improductivas e innecesarias todas vuestras luchas por alcanzar el poder y el control entre vosotros.

En cuanto a Plutón, bueno, cuando sienta la necesidad de tratar de cambiar al Sol, lo que debe hacer Plutón es recordar al Sol las palabras con que Mr. Rogers concluye todos sus programas: «¡Me gustas tal como eres!» Ya las había mencionado al interpretar otro aspecto, pero la verdad nunca se repite demasiado.

Puesto que Plutón está obsesionado con el poder, será oportuno recordar que estas palabras tienen un inmenso poder para crear armonía en cualquier relación entre dos personas. Plutón, intenta ponerlas en práctica. No tienes nada que perder, salvo soportar las reacciones airadas del Sol. Escucha atentamente con el corazón y oirás al Sol decir: «Por favor, deja de intentar cambiarme. Necesito gustarte, necesito que me quieras tal como soy.»

3

Aspectos de la Luna

Luna en conjunción con la Luna
Luna en sextil o trígono con la Luna
Luna en oposición con la Luna
Luna en cuadratura con la Luna
Luna en conjunción, sextil o trígono con Mercurio
Luna en oposición con Mercurio
Luna en cuadratura con Mercurio
Luna en conjunción, sextil o trígono con Venus
Luna en oposición con Venus
Luna en cuadratura con Venus
Luna en conjunción con Marte
Luna en sextil o trígono con Marte
Luna en oposición o cuadratura con Marte
Luna en conjunción, sextil o trígono con Júpiter
Luna en oposición o cuadratura con Júpiter
Luna en sextil o trígono con Saturno
Luna en conjunción o cuadratura con Saturno
Luna en oposición con Saturno
Luna en conjunción con Urano

> Luna en sextil o trígono con Urano
> Luna en oposición o cuadratura con Urano
> Luna en conjunción, sextil o trígono con Neptuno
> Luna en oposición o cuadratura con Neptuno
> Luna en conjunción con Plutón
> Luna en sextil o trígono con Plutón
> Luna en oposición o cuadratura con Plutón

Luna en conjunción con la Luna   A y B
☽ ☌ ☽

En astrología el Sol rige la personalidad; la Luna, las emociones. Por regla general, normalmente una persona se comportará siguiendo las indicaciones del Signo Solar, pero cuando intervienen o surgen las emociones, la persona se comportará temporalmente de acuerdo con el signo en el que se encontraba la Luna en el momento de su nacimiento.

Como vuestras Lunas se encontraban en el mismo signo el día en que los dos nacisteis, en cuanto algo despierte vuestras emociones, ambos os comportaréis más o menos de la misma manera, según los rasgos del signo lunar que compartáis.

Esta vibración puede producir un intercambio telepático de pensamientos, haciendo que ambos seáis muy sensibles al estado de ánimo del otro, al tiempo que se produce una gran compenetración de sentimientos.

Todas estas cosas se producen cuando las emociones individuales surgen temporalmente en diferentes momentos. Si las emociones de ambos se implican simultáneamente, es posible que haga falta advertiros de algo.

¿Por qué? Porque cuando los dos mostráis vuestro lado más emocional al mismo tiempo y básicamente de la misma manera, existen bastantes posibilidades de que los rasgos del signo de vuestras Lunas en el momento de vuestro nacimiento se acentúen y aumenten (tanto desde el punto de vista positivo como negativo).

Dos personas que compartan el signo lunar en Tauro, por ejemplo, se harán extraordinariamente testarudas. Si comparten el signo lunar en Cáncer, ambos se convertirán en dos personas lloronas, posesivas, malhumoradas y estrafalarias; si en Leo, los dos se hincharán como globos de orgullo y carácter mandón y, en fin, ya sabéis a qué me refiero. Esta conjunción lunar lo suavizará todo y aportará armonía cuando vuestros momentos emocionales no coincidan, pero si coinciden, la verdad es que no será demasiado bueno. Sin embargo, ya se os ha indicado cómo evitar que esto os cause problemas, así que haced lo que se os dice (tened cuidado) y todo irá bien.

He aquí una interesante faceta de este aspecto: es probable que descubráis que vuestras madres os han tratado siempre como si fuerais niños, y aún siguen haciéndolo.

Luna en sextil o trígono con la Luna   A y B
☽ ✳ △ ☽

En astrología el Signo Solar influye en la personalidad exterior del individuo, que es la que ven los demás, mientras que el Signo Lunar influye en las emociones internas. De esta manera, cuando una persona crea un vínculo emocional muy fuerte con algo, se comporta temporalmente de modo que se manifiesten las cualidades del signo en el que se encontraba la Luna en el momento de producirse el nacimiento de esta persona.

Debido a que vuestras Lunas se encontraban en unos signos que eran compatibles y armónicos entre sí cuando nacisteis, tanto si los dos acentuáis vuestras emociones por separado como si éstas emergen de forma simultánea, todo irá como la seda entre vosotros.

Con vuestra Luna situada armónicamente en el momento de vuestro nacimiento, vuestra disposición y temperamento son perfectamente compatibles, y vuestras respuestas emocionales a la mayoría de las situaciones son muy parecidas, haciendo que simpaticéis mutuamente con respecto a los sentimientos y al estado de ánimo del otro.

A menudo se produce entre vosotros un intercambio telepático de pensamientos. Vuestros gustos son parecidos, así como vuestras predilecciones, y por regla general estaréis de acuerdo en las cosas importantes y en las que no lo son tanto, esos pequeños asuntos cotidianos por los que los demás se pelean tantas veces. Si compartís algún otro aspecto planetario que indique conflicto, este que nos ocupa os ayudará a ser más comprensivos el uno con el otro. Así que una Luna en sextil o trígono con la Luna supone un pequeño gran estímulo en vuestra relación.

Luna en oposición con la Luna   A y B
☽ ☍ ☽

Vuestros sentimientos y estados de ánimo son muy diferentes, a pesar de lo cual mostráis una gran sensibilidad hacia los sentimientos y el estado de ánimo del otro. Parece una contradicción, pero no lo es, como sin duda ya sabéis por la experiencia que tenéis de vuestra relación. De hecho, estas diferencias sirven de ayuda mutua, ya que compartís una compenetración y una comprensión natural hacia la diferente manera que tiene cada uno desde el punto de vista emocional de hacer frente a situaciones de todo tipo, lo cual hace que apenas se produzcan tensiones entre los dos. A no ser que tengáis otros muchos aspectos planetarios en vuestras cartas, vuestra predisposición casi siempre es buena, y eso hace que os ayudéis y que se equilibre la polaridad de vuestra naturaleza emocional. Recordad que la Ley de la Polaridad puede ser beneficiosa porque cada cual posee aquello que al otro le falta y la fuerza magnética que existe entre dos planetas opuestos puede favorecer el equilibrio en un armónico intercambio de actitudes que ayude a solucionar los problemas cotidianos, especialmente en relación con aquellos que puedan surgir con otras personas al margen de vuestra relación.

Luna en cuadratura con la Luna   A y B
☽ □ ☽

Cuando entre dos cartas de nacimiento tenemos un aspecto como el de la Luna en oposición con la Luna, nos encontramos con diferentes reacciones y actitudes con respecto a la emotividad, pero por lo general también se produce una mutua identificación en la comprensión de dichas diferencias. Éstas son las mismas en el caso de la cuadratura entre vuestras dos Lunas, sólo que aquí no existe esa mutua comprensión de las diferencias y los estados de ánimo, lo cual produce desconsideración e impaciencia por ambas partes cuando dais una respuesta diferente ante una misma situación. Esta vibración no suele generar ninguna tensión realmente grave. Lo más probable es que se manifieste en pequeñas discusiones y alguna irritación y molestia sin importancia, que, aunque pueden suceder con frecuencia, nunca dejará cicatrices imborrables que puedan destruir la relación. Uno de los dos podrá acusar al otro de ser como un perro ladrador y poco mordedor, y probablemente tendrá razón.

Es posible que los dos disfrutéis en secreto de esta vibración planetaria. Os brinda la oportunidad de experimentar el estímulo que conllevan los pequeños desacuerdos y las discusiones revitalizadoras, siempre seguidas de disculpas y grandes abrazos. Claro que esto último no sirve cuando se trata de una relación de negocios entre, digamos, dos hombres «machos», y lo mismo con algún otro tipo de relación, ya que por tradición los hombres no deben demostrar entre sí esta clase de afecto. La tradición se equivoca. Los grandes abrazos son muy necesarios y buenos para ambos sexos. Cuando la «sociedad» comprenda esto, nuestro planeta será un lugar mucho más bonito y feliz para «vivir nuestro tiempo kármico», ya que, como dijo John Lennon: «La vida es eso que te ocurre cuando estás muy ocupado haciendo otros planes.»

Luna en conjunción, sextil o trígono con Mercurio
A es Luna, B es Mercurio
$$☽ \, ☌ \, ⚹ \, △ \, ☿$$

Las cualidades intuitivas y sensibles de la Luna combinan bien con la curiosidad y la rápida inteligencia de Mercurio, de modo que ante una determinada situación, vuestras ideas casi siempre se acoplan de forma armónica. Los dos juntos formáis un equipo a lo Sherlock Holmes (Luna) y doctor Watson (Mercurio) a la hora de desentrañar cualquier extraño asunto, del tipo que sea. Probablemente compartís el interés por muchas cosas y os animáis mutuamente con respecto a ellas. Cuando los profundos sentimientos de la Luna se combinan con la viveza mental de Mercurio, el resultado puede ser de lo más sorprendente, pero muy beneficioso para ambos.

Os encanta viajar juntos y deberíais hacerlo siempre que os sea

posible, ya que estos viajes en común os traen buena suerte. Tened
las maletas preparadas para que, ante la menor oportunidad, os pongáis las alas en los talones y voléis hacia las nubes. Tal vez os fascinan los ordenadores, incluyendo ese que llamamos cerebro humano.
Aquí tenéis un regalo añadido a esta armónica vibración: sois capaces de interpretaros los sueños el uno al otro, lo cual no deja de tener sus ventajas, sea cual sea el tipo de relación que se tenga.

Luna en oposición con Mercurio   A es Luna, B es Mercurio
☽ ☌ ☿

Desde el comienzo de vuestra relación habéis compartido conversaciones fascinantes y discusiones muy estimulantes, y ésa es una
de las razones que explica vuestra atracción. Sea cual sea la naturaleza de la relación, siempre será más emocionante que aburrida. Sin
embargo, puede producirse alguna fricción causada por una diferencia de actitud con respecto a la comunicación y al intercambio de
ideas. Mercurio necesita expresar sus pensamientos con un torrente de palabras, lo cual provoca impaciencia en la Luna, y a veces lo
manifiesta con brusquedad; por otro lado, la Luna se sirve de un
método mucho más introvertido de comunicación, usando pocas
palabras, lo cual también provoca la impaciencia y la molestia en
Mercurio, que necesita que la Luna se comunique y se exprese oral-
mente, no con el silencio.

Sed menos críticos y tened un poco más de respeto ante la diferente manera que tiene cada uno de expresarse. Podéis seguir la Ley
de la Polaridad para extraer o magnetizar vuestras diferentes maneras de expresión, de forma que podáis combinarlas transformándolas
en una vibración compatible y armónica, ya que ambos comportamientos tienen su parte buena, por muy divergentes que sean. Aparte
de esta tensión ocasional que pueda producirse entre los dos, la oposición Luna-Mercurio tiene un lado positivo. Cuando la facilidad de
palabra y la rapidez mental de Mercurio se combinan con la percepción ultrasensible de la Luna, podéis usar la oposición para alcanzar
vuestras ambiciones, en lugar de andar con reproches todo el día. Con
la comprensión, la tolerancia y muchas menos críticas, este aspecto
puede dejar de ser un problema para convertirse en una gran ventaja.

La Luna quizá se queje de que al preguntarle la hora a Mercurio, éste empiece a explicar cómo se fabrica un reloj; igualmente Mercurio se quejará de que, en las discusiones importantes, la Luna a menudo responda sólo con monosílabos. Sin embargo, esta mutua irritación puede verse mitigada si Mercurio hace un esfuerzo por no explicar lo mismo varias veces cuando una sola respuesta bien pensada es suficiente, y lo mismo si la Luna se esfuerza por responder a Mercurio con algunas palabras más que un simple «sí», «no» o «tal vez», porque Mercurio se exaspera ante estos juegos de adivinanzas. Es la vieja batalla entre la extroversión entusiasta y la introversión tranquila. Cada una resultará beneficiada si toma prestado un poco de la otra. Como siempre ocurre con la verdad y la sabiduría, la solución es bien sencilla, aunque no siempre sea fácil de reconocer.

Luna en cuadratura con Mercurio   A es Luna, B es Mercurio
☽ □ ☿

La elocuencia de Mercurio, su rapidez mental, su comportamiento y su discurso contradictorio (¿diremos poco sincero? ¡Sí, digámoslo!) a veces no será muy bien comprendido por el carácter extremadamente sensible de la Luna, de ahí que provoque desconcierto en ella. La Luna quisiera que Mercurio jugara a estos juegos mentales y exhibiera estos cambios tan rápidos con otra persona. Mercurio a veces se impacienta o se molesta cuando la Luna no comprende sus pensamientos o sus ideas con rapidez, pero también se vuelve envidioso cuando ve que la Luna es capaz de usar su intuición e imaginación para percibir las cosas mucho más lejos de lo que es capaz Mercurio. ¿Resultado? Mercurio se pone a la defensiva y se venga usando las armas del sarcasmo y la crítica contra la hipersensible Luna, lo cual puede dejar profundas cicatrices. Si compartís otros aspectos más armónicos o favorables en vuestras cartas, estas heridas sanarán, de forma que se reduzca este antagonismo. En realidad, esta vibración no es de las más negativas, y lo peor que puede causar entre los dos es cierta brusquedad y alguna discusión. Si Mercurio consigue moderar su manera de hablar tan cáustica ante los diferentes gustos e intereses de la Luna, y si ésta hace un esfuerzo por no malinterpretar las ideas y los conceptos que Mercurio intenta proyectar, conseguiréis cierto grado de armonía a fuerza de mostraros más razonables.

Luna en conjunción, sextil o trígono con Venus   A es Luna, B es Venus
☽ ☌ ✳ △ ♀

Dando por sentado que compartís otros aspectos en su mayoría favorables en vuestras cartas, el que nos ocupa bendecirá vuestra relación con un profundo y mutuo afecto y devoción, lo que favorecerá un apego permanente. Si por el contrario compartís otros aspectos antagónicos o problemáticos en vuestras cartas, éste suavizará cualquier diferencia de comportamiento y personalidad que podáis tener el uno con el otro. Vuestra relación será de una gran compenetración la mayor parte de las veces. Y no sólo os beneficiaréis de este mutuo afecto y consideración, sino que también obtendréis beneficios en los asuntos de dinero. Tenéis tantas cosas en común que será difícil que las semillas de la discordia —que raramente llegarán a dar fruto— crezcan para traer problemas de verdad. Éstos se desvanecerán con el nuevo sol de cada mañana y nunca serán lo bastante graves ni duraderos como para ser causa de amargura y rencor. Ambos tendéis a perdonar fácilmente las pequeñas ofensas, sois generosos el uno con el otro con respecto al dinero y, por regla general, estáis de acuerdo en todo lo que tenga que ver con proyectos de tipo creativo, viajes o actividades sociales. ¿No estáis contentos de que vuestras hadas madrinas os tocaran en la cuna con sus varitas mágicas?

Luna en oposición con Venus   A es Luna, B es Venus
☽ ☍ ♀

La Ley de la Polaridad funciona entre vosotros produciendo una vibración magnética por la que os animáis mutuamente, de forma que vuestra relación es tranquila, sosegada y cómoda. Es posible que haya algunos intereses que no compartáis, pero lo más probable es que todo se resuelva, haciendo que la Luna le ofrezca a Venus unos intereses que éste aprenderá a disfrutar, y que Venus seduzca a la Luna para que experimente aquellas cosas que resultan divertidas y emocionantes. «Tú me enseñas a esquiar y yo te enseño a jugar al tenis», «Yo te enseño a pintar y tú me enseñas a bailar», o lo que sea. Si uno de los dos posee un talento natural que el otro no tiene, seguramente fomentaréis el respeto y la admiración, en lugar de satisfacer cualquier impulso de competitividad.

Luna en cuadratura con Venus ☽ □ ♀   A es Luna, B es Venus

Especialmente cuando se trate de una relación íntima, es más que posible (bueno, seamos sinceros y digamos «probable») que se produzca alguna tensión causada por pequeños celos, casi siempre imaginarios e innecesarios. De alguna manera, los dos tendréis celos, sólo que uno lo manifestará claramente, expresándolos con algún que otro acceso de ira y rabia seguido de cierta retractación, mientras el otro se sentirá igualmente perturbado por temor a perder el amor a través de una tercera persona, pero hará lo posible por esconder tales sentimientos y negará incluso su existencia. Con este aspecto, un astrólogo será incapaz de decir a quién corresponde de los dos cada una de estas actitudes, pero ambos los sabréis. Es posible que haya también alguna pauta problemática en vuestro estilo de vida con respecto a las inclinaciones sociales y las preferencias de entretenimiento, pero si en vuestras cartas hay otros aspectos que indiquen mutua armonía y afecto, estos pequeños desajustes pueden arreglarse sin problemas entre los dos. Aunque la cuadratura no sea tan favorable como otras configuraciones Luna-Venus, tampoco puede considerarse demasiado perjudicial en cuanto a la compatibilidad de dos personas. Os ayudará a recordar que los celos, cuando están bajo control, pueden ser un cumplido, y en lugar de ser una molestia, pueden de una forma sutil aumentar la propia confianza de aquel de los dos a quien vayan dirigidos.

Aquí tenéis un mensaje cósmico para vosotros: al fin y al cabo, debería ser más agradable que problemático el hecho de saber que la persona a la que quieres puede sentirse mal por haberte arrebatado algo. Sería mucho peor que la persona más querida se marchara o no

le importara que tú te fueras con algún otro. Tanto si vuestra relación
es de familia, de amistad, de negocios o de amor, nunca perdáis de
vista esta gran verdad: tanto si los celos son deliberados como si no,
cuando éstos aparecen es porque existe miedo, de modo que hay que
enfrentarse a ellos con una actitud de compasión y reafirmación personal, sin resentimiento alguno. De hecho, ésta es la única manera
de conseguir que desaparezcan para siempre. Repetid conmigo: es la
única manera.

Luna en conjunción con Marte   A es Luna, B es Marte
☽ ☌ ♂

Sea cual sea la relación o asociación entre los dos, Marte tiene
que reprimir su tendencia a ser mandón, contestón, impaciente y
exigente con la Luna. Por su parte, la Luna debería controlar su tendencia a ser evasiva, reservada y triste, retirándose a su escudo de
protección o llorando a mares porque es demasiado sensible ante
cualquier daño insignificante y, por regla general, inexistente. Los
que compartís este aspecto tendréis que hacer frente a períodos en
los que vuestra relación parecerá la de dos planetas completamente
diferentes, incluso de sistemas solares o galaxias muy alejadas. En
primer lugar, uno de los dos dirá siempre que es alguien normal y
acusará al otro de pertenecer a otro mundo. Entonces cambiáis los
papeles. El comportamiento áspero y agresivo que a veces demuestra Marte será insoportable para la extrema sensibilidad de la Luna,
en tanto que los melancólicos silencios de ésta pueden resultar muy
frustrantes para Marte. Pero esperad, ¿qué extraño magnetismo es
este que os hace permanecer juntos contra el frío y distante mundo?
Supongo que podríamos llamarlo mutuo apoyo y compenetración.
Pero eso no evitará las agrias discusiones ni los problemas, sólo os
ayudará a decir al final «lo siento». Cuando uno de los dos se sienta
arrepentido de verdad, el otro debería aceptar las disculpas. Hacer
caso omiso de una disculpa sentida con el corazón es algo cruel y no
hará más que empeorar las cosas. Perdonar incluso después de que
alguien pida disculpas es una de las cosas más maravillosas que tenemos los seres humanos. ¿Qué os parece si no lo olvidáis? Acordaos también de hacer un esfuerzo por comprender en lugar de ha-

cer todo lo posible porque os comprendan. Es una fórmula que obra milagros.

Luna en sextil o trígono con Marte   A es Luna, B es Marte
☽ ⚹ △ ♂

Vosotros elegís la manera de decirlo: química física, magnetismo sexual o pasión irresistible. Llámese como se llame, constituye un vínculo muy fuerte en amantes, o cónyuges, e incluso aumenta los lazos de fidelidad entre parientes, amigos o compañeros de trabajo. En cualquier caso, este aspecto planetario es enormemente positivo. Marte refuerza la autoconfianza de la Luna, estimulando su imaginación, sus ideas e ideales. La Luna es capaz de guiar y dirigir con suavidad la energía de Marte para conseguir algo productivo. Cuando trabajáis en equipo, hay una cooperación que viene de lejos y hace que las cosas ocurran y que cualquier proyecto llegue a buen puerto. Con esta vibración, estaréis decididos a seguir hasta el final sin ningún tipo de dilación, e iréis directos hacia aquello que queráis, en lugar de dar rodeos.

Luna en oposición o cuadratura
con Marte   A es Luna, B es Marte
☽ ☍ □ ♂

Estoy segura de que ya habéis descubierto que, además de la fuerte atracción que produce esta vibración (de tipo sexual en los amantes o cónyuges, y mental en cualquier otra clase de relación), la reacción emocional de los dos es igualmente fuerte, provocando graves problemas de personalidad. El carácter impulsivo de Marte puede chocar con el aplomo de la Luna y así perturbar la predisposición más tranquila de ésta. La Luna molestará a Marte con su hipersensibilidad cuando en realidad Marte no quiere hacer daño. Realmente ha sido una jugarreta de los planetas daros este aspecto que tanto os atrae, casi de una manera irresistible, con la única intención de que resolváis tan difícil karma entre los dos. Pero si los planetas hacen esto, es porque son los responsables de vuestra preparación kármica, ya sabéis. Tal vez se producen mutuas acusaciones por exceso de críticas, por brusquedad, falta de consideración y rechazo a poder hablar las cosas con calma. El único consejo cósmico que cura las heridas que produce este aspecto es el mismo que damos a quienes comparten una conjunción entre Luna y Marte en sus cartas.

Ya lo he dicho en alguna parte, pero lo repetiré aquí, puesto que sirve para los dos. La verdad que cura está en las últimas palabras de la oración de san Francisco de Asís: «Quiera Dios que no me preocupe tanto de que me comprendan, como de comprender yo a los demás / y un milagro vendrá tras otro / y no acabarán las maravillas.» Pronunciad estas palabras en voz alta cada día de vuestras vidas y veréis cómo son verdad. ¡Oh, sí, pero no olvidéis ponerlas en práctica!

Luna en conjunción, sextil o trígono con Júpiter
A es Luna, B es Júpiter

☽ ☌ ✶ △ ♃

Incluso en aquellos casos en que las cartas revelen el predominio de aspectos discordantes y que más tarde, por la razón que sea, corten su relación, no guardarán rencor alguno ni padecerán un daño permanente si se comparte este aspecto en concreto.

Dando por supuesto que compartís un número suficiente de aspectos armónicos en vuestras cartas, el aspecto que nos ocupa supondrá un fuerte estímulo para los dos. Cuando la Luna pida un favor de Júpiter, casi siempre se le concederá sin dilación. Cualquiera de estos tres aspectos proporcionará sustanciales beneficios económicos y «suerte» por parte de Júpiter sobre la Luna. La mayoría de las veces, la Luna cooperará con las ideas y los conceptos expansivos de Júpiter, adaptándose a sus gigantescos objetivos y ambiciones. Por regla general, hay acuerdo en todo lo que tenga que ver con la educación y los temas legales y religiosos (a no ser que haya otros aspectos planetarios que sean causa de fricción en estos asuntos, pero aun así, esta relación Luna-Júpiter mitigará cualquier tensión). Júpiter será generoso y protector con respecto a la Luna, y la Luna será capaz de despertar la imaginación y la autoestima de Júpiter. Es probable que Júpiter no lo necesite, pero todo ayuda. Incluso cuando uno posee toda la imaginación y autoestima del mundo, no hace ningún daño que otra persona aumente e intensifique estas capacidades. Ya se sabe que la cantidad no implica necesariamente calidad. Lo que pasa es que en este caso es así.

Luna en oposición o cuadratura
con Júpiter   A es Luna, B es Júpiter
☽ ☍ □ ♃

Sí, tenéis problemas y discusiones, especialmente en lo que atañe a dos temas: la religión y/o el dinero. Algunas de estas peleas pueden tener algo que ver con asuntos familiares, parientes políticos o algo parecido, pero lo que pasa es que no os ponéis de acuerdo en lo que a ambos temas se refiere. Tal vez discutís con frecuencia por el presupuesto de los dos, y es posible que haya problemas porque alguien es demasiado ahorrativo (sobre todo la Luna) o derrochador (especialmente Júpiter). Pueden producirse tensiones por algo relacionado con el mercado de valores o cualquier lío de tipo legal, abogados, etc. Con toda su buena intención, tal vez Júpiter realice grandes promesas, lo cual hace que la Luna espere demasiado y se lleve una gran decepción cuando lo que se ha prometido no puede cumplirse. Tampoco la Luna es inocente a la hora de causar problemas, y se aprovecha de la disposición benevolente y generosa de Júpiter para exigir siempre cosas. Ninguno de estos problemas es lo bastante grave como para que sea causa de ruptura en la relación, pero puede llegar a ser molesto desde el punto de vista emocional y ser causa de una considerable falta de armonía, sobre todo si los dos vivís bajo el mismo techo.

Mirad, ¿qué pasa si uno va a la sinagoga y el otro a misa, o si a uno le gusta la astrología y el otro se ha convertido al cristianismo, o si uno piensa que la madre del otro es una bruja y el otro cree que tu madre no es mucho mejor? Guardad vuestras opiniones para vosotros, porque desde luego no conseguiréis cambiarlas. Por eso, lo mejor es guardar silencio sobre aquello que hace daño. De lo contrario, es posible que ganéis una batalla, pero con toda seguridad perderéis la guerra. Por supuesto, no hace falta decir que toda guerra supone una terrible pérdida para todos, incluso para el vencedor.

Luna en sextil o trígono con Saturno   A es Luna, B es Saturno
☽ ⚹ △ ♄

No es éste el aspecto planetario de la pasión, pero sí el de la estabilidad. Saturno es como un alto peñón que le ofrece a la Luna unos fuertes hombros sobre los que apoyarse y llorar (lo cual puede pasar con bastante frecuencia). La armonía existente entre los dos se basa en la mutua necesidad y la satisfacción de ambos. Saturno contribuye a estabilizar las cambiantes emociones de la Luna y le proporciona un puerto seguro después de la tormenta causada por cualquier persona de fuera. La Luna ve en Saturno a alguien resuelto, leal y serio, que le ofrece consejo cuando su estado de ánimo lo necesita y sus sueños no son lo que esperaba. La Luna abre caminos a los objetivos de Saturno, suavizando su comportamiento, y le demuestra lo que puede conseguirse cuando a la imaginación se le añade cierto espíritu práctico, combinación que Saturno encontrará muy beneficiosa. Esta vibración planetaria garantiza un agradable sentimiento de armonía a cualquier clase de relación, se trate ésta de amantes, cónyuges, familiares o compañeros de trabajo. Es posible que haya una diferencia de edad entre vosotros, pero eso no significa nada, ya que cualquier medición del tiempo según el calendario no es más que una ilusión.

Nota de la editora. Léase el capítulo 9 de *Los signos del zodíaco y las estrellas*, de Linda Goodman.

Luna en conjunción o cuadratura con Saturno   A es Luna, B es Saturno
☽ ☌ □ ♄

Una diría que esta vibración es algo paradójica por lo que se refiere al problema de la ruptura y la reconciliación. Como tal vez ya sepáis, vuestra relación no siempre es un jardín de rosas, sino que hay algunas espinas y piedras en medio del camino, estorbando de vez en cuando vuestro paso, por muy fuerte que sea el vínculo que os une. Como acabáis de ver, así de paradójico es este aspecto, porque hace que este vínculo sea aún más fuerte, aunque a veces parezca como que estáis atados de pies y manos, por mucho que la cuerda que os ata sea de oro fino.

Recordad que Saturno es el planeta del karma. Por eso, aquel que tenga al planeta Saturno en conjunción con la Luna (o con cualquier otro planeta) del otro estará a cargo de dar las lecciones kármicas que ambos tenéis que aprender. Esto puede llegar a desconcertar a la Luna, pero luchar contra ello es lo mismo que tratar de impedir que salga el sol. Saturno quiere poner disciplina en la Luna y asumir la responsabilidad de la relación, lo cual puede hacer que la Luna se sienta cohibida y limitada, incluso agobiada. Además, Saturno es capaz de exagerar cualquier minucia cuando está de mal humor y volverse muy frío, dañando así los sentimientos sensibles de la Luna. De vez en cuando, Saturno impondrá algún tipo de limitación a la relación y se mostrará demasiado crítico, lo cual entristecerá a la Luna. Cuando ésta reaccione retrayéndose con cierto resentimiento, en lugar de buscar la reconciliación, Saturno es cápaz de volverse aún más frío. Este aspecto a veces es causa de que vuestros familiares interfieran de alguna manera y provoquen más agobio si cabe, lo cual producirá más frustración.

Hay que reconocerlo, el planeta Saturno es el severo maestro del karma, y además no puede evitar desempeñar el papel que se le ha asignado desde el punto de vista cósmico, algo que la Luna jamás debería olvidar. De vez en cuando, cada uno de los dos tiene ganas de decirle al otro: «¡Alégrate!», pero por diferentes motivos. En realidad, costará mucho trabajo hasta que esta palabra consiga suavizar la carga de este conflicto planetario: ¡Alégrate! ¡Alégrate! ¡Alégrate! Debido al peso que tiene el karma en este aspecto, la tensión que produce el proceso de aprendizaje no es tan dolorosa como la soledad que sentiríais si os separarais. Ya os lo he advertido al comienzo, en la primera fase, esta vibración es una paradoja con letras mayúsculas.

Luna en oposición con Saturno   A es Luna, B es Saturno
☽ ☍ ♄

La Luna se resentirá del comportamiento disciplinario de Saturno, de sus críticas injustas y desconsideradas, así como de su actitud egocéntrica. Por su parte, Saturno se resentirá de la melancolía de la Luna, de los vuelos tan poco prácticos de su fantasía, de su exceso de sensibilidad y de las lágrimas con que reacciona ante cualquier daño imaginario. Saturno provocará periódicamente preocupación y ansiedad o será causa de desánimo con respecto a la Luna, mientras que ésta frustrará a Saturno retirándose en su caparazón de silencio y lejanía en medio de un mar de lágrimas, volviéndose más emocional que racional ante cualquier problema. Tenéis un modo muy diferente de enfrentaros a las cosas, desde la tensión y el conflicto hasta todo lo relacionado con el dinero y el estilo de vida.

Sin embargo, al igual que pasa en la naturaleza, en los seres humanos el Sol siempre consigue asomar entre las nubes y después de la tormenta acaba saliendo el arco iris. Para conseguir que salga el sol y el arco iris en vuestra relación, tratad de buscar el lado positivo de los dos planetas que se oponen o los dos puntos de vista que son contrarios. Es una tarea difícil y complicada, pero vale la pena hacer el esfuerzo. Como Saturno ve el lado conservador, seguro y práctico y la Luna ve el lado intuitivo, imaginativo y mágico de las cosas, cuando mezcláis vuestra visión contrapuesta y os dais cuenta de que cada cual posee aquello que el otro necesita, la combinación puede resultar de lo más exitosa. Semejante equilibrio provoca de forma infalible una poderosa vibración llena de armonía. Por eso una oposición como ésta tiene tanto magnetismo. Os atrae a los dos y hace que os enfrentéis con vuestros propios defectos. Lo que cada uno necesita lo encuentra en el otro, y allí está para cogerlo y apropiárselo. ¿Por qué permitir que este conflicto sea causa de una guerra entre los dos cuando podéis aprovecharlo para convertirlo en una energía revitalizadora?

Luna en conjunción con Urano   A es Luna, B es Urano
☽ ☌ ♅

La estimulación intelectual que hay entre los dos es emocionante y poderosa. El día en que os conocisteis ambos sentisteis una espontánea, inesperada y magnética atracción, como si se tratara de un relámpago, dando pie a una relación poco convencional, sea de amistad, de trabajo o amor. Poco convencional para los demás, pero de lo más natural para vosotros. Sin embargo, también con la rapidez del relámpago, la tensión y la irritación puede cambiar esta atracción y convertirla en repulsión o desinterés. Nada puede predecirse sobre vuestra relación. A veces el extraño comportamiento de Urano choca de frente con la actitud más convencional de la Luna. Aquí hay una tremenda fascinación, pero se trata de una vibración muy cambiable y no tiende precisamente a la permanencia, a no ser que compartáis otros aspectos planetarios que acentúen este vínculo. No obstante, siempre quedan esos relámpagos tan emocionantes, de modo que el aburrimiento nunca será un problema para vosotros. Si unís vuestras mentes y vuestros corazones, juntos sois capaces de patentar un invento que puede cambiar el mundo. En astrología a esto se le llama energía convertida (tanto si está cargada de energía positiva o negativa) en un rayo láser capaz de desintegrarlo todo. Así que utilizad este aspecto como es debido y convertíos en un doble rayo láser.

Luna en sextil o trígono con Urano   A es Luna, B es Urano
☽ ⚹ △ ♅

Lo más seguro es que vuestra relación sea poco normal o habitual de un modo u otro, y tal vez en varios sentidos. Sea cual sea vuestra relación, decididamente no se trata de algo convencional. Vuestras emociones tienen el estímulo de las cosas que experimentáis continuamente, creando un fuerte pulso magnético entre los dos. Se trata de una vibración estimulante e inspiradora para los negocios, la amistad o las relaciones familiares, pero cuando se encuentra en las cartas de novios o cónyuges, la Luna en sextil o trígono con Urano aporta extraños beneficios. Además de amaros mutuamente, también os gustáis mucho. Sois amigos también a la manera del amor romántico, lo cual constituye una situación ideal. Probablemente os mudaréis muchas veces y de forma inesperada en el transcurso de vuestra relación, pero estos repentinos cambios de residencia serán causa de emociones más que de tensiones. Urano despierta el espíritu de la Luna y le inspira idealismo, en tanto que la imaginación natural de la Luna estimulará y aumentará la originalidad, versatilidad y capacidad creativa de Urano. Juntos os lo pasaréis en grande, ya sea leyendo una sinfonía o escuchando un libro. Seamos francos, la verdad es que sois muy raros. Por lo menos uno de los dos. ¡Eso seguro!

Luna en oposición o cuadratura
con Urano   A es Luna, B es Urano
☽ ☍ □ ♅

Si en vuestras cartas compartís otros aspectos planetarios que no ofrezcan fuertes promesas de permanencia, éste en concreto puede ser causa de una ruptura inesperada y brusca, lo mismo que un relámpago (algo que, por cierto, entra dentro del poder de Urano). Pero si hay otros aspectos en vuestras cartas que indiquen una relación permanente, entonces el aspecto que ahora nos ocupa no será causa de ruptura final, aunque sí de repentinas separaciones cortas (y también ruidosas y llenas de lágrimas), a las que seguirán unas reconciliaciones no menos rápidas.

El carácter sensible de la Luna, sus emociones y sentimientos se ven a veces turbados por el comportamiento cambiable e impredecible de Urano. Es verdad que Urano estimulará las ideas de la Luna, lo cual constituye un innegable beneficio, pero también lo es que estos estímulos pondrán a prueba la capacidad de adaptación de la Luna, ya que pueden producir cierta inquietud en su estabilidad. Si vuestro aspecto es el de una oposición en lugar de una cuadratura, podéis recurrir a la ley astrológica que se refiere al magnetismo en caso de polaridad, esto es que, por así decirlo, podríais llenar los huecos del otro y daros mutuamente lo que a cada uno le falta.

Sin embargo, tanto si estos dos cuerpos celestes están en oposición como si se trata de una cuadratura, el resultado será cualquier cosa menos «celestial», y casi siempre inquietante. La Luna en oposición o cuadratura con Urano puede resultar a veces en una vibración caótica, pero hay gente que le gusta aceptar semejantes desafíos. De modo que si os gustan los desafíos, no os sentiréis decepcionados con este aspecto. Una de las maneras en que se puede ver canalizada esta energía es a través de constantes cambios de carrera y/o residencia.

Luna en conjunción, sextil o
trígono con Neptuno   A es Luna, B es Neptuno
☽ ☌ ⚹ △ ♆

Si así lo queréis, podríais ahorraros un montón de dinero en llamadas telefónicas y servicios de correos y mensajería. ¿Para qué gastar el dinero en estos medios de comunicación cuando los dos poseéis una increíble capacidad de transmisión telepática? Si conseguís afinar, sintonizar y mejorar lo que ya existe entre los dos de forma instintiva, podréis comunicaros cuando queráis tirando de los múltiples hilos que unen vuestras mentes, vuestros corazones y espíritus. Existe una gran compenetración e inspiración en vuestra relación, sea del tipo que sea. Con frecuencia contestáis al teléfono antes de que éste suene (cuando uno de los dos está al otro lado de la línea). Compartís el consuelo y la ayuda cuando la vida trae decepciones y os dais constantemente ideas e ideales cuando la vida es estable.

Formaríais un magnífico equipo en algo relacionado con el baile o el teatro, o con cualquier cosa relacionada con las artes; también fundando un nuevo movimiento espiritual o religioso, investigando o escribiendo sobre misterios, y cosas así. Es posible que a los dos os fascinen por igual los temas relacionados con el esoterismo, la mística o el ocultismo. Si aún no habéis visitado la Gran Pirámide de Egipto, ya es hora de que lo hagáis. Allí tendréis una experiencia de lo más iluminadora. Pero no queráis visitar o investigar el Triángulo de las Bermudas, porque es posible que vuestros amigos nunca más vuelvan a veros. El único pequeño problema que puede haber entre los dos es que en ocasiones parece que estáis un poco alejados el uno del otro (algo perfectamente comprensible para quien realiza numerosos viajes astrales, tanto juntos como por separado), pero con la iluminación y sabiduría espiritual que compartís, no será difícil resolver este problema. Todo esto sirve para relaciones de familia, amigos y socios de trabajo, pero no con los novios o los cónyuges, la Luna en conjunción, sextil o trígono con Neptuno puede llevar a una vibración al estilo de Elizabeth Barrett-Robert Browning. ¿Os habéis escrito poemas alguna vez el uno al otro?

Luna en oposición o cuadratura
con Neptuno   A es Luna, B es Neptuno
☽ ☍ □ ♆

¡Tenéis que reconocerlo! Sois ultrasensibles y demasiado tristes. Los dos reaccionáis con exageración ante ofensas inexistentes (por regla general) que os hacéis el uno al otro. Los dos os molestáis por igual por minucias y tendéis a reaccionar desapareciendo en silencio durante largos o cortos períodos, aunque la Luna dejará empapados estos silencios con un mar de lágrimas (aunque se trate de un hombre). Así os comportáis entre vosotros, pero con los demás es diferente.

Neptuno puede causar una gran confusión mental en la Luna, lo cual intensifica los malentendidos que ya al principio eran difíciles de aclarar. Muchas cosas son evasivas y nebulosas, en definitiva, poco claras. Uno y otro os mostráis de vez en cuando mutuamente misteriosos e impenetrables, lo cual os lleva a sospechar que puede haber algún engaño, por lo general imaginario. A pesar de todo, las sospechas, tanto si obedecen a algo cierto como si no, pueden dar pie a muchos problemas por ambas partes.

Deberíais olvidar esta costumbre de retirarse en silencio e intentar dialogar. Tratad de que el aire fresco de la sinceridad ventile vuestras mentes, dadle voz a vuestros temores y resentimientos. Lo que nunca funciona es retirarse, porque no hace más que aumentar la frustración. ¡Abrid vuestras mentes! Procurad dominar vuestra inclinación al secreto (no con los demás, recordadlo bien, sino con vosotros mismos). Si algo existe en el mundo que haga aumentar las sospechas del tipo que sean, es el secretismo. Ambos os enorgullecéis de vuestra capacidad para mantener algo en secreto, pero nadie os dará un premio o una medalla por tener este *talento*. Pero si no podéis resistir la tentación, romped la relación y trabajad para la CIA.

Luna en conjunción con Plutón   A es Luna, B es Plutón
☽ ☌ ♇

Este aspecto puede tener un fuerte efecto negativo o positivo en vuestra relación, según lo que vosotros mismos decidáis. Pero sea como sea el modo de canalizar esta energía, sin duda será muy fuerte, y esta fuerza emana de un karma pasado que ya habéis compartido en otra vida.

Plutón puede ser obsesivo y absorbente, en ocasiones innecesariamente celoso, lo cual despierta resentimiento en la Luna. Además, quizá pretenda sondear algunos secretos de la Luna que ésta prefiere mantener en privado, y también tratar de cambiar o reformar de manera radical alguna faceta del carácter lunar o de su pauta de comportamiento. No obstante, la Luna a menudo saldrá beneficiada del modo que tiene Plutón de aumentar su ya considerable imaginación, dando más perspectiva a sus puntos de vista y a lo que piensa de la vida.

Este aspecto planetario puede crear una poderosa atracción física cuando se trate de dos novios o cónyuges. En otra clase de relaciones esta atracción será mental.

Luna en sextil o trígono
con Plutón
A es Luna, B es Plutón

☽ ⚹ △ ♇

Como todos los aspectos que afectan a Plutón (y a Saturno), éste parte de un karma que tiene su origen en una vida anterior. Estimula poderosamente vuestra imaginación, vuestros sueños e intuiciones cuando estáis juntos. Aquí se produce una atracción mental de tipo magnético al comienzo de una relación familiar, de amistad o laboral, y entre novios o cónyuges hay una profunda química sexual. También os da el sentido de la percepción extrasensorial, telepatía y la capacidad de consolaros mutuamente cuando se produce algún dolor o decepción. Supone una excelente vibración para cualquier clase de asociación profesional o política. Si los dos llegáis a trabajar en algún proyecto de investigación, especialmente en el campo del esoterismo, la ecología o la inversión inmobiliaria, seréis muy buenos socios.

Luna en oposición o cuadratura
con Plutón
A es Luna, B es Plutón

☽ ☍ □ ♇

He aquí otra de las pautas kármicas de Plutón (o de Saturno) que procede de algo que uno de los dos hizo en una vida anterior y que en ésta hay que solucionar o equilibrar. Necesitaréis una buena dosis de paciencia, tolerancia, comprensión y perdón para mitigar la tensión de esta vibración. Tal vez Plutón esperará a que sea la Luna quien realice la mayor parte del esfuerzo, de modo que la relación puede verse muy resentida por algún problema grave de tipo emocional o por una enfermedad física de la Luna, a no ser que hagáis un intento consciente por suavizar vuestras diferencias antes de que la sangre llegue al río. Sed amables el uno con el otro y la vida será mejor. Tal vez ayudaría que de vez en cuando os separarais para renovar vuestra energía interior y espiritual.

Aspectos de Mercurio

Mercurio en conjunción, sextil o trígono con Mercurio
Mercurio en oposición con Mercurio
Mercurio en cuadratura con Mercurio
Mercurio en conjunción, sextil o trígono con Venus
Mercurio en oposición o cuadratura con Venus
Mercurio en conjunción con Marte
Mercurio en sextil o trígono con Marte
Mercurio en oposición o cuadratura con Marte
Mercurio en conjunción, sextil o trígono con Júpiter
Mercurio en oposición o cuadratura con Júpiter
Mercurio en conjunción con Saturno
Mercurio en sextil o trígono con Saturno
Mercurio en oposición o cuadratura con Saturno
Mercurio en conjunción, sextil o trígono con Urano
Mercurio en oposición o cuadratura con Urano
Mercurio en conjunción con Neptuno
Mercurio en sextil o trígono con Neptuno
Mercurio en oposición o cuadratura con Neptuno
Mercurio en conjunción con Plutón
Mercurio en sextil o trígono con Plutón
Mercurio en oposición o cuadratura con Plutón

Mercurio en conjunción, sextil o trígono con Mercurio   A y B
☿ ☌ ✶ △ ☿

Tenéis la capacidad de leeros el pensamiento mutuamente, pero no tanto por telepatía cuanto porque los dos tenéis siempre los mismos pensamientos. Vuestra afinidad mental es más que notable, lo cual hace que la percepción que tenéis de la gente y de las cosas, aunque no idéntica, sea muy parecida.

Os gustan los juegos mentales, lo que constituye el pasatiempo preferido de ambos, incluso cuando lo practicáis sin ser demasiado conscientes de ello. Tendríais suerte en proyectos relacionados con la escritura, la edición, la salud, la publicidad, la radio y la prensa, por mencionar sólo algunos; en realidad, lo vuestro es cualquier trabajo o carrera en que se necesite habilidad verbal.

Tal vez disfrutáis viajando juntos a cualquier sitio y en cualquier momento, ya que para vosotros la mejor hierba siempre crece en los pastos más alejados. Cuando no estáis viajando geográficamente, tal vez hacéis viajes astrales u os proponéis mutuamente viajes imaginarios. No tenéis problema alguno para comunicar vuestras ideas y os lo pasáis en grande con vuestras conversaciones y debates, que no serán pocos.

Es una buena vibración, y desde luego nada despreciable, ya que os asegura que nunca perderéis el interés por vuestra relación ni dejaréis de tener temas sobre los que hablar y siempre os quedaréis fascinados el uno con el otro. Otro don de este aspecto es que cuando surja algún problema entre los dos, si conseguís hablar con sinceridad, siempre encontraréis la solución, por imposible que parezca. ¡Las palabras tienen un poder mágico!

Mercurio en oposición con Mercurio   A y B
☿ ☍ ☿

Los dos disfrutáis poniendo a prueba la agilidad y viveza de vuestras mentes, de ahí que siempre andéis jugando a un ajedrez mental el uno con el otro, tanto en el sentido literal como figurado de la expresión. Cuando uno de los dos amenaza con un jaque mate al otro, no siempre es por simple diversión. Más a menudo de lo que parece, el último propósito es el de conseguir una victoria intelectual. Los juegos serán siempre emocionantes debido a la polarización de vuestra perspectiva mental. Cuando unís vuestros diferentes puntos de vista, sois capaces de resolver cualquier problema matemático o relacionado con el comportamiento humano. Cuando no sea así, después de una lucha de capacidad mental, aquel de los dos que gane proyectará sobre el otro una actitud de superioridad y despertará en el perdedor la necesidad de seguir con el desafío una y otra vez. En vuestra relación son muy pocas las veces en que ninguno de los dos intenta superar al otro, lo que contribuye a que tengáis unas conversaciones muy interesantes; sois capaces de hablar entre vosotros incluso durmiendo. Tal vez discutís con motivo de algún viaje corto —uno quiere tomar el tren y el otro prefiere el coche—, pero los desacuerdos siempre serán superficiales y servirán más de estímulo. Esta oposición de los dos planetas de Mercurio en el momento de vuestro nacimiento hace que seáis un equipo muy difícil de batir en cualquier actividad que precise superioridad mental. Desde luego yo no jugaría al Trivial Pursuit con vosotros. Hay una canción que parece escrita para vosotros, es aquella que dice: «Yo voy por el camino de arriba / y tú por el de abajo, / pero llegaré a Escocia antes que tú. / ¡Oh, qué bonitas son las orillas de Loch Lomond!»

La verdad es que no estoy muy segura de cómo se escribe la última palabra de la frase anterior. Sé cómo se escribe *loch,* que en escocés significa lago, pero tengo mis dudas sobre "Lomond". Si estuviera mal escrito, seguro que uno de los dos (o los dos) se daría cuenta enseguida del error y lo corregiría mentalmente, así que no voy a tomarme la molestia de consultarlo. Para que lo sepáis, yo tengo a Marte en Géminis (el signo que rige Mercurio), ¡así que también puedo jugar a vuestros juegos mentales con cualquiera de los dos!

Mercurio en cuadratura con Mercurio   A y B
☿ □ ☿

La verdad es que vuestras opiniones difieren un montón. Alguna de estas diferencias son graves, pero otras son una tontería. Sois capaces de criticarlo todo, desde el modo que tiene uno de cepillarse los dientes, o cómo debería colocarse adecuadamente el papel higiénico, hasta cómo gastar el dinero y cuándo y dónde ir de vacaciones. Probablemente discutís sobre política, os peleáis por escuchar una música en concreto o porque no os ponéis de acuerdo en la película que queréis ver. En cuestiones de entretenimiento, estilo de vida y comida, tenéis un gusto absolutamente diferente. Pero tal vez consigáis que esas diferencias contribuyan a una cierta armonía, de modo que acabéis siendo buenos amigos a pesar de esta vibración. A veces las diferencias nos brindan las soluciones perfectas, como en aquella vieja canción de cuna sobre la Mamá Ganso: «Jack Sardineta no podía comer sin grasa, / su mujer no podía comer con grasa. / Así que entre los dos / siempre dejaban el plato limpio.» Siempre hay que mirar el lado bueno de las cosas.

Mercurio en conjunción, sextil o trígono con Venus   A es Mercurio, B es Venus
☿ ♂ ✶ △ ♀

A no ser que el resto de los aspectos que compartáis en vuestras cartas provoquen mucha tensión, es muy poco probable que entre vosotros se produzca un grave conflicto (¡en todas las relaciones hay siempre alguno!). Tal vez os ayudáis mutuamente en la mayoría de las cuestiones económicas, animáis el talento y la creatividad del otro y ambos os respetáis en lo que a la capacidad intelectual se refiere. Hasta vuestros sueños secretos de felicidad se parecen, porque vuestra comprensión nace de una compenetración y de un afecto mutuos y verdaderos. Todo debería ir muy bien si decidís trabajar juntos en algún proyecto, ya sea de tipo práctico o cultural, pero no dejéis que esta armonía natural os conduzca poco a poco a un vacío sin emociones.

Discutid de vez en cuando, aunque sólo sea por diversión. Una pequeña disputa hará que la brisa fresca de la estimulación mental y emocional renueve el aire viciado de la conformidad absoluta y eterna. Como enseña el Signo Solar de Libra (también a los que no son Libra), la respuesta a la felicidad no es positiva ni negativa, sino un perfecto equilibrio entre las dos. La energía que llamamos positiva puede tener el inconveniente del optimismo exagerado, y la llamada energía negativa puede tener su lado bueno en una seguridad confortable y una pasividad tranquilizadora. El secreto está en el equilibrio. ¿Quién podría alegrarse de la luz del Sol si no conoce lo que es la lluvia? ¿La primavera sería tan mágica si no existiera el invierno? La madre Naturaleza sabe muy bien lo que hace. Confiad en ella. Que vuestra naturaleza humana imite su sabiduría. El mundo del equilibrio perfecto es un espejo en el que el reverso también es siempre verdadero. Por ejemplo, personalmente me encanta la lluvia, mientras que el Sol me deprime bastante. Hay otros que adoran la luz y se deprimen con la lluvia. Así funciona el milagro del perfecto equilibrio. ¿Lo comprendéis? ¿Estáis de acuerdo? Por favor, aunque sólo sea una vez, ¿alguno de los dos me hará el favor de no comprenderlo ni de estar de acuerdo? Gracias.

Mercurio en oposición o cuadratura con Venus ☿ ☍ □ ♀

A es Mercurio, B es Venus

Tanto si es de amistad como de amor, la relación sufrirá periódicamente pequeños desacuerdos y contrariedades. La razón de estos conflictos ocasionales está en que los dos no siempre lo veis todo de la misma manera; por eso es posible que uno quiera siempre cambiar la opinión del otro (con el consiguiente enfado por su parte). No servirá de nada. Cada punto de vista tiene sus ventajas e inconvenientes. En la medida de lo posible, es mejor no hacer caso del asunto. A Mercurio suele faltarle la compenetración cuando se trata de las necesidades emocionales de la Luna, lo que hace que la Luna vea a Mercurio frío e impasible. Mercurio se queja de que la Luna es evasiva, caprichosa y maniática hasta la exasperación, es indecisa y vive en un mundo de fantasía. Por ser mentalmente ágil y cambiable, la crítica aguda y sarcástica de Mercurio puede hacer que la Luna se retire callada y herida. Mercurio debe aprender a reconocer la hipersensibilidad de la Luna hacia la falta de tacto, sea intencionada o no. Por su parte, la Luna debe aprender a respetar y permitir la absoluta necesidad de Mercurio de comunicarse más de un modo mental que emocional. Y entonces todo irá suave como la seda. ¿Cuesta tanto intentarlo? Nada tenéis que perder y en cambio hay mucho que ganar con sólo tratar de comprender y tolerar el comportamiento y la opinión divergente del otro. No es ésta la vibración del gozo absoluto, pero es un aspecto benigno y no puede causar graves daños en la relación.

Mercurio en conjunción con Marte   A es Mercurio, B es Marte
☿ ☌ ♂

No me andaré por las ramas. La responsabilidad de que este aspecto os proporcione toda la alegría y emoción del mundo o bien os traiga la desgracia y la infelicidad no depende únicamente de las estrellas, sino de vosotros dos. Si lo miramos por el lado bueno, esta conjunción planetaria puede animar enormemente vuestra relación, agilizar e intensificar vuestra mutua capacidad para «hacer que las cosas pasen», y así conseguir que vuestro talento para la expresión y la comunicación se convierta en una flecha que irá directamente a la diana del éxito, convirtiendo las ideas en ideales, y los ideales en una manifestación de la realidad. Podéis llegar muy lejos en la consecución de vuestros sueños a fuerza de añadir el fuego de Marte a la organización intelectual de Mercurio.

Pero por el lado negativo, aparte del innegable estímulo que supone este aspecto, aquí todo es posible: desde la pequeña contrariedad al grave enfrentamiento, sobre todo cuando Marte se vuelve impaciente, testarudo y contestón, exigiendo la acción inmediata, mientras lo que pide y necesita Mercurio es un plan pensado con la cabeza. Marte siente entonces que Mercurio tarda demasiado tiempo en convertir la opinión y la decisión en una acción; del mismo modo, a Mercurio le exaspera la manera tan inconsciente e impulsiva de actuar que tiene Marte, que ni siquiera espera a contar hasta diez. (En el ejército, la filosofía es la de «¡Preparados, apunten, fuego!», pero con Marte, lo que pasa es «¡Fuego, apunten, preparados!».) Bueno, pues ahí es nada. No olvidéis la canción que dice: «Todo puede ser tan bonito / en la calle donde brilla el Sol», y sin embargo acabamos escogiendo la calle donde no hay más que sombra.

Mercurio en sextil o trígono
con Marte   A es Mercurio, B es Marte
☿ ⚹ △ ♂

¡Qué maravilla! Si queríamos la mejor receta para tener éxito, éste es el aspecto que buscábamos. Tiene todas las ventajas de la conjunción y ninguno de sus inconvenientes. Con esta vibración, Mercurio es capaz de animar la intensa ambición de Marte al tiempo que frena un poco su impaciencia, de modo que convierte el impulso de esta energía en un modo de hacer las cosas inteligente y previsor, evitando que Marte se convierta en una especie de misil descontrolado que va esparciendo sus energías por los cuatro vientos como si de confeti se tratara. Una ventaja añadida es que Marte adquiere la capacidad de inspirar la expresión y la capacidad de aprendizaje de Mercurio. Estas cualidades ya son propias de Mercurio, pero a veces necesita la ayuda de Marte para que se manifiesten en su totalidad. Os compenetráis bien y os ayudáis mutuamente compartiendo el talento de cada uno. Como ya he dicho antes: ¡Qué maravilla!

Mercurio en oposición
o cuadratura con Marte   A es Mercurio, B es Marte
☿ ☍ □ ♂

Será difícil para los dos que lleguéis a un acuerdo en algo, pero hacerlo es una obligación, sea cual sea el precio que tengáis que pagar en lo que al autodominio y la tolerancia se refiere. De lo contrario, esta vibración desencadenará una guerra planetaria entre Marte y Mercurio y vuestra relación será el campo de batalla. No niego que sea un aspecto emocionante y estimulante desde el punto de vista intelectual, de modo que los dos admiréis y respetéis la inteligencia del otro.

Pero, como tal vez ya habréis descubierto, suele producirse una fricción entre la actitud agresiva e impulsiva de Marte y el modo más racional y ponderado que tiene Mercurio de hacer las cosas. Las peleas repentinas y los malentendidos no son más que el resultado del mutuo rechazo a llegar a un acuerdo, algo contra lo que ya os he prevenido. (Aquí, la cuadratura producirá más problemas que la oposición.) Las opiniones rápidas, impulsivas e ingenuas de Marte despertarán la curiosidad de Mercurio, haciendo que sienta la necesidad de dar protección y afecto, pero lo cierto es que también puede perturbar en ocasiones la visión realista de las cosas que tiene Mercurio. Será difícil, si no imposible, engañar a Mercurio. Lo fácil es engañar a Marte, debido a una credulidad que nace en esa inocencia con la que Mercurio tiene a veces tan poca paciencia.

Además, los afilados sarcasmos de los que Mercurio suele hacer gala pueden llegar a encender la corta mecha del genio de Marte, y ya tenemos el problema. Los dos deberíais hacer un esfuerzo por tranquilizar las cosas, porque la tensión que se produce puede acabar estallando como una bomba. He aquí el único consejo que pueden ofreceros las estrellas para mitigar y controlar este aspecto. Dicho de otro modo, según el código cósmico: Tranquilos, tranquilos, tranquilos, tranquilos. ¡Tranquilos!

Pequeña posdata: Los familiares de uno de los dos (sean políticos o de sangre) pueden suponer una fuente de problemas, aunque no lleguen a dañar gravemente la relación; en cualquier caso, puede resultar algo frustrante y molesto. Si esto llega a ocurrir, la solución es evidente: alejaos de la fuente de problemas. Al fin y al cabo, los dos sois libres, ¿no?

Mercurio en conjunción, sextil o trígono con Júpiter   A es Mercurio, B es Júpiter
☿ ☌ ⚹ △ ♃

De los tres, la conjunción produce el efecto más fuerte, pero el sextil y el trígono aportan una magia parecida a la relación. Júpiter inspira y desarrolla en Mercurio la ambición y el optimismo, en tanto que Mercurio, con mucho tacto y sin ofender, contribuye a que los profundos ideales de Júpiter no se queden flotando entre las nubes, y por medio de la lógica y la inteligencia evita que Júpiter se estrelle cuando vuela demasiado alto. (Aquí Mercurio es más prudente de lo habitual y procurará evitar su típico sarcasmo cuando interactúe con Júpiter.) Ésta es una vibración especialmente buena para cualquier clase de relación que implique una pareja: padre-hijo, profesor-estudiante, socios y matrimonios. Júpiter es tolérante y comparte con Mercurio su deseo de aprender y cultivarse, mientras que Mercurio admira y respeta la capacidad moral, intelectual y espiritual de Júpiter, cualidades que de un modo u otro también se intensifican. Sin duda estaréis de acuerdo en todo lo relacionado con la educación, la religión, los asuntos legales y los viajes. Ambos compartís una muy buena predisposición, buen humor y compenetración, y disfrutaréis de una gran armonía juntos; además, tendréis varios golpes de suerte procedentes de los elfos, duendes y druidas que viven en vuestros sueños.

Mercurio en oposición
o cuadratura con Júpiter   A es Mercurio, B es Júpiter
☿ ☍ □ ♃

Tal vez lleguéis a discutir por temas como la religión, la educación, los asuntos legales, o por vuestras convicciones éticas (pero no en todos, Dios nos libre; un par de los temas mencionados bastan para producir toda la tela que queráis para cortar en cuestión de problemas). Es posible (no con seguridad) que uno de los dos convenza al otro de que cambie de convicciones religiosas o éticas. Los familiares políticos o de sangre pueden ser causa de problemas entre vosotros, aunque no serán graves, pero sí frustrantes. Mercurio podría ser el que más ventajas obtenga de esta relación, pero si controláis la tensión y unís vuestras fuerzas y trabajáis en equipo, alcanzaréis muchos éxitos en cualquiera de las áreas regidas por estos planetas: venta comercial, publicidad, radiodifusión, viajes, periódicos, mercado de valores, instituciones educativas, telemárketing, edición y promoción en los medios de comunicación. Una pequeña fuente de contrariedad podría estar en el parloteo constante de Mercurio, así como en los conceptos generales que defiende, algo que a Júpiter le parecerá intrascendente, ya que su perspectiva de las cosas es mejor. Otra posible fuente de problemas podría ser que los objetivos ambiciosos de Júpiter den pie a una promesa que luego excepcionalmente no se cumpla, lo que dará a Mercurio la posibilidad de objetar: «Ya te lo dije», y eso no es lo que Júpiter necesita oír precisamente cuando ve cómo caen sus sueños por su propio peso. Sea cual sea la mala hierba que cause el problema, siempre podrá arrancarse de vuestra relación. Si trabajáis juntos, sois capaces de conseguir cualquier victoria en el último minuto.

Mercurio en conjunción
con Saturno   A es Mercurio, B es Saturno
☿ σ ♄

Como Saturno es el planeta del karma, el efecto que produce en Mercurio es más marcado que el anterior. El planeta Saturno es el profesor de las lecciones kármicas que ambos necesitáis aprender, de modo que es más o menos responsable de ellas.

Mercurio puede aprender muchas cosas buenas de Saturno, aunque el aprendizaje no sea siempre algo agradable. Saturno, o bien es cronológicamente mayor que Mercurio, o es el más maduro de los dos, ya que tiene más experiencia, por lo que intenta que Mercurio sea más disciplinado. Por muy despectivo y crítico que parezca Saturno ante los juicios y razonamientos cambiables de Mercurio, Saturno también posee la sabiduría que Mercurio le interesa respetar y absorber sin resentimientos de ningún tipo.

Cierto, esta tendencia de Saturno a dar lecciones puede hacer que Mercurio se sienta incapaz e inferior, lo cual no resulta muy divertido que digamos. Pero las lecciones kármicas no existen para divertir, así que no le echemos la culpa al pobre Saturno, que no puede evitar desempeñar el papel cósmico que le han asignado los maestros del karma. A Mercurio no le entusiasmará sentirse tan presionado por las responsabilidades que se le exigen, ni tampoco por la fría desaprobación que a veces le demuestra Saturno por cambiar de ideas y opiniones con tanta facilidad y en tan poco tiempo, razón por la cual se apresurará en prometer cosas que luego no puede cumplir. Para Mercurio esto es versatilidad mental. Saturno lo llama comportamiento irresponsable y digno de poca confianza.

Puede resultar frustrante cuando Saturno se enfada ante la necesidad de Mercurio de expresarse y aprender más, e incluso cuando Saturno aprueba tales necesidades, es posible que ejerza una vigilancia no exenta de cierta crítica ante cualquier avance conseguido en las lecciones. Para Saturno, Mercurio es, mentalmente, como un bailarín de claqué. Para Mercurio, Saturno es un profesor estirado y de trato imposible.

¡Pero también hay cosas buenas! Mercurio puede sacar a Saturno de sus periódicas caídas en la depresión y la melancolía, en tanto que éste le regala a Mercurio la comodidad de sentirse económicamente seguro, y emocional y mentalmente estable. Claro que si le damos la vuelta al tópico de que aunque haya nubes, siempre se vislumbra un rayo de luz, y decimos «aunque haya luz, siempre se vislumbran las nubes», ya no sabremos qué hacer.

Quedaos siempre con la frase afirmativa y, como dice la canción: «Busca el rayo de luz / por muy oscuras que sean las nubes. / Recuerda que en algún lugar está brillando el Sol / y que también volverá a brillar para ti» (eso siempre que paguéis vuestras deudas kármicas con una sonrisa en lugar de quejas).

Mercurio en sextil o trígono
con Saturno   A es Mercurio, B es Saturno
☿ ✶ △ ♄

Tengo que felicitaros por haberos portado tan bien el uno con el otro en las vidas anteriores que habéis compartido. Ahora se os recompensa con esta vibración kármica que produce en vuestra relación un efecto de seguridad y tranquilidad. A diferencia de los aspectos que producen tensión entre estos planetas, el sextil y el trígono hacen que Saturno ofrezca sabios consejos a Mercurio, en lugar de recurrir a la crítica y la exigencia, de modo que Mercurio, como ya no se resiente de la tutela de Saturno, aprecia y respeta el consejo y los conocimientos que de él recibe. Saturno es más maduro que Mercurio, si no por edad, sí por la sabiduría que ha ganado a través de la experiencia. Por otro lado, Mercurio a menudo transmite a Saturno la energía positiva que necesita para salir del desánimo en que suele caer. Todo esto supone la indicación interplanetaria de una relación duradera que gozará de una compatibilidad mental muy inusual.

Mercurio en oposición o cuadratura con Saturno ☿ ☌ ☐ ♄

A es Mercurio, B es Saturno

Es posible que Saturno juzgue severamente las ideas de Mercurio, criticando y desaprobando con dureza los logros conseguidos por éste. Lógicamente esto echa por tierra la autoestima de Mercurio y es causa de resentimiento. Saturno será entonces responsable del retraso y de las limitaciones que puedan surgir en los objetivos y las ambiciones de Mercurio. Está claro que hay muy poca colaboración entre vosotros, ya que ninguno de los dos suele estar dispuesto a ceder ni un ápice. Es como si uno de los dos dijera (como aquella fanfarronada tan tonta de George Bush): «He trazado una raya en la arena y de aquí no se pasa», a lo que el otro contestaría: «Menuda hazaña. ¿Y a mí qué me importa?» Mercurio puede parecer descuidado, irritante y molesto a los ojos de Saturno, y Saturno parecerá frío, altivo y mandón a los de Mercurio, pero en este caso es con razón.

¿Con razón? Así es. Saturno es el planeta del karma, de modo que todos los aspectos entre Saturno y el resto de los planetas que compartáis en las cartas salen de esas vidas anteriores que hayáis vivido juntos. Es obvio que los dos os alineasteis de algún modo en ese brumoso, oscuro y ya olvidado tiempo pasado. Eso es el karma y la única forma de borrarlo consiste en la más sagrada de todas las palabras: perdón. Pero por ambas partes. Puede que no se dé de forma simultánea, pero si uno hace el primer gesto, al final el otro le seguirá. ¿Por qué no empiezas tú? Mercurio: «¿Te refieres a mí?» Saturno: «¿Hablas conmigo?» ¡Cómo voy a saberlo! Vosotros sois los únicos que conocéis la respuesta. Pero recordad que los grandes maestros del karma tienen su propio *método* para dominar la locura. La fricción que hay entre los dos supone un desafío mutuo, que finalmente os ayudará a crecer en sabiduría. No seáis cabezotas. Perdonaos las faltas cometidas hace tanto tiempo, por mucho que no recordéis exactamente cuáles eran. Eso no importa, porque definir la herida es lo que menos importa en el juego de la vida. La única forma segura de ganarlo es a través del perdón.

Mercurio en conjunción, sextil
o trígono con Urano
☿ ♂ ⚹ △ ♅

A es Mercurio, B es Urano

Mentalmente sois un estímulo el uno para el otro, y juntos os sentís tan cómodos como dos polillas en una alfombra cuando intercambiáis ideas (que por regla general son poco convencionales) en vuestras conversaciones, que son más que frecuentes. Si en vuestras cartas no aparecen otros aspectos planetarios que reduzcan la fuerza de éste de manera significativa, la comunicación entre vosotros será fluida y constante, tanto si estáis dormidos como despiertos. Es posible que hayáis tenido más de una vez la experiencia de haberos encontrado astralmente en vuestros sueños y que luego lo hayáis recordado perfectamente. Urano estimula más el ya de por sí ágil y despierto espíritu de Mercurio hacia conceptos que son nuevos y desafiantes (¡algunos de ellos lo son mucho!), y Mercurio es capaz de hacer que esa alfombra voladora en que viaja Urano vuele a una altura algo más baja de aplicación práctica con respecto a esos conceptos tan disparatados y poco ortodoxos. Hay entre los dos una gran dosis de intuición y percepción extrasensorial, y a veces los amigos, la familia o los compañeros de trabajo no acaban de entender muy bien de qué estáis hablando. Es comprensible, porque de vez en cuando sois capaces de hablar en una lengua tan extraña como la que se oye a bordo de un platillo volante. ¡Sí, vosotros! Tenéis que reconocer que estáis un poco chiflados. Acordaos de aquella petición desesperada y ya famosa de E.T.: «E.T. teléfono, mi casa.» Bueno, pues vosotros os sentís como en casa cuando estáis juntos.

Si estáis dispuestos a esforzaros un poco, podríais combinar vuestros talentos e ideas en algún proyecto que os proporcione reconocimiento y premios. A los dos os encanta estar rodeados de gente, tenéis un montón de amigos y todos muy distintos, y probablemente os gusta realizar viajes cortos —juntos, por supuesto—. Inexplicablemente, el uno al otro ejercéis una misteriosa y benéfica influencia en vuestro estado de salud.

Mercurio en oposición
o cuadratura con Urano   A es Mercurio, B es Urano
☿ ☍ □ ♅

En esta asociación a veces Mercurio se siente como una peonza. No resulta nada extraño, ya que Urano estimula, excita e irrita la mente de Mercurio de forma simultánea, lo cual produce un lógico desconcierto. Urano suele aparecer como alguien inestable y errático a los ojos de Mercurio. Por otro lado, Mercurio a menudo parece elusivo, superficial y contradictorio a los ojos de Urano. Los dos tenéis un «encuentro mental», pero cuando vuestras mentes coinciden, generalmente salen unas chispas enormes. La fricción es tanto más intensa cuanto más próxima es la relación. Si vivís bajo el mismo techo, pueden producirse una serie de separaciones y reconciliaciones inesperadas, desacuerdos violentos y cosas así. Mercurio no acaba de comprender las agitadas y complejas circunvoluciones de la mente de Urano, y si no hay modo de ignorar esto, la verdad es que el sistema nervioso de Mercurio puede verse gravemente perjudicado. Lo mismo puede pasarle a Urano, incapaz de soportar el constante revoloteo de Mercurio, como si de una mariposa se tratara. La verdad es que será difícil (y mucho), pero los dos deberíais simplemente intentar comprender las excentricidades del otro. No es necesario ser hermanos gemelos desde el punto de vista mental para conseguir la armonía. Procurad respetar y escuchar las ideas del otro y tal vez tendréis como resultado algún que otro pensamiento loco que al final resultará muy aprovechable. Cuando ese don que tiene Urano para prever el futuro se combine con la rápida capacidad intelectual de Mercurio, ¡algo mágico puede pasar! Lo único que hace falta para mover la varita mágica y crear algo es tolerancia y paciencia.

Mercurio en conjunción
con Neptuno   A es Mercurio, B es Neptuno
☿ ☌ ♆

Si algo tiene de positivo este aspecto planetario que compartís en vuestras cartas es que produce un vínculo psíquico muy claro, fuerte e indestructible, a consecuencia del cual entre vosotros existe lo que se llama «comunicación telepática». Podéis confiar plenamente en ello. Así pues, Mercurio, en los momentos en que Neptuno parece demasiado elusivo, evasivo y engañoso, ¿por qué no recurres a tu percepción extrasensorial, lees la mente de Neptuno y lo aclaras todo? En cuanto a ti, Neptuno, ¿por qué no haces lo mismo cuando Mercurio hiere tu sensibilidad con algún comentario sarcástico y envenenado? Cuando consigas penetrar en lo más profundo del corazón de Mercurio, comprobarás que se ha arrepentido de lo que ha dicho en el mismo momento de pronunciar las palabras que tanto daño te han hecho. ¿De qué sirve tener un vínculo telepático tan increíble y profundo si no os servís de él para leer la mente del otro y descubrir qué es lo que de verdad os importa a los dos?

Mercurio en sextil
o trígono con Neptuno   A es Mercurio, B es Neptuno
☿ ⚹ △ ♆

Ésta es una de esas vibraciones tan positivas que a menudo son capaces de suavizar o disolver cualquier tensión que se produzca entre vosotros. Neptuno es capaz de inspirar a Mercurio, para elevar y animar esas ideas y conceptos tan propios de Mercurio, debido al fuerte vínculo psíquico que os une y del que tal vez ya sois plenamente conscientes desde el primer momento en que os dijisteis «hola». Compartís una comunicación telepática casi invisible, de modo que os enviáis mensajes a través del éter sin necesidad de hablar ni escribir palabra alguna. Mercurio puede encontrar una salida práctica a la imaginación e intuición de Neptuno, lo cual puede ser estupendo cuando vuestra relación sea de negocios, de amistad, familiar o amorosa. ¿Verdad que tenéis suerte? Pero no le deis las gracias a la astrología por esta vibración tan maravillosamente armónica, porque os la habéis ganado en una reencarnación pasada, cuando vuestras almas estaban todavía en su infancia y vuestros espíritus eran muy jóvenes. Recordad la canción de la película *Sonrisas y lágrimas*: «Aquí estás / queriéndome / tanto si debes como si no. / Sí, en algún momento de mi infancia o de mi juventud / algo bueno he debido de hacer.»

Mercurio en oposición
o cuadratura con Neptuno   A es Mercurio, B es Neptuno
☿ ☌ □ ♆

Veamos, ¿quién de los dos le miente al otro si hace falta? Probablemente ambos. Entonces no se trata de mentir. Lo que pasa es que a los dos os gusta guardar secretos. Bien, pero no juguéis con la semántica, y mucho menos con una astróloga. ¿Es que no os dais cuenta de que el hecho de guardar secretos está muy cerca de la mentira? La mayoría de las mentiras se deben a una falta de omisión. Las mentiras que sufrís son las mentiras de omisión. Sí, ya sé que hay una diferencia, pero es muy pequeña, y no olvidéis que ambas clases de *mentiras* son igualmente dolorosas y pueden llevar al mismo engaño en vuestras cabezas. Ya sé que para vosotros puede parecer un juego mental tan inofensivo como el ajedrez, pero no es tan «inofensivo» como os parece. Cualquier sombra de sospecha puede atravesar el corazón como si fuera un cuchillo. ¿Recordáis cuando los dos erais *scouts*? (tanto si lo fuisteis como si no, me da igual). Todos los días jurabais lo mismo y recitabais en voz alta: «Prometo decir la verdad, toda la verdad y nada más que la verdad, y que Dios me ayude. ¡Por el honor de un *scout*!» Regalaos para Navidad un detector de mentiras y buscad la palabra «confianza» en el diccionario. Luego pensad que la confianza vibra hasta el número 19 en el sistema numérico caldeo. Buscad el significado del doble número 19 en mi libro *Los signos del zodíaco y el amor*. Si seguís esta variada receta para llegar a la satisfacción, llegaréis a la vibración 19, que es la de la confianza, y al final dejaréis de dudar el uno del otro.

Mercurio en conjunción
con Plutón   A es Mercurio, B es Plutón
☿ ☌ ♇

Tal vez no compartís demasiados intereses en común (dependiendo, por supuesto, de la clase de aspectos que tengáis en vuestras cartas), pero sois capaces de llevar a cabo cambios radicales en las ambiciones, los objetivos y los sueños del otro. Plutón puede ampliar los puntos de vista de Mercurio, mientras que éste puede aumentar el interés de Plutón por diferentes aspectos de la vida. Hay demasiadas posibilidades en los cambios que aportáis el uno en el otro como para enumerarlos aquí, de modo que sólo voy a daros un ejemplo. Por difícil que parezca, ya encontraréis la manera de formar un buen equipo. Este ejemplo (y recordad que no es el único) implica que sois capaces de formar una buena asociación en cualquier cosa relacionada con lo oculto o lo esotérico. Plutón puede entrenar a Mercurio para ser un orador convincente en cualquier tema que vaya desde la Gran Pirámide de Egipto a la antigua mitología griega, y Mercurio puede preparar a Plutón para convertirse en un gran autor de libros de misterio o temas místicos, que subyacen en la esencia latente de Plutón. Pero es posible que Mercurio necesite enseñar a Plutón el truco de cómo conseguir enlazar las palabras y convertirlas en una cadena de metáforas. Otra sugerencia: podríais haceros investigadores privados y abrir vuestra propia agencia. Los dos tenéis un talento especial para descubrir cualquier secreto (incluyendo el vuestro como pareja). Una sola advertencia, aunque pequeña, sobre este aspecto: de los dos, Plutón es con diferencia el más fuerte, de modo que Mercurio debería tener cuidado en que Plutón no quiera dominar su mente, porque será natural que Plutón lo intente. Sobre todo cuando Mercurio se encuentre intelectualmente muy despierto, ya que eso puede significar un desafío irresistible para Plutón. ¡Procurad no fastidiaros!

Otro aspecto de esta advertencia es que Plutón, si se le deja, puede llegar a tener un efecto realmente explosivo en la mente de Mercurio. Además, Mercurio debe estar alerta, porque, como reza el viejo refrán, si se le da un dedo, Plutón se tomará el brazo entero. No obstante, Mercurio se adapta de una manera increíble a cualquier peligro que se le presenta, y generalmente es más rápido en esto que Plutón. Mercurio es como el rayo a la hora de escapar de cualquier cosa.

Mercurio en sextil o trígono con Plutón

A es Mercurio, B es Plutón

☿ ⚹ △ ♇

La mutua influencia que ejercéis en vuestras mentes es fuerte, lo cual conduce a muchos cambios en cuanto al estilo de vida. Es más probable que sea Plutón quien cambie las opiniones y la manera de pensar de Mercurio que al contrario, pero en cualquier caso se producirán muchos cambios. Vuestras charlas son profundas de vez en cuando, sin importar de qué se trate. Como siempre, dependiendo de vuestro análisis completo de compatibilidad que incluya el resto de planetas que compartáis en vuestras cartas y dando por sentado que no hay otras vibraciones que puedan vencer la fuerza de ésta, los dos podéis combinar vuestras mentes, de forma que consigáis una gran fuerza capaz de conseguir cualquier proyecto, objetivo o sueño mutuo, especialmente en algo relacionado con el transporte, la escritura, la publicidad, los periódicos, los medios de comunicación y cualquier agencia de representación, pero no de manera exclusiva, porque todo lo que os propongáis con la unión de vuestras mentes puede llegar a manifestarse de forma milagrosa.

Mercurio en oposición o cuadratura con Plutón   A es Mercurio, B es Plutón
☿ ☌ □ ♇

Ésta es una extraña vibración, pero todo lo que rodea al planeta Plutón resulta extraño, así como profundo, misterioso, secreto, oculto, y todo lo que queráis. Una de las razones de la rareza de este aspecto empieza por la gran cantidad de tiempo que los dos dedicáis el uno al otro a estimular vuestras mentes, alcanzando de vez en cuando unas alturas sorprendentes de iluminación espiritual e intelectual. Sin embargo, en ocasiones parecéis dos mundos aparte en lo que se refiere a vuestras opiniones, perspectivas y maneras de llevar una situación en concreto. Estas divergencias en cuanto a la actitud mental y racional pueden aflorar cuando menos lo esperáis en asuntos como la salud (uno de los dos necesita mucha atención cuando está enfermo; el otro prefiere que le dejen solo para curarse en una situación de aislamiento absoluto), la familia de uno de los dos, tanto de sangre como política, cualquier asunto relacionado con la publicidad o los medios de comunicación, el aprendizaje y la enseñanza, el empleo y tal vez otros. El aspecto de la cuadratura normalmente es causa de mayor tensión que la oposición, pero esta última tampoco es exactamente un caramelo. Sea cual sea el aspecto que compartáis en vuestras cartas, la única manera de conseguir que no enseñe los dientes (¿o tal vez debería decir «colmillos»?) es poner en práctica el viejo consejo de esa mezcla mágica de tolerancia y comprensión. Estoy segura de que habéis oído lo mismo hasta la saciedad, pero es lo único realmente efectivo. Hasta que no lo intentéis, no podréis demostrar que no es válido, ¿de acuerdo? Algo bueno sí tenéis: si compartís otros aspectos en vuestras cartas que indiquen afinidad mental, ellos os ayudarán a suavizar y a mitigar al que os afecta. Pero tampoco perdáis la vibración de la que ya hemos hablado en el primer párrafo. Es una *garantía*.

Aspectos de Venus

Venus en conjunción, sextil o trígono con Venus
Venus en oposición o cuadratura con Venus
Venus en conjunción, sextil o trígono con Marte
Venus en oposición o cuadratura con Marte
Venus en conjunción, sextil o trígono con Júpiter
Venus en oposición o cuadratura con Júpiter
Venus en conjunción con Saturno
Venus en sextil o trígono con Saturno
Venus en oposición o cuadratura con Saturno
Venus en conjunción con Urano
Venus en sextil o trígono con Urano
Venus en oposición o cuadratura con Urano
Venus en conjunción con Neptuno
Venus en sextil o trígono con Neptuno
Venus en oposición o cuadratura con Neptuno
Venus en conjunción, sextil o trígono con Plutón
Venus en oposición o cuadratura con Plutón

Venus en conjunción, sextil o trígono con Venus   A y B
♀ ☌ ✳ △ ♀

Los dos tenéis tendencia a expresar el afecto de la misma manera y probablemente hay pocas diferencias entre vosotros tratándose
de la vida social o intereses culturales. También soléis poneros de
acuerdo sobre el modo de ahorrar o gastar el dinero; en realidad, estáis de acuerdo en todo lo relacionado con la economía. En comparación con otras personas de vuestro entorno, sois o bien ligeramente fríos o muy apasionados con respecto a vuestras emociones. En
cualquiera de los dos casos vuestra reacción es la misma. Esta vibración aumenta considerablemente la armonía, la compañía, la simpatía y la capacidad de disfrutar de los mismos placeres. No produce
ningún efecto en vuestra afinidad mental o en otras cuestiones que
afectan a vuestra relación, pero será de gran ayuda para solucionar
muchas de las complicaciones emocionales de vuestra relación en
común causadas por otros aspectos planetarios de vuestras cartas.

Venus en oposición o cuadratura con Venus   A y B
♀ ☍ □ ♀

Vuestro mutuo afecto es el mismo, aunque lo expresáis de manera diferente, lo cual puede producir algún malentendido. Además,
en ocasiones quizá resulte difícil llegar a un acuerdo en asuntos de
dinero y vuestros diferentes estilos de vida pueden chocar de vez en
cuando. Pero éstos son problemas menores que nunca dañarán gravemente, o por lo menos de forma permanente, vuestra relación. El
tiempo siempre suavizará al final estas pequeñas molestias si apren-
déis a turnaros en todo. Es decir, que uno exprese su afecto tal como
lo hace el otro, y al revés. Os sorprenderá lo efectivo que puede resultar el ejercicio. Digamos que uno de vosotros expresa su afecto de
un modo frío y distante, y que el otro lo hace con más cariño y extroversión. Haced el cambio. Os garantizo que aquel que (por turnos) cambie primero para expresarse como suele hacerlo el otro des-
cubrirá que es extraordinariamente fácil y divertido, sobre todo al
comprobar que el otro se queda tan sorprendido como encantado, y
eso ocurrirá siempre. Se trata de un ejercicio de empatía que garantiza el crecimiento del horizonte emocional de ambos, de modo que

saldréis beneficiados por el hecho de intentar cambiar el modo que tenéis de expresar vuestro afecto.

Y con el tiempo, cualquier efecto negativo de este aspecto irá reduciéndose cada vez más, hasta que un día desaparezca. ¿Cuándo? No corráis. Recordad lo que enseñan las personas mayores: «Todo llega en su momento... y todo se consigue con paciencia.»

Venus en conjunción, sextil o trígono
con Marte   A es Venus, B es Marte
♀ ☌ ⚹ △ ♂

Tanto si sois del mismo género como si no, esta vibración que compartís es el colmo de la armonía. Vuestras actitudes y vuestros comportamientos son tan compatibles como las lluvias de abril y las flores de mayo. Y hablando de flores, al igual que los narcisos y los tulipanes, es posible que viváis esta vibración en vuestras vidas como si andarais de puntillas, y entonces lo mejor es que busquéis de vez en cuando el aguijón de algún abejorro cuando Venus no preste suficiente atención a Marte y Marte se vuelva celoso, impulsivo o mandón. Pero esto no pasará muy a menudo y tampoco es un precio tan excesivo, teniendo en cuenta la armonía emocional que ambos compartís.

Con un sarcasmo más que evidente, mi antigua profesora del instituto, miss Helen Fay, siempre intentaba enseñarnos a recordar el uso adecuado del lenguaje a fuerza de hacernos escribir una y otra vez en nuestros cuadernos: «Nunca empieces dos párrafos con la misma frase.» Algunos entendían el mensaje; otros no. Yo sí, pero he preferido olvidarlo, deliberadamente, claro está. Mi mensaje es así de claro: «Es un precio excesivo que hay que pagar teniendo en cuenta la armonía emocional que compartís.» Lo importante, queridos míos, es que se diga como se diga, la frase es verdad y deberíais recordarla.

Venus en oposición o cuadratura
con Marte   A es Venus, B es Marte
♀ ☍ □ ♂

No sería honrado por mi parte eludir la cuestión que aquí se plantea. Como siempre, dependiendo de otros aspectos que podáis compartir, y aunque éste en concreto comporte una gran cantidad de mutua estimulación, lo cierto es que también tiene la capacidad de provocar problemas muy graves. (Con otros aspectos más armoniosos, éste puede verse suavizado de forma considerable.)

¿Qué quiero decir con «problemas muy graves»? Veamos, me refiero a que al principio esta vibración actúa como un gran estimulante magnético (especialmente entre amantes, pero al margen de la química sexual, también en la familia, los amigos y las relaciones de negocios), pero de esta manera los planetas os hacen pensar que todo será tan dulce y sencillo como un pastelillo de nata. Pues no. A veces el pastel se convierte en uno de esos encurtidos mezclados con lo más picante de la cocina mejicana, o en esos platos de carne oscura que te engañan hasta que los pruebas y te abrasan la lengua como si la tuvieras al fuego. (Un buen consejo: haceos vegetarianos.)

En cuanto a la estimulación, quizá se produzca en exceso, surgiendo una tenaz resistencia entre los dos que dificulta llegar a un acuerdo. Puede haber más de un conflicto de temperamento y de genio que os haga decir cosas ofensivas y dolorosas, aunque luego os arrepintáis. Perdonad si recurro a la lógica, pero la mejor manera de no tener que arrepentirse de una palabra ofensiva es no decirla. Así que mordeos la lengua (metafóricamente, claro) y procurad ser un poco más afables. Marte puede llegar a sentirse agobiado por la posesividad de Venus o por el modo que tiene de reaccionar cuando se siente herido, aunque haya sido sin intención. Venus puede sentirse muy herido por el comportamiento precipitado de Marte, así como por su manera inconsciente de hablar.

Permitidme un consejo. Marte: procura suavizar tu tendencia a ser tan dominante. Venus: reprime este exceso de sensibilidad tan innecesario. Y luego cogeos de la mano, salid a pasear a la luz de la Luna, mirad las estrellas y pedid un deseo. ¿Os habéis fijado alguna vez en la famosa canción *Cuando pidas un deseo a las estrellas*? Todo lo que dice es absolutamente cierto: «Cuando nace una estrella / nace con un don / y es el de poder convertir tu sueño en realidad.» Y es verdad. No os quepa la menor duda. Sólo hace falta un poco de ayuda por vuestra parte, me refiero a que lo importante es que creáis realmente en lo que deseáis, y con todas vuestras fuerzas. En cuanto sepáis hacerlo, ya veréis que es muy fácil. Luego podréis volver a mirar a la cara a Marte y a Venus. En un sentido kármico y cósmico, ellos son vuestros amigos. Debéis echarlos de vuestras mentes para luego invitarlos a entrar en vuestros corazones.

Venus en conjunción, sextil
o trígono con Júpiter $\qquad$ A es Venus, B es Júpiter
$♀ ♂ ⚹ △ ♃$

Probablemente los dos compartís pasatiempos, intereses culturales, vida social, aficiones y entretenimientos. A los dos os gusta leer, viajar al extranjero y relacionaros de algún modo con algo que tenga que ver con la educación, el mercado de valores o la edición. Aunque no tengáis relación alguna con todo esto, ambos poseéis un conocimiento excelente de estas materias.

Formaríais un excelente equipo de abogados profesionales, porque cuando debatís sobre cualquier tema, lo cierto es que sois muy hábiles con la deducción lógica y parecéis dos abogados aficionados. También es más que probable que los dos os llevéis muy bien con la familia del otro (y si se da el caso de que sois parientes, los lazos familiares serán inmejorables).

Esta vibración a menudo implica que las dos personas gocen de una salud, un optimismo y una autoestima superiores a la media, puesto que ambos estimuláis estas cualidades en el otro.

Sois muy generosos el uno con el otro y afortunados en vuestros asuntos económicos, os compenetráis y animáis a la perfección. A no ser que existan otros aspectos que interfieran de forma notable, será difícil que no estéis de acuerdo en lo relacionado con la religión, ya que vuestras creencias, tanto si sois creyentes como si sois agnósticos, son muy parecidas. Vuestros amigos se sentirán muy a gusto con vosotros, porque de alguna manera vuestra relación les anima a creer más en sí mismos y en sus propias aspiraciones.

Júpiter tiende a desarrollar los horizontes de Venus, y éste le devuelve el favor creyendo en los objetivos y la visión de futuro de Júpiter. Más que ninguna otra pareja, vosotros tenéis la oportunidad de realizar el viaje a la tierra de Nunca Jamás, como Peter Pan, Wendy y los dos hermanos. ¡Adelante! ¡Basta con alzar los brazos y volar!

Y por último, tendréis a Campanilla rociando vuestra unión con chispas de buena suerte.

Venus en oposición o cuadratura
con Júpiter   A es Venus, B es Júpiter
♀ ☍ □ ♃

No es probable que la oposición de estos planetas provoque los problemas que en la relación causa la cuadratura. A pesar de todo, cualquiera de estos dos aspectos conlleva un peligro de despilfarro por parte de uno o del otro, o quizá de los dos. Quizá haya alguna diferencia de opinión con respecto al dinero, aunque las discusiones que puedan producirse no implican acusación alguna de tacañería como «derrochar el dinero sin necesidad». Cualquiera de los dos que acuse al otro de este defecto se parecerá a la olla que acusa a la sartén de manchar, ¿queda claro? Confesadlo. Aunque uno de los dos tenga más cuidado con el dinero de vez en cuando, lo cierto es que no se puede decir que seáis muy prudentes con él.

Con respecto a ese tipo de comentarios afilados que tanto pueden ser verdad como no serlo, tal vez Júpiter acusará de vez en cuando a Venus de no ser todo lo abierto y sincero que debería, mientras que Venus acusará a Júpiter de ser demasiado abierto y sincero. Si Júpiter procurara tener un poco más de tacto, la tensión entre los dos se aliviaría considerablemente. También sería de gran ayuda que Venus procurara ser más directa, poniendo las cartas sobre la mesa en lugar de esperar a que Júpiter tenga que adivinar lo que está pasando. Ya sé que es como andar sobre la cuerda floja, Júpiter, pero ¿por qué no intentas contener un poco esa sinceridad que tanto admiramos en ti y al mismo tiempo suavizas las aristas de todo lo que dices? Y tú, Venus, deberías saber que eso de jugar a «ya verás como dice que no» puede hacer daño, aunque no sea tu intención. Lo mismo digo con respecto a esas afirmaciones tan exageradas y negativas que haces sobre ti mismo con el único propósito de escuchar a Júpiter decir que no. Eso no es muy sincero por tu parte.

Además del dinero y de esas verdades que golpean como puños, otros terrenos peligrosos pueden ser la religión, la educación, la edición, el derecho y los familiares. Pero como a estos dos planetas en astrología se les considera «benéficos», los problemas serán siempre menores, no graves. Ambos aspectos también proporcionan muy buena suerte de vez en cuando. Dado que lo vuestro es como montar en los caballitos, cogeos bien fuerte y luego ¡dejad de dar vueltas!

Venus en conjunción con Saturno   A es Venus, B es Saturno
♀ ☌ ♄

Ya conocéis la famosa frase: «Tengo dos cosas que decirte: una buena y otra mala. ¿Qué quieres oír primero?»

Vayamos primero por la buena. Eso ayudará a amortiguar un poco la mala, que en el fondo no lo es tanto, sino sólo un poco difícil, pero nada insoportable.

Lo positivo es que Saturno tiende a proporcionar a Venus la estabilidad mental, emocional y económica que éste tanto necesita. Por su parte, Venus demuestra una simpatía y un afecto que sirven para estimular la autoestima de Saturno, frenando su inclinación al pesimismo y la depresión. Este aspecto también estimula la mutua fidelidad, ya que Saturno se siente responsable del bienestar de Venus y Venus se muestra solícito y compasivo ante las necesidades que Saturno no se atreve a manifestar. Asimismo este aspecto también ayuda a fomentar una relación, fuerte y duradera, sea del tipo que sea. Hasta aquí, bien.

Ahora vamos por lo «malo», pero recordad que no lo es tanto como para que no se pueda vencer. Existe la posibilidad de que Saturno se vuelva demasiado posesivo con respecto a Venus, comportándose de manera egoísta y demasiado rígida, exigiendo constantemente obediencia, ante lo cual Venus puede acabar enfriando su afecto natural, y es comprensible. Venus a veces se sentirá agobiado y cohibido por la crítica y la disciplina que querrá imponer Saturno, pero por otro lado, si Saturno se impone a sí mismo no dar salida a estas manifestaciones tan propias de él, sentirá una frustración tan grande que le hará sufrir mucho por dentro. La solución al problema que plantea esta conjunción es francamente complicada. Pero estoy segura de que la sabiduría de Saturno que todos le reconocemos y admiramos, unida a la sabiduría aún mayor del amor, que es sinónimo de Venus, os dará la capacidad de solucionar cualquier complicación.

Venus en sextil o trígono
con Saturno   A es Venus, B es Saturno
♀ ✳ △ ♄

Las posibilidades de que vuestra relación sea duradera y beneficiosa para ambos son excelentes. Tanto si se trata de un sextil como de un trígono, el efecto favorable será el mismo. Aunque tengáis en vuestras cartas otros aspectos planetarios susceptibles de producir tensión y fricción o sean difíciles de sobrellevar, éste os ayudará a superar cualquier tormenta emocional, ya que suaviza los problemas causados por las otras vibraciones. Es como un paño de agua fría en una frente con fiebre.

Sin tener en cuenta, pues, cualquier otro posible aspecto negativo de la relación Venus-Saturno, el que ahora nos ocupa garantiza que Venus se verá favorecido por las virtudes positivas que ya conocemos de Saturno, tales como la firme confianza y la amable sabiduría. En consecuencia, Venus se sentirá más protegido que poseído por Saturno, más «libre para ser tal cual es» que cohibido, más querido que dominado, más respetado y admirado que criticado y sometido. Al mismo tiempo, Venus contribuirá con su naturaleza suave y condescendiente, que resultará casi mágica para acabar con la actitud tan fría y distante que Saturno proyecta hacia los demás. Una de las más hermosas consecuencias de compartir un sextil o un trígono es que podéis confiar plenamente el uno en el otro. Me refiero a la confianza verdadera, aquella que tenemos en lo más profundo de nosotros, sin importar cómo son las cosas en la superficie, y será muy raro que alguno de los dos abuse de esta confianza. Es lo más extraordinario y valioso de vuestra relación.

Claro que por culpa de otros aspectos planetarios es posible que en alguna ocasión esta confianza se vea reducida sólo temporalmente y sin una razón fundada. Pero volverá. Es como si tuvierais una póliza astral de seguros, un regalo de vuestras hadas madrinas.

Al igual que los demás aspectos en que aparece el planeta Saturno (y también Neptuno y Plutón), éste en concreto es como el eco de vuestro karma que llega desde muy lejos en el espacio y el tiempo, es una protección cósmica contra las más duras vibraciones que puedan afectaros, ya que las suaviza de forma considerable.

Venus en oposición o cuadratura
con Saturno   A es Venus, B es Saturno
♀ ☍ □ ♄

Saturno tiene muchas lecciones que dar a Venus, pero Venus no muestra mucho entusiasmo que digamos por aprenderlas. A veces será una lucha, pero es vuestro destino kármico (como todo aspecto relacionado con Saturno), de modo que deberíais empezar a entenderos. Venus tendrá que soportar más de una experiencia poco feliz en esta relación, sobre todo cuando Saturno le culpe de los problemas que tienen. Por supuesto, no es justo. Pero no hay nada justo en las lecciones del karma, a no ser que conozcáis la causa primordial que las provoca, lo cual implica adentrarse en un sinfín de pasados. Si sois capaces de recordar la mala acción que en la reencarnación original lo desencadenó todo, será más fácil equilibrar las balanzas kármicas. En el caso de que fuerais tan afortunados como para poseer el don de recordar una o más vidas pasadas, os felicito. Si no es así, ¡qué le vamos a hacer! Y ahora prestad atención a la siguiente lista de adjetivos. ¡Es inútil evitarlos! No siempre, pero sí periódicamente, Saturno se comportará con Venus de un modo autoritario, exigente, egoísta, sentencioso, resentido, crítico y displicente. Lógicamente en tales ocasiones será difícil que Venus demuestre su afecto a Saturno, excepto cuando le mueva la ansiedad y el miedo. Venus puede sentirse frustrado y dominado, o simplemente infeliz. Todo será más fácil si le recordamos a Venus que las duras lecciones que da Saturno parten de un cariño y una preocupación verdaderos, aunque no declarados, y que es la manera que tiene de guiar y proteger a «un alma perdida». Tanto si lo creéis como si no, así es como demuestra Saturno su amor verdadero, al estilo de lo que puede ser una relación padre-hijo. En fin, Venus, convéncete de que Saturno te quiere a pesar de la frialdad que a veces demuestra. ¿Te consuela saber esto? ¿No? Entonces intenta recordar qué le hiciste a Saturno en otra vida para merecer esto. Porque lo que está claro es que le hiciste algo, de otro modo no estaría sucediendo esto. Lo bueno es que probablemente Saturno nunca te dejará, sino que permanecerá a tu lado, dándote estabilidad y seguridad emocional. Y eso sí lo necesitas mucho, ¿verdad? Bien. Estamos de acuerdo y eso es bueno. Dejémoslo así por ahora.

Venus en conjunción con Urano   A es Venus, B es Urano
♀ ☌ ♅

En el supuesto de que los dos tengáis algo que ver con alguna actividad innovadora o creativa en música o en cualquiera de las otras artes, o quizá estéis a punto de inventar algo, comprobaréis que estimuláis vuestras ideas mutuamente y de forma natural.

Incluso en el caso de que no estéis implicados en lo que acabo de decir, vuestra relación será emocionante y siempre os ayudaréis en cuanto a los objetivos, las ambiciones y los sueños. Aunque Urano se mostrará tolerante y favorable hacia Venus, el propio Urano será tal vez el responsable de los cambios rápidos e inesperados que se produzcan en la relación y en el entorno, lo que puede hacer que Venus sufra cierta ansiedad y crisis de nervios.

Hay algo realmente inusual o poco convencional en vuestra relación. ¿Acaso sois trapecistas? ¿Tenéis en casa crías de cerdo o de mono? Sea lo que sea, esta faceta tan insólita de vuestra relación hace que el comportamiento de Michael Jackson sea tan vulgar y corriente como el de Grover Cleveland y Calvin Coolidge.

Venus tiene la gran capacidad de tocar con los pies en el suelo mientras Urano flota a varios metros de altura, lo cual no implica poco talento, y además resulta tranquilizador para Urano. Me refiero a que cuando una persona no puede evitar dejarse llevar por la imaginación, conviene tener al lado a un buen compañero dispuesto a que no te pierdas. Es más que posible (no probable, sólo posible) que Venus no deje de preguntarse cómo puede curar la amnesia constante de Urano. Un consejo para Venus: átale un lazo de color azul en la mano, en el dedo gordo del pie, en la oreja o donde sea. Tal vez así consigas que Urano se acuerde de cómo te llamas, o deje de olvidar cosas como en qué año estamos o qué día es.

Venus en sextil o trígono con Urano   A es Venus, B es Urano
♀ ✳ △ ♅

Hay algo en vuestra relación extraordinariamente inusual o poco corriente en el modo en que os conocisteis. Tal vez fue en el circo; uno iba de payaso y el otro mascaba cacahuetes en la jaula de los monos, ¿verdad? ¿No fue así? Quizá tropezasteis el uno con el otro en la calle durante un desfile, o quizá os encontrasteis en una fiesta en casa de Michael Jackson. En cualquier caso, no faltaré a la verdad si digo que vuestro primer «encuentro en la tercera fase» fue sumamente estrafalario y extraño.

¿Y luego qué? Bueno, al igual que Alicia en el País de las Maravillas, todo se va haciendo cada vez más y más curioso. Este aspecto siempre implica la existencia de un aura mística o encantadora que define la relación, un ritmo emocionante que despierta la envidia de los demás, sobre todo cuando no acaban de comprenderlo. Sois extraños hasta en vuestras discusiones, a diferencia de las que tiene cualquier persona. En cuanto a vuestras reconciliaciones, a veces pueden ser tan raras como vuestras separaciones. Juntos os estimuláis mutuamente el genio creativo que late en los dos. Conseguir un premio o un honor por un logro en común es cosa imposible para vosotros. Urano anda siempre sorprendiendo y escandalizando a Venus de una forma u otra.

Venus tiene un modo muy agradable de dulcificar las excentricidades de Urano, actuando a modo de nivelador emocional cuando Urano está jugando con una cometa y deja escapar el hilo. Cuando uno de los dos cae, el otro está siempre allí con una red de seguridad, un trozo de algodón de azúcar de color rosa y un par de entradas para la noria.

Venus en oposición o cuadratura con Urano
♀ ☍ □ ♅   **A es Venus, B es Urano**

Entre vosotros no falta el estímulo, pero una gran parte de él sale de Urano, cuando estimula o seduce a Venus con modelos de pensamiento o actividades que son ajenas al carácter plácido y pasivo de éste. Puede haber algún período de comportamiento excéntrico, y una decepción, importante o no, provocada entre los dos puede ser causa de una repentina e inesperada separación temporal. Cuando este aspecto se vea revitalizado y claramente manifiesto por los planetas en tránsito, Urano parecerá impredecible, digno de poca confianza y loco de amor por Venus, de un amor sencillo y a

la antigua, pero no aburrido. Si quiere, Venus es capaz de hacer que
Urano se sienta obligado a ganar una carrera con un peso de cien
kilos atado a los tobillos. Es una vibración muy activa y llena de sorpresas, como esta comedia que vemos todos los días y que llamamos vida.

Venus en conjunción con Neptuno   A es Venus, B es Neptuno
♀ ☌ ♆

Ya sé que os molesta la ambigüedad astrológica y no os culpo
por ello, pero éste es uno de esos aspectos cuyo efecto varía radicalmente en función de los demás aspectos planetarios que compartáis en vuestras cartas. Así que os pido disculpas de antemano
en nombre de los planetas por ser tan equívocos en la interpretación.

Si la mayoría de otros aspectos que compartáis implican tensión
o peligro, este que nos ocupa puede traer a vuestra relación episo-
dios de debilidad por culpa de las drogas o el alcohol, y podrían producirse situaciones de engaño y desilusión. Pero si la mayoría de
estos otros aspectos es positiva, el que ahora tratamos traerá una
relación de amor ideal, o bien una compenetración perfecta para los
negocios, la familia o los amigos. De alguna manera, en vuestra relación siempre interviene una gran cantidad de compasión, el vínculo
astral que tenéis es tan fuerte que literalmente podríais hipnotizaros
mutuamente si lo quisierais (aunque os aconsejo tener presente a un
tercero para que os despierte).

La hipnosis mutua es un mito peligroso por razones que resultan
obvias. La vibración que se produce en la unión de estos planetas sirve de manera excelente para cualquier asociación relacionada con la
medicina, la investigación, la metafísica o la religión. Sin embargo, a
pesar de todas las virtudes de este aspecto, es posible que Neptuno
trate de seducir involuntariamente a Venus, y Venus puede despertar
en Neptuno sus inclinaciones latentes hacia la indecisión, el propio
sacrificio y la pereza. Pero si sois dos personas maduras y razonablemente sensibles, este aspecto os reportará más beneficios que decepciones en vuestra vida en común. Es probable que también compartáis el amor por el arte, el teatro, el cine, el baile, la música, la poesía

y la pintura. Asimismo, por raro que parezca, os interesan los conventos, los monasterios y las ruinas antiguas.

Venus en sextil o trígono
con Neptuno   A es Venus, B es Neptuno
♀ ⚹ △ ♆

¿Os habéis conocido en un monasterio o un hospital? Tanto si sois novios, como cónyuges, parientes, amigos o socios, vuestra relación se ha producido por un mutuo interés hacia la religión o la medicina, o los estudios esotéricos y ocultos, la música, el teatro o un trabajo de investigación. Es posible que también compartáis el mismo interés por la naturaleza y la ecología. Cada uno de los dos parece despertar en el otro la virtud de la generosidad, la simpatía y el afecto, tanto hacia vosotros mismos como hacia los demás. Sea cual sea vuestra relación, existe un aura de cariño y entrega en todo aquello que hagáis juntos. Tal vez os fomentéis mutuamente el amor hacia cualquiera de las artes existentes, incluyendo la fotografía y el modelado. Éste es uno de esos aspectos en que se puede confiar plenamente, sabiendo que suavizará cualquier vibración menos armónica que interfiera entre los dos.

Venus en oposición o cuadratura
con Neptuno   A es Venus, B es Neptuno
♀ ☍ □ ♆

Con respecto a los demás aspectos planetarios, éste es más tenue que fuerte, más delicado que poderoso. Lo que lo convierte en una vibración problemática es el modo en que os sorprende cuando menos esperáis que algo está yendo mal. Aunque las intenciones de Neptuno sean en principio buenas, Venus puede sentirse engañado o decepcionado en más de un asunto, sea éste importante o no. Y viceversa. Esta vibración conlleva varios grados de confusión y equívoco. Sin tener en cuenta hasta qué punto ambos sois íntegros, una vaga sospecha de engaño puede abrir una brecha en vuestra relación si no permanecéis alerta. El problema quizá provenga de vuestra distinta interpretación de la palabra sinceridad. Podríais evitar más de un problema sólo con prometeros que jamás os engañaréis, que diréis siempre la verdad por mucho que duela, que nunca diréis una mentira, ni siquiera por la cosa más pequeña, y así tal vez convertiréis el efecto de este aspecto en una experiencia mutua o astral y estableceréis un fuerte vínculo telepático entre los dos. Al igual que cualquier otro aspecto difícil que pueda aparecer en vuestras cartas, el que nos ocupa supone un desafío que hay que vencer. Pero ¿qué es la vida sin desafíos? Yo os lo diré: un aburrimiento.

Venus en conjunción, sextil o trígono con Plutón

A es Venus, B es Plutón

♀ ☌ ⚹ △ ♇

Existe un indiscutible vínculo kármico entre los dos y es de los más fuertes, os lo aseguro. Tal vez no creéis en la reencarnación, que es la causa que provoca cosas como la conexión kármica de la que hablamos. Pero no importa. El hecho de no creer en ella no impide que realmente exista ni que signifique algo en la vida. Lo que pasa es que hay cosas con las que es más sencillo tratar si comprendemos su razón de ser.

Incluso cuando se produzca una discusión entre vosotros de vez en cuando, tanto si es por culpa vuestra o de alguien ajeno a vosotros, resulta prácticamente imposible que los dos os separéis de forma permanente. De un modo u otro, volvéis a estar juntos como por magnetismo, sea cual sea la naturaleza de vuestra relación. Ocurre lo mismo con los hermanos a los que separan al nacer y luego son adoptados: casi siempre acaban encontrándose, sea porque se buscan o por casualidad. Lo mismo puede decirse de cualquier clase de negocio que compartáis, e igualmente para asuntos familiares. Aquel que intente interponerse entre los dos fracasará. Es imposible. Incluso si se intenta cortar el hilo de plata que os une y parece que se consigue, hay que esperar. Ya veréis. Volveréis a estar juntos con la misma seguridad que a la noche le sigue el día. No hay nada más seguro que eso. Nada puede evitar el poder de esta vibración.

Venus en oposición o cuadratura
con Plutón   A es Venus, B es Plutón
♀ ☍ □ ♇

¿Qué os habéis hecho el uno al otro en otras vidas pasadas? Debe de ser algo realmente grave para que ahora se refleje de una manera tan intensa en este aspecto kármico que compartís en la vida.

Cuando vuestra relación estalle de vez en cuando, por regla general será Venus quien se lleve la peor parte. ¿Por qué? Porque ante cualquier confrontación o conflicto, Plutón tiene más fuerza y poder de permanencia. Los problemas pueden surgir a menudo —aunque no siempre— cuando Venus descubre veinte maneras diferentes de frustrar a Plutón, quizá no deliberadamente, pero para el caso es lo mismo.

Por supuesto, sería de gran ayuda que los dos recordarais perfectamente vuestras vidas anteriores, de forma que supierais lo que en un momento dado os dijisteis e hicisteis. Esto ayudaría a equilibrar las deudas de expiación que hay entre los dos.

Pero sin este recuerdo, tendréis que pactar con respecto a la tensión a la que estáis sometidos, reconociendo que algo fue mal en algún momento y haciendo un esfuerzo por compensarlo como mejor podáis.

Plutón podría empezar por prestar algo de su esfuerzo a Venus en lugar de usarlo como un arma de control, y Venus podría dejar de temer la tendencia de Plutón a ajustar las cuentas y así cambiar el resentimiento por el encanto. ¡Plutón puede aprender tantas cosas con el encanto!

Y si todo esto no funciona, tenéis que deciros el uno al otro: «Te pido perdón por lo que te hice y que no puedo recordar, pero, sea lo que sea, por favor, perdóname y sigamos caminando juntos por el camino amarillo que nos lleva al mago de Oz.» ¿Quién podrá resistirse a una lógica tan encantadora?

6

Aspectos de Marte

Marte en conjunción con Marte
Marte en sextil o trígono con Marte
Marte en oposición o cuadratura con Marte
Marte en conjunción, sextil o trígono con Júpiter
Marte en oposición o cuadratura con Júpiter
Marte en conjunción con Saturno
Marte en sextil o trígono con Saturno
Marte en oposición o cuadratura con Saturno
Marte en conjunción con Urano
Marte en sextil o trígono con Urano
Marte en oposición o cuadratura con Urano
Marte en conjunción con Neptuno
Marte en sextil o trígono con Neptuno
Marte en oposición o cuadratura con Neptuno
Marte en sextil o trígono con Plutón
Marte en conjunción, oposición o cuadratura con Plutón

Marte en conjunción con Marte   A y B
♂ ☌ ♂

Es difícil explicar este aspecto, así que quizá sea más fácil comenzar por un hecho astrológico. En la carta individual de cada persona el planeta Marte influye en la expresión del yo. *Rige* tu forma de hablar y tus acciones, tus pautas verbales. Éstas seguirán el tipo de expresividad exhibido por aquel signo en el que estuviera situado Marte en el momento de tu nacimiento, lo cual no elimina la personalidad de tu Signo Solar, ni las actitudes emocionales de tu Signo Lunar, ni tu tendencia general en relación con los demás planetas; simplemente influye en tu modo de hablar y expresarte la mayor parte de las veces. Por ejemplo, tu yo básico no cambia, pero si en tu carta de nacimiento individual Marte está en Aries, hablarás y te expresarás de forma más enérgica y directa. Si en tu carta de nacimiento Marte está en Piscis, serás un poco más dulce y amable en tu manera de expresarte, y es posible que también algo más evasivo. ¿Lo vas viendo?

Entonces, ¿qué pasa con dos personas cuando Marte estaba en el mismo signo al nacer cada una de ellas, y por tanto el aspecto que se formaba al comparar sus cartas planetarias era el de Marte en conjunción con el propio Marte? Utilicemos una analogía, aunque algo imperfecta, si bien todas las analogías lo son. En cualquier caso nos servirá de ayuda para clarificar las vibraciones de este aspecto.

En cierto modo, el efecto es similar al que resulta de aparear la misma raza de caballos, de perros u otros animales. Es decir: los genes hereditarios, tanto los deseables como los indeseables, se ven potenciados. De forma semejante, si cuando nacisteis Marte estaba en conjunción (en el mismo signo), el resultado será una gran intensificación de las virtudes positivas de ese signo, así como una gran intensificación de los rasgos no tan positivos del mismo. Tal y como sucedía con las reglas genéticas del cruce de animales, todo queda potenciado o redoblado. Os pondré sólo tres ejemplos. Por supuesto, hay doce ejemplos posibles, ya que existen doce signos en los que el planeta Marte respectivo de cada uno de vosotros podía haber estado situado en el momento de nacer y, por tanto, en conjunción. Pero tres ejemplos serán suficientes para mostrar por qué si en vuestras cartas aparece Marte en conjunción con Marte es preciso estar sobre aviso.

Puesto que mientras escribo esto no tengo forma de saber en cuál de los doce signos estaba Marte cuando nacisteis, estos ejemplos deberán bastar por el momento, como diría el poeta.

Ejemplo 1: Marte en conjunción con Marte en el signo de Tauro

La estabilidad, la devoción, el sentido práctico, la paciencia y el sentido del humor de la expresividad propia de los Tauro se verán potenciados en gran medida en vuestra relación, pero también vuestra testarudez de cabezotas. ¿La solución? Sacad el máximo partido de lo primero y haced un pequeño esfuerzo por atenuar lo segundo.

Ejemplo 2: Marte en conjunción con Marte en el signo de Leo

La generosidad, el afecto y la creatividad de la expresividad de los Leo quedarán muy potenciados en vuestra relación, pero también los rasgos distintivos de arrogancia, orgullo y afán de mando. También aquí la solución pasa por sacar el mayor partido de lo primero y hacer un esfuerzo por atenuar lo segundo.

Ejemplo 3: Marte en conjunción con el signo de Géminis

La versatilidad, la inteligencia y el irresistible encanto personal de la expresividad de los Géminis se verá muy potenciada en vuestra relación, pero también las cualidades negativas, como el fingimiento, el sarcasmo, la reiteración y los súbitos e incesantes cambios de opinión y actitud. Una vez más, la solución está en sacar el mejor partido de lo primero y esforzarse por atenuar los efectos de lo segundo.

De todos modos, aquellas personas con Marte en conjunción en el signo de Géminis tendrán que hacer frente a algunos problemas más de los habituales que quienes tienen a Marte en conjunción con cualquiera de los once signos restantes. Géminis es el signo de los gemelos, de la dualidad, de las dos personas en una. En consecuencia, cuando dos personas comparten la conjunción de Marte en Géminis, la vibración se cuadruplica, ya que la doble vibración individual de Marte en Géminis de cada una de ambas se ve a su vez doblada. ¿Correcto? ¡Dos personas multiplicadas por dos es igual a cuatro personas! ¡Vaya caos! ¿No? Pobrecillas, muchas veces no deben de saber con cuál de las cuatro van a comunicarse. Por si acaso, será mejor que leas otra vez este párrafo.

Puesto que las dos personas interrelacionadas cambian con harta frecuencia sus, admitámoslo, brillantes mentes (muchas veces en mitad de una simple frase), la expresividad de cada una de ellas puede cambiar por completo de un día para otro (o en cuestión de horas, y a veces hasta de minutos), con lo cual ambas se ven obligadas a tratar de adivinar continuamente el siguiente movimiento de la otra en este juego interminable. ¿Quién ganará? Nadie. ¡Por eso es interminable!

Para acabar de complicar el asunto, de acuerdo con las pautas expresivas de los Géminis, ambas personas tendrán una tendencia a la reiteración. Ejemplo: «Te llamo esta tarde. [Breve pausa.] Te llamo esta tarde.» Respuesta: «De acuerdo. [Breve pausa.] De acuerdo. [Breve pausa.] De acuerdo.» Y así continuamente.

Aquí tenéis un pequeño consejo astral para aliviar algunas de las frustrantes desavenencias que puede motivar esta vibración múltiple. Aunque vuestras formas de expresión sean similares y resulten armoniosas, si uno de los dos trata de llevar la voz cantante en una situación determinada, en lugar de ir a la par, pueden saltar chispas de rivalidad, impaciencia y enojo. De modo que debéis cooperar en un esfuerzo mutuo por no desempeñar ninguno de los dos el papel de líder. Está claro que seguir al líder no es el pasatiempo favorito de Marte, sea cual sea el signo en que estuviera cuando ambos llegasteis a la Tierra. La mejor opción que tenéis (la única, en realidad) para llegar a la armonía (factible) con este tipo de conjunción entre vosotros es la cooperación: caminar juntos para que ninguno de los dos vaya delante o detrás; hablar y actuar en los mismos términos. Juntos, como iguales. De este modo podréis afrontar todas las influencias del exterior... ¡y ganar siempre! Puesto que Géminis rige la escritura, las personas que comparten un doble aspecto de Marte en Géminis podrían llegar a ser escritores y colaborar en un libro.

Si tu aspecto de Marte en conjunción con Marte no se corresponde con uno de los ejemplos anteriores, sino con uno de los nueve signos restantes, te sugiero que leas *Signos solares*, con el fin de saber qué rasgos positivos y negativos particulares potenciarán esa conjunción, según el signo en cuestión. Te será útil.

Muy bien, yo he cumplido con mi parte. El resto depende de ti. Dicho sea de paso, debes saber que la «potenciación» causada por la conjunción sólo es aplicable a Marte. La conjunción doble de cualquier otro planeta (Venus en conjunción con Venus, la Luna en conjunción con la Luna, etc.) no produce los mismos resultados. Sólo la conjunción de Marte. ¡Gracias a Dios!

Marte en sextil o trígono con Marte   A y B
♂ ⚹ △ ♂

¡Una auténtica efusión de armonía! Es posible que vuestra forma de hablar y expresar vuestros pensamientos no sea idéntica, pero será sin duda similar y seguirá la misma pauta general. En otras palabras, este aspecto es armonioso. Ambos cooperaréis con eficacia en cualquier empeño que requiera de la combinación de vuestras energías y acciones. Vuestros deseos y sueños son muy semejantes; es más, a los dos os resultará fácil animaros e inspiraros en vuestras metas y ambiciones respectivas. Este aspecto tal vez no elimine todos y cada uno de los indicios de rivalidad y competitividad entre vosotros (eso depende de otros aspectos mutuos), pero reducirá considerablemente la cantidad de tensión causada por cualquier vibración de esta clase. Tenéis buenas perspectivas de compenetración con respecto a los negocios, la amistad o el matrimonio. Si sois parientes, es probable que busquéis la simpatía mutua cuando otros miembros de la familia os hayan ofendido, os hayan hecho enfadar o bien os hayan lastimado en mayor o menor medida. Como a cualquier tándem de un mismo equipo, se os podrían aplicar las palabras de la conocida «canción de la amistad»: «Esto sí que es amistad, amistad, / una bonita y perfecta amistad. / Cuando otras están ya olvidadas, / persiste nuestra amistad dorada.»

Marte en oposición o cuadratura con Marte   A y B
♂ ☍ □ ♂

Aunque no lo mostréis de forma expresa, siempre hay un sutil conflicto de voluntades entre vosotros. Quizá no sea tan sutil, sobre todo cuando se trata de manifestar vuestras diferencias de opinión con palabras, ya que vuestras pautas verbales ¡también están en conflicto! Aun cuando los dos estáis de acuerdo en algo que queréis, no lo deseáis al mismo tiempo. Muchas de vuestras disputas se inician cuando uno de los dos trata de interferir en el trabajo o la forma de vida del otro, u obstruirlos. Al menos eso es lo que al «otro» le parece, sea verdad o producto de su imaginación.

Sí, se presentarán multitud de ocasiones para dar rienda suelta a los arranques de ira o los estallidos de furia propios de Marte, aunque eso no supone necesariamente el fin del mundo... ni siquiera el de vuestra relación o asociación. En lugar de comportaros como dos chicos malos —o dos chicas malas, o un chico y una chica malos—, ¡podéis convertir este aspecto en una maravillosa oportunidad para ganaros unas cuantas estrellas rutilantes para vuestra corona kármica! Cada vez que superéis el resentimiento interior, que no es más que una respuesta natural a veros sometidos a los deseos de la otra persona en detrimento de los propios, una nueva estrella habrá nacido en vuestra tiara kármica.

Si la asociación es de tipo profesional, es posible que cada uno de los dos muestre sus preferencias hacia una técnica o un procedimiento diferente de los que prefiere el otro. Pero puesto que es muy probable que los dos métodos en cuestión consigan el mismo resultado, ¿qué otra cosa puede haber en juego a la hora de hacer balance más que el orgullo mutuo? La solución es turnarse. Lo mismo vale para la amistad o las relaciones sentimentales. Uno de los dos quiere ver el último despliegue de violencia de Arnold... como se llame, mientras que el otro prefiere los dibujos de Bugs Bunny. Turnaos: primero le toca a uno; luego al otro. Así pues, de forma paulatina, y mientras vayáis acumulando estrellas, aprenderéis a dominar vuestras naturalezas emocionales individuales. Es un logro que bien vale una galaxia entera de asteroides. Éste es, pues, el sermón astral, el credo cósmico que te corresponde hoy: la armonía proporciona más felicidad que la hostilidad, y la negociación es más creativa que la intransigencia.

Marte en conjunción, sextil o trígono
con Júpiter   A es Marte, B es Júpiter
♂ ☌ ⚹ △ ♃

Marte aporta un fundamento para la acción agresiva y el impulso enérgico a los sueños, las metas y las grandes ambiciones y aspiraciones de Júpiter. Es posible que ambos mostréis un interés fuera de lo común por el deporte o los animales. Hay una gran vibración que favorece las asociaciones de todo tipo, tanto para casarse como para fundar un negocio. Júpiter promueve en Marte un deseo de expansión en todos los ámbitos. Y, quizá lo mejor de todo, os infundís un constante optimismo mutuo. Ambos os situáis en la onda de la filosofía de Scarlett O'Hara: «¡Qué le vamos a hacer, mañana será otro día!»

Puede decirse que los dos encontraréis fácil acuerdo en materia de leyes, de educación y religión. ¡No habrá discusiones sobre estos temas!, a menos que las causen otros aspectos planetarios que interfieran, pero aun así el aspecto del que hablamos las haría suaves e intrascendentes. Os complementáis muy bien en la mayoría de las cosas y, como cualquiera que actúa en equipo (si vuestro aspecto es en sextil o en trígono), tenéis una rara habilidad para conseguir juntos prosperidad y seguridad económica.

Todas estas felices armonías son válidas para cualquiera de los tres aspectos, incluida la conjunción, pero si vuestro aspecto es ésta, aunque disfrutaréis de los mismos beneficios que en el caso del sextil y el trígono, puede darse de forma ocasional la aparición de estrés en lo referente al dinero. Dicho de otro modo: tal vez se produzca una inesperada e inoportuna falta de dinero, después de gastarlo de forma poco prudente. A veces es como si os gustara infundir al compañero de excesivos estímulos por gastarlo. Primero es Marte el que acusa a Júpiter de derrochador, y luego Júpiter acusa a Marte de lo mismo. ¿Ya lo sabíais? Si hay que decir la verdad, lo cierto es que a los dos os gusta gastar con prodigalidad. Buscaos un agente para vuestro negocio y llevad talonarios de cheques de cuentas separadas.

¡Así podréis disfrutar tranquilamente de las delicias de esta vibración!

Casi olvidaba otra breve advertencia para vuestra sinfonía si vuestro aspecto es la conjunción. Del mismo modo que en la mitología griega el dios Júpiter disfrutaba tomándole el pelo al dios Marte, la conjunción entre Júpiter y Marte puede hacer que Júpiter disfrute tomándole el pelo a Marte, lo que por supuesto no siempre le parecerá a este último divertida. Así que Júpiter debería no abusar de las payasadas, mientras que Marte podría sacarle hierro al asunto y comprender que no pretenden herirle. (Una nota: ¡la mejor manera de que alguien deje de fastidiarte es ignorarle y no responder a la provocación, porque eso le quita toda la gracia!)

Marte en oposición o cuadratura con Júpiter   A es Marte, B es Júpiter
♂ ⚼ ☐ ♃

Pueden surgir entre vosotros discordias periódicas cuando vuestras ambiciones entren en conflicto. Ello puede crear rivalidad, o hacer que uno de los dos haga algo en contra de la mejor intención del otro. Vuestras diferencias de opinión aparecerán sobre todo en asuntos de ética o moral y a menudo surgirán en referencia a familiares o temas de libros, de leyes, de educación o religión. Es posible que se os manifieste una tendencia a impacientaros con el otro, ya sea por esperar o exigir demasiado de él. En asuntos familiares o sentimentales quizá uno de los dos haga promesas que no lleguen a cumplirse del todo. En las asociaciones de negocios puede ocurrir que uno acuse al otro de correr riesgos innecesarios que les han llevado a reveses financieros. Otra faceta desagradable de esta vibración es que muchas veces saca a relucir cualquier tendencia latente al derroche o el despilfarro, tanto en Marte como en Júpiter, así que, para ser justos, la culpa debe repartirse entre ambos por igual, ya no se puede decir que ninguno de los dos tenga un carácter acomodaticio. Ninguno de los dos puede quejarse con honestidad de que le «arrastraron» a actuaciones que más tarde lamentó, ya que ambos hacéis la mayoría de las cosas con los ojos bien abiertos. (Cuatro en total: los dos pares de cada uno.)

¡No abandonéis la nave todavía! Estos problemas tienen solución, como la tienen todos los conflictos que se dan entre terrícolas. En este caso deberéis intentar respetar las opiniones y los juicios del otro cuando difieran de los vuestros, y cada cual tendrá que conceder al otro libertad de actuar con independencia. Y si uno de los dos mete la pata, no le digáis: «Ya te lo había dicho.» Sed tolerantes. No tratéis siempre de influiros mutuamente. Seguid vuestros respectivos caminos, felicitad al otro cuando gane y daos vuestro comprensivo apoyo cuando uno de los dos cometa un serio error. Otra varita mágica que podéis utilizar contra las ocasionales disonancias en la armonía de esta vibración es el mismo consejo astral facilitado a los que comparten conjunción entre estos planetas: haceos con un par de buenos gerentes de negocios (uno por persona), ¡y dejad que ellos diriman las diferencias! Y no olvidéis llevar talonarios de cheques de cuentas separadas. *Por favor*, llevad talonarios de cheques por separado, a ser posible de cuentas en bancos diferentes. Meditad luego sobre la profunda sabiduría de la sintonía del programa de televisión de Mr. Roger: «Me gustas tal como eres.» Eso incluye defectos, malos humores, equivocaciones, deslices, acné, manías, despilfarro (¡que no es otra cosa que, recordadlo bien, un exceso de generosidad), torpeza, y el resto del paquete. Centraos en las virtudes del otro. Si las buscáis, las encontraréis por arrobas.

Marte en conjunción con Saturno   A es Marte, B es Saturno
♂ ♂ ♄

La mayoría de los manuales de astrología ofrecen nefastas advertencias a quienes comparten este aspecto planetario (tan nefastas como las que dan cuando interpretan a Marte en conjunción en el caso de un solo horóscopo individual). Pero hasta cierto punto esos viejos manuales adolecen de cierta falta de optimismo. Cargan demasiado las tintas sobre los peligros latentes en la comunicación humana. No es que este aspecto vaya a ser siempre un camino de rosas, pero los desafíos que ofrece a las personas lúcidas capaces de ver la copa medio llena en lugar de medio vacía pueden redundar, una vez aceptados y vencidos, en un torrente de bendiciones para ambos.

El truco está en aprender a extraer los beneficios positivos de esta vibración, y es más fácil de lo que pensáis.

Reflexionemos primero en el llamado lado negativo para luego dejarlo al margen. Entonces podremos volvernos hacia las golosinas. Primero nos comemos la verdura y luego el postre, ¿no es así? Éstas son las principales sirenas avisadoras: un planeta siempre restringe de algún modo la expresión propia de cualquier otro planeta con el que está en conjunción, al margen del signo en que se dé la conjunción. Esto significa que Saturno limitará de alguna manera el comportamiento y/o las actividades de Marte, con lo que obligará a éste a renunciar a uno o varios sueños o metas, algunos de forma temporal, otros permanente. Saturno los postergará colocando obstáculos en su camino, lo cual producirá en Marte frustración y le llevará a un feroz resentimiento, que puede degenerar rápidamente en furiosos accesos de ira ocasionales.

En cuanto a los desafíos a que deberá enfrentarse Saturno en la relación, Marte puede resultar a veces extremadamente irritante hacia la naturaleza más flemática, meticulosa y práctica de Saturno al exigirle respuestas inmediatas y resultados instantáneos, sin mostrar a cambio una buena disposición para la espera. Definición de espera: «paciencia». La verdad es que eso es algo de lo que Marte carece, mientras que Saturno tiene un almacén lleno para las emergencias de la vida.

Veamos ahora los beneficios positivos de este aspecto, que reposan sobre el arco iris que os une a los dos. La valentía e ingenuidad de Marte pueden acudir en apoyo de Saturno en momentos de crisis y ayudarle a superar esos momentos de humor sombríos en que imperan el desánimo y la depresión. Por su parte, Saturno refrenará la tendencia de Marte a actuar de forma demasiado impulsiva, sin la suficiente previsión o preparación. Ello hará (si Marte escucha) que los proyectos mutuos sean exitosos y ayudará a Marte a transformar sus ideas impulsivas en beneficios económicos. En pocas palabras, Saturno puede impedir que Marte se convierta en un misil descontrolado, mientras que Marte puede prender la mecha para que el a veces remolón Saturno se ponga en órbita en busca de la realización de sus pragmáticos sueños de estabilidad.

Si Marte se muestra debidamente favorable, Saturno no deberá dictar sus prudentes consejos de una forma severa, sino que se los ofrecerá de un modo prudente y amable. Y si a su vez Saturno se muestra debidamente favorable, el empuje apremiante y útil de Marte no deberá ser tan rudo, sino más suave y considerado.

Saturno tiene mucho que aprender del espíritu agresivo de Marte, y Marte tiene mucho que aprender de la precaución sosegada y paciente de Saturno. Puesto que Saturno es el planeta del karma, cualquier aspecto en que participe indica una retribución mutua de deberes kármicos. Pagaos esta deuda mutua de buen talante y disfrutaréis de muchos beneficios inesperados. Confiad en mí.

Pero recordad que Marte (tanto el planeta como la persona) es el encargado de administrar las lecciones mutuas que ambos necesitan para ponerse a prueba. Sé que es duro de aceptar, Marte, pero es inútil resistirse.

Marte en sextil o trígono
con Saturno   A es Marte, B es Saturno
♂ ⚹ △ ♄

En cualquier tipo de asociación, sea de índole profesional o matrimonial, así como las relaciones familiares, esta vibración planetaria hará que todos los esfuerzos que emprendáis juntos se desarrollen de forma serena y sin obstáculos (a no ser que ambos compartáis una multitud de aspectos generadores de tensiones procedentes de otros planetas, que en todo caso debilitaría el aspecto presente, pero no lo eliminaría).

El extraordinario brío mental y físico de Marte complementa la cautelosa prudencia de Saturno, por lo que los esfuerzos mutuos pueden llegar a buen puerto. Es evidente que la mezcla de la paciencia y la estabilidad saturninas con el agresivo entusiasmo marciano resulta una combinación ideal. Cuando trabajáis juntos en pos de una meta común o un sueño compartido, esta vibración os beneficia a ambos, por cuanto saca de vosotros lo mejor de vuestras respectivas naturalezas. Marte estimula la ambición y la confianza en sí mismo de Saturno, mientras que el sentido práctico de éste modera la tendencia de Marte a actuar con exceso de impulsividad. La influencia de este aspecto planetario crea lo que se ha dado en llamar «lo mejor de los dos mundos». En las uniones tanto sentimentales como profesionales, aumenta la resistencia y la durabilidad, ya que el planeta Saturno es el que rige el karma, lo cual siempre ata. Saturno puede enseñarle a Marte a prepararse para posibles emergencias, cómo lograr la seguridad económica, el valor de la estabilidad y la serenidad reflexiva; y Marte puede enseñarle a Saturno cómo superar obstáculos, montar a los caballitos, encontrar tréboles de cuatro hojas en la hierba, ser mágico. Si lo consideramos en conjunto, todo apunta hacia una relación limpia, a expensas de algún otro aspecto molesto que pueda crear una fricción ocasional entre vosotros.

Marte en oposición o cuadratura
con Saturno   A es Marte, B es Saturno
♂ ☍ □ ♄

Saturno puede ser incapaz de controlar una necesidad urgente de reducir o restringir la enérgica iniciativa de Marte, lo que quizá acabe causando que Marte se rebele, desafiante. Saturno no quiere lastimar a Marte, es sólo que la en ocasiones impetuosa, impulsiva e irreflexiva conducta de éste perturba el instinto innato de Saturno a la prudencia, que le lleva a pensar que siempre es mejor prevenir que curar. Como es natural, esta diferencia de actitudes crea cierta cantidad de discordia entre vosotros.

Cuando Saturno critica y trata de limitar las impulsivas y precipitadas acciones de Marte, éste se resistirá enojado a tal restricción, y no se dará cuenta hasta mucho más tarde de que lo que la motivaba era la preocupación y el deseo de Saturno de protegerle del fracaso y el desengaño. Sólo después de largos períodos de frustración, y a veces ni siquiera entonces, sabrá apreciar Marte los beneficios de la prudente sabiduría y el sentido práctico de Saturno. Cuando Marte se rebela, puede alterar la fría tranquilidad, por lo general imperturbable, de Saturno. Cuando Saturno trata de enseñarle a Marte que la paciencia y la prudencia tienen sus recompensas, Marte lo vive como si Saturno estuviera comportándose como un dictador y le manifestará bien a las claras que a él no le controla nada ni nadie bajo ningún concepto. Una actitud tan desafiante puede hacer que Saturno se sienta físicamente enfermo.

Esta vibración dificulta especialmente las cosas cuando se trata de la relación entre padre e hijo. Si Saturno es el planeta paterno en este aspecto, el hijo puede que vea al padre como una persona extremadamente estricta y severa. Cuando Saturno es el planeta del hijo y Marte el del padre, es posible que el padre acucie demasiado al hijo por parecerle éste «demasiado lento», lo que puede generar en el hijo resentimiento e incluso temor hacia el padre. Pero en esta relación familiar, al igual que en el caso de amigos, socios, amantes y compañeros, alguno de estos aspectos entre el planeta Saturno y el planeta Marte procede de acontecimientos desencadenados en una vida anterior, al ser Saturno el planeta del karma. Por consiguiente, una suficiente cantidad de perdón por daños sufridos en un tiempo remoto y el intercambio en la encarnación presente de montones de amor y afecto pueden acabar con los conflictos. ¿Que no conocíais el tremendo poder mágico del amor? Entonces me parece que ésta es la lección que vuestras estrellas intentan enseñaros a través de esta vibración. Aprendedla.

Marte en conjunción con Urano ♂ ☌ ♅   A es Marte, B es Urano

¡Cuando vuestros sueños, vuestras metas o ambiciones coincidan, los dos podréis tender las manos hacia las estrellas y atrapar galaxias enteras! Traducción: juntos tenéis la independencia de espíritu, la agresividad, la originalidad y el valor necesarios para obtener un éxito realmente formidable. Eso sí, si vuestros sueños, metas o ambiciones son diferentes, las estrellas del éxito pueden escurrírseos entre los dedos. Os será difícil llegar a la cooperación y la avenencia mutuas. Tarde o temprano, uno de los dos irritará y frustrará al otro, si bien la intensidad del roce dependerá de la cantidad de aspectos generadores de tensión que existan en vuestras intercartas. Si ambos estáis por casualidad comprometidos en asuntos de trabajo, o de estudio, o en proyectos que tengan que ver con algún tipo de actividades científicas, medioambientales, literarias, investigadoras o técnicas, esta vibración estimulará la consecución de tales proyectos y les traerá buena fortuna. Por otra parte, tiende también a sacar impulsos rebeldes e impredecibles de vuestras naturalezas, por lo que se requerirá un estricto control de las emociones.

En ocasiones, y tal vez se produzcan con cierta frecuencia, a ambos os parecerá que el otro pierde vuestra confianza y que ya no se puede contar más con sus promesas. Casi siempre será Urano quien muestre esta clase de comportamiento inconstante y poco formal, lo que enfurecerá a Marte. Entonces éste romperá también algunas promesas (¡además de algunos platos!). Es probable que Marte se rebele cuando vea a Urano perder demasiado tiempo con amigos y desconocidos y no le otorgue a él la atención requerida. Urano considerará infantil tal actitud y dudará en decírselo, lo que difícilmente resultará el mejor camino para restaurar la armonía, puesto que Marte no atiende a críticas. Esta vibración puede suscitar repentinas e inesperadas peleas y rupturas, que suelen desaparecer con la rapidez de un relámpago (¡que ya es rapidez!). Si no os gusta cómo van las cosas entre vosotros, esperad. Seguro que cambiarán. Si no hay nada que os haga confiar en vuestra relación, esperad, que cambiará.

Marte en sextil o trígono
con Urano   A es Marte, B es Urano
♂ ⚹ △ ♅

Cada uno de vosotros estimula la originalidad, la inventiva, las capacidades creativas y la indepⸯendencia del otro, y ejercéis una influencia en el equipo que formáis que os hace progresar y ser más productivos. Favorecéis la agresividad, la iniciativa y la confianza mutuas, y la relación resultante suele ser armoniosa, aunque algo extravagante y anticonvencional. Sois afortunados en compartir una vibración tan dinámica, estimulante y llena de sorpresas positivas. A menos que la asociación que os une sea producto de ser parientes, lo más probable es que vuestro encuentro no fuera fruto de la planificación de ninguno de los dos, sino que surgiera de forma inesperada, y hasta extraña en algún sentido. Ahí va además un premio extra: si vuestros esfuerzos mutuos encierran intenciones sinceras, los lleváis a cabo cooperando y están libres de dudas e inhibiciones, recibiréis la recompensa y el reconocimiento ajeno por haber creado algo que redundará en beneficio de la Tierra y los terrícolas. No obstante, hay que aclarar que ninguno de vosotros sois terrícolas. No hay duda de que procedéis de más allá de los límites del espacio exterior. Si alguna vez aterriza un ovni junto a vosotros y os invita a subir, ¡adelante! Os sentiréis como en casa.

Marte en oposición o cuadratura
con Urano
♂ ♂ □ ♅

A es Marte, B es Urano

Tanto si sale a relucir como si no, el caso es que los dos poseéis un carácter fuerte y muy independiente. Así que no es de extrañar que se produzcan choques ocasionales de voluntades, originados en vuestras mentes únicas e independientes. ¡Patapaf! No tiene por qué resultar tan grave, pero seguro que hará mucho ruido. A ninguno de los dos se os puede considerar una amapola arrugada, ni tampoco la clase de persona que evita el enfrentamiento. Si se produce, los dos os haréis frente, para bien o para mal. A veces es para bien y el aire queda limpio de nubes y frustraciones inconfesadas. Pero cuando es para mal y os decís y hacéis cosas que más tarde lamentáis, no os apuréis, podéis limar asperezas, reconciliaros y volver a intentarlo. Si queréis. Estas dos últimas palabras son la clave del universo.

Marte lamenta el lado impersonal e insensible de Urano, mientras que Urano lamenta el lado hipersensible y ofensivo de Marte. La irritación mutua que resulta de tal incomprensión puede afectar efectivamente el sistema nervioso de uno de los dos. En tales ocasiones cada uno de vosotros debería darse una buena ducha para limpiar el aura de vibraciones negativas (¡os aseguro que funciona!), pero no los dos a la vez, claro está. Luego salid a ver una película (siempre por separado) y pasad la noche en un hotel o en casa de un amigo (pero no juntos, no le pidáis eso a un amigo, por amor de Dios). Si de esta forma os dais una oportunidad para dejar que las cosas se enfríen y calmaros, la hora del desayuno puede ser la propicia para recuperar un razonable nivel de armonía entre vosotros.

¿El resultado final? Mis queridos y amables amigos, eso depende por completo de vosotros. Las estrellas ceden el control por esta vez y os traspasan la responsabilidad. No podéis culparlas por ello. En todo lo que atañe al planeta Urano las cosas no son más predecibles que una tormenta eléctrica. Por supuesto, queda siempre abierta la posibilidad de un arco iris. ¡Pero aun así, ninguno de los dos quedará satisfecho en tanto no hayáis saltado por encima de él al otro lado! Creo que no hay nada malo en intentar conseguir tal meta. Y cuando la hayáis logrado (cosa que podéis hacer si lo creéis posible), ¡dejad que vuestras diferencias se fusionen como dos gotas de limón!

Marte en conjunción con Neptuno ♂ ☌ ♆   A es Marte, B es Neptuno

Marte estimulará constantemente las emociones de Neptuno, a veces en un sentido negativo, aunque la mayor parte de las veces lo hará en el positivo. Neptuno es capaz de inspirar a Marte hasta el más puro idealismo, encerrado cerca de la superficie de la naturaleza ingenua y confiada de Marte y disimulado bajo el velo de una personalidad agresiva. Neptuno puede destapar con amabilidad esos velos y mostrar las benevolentes y espirituales aspiraciones de Marte, incitándole de paso a que crea que los sueños pueden convertirse en realidad.

Una nota negativa en vuestro concierto musical particular es que Marte puede sobreestimular y por ende confundir la naturaleza mental y emocional más delicada de Neptuno. Asimismo, Neptuno puede a veces mostrarse engañoso o evasivo para con Marte y agotar hasta cierto punto la vitalidad y el valor de éste, mientras que Marte, si no pone el suficiente cuidado en ser amable, puede causar involuntariamente ansiedad y miedo en Neptuno, quien en contrapartida minará la energía de Marte con esa misma ansiedad y ese miedo.

Si estáis entregados a un proyecto común que esté relacionado con la medicina o con intereses teatrales, artísticos o musicales, este aspecto contiene grandes valores creativos y anima a la realización mutua. Si os lleváis bien entre vosotros, la intuición y la espiritualidad de Neptuno, unidas a la valentía y la fuerza interior de Marte, pueden manifestarse en una vibración formidable que posibilite el éxito público y personal. No obstante, conviene señalar que dos personas que compartan este aspecto planetario en sus cartas de nacimiento, deben tener en cuenta la seria advertencia, tanto por parte de las estrellas como de los antiguos, de que tengan cuidado con los excesos de cualquier tipo, sobre todo las drogas y el alcohol. Son también peligrosos para ambos los experimentos psíquicos poco convencionales, como las sesiones de espiritismo y cosas por el estilo.

Marte en sextil o trígono
con Neptuno   A es Marte, B es Neptuno
♂ ✳ △ Ψ

La sutil influencia de Neptuno en el inquieto Marte supone una bendición por muchos motivos. Por ejemplo, Neptuno no sólo mueve a Marte a logros siempre mayores, sino que además es capaz de actuar de lenitivo en la sensibilidad a flor de piel de Marte y de calmar las heridas infligidas por el resto del mundo. Marte le devuelve los favores ayudando a Neptuno a luchar contra su tendencia a dejarse llevar por la inercia o a postergar las cosas, estimulándole a la acción con un aliento de energía. La iniciativa y las cualidades de liderazgo de Marte combinan con la misteriosa intuición y la extraordinaria capacidad para ver a través de las cosas de Neptuno, lo que a su vez puede estimular en ambos vuestros poderosos potenciales creativos.

La combinación es especialmente efectiva si existe un interés común por los fenómenos psíquicos, la ecología, la astrología, la medicina, el trabajo de estudio, los conceptos religiosos, la arqueología o la investigación mística de cualquier tipo. El estudio de la astronáutica puede ser un hobby mutuo muy satisfactorio, como también cualquier otra actividad relacionada con el agua. Ambos sois defensores de la vida animal, las ballenas, los delfines, los bosques y la Madre Tierra en general. Es una vibración excelente para el intercambio equitativo de solidaridad y compasión, por lo que estar juntos resultará profundamente reconfortante, aunque compartáis otros aspectos que generen más tensión.

A diferencia de otros, Marte no acusará a Neptuno de comportamiento misterioso o evasivo, ya que aquél es capaz de penetrar directamente en el mundo íntimo de las trémulas ensoñaciones neptunianas.

De acuerdo con los antiguos, una de las facetas más inusuales de este aspecto entre dos personas es que hay pruebas irrefutables de que al menos una de las encarnaciones anteriores que compartisteis fue intensamente religiosa. No en el sentido de haber sido monjas o frailes, ni de haber vivido en conventos o monasterios (otros aspectos planetarios que pueden darse o no en vuestras intercartas indican esta vibración), sino en el de algún tipo de liderazgo espiritual dinámico, tal vez a través de la fundación o la dirección de algún movimiento esotérico particularmente activo y hasta agresivo. Por eso los sonidos de cánticos y campanas se abren paso a través de vuestra sinfonía de compatibilidad astrológica personal. ¿Los habéis oído? ¡Escuchad!

Marte en oposición o cuadratura
con Neptuno   A es Marte, B es Neptuno
♂ ☍ ☐ ♆

Marte puede a veces mostrar una conducta brusca, impaciente e impulsiva, lo que dará como inevitable resultado un silencio doloroso o una retirada esquiva por parte de Neptuno, reacción que sólo conseguirá que Marte se comporte de forma aún más agresiva. El problema fundamental es la manera directa en que Marte aborda las situaciones, que choca con la actitud distanciada de Neptuno. Este distanciamiento sólo sirve para enfurecer a Marte, cuya airada determinación de «pelear hasta las últimas consecuencias» hace que Neptuno huya del enfrentamiento y busque cobijo aunque sea bajo las piedras. El fuego es fuego (Marte) y el agua es agua (Neptuno), y cada uno de estos elementos es incapaz de destruir al otro. Ello sucede con las combinaciones entre fuego y agua en los Signos Solares para cualquier pareja de personas (este aspecto planetario que compartís tiene la misma influencia). Demasiada agua puede extinguir el fuego más ardiente, y demasiado fuego puede evaporar el agua.

Aquellos cuyas intercartas indiquen esta vibración deben permanecer alerta para evitar el alcohol y las drogas, de lo contrario la consecuencia puede ser la corrupción mutua. Podremos oír acusaciones tanto del más inmoderado despilfarro como de todo lo contrario: la más extrema tacañería. La salud mental y emocional de

Neptuno, así como su equilibrio psíquico, pueden resultar seriamente afectados por las disputas entre los dos, por lo que Marte debería intentar responder con sinceridad de forma más calmada a su irritación, y Neptuno debería aprender a afrontar los desacuerdos, dando la cara y no evitando las cuestiones espinosas. Ésta es la única manera de aportar armonía a vuestra relación. Si Marte toma prestada de Neptuno un poco de su esencia y Neptuno hace lo propio con Marte, ambos podéis encontrar un punto de encuentro en medio del valor, la honestidad y la amabilidad de Neptuno, y así dejaréis de perder el compás de vuestra canción.

Marte en sextil o trígono
con Plutón
♂ ✶ △ ♇

A es Marte, B es Plutón

Hay tal desbordante energía entre vosotros con la que forjar ideas tendentes a la formación de enormes imperios u operaciones a gran escala, que es difícil visualizar vuestra relación como ordinaria. Más bien parece extraordinaria. Es muy grande la influencia que ejercéis en la fuerza de voluntad del otro, ya de por sí poderosa, y podríais formar un equipo impresionante en política o investigación científica. Seríais capaces de penetrar en los problemas más ocultos o de desentrañar los secretos enterrados de cualquier disciplina. Sea cual sea el tipo de asociación que forméis, la entrega de ambos será igual de intensa a la hora de dedicarse a cualquier causa o proyecto que emprendáis juntos. De verdad, vuestro potencial mutuo es temible, aunque es posible que os lleve algún tiempo y tengáis que familiarizaros el uno con el otro para daros cuenta por completo.

Marte en conjunción, oposición
o cuadratura con Plutón
♂ ☌ ☍ □ ♇

A es Marte, B es Plutón

Éste es un duro hueso de roer, como suele decirse. Una pareja de santos podría manejarlo sin asperezas, pero para el común de los seres humanos... bueno, se trata de un camino pedregoso. Ambos tenéis un carácter fuerte, muy fuerte. En una disputa entre Marte y

Plutón las apuestas en torno a quién ganará están igualadas. Un ju-
gador experimentado no haría una apuesta fuerte. Las disputas surgirán muchas veces por la resistencia de ambos a aceptar cualquier
muestra de autoridad o voluntad de dominio por parte del otro. Si
hay una mayoría de otros aspectos planetarios entre los dos que indiquen tensión o disonancias, el efecto que puede tener en este aspecto es que se susciten reacciones violentas mutuas ante cualquier
comportamiento *mandón* por parte de cualquiera de los dos.

Es posible que Marte dificulte o interfiera los planes y proyectos
de Plutón, y que, en respuesta, Plutón se tome su revancha con
Marte, ya sea de una forma suave o exagerada. Ello se debe a la latente necesidad de venganza de Plutón. La forma de hablar fre-
cuentemente irreflexiva y precipitada que forma parte del modelo
de personalidad de Marte es capaz de enfurecer a Plutón. Para cualquiera es arriesgado enojar seriamente a Plutón, pero el valiente e
impulsivo Marte no se arredrará ante tales peligros, sino que más
bien se lanzará de cabeza, siguiendo el viejo adagio: «Donde los ángeles temen pisar, los locos pasan corriendo.» En cualquier caso serán pisadas estruendosas. Cielo santo, ¿qué vamos a hacer? ¿Qué
vamos a hacer?

Sólo tenéis dos opciones (y no más) si queréis evitar las poderosas tensiones que puede originar esta vibración. Doy por sentado que
sois lo bastante racionales para querer evitarlas. Éstas son las dos opciones:

1. Aseguraos de que vuestra asociación no es muy cerrada, si vivís
   día a día debajo del mismo techo. Si sólo os comunicáis de vez
   en cuando (sea cual sea la asociación que compartáis), esta vibración será más suave que si la relación es mucho más íntima,
   con un contacto diario, en cuyo caso este aspecto sería definitivamente peligroso, o supondría una amenaza para vuestra tranquilidad.
2. Suponiendo que tengáis otros aspectos armoniosos (y por tanto
   neutralizadores) en vuestras intercartas, usadlos para: a) morde-
   ros vuestras respectivas lenguas; b) aceptar con generosidad por
   turno los esfuerzos de dominio del otro.

«Todo eso está muy bien —quizá diga Marte—, pero Plutón es demasiado egoísta.» Y oigo a Plutón refunfuñar: «¿Egoísta yo? ¡Ja! Marte sí que es egoísta.»

¿Sabéis una cosa? ¡Los dos sois unos egoístas! Los dos deberíais probar a ser un poco más tolerantes. Y es que tolerancia rima con tranquilidad, y el universo es un poema. Uni-verso. ¿Lo veis? «Un verso.» De verdad, convertirse en un santo no tiene por qué ser aburrido, sino todo lo contrario. Experimentarás una gozosa sensación de bienestar, y no podrás evitar sentirte superior al común de los mortales.

¿Superior? ¡Ésta sí que es una palabra que te ha llamado la atención! Es lo que los dos habíais estado buscando todo el tiempo, ¿no es verdad? Confío en que captéis el mensaje de que convertirse en un santo es el camino más de fiar para conseguirlo, aunque sólo os convirtáis en un santo menor (de los que no se han ganado la aureola... todavía). Es como ser de la categoría júnior de los *boys scouts*. Hay que trabajar para lograr tales insignias cósmicas. No te las dan si no las ganas. Así que, ¡a por ellas! Yo os envío dos tréboles de la suerte, y san Patricio de Irlanda os asperja con agua bendita y os derrama sus bendiciones. Amén.

7

Aspectos de Júpiter

Júpiter en conjunción, sextil o trígono con Júpiter
Júpiter en oposición o cuadratura con Júpiter
Júpiter en conjunción, sextil o trígono con Saturno
Júpiter en oposición o cuadratura con Saturno
Júpiter en conjunción, sextil o trígono con Urano
Júpiter en oposición o cuadratura con Urano
Júpiter en conjunción, sextil o trígono con Neptuno
Júpiter en oposición o cuadratura con Neptuno
Júpiter en conjunción con Plutón
Júpiter en sextil o trígono con Plutón
Júpiter en oposición o cuadratura con Plutón

Júpiter en conjunción, sextil o trígono con Júpiter   **A y B**
♃ ☌ ⚹ △ ♃

En vuestras cartas el planeta Júpiter representa el payaso, el filósofo y el eterno optimista que hay en cada uno. Como vuestros dos planetas de Júpiter comparten este aspecto discordante, a menudo descubriréis que una buena carcajada juntos hará desaparecer cualquier fustración de la vida. A pesar de las dificultades, tenéis la capacidad de alegraros y animaros mutuamente con muy poco esfuerzo. Literalmente sois dos felices compañeros de acampada. Cuando la vida se hace aburrida, cogéis vuestros sacos de dormir, os metéis en un bosque y dormís bajo las estrellas. Para la astrología, ésta es una vibración que proporciona muy buena suerte para los beneficios económicos y de cualquier otro tipo en general. Como equipo, tendríais mucho éxito en cualquier proyecto educativo o editorial, como socios de algún trabajo jurídico o en cualquier empeño de tipo espiritual.

Es posible que de vez en cuando ofendáis a los que no están con vosotros debido al poco tacto de vuestras observaciones (por muy sinceras que sean), pero cuando os sinceráis mutuamente no hay peligro de resentimiento alguno, porque los dos respetáis la integridad de vuestra sinceridad. Si salís al extranjero juntos, os lo pasaréis en grande. Es probable que uno de los dos, o quizá ambos, tenga un cachorro, o tal vez varios, porque compartís un gran amor hacia los animales. ¿Acaso os dedicáis a criar caballos? ¿O colaboráis con la Asociación Protectora de Animales? Es muy posible que sí. También es posible que seáis vegetarianos y muy probablemente os desagraden los zoológicos y, si de vosotros dependiera, sacaríais a todos los animales de las jaulas. Realmente sois buenas personas. A menudo este aspecto excluye la desconfianza que podáis sentir el uno hacia el otro, ya que la honestidad es vuestra guía en todas las cosas, especialmente en vuestra relación.

Pero si todo lo dicho no es suficiente, quizá compartáis un gran interés y una gran fascinación por los ovnis y los viajes espaciales. Yo diría que vuestra relación es como un «encuentro en la tercera fase» sumamente feliz. Harían falta un montón de aspectos planetarios discordantes para perjudicar el vuestro. Es casi impermeable.

Júpiter en oposición o cuadratura con Júpiter   A y B
♃ ☍ □ ♃

Periódicamente, no siempre, tenéis problemas con lo que cada uno piensa sobre moral y ética. Vuestras aspiraciones básicas o predilecciones espirituales a menudo chocan entre sí causando frecuentes equívocos, especialmente si uno de los dos es un fanático de la religión. Cualquier desacuerdo sobre lo que es ético o no en un negocio traerá tensión en vuestra relación, creando una necesidad de acercamiento y compromiso. Tendéis a exagerar los defectos que os disgustan del otro y no dudaréis en manifestar claramente vuestro desagrado. Os criticáis mutuamente sin tacto ni reserva, lo que naturalmente supone una fuente de irritación, molestia y frustración.

Será de gran ayuda que habléis sobre vuestras diferencias, que las comentéis abiertamente, pero sólo si lo hacéis con tacto y amabilidad, sin brusquedad. Si esto falla, podéis buscar la solución a vuestros problemas en las tres palabras que siempre repite una maravillosa y sabia *mamma mia* italiana que conozco, y que no deja de repetir a su ruidosa familia: «¡Cierra la boca!» Otra regla de oro que puede ayudaros consiste en viajar por separado. Es más que dudoso que disfrutéis de un viaje yendo juntos. Uno de los dos podría tener la tentación de lanzar al otro por la borda de un barco (es una broma). Por separado, la verdad es que sois muy simpáticos. El problema surge cuando estáis bajo el mismo techo. El mejor consejo cósmico que os dan las estrellas es el de la *mamma mia*, pero será mejor que os lo digáis por separado ante el espejo y no el uno al otro, porque sólo serviría para avivar el fuego de la ira. Como la mayoría de vuestras ideas no coinciden, ¿por qué no intentáis por medio del amor convertir las ideas en ideales? Esto puede proporcionaros algo en común y puede ser más importante de lo que creéis. Y no lo olvides: ¡cierra la boca! (aunque no seáis italianos).

Júpiter en conjunción, sextil o trígono con Saturno   A es Júpiter, B es Saturno
♃ ☌ ✶ △ ♄

Los contactos favorables entre estos planetas son especialmente excelentes en las relaciones de negocios, pero también proporcionan vibraciones muy positivas para asociaciones de otra clase, sean de amistad, de familia, de novios o cónyuges.

En lugar de buscar el enfrentamiento, el sentido conservador y prudente de Saturno, combina armónicamente con el espíritu optimista, especulador y expansivo de Júpiter. Es posible que tengáis cualidades muy diferentes, pero cuando actúan juntas bajo este aspecto, en lugar de enfrentarse, consiguen que los esfuerzos realizados en equipo sean sorprendentemente eficaces y que los objetivos pensados a largo plazo tengan mucho éxito. Hasta los sueños más increíbles pueden hacerse realidad cuando coincide una aspiración que es mutua.

Según la tradición astrológica, cualquiera de estos tres contactos planetarios garantizan (o por lo menos indican con mucha fuerza) una riqueza importante y una seguridad económica. Por supuesto, los ingredientes universales para lograr el éxito se basan en la unión de lo que es conservador con lo que es liberal, de la prudencia con la osadía, y de la paciencia con la impulsividad. Constituís el equilibrio perfecto de cualidades opuestas, el secreto del Signo Solar de Libra regido por el pacificador Venus, el planeta del amor y el dinero. Vale la pena que reflexionéis sobre esto, ya que contiene la semilla de la sabiduría primordial.

Si el aspecto Júpiter-Saturno que compartís resulta ser una conjunción en lugar de un sextil o un trígono, tendréis la suerte de conocer los dones que antes hemos mencionado, pero la conjunción, además de las armonías de esta vibración, conlleva un pequeño peligro. Pequeño, sí, pero importante de recordar: Saturno debe intentar suprimir la excesiva prudencia y crítica de Júpiter, o de otro modo el entusiasmo natural y optimista de éste quedaría hecho pedazos, y no queremos que esto ocurra, ¿verdad? La conjunción también implica la posibilidad de que esa manera que tiene Júpiter de decir la verdad sin tacto alguno, por mucho que duela, pueda herir profundamente la autoestima de Saturno, desencadenando depresión y melancolía. Pero estos pequeños problemas no son lo bastante fuertes como para causar un grave conflicto entre los dos. Serán causa de alguna tensión de vez en cuando, añadiendo un poco de picante en esa armonía.

Júpiter en oposición o cuadratura con Saturno   A es Júpiter, B es Saturno
♃ ☍ □ ♄

La seguridad económica no está reñida con este aspecto, pero puede ocurrir que sea difícil conseguir dinero de vez en cuando por los desacuerdos que haya sobre el modo de acumularlo, gastarlo o ahorrarlo. Lo más probable es que Júpiter no sea el más ahorrador de los dos, sino que demuestre un talento más que notable para derrocharlo. Por otro lado, Saturno no será el que más gaste y demostrará un talento más que notable para ahorrar. Vaya problema. En cuanto al modo de acumular el dinero, vuestros conceptos son tan distantes como el polo Norte del polo Sur. Saturno puede llegar a minar la fe entusiasta de Júpiter por mostrarse aparentemente de un modo demasiado egoísta, crítico y exigente. Además, Saturno tiene muy poca paciencia con el optimismo desbordante de Júpiter, lo que de vez en cuando provoca un conflicto con la prudencia práctica que forma parte de la manera de ver las cosas propia de Saturno. Esta prudencia de Saturno es radicalmente opuesta al espíritu confiado, expansivo y arriesgado de Júpiter, por lo que éste se sentirá limitado y cohibido, mientras que Saturno se sentirá frustrado.

Saturno puede acusar a Júpiter de carecer de sentido de la responsabilidad, en tanto que Júpiter puede llegar a acusar a Saturno de restringir y retrasar sus aspiraciones a fuerza de interponer obstáculos injustos para su logro. A Júpiter le sobran fuerzas para sobreponerse a estas decepciones, pero no sin realizar un enorme esfuerzo.

Si en vuestras cartas hay otros aspectos armónicos entre éstos u otros planetas, este aspecto que nos ocupa sólo producirá tensión de forma esporádica, y no con la fuerza suficiente como para causar un grave problema. Sin embargo, si estas vibraciones se ven incrementadas por la existencia de otros aspectos discordantes, no hará falta (ni muchísimo menos) que rompáis o evitéis vuestra relación, pero deberíais pensar en vivir de vez en cuando en casas separadas, aunque pueden ser cercanas, de forma que la relación se ventilará con un poco de aire fresco. En cualquier caso, será de gran ayuda que Saturno deje de meterse con los defectos de Júpiter y empiece a apreciar su honradez, una cualidad que Saturno no puede dejar de aprobar, respetar y admirar. También convendría que Júpiter dejara de molestar con comentarios irritantes sobre la suficiencia de Saturno e intentara concentrarse en la honradez que también tiene dentro, una cualidad que Júpiter no puede dejar de aprobar, respetar e imitar.

Así que ya lo veis. Los dos tenéis algo en común: la honradez. Estad seguros de que es un cimiento lo bastante fuerte para construir una relación de armonía sobre él, pero siempre con cierto grado de tolerancia por ambas partes. Si Saturno le deja, Júpiter aumentará su autoestima y su valor para ser más audaz. Y si Júpiter quiere, Saturno puede evitar el comportamiento que a menudo resulta tan impulsivo y arriesgado en Júpiter y que le hace ir demasiado lejos.

Júpiter: da gracias por contar con la confianza y la protección reconfortante de Saturno.

Saturno: da gracias por el idealismo y el desenfado de Júpiter. No te irá nada mal reír de vez en cuando, ¿sabes?

Según la Ley Universal del «Sentido Divino de la Comedia», todo en la vida es divertido, incluyendo tu relación. ¡Especialmente tu relación!

¡Ánimo! ¡Los dos! No seáis tan serios y reíd un poco. Los problemas se hacen pesados porque los hacemos pesados.

Júpiter en conjunción, sextil o trígono con Urano
♃ ☌ ⚹ △ ♅
A es Júpiter, B es Urano

Cuando estáis juntos, os despertáis mutuamente las cualidades humanitarias que los dos lleváis dentro. Aunque exista entre ambos algún otro aspecto planetario que provoque cierta limitación o sentido de posesión, quedará mitigado por este aspecto, porque ambos sentís un profundo respeto por la necesidad de libertad e individualidad del otro. Se trata de una vibración que hace que seáis tolerantes ante cualquier diferencia de vuestra personalidad. Existe entre los dos un profundo deseo de estimular el talento, los ideales y el altruismo del otro. Os inspiráis mutuamente de muchas maneras diferentes, lo cual os lleva a conseguir materializar vuestros sueños, tanto individuales como comunes. Júpiter desarrollará los objetivos y la creatividad de Urano, mientras que Urano añadirá originalidad y emoción a los planes y proyectos de Júpiter. En el caso de que forméis un equipo, sea la relación del tipo que sea, sois capaces de conseguir grandes triunfos, lo que puede significar la felicidad para mucha gente de la Tierra, e incluso para la Tierra misma. Casi diría que los dos juntos podéis convertiros en un cohete que sube a toda velocidad hacia la Luna y mucho más allá. La honradez manifiesta de Júpiter y su carácter radical combinan muy bien con los arrebatos tan poco convencionales de genialidad que demuestra Urano, lo cual os fascina. Ambos encontráis lo mismo en el otro.

Sin embargo, la conjunción de estos dos planetas, además de proporcionar las armonías de compatibilidad antes mencionadas, puede llegar a necesitar cierto control, o de lo contrario a veces podría volveros demasiado confiados, o hacer que aflorara cualquier imprudencia latente en vuestros caracteres. El sextil y el trígono no conllevan ningún peligro parecido. Incluso esta posible vibración de tipo menor que aparece con la conjunción se puede controlar si sois plenamente conscientes de su existencia. ¡Quien está prevenido vale por dos!

Júpiter en oposición o cuadratura
con Urano   A es Júpiter, B es Urano
♃ ☍ □ ♅

Si alguno de los dos tiene ideas radicales sobre la sociedad o la religión, estos aspectos tienden a aumentarlas hasta el exceso. Es posible que también estimuléis demasiado la extravagancia y la irresponsabilidad el uno al otro, o por lo menos en uno de los dos. No voy a deciros quién, porque no me gustaría estar en medio. No es un sitio muy seguro que digamos. Quizá las aspiraciones idealistas de Júpiter choquen frontalmente con los objetivos más materialistas y poco convencionales de Urano. En este caso, Urano se mostrará rebelde, poco razonable e incluso inestable a los ojos de Júpiter. A cambio, Urano verá a Júpiter como alguien poco realista y criticará tajantemente su comportamiento. Naturalmente estas actitudes no favorecen la paz y la armonía. Aquí hace falta una buena dosis de tolerancia, y la tolerancia será más fácil de ejercer para Urano que para Júpiter. Aun así, Júpiter es un alma generosa que suele perdonar y, con algo de esfuerzo, podríais suavizar las tensiones que surjan entre los dos, ya que tampoco tienen lugar cada día. Cuando sintáis que dicha tensión se acerca, deberíais intentar hacer algo que os interese, pero por separado, hasta que todo vuelva a la normalidad. Y siempre volverá. El cambio definirá para siempre vuestra relación. De modo que lo que tenéis que ejercitar más es la paciencia.

Júpiter en conjunción, sextil
o trígono con Neptuno   A es Júpiter, B es Neptuno
♃ ☌ ⚹ △ ♆

Si el aspecto que compartís en vuestras cartas es el de la conjunción, conviene advertiros que tengáis cuidado en que la relación no os lleve a seduciros mutuamente hacia malos hábitos que impliquen despilfarro, drogas, alcohol, indolencia o autocomplacencia. Pero si sois dos personas disciplinadas y mínimamente desarrolladas espiritualmente, este defecto de vuestra relación será menor o casi inexistente. Al buen entendedor pocas palabras le bastan.

Desde otro punto de vista mucho más positivo, aunque compartáis el aspecto de la conjunción, también disfrutaréis de las armonías del sextil o el trígono que afectan a estos dos planetas y que son las siguientes:

Fortalecéis mutuamente vuestro idealismo y estimuláis entre vosotros las iniciativas y las necesidades caritativas. Los sueños expansivos de Júpiter pueden combinar con la visión perspicaz e intuitiva de las cosas que tiene Neptuno, de forma que den lugar al éxito y al crecimiento personal en alguna causa relacionada con la educación o la religión, pero no se excluye la posibilidad de alcanzar también logros materiales que tal vez implican acumulación de riqueza. Cualquiera de estos tres aspectos es excelente para las parejas que tengan algo que ver con la medicina, la edición, el derecho, el mercado de valores y las grandes empresas.

Sea cual sea la relación que tengáis, vuestras mentes y emociones están fuertemente ligadas por un sentido psíquico. La vibración de lo que conocemos con el nombre de percepción extrasensorial puede ser evidente o subliminal. En el caso de esta última sería aconsejable cultivarla. La percepción extrasensorial puede ser extremadamente útil en muchas cosas.

Aunque lo mejor es que os mantengáis alejados de las apuestas y las máquinas tragaperras en el caso de que vuestro aspecto sea la conjunción, si se trata de un sextil o un trígono, es más que probable que acabéis ganando a la lotería. ¿Por qué? Pues porque la vibración que compartís trae consigo muchísima suerte.

Y por último, aunque no por ello menos importante, es posible que también compartáis un profundo y verdadero amor hacia los animales, lo cual puede resultar muy beneficioso para la Madre Tierra, como parte viviente de todos los seres que pueblan el mundo, no sólo humanos. También es posible que seáis vegetarianos. Si no es así, intentadlo; ¡os gustará!

Júpiter en oposición o cuadratura con Neptuno 24 ♂ □ Ψ

A es Júpiter, B es Neptuno

Estos dos aspectos implican la misma advertencia que la conjunción entre Júpiter y Neptuno, lo cual significa que debéis tener cuidado en que vuestra relación no os lleve a estimular en el otro (o en los dos) cualquier mal hábito como el juego, el despilfarro, las drogas, el alcohol, la desidia o la autocomplacencia. Pero no os apuréis. Dando por sentado que sois dos personas lo bastante disciplinadas y espiritualmente desarrolladas, este defecto de vuestra relación no será importante, ya que seréis capaces de controlarlo siempre que tengáis la tentación de caer en algo así.

Otra posibilidad de fricción podría producirse si Júpiter no hace un verdadero esfuerzo por evitar herir la sensibilidad de Neptuno por culpa de esos «dardos de la verdad» que le lanza de vez en cuando, y que son tan incisivos y poco amables. Reprímete un poco, Júpiter. Y tú, querido y buen Neptuno, procura no ser tan susceptible. Cuando venga Júpiter con sus gracias jugando al eterno «juego de la verdad», no llores, querido y buen Neptuno. ¡Ríete! Al fin y al cabo, tienes que reconocer que resulta divertido cuando Júpiter de vez en cuando tropieza con las puertas y las farolas y se da de bruces en la calle, ¿verdad?

También pueden surgir problemas si Júpiter se ofende o se enfada por la actitud esquiva que muestra Neptuno de vez en cuando. Es algo inocente y forma parte de la manera de ser de Neptuno, pero Júpiter lo percibirá como algo engañoso, y como éste tiene un sentido de las cosas tan exageradamente honrado y franco, lo cierto es que puede causar más de un grave problema.

Para mitigar la discordancia de esta vibración, deberíais evitar, por lo menos como equipo, cualquier actividad relacionada con la religión, la educación, la edición, el mercado de valores, las máquinas tragaperras, las apuestas y las loterías. En lugar de esto, concentraos mutuamente en la visión que tenéis del futuro, tanto a nivel individual como de los dos. Tenéis la maravillosa capacidad de manifestarla, estéis o no de acuerdo con ella. Una solución podría ser que os turnarais para aplicar el método de cada uno alternativamente. Así dobláis las posibilidades de hacer realidad vuestros sueños, como por arte de magia, y además os evitaréis bastantes problemas.

Júpiter en conjunción con Plutón   A es Júpiter, B es Plutón
♃ ☌ ♇

El planeta Plutón tiende, desde el punto de vista astrológico, a encubrir métodos y resultados, de ahí que las consecuencias de esta vibración entre vosotros sean tan impredecibles y dependan en gran medida de los demás aspectos planetarios que compartáis en vuestras cartas. Este aspecto puede resultar tanto positivo como negativo.

Por el lado negativo, cualquier beneficio resultante de este aspecto afectará más a Plutón que a Júpiter. Además, es posible que Plutón se comporte de un modo posesivo y dominante con respecto a Júpiter, en tanto que Júpiter recurrirá a sus mordaces comentarios, o «dardos de la verdad», de modo que despierte en Plutón resentimiento y deseos de venganza.

Por el otro lado, esta vibración puede resultar muy positiva para cualquier logro relacionado con el dinero en los negocios o el éxito en política. Si la vuestra es una relación de pareja o cónyuges, también indica una fuerte atracción física entre los dos, de modo que podéis contar con el otro para lograr los objetivos que os hayáis marcado. Además, es un poderoso augurio de éxito como equipo en temas relacionados con la religión, el derecho o la educación, y especialmente en el mercado de valores y los viajes. Plutón ayuda a los planes de Júpiter con una energía invisible y silenciosa, pero inmensa, mientras que Júpiter aporta suerte y optimismo a los sueños y objetivos de Plutón, que tanto le cuesta expresar. Cuando las vibraciones descritas en el segundo párrafo de esta interpretación afloran de vez en cuando, probablemente los dos hayáis acumulado ya tanto dinero que podréis permitiros el lujo de pasar unas vacaciones por separado hasta que pasen estas influencias planetarias, algo que siempre acaba ocurriendo. No hay nada en astrología que sea permanente. Las vibraciones vienen y se van, vuelven a venir y vuelven a marcharse. Todo se mueve en un círculo.

Júpiter en sextil o trígono
con Plutón   A es Júpiter, B es Plutón
♃ ⚹ △ ♇

Si sabéis sacar provecho de este aspecto tan beneficioso, los dos podréis llevar a cabo cualquier proyecto a gran escala que os propongáis, incluso un imperio. Entre los dos reunís una fuerza increíble. Os estimuláis mutuamente desde el punto de vista espiritual y hacéis lo posible por mejoraros de muchas maneras. En función de la intensidad de vuestros esfuerzos, la ayuda que recibáis de esta vibración será abundante para las cosas materiales, de modo que aumente vuestra posición económica. Como equipo, tanto si decidís inventar una nueva religión, o levantar una nueva universidad, una compañía de inversión bursátil, una compañía aérea o una cadena de lavado de coches, o de periódicos, este aspecto os ayudará enormemente a empezar bien.

Júpiter en oposición o cuadratura
con Plutón   A es Júpiter, B es Plutón
♃ ☍ □ ♇

Existe un grave conflicto entre vuestras aspiraciones, vuestros objetivos e ideales individuales. La cooperación y el compromiso son cosas difíciles de conseguir, pero hay que intentarlo. ¡Con la práctica, todo se puede! Los textos más antiguos hablan de esta vibración como de una dura prueba por la que hay que pasar. El problema es que lo más probable es que el único en pasarla sea Júpiter, mientras que Plutón se crea al margen de ella. Todos conocemos las fricciones que produce la diferencia de edad con respecto a los padres o los profesores. Ellos siempre dicen: «Algún día me darás las gracias por esto.» (¿Acaso esperan que nos pasemos el resto de nuestras vidas dándoles las gracias?) Sin embargo, esta filosofía puede ser de gran ayuda para vosotros, que tenéis que luchar con este aspecto tan duro. Por ejemplo, Júpiter podría mostrar ahora —no después— un poco de gratitud hacia Plutón por las lecciones de carácter que le ha dado. Sí, Júpiter, ya lo sé, ya lo sé. Pero ¿quién te ha dicho a ti que esto iba a ser fácil? Yo no. ¿Alguien lo ha dicho? Si es así, miente. Es duro, pero cuando Plutón se dé cuenta de que te muestras afable, conseguirás ablandar su corazón, tan vulnerable. Sí, por si no te has dado cuenta, el corazón de Plutón es muy vulnerable, aunque Plutón prefiera la muerte antes que reconocerlo. Sólo es una metáfora, Júpiter. No estoy diciendo que le ayudes a satisfacer esa preferencia. Debería darte vergüenza.

8

Aspectos de Saturno

Saturno en conjunción con Saturno
Saturno en sextil o trígono con Saturno
Saturno en oposición o cuadratura con Saturno
Saturno en conjunción con Urano
Saturno en sextil o trígono con Urano
Saturno en oposición o cuadratura con Urano
Saturno en conjunción con Neptuno
Saturno en sextil o trígono con Neptuno
Saturno en oposición o cuadratura con Neptuno
Saturno en sextil o trígono con Plutón
Saturno en conjunción, cuadratura u oposición con Plutón

Saturno en conjunción con Saturno   **A y B**
♄ ☌ ♄

Vuestras actitudes hacia la ambición y el modo de tener éxito en la vida son muy parecidas; por eso podéis ayudaros mutuamente a construir un objetivo común. Tenéis el mismo sentido de la responsabilidad y habéis pasado por experiencias muy similares con respecto a los problemas, las prohibiciones y limitaciones con vuestros padres en la infancia, y también con vuestros jefes en el trabajo, así como con el gobierno y otras entidades superiores en madurez. Si en cualquier aspecto de la vida uno de vosotros se siente impedido o desvalido, el otro sentirá exactamente lo mismo.

Existe el peligro de que aumentéis mutuamente la tendencia a la depresión y el pesimismo y de que deis demasiada importancia a los miedos, las preocupaciones y la falta de autoestima que compartís, ya que eso puede dificultar vuestro progreso personal. El mejor remedio para evitarlo empieza por realizar un esfuerzo consciente y constante para animar vuestras emociones. Deberíais contaros chistes, fomentar el mutuo sentido del humor y no tomaros la vida tan en serio. Cuando la tristeza os domine (me refiero a los dos), en lugar de acentuarla a fuerza de hablar sobre ella, os aconsejo que pongáis vuestros sentimientos por escrito en un papel, para luego obligaros a no hablar durante las próximas veinticuatro horas de nada que no sea optimista. Eso os ayudará.

Otro consejo: ya he hablado antes con motivo de estos aspectos de compatibilidad sobre la famosa pregunta que distingue al optimista del pesimista (¿está el vaso medio lleno o medio vacío?), y ahora os propongo que hagáis lo siguiente: llenad medio vaso de agua (si es posible, hacedlo en uno de cristal fino, que sea muy bonito) y luego ponedlo sobre la mesa, donde podáis verlo cada día, para comprobar que es cierto, que el vaso está medio vacío, pero que también es verdad que está medio lleno. ¿Con cuál de las dos opciones os quedáis? ¿Por qué no la que es positiva? Es tan cierta y verdadera como la otra. Y aquí reside el gran secreto del universo: sólo queda descubrirlo por vuestra cuenta y desvelar el misterio.

Saturno en sextil o trígono con Saturno   A y B
ħ ⚹ △ ħ

Por regla general, quienes comparten este aspecto tendrán algún objetivo en común que serán capaces de lograr juntos. Como vuestra manera de asumir los deberes y las responsabilidades es compatible, tendéis a estar de acuerdo y a cooperar a la hora de enfrentaros a las obligaciones, tanto si son mutuas como individuales. Formaríais un gran equipo en cualquier proyecto relacionado con la seguridad, el dinero, los seguros, la propiedad inmobiliaria o la investigación científica. Se trata de una magnífica vibración para cualquier clase de relación, ya sea laboral o matrimonial, y lo mismo sirve para la relación de los padres con los hijos; se trata, además, de un aspecto que aumenta la longevidad de la relación. Al igual que Peter Pan con su sombra, lo vuestro es estar más o menos unidos, tanto si os gusta como si no. Pero lo más probable es que sí os guste.

Si vuestro aspecto es el trígono en lugar del sextil, y si el trígono se produce en los signos de agua (Piscis, Cáncer o Escorpio), podéis veros involuntariamente relacionados con algún tipo de actividad secreta o encubierta propia de la décima casa (gobierno). Pero no os preocupéis. La vibración que existe entre vuestros respectivos Saturnos constituye una protección contra cualquier daño duradero en vuestra relación ante cualquier posible complicación de este tipo. A pesar de todo, tal vez no deberíais desafiar a la hacienda pública, por mucho que la astrología os asegure que ganaríais en cualquier conflicto relacionado con el gobierno. Yo no estaría tan segura, porque, al fin y al cabo, ¿existe alguien que haya ganado alguna vez contra el fisco? Supongo que todo es cuestión de semántica. Dinero, desde luego, no se gana.

El tiempo y la edad no son más que una ilusión, pero hasta que se descubre esta gran verdad, aunque exista una diferencia cronológica entre los dos (como suele pasar cuando hay este aspecto), no supondrá ningún problema para vosotros. O bien no le daréis importancia o descubriréis las grandes ventajas que supone la mezcla de la inocencia y experiencia. Cuando estéis juntos, no sentiréis ningún vacío generacional entre los dos. Esto será especialmente cierto cuando hayáis aprendido a dominar la inmortalidad física y la inversión de la edad por medio de la regeneración de las células.

(Nota de la editora: Esta revelación se explica detalladamente en el capítulo 9 del libro *Linda Goodman's Star Signs*.)

Saturno en oposición o cuadratura con Saturno   A y B
♄ ☍ □ ♄

Vuestro concepto para lograr la seguridad es radicalmente opuesto. Los dos buscáis estabilidad, pero vuestras ideas sobre qué es en realidad y cómo podría conseguirse difieren enormemente. También hay una diferencia considerable en el modo de asumir la responsabilidad, lo cual puede desanimaros y frustraros. Quizá surja una sombra de desconfianza entre los dos de vez en cuando, aunque probablemente sea imaginaria, basada en la mutua falta de comprensión. Al final, esto puede restaros energía vital, y si no os esforzáis por acercar vuestras diferencias, la vibración será lo bastante discordante para hacer que uno de los dos, o ambos a la vez, caiga enfermo o absolutamente falto de vitalidad.

Para que las consecuencias de este aspecto planetario se transformen en una relación razonablemente armónica y cómoda, necesitaréis una buena dosis de tolerancia, comprensión, paciencia y elegancia. Vuestros dos Saturnos son lo bastante fuertes como para conseguirlo. Siempre, sin excepción alguna, hay un modo de atajar la negatividad de una vibración. Probad a desafiaros para vencer vuestras discordias. Al fin y al cabo, Saturno es el planeta de la sabiduría y la madurez y, desde luego, es capaz de sobreponerse a cualquier dificultad. Ciertamente cuando dos signos discordantes como los vuestros se juntan, al nacer se os dio una capacidad concreta, aunque la expresáis de forma diferente, lo que supone que tenéis dos maneras distintas de usar esta capacidad para afrontar los problemas, lo que a su vez implica un desdoblamiento de la fuerza de las influencias saturninas; así pues, disponéis del doble de sabiduría y el doble de madurez. Ahora ya no tenéis excusa para no solucionar por lo menos la mayoría de los problemas que este aspecto plantea periódicamente. Lo importante es que los solucionéis juntos. Éste es el secreto.

Saturno en conjunción con Urano   A es Saturno, B es Urano
♄ ☌ ♅

No hay dos planetas más divergentes en cuanto a los asuntos sobre los que influyen como estos dos. Uno de ellos (Saturno) se relaciona con lo que es antiguo y forma parte del pasado; mientras que el otro (Urano) se asocia a lo nuevo, al futuro. A simple vista, estos dos planetas no tienen nada que ver entre sí.

Sin embargo, cuando sus influencias divergentes se combinan en las cartas de dos personas con un aspecto como la conjunción, la vibración resultante es muy beneficiosa, mezclando lo mejor de ambas influencias en una armonía posiblemente muy poderosa. El sentido práctico y maduro de Saturno puede ayudar a que la ingenuidad de Urano encuentre varios canales constructivos, y los conceptos brillantes (si no son convencionales) de Urano ayudarán a estimular las ambiciones materiales de Saturno y sus objetivos a largo plazo. Cuando Saturno se vuelva ansioso y aprensivo, Urano puede serle de gran ayuda para romper su tendencia a la depresión y la tristeza.

Urano puede persuadir gradualmente a Saturno para que sea más liberal, progresivo y adaptable a los cambios, mientras que la prudente planificación de Saturno evitará la poca ortodoxia de Urano y la necesidad que tiene a veces de hacerse irresponsable y excéntrico.

Pase lo que pase, lo viejo y lo nuevo que simboliza la unión de estos planetas actúan beneficiosa y armónicamente cuando se mezclan en un aspecto de conjunción entre dos personas. Pero para sacarle el mayor provecho a esta vibración, para recibir el mayor beneficio mutuo posible, Saturno debería intentar ser más reflexivo, y Urano debe aprender a ser más responsable y digno de confianza. Tampoco mucho, ¡sólo un poco! En otras palabras, cambiando ligeramente un proverbio indio, los dos deberíais caminar de vez en cuando varios kilómetros con las botas (de la Luna) del otro.

Saturno en sextil o trígono
con Urano   A es Saturno, B es Urano
♄ ⚹ △ ♅

Sea cual sea vuestra relación, tenéis la maravillosa posibilidad de lograr vuestros sueños, por ser Urano poco convencional, innovador y poco ortodoxo, al mismo tiempo que Saturno se envuelve generalmente en una manta de seguridad y todo lo ve a largo plazo. Lo increíble del éxito que sois capaces de conseguir juntos es que, por muy raros y locos que sean los sueños de Urano, siempre tendrán una base fuerte y práctica gracias a Saturno. Urano interpreta una sinfonía arrebatada con toques de genialidad; Saturno su concierto al ritmo de la percusión de la prudencia y la estabilidad, con un dulce coro de fondo que brinda la sabiduría de la experiencia. Cuando estos dos planetas sean armónicos, es imposible perder. Constituyen una mezcla perfecta de avance excéntrico y conservación fiable, igual que la Música de las Esferas.

Saturno en oposición o cuadratura
con Urano   A es Saturno, B es Urano
ħ ☍ □ ♅

De acuerdo, afrontemos el desafío a las claras, sin cobardía. Saturno requiere cierta estabilidad en la vida, y el comportamiento imprevisible, inesperado, sorprendente y poco ortodoxo de Urano puede desorganizarle y descentrarle. Urano verá a Saturno demasiado frío, severo y dominante. Y entonces tiene lugar la fricción planetaria, roce que no siempre estará presente, sólo de vez en cuando, en un mal día. Necesitáis nivelar mutuamente vuestras necesidades individuales. Tenéis que poneros de acuerdo para expresaros libremente tal y como sois, debéis intentar ser tolerantes con vuestras diferencias cuando éstas aparezcan. En realidad, Urano no es tan imprevisible como Saturno cree a veces, y éste tampoco es tan aburrido como Urano suele creer. Pensad en lo bueno. Si trabajáis juntos esta vibración, maduraréis emocional y espiritualmente. ¿Verdad que odiáis los tópicos y los sermones cuando se os molesta?

Saturno en conjunción
con Neptuno   A es Saturno, B es Neptuno
ħ ☌ ♆

Vuestra relación o asociación no sufrirá un grave daño por culpa de este aspecto planetario, aunque tampoco la ayudará sustancialmente.

Los beneficios, por humildes que sean, incluyen la capacidad de Neptuno de añadir cierto grado de idealismo y espiritualidad a las ambiciones prácticas de Saturno, y la tendencia que tiene Saturno de coartar la imaginación de Neptuno cuando necesita un toque de realidad. La tensión, por pequeña que sea, incluye la mutua desconfianza e incomprensión, tal vez se produzcan sospechas de un engaño que en realidad no existe, y Saturno puede forzar el sentimiento de responsabilidad en Neptuno, del que éste se resentirá o, como mucho, despreciará. Es posible que Saturno vea a Neptuno como un soñador tonto, por lo que ejercerá una influencia restrictiva y limitadora. Éstas son las posibilidades de fricción, pero lo más probable es que no dañen gravemente vuestra relación, causando únicamente pequeñas irritaciones y molestias, lo mismo que unos abejorros en un caluroso día de verano. ¡Alejadlos de vosotros! Pero tratad de que no os piquen mientras los espantáis.

Saturno en sextil o trígono
con Neptuno   A es Saturno, B es Neptuno
ħ ✶ △ Ψ

He aquí una interpretación corta y simpática para este aspecto planetario. Neptuno proporciona a Saturno la imaginación y la inspiración que tanto necesita. Saturno proporciona a Neptuno la estabilidad y el espíritu práctico que tanto necesita. Es un bonito intercambio. Esta vibración es ciertamente armónica, pero tiene una importancia relativa comparada con otras. Sin embargo, os ayudará a remar juntos en la barca cuando el viento encrespe las aguas del lago, por no hablar de la posibilidad de que os encontréis en mitad de una tormenta y hayáis perdido los remos.

Saturno en oposición o cuadratura
con Neptuno   A es Saturno, B es Neptuno
ħ ☍ □ Ψ

Si alguno de los dos tiene intención de hacer carrera como corredor de bolsa o banquero o quiere llegar a ser senador, miembro del congreso o presidente del país, será mejor que el otro le diga: «Hasta luego, ha sido un placer conocerte», y sigáis vuestros caminos por separado, ya que existe la probabilidad de que os causéis alguna desgracia en terrenos como la economía, el gobierno o la política.

Pero suponiendo que ninguno de los dos aspire a ninguna de las carreras antes mencionadas, podéis seguir adelante y permanecer juntos el tiempo que queráis, para intentar desentrañar los nudos de este aspecto.

Es posible que el comportamiento dominante y restrictivo de Saturno plante semillas de recelo e incomprensión, y lo mismo puede pasar con la actitud evasiva y fría de Neptuno. Saturno quizá acuse a Neptuno de estar engañándole, lo cual puede ser cierto o no, pero si lo es, Neptuno tendrá miedo de hablar abiertamente porque traerá como consecuencia la crítica severa de Saturno. Tal vez Saturno verá a Neptuno como a alguien poco práctico e inconstante, como un alocado soñador. Neptuno quizá considere en privado a Saturno como alguien frío, remilgado y egoísta. Lo más probable es que sea Neptuno quien acabe haciendo las concesiones necesarias, ya que el compromiso y la aceptación no son precisamente virtudes de Saturno.

Sin embargo, si en vuestras cartas existen otros aspectos más armónicos, y si los dos por igual queréis suavizar con sinceridad las aristas que presenta esta vibración, podéis cambiar su influencia de forma que resulte más satisfactoria que molesta. Por ejemplo, Neptuno podría suavizar y comprender mejor la disposición de Saturno para así mitigar su tendencia a la depresión; a cambio, Saturno podría calmar las ansiedades de Neptuno envolviéndolo con una acogedora manta de protección y seguridad. Eso si os queréis lo bastante.

Saturno en sextil o trígono con Plutón
ħ ⚹ △ ♇

A es Saturno, B es Plutón

Aunque en general es beneficioso, si vuestra relación es de familiares, novios o cónyuges, probablemente no notaréis ninguna influencia concreta por parte de este aspecto. Pero si vuestra asociación es la de socios de negocios, el efecto puede ser mucho más evidente.

Plutón es capaz de concebir y planear enormes imperios o grandes empresas cuando se siente apoyado por la experiencia y la sabiduría práctica de Saturno. Si combináis vuestras cualidades armónicas y vuestro talento natural, lo cual incluye el inmenso pero callado poder de Plutón y el espíritu práctico y paciente de Saturno, el mundo será vuestro. Hay muy pocas cosas que queráis conseguir y no logréis juntos, con espíritu de equipo. Muy pocas cosas. Pero todo esto no va a caer llovido del cielo, por supuesto. No va a ser coser y cantar. Lo que hace falta es mucho trabajo, pero afortunadamente eso también forma parte de vuestra naturaleza.

Saturno en conjunción, cuadratura u oposición con Plutón   A es Saturno, B es Plutón
♄ ☌ □ ☍ ♇

Es posible que Plutón quiera cambiar o reformar la actitud tan seria y estricta que Saturno tiene hacia la vida, lo cual provoca que éste se rebele intensamente. Dando por sentado que compartís en vuestras cartas las vibraciones armónicas de otros aspectos planetarios, éste no va a causaros graves problemas. De otro modo, puede haber un duro y mutuo resentimiento, que puede crecer periódicamente en momentos de rechazo por parte de los dos. Sólo hay dos maneras de evitar semejante peligro: 1) La ayuda, como ya he comentado, de otros aspectos favorables entre otros planetas; o bien, 2) recurrir una y otra vez y sin descanso a la capacidad de perdonar que nace del amor verdadero. Si los terrícolas somos los únicos capaces de darnos cuenta de que el amor puede vencer cualquier miseria o infelicidad como si de una varita mágica se tratara, debería preocuparnos muy poco si las cartas de nacimiento de dos personas rebosan de aspectos positivos o negativos, porque el amor puede vencer las influencias de los planetas. Puede incluso llegar a eliminar el karma. Sí, ojalá los seres humanos comprendiéramos esto de verdad. Bueno, al fin y al cabo, es la era de Acuario, la del descubrimiento casual de aquello que tanto deseamos; así pues, tal vez algún día no muy lejano...

9

Aspectos de Urano

Urano en conjunción con Urano
Urano en conjunción con Neptuno
Urano en conjunción con Plutón

Urano en conjunción con Urano   A y B
♅ ☌ ♅

Hasta no hace mucho, la mayoría de los astrólogos no daban la importancia suficiente al hecho de que Urano se encuentre en conjunción con Urano, ya que hay mucha gente de la misma generación que compartirá este aspecto.

Pero Urano es muy importante por lo que a las relaciones se refiere, debido a que puede causar atracciones o separaciones repentinas. Además, dependiendo de la casa en que caiga Urano, sabremos en qué medida nos gusta vivir un poco al margen de los convencionalismos. Si tenéis a Urano en vuestro ascendente o en la séptima casa, lo más probable es que atraigáis a personas más jóvenes y excéntricas. Vuestra idea sobre el matrimonio no es la que está al uso. Lo vuestro no es la casita con jardín.

Si Urano cae en la cuarta o décima casa, puede resultar perjudicial en vuestra vida doméstica y también en lo relacionado con vuestra carrera profesional, ya que suele desencadenar muchos cambios repentinos. La verdad es que los dos sois propensos a las grandes emociones.

Pero no os preocupéis por los efectos que puedan causar las otras casas, ya que no tienen tanta fuerza. Este aspecto casi siempre significa que los dos experimentáis sucesos repentinos al mismo tiempo y de un modo parecido. Tal vez os habéis conocido en alguna organización o a través de los amigos, os habéis hecho amigos enseguida y casi con la misma rapidez os habéis convertido en amantes.

Urano en conjunción con Neptuno   A es Urano, B es Neptuno
♅ ☌ ♆

Ésta es una combinación muy poco habitual, en la que Urano actúa como hilo conductor de Neptuno. Urano sirve de estímulo para el carácter soñador de Neptuno y le incita a actuar con respecto a su percepción extrasensorial, a las ideas imaginativas, las preocupaciones religiosas y los textos de poesía que tenga aún inéditos. Os entendéis a la perfección, compartís un gran interés por lo oculto y buscáis refugio en las posibilidades que puede brindaros cualquier asunto relacionado con la Nueva Era.

Urano en conjunción con Plutón   A es Urano, B es Plutón
♅ ☌ ♇

Sin duda los dos tenéis mucho que ver con la transformación y los cambios sociológicos radicales. Juntos demostráis una gran capacidad en todo lo que implique supervivencia, os curáis mutuamente y os dais fuerza y vitalidad. A ambos os fascinan las maravillas y los misterios del universo. Como pareja, juntos exploráis los vórtices, estudiáis sánscrito y formáis un equipo muy emocionante. ¿Hay alguien que pueda con vosotros?

10

Aspectos de Neptuno

Neptuno en conjunción con Neptuno — A y B
Ψ σ Ψ

Puesto que se trata de un planeta generacional, su movimiento es lento y muchos de los que tengáis aproximadamente la misma edad compartiréis este mismo aspecto. Aunque tenéis parecidos intereses y condición social, cuando os juntáis en nombre del amor a veces cometéis excesos. Neptuno en conjunción con Neptuno puede hacer que os idealicéis demasiado el uno al otro hasta el punto de obsesionaros, soñando despiertos y cosas parecidas. Pero si los demás aspectos son fuertes, como ocurre en el caso de tener muchos planetas en los signos de Tierra u otra indicación de carácter favorable, encontraréis el equilibrio necesario para esta inclinación al escapismo.

Neptuno en conjunción
con Plutón   **A es Neptuno, B es Plutón**
Ψ σ ♇

Los dos os encontráis siguiendo el mismo camino espiritual. Tal vez no siempre os deis cuenta de esto, porque Neptuno procede de un lugar intuitivo y muy sensible, mientras que Plutón casi siempre actúa en la relación como una bomba atómica. Pero Neptuno sabe llevar a Plutón por un camino más tranquilo. A cambio de estas lecciones de vida más espiritual y serena que proporciona Neptuno, Plutón hará que su compañero gane mucho poder personal. Plutón ayudará a Neptuno a mejorar su suerte en la vida. Compartís el mismo destino y ambos conseguís profundos cambios en la vida del otro.

Aspectos de Plutón

Plutón en conjunción con Plutón

Plutón en conjunción con Plutón   A y B
♀ ♂ ♀

Como ya habéis visto, Plutón es el planeta de la transformación
y el poder. Compartirán este aspecto las parejas que tengan casi la
misma edad. Cuando este aspecto se encuentra próximo al ascendente, tendréis como pareja un poder tan inmenso como silencioso.
No hay nada que no podáis conseguir si ambos os lo proponéis. El
único problema que esto plantea es que seais demasiado crueles con
este poder. Si vuestros planetas de Plutón caen en la séptima casa, es
posible que se produzca una lucha por decidir quién lleva los pantalones en la familia. Debéis afrontarlo: sois los dos al mismo tiempo. Siempre estáis cambiando y muchos de estos cambios los hacéis
juntos. Es posible que la imagen que deis como pareja sea radicalmente diferente cada siete años, pero eso también tiene su parte de
emoción. Vuestra capacidad y fuerza de voluntad para solucionar
juntos cualquier crisis es más que notable.

★

★ SECCIÓN CUARTA ★

Cómo establecer tu signo ascendente

Cómo usar las tablas de los ascendentes

1. Busca la fecha de tu nacimiento en las tablas de ascendentes que siguen a continuación. Advierte que los días 1 al 14 de cada mes se agrupan juntos, lo mismo que del día 15 hasta el final del mes. Estas tablas señalan la fecha de tu nacimiento sin importar el año en que naciste.

2. Los números que aparecen debajo de las fechas corresponden a la hora en que el ascendente se situó en el signo que aparece indicado. Para encontrar tu signo ascendente, busca la hora que más se acerque al momento de tu nacimiento tomando como referencia la que esté más próxima hacia atrás, y no hacia adelante. El signo que figura junto a esta hora será tu ascendente. Si has nacido en verano, tendrás que restar una hora al momento de tu nacimiento, para ajustarse al cambio horario que se realiza cada año en esa estación. Si has nacido en Estados Unidos durante algún período de guerra (del 31 de marzo al 27 de octubre de 1918; del 30 de marzo al 26 de octubre de 1919; o del 9 de febrero de 1942 al 30 de septiembre de 1945), también tendrás que restarle una hora al momento de tu nacimiento.

3. Consulta los perfiles que sobre los signos ascendentes se establecen tanto para los hombres como para las mujeres en las páginas que siguen a las tablas, comprueba las características de tu signo

ascendente y aprovecha para echar un vistazo a los ascendentes de las personas de las que quieras saber algo. Si la hora de tu nacimiento está muy cerca del instante en que el ascendente cambió de signo, tal vez te interese leer ambos perfiles para decidir cuál se ajusta mejor a tu persona.

4. Sólo unas palabras sobre los ascendentes: Si bien el tiempo es predecible, el hombre ha creado algunas irregularidades. Por ejemplo, en algunos estados del país se adoptó de forma inmediata el sistema cambio de hora para aprovechar la luz del Sol, pero en otros no fue así. Durante las dos guerras mundiales, en Estados Unidos se usó este sistema durante todo el año, para así ahorrar la energía que se necesitaba para la guerra. La exactitud de las tablas de los signos del Sol varía un poco de año en año y eso afecta a los que nacieron en la cúspide de un signo.

Las tablas que siguen a continuación son bastante exactas, sobre todo para los nacidos en Norteamérica. A pesar de todo, la única forma de estar completamente seguro del ascendente es recurriendo a un astrólogo profesional y a la carta astral que él pueda confeccionar. Si ya tienes la carta hecha, usa el ascendente que te ha dado el astrólogo como punto de partida para confeccionar la carta de relación con los demás, aunque difiera del ascendente que figura junto a la fecha de tu nacimiento en estas tablas.

Por supuesto, Linda ya tenía una solución muy sencilla para este problema. Cuando por alguna razón no estaba segura de la hora del nacimiento (porque mamá estaba medio dormida, porque ya nadie se acuerda o porque el médico se olvidó de registrar la hora), ella consideraba como ascendente el signo de Sol de la persona en cuestión.

Tablas de ascendentes

Del 1 al 14 de enero
Cualquier año
Hora aproximada de nacimiento

A.M.		P.M.	
12:25	Libra	1:10	Tauro
3:00	Escorpio	2:45	Géminis
5:30	Sagitario	5:05	Cáncer
7:45	Capricornio	7:25	Leo
9:30	Acuario	10:00	Virgo
10:45	Piscis	11:40	Libra
11:50	Aries		

Del 15 al 31 de enero
Cualquier año
Hora aproximada de nacimiento

A.M.		P.M.	
1:00	Escorpio	12:10	Tauro
4:35	Sagitario	1:50	Géminis
6:50	Capricornio	4:05	Cáncer
8:25	Acuario	6:10	Leo
9:45	Piscis	9:05	Virgo
10:55	Aries	11:30	Libra

✳   ✳   ✳

Del 1 al 14 de febrero
Cualquier año
Hora aproximada de nacimiento

A.M.		P.M.	
2:05	Escorpio	12:50	Tauro
4:35	Sagitario	1:05	Géminis
6:50	Capricornio	4:05	Cáncer
8:25	Acuario	6:30	Leo
9:55	Piscis	9:05	Virgo
10:55	Aries	11:30	Libra

✳   ✳   ✳

Del 15 al 29 de febrero
Cualquier año
Hora aproximada de nacimiento

A.M.		P.M.	
12:05	Escorpio	2:05	Cáncer
2:40	Sagitario	4:30	Leo
4:50	Capricornio	7:05	Virgo
6:25	Acuario	9:30	Libra
7:45	Piscis	11:05	Escorpio
8:55	Aries		
10:10	Tauro		
11:50	Géminis		

Del 1 al 14 de marzo
Cualquier año
Hora aproximada de nacimiento

A.M.		P.M.	
1:35	Sagitario	1:05	Cáncer
3:50	Capricornio	3:30	Leo
5:25	Acuario	6:05	Virgo
6:45	Piscis	8:30	Libra
7:55	Aries	11:05	Escorpio
9:10	Tauro		
10:50	Géminis		

Del 15 al 31 de marzo
Cualquier año
Hora aproximada de nacimiento

A.M.		P.M.	
12:35	Sagitario	12:05	Cáncer
2:50	Capricornio	2:30	Leo
4:25	Acuario	5:05	Virgo
5:45	Piscis	7:30	Libra
6:55	Aries	10:05	Escorpio
8:10	Tauro	11:55	Sagitario
9:50	Géminis		

Del 1 al 14 de abril
Cualquier año
Hora aproximada de nacimiento

A.M.		P.M.	
1:50	Capricornio	1:30	Leo
3:25	Acuario	4:05	Virgo
4:45	Piscis	6:30	Libra
5:55	Aries	9:05	Escorpio
7:10	Tauro	11:35	Sagitario
8:50	Géminis		
11:05	Cáncer		

Del 15 al 30 de abril
Cualquier año
Hora aproximada de nacimiento

A.M.		P.M.	
12:30	Capricornio	12:30	Leo
2:55	Acuario	3:05	Virgo
3:45	Piscis	5:30	Libra
4:55	Aries	8:05	Escorpio
6:10	Tauro	10:35	Sagitario
7:50	Géminis	11:40	Capricornio
10:05	Cáncer		

* * *

Del 1 al 14 de mayo
Cualquier año
Hora aproximada de nacimiento

A.M.		P.M.	
1:25	Acuario	2:05	Virgo
2:45	Piscis	4:30	Libra
3:55	Aries	7:05	Escorpio
5:10	Tauro	9:35	Sagitario
6:50	Géminis	11:50	Capricornio
9:05	Cáncer		
11:30	Leo		

* * *

Del 15 al 31 de mayo
Cualquier año
Hora aproximada de nacimiento

A.M.		P.M.	
12:25	Acuario	1:05	Virgo
1:45	Piscis	3:35	Libra
2:55	Aries	6:05	Escorpio
4:10	Tauro	8:35	Sagitario
5:50	Géminis	10:50	Capricornio
8:00	Cáncer		
10:30	Leo		

*   *   *

Del 1 al 14 de junio
Cualquier año
Hora aproximada de nacimiento

A.M.		P.M.	
12:45	Piscis	12:05	Virgo
1:55	Aries	2:30	Libra
3:10	Tauro	5:05	Escorpio
4:50	Géminis	7:35	Sagitario
7:05	Cáncer	9:55	Capricornio
9:35	Leo	11:25	Acuario

*   *   *

Del 15 al 30 de junio
Cualquier año
Hora aproximada de nacimiento

A.M.		P.M.	
12:55	Aries	1:30	Libra
2:10	Tauro	4:05	Escorpio
3:50	Géminis	6:35	Sagitario
6:05	Cáncer	8:50	Capricornio
8:30	Leo	10:25	Acuario
11:05	Virgo	11:45	Piscis

❖   ❖   ❖

Del 1 al 14 de julio
Cualquier año
Hora aproximada de nacimiento

A.M.		P.M.	
1:10	Tauro	12:30	Libra
2:50	Géminis	3:00	Escorpio
5:05	Cáncer	5:35	Sagitario
7:30	Leo	7:50	Capricornio
10:05	Virgo	9:25	Acuario
		10:45	Piscis
		11:35	Aries

❖   ❖   ❖

Del 15 al 31 de julio
Cualquier año
Hora aproximada de nacimiento

A.M.		P.M.	
12:10	Tauro	2:05	Escorpio
1:50	Géminis	4:30	Sagitario
4:00	Cáncer	6:50	Capricornio
6:30	Leo	8:25	Acuario
9:00	Virgo	9:45	Piscis
11:30	Libra	10:55	Aries

✳   ✳   ✳

Del 1 al 14 de agosto
Cualquier año
Hora aproximada de nacimiento

A.M.		P.M.	
12:50	Géminis	1:05	Escorpio
3:05	Cáncer	3:35	Sagitario
5:30	Leo	5:50	Capricornio
8:05	Virgo	7:25	Acuario
10:30	Libra	8:45	Piscis
		9:55	Aries
		11:10	Tauro

✳   ✳   ✳

Del 15 al 31 de agosto
Cualquier año
Hora aproximada de nacimiento

A.M.		P.M.	
2:05	Cáncer	12:00	Escorpio
4:30	Leo	2:35	Sagitario
7:05	Virgo	4:50	Capricornio
9:30	Libra	6:25	Acuario
		7:45	Piscis
		8:55	Aries
		10:10	Tauro
		11:50	Géminis

❋ ❋ ❋

Del 1 al 14 de septiembre
Cualquier año
Hora aproximada de nacimiento

A.M.		P.M.	
1:05	Cáncer	1:30	Sagitario
3:30	Leo	3:50	Capricornio
6:10	Virgo	5:25	Acuario
8:30	Libra	6:45	Piscis
11:05	Escorpio	7:55	Aries
		9:10	Tauro
		10:50	Géminis

❋ ❋ ❋

Del 15 al 30 de septiembre
Cualquier año
Hora aproximada de nacimiento

A.M.		P.M.	
12:05	Cáncer	12:35	Sagitario
2:30	Leo	2:50	Capricornio
5:05	Virgo	4:25	Acuario
7:30	Libra	5:50	Piscis
10:05	Escorpio	6:55	Aries
		8:10	Tauro
		9:50	Géminis

❋ ❋ ❋

Del 1 al 14 de octubre
Cualquier año
Hora aproximada de nacimiento

A.M.		P.M.	
1:30	Leo	1:50	Capricornio
4:05	Virgo	3:15	Acuario
6:30	Libra	4:45	Piscis
9:05	Escorpio	5:55	Aries
11:35	Sagitario	7:10	Tauro
		8:50	Géminis
		11:00	Cáncer

❋ ❋ ❋

Del 15 al 31 de octubre
Cualquier año
Hora aproximada de nacimiento

A.M.		P.M.	
12:30	Leo	12:50	Capricornio
3:05	Virgo	2:25	Acuario
5:30	Libra	3:45	Piscis
8:05	Escorpio	4:50	Aries
10:35	Sagitario	6:10	Tauro
		7:50	Géminis
		10:05	Cáncer

❋   ❋   ❋

Del 1 al 14 de noviembre
Cualquier año
Hora aproximada de nacimiento

A.M.		P.M.	
2:05	Virgo	1:25	Acuario
4:30	Libra	2:45	Piscis
7:05	Escorpio	3:55	Aries
9:35	Sagitario	5:10	Tauro
11:50	Capricornio	6:50	Géminis
		9:05	Cáncer
		11:30	Leo

❋   ❋   ❋

Del 15 al 30 de noviembre
Cualquier año
Hora aproximada de nacimiento

A.M.		P.M.	
1:05	Virgo	12:25	Acuario
3:30	Libra	1:45	Piscis
6:15	Escorpio	2:55	Aries
8:35	Sagitario	4:10	Tauro
10:50	Capricornio	5:50	Géminis
		8:00	Cáncer
		10:30	Leo

＊　　＊　　＊

Del 1 al 14 de diciembre
Cualquier año
Hora aproximada de nacimiento

A.M.		P.M.	
12:05	Virgo	12:45	Piscis
2:30	Libra	1:55	Aries
5:05	Escorpio	3:10	Tauro
7:35	Sagitario	4:50	Géminis
9:50	Capricornio	7:00	Cáncer
11:25	Acuario	9:30	Leo

＊　　＊　　＊

Del 15 al 31 de diciembre
Cualquier año
Hora aproximada de nacimiento

A.M.		P.M.	
1:30	Libra	12:55	Aries
4:05	Escorpio	2:10	Tauro
6:35	Sagitario	3:50	Géminis
8:50	Capricornio	6:00	Cáncer
10:25	Acuario	8:30	Leo
11:45	Piscis	11:05	Virgo

✻   ✻   ✻

Signos ascendentes para hombres

Ascendente Aries

«¿Acaso fui el primero?»

¿Fue él acaso el primero en hacerte sentir así, en compartir tus secretos más especiales, en conocer a la familia o en verte con esa ropa íntima de color rojo? Por supuesto que no. Aunque este hombre asegure que es la persona más sincera del mundo, lo cierto es que no hay más que oírle con esa manía de que ha sido el primero en llegar y no se le puede comparar con nadie. Aries es el primer signo del zodíaco, de modo que ahí tienes a un hombre que es todo impulso, energía (a menos que se le ate a un ventilador) y entusiasmo desbordante por la vida. Es ambicioso y siempre tiene prisa. Si lo que te gusta es dar paseos y oler el perfume de las rosas, me temo que tendrás que buscarte un compañero con otro ascendente. Si eres de las que tarda un buen rato en levantarse de la cama, necesitas más de diez minutos en secarte el cabello y eres incapaz de empezar la jornada si no te tomas un buen café, desde luego no vas a conseguir que mantenga su interés por ti. Son otras las cosas que tienes que conseguir con él. Aunque Aries es uno de los cuatro signos ascendentes que proporcionan más motivación, hasta el punto de estimular a los demás casi para cualquier cosa, lo cierto es que no siempre puede mantener el motor a la máxima potencia. Como está derrochando continuamente sus energías de cara a los demás, a menudo le fallan las fuerzas y su intensidad disminuye. Ahí es donde entra la mujer de su vida. Ella será su consejera y entrenadora: «Naturalmente que eres capaz de vender todas las existencias, llegar a la final de míster Universo e iniciar tu propio negocio antes de que termine la semana.» Él conoce sus propios límites: el infinito. En cuanto aceptes que lo que él quiere es ser el hombre de Krypton y no de Ohio, empezarás a comprender el trabajo que te espera. De vez en cuando sufrirá decepciones y contratiempos, ya que se toma los golpes que le da la vida como cuando se entrena a un cachorro juguetón. Si consigues quitar esa capa imaginaria, tendrás a un hombre muy trabajador, un emprendedor, un compañero honrado y muy sentimental. Conozco a un tipo muy duro con la cabeza llena de sueños imposibles que estuvo a punto de hundirse en Navidad. Y le regaló a su mujer un disco de Anne Murray titulado *Me necesitabas*. Los dos se pusieron a escucharlo y, en el colmo de la sensiblería, se echaron a llorar. Luego ella volvió a la cocina muy contenta. Puedes caer en el pozo de la desesperación con él, pero una buena entrenadora sabe cuándo hay que levantarse y seguir adelante. El secreto del éxito del ascendente Aries es que siempre gravita hacia la punta del infinito. Tienes que estar preparada para remontar el vuelo con él. Y no olvides decirle que es el único con el que has volado.

Ascendente Tauro

«Tengo que jugar en bolsa»

Pese a sus humildes comienzos o al evidente encanto que ha demostrado al conocerte, si no te ajustas a su modo de vida, será muy difícil que el ascendente Tauro quiera embarcarse en una relación seria contigo. Podrá vivir contigo, prometerte algo más para el futuro y también conocer a tu familia, pero siempre se reservará para doña Perfecta. La idea que tiene de la mujer perfecta se debe tal vez a que sus actrices favoritas son Grace Kelly, Gene Tierney y Greer Garson.

Lo que pasa es que en plena adolescencia ha visto una película antigua y ha adquirido una fijación por las mujeres de los años cuarenta, con peinados de rubio platino, guantes blancos y la cara de estar diciendo siempre: «¡Oh, cielos, mi carnet de baile está lleno!» Aunque parezca encantado con sus amistades, por mucho que parezcan recién salidas de un programa de televisión, lo cierto es que quiere algo más. Su vida no es más que un constante anhelo por lo exquisito. Ahorra su dinero para comprarse una casita en el campo y sueña con la chica con la que bailará en el salón, con su esmoquin y el brazo enguantado de ella posado sobre su hombro. Estos vuelos de la imaginación son una especie de objetivo vital para él, por muy precaria que sea en realidad su economía. Tras la calma exterior que manifiesta, se esconde la agitación de un futuro donde las cenas a la luz de unas velas son la norma. No puede arriesgar sus planes, de modo que tampoco estará con una mujer que pueda comprometerle en público. Esta característica se ajusta muy bien a la época dorada que tanto le gusta, por lo que preferirá una viuda en lugar de una divorciada, le gustará más el dinero viejo que el nuevo. Como el ascendente Tauro camina por la vida muy despacio, con paso firme y seguro, ya descubrirás que necesita descansar mucho y también andar a su aire. Dile que él es así y ya verás cómo te espeta: «Yo no soy así.» Deja que gane a la lotería y comprobarás cómo se transforma. Ponte un vestido de color violeta con muchos encajes, adopta las maneras de una dama y disfruta de la buena vida con un hombre de gran corazón y sólido futuro.

Ascendente Géminis

«Vayamos a las dos fiestas esta noche»

Los hombres con ascendente Géminis son unos viajeros empedernidos, incluso aunque no puedan salir de su propio vecindario. Inquietos y activos, algunas de sus características son asombrosas. Tienen la extraña capacidad de sumergirse en el trabajo para luego dejarlo por otra actividad y olvidarse completamente de él. En ocasiones, sobre todo después de trasnochar mucho, alguien puede llegar a poner en duda que al día siguiente llegue puntual al trabajo. Pero este hombre no tiene ningún problema con eso. Se duchará, se afeitará y acudirá al trabajo con el mismo entusiasmo de siempre. Eso explica por qué a veces tiene un aspecto un poco extraño por las mañanas. Con las mujeres se comporta de la misma manera. «Nunca estará cerca de la persona que ama, pero siempre amará a la persona que esté cerca.» Si esto no te importa o tal vez compartes con él esta inclinación, todo irá muy bien. Si no es así, prepárate para lo peor. Otra cosa: te contará un montón de historias para cubrirse las espaldas (como que una cabra se ha comido los papeles del divorcio). Así que no confíes en su palabra como si fuera sagrada. Y hablando de palabras, vas a tenerlas y muchas, sobre todo a altas horas de la noche. Las palabras son la base de su sistema de estimulación erótica, antes y después, pero, por raro que te parezca, sus fantasías verbales durante el acto pueden dar lugar a una experiencia maravillosa. Una cita a ciegas con un ascendente Géminis suele salir bien. Puede presentarse en tu casa vestido de cualquier manera, con una gorra de béisbol en la cabeza y un «busca» telefónico colgado del cinturón, o quizá vendrá ataviado con un esmoquin y una faja muy ancha anunciando su negocio. La verdadera razón que justifica esta incongruencia es que el ascendente Géminis siempre va o viene de algún otro sitio. Es bastante confuso en el modo de vestir, por mucho que a los demás nos parezca un poco raro. No es muy exigente, pero a pesar de todo, para él es importante el modo de vestir. En cuanto a la chica de sus sueños, debería ser femenina de aspecto y menos dispersa de lo que ya es él. Si muestra interés por ti, es capaz de comprarte una gorra como la suya o cualquier otro detalle que tenga que ver con lo que a él le gusta. Te llevará a cualquier sitio imaginable; son sus emociones las que dictan a qué lugar quiere ir. Aunque no te interese ir más allá con la relación, lo cierto es que puedes llegar a pasar con él unos momentos memorables y muy emocionantes. La relación con este hombre viene marcada por unos períodos de trastorno (aún sigue viendo a su ex), de ausencias (está viendo a una chica nueva) y de despiste (esta noche tiene dos citas). Sabe apañárselas para salir bien librado de estas travesuras porque es un hombre divertido. Muchos de nosotros maduramos dejando atrás al niño que fuimos, pero el ascendente Géminis es maravillosamente infantil. Incluso mantiene un aspecto jovial cuando llega a la mediana edad. Si para ti no tiene gracia alguna que te arrastren a un parque de atracciones o preparar una barbacoa en el salón de casa un día de lluvia, será mejor que acudas al aburrido del ascendente Capricornio y dejes tu sitio al millón de mujeres que no pueden resistirse a este hombre. Lo maravilloso del ascendente Géminis es el entusiasmo con que se toma el universo entero. La vida es un negocio apasionante para este hombre. Tendrá siempre una causa, un proyecto y una aventura en sus trabajos. Es contagioso. Enloquece con él y aunque lo vuestro termine, aprende esas lecciones y aplícalas luego en tu vida. ¿Qué mejor regalo?

Ascendente Cáncer

«Prefiero quedarme en casa»

Los hombres con ascendente Cáncer casi sufren un síncope cuando oyen decir a otros que el hogar es el sitio al que uno acude cuando no tiene adónde ir. A ellos no les gusta salir, pero cuando ya están fuera y se meten en el mundo de los negocios, resulta que son unos auténticos triunfadores ganando dinero y, como si de estrellas fugaces se tratara, llegan a lo más alto del cielo compitiendo como nadie en el trabajo. En realidad, no existe contradicción alguna entre el hogar y el trabajo, lo que pasa es que se acomodan perfectamente a aquello que les rodea. Los hábitos constituyen sus raíces, como esas plantas que se agarran a la tierra. En casa nunca cambiará por nada su butaca reclinable, como mucho la tapizará de nuevo. En el trabajo siempre usará palabras como «crecimiento», en lugar de «reubicación». El hombre Cáncer se aferra a sus cosas porque significan mucho para él. Forman parte de sí mismo y del lugar donde ha estado. Según él, la venta de objetos usados de alguien que haya fallecido debe someterse a una exhaustiva catalogación antes de publicar la esquela en el periódico. Tendrás un grave problema en tu relación con este hombre si no tienes en cuenta su necesidad de rodearse de sus hábitos y costumbres. Con las personas se comporta de la misma manera. En caso de que por cualquier motivo su amor le haya dejado, el ascendente Cáncer seguirá aferrado a sus sentimientos aunque le causen angustia. Si bien es muy bueno dando consejos, nunca sabrá recibirlos, ya que no logra deshacerse de las cosas inútiles con que carga. Es muy sensible y podrás compartir con él tus sentimientos más íntimos. Jamás te herirá usando tu propia debilidad o abusando de tu confianza. Eso jamás. Sin embargo, insistirá en que conviváis exactamente como él quiere. Es posible que se encuentre cerca de su hogar paterno, o de su madre o de algo importante relacionado con el pasado. De vez en cuando tendrá accesos de tristeza. Le preocupa el fin del mundo, y también su salud. Esta ansiedad constante forma parte de su vida, como si se tratara de un personaje de Woody Allen. De modo que cuando te pregunta: «¿Por qué no nos quedamos a cenar en casa esta noche?», en realidad no espera respuesta ni quiere discutir contigo, lo único que busca es ganar tiempo bajo esa manta protectora de cincuenta metros cuadrados de ladrillo, para ir soltando poco a poco su caparazón ante las exigencias del mundo. Dado que la seguridad, el hogar y la chimenea de su casa son tan importantes para él, la mujer que quiera echar raíces cada tantos años para sumergirse en otra cultura y vivir nuevas experiencias no conseguirá seducirle. Si cambias el color del pelo cada dos por tres, conseguirás ponerle muy nervioso, y cuando nuestro hombre se pone nervioso, enseguida se vuelve huraño. Y cuando se vuelve huraño, mi único consejo es que los dos os tapéis la cabeza hasta que todo haya pasado. De nada servirá halagarlo, consolarlo o hablar con él. Recuérdalo, si has creído que puedes moldearlo o manipularlo sólo porque te trata con tanta amabilidad y dulzura. Aunque sea un hombre inconstante, nunca cambiará.

Ascendente Leo

«¿Es aquí donde empieza la cola?»

Los hombres con ascendente Leo se dividen en dos categorías principales: los que son tan guapos que no necesitan rugir para que se les oiga (bastará con sacudir la melena de león o mirar fijamente con esos ojos castaños); y los que no son tan guapos y se pasan el día rugiendo y bramando para llamar la atención. Estos ascendentes menos llamativos carecen de la gracia y del magnetismo animal de los muy guapos para encandilar a la audiencia, lo cual no les hará desistir de su empeño por vencer a quien sea en cualquier reunión. Así es cómo se les reconoce. Otra forma de distinguirlos, al margen de otras fórmulas, consiste en preguntarles por cualquier cosa. Siempre tendrán una respuesta, habrán estado allí o conocerán perfectamente a la persona por la que se haya preguntado. Todo esto parecerá una monumental tontería, pero es muy posible que esté diciendo la verdad. Es como si la naturaleza haya conspirado para que el ascendente Leo conozca a cualquier persona de cierta importancia y le haya educado para quedar bien en todas las conversaciones. Si quieres disfrutar de esto para siempre, tendrás que asegurarte de que eres tú quien gira alrededor de él y no al revés. Dicho de otra manera: jamás le eclipses. Y esto se aplica también a tu carrera profesional. Él se sentirá orgulloso de que los dos tengáis carrera, pero lo que necesita es una mujer para él solo que le deje dictar la norma en cosas relacionadas con el vestir o la manera de vivir. Pero no es algo tan malo. Tendrá mucho mejor gusto y una sensibilidad mucho más fina que la última revista de moda que tengas. En una película reciente Burt Reynolds habla del rival con el que se disputa el amor de la chica refiriéndose a él como «Su majestad Gucci». Este rival es la perfecta personificación del ascendente Leo. La incansable búsqueda de la excelencia por parte de este hombre afecta también al modo que tiene de buscar compañera. A no ser que se encuentre en estado comatoso, es capaz de arreglarse las heridas sólo para que el conductor de la ambulancia no lo vea en ese estado. Siempre está perfeccionando su propia imagen. Los discursos que Muhammad Ali (ascendente Leo) soltaba antes de un combate de boxeo se basaban en una única idea: «Soy el más grande.» Imagina, pues, cómo será este hombre en el amor: fabuloso, si no te molesta que haya espejos en el techo; maravilloso, si logras ponerlo a él en el centro de tu universo. No pasarás inadvertida para él, así que no olvides hacerte la pedicura. Lo tendrás a tus pies. Nunca le digas lo mucho que te gustan los hombres del calendario Chippendales. Y por tu propia seguridad, nunca compres de rebajas para ninguno de los dos. Él está por encima de eso. También está por encima de los defectos de carácter, por muy insignificantes, desleales y mundanos que sean. Todo en él es un rayo de encanto, intriga, drama, pasión, emoción y dulzura, iluminando a alguien especial y único.

Ascendente Virgo

«Primero acabemos el trabajo»

El ascendente Virgo busca a la mujer de su vida de la misma manera que un criador de caballos busca a un futuro campeón. Lo que quiere es una buena pieza: buena dentadura —sin manchas—, inteligencia y manos fuertes. Es un hombre enérgico y meticuloso, que disfruta de verdad trabajando y preocupándose. Si tienes algún problema, no dudará en prestarte ayuda si juzga que eres alguien a quien vale la pena ayudar. No es de los que todo lo ve de color de rosa y jamás se engaña a sí mismo. Lo suyo son los hechos y le encantan los datos objetivos. Para él lo emocionante es ser práctico, preciso y útil. Mientras el resto del mundo considera aburrido cualquier trabajo difícil y procura evitarlo con todas sus fuerzas, el ascendente Virgo sueña con ello. Pero eso no significa que sea un hombre aburrido. Es inteligente y tiene mucho más que decir de lo que generalmente se cree. No sólo es melindroso en su relación con la vida y las mujeres, sino que tampoco le molesta estar solo durante largos períodos de tiempo. De ahí que a menudo pase inadvertido en una cita. Conseguir que se anime ya es otro asunto. Es de reacciones lentas y por mucho que le fascine la belleza y la inteligencia de una mujer, hará todo lo posible por encontrarle defectos, como una irritante falta de conocimientos en historia griega o unas piernas con celulitis. Aunque consigas pasar casi todos los exámenes a los que te someta, no esperes que entre en éxtasis. Te ofrecerá un amor desinteresado, lleno de entrega y consideración. Por regla general, las mujeres agresivas y liberadas no despertarán su admiración. Las damas organizadas y delicadas que necesitan alguna clase de compromiso acaban encontrándole en una búsqueda tranquila y diligente. No te escribirá versos ni te mandará flores, pero puede ayudarte a cuadrar la cuenta corriente y a plantar hierbas. No se parece demasiado a una novela romántica, pero es lo que hace que una relación dure mucho tiempo. Enséñale que el amor no implica necesariamente sacrificio, que basta con el mutuo respeto, y será un magnífico compañero.

Ascendente Libra

«Procuro llevarme bien con todo el mundo»

Despierto e inteligente, siempre diciendo la palabra más apropiada, este hombre puede convencerte de casi todo. El ascendente Libra tiene éxito en su trabajo, es muy popular entre todo el mundo y tiene fama de cambiar de idea y de novia en un abrir y cerrar de ojos. Si no prestas atención, esto puede llegar a ser un poco confuso. Trataré de explicarlo mejor: que cambie de idea cada cinco minutos no implica que esta predisposición constituya un valor básico. Puede engañar a cualquiera, pero cuando están en juego las emociones, se mantiene firme en conceptos como el honor. Ashley Wilkes, uno de los protagonistas de *Lo que el viento se llevó*, es la personificación perfecta del ascendente Libra. Cuado Ashley se encuentra ante el montón de leña y Scarlett le propone escapar juntos, ella le pregunta qué le detiene, y Ashley responde: «Nada, excepto el honor.» Scarlett podría haberse ahorrado varios años de agonía después de tantas miradas insinuantes y tantas falsas promesas de amor. Más tarde, ella vuelve a comprobar cómo es él, cuando le dice que Melania es el único de sus sueños que no ha muerto. Sí, es un seductor, e irá de una relación a otra porque no soporta estar solo. Es un experto con respecto a la belleza y parece que sólo le importa lo exterior. Pero cuando conoce a su sueño, finalmente se rinde.

Déjame que te dé dos ejemplos de lo que significa tener una idea equivocada del honor. Después de conocer a la mujer de sus sueños, un ascendente Libra descubrió que la mujer tenía una hija de su anterior matrimonio. Por consideración hacia la niña, que había perdido a su padre, se negaba a visitar a la mujer cuando sabía que la niña andaba cerca. Sólo después de comprometerse en matrimonio con la mujer, él empezó a establecer una relación con la hija. ¿Por qué? Simplemente no quería que la niña sintiera la pérdida de otra figura paterna y quería estar muy seguro antes de tomar su decisión. Otro hombre tenía varias amantes y a lo largo de su vida siguió en contacto con ellas incluso después de haberse casado. ¿Por qué? Su sentido del honor le obligaba a estar pendiente del bienestar económico de todas ellas, ya que se sentía culpable por no haberles ofrecido el matrimonio. Su razonamiento viene y va como si de un laberinto se tratara y siempre acaba volviendo al sentido del respeto y la dignidad. Comparte el sueño de los compañeros perfectos, de la vida feliz y la relación armónica con todo el mundo, y el ascendente Libra te proporcionará un hogar con un encanto de otro tiempo, donde el amor es dulce.

Ascendente Escorpio

«Puedo hacer todo lo que me propongo»

Vamos a decirlo bien claro: este hombre tiene una gran fuerza de voluntad. Es turbulento y volátil, pero también autoritario y astuto. Será excepcional en los negocios allí donde haga falta una personalidad dominante. Su intensidad queda reflejada en la clase de trabajo que tiene. Le atrae el peligro y sobresale en investigación, política, religión o medicina. No es tímido a la hora de escoger su trabajo. Puede elevarse hasta el cielo o caer hasta lo más bajo, dependiendo del compromiso que exista y de cuáles sean los objetivos. Es un buen amigo, pero no es de los que uno pueda considerar «íntimo». No suele pasar mucho tiempo con sus amigos y le gusta estar solo, pero siempre recordará a quien haya tenido un buen detalle con él. Es el mejor en todo lo que tenga que ver con construir y reconstruir, sea con la profesión, los amigos o la lista de problemas que debe vencer. Tal vez su fuerte capacidad de reconstrucción se refleja en el enorme poder de recuperación que tiene. Es capaz de recuperarse, como si para ello sólo contara la fuerza de voluntad, después de varios años maltratando su salud, o de padecer un grave accidente o sufrir una enfermedad. Más que cualquier otra cosa, aquí la clave se llama «fuerza de voluntad». El estallido de una bomba no le asustará. No obstante, la pérdida del objeto de su afecto le da miedo y puede llevarle a la melancolía, la tristeza y al comportamiento obsesivo y compulsivo. Su poder de persuasión contigo es increíble. Tu sentido común se desvanece ante esto. ¿Será porque te hipnotiza mientras duermes? En algún momento de lucidez te preguntas cómo es posible que te domine de esta manera. Él prefiere dominar y controlar, aunque sólo sea por poco tiempo, y por muy benevolente que sea. Cuando se concentra en la mujer de su elección, lo hace de manera total y absoluta. Te planeará unos días románticos. Si hace falta no acudir al trabajo para llevarte de paseo en barco y almorzar, lo hará sin dudar. Te hará un programa tan exhaustivo que no tendrás tiempo ni de dormir. Los planetas pueden variar su comportamiento, de forma que se vuelva más cauto y receloso de lo normal. ¿Puede ser un hombre leal? Sí. ¿Y ganar dinero? Sí. ¿Puede hacer realidad tus sueños? Sí. Pero sólo si él lo quiere.

Ascendente Sagitario

«Estoy pensando en ir a vivir a otro lugar»

Sean cuales sean sus defectos, en este hombre no hay malicia alguna. Tal vez tendrás que releer esta línea una y otra vez para intentar comprender mejor sus observaciones cortantes y la insensibilidad que muestra contigo. Es difícil de entender, al igual que otros signos ascendentes de carácter dual, como Géminis, Virgo y Piscis. Existe una dicotomía en estos cuatro signos, de ahí que cada uno de ellos sea un poco más complicado —y difícil de comprender— que el resto de los ocho signos ascendentes. Míralo desde este punto de vista. Ha conocido a alguien por primera vez, o tal vez no y se trata de alguien que ya conoce, o quizá sólo quería ir de caza el fin de semana. En ningún momento se ha dado cuenta de que lo has pasado mal. El ascendente Sagitario no piensa en el compromiso. Básicamente es un hombre al que le gusta la amistad con las mujeres. Te ha dicho desde el principio que sólo quería que fuerais amigos, que le gusta tomarse las cosas con calma y que la humanidad está pensada para relacionarse de muchas maneras. Ha sido muy claro al decirte lo que de verdad quiere en su relación contigo. Ya te ha contado cómo es y ni siquiera le has escuchado. ¿De qué te quejas? ¿Es culpa suya que quiera ir a vivir a Idaho sin ti dos semanas después de que hayas solicitado tu nueva tarjeta de la Seguridad Social con su apellido? Está tan sorprendido como tú, y tú desde luego estás hecha un lío. En su momento te dijo con toda claridad que le gusta viajar y que siempre pensó en escapar de la gran ciudad para ir a vivir a un lugar pequeño como Idaho. Tú no dejabas de pensar que ya cambiaría. Por eso ahora está tan desolado. ¿Qué más tenía que haber hecho para que te dieras cuenta de que no tenía la intención de quedarse? «Dios mío —dice ahora, mientras agita sus grandes manos—, te dije que éramos amigos y que un día iría a vivir a otro sitio. Pero nunca me has escuchado.» Las mujeres nunca le escuchan y eso le deja muy confundido. El problema es que le escuchan mal, porque lo hacen con el corazón y no con el oído. Y lo que les dice el corazón es que se trata de un hombre cariñoso y amable. Es como el béisbol, un Chevrolet y la tarta de manzana. Hay un encanto casi infantil en el ascendente Sagitario capaz de derretir el corazón de tía Elvira. Y nadie es inmune a eso, absolutamente nadie. Por eso estás segura de que hay alguien esperándole en Idaho. Empezó por California, pero cuando llegó a Nevada conoció a esa cosita tan bonita (al ascendente Sagitario le gustan las chicas menudas, para poder quererlas con esos brazos tan grandes, ya sabes) y pensó quedarse con ella un tiempo. Se distrae muy fácilmente. Creo que la única manera de conseguir lo mejor de él es pensar en las palabras de aquella canción: «Me basta con saber que tu puerta está siempre abierta y que puedo caminar por donde tú vas, para tenerte siempre en mi corazón.» No hagas demasiadas preguntas, si crees que es el hombre de tu vida. Dale espacio. No le sueltes ultimátums a no ser que estés dispuesta a cumplirlos. No le compliques más las cosas invitando a tus primos a comer espaguetis sólo para vigilarlo. Lo más probable es que se esconda en la bañera hasta que vea la oportunidad de escapar. Si se siente limitado por tu amor, te enviará a casa para que pases las vacaciones. Lo que quiere es compañía. No le hables de compromiso. No dejará de ir a donde quiera, y lo que pasa es que no quiere llevarse a nadie con él. Aquí es donde descubres que en tu relación con él es mejor caminar a su lado, en lugar de querer seguirle o guiarle por el camino. Y puede ser algo maravilloso.

Ascendente Capricornio

«Mi madre y yo nos queremos mucho»

El ascendente Capricornio no puede evitar pensar en el éxito que sus logros pueden proporcionarle. Es tímido, por mucho que se presente como candidato a alcalde de la ciudad. Es capaz de hacer algunos chistes riéndose de sí mismo (le ayuda psicológicamente para derrotar a sus detractores) y hasta de emitir algún que otro rebuzno sobre sus propios defectos. Sin embargo, es muy sensible a la crítica y es muy consciente de lo que implica una situación en público. Entonces ¿por qué se ríe de sí mismo? Porque debe demostrar a todo el mundo que es capaz de cualquier cosa. Lo que busca es conseguir algo. Nada más importa si no puede probarse a sí mismo que es capaz de llegar a lo más alto, como lo que representa el símbolo de su zodíaco. No hay nada demasiado caro si se trata de conseguir algo. ¿Úlceras? Hay medicamentos para eso. ¿Problemas de pareja? Ya llegará a un acuerdo con sus propios recuerdos. Esta necesidad de producir es desesperante. Así es como se demuestra su propia valía. Para él, no basta con ser. ¿Para qué molestarse entonces con alguien que se comporta así? Pues porque hay algo en él que vale la pena: esos valores anticuados como la honestidad, la seriedad y la sinceridad. Puede que no sea siempre muy fiel, pero se entregará de verdad a quien él decida. Es una extraña combinación de criterios. Lo que realmente te importa es que siempre estará presente en espíritu para la mujer que ama, pero no perderá demasiado tiempo pensando en ella cuando esté solo. Tiene miedo de la oscuridad y no tiene nada pensado para sobrellevar la noche en soledad. Si tienes que pasar el verano en el Himalaya con tu gurú, lo único que el ascendente Capricornio te guardará será el corazón. Gana dinero y quiere a su madre (ojalá te parezcas a ella), se responsabiliza de las cosas más que la mayoría de los hombres, es inteligente, digno de confianza y en sociedad se comporta muy bien. Cuando está relajado, tiene un devastador sentido del humor. Cuando está más que relajado, su apetito sexual es óptimo. ¿Cómo conseguirlo? No dejes de escuchar cómo aumenta la cotización de sus acciones en bolsa, cómo aumentan de valor sus propiedades inmuebles, y además su agente está vendiendo el cuento para niños que ha escrito. Cuando se sienta seguro, lo demostrará con una despensa atiborrada de víveres, con un seguro ya pagado, y estará tan contento que se irá al otro extremo y no parará hasta que le pidas piedad. Como los caprichos constituyen una faceta muy bien escondida de su personalidad, es posible que acabes lamentando este ir y venir de un extremo al otro. Si tiene bastante dinero, querrá estar solo para satisfacer lo que quiera. Tu primer aviso puede venir si ves que ha montado un trapecio en el dormitorio. Observa bien los signos. Si se comporta de forma alocada e imprudente, costará mucho trabajo que vuelva a la normalidad. A él le basta con alcanzar la cumbre una sola vez. Si se te ha ocurrido subir con él hasta allí, sufrirás la experiencia más vertiginosa de tu vida. No es un hombre normal. Sus altibajos son muy pronunciados, pero nunca se olvidará de quién coronó las cimas con él. El modo que tiene de demostrarle a una chica su eterno aprecio puede dejar a más de una sin aliento. Y no olvides lo que te he dicho acerca del dinero.

Ascendente Acuario

«Seamos amigos»

Cerebral y científico, este hombre vuela en su propia máquina del tiempo. El ascendente Acuario no dispone de mucho tiempo para quedarse en lo meramente emocional. Su habilidad para comprender la conexión que existe entre el tiempo y la emoción hace que un momento determinado deje de existir para él y sea capaz de trasladarse a un punto en el futuro donde haya más y mejores oportunidades. ¿Aún te sorprendes al verle tan tranquilo mientras lloras porque ha olvidado que habíais quedado para cenar? Esta manera de ver las cosas tan fría e impersonal lo abarca todo, incluyendo el amor, y deja a sus amistades desconcertadas de vez en cuando, y eso es exactamente lo que él quiere. Este hombre es el amo y señor del planeta de las cosas inesperadas, y a veces es tan impredecible que parece que quiera ser malo a propósito. A pesar de la confusión que puede causar desde el punto de vista personal, sus intenciones respecto al grupo o a un amigo son generalmente buenas. Lo que él aporta es fascinación, algo que muchos hombres son incapaces de conseguir en sus relaciones. Él ofrece unas relaciones basadas en un flujo constante de comunicación e ideas. Es el profeta libre de espíritu que se ve obligado a trabajar de reparador de radios hasta que pueda probar sus teorías sobre el efecto invernadero que tanto seduce a las mujeres cuando llegan a cierta edad. Para las mujeres aburridas, supone un cambio atractivo y más que intrigante; para las tímidas, la osadía que demuestra es casi hipnótica. Él mismo se tiene como alguien independiente, idealista y absolutamente único. Sin embargo, por muy impredecible y heterodoxo que parezca, no deja de tener sus ideas fijas. Es un hombre resuelto. Debido a su increíble fuerza de voluntad, a menudo se ve a sí mismo bloqueado en una discusión cualquiera. Si lo que quieres es plantar batalla en lo que al ingenio se refiere con este hombre, prepárate para perder. Y no porque sea más brillante que tú, sino porque es una persona inescrutable. El hechizo que puede llegar a conseguir sobre los demás a pesar de sus peculiaridades es algo digno de la cuarta dimensión. Aprenderás sobre la visión, la hermandad, la curiosidad y las posibilidades que los simples mortales olvidan con tanta facilidad. Cuando te diga: «Seamos sólo amigos» y regreses al mundo normal, recuerda las incursiones hacia lo desconocido a bordo de su fantástica máquina del tiempo y tu momentánea visión de la tierra del mañana. ¿Verdad que ha valido la pena?

Ascendente Piscis

«Lo sé porque lo presiento»

Cosas como el esoterismo, los cristales curativos y las cartas del tarot pueden sonar a charlatanería para el hombre normal y corriente, pero para el ascendente Piscis todo esto es un camino más que posible para llegar a comprender mejor sus sensaciones. Los esfuerzos que realiza por conectarse mejor consigo mismo a menudo le llevan a relacionarse con místicos y terapeutas de todo tipo. Siente con tal intensidad que necesita a la gente que comparte con él la búsqueda de algo más que lo simplemente material y terrenal. Si bien es un compañero perfecto, puede llegar a ser enigmático y dual. El resbaladizo pez que nada en ambas direcciones es su símbolo. El ascendente Piscis es atento, cariñoso y sensible, muy popular entre casi todo el mundo —popular, pero sin formar parte de la multitud—. Al fin y al cabo, es más probable que se encuentre experimentando sobre cómo alterar la conciencia, que sorprenderle con los amigos viendo el programa de fútbol de los domingos. Su mente siempre está buscando algo más, y su cuerpo también. Las mujeres esquivas le atraen especialmente. Hay algo en lo más profundo de sí mismo que le impide abrirse cuando están los sentimientos por en medio. El objeto de sus afectos, perpleja por no comprender su comportamiento después de pasar dos días juntos, deja de recibir sus llamadas y acaba convencida de que ya no está interesado por ella. Él, que juega a esperar un poco, cree lo mismo y se convence de que ya ha roto otra vez una relación. ¿Debe castigarse a sí mismo? Sí. Lo que más desea es dejarse llevar por el amor, realizar un viaje astral o lograr el sueño imposible. La mujer que ha conseguido cazarle es lo bastante valiente para crear una emoción sismográfica y comprender su manera de ser. Este hombre necesita encontrar compañías que le ofrezcan estabilidad, al mismo tiempo que le animan a madurar por lo que se refiere a las emociones y la responsabilidad, compañías bien desarrolladas, si bien fascinantes y enérgicas. Él se aburre con facilidad y se concentra por muy poco tiempo. Sin embargo, ofrece un regalo poco frecuente basado en la intuición, la sensibilidad y la dulzura, lo cual es casi irresistible. Además, hay algo de magia en él, y la capacidad de hacer que los sueños se hagan realidad, lo que deja sin aliento a la más osada de las mujeres.

4

Signos ascendentes para mujeres

Ascendente Aries

«Soy muy independiente»

Brillante, fresca y espléndida, la mujer con ascendente Aries tiene un ligero toque de arrogancia adolescente. Su corazón anuncia «Soy una mujer» con la fuerza de un trueno. Le gustan las tareas que tradicionalmente asume la dominación masculina, desde la dirección de una fábrica hasta el mantenimiento de su propio vehículo. Le gusta ganar, ser la primera. Se atreve con cualquier deporte, con la mecánica y la mayoría de las funciones del lóbulo izquierdo del cerebro. En cambio, es incapaz de relajarse y dejar que las cosas sigan su propio impulso natural. Con respecto al amor, su forma de conseguir pareja pasa por frases como: «Este sábado voy a instalar los aspersores para el césped, ¿me ayudas?» Para ella no hay más valor que el del objetivo conseguido, el de la competencia y el dominio de todo lo que hace. Busca a un hombre que se deje impresionar por todo esto, lo cual no es fácil. Lógicamente esto desencadena algunos problemas de relación. Dicho de otra manera, es más que capaz de vivir su propia vida sin necesidad de hombre alguno, de lo cual está muy orgullosa. Pero bajo esta capa de confianza e independencia, se agita un

corazón que teme la dominación y el control. En el amor no es tímida, pero tampoco fría. Lo que busca es un hombre que sepa caminar
por su cuenta y le dé cierta libertad de espíritu. Quiere a un hombre
que prefiera una simple camiseta y unos pantalones cortos a cualquier prenda de lencería fina. Con una ascendente Aries jamás habrá
las típicas tretas femeninas. Ella no podría respetar a un hombre que
no estuviera por encima de esos juegos tan tontos; pero lo que quiere por encima de todo es un hombre al que poder respetar y admirar. Si al final encuentra a este caballero andante, ella le entregará
todo su corazón, le freirá los filetes y luchará contra el mundo para
defenderle si es necesario.

Ascendente Tauro

«Lo mío es el dinero»

La ascendente Tauro es la magnolia de acero de los signos ascendentes, una mujer con agallas y voluntad de hierro. Poseedora de un extraordinario autocontrol, es capaz de dominar sus emociones de manera admirable y ceder a la aparente dominación masculina. He aquí
a una ascendente que está encantada de dejar que sea él quien lleve
los pantalones en casa. A ella no le importarán tus pequeñas excentricidades, incluso te avisará cuando pase una chica guapa por la calle y te escuchará embelesada cuando le cuentes tu vida. Pero aunque parezca que su admiración por ti no tiene límites, te aseguro que
sí los tiene. Si tensas demasiado la cuerda, no dará su brazo a torcer
y levantará una nube de malhumor que tardará muchos días en des-
pejarse. Aunque no sea fácil provocar su enfado, cuando se enoja se
convierte en un espectáculo inolvidable. No malgasta sus emociones
por cualquier preocupación, sino que las dedica a cosas prácticas de
la vida, como preparar deliciosas comidas a su hombre, ponerse ropa
íntima sensual y apaciguar su fuerte naturaleza sexual. El dinero
también es importante en su vida. Dado que el dinero proporciona
comodidad, se siente muy atraída por él. Al igual que su temapera-
mento, disimula su necesidad de cosas materiales y compra mucho,
pero con calma. Con tranquilidad y el pie muy firme, siempre espe-

ra que le llegue la buena suerte. No es una mujer caprichosa, ostentosa ni antojadiza. Ella es la Madre Tierra, el olor del pan recién horneado, es como las tardes pacíficas y perezosas sobre sábanas de algodón blanco.

Ascendente Géminis

«Esta noche estoy muy ocupada»

La mujer con ascendente Géminis conserva maravillosamente una parte de la niña que fue. Habla atropelladamente, no deja de moverse y anda todo el día dando saltitos. Es muy difícil que esté quieta, a no ser, claro está, que esté hablando por teléfono. Es divertida, puede llegar a ser la mejor anfitriona del mundo y organiza unas fiestas extraordinarias. Su entusiasmo es contagioso y su encanto personal compensa los recelos que puede llegar a despertar por su tendencia a flirtear con demasiada ligereza. El hombre posesivo se volverá loco con una mujer tan inquieta. Tiene un ejército de amigos, sus mejores compañeros. Ha nacido para la diversión y la aventura. De naturaleza ingeniosa, es capaz de pasarse toda la noche hablando. Por raro que parezca, la familia es muy importante para ella y es la primera en prestar ayuda a un amigo si es necesario. Se gasta el dinero en la acción, el viaje, la diversión y los placeres de la vida en general. El hombre que la atraiga debe ser muy activo (con que sea casi frenético será suficiente), sociable, inteligente y entregado a una idea o una causa. No le importará ver su hogar invadido por nuevos amigos, por la familia, los vecinos o algún perro vagabundo recogido en la calle. Se pasará la vida haciendo fotografías de su vida en común y llenará los coches de teléfonos. Disfrutará viendo cómo ella se tiñe el pelo y se vuelve rubia, pelirroja o morena, según su estado de ánimo. Tal vez por eso la mayoría de los hombres encuentran que es la más irresistible de todos los signos ascendentes. Si no te ocupas de ella como debes, se apartará de ti poco a poco, llevándose únicamente los recuerdos.

Ascendente Cáncer

«Me siento muy cerca de mi familia»

Ésta es la mujer de los principios, la dueña y señora del cambio. Encontrar a don Perfecto es casi una obsesión para ella y es capaz de viajar hasta China para estar con él. Sin embargo, casi todas sus raíces están en el hogar, de forma que no es extraño que acabe volviendo a casa con papá y mamá, allí donde todo empezó. Su obsesión por la decoración y la remodelación roza el delirio y convierte su casa o su apartamento en una especie de monumento artístico. Puesto que atrae a los hombres con dinero, es posible que su apartamento esté en el Plaza, donde preparará ella misma el pavo para su amorcito en el día de Acción de Gracias. Esta mujer tiene el mayor instinto para anidar de todos los signos ascendentes. Es intuitiva, terapeuta por naturaleza, y consigue atraer al hombre a su nido a fuerza de contarle historias sobre lo mucho que ha sufrido con sus antiguas relaciones. Tu relación con ella no te dejará como estabas antes. Recuerda que tiene el don de cambiarlo todo, lo cual te incluye a ti también. No se trata de una mujer frívola, pero la ansiedad que padece por culpa de una inundación o porque se le ha roto una uña, quizá te da esa impresión. A pesar de ser una mujer muy atractiva, por frágil y transparente, tampoco es ajena a la decepción que pueda sentir con respecto al amor, y la verdad es que puede complicarse mucho la vida en este sentido, hasta el punto de no atender tus llamadas después de un año de buena relación con ella por culpa de una ofensa que en realidad no ha existido. Imagina que has sentado la cabeza y has empezado una carrera, entonces va ella y te dice que necesita más seguridad en su vida. Háblale con mucho cariño y no olvides decirle palabras como «seguridad», «raíces», «hipoteca». No saltará de alegría, pero brillará de felicidad. No se trata de una mujer de acción, sino de reacción. No es una mujer decorativa, sino convencida. Tu relación con ella será *déjà vu* y tendrá muy buenos recuerdos.

Ascendente Leo

«Me encantan las joyas»

Una melena brillando a la luz del sol, una sonrisa espléndida y un montón de chucherías y joyas forman parte del aura del ascendente Leo, la estrella de los signos ascendentes. Si te parece una niña mal criada, estás en lo cierto. Está acostumbrada a ser el centro de atención y todo lo que hay en ella de brillo e inspiración parece que está allí por derecho propio. No es una modelo normal y corriente, sino de lujo absoluto. Los hombres que necesitan manipular o dominar harían mejor en evitarla. Su respuesta ante cualquier intento de control es de un desprecio gélido. Lo que ella pide es que la traten de igual a igual. Puede hacer muchas cosas, pero hasta la más vulgar de las tareas se convertirá en algo de lo más creativo y dramático. Se enorgullece de ser especial. A pesar del drama y la emoción que quiere poner a todas las cosas, tiene la maravillosa capacidad de disfrutar de la vida como si fuera una niña que siempre se ríe, se divierte y no deja de jugar. En su relación con los demás es generosa y cariñosa con aquellos que deja entrar en su círculo de amistades más íntimas, pero se muestra fría y reservada con los que no acepta. Las personas a la que ella exilia de su corte personal se encontrarán con una actitud de absoluta indiferencia después de haber sido rechazadas. Es una mujer decidida, testaruda y supone un desafío al que muy pocos hombres pueden resistirse. Pero para el hombre que se gane su respeto, hay una sorpresa: es una mujer domesticable. Domesticar, pero nunca conquistar. Mientras crea que su compañero es alguien digno de respeto y admiración, ella será la más firme y fiel amiga. Puede sufrirlo casi todo, y es capaz de superar las tormentas matrimoniales que muy pocas mujeres soportarían. No le importará que seas un pequeño tornado en su vida, pero no tolerará que seas chabacano, quisquilloso ni poco imaginativo. El hombre de sus sueños puede pasar tranquilamente las noches de los viernes en el bar con los amigos.

Ascendente Virgo

«Necesito la rutina»

He aquí a una mujer que vuelve a ponerte en contacto con la Tierra. Sus valores radican en el trabajo y la naturaleza. Escribe haikais, lee *Prevención*, le gusta ir en bicicleta y te hace pensar que hay muchas cosas que no haces demasiado bien. Es curiosa, le gusta profundizar en las cosas en busca de la perfección y tiene un defecto maravillo-so: idealiza a su compañero. Mejor para ti; por mucho que le desor-denes la cocina, hagas una chapuza en el tejado y desafines cantan-do, ella seguirá convencida de que eres un ser humano maravilloso. Lo que no te dirá son cosas como «eres adorable» (sólo los niños lo son), ni tampoco te comentará lo bien que te ha salido el pastel, pero le gustará mucho que lo intentes. Tampoco será aduladora contigo, pero estará muy pendiente de tu nivel de colesterol, te pasará a má-quina tus papeles y hará cosas muy divertidas para tu madre con punto de media. Eso de «Virgo la virgen» es sólo simbólico, así que ya puedes olvidarte de ello y ser consciente de que si no la quieres y la cuidas de verdad, acabará dejándote por otro. Le gusta el amor tanto como a cualquier otra de sus hermanas del zodíaco, pero lo manifiesta de diferente manera. Su pasión es una mezcla de devoción y unidad. Ella es lo que parece: decidida a conseguir las cosas más sencillas de la vida para tener una felicidad estable y duradera. Por no darse cuenta de lo difíciles y complejas que pueden llegar a ser las relaciones, es difícil que se cumpla aquello que tanto espera. Será una mujer maravillosa para el hombre que esté lo bastante seguro de apreciar la belleza de una roca sólida y robusta y renuncie al brillo inútil del oro.

Ascendente Libra

«No tengo miedo de las relaciones»

Esta mujer dócil y dispuesta al compromiso llega feliz y contenta. Tal vez es un poco insegura y le falta decisión. Cuando te llame para que la ayudes, te dirá cosas como «amigo» o «papi». Es incapaz de apañárselas por sí sola. ¡Espera, no te pongas nervioso! ¿No ves que ella dirige su propio negocio? ¿No está haciendo un doctorado? Todo esto forma parte de su manera de seducir. Es un juego maravilloso, pero no olvides que el desamparo que muestra no es otra cosa que un plan cuidadosamente preparado para atraparte. Es una mujer muy fuerte. Por supuesto, no me refiero a que no sea deseable o no sea un estupendo partido, sino a que te hará pasar por el aro si eso es lo que ella quiere. Es una experta en persuasión y no tendrá el menor escrúpulo en pedirte que te cases con ella, en que vayáis a vivir a otra ciudad, o que cambies de religión o vocación. No hay otra mujer entre los signos ascendentes comparable a ella por lo que se refiere a la domesticación de su hombre. Si tú sueñas con una dictadora benevolente, aquí la tienes. A cambio tendrás un hogar acogedor, una esposa excepcionalmente atractiva e inteligente y una anfitriona de primerísima categoría. Nunca reconocerá sus manipulaciones y nadie se dará cuenta de que no eres tú quien está guiándola por la vida. Incluso puedes permitirte el lujo de hacerte el mandón con ella ante tus amigos. Nunca hablará mal de ti a sus amigas, a no ser que esté pasando una crisis. Claro que para entonces quizá ya piensa en abandonarte. Idealiza a su compañero, está enamorada del amor y es tan romántica como una cena a la luz de unas velas. Se irá a acampar contigo, subirá a tu moto, te ayudará en los exámenes, se convertirá en alguien indispensable para ti. Cuando ofrece su afecto, lo hace sin reservas. Y lo hace porque para una ascendente Libra la vida sin compañía se vuelve insoportable. Puede decirse que vive básicamente para el amor.

Ascendente Escorpio

«Querer es poder»

Sensual, atractiva y misteriosa, es la mujer depredadora de todo el zodíaco. No teme a la vida ni la muerte, de ahí que no se deje impresionar ni por el más exótico de los hombres. Luchará por conseguir lo que quiere en la vida con la estrategia de un general y el valor de un paracaidista. Si en el momento de conoceros ella no se rinde a tus encantos, lo más probable es que, por muy bien que la cortejes, no tengas la menor posibilidad con ella. Es el vapor del fuego y el hielo, la fascinación del almizcle, la química sexual. Tiene el poder de hundirte en lo más profundo de la desesperación para luego alzarte al éxtasis. Lee tus pensamientos, te deja sumido en una especie de estupor sexual, te pide con insistencia que le cuentes tus secretos, cuando es más que posible que nada conozcas de su pasado, ni a sus amigos, ni a su familia. No te invitará a casa para comer asado ni para dormir sobre sábanas de algodón. Ella es la pócima del amor, ostras ahumadas y mantas de piel ante una chimenea crepitante. Vivir con ella es discutir a gritos y hacer maravillosamente el amor. Si encuentra a su pareja, la amará para siempre. No se detendrá ante nada para defenderte, honrarte y permanecer siempre a tu lado. No hay lugar para que cometas una infidelidad. Aunque es uno de los signos ascendentes más fuertes, si te lías con otra mujer, puede llegar a hundirse hasta la desesperación. Con el tiempo se recuperará, murmurará algunas maldiciones sobre tu tumba y volverá a levantarse. Su fuerza de voluntad es digna de admiración.

Ascendente Sagitario

«Necesito mucha libertad»

No es que esta mujer se haya olvidado de su juramento de *girl scout* sobre ser limpia, ordenada y buena, lo que pasa es que no tendrá mucho tiempo para las tareas propias de una mujer casada. La dispersión de sus energías y su entusiasmo por la vida son más fuertes que el deseo de sorprenderte con un pastel de zanahorias o emprender la batalla contra el polvo de la casa. He aquí a la mujer del entusiasmo, las burbujas del champán de la vida. Si tuviese que destacar la característica más importante de este signo ascendente, diría que es la pasión por vivir la vida en plenitud. Naturalmente, siendo ésta su prioridad, de vez en cuando puede verse metida en algún problema, como por ejemplo olvidarse de regresar de sus dos semanas de vacaciones, ocultar sus vestidos nuevos comprados de rebajas bajo los bolsos caros («No me he pasado del presupuesto, pero es que el tinte se ha puesto por las nubes»), vender la vajilla heredada de la familia para comprarse ropa de baile. En un abrir y cerrar de ojos habrá tenido veinte empleos y un ejército de amigos, le habrán atraído casi todos sus admiradores y habrá amado a una docena de hombres. ¿Quién va a resistirse a una mujer genuinamente afable, la eterna optimista, la reina del baile de gala del colegio que se quedó en casa con su mejor amiga porque tenía paperas? Lo cierto es que nunca llega a madurar demasiado, y se resiste a aceptar cualquier limitación tratándose de la diversión o la aventura. No es fácil resistirse a ella, pero aún es más difícil conseguir que se centre. Hace muchas cosas y con mucha prisa, y aunque casarse no suele estar entre ellas, esta mujer-cohete puede llegar a coleccionar más de un matrimonio.

Ascendente Capricornio

«Me gusta fijar objetivos»

La ascendente Capricornio estará muy ocupada fijando objetivos, redactando listas y ordenando la despensa, pero aún le pide a mamá que la acompañe al centro comercial para comprarse ropa, por mucho que ya esté en la treintena. Es una mujer que busca lo esencial. Le domina la angustia y no es raro que pase más de una noche en vela; es temerosa y tímida, aunque parezca que todo lo tiene bajo control. Le encantan las películas de Woody Allen porque ve reflejadas en ellas todos sus temores. Tiene miedo de elegir mal, de amar al hombre equivocado, de presentar un documento con un participio mal coordinado. Y a pesar de todo esto, irradia una absoluta confianza en sí misma. Una vez comprendida esta dicotomía, es posible acceder al sagrado territorio de su corazón. Verbalizar sus miedos, enjuiciar sus defectos o despreciar sus planes significa quedar excluido de su vida. En cuanto has comprendido la fórmula para ser su amigo, tendrás a una estupenda compañera, fiel y cariñosa. Podrás confiar en ella y compartirá tus sueños. Es reservada y distante, pero nunca se mostrará fría ni poco compasiva. Es lenta en el amor; ella se abre como una flor en primavera, poco a poco. Los hombres se dan cuenta de esta vacilación, donde radica su foco de fascinación. ¿Hay mejor cita que la que se consigue a pesar de la poca disposición del otro? La mitad de la emoción está en convencerla. Es posible que no sea la más guapa, pero los hombres apenas se dan cuenta. No le gusta presumir de sí misma, así que no te dirá que tiene un doctorado, que también es decoradora de interiores y una de las personas más ingeniosas que has conocido nunca. A esta mujer le gusta la profundidad y los hombres superficiales no le interesan. El hombre inestable y sin objetivos le horroriza. Sus aspiraciones son altas. Lo que busca es sinceridad, honradez y, por supuesto, un poco de dinero en el banco.

Ascendente Acuario

«Tengo algo de visionaria»

La ascendente Acuario no presta demasiada atención, pero se da cuenta de todo. Es una mujer paradójica, pero nunca se aparta de su sentido de la lealtad, de sus ideales humanitarios y su buen carácter natural. Puede que seas pobre en lo material, pero el hombre de sus sueños debe ser rico en talento, ideas y logros. Algo descuidada en los detalles, se olvidará de tu cumpleaños o de cómo te gusta el café, pero jamás dudará de ti ni te pedirá que traiciones tus más firmes creencias. En el amor es como una banquera que lleva las cuentas de tus activos intelectuales y culturales y los riesgos de tu pasivo. De ella no hay que esperar tretas femeninas ni arrebatos de pasión. Si algún día se embarca en una aventura exótica, es más que posible que nada sepas de ella hasta que regrese. Apenas sabe lo que es la nostalgia o la soledad. Por si todavía no lo has adivinado, te diré que es el más insólito de los signos ascendentes. No es preciso aclarar que no busca a un hombre convencional, ni tampoco durará una relación con ella que no tenga sus buenas dosis de emoción, química y buena amistad. De ahí que sus relaciones con el sexo opuesto vengan marcadas por uniones y rupturas muy repentinas. Estás avisado: no quiere que nadie la posea ni la limite, pero necesita mucha atención. Tanto si te desentiendes como si te preocupas (al igual que ella), es posible que decida que no vale la pena esforzarse por ti. Recuerda que es una mujer paradójica. Pero también es ingeniosa, divertida, inteligente y se esfuerza por ser mejor. Esta mujer tiene algo de H.G. Wells en sus genes. Con ella no te aburrirás.

Ascendente Piscis

«Tengo percepción extrasensorial»

He aquí a una mujer que quiere ser amada, protegida y cuidada. Eternamente femenina y devastadoramente atractiva, es la esperanza de la primavera, el amor del verano y la belleza del otoño. Sin embargo, es posible que los problemas lleguen en invierno, porque no soporta demasiado bien la realidad. Puede soportar cualquier infortunio, desamor y crisis, pero no sin pagar un precio por ello. Cree en los ideales y los sueños, pero lo cierto es que éstos a veces se rompen en la realidad. Permanecerá a tu lado cuando pierdas el trabajo o te quedes sin coche, pero no cuando pierdas el respeto por ti mismo. El alcance de la fe que tiene en ti es lo que hace que te parezca tan perdurable al principio y tan angustioso al final. ¿Cómo se puede estar a la altura de un hombre de película, que no se pone enfermo, que llena la casa de flores y trae regalos de Tiffany? No es una mujer muy práctica, de modo que si no te importa proporcionarle el refugio que necesita ante las adversidades de la vida y convertirte en una fuente casi inacabable de atención y afecto, tendrás a una mujer que nunca cambiará sus valores por los que imperan hoy en día. Lo suyo es la eternidad, no la moda. Es etérea y volátil. Puede alzarse hasta lo más alto y hundirse en lo más profundo, pero nunca dejará de ser fascinante. Su atracción radica en su vaguedad. Los hombres persiguen lo que es más inaprensible en ella. Cuenta las estaciones y protégela en invierno.

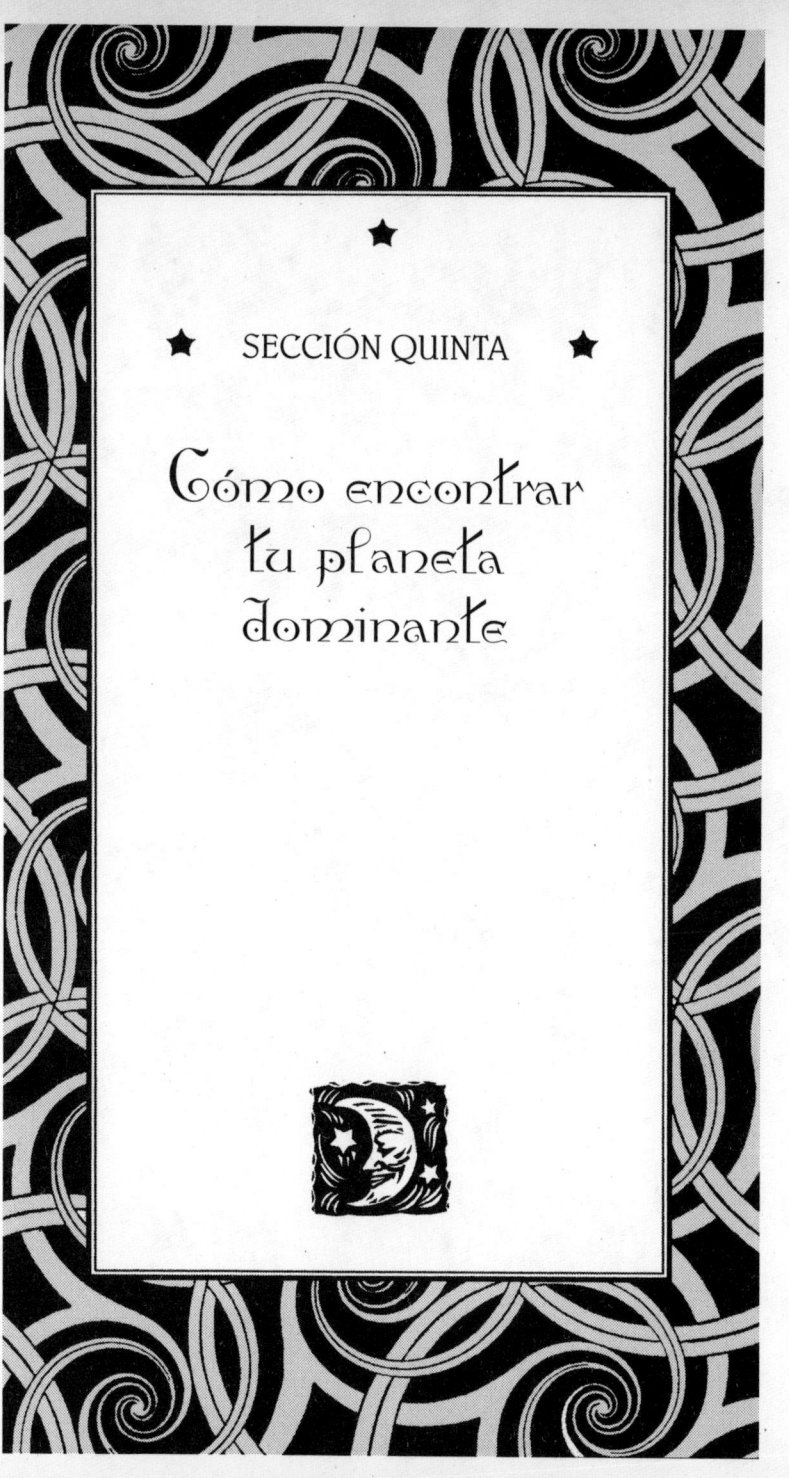

SECCIÓN QUINTA

Cómo encontrar tu planeta dominante

Nota sobre las tablas

No sé tú, pero yo nunca fui muy buena en matemáticas. Mis conocimientos en esta materia nunca mejoraron, sino que más bien empeoraron desde el momento en que dejé la escuela.

Cuando empecé a estudiar astrología estuve a punto de dejarlo correr, porque me dijeron que necesitaba conocimientos matemáticos. Bien, pues es verdad, pero sólo en cierto sentido. Quiero decir que sí se necesitan las matemáticas, y muchas, pero todo el trabajo matemático que se requiere ya lo ha hecho alguien por nosotros. Las tablas que he reunido las he hecho en mi ordenador personal.

Mi Luna se encuentra en el signo de Sagitario, lo cual significa que me gusta que las cosas se hagan con la mayor rapidez posible. Por consideración a aquellos de vosotros que tengan signo de fuego, he procurado que las tablas sean de lectura rápida y fácil. Basta con acudir a la página del planeta correspondiente, buscar con el dedo la fecha de tu nacimiento y ya podréis saber dónde se sitúan Marte, Venus y los demás planetas.

Pero si por el contrario alguien prefiere estudiar detenidamente estas cosas, como haría un Virgo-Mercurio, en ese caso os diré que las tablas originales se han realizado a partir de unos cálculos metódicos y cuidadosos que pueden consultarse en la *Efemérides científi-*

ca simplificada. (Ojalá tuviera una ayuda como ésta cada vez que consulto el saldo de mi cuenta corriente.)

También podríais pagar un montón de dinero para que un astrólogo buscara la localización de los planetas en lugar de vosotros, pero este libro os permitirá hacerlo hasta que podáis permitiros semejante lujo. Además, es más divertido que lo hagáis por vuestra cuenta, y así ampliaréis el horizonte de vuestros conocimientos sobre el maravilloso mundo de la astrología. Si dejáis que las estrellas os ayuden en vuestra vida y en vuestras relaciones, os sorprenderéis de los resultados.

Tablas del Sol

Cómo encontrar la posición del Sol en el día de tu nacimiento

Si el día de tu nacimiento se encuentra entre:	Tu signo solar es:	Símbolo astrológico
21 de marzo-20 de abril	Aries	♈
21 de abril-21 de mayo	Tauro	♉
22 de mayo-21 de junio	Géminis	♊
22 de junio-23 de julio	Cáncer	♋
24 de julio-23 de agosto	Leo	♌
24 de agosto-23 de septiembre	Virgo	♍
24 de septiembre-22 de octubre	Libra	♎
23 de octubre-22 de noviembre	Escorpio	♏
23 de noviembre-21 de diciembre	Sagitario	♐
22 de diciembre-20 de enero	Capricornio	♑
21 de enero-19 de febrero	Acuario	♒
20 de febrero-20 de marzo	Piscis	♓

Tablas de la Luna

Cómo averiguar la posición de la Luna en el momento de tu nacimiento

Es algo tan sencillo como consultar la tabla que corresponde al año, al mes y al día de tu nacimiento. El signo que figura junto a esa fecha es tu Signo Lunar. La hora que aparece marcada señala el momento en que la Luna pasó por ese signo.

Por ejemplo, nuestro amigo Ryan nació el 18 de agosto de 1965. Verás que en las tablas no aparece una lista separada para el día 18 de agosto de ese año, pero no te preocupes. La Luna se encuentra en Tauro desde la noche del día 17 hasta el día 20, que es cuando cambia al signo de Géminis.

1900

ENERO

2	16:26	ACU
4	17:09	PIS
6	18:46	ARI
8	22:26	TAU
11	04:37	GEM
13	13:06	CAN
15	23:31	LEO
18	11:27	VIR
21	00:07	LIB
23	11:55	ESC
25	20:50	SAG
28	01:47	CAP
30	03:13	ACU

FEBRERO

1	02:48	PIS
3	02:38	ARI
5	04:42	TAU
7	10:08	GEM
9	18:50	CAN
12	05:49	LEO
14	18:00	VIR
17	06:37	LIB
19	18:45	ESC
22	04:54	SAG
24	11:33	CAP
26	14:16	ACU
28	14:05	PIS

MARZO

2	13:02	ARI
4	13:25	TAU
6	17:05	GEM
9	00:46	CAN
11	11:39	LEO
14	00:04	VIR
16	12:39	LIB
19	00:35	ESC
21	11:03	SAG
23	18:57	CAP
25	23:25	ACU
28	00:42	PIS
30	00:13	ARI

ABRIL

1	00:01	TAU
3	02:14	GEM
5	08:17	CAN
7	18:11	LEO
10	06:25	VIR
12	19:01	LIB
15	06:38	ESC
17	16:39	SAC
20	00:37	CAP
22	06:06	ACU
24	08:59	PIS
26	10:00	ARI
28	10:34	TAU
30	12:30	GEM

MAYO

2	17:24	CAN
5	02:01	LEO
7	13:36	VIR
10	02:10	LIB
12	13:42	ESC
14	23:08	SAG
17	06:20	CAP
19	11:31	ACU
21	15:01	PIS
23	17:22	ARI
25	19:21	TAU
27	22:06	GEM
30	02:55	CAN

JUNIO

1	10:45	LEO
3	21:34	VIR
6	10:00	LIB
8	21:46	ESC
11	07:06	SAG
13	13:31	CAP
15	17:38	ACU
17	20:27	PIS
19	22:57	ARI
22	01:54	TAU
24	05:52	GEM
26	11:28	CAN
28	19:19	LEO

JULIO

1	05:43	VIR
3	17:59	LIB
6	06:12	ESC
8	16:05	SAG
10	22:27	CAP
13	01:41	ACU
15	03:12	PIS
17	04:38	ARI
19	07:17	TAU
21	11:48	GEM
23	18:20	CAN
26	02:49	LEO
28	13:18	VIR
31	01:30	LIB

AGOSTO

2	14:09	ESC
5	01:01	SAG
7	08:14	CAP
9	11:32	ACU
11	12:10	PIS
13	12:09	ARI
15	13:25	TAU
17	17:14	GEM
19	23:56	CAN
22	09:03	LEO
24	19:57	VIR
27	08:13	LIB
29	21:03	ESC

SEPTIEMBRE

1	08:49	SAG
3	17:27	CAP
5	21:53	ACU
7	22:47	PIS
9	22:00	ARI
11	21:45	TAU
13	23:58	GEM
16	05:40	CAN
18	14:39	LEO
21	01:53	VIR
23	14:19	LIB
26	03:06	ESC
28	15:10	SAG

OCTUBRE

1	00:57	CAP
3	07:04	ACU
5	09:22	PIS
7	09:06	ARI
9	08:17	TAU
11	09:02	GEM
13	13:02	CAN
15	20:53	LEO
18	07:52	VIR
20	20:25	LIB
23	09:05	ESC
25	20:50	SAG
28	06:47	CAP
30	14:02	ACU

NOVIEMBRE

1	18:06	PIS
3	19:27	ARI
5	19:25	TAU
7	19:50	GEM
9	22:32	CAN
12	04:49	LEO
14	14:48	VIR
17	03:09	LIB
19	15:48	ESC
22	03:09	SAG
24	12:26	CAP
26	19:30	ACU
29	00:24	PIS

DICIEMBRE

1	03:22	ARI
3	05:01	TAU
5	06:27	GEM
7	09:04	CAN
9	14:19	LEO
11	23:04	VIR
14	10:49	LIB
16	23:34	ESC
19	10:54	SAG
21	19:33	CAP
24	01:34	ACU
26	05:47	PIS
28	09:02	ARI
30	11:55	TAU

1901

ENERO

1	14:54	GEM
3	18:36	CAN
5	23:59	LEO
8	08:04	VIR
10	19:07	LIB
13	07:52	ESC
15	19:43	SAG
18	04:30	CAP
20	09:47	ACU
22	12:41	PIS
24	14:45	ARI
26	17:16	TAU
28	20:54	GEM
31	01:50	CAN

FEBRERO

2	08:12	LEO
4	16:33	VIR
7	03:18	LIB
9	15:56	ESC
12	04:26	SAG
14	14:10	CAP
16	19:50	ACU
18	22:06	PIS
20	22:44	ARI
22	23:41	TAU
25	02:22	GEM
27	07:20	CAN

MARZO

1	14:30	LEO
3	23:37	VIR
6	10:37	LIB
8	23:12	ESC
11	12:04	SAG
13	22:56	CAP
16	05:56	ACU
18	08:52	PIS
20	09:06	ARI
22	08:41	TAU
24	09:37	GEM
26	13:15	CAN
28	20:00	LEO
31	05:29	VIR

ABRIL

2	16:57	LIB
5	05:38	ESC
7	18:31	SAG
10	06:02	CAP
12	14:27	ACU
14	18:56	PIS
16	20:06	ARI
18	19:33	TAU
20	19:18	GEM
22	21:11	CAN
25	02:28	LEO
27	11:20	VIR
29	22:54	LIB

MAYO

2	11:43	ESC
5	00:27	SAG
7	11:54	CAP
9	20:58	ACU
12	02:55	PIS
14	05:43	ARI
16	06:16	TAU
18	06:07	GEM
20	07:03	CAN
22	10:47	LEO
24	18:18	VIR
27	05:18	LIB
29	18:07	ESC

JUNIO

1	06:44	SAG
3	17:43	CAP
6	02:30	ACU
8	08:55	PIS
10	13:01	ARI
12	15:10	TAU
14	16:10	GEM
16	17:22	CAN
18	20:23	LEO
21	02:41	VIR
23	12:42	LIB
26	01:14	ESC
28	13:51	SAG

JULIO

1	00:31	CAP
3	08:34	ACU
5	14:22	PIS
7	18:36	ARI
9	21:45	TAU
12	00:10	GEM
14	02:31	CAN
16	05:54	LEO
18	11:43	VIR
20	20:55	LIB
23	09:00	ESC
25	21:45	SAG
28	08:33	CAP
30	16:09	ACU

AGOSTO

1	20:59	PIS
4	00:16	ARI
6	03:07	TAU
8	06:08	GEM
10	09:37	CAN
12	14:04	LEO
14	20:17	VIR
17	05:14	LIB
19	16:58	ESC
22	05:54	SAG
24	17:18	CAP
27	01:13	ACU
29	05:36	PIS
31	07:44	ARI

SEPTIEMBRE

2	09:17	TAU
4	11:32	GEM
6	15:11	CAN
8	20:26	LEO
11	03:33	VIR
13	12:52	LIB
16	00:31	ESC
18	13:33	SAG
21	01:44	CAP
23	10:45	ACU
25	15:43	PIS
27	17:29	ARI
29	17:47	TAU

OCTUBRE

1	18:28	GEM
3	20:54	CAN
6	01:52	LEO
8	09:28	VIR
10	19:26	LIB
13	07:19	ESC
15	20:22	SAG
18	09:01	CAP
20	19:18	ACU
23	01:46	PIS
25	04:26	ARI
27	04:34	TAU
29	04:01	GEM
31	04:42	CAN

NOVIEMBRE

2	08:09	LEO
4	15:06	VIR
7	01:15	LIB
9	13:30	ESC
12	02:32	SAG
14	15:09	CAP
17	02:04	ACU
19	10:04	PIS
21	14:31	ARI
23	15:52	TAU
25	15:24	GEM
27	15:02	CAN
29	16:43	LEO

DICIEMBRE

1	22:02	VIR
4	07:24	LIB
6	19:38	ESC
9	08:45	SAG
11	21:04	CAP
14	07:42	ACU
16	16:12	PIS
18	22:09	ARI
21	01:23	TAU
23	02:22	GEM
25	02:23	CAN
27	03:18	LEO
29	07:04	VIR
31	14:56	LIB

1902

ENERO
3	02:30	ESC
5	15:36	SAG
8	03:47	CAP
10	13:48	ACU
12	21:40	PIS
15	03:44	ARI
17	08:06	TAU
19	10:49	GEM
21	12:21	CAN
23	13:56	LEO
25	17:16	VIR
27	23:58	LIB
30	10:28	ESC

FEBRERO
1	23:17	SAG
4	11:38	CAP
6	21:27	ACU
9	04:29	PIS
11	09:31	ARI
13	13:26	TAU
15	16:43	GEM
17	19:37	CAN
19	22:37	LEO
22	02:44	VIR
24	09:18	LIB
26	19:05	ESC

MARZO
1	07:27	SAG
3	20:04	CAP
6	06:22	ACU
8	13:16	PIS
10	17:21	ARI
12	19:55	TAU
14	22:13	GEM
17	01:04	CAN
19	04:54	LEO
21	10:12	VIR
23	17:31	LIB
26	03:20	ESC
28	15:24	SAG
31	04:12	CAP

ABRIL
2	15:20	ACU
4	23:03	PIS
7	03:11	ARI
9	04:50	TAU
11	05:37	GEM
13	07:04	CAN
15	10:18	LEO
17	15:57	VIR
20	00:05	LIB
22	10:28	ESC
24	22:36	SAG
27	11:26	CAP
29	23:16	ACU

MAYO
2	08:16	PIS
4	13:30	ARI
6	15:23	TAU
8	15:21	GEM
10	15:15	CAN
12	16:54	LEO
14	21:36	VIR
17	05:42	LIB
19	16:33	ESC
22	04:58	SAG
24	17:47	CAP
27	05:50	ACU
29	15:50	PIS
31	22:35	ARI

JUNIO
3	01:46	TAU
5	02:10	GEM
7	01:26	CAN
9	01:39	LEO
11	04:44	VIR
13	11:45	LIB
15	22:22	ESC
18	10:58	SAG
20	23:46	CAP
23	11:37	ACU
25	21:50	PIS
28	05:39	ARI
30	10:26	TAU

JULIO
2	12:14	GEM
4	12:07	CAN
6	11:54	LEO
8	13:43	VIR
10	19:16	LIB
13	04:56	ESC
15	17:17	SAG
18	06:04	CAP
20	17:38	ACU
23	03:24	PIS
25	11:15	ARI
27	16:57	TAU
29	20:16	GEM
31	21:34	CAN

AGOSTO
2	22:06	LEO
4	23:43	VIR
7	04:15	LIB
9	12:43	ESC
12	00:26	SAG
14	13:10	CAP
17	00:38	ACU
19	09:51	PIS
21	16:57	ARI
23	22:20	TAU
26	02:13	GEM
28	04:50	CAN
30	06:45	LEO

SEPTIEMBRE
1	09:13	VIR
3	13:42	LIB
5	21:26	ESC
8	08:25	SAG
10	21:01	CAP
13	08:44	ACU
15	17:53	PIS
18	00:14	ARI
20	04:31	TAU
22	07:39	GEM
24	10:23	CAN
26	13:16	LEO
28	16:58	VIR
30	22:19	LIB

OCTUBRE
3	06:07	ESC
5	16:40	SAG
8	05:06	CAP
10	17:19	ACU
13	03:07	PIS
15	09:30	ARI
17	12:56	TAU
19	14:40	GEM
21	16:10	CAN
23	18:39	LEO
25	22:53	VIR
28	05:14	LIB
30	13:46	ESC

NOVIEMBRE
2	00:26	SAG
4	12:44	CAP
7	01:22	ACU
9	12:16	PIS
11	19:44	ARI
13	23:24	TAU
16	00:19	GEM
18	00:14	CAN
20	01:06	LEO
22	04:24	VIR
24	10:49	LIB
26	20:01	ESC
29	07:12	SAG

DICIEMBRE
1	19:33	CAP
4	08:16	ACU
6	20:01	PIS
9	05:03	ARI
11	10:11	TAU
13	11:38	GEM
15	10:55	CAN
17	10:13	LEO
19	11:40	VIR
21	16:46	LIB
24	01:39	ESC
26	13:09	SAG
29	01:44	CAP
31	14:20	ACU

1903

ENERO

3	02:12	PIS
5	12:14	ARI
7	19:09	TAU
9	22:19	GEM
11	22:28	CAN
13	21:27	LEO
15	21:32	VIR
18	00:47	LIB
20	08:14	ESC
22	19:15	SAG
25	07:55	CAP
27	20:27	ACU
30	07:55	PIS

FEBRERO

1	17:52	ARI
4	01:36	TAU
6	06:27	GEM
8	08:25	CAN
10	08:33	LEO
12	08:41	VIR
14	10:53	LIB
16	16:43	ESC
19	02:29	SAG
21	14:46	CAP
24	03:20	ACU
26	14:31	PIS
28	23:45	ARI

MARZO

3	07:00	TAU
5	12:16	GEM
7	15:34	CAN
9	17:23	LEO
11	18:47	VIR
13	21:18	LIB
16	02:26	ESC
18	11:01	SAG
20	22:33	CAP
23	11:06	ACU
25	22:24	PIS
28	07:13	ARI
30	13:29	TAU

ABRIL

1	17:50	GEM
3	21:00	CAN
5	23:39	LEO
8	02:27	VIR
10	06:11	LIB
12	11:45	ESC
14	19:56	SAG
17	06:49	CAP
19	19:15	ACU
22	07:01	PIS
24	16:07	ARI
26	21:55	TAU
29	01:07	GEM

MAYO

1	03:02	CAN
3	05:02	LEO
5	08:08	VIR
7	12:52	LIB
9	19:26	ESC
12	04:02	SAG
14	14:46	CAP
17	03:05	ACU
19	15:21	PIS
22	01:22	ARI
24	07:40	TAU
26	10:27	GEM
28	11:10	CAN
30	11:42	LEO

JUNIO

1	13:45	VIR
3	18:18	LIB
6	01:28	ESC
8	10:46	SAG
10	21:47	CAP
13	10:06	ACU
15	22:42	PIS
18	09:43	ARI
20	17:17	TAU
22	20:46	GEM
24	21:12	CAN
26	20:35	LEO
28	21:04	VIR

JULIO

1	00:19	LIB
3	06:58	ESC
5	16:31	SAG
8	03:56	CAP
10	16:21	ACU
13	05:00	PIS
15	16:36	ARI
18	01:28	TAU
20	06:26	GEM
22	07:47	CAN
24	07:06	LEO
26	06:33	VIR
28	08:13	LIB
30	13:27	ESC

AGOSTO

1	22:21	SAG
4	09:49	CAP
6	22:21	ACU
9	10:50	PIS
11	22:23	ARI
14	07:52	TAU
16	14:15	GEM
18	17:12	CAN
20	17:37	LEO
22	17:13	VIR
24	18:01	LIB
26	21:46	ESC
29	05:22	SAG
31	16:14	CAP

SEPTIEMBRE

3	04:45	ACU
5	17:07	PIS
8	04:12	ARI
10	13:22	TAU
12	20:11	GEM
15	00:27	CAN
17	02:30	LEO
19	03:20	VIR
21	04:28	LIB
23	07:33	ESC
25	13:53	SAG
27	23:45	CAP
30	11:59	ACU

OCTUBRE

3	00:24	PIS
5	11:11	ARI
7	19:34	TAU
10	01:41	GEM
12	06:00	CAN
14	09:03	LEO
16	11:24	VIR
18	13:49	LIB
20	17:23	ESC
22	23:15	SAG
25	08:14	CAP
27	19:58	ACU
30	08:35	PIS

NOVIEMBRE

1	19:37	ARI
4	03:36	TAU
6	08:39	GEM
8	11:50	CAN
10	14:24	LEO
12	17:16	VIR
14	20:55	LIB
17	01:42	ESC
19	08:06	SAG
21	16:50	CAP
24	04:09	ACU
26	16:55	PIS
29	04:42	ARI

DICIEMBRE

1	13:14	TAU
3	17:56	GEM
5	19:55	CAN
7	20:58	LEO
9	22:47	VIR
12	02:22	LIB
14	07:56	ESC
16	15:19	SAG
19	00:34	CAP
21	11:48	ACU
24	00:35	PIS
26	13:08	ARI
28	22:57	TAU
31	04:33	GEM

1904

ENERO
2	06:25	CAN
4	06:18	LEO
6	06:23	VIR
8	08:25	LIB
10	13:20	ESC
12	21:03	SAG
15	06:58	CAP
17	18:32	ACU
20	07:18	PIS
22	20:10	ARI
25	07:09	TAU
27	14:26	GEM
29	17:32	CAN
31	17:38	LEO

FEBRERO
2	16:45	VIR
4	17:01	LIB
6	20:08	ESC
9	02:49	SAG
11	12:41	CAP
14	00:37	ACU
16	13:27	PIS
19	02:10	ARI
21	13:31	TAU
23	22:05	GEM
26	03:00	CAN
28	04:36	LEO

MARZO
1	04:16	VIR
3	03:53	LIB
5	05:24	ESC
7	10:18	SAG
9	19:03	CAP
12	06:47	ACU
14	19:43	PIS
17	08:13	ARI
19	19:09	TAU
22	03:52	GEM
24	09:55	CAN
26	13:16	LEO
28	14:31	VIR
30	14:54	LIB

ABRIL
1	16:04	ESC
3	19:41	SAG
6	02:57	CAP
8	13:49	ACU
11	02:38	PIS
13	15:04	ARI
16	01:31	TAU
18	09:31	GEM
20	15:22	CAN
22	19:27	LEO
24	22:10	VIR
27	00:05	LIB
29	02:07	ESC

MAYO
1	05:36	SAG
3	11:58	CAP
5	21:50	ACU
8	10:17	PIS
10	22:51	ARI
13	09:12	TAU
15	16:30	GEM
17	21:21	CAN
20	00:50	LEO
22	03:49	VIR
24	06:48	LIB
26	10:08	ESC
28	14:29	SAG
30	20:53	CAP

JUNIO
2	06:13	ACU
4	18:15	PIS
7	07:02	ARI
9	17:50	TAU
12	01:06	GEM
14	05:10	CAN
16	07:26	LEO
18	09:26	VIR
20	12:11	LIB
22	16:09	ESC
24	21:31	SAG
27	04:40	CAP
29	14:07	ACU

JULIO
2	01:58	PIS
4	14:55	ARI
7	02:29	TAU
9	10:32	GEM
11	14:41	CAN
13	16:10	LEO
15	16:48	VIR
17	18:14	LIB
19	21:34	ESC
22	03:10	SAG
24	11:01	CAP
26	21:01	ACU
29	08:58	PIS
31	21:59	ARI

AGOSTO
3	10:13	TAU
5	19:30	GEM
8	00:44	CAN
10	02:30	LEO
12	02:25	VIR
14	02:25	LIB
16	04:12	ESC
18	08:51	SAG
20	16:37	CAP
23	03:02	ACU
25	15:16	PIS
28	04:17	ARI
30	16:44	TAU

SEPTIEMBRE
2	02:59	GEM
4	09:46	CAN
6	12:53	LEO
8	13:18	VIR
10	12:44	LIB
12	13:05	ESC
14	16:05	SAG
16	22:45	CAP
19	08:55	ACU
21	21:20	PIS
24	10:20	ARI
26	22:33	TAU
29	08:59	GEM

OCTUBRE
1	16:50	CAN
3	21:38	LEO
5	23:36	VIR
7	23:45	LIB
9	23:43	ESC
12	01:25	SAG
14	06:31	CAP
16	15:39	ACU
19	03:50	PIS
21	16:51	ARI
24	04:44	TAU
26	14:38	GEM
28	22:24	CAN
31	04:04	LEO

NOVIEMBRE
2	07:40	VIR
4	09:27	LIB
6	10:20	ESC
8	11:54	SAG
10	15:56	CAP
12	23:47	ACU
15	11:14	PIS
18	00:14	ARI
20	12:06	TAU
22	01:25	GEM
25	04:17	CAN
27	09:26	LEO
29	13:27	VIR

DICIEMBRE
1	16:33	LIB
3	19:01	ESC
5	21:38	SAG
8	01:46	CAP
10	08:53	ACU
12	19:30	PIS
15	08:19	ARI
17	20:33	TAU
20	05:57	GEM
22	12:08	CAN
24	16:04	LEO
26	19:01	VIR
28	21:56	LIB
31	01:12	ESC

1905

ENERO			FEBRERO			MARZO			ABRIL		
2	05:08	SAG	3	01:08	ACU	2	07:05	ACU	1	00:03	PIS
4	10:20	CAP	5	11:39	PIS	4	18:12	PIS	3	12:52	ARI
6	17:43	ACU	8	00:03	ARI	7	06:46	ARI	6	01:44	TAU
9	03:57	PIS	10	13:00	TAU	9	19:42	TAU	8	13:35	GEM
11	16:29	ARI	13	00:17	GEM	12	07:35	GEM	10	23:28	CAN
14	05:11	TAU	15	08:05	CAN	14	16:48	CAN	13	06:30	LEO
16	15:25	GEM	17	12:00	LEO	16	22:19	LEO	15	10:13	VIR
18	21:56	CAN	19	13:05	VIR	19	00:18	VIR	17	11:04	LIB
21	01:13	LEO	21	13:03	LIB	21	00:03	LIB	19	10:30	ESC
23	02:46	VIR	23	13:42	ESC	22	23:26	ESC	21	10:28	SAG
25	04:09	LIB	25	16:31	SAG	25	00:26	SAG	23	13:04	CAP
27	06:35	ESC	27	22:19	CAP	27	04:40	CAP	25	19:41	ACU
29	10:44	SAG				29	12:47	ACU	28	06:15	PIS
31	16:51	CAP							30	19:03	ARI

MAYO			JUNIO			JULIO			AGOSTO		
3	07:52	TAU	2	01:55	GEM	1	18:17	CAN	2	12:09	VIR
5	19:21	GEM	4	10:57	CAN	4	00:27	LEO	4	14:20	LIB
8	05:01	CAN	6	17:59	LEO	6	04:53	VIR	6	16:28	ESC
10	12:34	LEO	8	23:17	VIR	8	08:16	LIB	8	19:24	SAG
12	17:40	VIR	11	02:53	LIB	10	11:04	ESC	10	23:45	CAP
14	20:12	LIB	13	05:01	ESC	12	13:46	SAG	13	06:00	ACU
16	20:50	ESC	15	06:29	SAG	14	17:12	CAP	15	14:34	PIS
18	21:05	SAG	17	08:47	CAP	16	22:29	ACU	18	01:30	ARI
20	22:56	CAP	19	13:34	ACU	19	06:36	PIS	20	14:02	TAU
23	04:12	ACU	21	21:57	PIS	21	17:39	ARI	23	02:18	GEM
25	13:34	PIS	24	09:33	ARI	24	06:16	TAU	25	12:12	CAN
28	01:53	ARI	26	22:16	TAU	26	18:01	GEM	27	18:31	LEO
30	14:41	TAU	29	09:37	GEM	29	03:00	CAN	29	21:32	VIR
						31	08:47	LEO	31	22:33	LIB

SEPTIEMBRE			OCTUBRE			NOVIEMBRE			DICIEMBRE		
2	23:12	ESC	2	08:35	SAG	3	00:19	ACU	2	16:26	PIS
5	01:04	SAG	4	11:20	CAP	5	09:06	PIS	5	03:24	ARI
7	05:13	CAP	6	17:36	ACU	7	20:48	ARI	7	16:06	TAU
9	12:02	ACU	9	03:09	PIS	10	09:32	TAU	10	04:25	GEM
11	21:20	PIS	11	14:49	ARI	12	21:54	GEM	12	15:14	CAN
14	08:35	ARI	14	03:25	TAU	15	09:14	CAN	15	00:19	LEO
16	21:05	TAU	16	15:59	GEM	17	18:50	LEO	17	07:30	VIR
19	09:40	GEM	19	03:29	CAN	20	01:47	VIR	19	12:25	LIB
21	20:37	CAN	21	12:33	LEO	22	05:29	LIB	21	15:01	ESC
24	04:17	LEO	23	18:03	VIR	24	06:18	ESC	23	16:00	SAG
26	08:07	VIR	25	19:55	LIB	26	05:47	SAG	25	16:53	CAP
28	08:54	LIB	27	19:24	ESC	28	06:03	CAP	27	19:32	ACU
30	08:22	ESC	29	18:34	SAG	30	09:11	ACU	30	01:30	PIS
			31	19:37	CAP						

1906

ENERO

1	11:16	ARI
3	23:33	TAU
6	11:58	GEM
8	22:38	CAN
11	06:57	LEO
13	13:11	VIR
15	17:48	LIB
17	21:08	ESC
19	23:36	SAG
22	01:59	CAP
24	05:26	ACU
26	11:13	PIS
28	20:06	ARI
31	07:45	TAU

FEBRERO

2	20:17	GEM
5	07:21	CAN
7	15:32	LEO
9	20:50	VIR
12	00:08	LIB
14	02:34	ESC
16	05:08	SAG
18	08:32	CAP
20	13:17	ACU
22	19:52	PIS
25	04:45	ARI
27	15:58	TAU

MARZO

2	04:31	GEM
4	16:19	CAN
7	01:16	LEO
9	06:34	VIR
11	08:53	LIB
13	09:48	ESC
15	11:01	SAG
17	13:54	CAP
19	19:07	ACU
22	02:38	PIS
24	12:10	ARI
26	23:27	TAU
29	11:58	GEM

ABRIL

1	00:20	CAN
3	10:31	LEO
5	16:53	VIR
7	19:26	LIB
9	19:29	ESC
11	19:08	SAG
13	20:23	CAP
16	00:39	ACU
18	08:10	PIS
20	18:15	ARI
23	05:56	TAU
25	18:28	GEM
28	07:02	CAN
30	18:09	LEO

MAYO

3	02:03	VIR
5	05:53	LIB
7	06:23	ESC
9	05:25	SAG
11	05:12	CAP
13	07:45	ACU
15	14:06	PIS
17	23:54	ARI
20	11:49	TAU
23	00:27	GEM
25	12:54	CAN
28	00:14	LEO
30	09:11	VIR

JUNIO

1	14:38	LIB
3	16:35	ESC
5	16:15	SAG
7	15:40	CAP
9	16:56	ACU
11	21:40	PIS
14	06:21	ARI
16	17:55	TAU
19	06:35	GEM
21	18:51	CAN
24	05:50	LEO
26	14:50	VIR
28	21:13	LIB

JULIO

1	00:43	ESC
3	01:53	SAG
5	02:06	CAP
7	03:12	ACU
9	06:52	PIS
11	14:12	ARI
14	00:55	TAU
16	13:25	GEM
19	01:38	CAN
21	12:09	LEO
23	20:29	VIR
26	02:38	LIB
28	06:46	ESC
30	09:17	CAP

AGOSTO

1	10:58	CAP
3	12:57	ACU
5	16:37	PIS
7	23:07	ARI
10	08:55	TAU
12	21:03	GEM
15	09:23	CAN
17	19:50	LEO
20	03:31	VIR
22	08:40	LIB
24	12:10	ESC
26	14:55	SAG
28	17:39	CAP
30	20:56	ACU

SEPTIEMBRE

2	01:28	PIS
4	08:04	ARI
6	17:21	TAU
9	05:05	GEM
11	17:40	CAN
14	04:37	LEO
16	12:18	VIR
18	16:39	LIB
20	18:53	ESC
22	20:35	SAG
24	23:02	CAP
27	02:58	ACU
29	08:34	PIS

OCTUBRE

1	15:56	ARI
4	01:21	TAU
6	12:53	GEM
9	01:38	CAN
11	13:27	LEO
13	22:02	VIR
16	02:34	LIB
18	04:00	ESC
20	04:14	SAG
22	05:14	CAP
24	08:24	ACU
26	14:11	PIS
28	22:18	ARI
31	08:18	TAU

NOVIEMBRE

2	19:56	GEM
5	08:44	CAN
7	21:30	LEO
10	07:10	VIR
12	13:00	LIB
14	14:54	ESC
16	14:29	SAG
18	13:58	CAP
20	15:23	ACU
22	19:59	PIS
25	03:53	ARI
27	14:18	TAU
30	02:16	GEM

DICIEMBRE

2	15:01	CAN
5	03:37	LEO
7	14:30	VIR
9	22:00	LIB
12	01:31	ESC
14	01:55	SAG
16	01:02	CAP
18	01:03	ACU
20	03:48	PIS
22	10:17	ARI
24	20:15	TAU
27	08:23	GEM
29	21:11	CAN

1907

ENERO
1	09:29	LEO
3	20:19	VIR
6	04:41	LIB
8	09:55	ESC
10	12:07	SAG
12	12:21	CAP
14	12:20	ACU
16	13:55	PIS
18	18:42	ARI
21	03:21	TAU
23	15:04	GEM
26	03:56	CAN
28	16:00	LEO
31	02:12	VIR

FEBRERO
2	10:10	LIB
4	15:55	ESC
6	19:34	SAG
8	21:35	ACU
10	22:51	CAP
13	00:41	PIS
15	04:39	ARI
17	11:58	TAU
19	22:46	GEM
22	11:31	CAN
24	23:41	LEO
27	09:29	VIR

MARZO
1	16:31	LIB
3	21:26	ESC
6	01:04	SAG
8	04:04	CAP
10	06:50	ACU
12	09:56	PIS
14	14:20	ARI
16	21:10	TAU
19	07:10	GEM
21	19:36	CAN
24	08:07	LEO
26	18:11	VIR
29	00:46	LIB
31	04:33	ESC

ABRIL
2	06:59	SAG
4	09:24	CAP
6	12:35	ACU
8	16:47	PIS
10	22:16	ARI
13	05:36	TAU
15	15:24	GEM
18	03:34	CAN
20	16:25	LEO
23	03:17	VIR
25	10:22	LIB
27	13:47	ESC
29	15:02	SAG

MAYO
1	15:59	CAP
3	18:07	ACU
5	22:12	PIS
8	04:20	ARI
10	12:29	TAU
12	22:41	GEM
15	10:50	CAN
17	23:53	LEO
20	11:37	VIR
22	19:54	LIB
25	00:03	ESC
27	01:05	SAG
29	00:54	CAP
31	01:26	ACU

JUNIO
2	04:10	PIS
4	09:47	ARI
6	18:12	TAU
9	04:55	GEM
11	17:16	CAN
14	06:21	LEO
16	18:35	VIR
19	04:05	LIB
21	09:43	ESC
23	11:42	SAG
25	11:30	CAP
27	11:00	ACU
29	12:07	PIS

JULIO
1	16:14	ARI
3	23:56	TAU
6	10:41	GEM
8	23:16	CAN
11	12:18	LEO
14	00:29	VIR
16	10:35	LIB
18	17:34	ESC
20	21:11	SAG
22	22:06	CAP
24	21:46	ACU
26	22:00	PIS
29	00:37	ARI
31	06:53	TAU

AGOSTO
2	16:56	GEM
5	05:27	CAN
7	18:26	LEO
10	06:17	VIR
12	16:07	LIB
14	23:35	ESC
17	04:32	SAG
19	07:05	CAP
21	08:00	ACU
23	08:33	PIS
25	10:28	ARI
27	15:26	TAU
30	00:19	GEM

SEPTIEMBRE
1	12:22	CAN
4	01:20	LEO
6	12:56	VIR
8	22:07	LIB
11	05:01	ESC
13	10:07	SAG
15	13:46	CAP
17	16:12	ACU
19	18:02	PIS
21	20:25	ARI
24	00:55	TAU
26	08:49	GEM
28	20:09	CAN

OCTUBRE
1	09:05	LEO
3	20:49	VIR
6	05:40	LIB
8	11:38	ESC
10	15:47	SAG
12	19:07	CAP
14	22:13	ACU
17	01:20	PIS
19	04:57	ARI
21	10:00	TAU
23	17:39	GEM
26	04:25	CAN
28	17:14	LEO
31	05:28	VIR

NOVIEMBRE
2	14:43	LIB
4	20:23	ESC
6	23:25	SAG
9	01:24	CAP
11	03:38	ACU
13	06:52	PIS
15	11:24	ARI
17	17:31	TAU
20	01:43	GEM
22	12:24	CAN
25	01:04	LEO
27	13:50	VIR
30	00:09	LIB

DICIEMBRE
2	06:35	ESC
4	09:28	SAG
6	10:18	CAP
8	10:53	ACU
10	12:44	PIS
12	16:48	ARI
15	12:24	TAU
17	08:24	GEM
20	07:31	CAN
22	10:09	LEO
25	09:06	VIR
27	10:27	LIB
29	16:25	ESC
31	05:04	SAG

1908

ENERO
2	21:25	CAP
4	20:58	ACU
6	21:03	PIS
8	23:24	ARI
11	05:05	TAU
13	14:10	GEM
16	01:45	CAN
18	14:33	LEO
21	03:23	VIR
23	15:03	LIB
26	00:17	ESC
28	06:08	SAG
30	08:33	CAP

FEBRERO
1	08:32	ACU
3	07:50	PIS
5	08:31	ARI
7	12:24	TAU
9	20:23	GEM
12	07:48	CAN
14	20:47	LEO
17	09:28	VIR
19	20:48	LIB
22	06:14	ESC
24	13:15	SAG
26	17:29	CAP
28	19:04	ACU

MARZO
1	19:05	PIS
3	19:20	ARI
5	21:50	TAU
8	04:13	GEM
10	14:39	CAN
13	03:28	LEO
15	16:09	VIR
18	03:04	LIB
20	11:52	ESC
22	18:45	SAG
24	23:48	CAP
27	02:57	ACU
29	04:33	PIS
31	05:41	ARI

ABRIL
2	08:04	TAU
4	13:26	GEM
6	22:43	CAN
9	10:58	LEO
11	23:41	VIR
14	10:33	LIB
16	18:44	ESC
19	00:41	SAG
21	05:10	CAP
23	08:40	ACU
25	11:25	PIS
27	13:57	ARI
29	17:16	TAU

MAYO
1	22:44	GEM
4	07:23	CAN
6	19:01	LEO
9	07:46	VIR
11	19:00	LIB
14	03:12	ESC
16	08:26	SAG
18	11:44	CAP
20	14:15	ACU
22	16:49	PIS
24	20:04	ARI
27	00:30	TAU
29	06:48	GEM
31	15:38	CAN

JUNIO
3	02:59	LEO
5	15:42	VIR
8	03:34	LIB
10	12:30	ESC
12	17:52	SAG
14	20:25	CAP
16	21:35	ACU
18	22:51	PIS
21	01:27	ARI
23	06:10	TAU
25	13:16	GEM
27	22:44	CAN
30	10:14	LEO

JULIO
2	22:58	VIR
5	11:20	LIB
7	21:23	ESC
10	03:49	SAG
12	06:40	CAP
14	07:07	ACU
16	06:58	PIS
18	08:02	ARI
20	11:46	TAU
22	18:48	GEM
25	04:45	CAN
27	16:38	LEO
30	05:24	VIR

AGOSTO
1	17:56	LIB
4	04:53	ESC
6	12:47	SAG
8	16:57	CAP
10	17:53	ACU
12	17:09	PIS
14	16:50	ARI
16	18:56	TAU
19	00:48	GEM
21	10:26	CAN
23	22:32	LEO
26	11:23	VIR
28	23:47	LIB
31	10:56	ESC

SEPTIEMBRE
2	19:52	SAG
5	01:40	CAP
7	04:06	ACU
9	04:04	PIS
11	03:22	ARI
13	04:11	TAU
15	08:28	GEM
17	16:57	CAN
20	04:42	LEO
22	17:35	VIR
25	05:46	LIB
27	16:31	ESC
30	01:28	SAG

OCTUBRE
2	08:13	CAP
4	12:16	ACU
6	13:50	PIS
8	14:01	ARI
10	14:43	TAU
12	17:55	GEM
15	01:00	CAN
17	11:51	LEO
20	00:33	VIR
22	12:43	LIB
24	22:59	ESC
27	07:12	SAG
29	13:34	CAP
31	18:12	ACU

NOVIEMBRE
2	21:10	PIS
4	22:58	ARI
7	00:43	TAU
9	04:01	GEM
11	10:18	CAN
13	20:07	LEO
16	08:23	VIR
18	20:44	LIB
21	07:04	ESC
23	14:39	SAG
25	19:55	CAP
27	23:40	ACU
30	02:39	PIS

DICIEMBRE
2	05:26	ARI
4	08:37	TAU
6	13:01	GEM
8	19:33	CAN
11	04:52	LEO
13	16:39	VIR
16	05:12	LIB
18	16:12	ESC
21	00:02	SAG
23	04:38	CAP
25	07:01	ACU
27	08:38	PIS
29	10:48	ARI
31	14:24	TAU

1909

ENERO
2	19:54	GEM
5	03:25	CAN
7	13:01	LEO
10	00:34	VIR
12	13:11	LIB
15	01:02	ESC
17	10:02	SAG
19	15:09	CAP
21	17:00	ACU
23	17:09	PIS
25	17:36	ARI
27	20:02	TAU
30	01:22	GEM

FEBRERO
1	09:32	CAN
3	19:50	LEO
6	07:36	VIR
8	20:10	LIB
11	08:30	ESC
13	18:48	SAG
16	01:28	CAP
18	04:08	ACU
20	04:00	PIS
22	03:08	ARI
24	03:45	TAU
26	07:33	GEM
28	15:08	CAN

MARZO
3	01:41	LEO
5	13:48	VIR
8	02:23	LIB
10	14:41	ESC
13	01:37	SAG
15	09:46	CAP
17	14:09	ACU
19	15:08	PIS
21	14:17	ARI
23	13:50	TAU
25	15:55	GEM
27	21:55	CAN
30	07:44	LEO

ABRIL
1	19:51	VIR
4	08:31	LIB
6	20:33	ESC
9	07:17	SAG
11	15:57	CAP
13	21:44	ACU
16	00:26	PIS
18	00:51	ARI
20	00:43	TAU
22	02:03	GEM
24	06:35	CAN
26	15:02	LEO
29	02:33	VIR

MAYO
1	15:11	LIB
4	03:05	ESC
6	13:16	SAG
8	21:26	CAP
11	03:26	ACU
13	07:14	PIS
15	09:13	ARI
17	10:24	TAU
19	12:13	GEM
21	16:15	CAN
23	23:36	LEO
26	10:14	VIR
28	22:39	LIB
31	10:38	ESC

JUNIO
2	20:32	SAG
5	03:54	CAP
7	09:04	ACU
9	12:40	PIS
11	15:22	ARI
13	17:50	TAU
15	20:53	GEM
18	01:28	CAN
20	08:32	LEO
22	18:29	VIR
25	06:36	LIB
27	18:52	ESC
30	05:03	SAG

JULIO
2	12:04	CAP
4	16:14	ACU
6	18:41	PIS
8	20:45	ARI
10	23:29	TAU
13	03:30	GEM
15	09:08	CAN
17	16:42	LEO
20	02:32	VIR
22	14:26	LIB
25	03:01	ESC
27	14:00	SAG
29	21:32	CAP

AGOSTO
1	01:22	ACU
3	02:42	PIS
5	03:22	ARI
7	05:05	TAU
9	08:55	GEM
11	15:08	CAN
13	23:29	LEO
16	09:42	VIR
18	21:36	LIB
21	10:24	ESC
23	22:17	SAG
26	07:02	CAP
28	11:37	ACU
30	12:45	PIS

SEPTIEMBRE
1	12:19	ARI
3	12:27	TAU
5	14:55	GEM
7	20:35	CAN
10	05:12	LEO
12	15:55	VIR
15	04:00	LIB
17	16:50	ESC
20	05:11	SAG
22	15:13	CAP
24	21:22	ACU
26	23:32	PIS
28	23:07	ARI
30	22:14	TAU

OCTUBRE
2	23:04	GEM
5	03:10	CAN
7	10:58	LEO
9	21:42	VIR
12	10:01	LIB
14	22:47	ESC
17	11:02	SAG
19	21:37	CAP
22	05:13	ACU
24	09:09	PIS
26	10:02	ARI
28	09:27	TAU
30	09:27	GEM

NOVIEMBRE
1	11:57	CAN
3	18:10	LEO
6	04:04	VIR
8	16:19	LIB
11	05:04	ESC
13	16:58	SAG
16	03:09	CAP
18	11:05	ACU
20	16:20	PIS
22	19:02	ARI
24	19:57	TAU
26	20:31	GEM
28	22:27	CAN

DICIEMBRE
1	03:17	LEO
3	11:50	VIR
5	23:30	LIB
8	12:17	ESC
11	00:01	SAG
13	09:31	CAP
15	16:39	ACU
17	21:48	PIS
20	01:25	ARI
22	03:57	TAU
24	06:05	GEM
26	08:46	CAN
28	13:17	LEO
30	20:50	VIR

1910

ENERO		
2	07:38	LIB
4	20:19	ESC
7	08:20	SAG
9	17:40	CAP
11	23:53	ACU
14	03:51	PIS
16	06:46	ARI
18	09:39	TAU
20	12:58	GEM
22	17:03	CAN
24	22:24	LEO
27	05:52	VIR
29	16:05	LIB

FEBRERO		
1	04:33	ESC
3	17:05	SAG
6	03:04	CAP
8	09:14	ACU
10	12:13	PIS
12	13:41	ARI
14	15:20	TAU
16	18:19	GEM
18	23:03	CAN
21	05:29	LEO
23	13:41	VIR
25	23:59	LIB
28	12:16	ESC

MARZO		
3	01:10	SAG
5	12:12	CAP
7	19:23	ACU
9	22:33	PIS
11	23:10	ARI
13	23:15	TAU
16	00:39	GEM
18	04:31	CAN
20	11:04	LEO
22	19:57	VIR
25	06:46	LIB
27	19:07	ESC
30	08:06	SAG

ABRIL		
1	19:56	CAP
4	04:32	ACU
6	09:01	PIS
8	10:05	ARI
10	09:33	TAU
12	09:27	GEM
14	11:34	CAN
16	16:56	LEO
19	01:35	VIR
21	12:44	LIB
24	01:19	ESC
26	14:14	SAG
29	02:12	CAP

MAYO		
1	11:46	ACU
3	17:51	PIS
5	20:24	ARI
7	20:33	TAU
9	20:03	GEM
11	20:50	CAN
14	00:32	LEO
16	07:58	VIR
18	18:46	LIB
21	07:27	ESC
23	20:17	SAG
26	07:57	CAP
28	17:33	ACU
31	00:31	PIS

JUNIO		
2	04:38	ARI
4	06:19	TAU
6	06:40	GEM
8	07:16	CAN
10	09:52	LEO
12	15:52	VIR
15	01:42	LIB
17	14:08	ESC
20	02:57	SAG
22	14:15	CAP
24	23:15	ACU
27	05:59	PIS
29	10:44	ARI

JULIO		
1	13:48	TAU
3	15:38	GEM
5	17:09	CAN
7	19:44	LEO
10	00:55	VIR
12	09:41	LIB
14	21:35	ESC
17	10:26	SAG
19	21:41	CAP
22	06:06	ACU
24	11:57	PIS
26	16:08	ARI
28	19:27	TAU
30	22:21	GEM

AGOSTO		
2	01:11	CAN
4	04:40	LEO
6	09:58	VIR
8	18:13	LIB
11	05:34	ESC
13	18:27	SAG
16	06:05	CAP
18	14:31	ACU
20	19:40	PIS
22	22:42	ARI
25	01:02	TAU
27	03:44	GEM
29	07:14	CAN
31	11:49	LEO

SEPTIEMBRE		
2	17:57	VIR
5	02:22	LIB
7	13:29	ESC
10	02:22	SAG
12	14:39	CAP
14	23:53	ACU
17	05:12	PIS
19	07:30	ARI
21	08:29	TAU
23	09:49	GEM
25	12:37	CAN
27	17:26	LEO
30	00:22	VIR

OCTUBRE		
2	09:29	LIB
4	20:45	ESC
7	09:37	SAG
9	22:26	CAP
12	08:51	ACU
14	15:22	PIS
16	18:06	ARI
18	18:27	TAU
20	18:18	GEM
22	19:26	CAN
24	23:08	LEO
27	05:54	VIR
29	15:30	LIB

NOVIEMBRE		
1	03:12	ESC
3	16:06	SAG
6	05:01	CAP
8	16:19	ACU
11	00:26	PIS
13	04:43	ARI
15	05:47	TAU
17	05:12	GEM
19	04:53	CAN
21	06:45	LEO
23	12:08	VIR
25	21:17	LIB
28	09:13	ESC
30	22:15	SAG

DICIEMBRE		
3	10:57	CAP
5	22:17	ACU
8	07:20	PIS
10	13:22	ARI
12	16:14	TAU
14	16:39	GEM
16	16:12	CAN
18	16:48	LEO
20	20:25	VIR
23	04:10	LIB
25	15:36	ESC
28	04:41	SAG
30	17:14	CAP

1911

ENERO
2	04:02	ACU
4	12:50	PIS
6	19:33	ARI
9	00:01	TAU
11	02:17	GEM
13	03:03	CAN
15	03:50	LEO
17	06:31	VIR
19	12:47	LIB
21	23:06	ESC
24	11:54	SAG
27	00:30	CAP
29	10:57	ACU
31	18:55	PIS

FEBRERO
3	00:58	ARI
5	05:36	TAU
7	09:03	GEM
9	11:28	CAN
11	13:33	LEO
13	16:39	VIR
15	22:22	LIB
18	07:39	ESC
20	19:53	SAG
23	08:38	CAP
25	19:18	ACU
28	02:51	PIS

MARZO
2	07:49	ARI
4	11:22	TAU
6	14:23	GEM
8	17:24	CAN
10	20:45	LEO
13	01:05	VIR
15	07:19	LIB
17	16:21	ESC
20	04:05	SAG
22	16:54	CAP
25	04:13	ACU
27	12:41	PIS
29	16:52	ARI
31	19:14	TAU

ABRIL
2	20:49	GEM
4	22:53	CAN
7	02:15	LEO
9	07:23	VIR
11	14:36	LIB
14	00:07	ESC
16	11:46	SAG
19	00:34	CAP
21	12:33	ACU
23	21:41	PIS
26	03:03	ARI
28	05:13	TAU
30	05:39	GEM

MAYO
2	06:07	CAN
4	08:09	LEO
6	12:50	VIR
8	20:26	LIB
11	06:36	ESC
13	18:33	SAG
16	07:21	CAP
18	19:40	ACU
21	05:53	PIS
23	12:41	ARI
25	15:48	TAU
27	16:12	GEM
29	15:37	CAN
31	16:03	LEO

JUNIO
2	19:14	VIR
5	02:07	LIB
7	12:21	ESC
10	00:37	SAG
12	13:28	CAP
15	01:44	ACU
17	12:27	PIS
19	20:32	ARI
22	01:14	TAU
24	02:46	GEM
26	02:20	CAN
28	01:54	LEO
30	03:35	VIR

JULIO
2	08:59	LIB
4	18:27	ESC
7	06:39	SAG
9	19:32	CAP
12	07:34	ACU
14	18:04	PIS
17	02:35	ARI
19	08:34	TAU
21	11:42	GEM
23	12:30	CAN
25	12:25	LEO
27	13:26	VIR
29	17:32	LIB

AGOSTO
1	01:44	ESC
3	13:21	SAG
6	02:10	CAP
8	14:02	ACU
11	00:01	PIS
13	08:02	ARI
15	14:12	TAU
17	18:24	GEM
19	20:43	CAN
21	21:54	LEO
23	23:26	VIR
26	03:06	LIB
28	10:16	ESC
30	21:01	SAG

SEPTIEMBRE
2	09:37	CAP
4	21:35	ACU
7	07:17	PIS
9	14:31	ARI
11	19:49	TAU
13	23:47	GEM
16	02:48	CAN
18	05:18	LEO
20	08:05	VIR
22	12:22	LIB
24	19:17	ESC
27	05:21	SAG
29	17:39	CAP

OCTUBRE
2	05:56	ACU
4	16:00	PIS
6	22:56	ARI
9	03:13	TAU
11	05:56	GEM
13	08:12	CAN
15	10:55	LEO
17	14:42	VIR
19	20:05	LIB
22	03:37	ESC
24	13:34	SAG
27	01:37	CAP
29	14:14	ACU

NOVIEMBRE
1	01:12	PIS
3	08:49	ARI
5	12:54	TAU
7	14:29	GEM
9	15:11	CAN
11	16:39	LEO
13	20:06	VIR
16	02:04	LIB
18	10:28	ESC
20	20:54	SAG
23	08:55	CAP
25	21:40	ACU
28	09:32	PIS
30	18:36	ARI

DICIEMBRE
2	23:43	TAU
5	01:18	GEM
7	00:55	CAN
9	00:39	LEO
11	02:27	VIR
13	07:36	LIB
15	16:09	ESC
18	03:08	SAG
20	15:24	CAP
23	04:06	ACU
25	16:18	PIS
28	02:37	ARI
30	09:31	TAU

1912

ENERO
1	12:29	GEM
3	12:25	CAN
5	11:17	LEO
7	11:23	VIR
9	14:42	LIB
11	22:07	ESC
14	08:57	SAG
16	21:28	CAP
19	10:07	ACU
21	22:06	PIS
24	08:41	ARI
26	16:52	TAU
28	21:42	GEM
30	23:15	CAN

FEBRERO
1	22:47	LEO
3	22:23	VIR
6	00:13	LIB
8	05:53	ESC
10	15:36	SAG
13	03:52	CAP
15	16:34	ACU
18	04:13	PIS
20	14:17	ARI
22	22:26	TAU
25	04:15	GEM
27	07:30	CAN
29	08:43	LEO

MARZO
2	09:14	VIR
4	10:54	LIB
6	15:25	ESC
8	23:44	SAG
11	11:12	CAP
13	23:50	ACU
16	11:28	PIS
18	20:59	ARI
21	04:16	TAU
23	09:37	GEM
25	13:22	CAN
27	15:54	LEO
29	17:59	VIR
31	20:40	LIB

ABRIL
3	01:16	ESC
5	08:48	SAG
7	19:24	CAP
10	07:48	ACU
12	19:42	PIS
15	05:15	ARI
17	11:51	TAU
19	16:03	GEM
21	18:53	CAN
23	21:22	LEO
26	00:18	VIR
28	04:15	LIB
30	09:48	ESC

MAYO
2	17:30	SAG
5	03:42	CAP
7	15:50	ACU
10	04:08	PIS
12	14:20	ARI
14	21:04	TAU
17	00:33	GEM
19	02:40	CAN
21	03:18	LEO
23	05:41	VIR
25	10:00	LIB
27	16:27	ESC
30	00:54	SAG

JUNIO
1	11:17	CAP
3	23:19	ACU
6	11:55	PIS
8	23:03	ARI
11	06:47	TAU
13	10:33	GEM
15	11:24	CAN
17	11:16	LEO
19	12:09	VIR
21	15:33	LIB
23	21:58	ESC
26	06:58	SAG
28	17:50	CAP

JULIO
1	05:58	ACU
3	18:40	PIS
6	06:30	ARI
8	15:33	TAU
10	20:34	GEM
12	21:55	CAN
14	21:16	LEO
16	20:49	VIR
18	22:37	LIB
21	03:52	ESC
23	12:34	SAG
25	23:41	CAP
28	12:01	ACU
31	00:40	PIS

AGOSTO
2	12:40	ARI
4	22:37	TAU
7	05:10	GEM
9	07:57	CAN
11	08:00	LEO
13	07:14	VIR
15	07:48	LIB
17	11:28	ESC
19	18:59	SAG
22	05:43	CAP
24	18:07	ACU
27	06:40	PIS
29	18:21	ARI

SEPTIEMBRE
1	04:20	TAU
3	11:45	GEM
5	16:06	CAN
7	17:43	LEO
9	17:51	VIR
11	18:18	LIB
13	20:54	ESC
16	02:59	SAG
18	12:43	CAP
21	00:52	ACU
23	13:25	PIS
26	00:45	ARI
28	10:04	TAU
30	17:12	GEM

OCTUBRE
2	22:09	CAN
5	01:11	LEO
7	02:55	VIR
9	04:25	LIB
11	07:05	ESC
13	12:19	SAG
15	20:56	CAP
18	08:31	ACU
20	21:08	PIS
23	08:29	ARI
25	17:15	TAU
27	23:23	GEM
30	03:36	CAN

NOVIEMBRE
1	06:46	LEO
3	09:34	VIR
5	12:32	LIB
7	16:17	ESC
9	21:44	SAG
12	05:48	CAP
14	16:45	ACU
17	05:24	PIS
19	17:17	ARI
22	02:13	TAU
24	07:41	GEM
26	10:37	CAN
28	12:34	LEO
30	14:55	VIR

DICIEMBRE
2	18:26	LIB
4	23:22	ESC
7	05:48	SAG
9	14:10	CAP
12	00:51	ACU
14	13:26	PIS
17	02:00	ARI
19	11:57	TAU
21	17:51	GEM
23	20:11	CAN
25	20:44	LEO
27	21:27	VIR
29	23:56	LIB

1913

ENERO

1	04:50	ESC
3	12:02	SAG
5	21:10	CAP
8	08:07	ACU
10	20:39	PIS
13	09:36	ARI
15	20:46	TAU
18	04:07	GEM
20	07:14	CAN
22	07:26	LEO
24	06:48	VIR
26	07:26	LIB
28	10:50	ESC
30	17:30	SAG

FEBRERO

2	02:59	CAP
4	14:25	ACU
7	03:03	PIS
9	16:00	ARI
12	03:47	TAU
14	12:38	GEM
16	17:29	CAN
18	18:47	LEO
20	18:08	VIR
22	17:37	LIB
24	19:11	ESC
27	00:11	SAG

MARZO

1	08:52	CAP
3	20:22	ACU
6	09:10	PIS
8	21:57	ARI
11	09:35	TAU
13	19:00	GEM
16	01:21	CAN
18	04:28	LEO
20	05:08	VIR
22	04:55	LIB
24	05:37	ESC
26	09:00	SAG
28	16:09	CAP
31	02:54	ACU

ABRIL

2	15:39	PIS
5	04:22	ARI
7	15:32	TAU
10	00:31	GEM
12	07:09	CAN
14	11:31	LEO
16	13:53	VIR
18	15:03	LIB
20	16:14	ESC
22	19:03	SAG
25	00:56	CAP
27	10:33	ACU
29	22:54	PIS

MAYO

2	11:39	ARI
4	22:35	TAU
7	06:50	GEM
9	12:43	CAN
11	16:58	LEO
13	20:10	VIR
15	22:44	LIB
18	01:15	ESC
20	04:38	SAG
22	10:13	CAP
24	19:00	ACU
27	06:47	PIS
29	19:36	ARI

JUNIO

1	06:46	TAU
3	14:43	GEM
5	19:41	CAN
7	22:52	LEO
10	01:31	VIR
12	04:27	LIB
14	08:01	ESC
16	12:31	SAG
18	18:41	CAP
21	03:21	ACU
23	14:46	PIS
26	03:38	ARI
28	15:23	TAU
30	23:47	GEM

JULIO

3	04:30	CAN
5	06:40	LEO
7	08:01	VIR
9	10:00	LIB
11	13:26	ESC
13	18:37	SAG
16	01:39	CAP
18	10:48	ACU
20	22:13	PIS
23	11:07	ARI
25	23:30	TAU
28	08:58	GEM
30	14:23	CAN

AGOSTO

1	16:25	LEO
3	16:44	VIR
5	17:13	LIB
7	19:23	ESC
10	00:03	SAG
12	07:25	CAP
14	17:10	ACU
17	04:52	PIS
19	17:47	ARI
22	06:31	TAU
24	17:03	GEM
26	23:54	CAN
29	02:55	LEO
31	03:16	VIR

SEPTIEMBRE

2	02:47	LIB
4	03:21	ESC
6	06:32	SAG
8	13:07	CAP
10	22:56	ACU
13	10:58	PIS
15	23:56	ARI
18	12:34	TAU
20	23:35	GEM
23	07:45	CAN
25	12:27	LEO
27	14:02	VIR
29	13:47	LIB

OCTUBRE

1	13:31	ESC
3	15:08	SAG
5	20:11	CAP
8	05:09	ACU
10	17:07	PIS
13	06:09	ARI
15	18:31	TAU
18	05:13	GEM
20	13:45	CAN
22	19:45	LEO
24	23:07	VIR
27	00:18	LIB
29	00:30	ESC
31	01:30	SAG

NOVIEMBRE

2	05:09	CAP
4	12:44	ACU
7	00:02	PIS
9	13:02	ARI
12	01:17	TAU
14	11:24	GEM
16	19:17	CAN
19	01:18	LEO
21	05:40	VIR
23	08:39	LIB
25	10:13	ESC
27	11:54	SAG
29	15:12	CAP

DICIEMBRE

1	21:43	ACU
4	08:01	PIS
6	20:46	ARI
9	09:12	TAU
11	19:09	GEM
14	02:12	CAN
16	07:09	LEO
18	11:00	VIR
20	14:19	LIB
22	17:21	ESC
24	20:28	SAG
27	00:36	CAP
29	07:01	ACU
31	16:38	PIS

1914

ENERO
3	04:58	ARI
5	17:44	TAU
8	04:13	GEM
10	11:12	CAN
12	15:13	LEO
14	17:40	VIR
16	19:53	LIB
18	22:44	ESC
21	02:40	SAG
23	07:59	CAP
25	15:13	ACU
28	00:54	PIS
30	12:57	ARI

FEBRERO
2	01:55	TAU
4	13:20	GEM
6	21:16	CAN
9	01:27	LEO
11	03:00	VIR
13	03:37	LIB
15	04:55	ESC
17	08:04	SAG
19	13:38	CAP
21	21:41	ACU
24	08:01	PIS
26	20:09	ARI

MARZO
1	09:08	TAU
3	21:15	GEM
6	06:34	CAN
8	12:03	LEO
10	14:02	VIR
12	13:57	LIB
14	13:40	ESC
16	15:01	SAG
18	19:23	CAP
21	03:15	ACU
23	14:01	PIS
26	02:30	ARI
28	15:27	TAU
31	03:42	GEM

ABRIL
2	13:59	CAN
4	21:06	LEO
7	00:37	VIR
9	01:12	LIB
11	00:27	ESC
13	00:23	SAG
15	02:59	CAP
17	09:31	ACU
19	19:53	PIS
22	08:30	ARI
24	21:28	TAU
27	09:29	GEM
29	19:50	CAN

MAYO
2	03:53	LEO
4	09:02	VIR
6	11:14	LIB
8	11:20	ESC
10	11:04	SAG
12	12:31	CAP
14	17:29	ACU
17	02:40	PIS
19	14:54	ARI
22	03:52	TAU
24	15:37	GEM
27	01:28	CAN
29	09:22	LEO
31	15:31	VIR

JUNIO
2	18:51	LIB
4	20:30	ESC
6	21:13	SAG
8	22:41	CAP
11	02:47	ACU
13	10:45	PIS
15	22:12	ARI
18	11:01	TAU
20	22:44	GEM
23	08:07	CAN
25	15:14	LEO
27	20:35	VIR
30	00:33	LIB

JULIO
2	03:20	ESC
4	05:26	SAG
6	07:54	CAP
8	12:11	ACU
10	19:33	PIS
13	06:15	ARI
15	18:49	TAU
18	06:47	GEM
20	16:12	CAN
22	22:43	LEO
25	03:01	VIR
27	06:05	LIB
29	08:45	ESC
31	11:36	SAG

AGOSTO
2	15:14	CAP
4	20:27	ACU
7	04:04	PIS
9	14:25	ARI
12	02:46	TAU
14	15:07	GEM
17	01:11	CAN
19	07:52	LEO
21	11:30	VIR
23	13:19	LIB
25	14:44	ESC
27	17:00	SAG
29	20:58	CAP

SEPTIEMBRE
1	03:04	ACU
3	11:26	PIS
5	22:00	ARI
8	10:15	TAU
10	22:54	GEM
13	09:56	CAN
15	17:41	LEO
17	21:42	VIR
19	22:52	LIB
21	22:53	ESC
23	23:36	SAG
26	02:35	CAP
28	08:37	ACU
30	17:33	PIS

OCTUBRE
3	04:38	ARI
5	16:58	TAU
8	05:40	GEM
10	17:26	CAN
13	02:37	LEO
15	08:02	VIR
17	09:49	LIB
19	09:21	ESC
21	08:41	SAG
23	09:55	CAP
25	14:40	ACU
27	23:14	PIS
30	10:35	ARI

NOVIEMBRE
1	23:08	TAU
4	11:44	GEM
6	23:33	CAN
9	09:37	LEO
11	16:42	VIR
13	20:10	LIB
15	20:36	ESC
17	19:43	SAG
19	19:42	CAP
21	22:43	ACU
24	05:53	PIS
26	16:44	ARI
29	05:22	TAU

DICIEMBRE
1	17:54	GEM
4	05:19	CAN
6	15:13	LEO
8	23:03	VIR
11	04:09	LIB
13	06:23	ESC
15	06:40	SAG
17	06:46	CAP
19	08:48	ACU
21	14:25	PIS
24	00:03	ARI
26	12:19	TAU
29	00:53	GEM
31	12:02	CAN

1915

ENERO
2	21:12	LEO
5	04:28	VIR
7	09:53	LIB
9	13:25	ESC
11	15:25	SAG
13	16:52	CAP
15	19:17	ACU
18	00:15	PIS
20	08:42	ARI
22	20:13	TAU
25	08:48	GEM
27	20:08	CAN
30	04:55	LEO

FEBRERO
1	11:10	VIR
3	15:33	LIB
5	18:48	ESC
7	21:33	SAG
10	00:25	CAP
12	04:09	ACU
14	09:40	PIS
16	17:46	ARI
19	04:37	TAU
21	17:05	GEM
24	04:58	CAN
26	14:11	LEO
28	20:04	VIR

MARZO
2	23:15	LIB
5	01:05	ESC
7	02:59	SAG
9	05:59	CAP
11	10:41	ACU
13	17:17	PIS
16	01:55	ARI
18	12:38	TAU
21	00:58	GEM
23	13:22	CAN
25	23:38	LEO
28	06:13	VIR
30	09:10	LIB

ABRIL
1	09:49	ESC
3	10:05	SAG
5	11:47	CAP
7	16:04	ACU
9	23:08	PIS
12	08:32	ARI
14	19:38	TAU
17	07:57	GEM
19	20:37	CAN
22	07:54	LEO
24	15:53	VIR
26	19:47	LIB
28	20:24	ESC
30	19:37	SAG

MAYO
2	19:40	CAP
4	22:23	ACU
7	04:41	PIS
9	14:10	ARI
12	01:41	TAU
14	14:09	GEM
17	02:48	CAN
19	14:32	LEO
21	23:47	VIR
24	05:16	LIB
26	07:02	ESC
28	06:27	SAG
30	05:39	CAP

JUNIO
1	06:49	ACU
3	11:32	PIS
5	20:07	ARI
8	07:31	TAU
10	20:07	GEM
13	08:38	CAN
15	20:12	LEO
18	05:53	VIR
20	12:39	LIB
22	16:03	ESC
24	16:45	SAG
26	16:22	CAP
28	16:55	ACU
30	20:15	PIS

JULIO
3	03:24	ARI
5	14:02	TAU
8	02:30	GEM
10	14:57	CAN
13	02:06	LEO
15	11:22	VIR
17	18:21	LIB
19	22:51	ESC
22	01:06	SAG
24	02:04	CAP
26	03:10	ACU
28	06:04	PIS
30	12:06	ARI

AGOSTO
1	21:40	TAU
4	09:43	GEM
6	22:11	CAN
9	09:08	LEO
11	17:42	VIR
13	23:56	LIB
16	04:17	ESC
18	07:19	SAG
20	09:38	CAP
22	12:03	ACU
24	15:35	PIS
26	21:21	ARI
29	06:08	TAU
31	17:39	GEM

SEPTIEMBRE
3	06:12	CAN
5	17:25	LEO
8	01:42	VIR
10	07:00	LIB
12	10:15	ESC
14	12:41	SAG
16	15:21	CAP
18	18:50	ACU
20	23:32	PIS
23	05:56	ARI
25	14:35	TAU
28	01:43	GEM
30	14:21	CAN

OCTUBRE
3	02:13	LEO
5	11:05	VIR
7	16:09	LIB
9	18:20	ESC
11	19:21	SAG
13	20:57	CAP
16	00:15	ACU
18	05:38	PIS
20	12:57	ARI
22	22:09	TAU
25	09:15	GEM
27	21:53	CAN
30	10:27	LEO

NOVIEMBRE
1	20:31	VIR
4	02:29	LIB
6	04:37	ESC
8	04:36	SAG
10	04:34	CAP
12	06:23	ACU
14	11:05	PIS
16	18:40	ARI
19	04:29	TAU
21	15:57	GEM
24	04:34	CAN
26	17:23	LEO
29	04:33	VIR

DICIEMBRE
1	12:09	LIB
3	15:33	ESC
5	15:47	SAG
7	14:53	CAP
9	15:01	ACU
11	17:57	PIS
14	00:30	ARI
16	10:15	TAU
18	22:03	GEM
21	10:45	CAN
23	23:24	LEO
26	10:51	VIR
28	19:42	LIB
31	00:56	ESC

1916

ENERO
2 02:44 SAG
4 02:26 CAP
6 01:58 ACU
8 03:22 PIS
10 08:07 ARI
12 16:43 TAU
15 04:18 GEM
17 17:07 CAN
20 05:33 LEO
22 16:33 VIR
25 01:26 LIB
27 07:43 ESC
29 11:18 SAG
31 12:43 CAP

FEBRERO
2 13:09 ACU
4 14:16 PIS
6 17:45 ARI
9 00:50 TAU
11 11:30 GEM
14 00:13 CAN
16 12:39 LEO
18 23:09 VIR
21 07:14 LIB
23 13:09 ESC
25 17:21 SAG
27 20:13 CAP
29 22:18 ACU

MARZO
3 00:27 PIS
5 03:56 ARI
7 10:08 TAU
9 19:46 GEM
12 08:04 CAN
14 20:41 LEO
17 07:13 VIR
19 14:38 LIB
21 19:27 ESC
23 22:48 SAG
26 01:44 CAP
28 04:47 ACU
30 08:19 PIS

ABRIL
1 12:49 ARI
3 19:11 TAU
6 04:20 GEM
8 16:11 CAN
11 05:01 LEO
13 16:07 VIR
15 23:41 LIB
18 03:48 ESC
20 05:53 SAG
22 07:34 CAP
24 10:07 ACU
26 14:05 PIS
28 19:35 ARI

MAYO
1 02:49 TAU
3 12:12 GEM
5 23:53 CAN
8 12:52 LEO
11 00:45 VIR
13 09:15 LIB
15 13:42 ESC
17 15:10 SAG
19 15:31 CAP
21 16:34 ACU
23 19:35 PIS
26 01:04 ARI
28 08:54 TAU
30 18:54 GEM

JUNIO
2 06:46 CAN
4 19:47 LEO
7 08:15 VIR
9 17:59 LIB
11 23:40 ESC
14 01:40 SAG
16 01:33 CAP
18 01:17 ACU
20 02:40 PIS
22 06:55 ARI
24 14:26 TAU
27 00:44 GEM
29 12:55 CAN

JULIO
2 01:57 LEO
4 14:33 VIR
7 01:06 LIB
9 08:16 ESC
11 11:44 SAG
13 12:21 CAP
15 11:46 ACU
17 11:55 PIS
19 14:33 ARI
21 20:46 TAU
24 06:36 GEM
26 18:53 CAN
29 07:56 LEO
31 20:18 VIR

AGOSTO
3 06:54 LIB
5 14:56 ESC
7 19:57 SAG
9 22:08 CAP
11 22:28 ACU
13 22:30 PIS
16 00:02 ARI
18 04:46 TAU
20 13:27 GEM
23 01:21 CAN
25 14:24 LEO
28 02:30 VIR
30 12:34 LIB

SEPTIEMBRE
1 20:25 ESC
4 02:06 SAG
6 05:44 CAP
8 07:39 ACU
10 08:42 PIS
12 10:18 ARI
14 14:09 TAU
16 21:38 GEM
19 08:45 CAN
21 21:41 LEO
24 09:47 VIR
26 19:22 LIB
29 02:21 ESC

OCTUBRE
1 07:28 SAG
3 11:23 CAP
5 14:28 ACU
7 17:00 PIS
9 19:41 ARI
11 23:45 TAU
14 06:38 GEM
16 16:58 CAN
19 05:40 LEO
21 18:04 VIR
24 03:46 LIB
26 10:09 ESC
28 14:07 SAG
30 17:01 CAP

NOVIEMBRE
1 19:50 ACU
3 23:05 PIS
6 03:00 ARI
8 08:07 TAU
10 15:19 GEM
13 01:20 CAN
15 13:45 LEO
18 02:33 VIR
20 13:03 LIB
22 19:48 ESC
24 23:12 SAG
27 00:45 CAP
29 02:06 ACU

DICIEMBRE
1 04:30 PIS
3 08:35 ARI
5 14:35 TAU
7 22:41 GEM
10 09:00 CAN
12 21:18 LEO
15 10:19 VIR
17 21:50 LIB
20 05:53 ESC
22 09:58 SAG
24 11:07 CAP
26 11:05 ACU
28 11:42 PIS
30 14:26 ARI

1917

ENERO
1	20:04	TAU
4	04:39	GEM
6	15:35	CAN
9	04:03	LEO
11	17:02	VIR
14	05:05	LIB
16	14:32	ESC
18	20:18	SAG
20	22:28	CAP
22	22:19	ACU
24	21:41	PIS
26	22:34	ARI
29	02:35	TAU
31	10:26	GEM

FEBRERO
2	21:31	CAN
5	10:16	LEO
7	23:09	VIR
10	11:04	LIB
12	21:06	ESC
15	04:23	SAG
17	08:24	CAP
19	09:32	ACU
21	09:06	PIS
23	09:00	ARI
25	11:20	TAU
27	17:35	GEM

MARZO
2	03:52	CAN
4	16:36	LEO
7	05:29	VIR
9	17:01	LIB
12	02:41	ESC
14	10:18	SAG
16	15:39	CAP
18	18:33	ACU
20	19:31	PIS
22	19:54	ARI
24	21:35	TAU
27	02:29	GEM
29	11:28	CAN
31	23:39	LEO

ABRIL
3	12:33	VIR
5	23:54	LIB
8	08:55	ESC
10	15:51	SAG
12	21:08	CAP
15	00:57	ACU
17	03:25	PIS
19	05:10	ARI
21	07:31	TAU
23	12:05	GEM
25	20:08	CAN
28	07:32	LEO
30	20:19	VIR

MAYO
3	07:52	LIB
5	16:39	ESC
7	22:44	SAG
10	03:00	CAP
12	06:18	ACU
14	09:11	PIS
16	12:04	ARI
18	15:38	TAU
20	20:53	GEM
23	04:49	CAN
25	15:43	LEO
28	04:21	VIR
30	16:20	LIB

JUNIO
2	01:35	ESC
4	07:28	SAG
6	10:45	CAP
8	12:46	ACU
10	14:43	PIS
12	17:31	ARI
14	21:49	TAU
17	04:02	GEM
19	12:34	CAN
21	23:27	LEO
24	12:00	VIR
27	00:26	LIB
29	10:37	ESC

JULIO
1	17:14	SAG
3	20:25	CAP
5	21:25	ACU
7	21:53	PIS
9	23:25	ARI
12	03:13	TAU
14	09:48	GEM
16	19:00	CAN
19	06:17	LEO
21	18:52	VIR
24	07:33	LIB
26	18:41	ESC
29	02:39	SAG
31	06:48	CAP

AGOSTO
2	07:50	ACU
4	07:20	PIS
6	07:19	ARI
8	09:37	TAU
10	15:24	GEM
13	00:40	CAN
15	12:19	LEO
18	01:02	VIR
20	13:42	LIB
23	01:16	ESC
25	10:28	SAG
27	16:15	CAP
29	18:28	ACU
31	18:11	PIS

SEPTIEMBRE
2	17:20	ARI
4	18:06	TAU
6	22:19	GEM
9	06:40	CAP
11	18:13	LEO
14	07:02	VIR
16	19:33	LIB
19	06:55	ESC
21	16:32	SAG
23	23:37	CAP
26	03:34	ACU
28	04:39	PIS
30	04:16	ARI

OCTUBRE
2	04:25	TAU
4	07:14	GEM
6	14:06	CAN
9	00:50	LEO
11	13:32	VIR
14	01:59	LIB
16	12:54	ESC
18	22:01	SAG
21	05:14	CAP
23	10:17	ACU
25	13:03	PIS
27	14:09	ARI
29	14:59	TAU
31	17:26	GEM

NOVIEMBRE
2	23:09	CAN
5	08:43	LEO
7	20:56	VIR
10	09:27	LIB
12	20:13	ESC
15	04:36	SAG
17	10:55	CAP
19	15:38	ACU
21	19:04	PIS
23	21:36	ARI
25	23:56	TAU
28	03:13	GEM
30	08:48	CAN

DICIEMBRE
2	17:32	LEO
5	05:07	VIR
7	17:42	LIB
10	04:53	ESC
12	13:11	SAG
14	18:35	CAP
16	22:00	ACU
19	00:31	PIS
21	03:07	ARI
23	06:26	TAU
25	11:03	GEM
27	17:29	CAN
30	02:15	LEO

1918

ENERO

1	13:24	VIR
4	01:57	LIB
6	13:50	ESC
8	22:58	SAG
11	04:27	CAP
13	06:56	ACU
15	07:54	PIS
17	09:04	ARI
19	11:49	TAU
21	16:52	GEM
24	00:17	CAN
26	09:45	LEO
28	20:59	VIR
31	09:27	LIB

FEBRERO

2	21:52	ESC
5	08:15	SAG
7	14:57	CAP
9	17:46	ACU
11	17:57	PIS
13	17:31	ARI
15	18:31	TAU
17	22:30	GEM
20	05:51	CAN
22	15:53	LEO
25	03:33	VIR
27	16:01	LIB

MARZO

2	04:33	ESC
4	15:48	SAG
7	00:05	CAP
9	04:23	ACU
11	05:12	PIS
13	04:15	ARI
15	03:48	TAU
17	05:58	GEM
19	11:58	CAN
21	21:37	LEO
24	09:31	VIR
26	22:07	LIB
29	10:28	ESC
31	21:47	SAG

ABRIL

3	06:59	CAP
5	12:56	ACU
7	15:22	PIS
9	15:19	ARI
11	14:40	TAU
13	15:37	GEM
15	19:58	CAN
18	04:19	LEO
20	15:46	VIR
23	04:25	LIB
25	16:37	ESC
28	03:31	SAG
30	12:33	CAP

MAYO

2	19:13	ACU
4	23:08	PIS
7	00:41	ARI
9	01:05	TAU
11	02:06	GEM
13	05:31	CAN
15	12:31	LEO
17	23:01	VIR
20	11:26	LIB
22	23:38	ESC
25	10:09	SAG
27	18:28	CAP
30	00:38	ACU

JUNIO

1	04:54	PIS
3	07:37	ARI
5	09:30	TAU
7	11:36	GEM
9	15:14	CAN
11	21:36	LEO
14	07:11	VIR
16	19:10	LIB
19	07:30	ESC
21	18:05	SAG
24	01:51	CAP
26	07:01	ACU
28	10:27	PIS
30	13:05	ARI

JULIO

2	15:44	TAU
4	19:04	GEM
6	23:42	CAN
9	06:21	LEO
11	15:33	VIR
14	03:09	LIB
16	15:41	ESC
19	02:49	SAG
21	10:46	CAP
23	15:20	ACU
25	17:32	PIS
27	18:59	ARI
29	21:07	TAU

AGOSTO

1	00:48	GEM
3	06:22	CAN
5	13:49	LEO
7	23:17	VIR
10	10:46	LIB
12	23:27	ESC
15	11:23	SAG
17	20:17	CAP
20	01:11	ACU
22	02:48	PIS
24	02:56	ARI
26	03:35	TAU
28	06:20	GEM
30	11:50	CAN

SEPTIEMBRE

1	19:53	LEO
4	05:56	VIR
6	17:35	LIB
9	06:20	ESC
11	18:51	SAG
14	05:02	CAP
16	11:15	ACU
18	13:27	PIS
20	13:07	ARI
22	12:27	TAU
24	13:31	GEM
26	17:45	CAN
29	01:25	LEO

OCTUBRE

1	11:46	VIR
3	23:44	LIB
6	12:28	ESC
9	01:05	SAG
11	12:07	CAP
13	19:54	ACU
15	23:42	PIS
18	00:14	ARI
19	23:21	TAU
21	23:11	GEM
24	01:40	CAN
26	07:55	LEO
28	17:42	VIR
31	05:45	LIB

NOVIEMBRE

2	18:32	ESC
5	06:52	SAG
7	17:50	CAP
10	02:26	ACU
12	07:52	PIS
14	10:12	ARI
16	10:27	TAU
18	10:20	GEM
20	11:47	CAN
22	16:23	LEO
25	00:51	VIR
27	12:25	LIB
30	01:13	ESC

DICIEMBRE

2	13:21	SAG
4	23:41	CAP
7	07:52	ACU
9	13:48	PIS
11	17:33	ARI
13	19:36	TAU
15	20:49	GEM
17	22:35	CAN
20	02:25	LEO
22	09:33	VIR
24	20:10	LIB
27	08:49	ESC
29	21:04	SAG

1919

ENERO

1	07:02	CAP
3	14:16	ACU
5	19:19	PIS
7	23:01	ARI
10	02:02	TAU
12	04:49	GEM
14	07:56	CAN
16	12:16	LEO
18	18:57	VIR
21	04:43	LIB
23	17:00	ESC
26	05:35	SAG
28	15:54	CAP
30	22:44	ACU

FEBRERO

2	02:38	PIS
4	05:02	ARI
6	07:22	TAU
8	10:31	GEM
10	14:46	CAN
12	20:18	LEO
15	03:32	VIR
17	13:07	LIB
20	01:04	ESC
22	13:57	SAG
25	01:08	CAP
27	08:36	ACU

MARZO

1	12:15	PIS
3	13:29	ARI
5	14:14	TAU
7	16:10	GEM
9	20:09	CAN
12	02:19	LEO
14	10:26	VIR
16	20:29	LIB
19	08:25	ESC
21	21:24	SAG
24	09:25	CAP
26	18:12	ACU
28	22:46	PIS
30	23:58	ARI

ABRIL

1	23:40	TAU
3	23:56	GEM
6	02:23	CAN
8	07:48	LEO
10	16:07	VIR
13	02:43	LIB
15	14:54	ESC
18	03:52	SAG
20	16:14	CAP
23	02:09	ACU
25	08:17	PIS
27	10:40	ARI
29	10:36	TAU

MAYO

1	10:01	GEM
3	10:51	CAN
5	14:38	LEO
7	22:01	VIR
10	08:32	LIB
12	20:58	ESC
15	09:54	SAG
17	22:07	CAP
20	08:24	ACU
22	15:45	PIS
24	19:47	ARI
26	21:03	TAU
28	20:53	GEM
30	21:05	CAN

JUNIO

1	23:26	LEO
4	05:19	VIR
6	14:58	LIB
9	03:16	ESC
11	16:12	SAG
14	04:05	CAP
16	13:59	ACU
18	21:32	PIS
21	02:38	ARI
23	05:29	TAU
25	06:42	GEM
27	07:28	CAN
29	09:24	LEO

JULIO

1	14:06	VIR
3	22:35	LIB
6	10:19	ESC
8	23:13	SAG
11	10:57	CAP
13	20:14	ACU
16	03:06	PIS
18	08:06	ARI
20	11:44	TAU
22	14:20	GEM
24	16:25	CAN
26	19:00	LEO
28	23:28	VIR
31	07:06	LIB

AGOSTO

2	18:08	ESC
5	06:58	SAG
7	18:52	CAP
10	03:57	ACU
12	09:59	PIS
14	13:59	ARI
16	17:05	TAU
18	20:03	GEM
20	23:14	CAN
23	03:00	LEO
25	08:08	VIR
27	15:42	LIB
30	02:16	ESC

SEPTIEMBRE

1	14:58	SAG
4	03:21	CAP
6	12:54	ACU
8	18:46	PIS
10	21:48	ARI
12	23:36	TAU
15	01:35	GEM
17	04:39	CAN
19	09:08	LEO
21	15:15	VIR
23	23:25	LIB
26	10:00	ESC
28	22:37	SAG

OCTUBRE

1	11:29	CAP
3	22:03	ACU
6	04:44	PIS
8	07:44	ARI
10	08:33	TAU
12	08:59	GEM
14	10:39	CAN
16	14:32	LEO
18	20:59	VIR
21	05:51	LIB
23	16:53	ESC
26	05:31	SAG
28	18:35	CAP
31	06:08	ACU

NOVIEMBRE

2	14:19	PIS
4	18:31	ARI
6	19:31	TAU
8	19:04	GEM
10	19:03	CAN
12	21:14	LEO
15	02:41	VIR
17	11:32	LIB
19	22:59	ESC
22	11:48	SAG
25	00:46	CAP
27	12:38	ACU
29	22:03	PIS

DICIEMBRE

2	04:03	ARI
4	06:34	TAU
6	06:36	GEM
8	05:55	CAN
10	06:28	LEO
12	10:07	VIR
14	17:48	LIB
17	05:01	ESC
19	17:59	SAG
22	06:49	CAP
24	18:20	ACU
27	03:56	PIS
29	11:06	ARI
31	15:29	TAU

1920

ENERO

2	17:13	GEM
4	17:19	CAN
6	17:30	LEO
8	19:46	VIR
11	01:48	LIB
13	11:58	ESC
16	00:44	SAG
18	13:34	CAP
21	00:40	ACU
23	09:34	PIS
25	16:32	ARI
27	21:43	TAU
30	01:06	GEM

FEBRERO

1	02:54	CAN
3	04:06	LEO
5	06:18	VIR
7	11:20	LIB
9	20:14	ESC
12	08:21	SAG
14	21:14	CAP
17	08:20	ACU
19	16:39	PIS
21	22:37	ARI
24	03:06	TAU
26	06:42	GEM
28	09:41	CAN

MARZO

1	12:23	LEO
3	15:41	VIR
5	20:53	LIB
8	05:10	ESC
10	16:35	SAG
13	05:25	CAP
15	16:58	ACU
18	01:25	PIS
20	06:43	ARI
22	09:58	TAU
24	12:26	GEM
26	15:02	CAN
28	18:21	LEO
30	22:48	VIR

ABRIL

2	05:00	LIB
4	13:34	ESC
7	00:42	SAG
9	13:25	CAP
12	01:32	ACU
14	10:50	PIS
16	16:29	ARI
18	19:08	TAU
20	20:15	GEM
22	21:22	CAN
24	23:49	LEO
27	04:22	VIR
29	11:19	LIB

MAYO

1	20:37	ESC
4	08:00	SAG
6	20:39	CAP
9	09:09	ACU
11	19:32	PIS
14	02:24	ARI
16	05:35	TAU
18	06:13	GEM
20	06:01	CAN
22	06:50	LEO
24	10:11	VIR
26	16:50	LIB
29	02:33	ESC
31	14:21	SAG

JUNIO

3	03:05	CAP
5	15:38	ACU
8	02:43	PIS
10	10:58	ARI
12	15:35	TAU
14	16:57	GEM
16	16:27	CAN
18	16:02	LEO
20	17:45	VIR
22	23:06	LIB
25	08:19	ESC
27	20:15	SAG
30	09:06	CAP

JULIO

2	21:31	ACU
5	08:37	PIS
7	17:39	ARI
9	23:46	TAU
12	02:40	GEM
14	03:03	CAN
16	02:32	LEO
18	03:12	VIR
20	07:03	LIB
22	15:03	ESC
25	02:31	SAG
27	15:22	CAP
30	03:37	ACU

AGOSTO

1	14:18	PIS
3	23:10	ARI
6	05:56	TAU
8	10:15	GEM
10	12:11	CAN
12	12:41	LEO
14	13:28	VIR
16	16:28	LIB
18	23:13	ESC
21	09:45	SAG
23	22:22	CAP
26	10:36	ACU
28	20:55	PIS
31	05:03	ARI

SEPTIEMBRE

2	11:20	TAU
4	15:58	GEM
6	19:04	CAN
8	21:02	LEO
10	22:55	VIR
13	02:11	LIB
15	08:19	ESC
17	17:58	SAG
20	06:09	CAP
22	18:33	ACU
25	04:58	PIS
27	12:35	ARI
29	17:49	TAU

OCTUBRE

1	21:32	GEM
4	00:29	CAN
6	03:14	LEO
8	06:23	VIR
10	10:44	LIB
12	17:14	ESC
15	02:31	SAG
17	14:17	CAP
20	02:53	ACU
22	13:57	PIS
24	21:53	ARI
27	02:34	TAU
29	05:00	GEM
31	06:35	CAN

NOVIEMBRE

2	08:37	LEO
4	12:04	VIR
6	17:23	LIB
9	00:50	ESC
11	10:27	SAG
13	22:03	CAP
16	10:45	ACU
18	22:40	PIS
21	07:46	ARI
23	13:02	TAU
25	15:00	GEM
27	15:12	CAN
29	15:33	LEO

DICIEMBRE

1	17:45	VIR
3	22:50	LIB
6	06:51	ESC
8	17:10	SAG
11	05:00	CAP
13	17:39	ACU
16	06:04	PIS
18	16:30	ARI
20	23:22	TAU
23	02:15	GEM
25	02:13	CAN
27	01:16	LEO
29	01:38	VIR
31	05:07	LIB

1921

ENERO

2	12:27	ESC
4	22:58	SAG
7	11:10	CAP
9	23:50	ACU
12	12:11	PIS
14	23:15	ARI
17	07:40	TAU
19	12:24	GEM
21	13:36	CAN
23	12:45	LEO
25	12:04	VIR
27	13:47	LIB
29	19:25	ESC

FEBRERO

1	05:04	SAG
3	17:14	CAP
6	05:59	ACU
8	18:04	PIS
11	04:52	ARI
13	13:45	TAU
15	19:55	GEM
17	22:58	CAN
19	23:34	LEO
21	23:21	VIR
24	00:21	LIB
26	04:28	ESC
28	12:37	SAG

MARZO

3	00:04	CAP
5	12:46	ACU
8	00:44	PIS
10	10:58	ARI
12	19:15	TAU
15	01:29	GEM
17	05:36	CAN
19	07:52	LEO
21	09:08	VIR
23	10:50	LIB
25	14:34	ESC
27	21:34	SAG
30	07:58	CAP

ABRIL

1	20:22	ACU
4	08:28	PIS
6	18:31	ARI
9	02:00	TAU
11	07:16	GEM
13	10:59	CAN
15	13:48	LEO
17	16:21	VIR
19	19:25	LIB
21	23:54	ESC
24	06:45	SAG
26	16:28	CAP
29	04:26	ACU

MAYO

1	16:47	PIS
4	03:14	ARI
6	10:32	TAU
8	14:51	GEM
10	17:19	CAN
12	19:17	LEO
14	21:52	VIR
17	01:47	LIB
19	07:22	ESC
21	14:53	SAG
24	00:35	CAP
26	12:17	ACU
29	00:51	PIS
31	12:05	ARI

JUNIO

2	20:04	TAU
5	00:17	GEM
7	01:47	CAN
9	02:19	LEO
11	03:41	VIR
13	07:10	LIB
15	13:11	ESC
17	21:28	SAG
20	07:39	CAP
22	19:24	ACU
25	08:04	PIS
27	20:03	ARI
30	05:14	TAU

JULIO

2	10:23	GEM
4	11:56	CAN
6	11:34	LEO
8	11:26	VIR
10	13:28	LIB
12	18:43	ESC
15	03:05	SAG
17	13:43	CAP
20	01:44	ACU
22	14:24	PIS
25	02:42	ARI
27	12:58	TAU
29	19:37	GEM
31	22:18	CAN

AGOSTO

2	22:11	LEO
4	21:19	VIR
6	21:52	LIB
9	01:33	ESC
11	09:00	SAG
13	19:30	CAP
16	07:42	ACU
18	20:20	PIS
21	08:30	ARI
23	19:07	TAU
26	02:58	GEM
28	07:18	CAN
30	08:31	LEO

SEPTIEMBRE

1	08:07	VIR
3	08:06	LIB
5	10:24	ESC
7	16:21	SAG
10	01:58	CAP
12	14:01	ACU
15	02:39	PIS
17	14:29	ARI
20	00:41	TAU
22	08:42	GEM
24	14:06	CAN
26	16:58	LEO
28	18:02	VIR
30	18:41	LIB

OCTUBRE

2	20:37	ESC
5	01:22	SAG
7	09:45	CAP
9	21:13	ACU
12	09:51	PIS
14	21:34	ARI
17	07:08	TAU
19	14:21	GEM
21	19:32	CAN
23	23:08	LEO
26	01:40	VIR
28	03:49	LIB
30	06:34	ESC

NOVIEMBRE

1	11:08	SAG
3	18:38	CAP
6	05:18	ACU
8	17:51	PIS
11	05:52	ARI
13	15:20	TAU
15	21:41	GEM
18	01:41	CAN
20	04:32	LEO
22	07:17	VIR
24	10:32	LIB
26	14:38	ESC
28	20:03	SAG

DICIEMBRE

1	03:32	CAP
3	13:42	ACU
6	02:04	PIS
8	14:37	ARI
11	00:46	TAU
13	07:08	GEM
15	10:12	CAN
17	11:35	LEO
19	13:03	VIR
21	15:52	LIB
23	20:33	ESC
26	03:02	SAG
28	11:17	CAP
30	21:32	ACU

1922

ENERO
2	09:45	PIS
4	22:42	ARI
7	09:59	TAU
9	17:27	GEM
11	20:47	CAN
13	21:21	LEO
15	21:13	VIR
17	22:21	LIB
20	02:02	ESC
22	08:33	SAG
24	17:29	CAP
27	04:17	ACU
29	16:34	PIS

FEBRERO
1	05:36	ARI
3	17:41	TAU
6	02:42	GEM
8	07:30	CAN
10	08:40	LEO
12	07:58	VIR
14	07:35	LIB
16	09:23	ESC
18	14:32	SAG
20	23:05	CAP
23	10:12	ACU
25	22:45	PIS
28	11:42	ARI

MARZO
2	23:52	TAU
5	09:49	GEM
7	16:19	CAN
9	19:10	LEO
11	19:23	VIR
13	18:44	LIB
15	19:13	ESC
17	22:34	SAG
20	05:41	CAP
22	16:18	ACU
25	04:56	PIS
27	17:50	ARI
30	05:38	TAU

ABRIL
1	15:29	GEM
3	22:46	CAN
6	03:13	LEO
8	05:09	VIR
10	05:36	LIB
12	06:07	ESC
14	08:26	SAG
16	14:02	CAP
18	23:28	ACU
21	11:44	PIS
24	00:38	ARI
26	12:08	TAU
28	21:20	GEM

MAYO
1	04:12	CAN
3	09:05	LEO
5	12:19	VIR
7	14:22	LIB
9	16:01	ESC
11	18:32	SAG
13	23:26	CAP
16	07:46	ACU
18	19:21	PIS
21	08:13	ARI
23	19:46	TAU
26	04:29	GEM
28	10:27	CAN
30	14:34	LEO

JUNIO
1	17:48	VIR
3	20:44	LIB
5	23:42	ESC
8	03:18	SAG
10	08:30	CAP
12	16:25	ACU
15	03:25	PIS
17	16:13	ARI
20	04:09	TAU
22	13:02	GEM
24	18:27	CAN
26	21:28	LEO
28	23:37	VIR

JULIO
1	02:05	LIB
3	05:30	ESC
5	10:05	SAG
7	16:12	CAP
10	00:27	ACU
12	11:16	PIS
14	23:59	ARI
17	12:28	TAU
19	22:10	GEM
22	03:56	CAN
24	06:27	LEO
26	07:22	VIR
28	08:27	LIB
30	10:59	ESC

AGOSTO
1	15:35	SAG
3	22:22	CAP
6	07:19	ACU
8	18:23	PIS
11	07:06	ARI
13	19:57	TAU
16	06:43	GEM
18	13:40	CAN
20	16:45	LEO
22	17:16	VIR
24	17:05	LIB
26	18:02	ESC
28	21:26	SAG
31	03:54	CAP

SEPTIEMBRE
2	13:12	ACU
5	00:42	PIS
7	13:29	ARI
10	02:24	TAU
12	13:51	GEM
14	22:13	CAN
17	02:48	LEO
19	04:08	VIR
21	03:44	LIB
23	03:28	ESC
25	05:11	SAG
27	10:16	CAP
29	19:03	ACU

OCTUBRE
2	06:41	PIS
4	19:36	ARI
7	08:20	TAU
9	19:44	GEM
12	04:52	CAN
14	11:02	LEO
16	14:04	VIR
18	14:43	LIB
20	14:26	ESC
22	15:06	SAG
24	18:34	CAP
27	02:00	ACU
29	13:07	PIS

NOVIEMBRE
1	02:05	ARI
3	14:40	TAU
6	01:34	GEM
8	10:23	CAN
10	17:06	LEO
12	21:37	VIR
15	00:01	LIB
17	00:59	ESC
19	01:53	SAG
21	04:32	CAP
23	10:36	ACU
25	20:40	PIS
28	09:21	ARI
30	22:00	TAU

DICIEMBRE
3	08:34	GEM
5	16:34	CAN
7	22:33	LEO
10	03:09	VIR
12	06:40	LIB
14	09:14	ESC
16	11:28	SAG
18	14:35	CAP
20	20:08	ACU
23	05:14	PIS
25	17:23	ARI
28	06:13	TAU
30	17:03	GEM

1923

ENERO

2	00:40	CAN
4	05:34	LEO
6	09:00	VIR
8	11:59	LIB
10	15:05	ESC
12	18:34	SAG
14	22:57	CAP
17	05:06	ACU
19	13:58	PIS
22	01:37	ARI
24	14:34	TAU
27	02:08	GEM
29	10:19	CAN
31	14:57	LEO

FEBRERO

2	17:12	VIR
4	18:39	LIB
6	20:37	ESC
8	23:59	SAG
11	05:08	CAP
13	12:19	ACU
15	21:44	PIS
18	09:20	ARI
20	22:15	TAU
23	10:31	GEM
25	19:58	CAN
28	01:31	LEO

MARZO

2	03:42	VIR
4	04:01	LIB
6	04:16	ESC
8	06:06	SAG
10	10:34	CAP
12	18:02	ACU
15	04:08	PIS
17	16:06	ARI
20	05:00	TAU
22	17:33	GEM
25	04:06	CAN
27	11:14	LEO
29	14:37	VIR
31	15:07	LIB

ABRIL

2	14:26	ESC
4	14:34	SAG
6	17:19	CAP
8	23:49	ACU
11	09:51	PIS
13	22:09	ARI
16	11:07	TAU
18	23:33	GEM
21	10:28	CAN
23	18:51	LEO
25	23:56	VIR
28	01:49	LIB
30	01:33	ESC

MAYO

2	00:59	SAG
4	02:15	CAP
6	07:05	ACU
8	16:07	PIS
11	04:13	ARI
13	17:15	TAU
16	05:27	GEM
18	16:03	CAN
21	00:41	LEO
23	06:54	VIR
25	10:25	LIB
27	11:35	ESC
29	11:38	SAG
31	12:28	CAP

JUNIO

2	16:04	ACU
4	23:43	PIS
7	11:03	ARI
9	23:57	TAU
12	12:03	GEM
14	22:10	CAN
17	06:12	LEO
19	12:23	VIR
21	16:44	LIB
23	19:21	ESC
25	20:47	SAG
27	22:20	CAP
30	01:44	ACU

JULIO

2	08:28	PIS
4	18:51	ARI
7	07:25	TAU
9	19:37	GEM
12	05:34	CAN
14	12:54	LEO
16	18:10	VIR
18	22:06	LIB
21	01:09	ESC
23	03:43	SAG
25	06:33	CAP
27	10:43	ACU
29	17:23	PIS

AGOSTO

1	03:11	ARI
3	15:22	TAU
6	03:48	GEM
8	14:08	CAN
10	21:19	LEO
13	01:44	VIR
15	04:27	LIB
17	06:38	ESC
19	09:12	SAG
21	12:49	CAP
23	18:03	ACU
26	01:25	PIS
28	11:15	ARI
30	23:12	TAU

SEPTIEMBRE

2	11:51	GEM
4	22:59	CAN
7	06:54	LEO
9	11:17	VIR
11	13:03	LIB
13	13:47	ESC
15	15:06	SAG
17	18:14	CAP
19	23:53	ACU
22	08:03	PIS
24	18:24	ARI
27	06:23	TAU
29	19:06	GEM

OCTUBRE

2	07:01	CAN
4	16:15	LEO
6	21:41	VIR
8	23:36	LIB
10	23:25	ESC
12	23:09	SAG
15	00:43	CAP
17	05:30	ACU
19	13:43	PIS
22	00:33	ARI
24	12:48	TAU
27	01:29	GEM
29	13:39	CAN

NOVIEMBRE

1	00:00	LEO
3	07:07	VIR
5	10:24	LIB
7	10:38	ESC
9	09:37	SAG
11	09:38	CAP
13	12:40	ACU
15	19:47	PIS
18	06:25	ARI
20	18:53	TAU
23	07:32	GEM
25	19:28	CAN
28	06:02	LEO
30	14:19	VIR

DICIEMBRE

2	19:25	LIB
4	21:15	ESC
6	20:57	SAG
8	20:31	CAP
10	22:10	ACU
13	03:36	PIS
15	13:08	ARI
18	01:22	TAU
20	14:03	GEM
23	01:40	CAN
25	11:40	LEO
27	19:51	VIR
30	01:52	LIB

1924

ENERO

1	05:23	ESC
3	06:48	SAG
5	07:22	CAP
7	08:54	ACU
9	13:14	PIS
11	21:23	ARI
14	08:49	TAU
16	21:28	GEM
19	09:06	CAN
21	18:34	LEO
24	01:49	VIR
26	07:14	LIB
28	11:09	ESC
30	13:53	SAG

FEBRERO

1	16:03	CAP
3	18:43	ACU
5	23:12	PIS
8	06:37	ARI
10	17:10	TAU
13	05:35	GEM
15	17:34	CAN
18	03:09	LEO
20	09:46	VIR
22	13:57	LIB
24	16:47	ESC
26	19:16	SAG
28	22:13	CAP

MARZO

2	02:11	ACU
4	07:45	PIS
6	15:26	ARI
9	01:36	TAU
11	13:44	GEM
14	02:08	CAN
16	12:32	LEO
18	19:27	VIR
20	23:00	LIB
23	00:28	ESC
25	01:29	SAG
27	03:37	CAP
29	07:47	ACU
31	14:13	PIS

ABRIL

2	22:46	ARI
5	09:12	TAU
7	21:13	GEM
10	09:53	CAN
12	21:15	LEO
15	05:21	VIR
17	09:27	LIB
19	10:24	ESC
21	10:05	SAG
23	10:33	CAP
25	13:30	ACU
27	19:39	PIS
30	04:39	ARI

MAYO

2	15:37	TAU
5	03:48	GEM
7	16:31	CAN
10	04:30	LEO
12	13:57	VIR
14	19:29	LIB
16	21:11	ESC
18	20:34	SAG
20	19:49	CAP
22	21:05	ACU
25	01:50	PIS
27	10:16	ARI
29	21:23	TAU

JUNIO

1	09:48	GEM
3	22:27	CAN
6	10:29	LEO
8	20:41	VIR
11	03:41	LIB
13	06:57	ESC
15	07:17	SAG
17	06:29	CAP
19	06:43	ACU
21	09:52	PIS
23	16:56	ARI
26	03:28	TAU
28	15:52	GEM

JULIO

1	04:28	CAN
3	16:11	LEO
6	02:16	VIR
8	09:55	LIB
10	14:37	ESC
12	16:32	SAG
14	16:49	CAP
16	17:11	ACU
18	19:31	PIS
21	01:12	ARI
23	10:37	TAU
25	22:37	GEM
28	11:12	CAN
30	22:38	LEO

AGOSTO

2	08:05	VIR
4	15:20	LIB
6	20:24	ESC
8	23:32	SAG
11	01:21	CAP
13	02:52	ACU
15	05:29	PIS
17	10:32	ARI
19	18:54	TAU
22	06:15	GEM
24	18:48	CAN
27	06:19	LEO
29	15:19	VIR
31	21:38	LIB

SEPTIEMBRE

3	01:55	ESC
5	15:01	SAG
7	07:41	CAP
9	10:33	ACU
11	14:17	PIS
13	19:42	ARI
16	03:39	TAU
18	14:24	GEM
21	02:55	CAN
23	14:53	LEO
26	00:07	VIR
28	05:54	LIB
30	09:00	ESC

OCTUBRE

2	10:55	SAG
4	13:03	CAP
6	16:20	ACU
8	21:07	PIS
11	03:31	ARI
13	11:50	TAU
15	22:23	GEM
18	10:48	CAN
20	23:22	LEO
23	09:33	VIR
25	15:49	LIB
27	18:27	ESC
29	19:03	SAG
31	19:39	CAP

NOVIEMBRE

2	21:53	ACU
5	02:35	PIS
7	09:40	ARI
9	18:44	TAU
12	05:35	GEM
14	17:57	CAN
17	06:51	LEO
19	18:11	VIR
22	01:52	LIB
24	05:18	ESC
26	05:38	SAG
28	04:58	CAP
30	05:26	ACU

DICIEMBRE

2	08:39	PIS
4	15:11	ARI
7	00:34	TAU
9	11:53	GEM
12	00:21	CAN
14	13:13	LEO
17	01:07	VIR
19	10:15	LIB
21	15:26	ESC
23	16:56	SAG
25	16:19	CAP
27	15:41	ACU
29	17:06	PIS
31	21:57	ARI

1925

ENERO
3	06:31	TAU
5	17:53	GEM
8	06:33	CAN
10	19:14	LEO
13	06:55	VIR
15	16:33	LIB
17	23:12	ESC
20	02:34	SAG
22	03:23	CAP
24	03:09	ACU
26	03:46	PIS
28	07:00	ARI
30	13:58	TAU

FEBRERO
2	00:33	GEM
4	13:11	CAN
7	01:50	LEO
9	13:01	VIR
11	22:06	LIB
14	04:55	ESC
16	09:28	SAG
18	12:02	CAP
20	13:21	ACU
22	14:37	PIS
24	17:22	ARI
26	23:04	TAU

MARZO
1	08:26	GEM
3	20:38	CAN
6	09:23	LEO
8	20:24	VIR
11	04:44	LIB
13	10:38	ESC
15	14:52	SAG
17	18:07	CAP
19	20:51	ACU
21	23:34	PIS
24	03:04	ARI
26	08:35	TAU
28	17:08	GEM
31	04:43	CAN

ABRIL
2	17:33	LEO
5	04:55	VIR
7	13:05	LIB
9	18:04	ESC
11	21:06	SAG
13	23:32	CAP
16	02:23	ACU
18	06:03	PIS
20	10:45	ARI
22	17:00	TAU
25	01:33	GEM
27	12:46	CAN
30	01:37	LEO

MAYO
2	13:38	VIR
4	22:26	LIB
7	03:22	ESC
9	05:28	SAG
11	06:30	CAP
13	08:09	ACU
15	11:24	PIS
17	16:35	ARI
19	23:42	TAU
22	08:51	GEM
24	20:08	CAN
27	08:59	LEO
29	21:36	VIR

JUNIO
1	07:31	LIB
3	13:22	ESC
5	15:34	SAG
7	15:45	CAP
9	15:54	ACU
11	17:40	PIS
13	22:03	ARI
16	05:16	TAU
18	14:57	GEM
21	02:37	CAN
23	15:31	LEO
26	04:22	VIR
28	15:15	LIB
30	22:33	ESC

JULIO
3	01:55	SAG
5	02:24	CAP
7	01:49	ACU
9	02:06	PIS
11	04:53	ARI
13	11:05	TAU
15	20:38	GEM
18	08:33	CAN
20	21:32	LEO
23	10:18	VIR
25	21:30	LIB
28	05:57	ESC
30	10:56	SAG

AGOSTO
1	12:47	CAP
3	12:41	ACU
5	12:23	PIS
7	13:46	ARI
9	18:25	TAU
12	02:57	GEM
14	14:39	CAN
17	03:41	LEO
19	16:13	VIR
22	03:06	LIB
24	11:45	ESC
26	17:50	SAG
28	21:19	CAP
30	22:41	ACU

SEPTIEMBRE
1	23:03	PIS
4	00:02	ARI
6	03:28	TAU
8	10:39	GEM
10	21:35	CAN
13	10:30	LEO
15	22:57	VIR
18	09:18	LIB
20	17:18	ESC
22	23:17	SAG
25	03:37	CAP
27	06:29	ACU
29	08:19	PIS

OCTUBRE
1	10:06	ARI
3	13:20	TAU
5	19:35	GEM
8	05:33	CAN
10	18:09	LEO
13	06:44	VIR
15	16:58	LIB
18	00:13	ESC
20	05:12	SAG
22	08:58	CAP
24	12:13	ACU
26	15:15	PIS
28	18:24	ARI
30	22:29	TAU

NOVIEMBRE
2	04:44	GEM
4	14:06	CAN
7	02:16	LEO
9	15:07	VIR
12	01:52	LIB
14	09:06	ESC
16	13:13	SAG
18	15:39	CAP
20	17:48	ACU
22	20:38	PIS
25	00:32	ARI
27	05:46	TAU
29	12:51	GEM

DICIEMBRE
1	22:19	CAN
4	10:13	LEO
6	23:14	VIR
9	10:53	LIB
11	19:04	ESC
13	23:23	SAG
16	00:59	CAP
18	01:36	ACU
20	02:52	PIS
22	05:57	ARI
24	11:25	TAU
26	19:19	GEM
29	05:27	CAN
31	17:27	LEO

1926

ENERO		
3	06:26	VIR
5	18:44	LIB
8	04:20	ESC
10	10:02	SAG
12	12:09	CAP
14	12:07	ACU
16	11:48	PIS
18	13:04	ARI
20	17:16	TAU
23	00:55	GEM
25	11:30	CAN
27	23:52	LEO
30	12:49	VIR

FEBRERO		
2	01:11	LIB
4	11:40	ESC
6	19:02	SAG
8	22:50	CAP
10	23:37	ACU
12	22:57	PIS
14	22:48	ARI
17	01:09	TAU
19	07:22	GEM
21	17:28	CAN
24	06:00	LEO
26	19:00	VIR

MARZO		
1	07:04	LIB
3	17:28	ESC
6	01:40	SAG
8	07:07	CAP
10	09:40	ACU
12	10:04	PIS
14	09:52	ARI
16	11:07	TAU
18	15:42	GEM
21	00:31	CAN
23	12:36	LEO
26	01:37	VIR
28	13:27	LIB
30	23:17	ESC

ABRIL		
2	07:08	SAG
4	13:05	CAP
6	17:01	ACU
8	19:04	PIS
10	20:03	ARI
12	21:31	TAU
15	01:21	GEM
17	08:55	CAN
19	20:07	LEO
22	08:59	VIR
24	20:52	LIB
27	06:19	ESC
29	13:19	SAG

MAYO		
1	18:33	CAP
3	22:32	ACU
6	01:32	PIS
8	03:55	ARI
10	06:34	TAU
12	10:46	GEM
14	17:53	CAN
17	04:20	LEO
19	16:55	VIR
22	05:04	LIB
24	14:42	ESC
26	21:14	SAG
29	01:24	CAP
31	04:19	ACU

JUNIO		
2	06:53	PIS
4	09:46	ARI
6	13:29	TAU
8	18:43	GEM
11	02:15	CAN
13	12:29	LEO
16	00:49	VIR
18	13:19	LIB
20	23:40	ESC
23	06:35	SAG
25	10:18	CAP
27	12:01	ACU
29	13:14	PIS

JULIO		
1	15:14	ARI
3	18:59	TAU
6	00:57	GEM
8	09:17	CAN
10	19:51	LEO
13	08:08	VIR
15	20:52	LIB.
18	08:08	ESC
20	16:11	SAG
22	20:28	CAP
24	21:48	ACU
26	21:46	PIS
28	22:13	ARI
31	00:47	TAU

AGOSTO		
2	06:25	GEM
4	15:08	CAN
7	02:13	LEO
9	14:39	VIR
12	03:27	LIB
14	15:18	ESC
17	00:40	SAG
19	06:24	CAP
21	08:31	ACU
23	08:14	PIS
25	07:30	ARI
27	08:25	TAU
29	12:40	GEM
31	20:49	CAN

SEPTIEMBRE		
3	08:01	LEO
5	20:41	VIR
8	09:23	LIB
10	21:16	ESC
13	07:22	SAG
15	14:37	CAP
17	18:23	ACU
19	19:07	PIS
21	18:20	ARI
23	18:13	TAU
25	20:51	GEM
28	03:35	CAN
30	14:11	LEO

OCTUBRE		
3	02:49	VIR
5	15:29	LIB
8	02:59	ESC
10	12:54	SAG
12	20:47	CAP
15	02:03	ACU
17	04:30	PIS
19	04:56	ARI
21	05:01	TAU
23	06:50	GEM
25	12:09	CAN
27	21:31	LEO
30	09:43	VIR

NOVIEMBRE		
1	22:23	LIB
4	09:38	ESC
6	18:52	SAG
9	02:11	CAP
11	07:42	ACU
13	11:22	PIS
15	13:28	ARI
17	14:54	TAU
19	17:10	GEM
21	21:55	CAN
24	06:10	LEO
26	17:36	VIR
29	06:14	LIB

DICIEMBRE		
1	17:40	ESC
4	02:32	SAG
6	08:53	CAP
8	13:22	ACU
10	16:44	PIS
12	19:33	ARI
14	22:23	TAU
17	02:00	GEM
19	07:20	CAN
21	15:17	LEO
24	02:03	VIR
26	14:31	LIB
29	02:29	ESC
31	11:50	SAG

1927

ENERO

2	17:52	CAP
4	21:11	ACU
6	23:06	PIS
9	01:00	ARI
11	03:56	TAU
13	08:31	GEM
15	14:59	CAN
17	23:32	LEO
20	10:10	VIR
22	22:27	LIB
25	10:54	ESC
27	21:21	SAG
30	04:12	CAP

FEBRERO

1	07:22	ACU
3	08:07	PIS
5	08:20	ARI
7	09:51	TAU
9	13:55	GEM
11	20:51	CAN
14	06:12	LEO
16	17:16	VIR
19	05:31	LIB
21	18:09	ESC
24	05:35	SAG
26	13:56	CAP
28	18:14	ACU

MARZO

2	19:06	PIS
4	18:19	ARI
6	18:07	TAU
8	20:29	GEM
11	02:30	CAN
13	11:52	LEO
15	23:23	VIR
18	11:49	LIB
21	00:21	ESC
23	12:07	SAG
25	21:39	CAP
28	03:39	ACU
30	05:53	PIS

ABRIL

1	05:31	ARI
3	04:36	TAU
5	05:25	GEM
7	09:43	CAN
9	18:00	LEO
12	05:19	VIR
14	17:54	LIB
17	06:20	ESC
19	17:49	SAG
22	03:36	CAP
24	10:43	ACU
26	14:38	PIS
28	15:44	ARI
30	15:29	TAU

MAYO

2	15:53	GEM
4	18:52	CAN
7	01:39	LEO
9	12:03	VIR
12	00:27	LIB
14	12:52	ESC
16	23:58	SAG
19	09:11	CAP
21	16:16	ACU
23	21:02	PIS
25	23:38	ARI
28	00:51	TAU
30	02:03	GEM

JUNIO

1	04:50	CAN
3	10:38	LEO
5	19:56	VIR
8	07:50	LIB
10	20:16	ESC
13	07:16	SAG
15	15:52	CAP
17	22:05	ACU
20	02:25	PIS
22	05:29	ARI
24	07:54	TAU
26	10:27	GEM
28	14:04	CAN
30	19:49	LEO

JULIO

3	04:27	VIR
5	15:48	LIB
8	04:17	ESC
10	15:37	SAG
13	00:07	CAP
15	05:31	ACU
17	08:43	PIS
19	10:58	ARI
21	13:24	TAU
23	16:46	GEM
25	21:31	CAN
28	04:01	LEO
30	12:42	VIR

AGOSTO

1	23:44	LIB
4	12:16	ESC
7	00:14	SAG
9	09:23	CAP
11	14:46	ACU
13	17:05	PIS
15	17:58	ARI
17	19:12	TAU
19	22:09	GEM
22	03:19	CAN
24	10:39	LEO
26	19:56	VIR
29	07:03	LIB
31	19:36	ESC

SEPTIEMBRE

3	08:10	SAG
5	18:29	CAP
8	00:50	ACU
10	03:16	PIS
12	03:18	ARI
14	03:03	TAU
16	04:29	GEM
18	08:50	CAN
20	16:13	LEO
23	02:02	VIR
25	13:30	LIB
28	02:06	ESC
30	14:54	SAG

OCTUBRE

3	02:13	CAP
5	10:07	ACU
7	13:50	PIS
9	14:15	ARI
11	13:18	TAU
13	13:12	GEM
15	15:50	CAN
17	22:07	LEO
20	07:43	VIR
22	19:28	LIB
25	08:09	ESC
27	20:48	SAG
30	08:23	CAP

NOVIEMBRE

1	17:27	ACU
3	22:56	PIS
6	00:54	ARI
8	00:37	TAU
10	00:04	GEM
12	01:16	CAN
14	05:49	LEO
16	14:14	VIR
19	01:41	LIB
21	14:26	ESC
24	02:54	SAG
26	14:01	CAP
28	23:07	ACU

DICIEMBRE

1	05:37	PIS
3	09:20	ARI
5	10:47	TAU
7	11:11	GEM
9	12:11	CAN
11	15:32	LEO
13	22:25	VIR
16	08:55	LIB
18	21:32	ESC
21	09:59	SAG
23	20:38	CAP
26	04:55	ACU
28	11:00	PIS
30	15:19	ARI

1928

ENERO

1	18:15	TAU
3	20:20	GEM
5	22:28	CAN
8	01:53	LEO
10	07:54	VIR
12	17:18	LIB
15	05:27	ESC
17	18:07	SAG
20	04:50	CAP
22	12:28	ACU
24	17:25	PIS
26	20:48	ARI
28	23:43	TAU
31	02:47	GEM

FEBRERO

2	06:22	CAN
4	10:53	LEO
6	17:10	VIR
9	02:04	LIB
11	13:42	ESC
14	02:32	SAG
16	13:54	CAP
18	21:47	ACU
21	02:06	PIS
23	04:09	ARI
25	05:42	TAU
27	08:08	GEM
29	12:05	CAN

MARZO

2	17:38	LEO
5	00:52	VIR
7	10:05	LIB
9	21:31	ESC
12	10:25	SAG
14	22:34	CAP
17	07:31	ACU
19	12:20	PIS
21	13:54	ARI
23	14:06	TAU
25	14:54	GEM
27	17:42	CAN
29	23:05	LEO

ABRIL

1	06:54	VIR
3	16:47	LIB
6	04:28	ESC
8	17:20	SAG
11	05:57	CAP
13	16:07	ACU
15	22:20	PIS
18	00:40	ARI
20	00:36	TAU
22	00:09	GEM
24	01:14	CAN
26	05:12	LEO
28	12:29	VIR
30	22:36	LIB

MAYO

3	10:38	ESC
5	23:33	SAG
8	12:09	CAP
10	22:58	ACU
13	06:35	PIS
15	10:30	ARI
17	11:26	TAU
19	10:57	GEM
21	10:58	CAN
23	13:17	LEO
25	19:07	VIR
28	04:37	LIB
30	16:41	ESC

JUNIO

2	05:38	SAG
4	18:00	CAP
7	04:41	ACU
9	12:55	PIS
11	18:14	ARI
13	20:46	TAU
15	21:24	GEM
17	21:35	CAN
19	23:03	LEO
22	03:27	VIR
24	11:43	LIB
26	23:17	ESC
29	12:14	SAG

JULIO

2	00:24	CAP
4	10:32	ACU
6	18:23	PIS
9	00:04	ARI
11	03:49	TAU
13	06:00	GEM
15	07:20	CAN
17	09:06	LEO
19	12:53	VIR
21	20:02	LIB
24	06:48	ESC
26	19:35	SAG
29	07:47	CAP
31	17:34	ACU

AGOSTO

3	00:35	PIS
5	05:53	ARI
7	09:19	TAU
9	12:22	GEM
11	15:04	CAN
13	17:57	LEO
15	22:08	VIR
18	04:53	LIB
20	14:57	ESC
23	03:29	SAG
25	15:59	CAP
28	01:57	ACU
30	08:31	PIS

SEPTIEMBRE

1	12:27	ARI
3	15:07	TAU
5	17:43	GEM
7	20:52	CAN
10	00:50	LEO
12	06:02	VIR
14	13:13	LIB
16	23:05	ESC
19	11:24	SAG
22	00:16	CAP
24	11:02	ACU
26	18:02	PIS
28	21:31	ARI
30	23:00	TAU

OCTUBRE

3	00:10	GEM
5	02:21	CAN
7	06:18	LEO
9	12:14	VIR
11	20:15	LIB
14	06:29	ESC
16	18:45	SAG
19	07:51	CAP
21	19:34	ACU
24	03:50	PIS
26	08:05	ARI
28	09:16	TAU
30	09:11	GEM

NOVIEMBRE

1	09:41	CAN
3	12:14	LEO
5	17:42	VIR
8	02:05	LIB
10	12:54	ESC
13	01:21	SAG
15	14:26	CAP
18	02:40	ACU
20	12:20	PIS
22	18:14	ARI
24	20:31	TAU
26	20:24	GEM
28	19:44	CAN
30	20:29	LEO

DICIEMBRE

3	00:17	VIR
5	07:53	LIB
7	18:46	ESC
10	07:30	SAG
12	20:30	CAP
15	08:36	ACU
17	18:49	PIS
20	02:16	ARI
22	06:25	TAU
24	07:40	GEM
26	07:17	CAN
28	07:07	LEO
30	09:13	VIR

1929

ENERO		
1	15:09	LIB
4	01:10	ESC
6	13:50	SAG
9	02:51	CAP
11	14:33	ACU
14	00:22	PIS
16	08:07	ARI
18	13:37	TAU
20	16:44	GEM
22	17:52	CAN
24	18:17	LEO
26	19:48	VIR
29	00:19	LIB
31	08:57	ESC

FEBRERO		
2	20:59	SAG
5	10:01	CAP
7	21:35	ACU
10	06:43	PIS
12	13:41	ARI
14	19:02	TAU
16	23:02	GEM
19	01:45	CAN
21	03:41	LEO
23	05:59	VIR
25	10:15	LIB
27	17:54	ESC

MARZO		
2	05:03	SAG
4	17:55	CAP
7	05:45	ACU
9	14:44	PIS
11	20:52	ARI
14	01:05	TAU
16	04:24	GEM
18	07:24	CAN
20	10:28	LEO
22	14:05	VIR
24	19:12	LIB
27	02:50	ESC
29	13:26	SAG

ABRIL		
1	02:03	CAP
3	14:18	ACU
5	23:52	PIS
8	05:58	ARI
10	09:17	TAU
12	11:13	GEM
14	13:05	CAN
16	15:51	LEO
18	20:06	VIR
21	02:14	LIB
23	10:35	ESC
25	21:16	SAG
28	09:43	CAP
30	22:19	ACU

MAYO		
3	08:51	PIS
5	15:51	ARI
7	19:18	TAU
9	20:22	GEM
11	20:45	CAN
13	22:03	LEO
16	01:34	VIR
18	07:53	LIB
20	16:54	ESC
23	04:04	SAG
25	16:35	CAP
28	05:18	ACU
30	16:38	PIS

JUNIO		
2	00:58	ARI
4	05:35	TAU
6	06:57	GEM
8	06:35	CAN
10	06:25	LEO
12	08:20	VIR
14	13:39	LIB
16	22:33	ESC
19	10:03	SAG
21	22:45	CAP
24	11:24	ACU
26	22:59	PIS
29	08:22	ARI

JULIO		
1	14:32	TAU
3	17:14	GEM
5	17:21	CAN
7	16:37	LEO
9	17:10	VIR
11	20:54	LIB
14	04:45	ESC
16	16:00	SAG
19	04:48	CAP
21	17:20	ACU
24	04:40	PIS
26	14:13	ARI
28	21:25	TAU
31	01:43	GEM

AGOSTO		
2	03:16	CAN
4	03:11	LEO
6	03:23	VIR
8	05:56	LIB
10	12:22	ESC
12	22:45	SAG
15	11:21	CAP
17	23:50	ACU
20	10:46	PIS
22	19:47	ARI
25	02:56	TAU
27	08:03	GEM
29	11:04	CAN
31	12:27	LEO

SEPTIEMBRE		
2	13:27	VIR
4	15:51	LIB
6	21:21	ESC
9	06:39	SAG
11	18:45	CAP
14	07:17	ACU
16	18:07	PIS
19	02:31	ARI
21	08:46	TAU
23	13:25	GEM
25	16:52	CAN
27	19:28	LEO
29	21:52	VIR

OCTUBRE		
2	01:10	LIB
4	06:40	ESC
6	15:19	SAG
9	02:50	CAP
11	15:26	ACU
14	02:40	PIS
16	11:02	ARI
18	16:29	TAU
20	19:55	GEM
22	22:24	CAN
25	00:55	LEO
27	04:09	VIR
29	08:39	LIB
31	15:02	ESC

NOVIEMBRE		
2	23:47	SAG
5	10:57	CAP
7	23:33	ACU
10	11:31	PIS
12	20:43	ARI
15	02:19	TAU
17	04:53	GEM
19	05:53	CAN
21	06:58	LEO
23	09:32	VIR
25	14:23	LIB
27	21:40	ESC
30	07:08	SAG

DICIEMBRE		
2	18:26	CAP
5	06:58	ACU
7	19:28	PIS
10	05:58	ARI
12	12:50	TAU
14	15:49	GEM
16	16:05	CAN
18	15:35	LEO
20	16:22	VIR
22	20:03	LIB
25	03:12	ESC
27	13:12	SAG
30	00:56	CAP

·1930·

ENERO

1	13:30	ACU
4	02:05	PIS
6	13:28	ARI
8	21:59	TAU
11	02:35	GEM
13	03:35	CAN
15	02:38	LEO
17	01:57	VIR
19	03:45	LIB
21	09:25	ESC
23	18:56	SAG
26	06:53	CAP
28	19:35	ACU
31	07:59	PIS

FEBRERO

2	19:23	ARI
5	04:49	TAU
7	11:08	GEM
9	13:56	CAN
11	14:01	LEO
13	13:14	VIR
15	13:51	LIB
17	17:45	ESC
20	01:49	SAG
22	13:13	CAP
25	01:57	ACU
27	14:13	PIS

MARZO

2	01:09	ARI
4	10:19	TAU
6	17:16	GEM
8	21:35	CAN
10	23:26	LEO
12	23:54	VIR
15	00:44	LIB
17	03:46	ESC
19	10:24	SAG
21	20:40	CAP
24	09:05	ACU
26	21:24	PIS
29	08:00	ARI
31	16:24	TAU

ABRIL

2	22:43	GEM
5	03:11	CAN
7	06:09	LEO
9	08:11	VIR
11	10:17	LIB
13	13:45	ESC
15	19:50	SAG
18	05:08	CAP
20	16:59	ACU
23	05:24	PIS
25	16:10	ARI
28	00:09	TAU
30	05:26	GEM

MAYO

2	08:54	CAN
4	11:32	LEO
6	14:11	VIR
8	17:30	LIB
10	22:07	ESC
13	04:39	SAG
15	13:40	CAP
18	01:04	ACU
20	13:34	PIS
23	00:56	ARI
25	09:16	TAU
27	14:07	GEM
29	16:26	CAN
31	17:45	LEO

JUNIO

2	19:37	VIR
4	23:04	LIB
7	04:30	ESC
9	11:56	SAG
11	21:21	CAP
14	08:39	ACU
16	21:12	PIS
19	09:15	ARI
21	18:36	TAU
24	00:01	GEM
26	01:58	CAN
28	02:07	LEO
30	02:29	VIR

JULIO

2	04:47	LIB
4	09:56	ESC
6	17:50	SAG
9	03:50	CAP
11	15:23	ACU
14	03:58	PIS
16	16:26	ARI
19	02:55	TAU
21	09:40	GEM
23	12:23	CAN
25	12:19	LEO
27	11:35	VIR
29	12:18	LIB
31	16:05	ESC

AGOSTO

2	23:25	SAG
5	09:35	CAP
7	21:27	ACU
10	10:03	PIS
12	22:33	ARI
15	09:38	TAU
17	17:46	GEM
19	22:02	CAN
21	22:58	LEO
23	22:14	VIR
25	21:58	LIB
28	00:11	ESC
30	06:05	SAG

SEPTIEMBRE

1	15:36	CAP
4	03:28	ACU
6	16:07	PIS
9	04:22	ARI
11	15:18	TAU
14	00:01	GEM
16	05:43	CAN
18	08:19	LEO
20	08:46	VIR
22	08:44	LIB
24	10:08	ESC
26	14:35	SAG
28	22:49	CAP

OCTUBRE

1	10:10	ACU
3	22:48	PIS
6	10:52	ARI
8	21:15	TAU
11	05:30	GEM
13	11:30	CAN
15	15:20	LEO
17	17:26	VIR
19	18:44	LIB
21	20:33	ESC
24	00:24	SAG
26	07:27	CAP
28	17:54	ACU
31	06:23	PIS

NOVIEMBRE

2	18:35	ARI
5	04:38	TAU
7	11:59	GEM
9	17:05	CAN
11	20:46	LEO
13	23:42	VIR
16	02:27	LIB
18	05:37	ESC
20	10:01	SAG
22	16:42	CAP
25	02:23	ACU
27	14:33	PIS
30	03:07	ARI

DICIEMBRE

2	13:32	TAU
4	20:32	GEM
7	00:32	CAN
9	02:53	LEO
11	05:04	VIR
13	08:05	LIB
15	12:20	ESC
17	17:55	SAG
20	01:12	CAP
22	10:44	ACU
24	22:36	PIS
27	11:30	ARI
29	22:52	TAU

1931

ENERO

1	06:35	GEM
3	10:21	CAN
5	11:32	LEO
7	12:06	VIR
9	13:49	LIB
11	17:41	ESC
13	23:51	SAG
16	08:02	CAP
18	18:04	ACU
21	05:55	PIS
23	18:55	ARI
26	07:10	TAU
28	16:19	GEM
30	21:10	CAN

FEBRERO

1	22:25	LEO
3	21:57	VIR
5	21:55	LIB
8	00:05	ESC
10	05:22	SAG
12	13:39	CAP
15	00:15	ACU
17	12:24	PIS
20	01:21	ARI
22	13:54	TAU
25	00:13	GEM
27	06:47	CAN

MARZO

1	09:25	LEO
3	09:21	VIR
5	08:33	LIB
7	09:03	ESC
9	12:30	SAG
11	19:39	CAP
14	06:04	ACU
16	18:27	PIS
19	07:24	ARI
21	19:45	TAU
24	06:19	GEM
26	14:05	CAN
28	18:29	LEO
30	19:58	VIR

ABRIL

1	19:50	LIB
3	19:51	ESC
5	21:52	SAG
8	03:21	CAP
10	12:40	ACU
13	00:49	PIS
15	13:48	ARI
18	01:51	TAU
20	11:56	GEM
22	19:43	CAN
25	01:04	LEO
27	04:10	VIR
29	05:35	LIB

MAYO

1	06:26	ESC
3	08:14	SAG
5	12:36	CAP
7	20:37	ACU
10	08:02	PIS
12	20:57	ARI
15	08:55	TAU
17	18:27	GEM
20	01:26	CAN
22	06:28	LEO
24	10:07	VIR
26	12:51	LIB
28	15:08	ESC
30	17:48	SAG

JUNIO

1	22:08	CAP
4	05:24	ACU
6	16:01	PIS
9	04:44	ARI
11	16:55	TAU
14	02:22	GEM
16	08:38	CAN
18	12:37	LEO
20	15:33	VIR
22	18:23	LIB
24	21:35	ESC
27	01:27	SAG
29	06:35	CAP

JULIO

1	13:57	ACU
4	00:10	PIS
6	12:40	ARI
9	01:14	TAU
11	11:14	GEM
13	17:31	CAN
15	20:42	LEO
17	22:22	VIR
20	00:06	LIB
22	02:57	ESC
24	07:19	SAG
26	13:23	CAP
28	21:25	ACU
31	07:46	PIS

AGOSTO

2	20:10	ARI
5	09:05	TAU
7	20:02	GEM
10	03:11	CAN
12	06:31	LEO
14	07:26	VIR
16	07:45	LIB
18	09:11	ESC
20	12:47	SAG
22	18:59	CAP
25	03:38	ACU
27	14:28	PIS
30	02:57	ARI

SEPTIEMBRE

1	15:59	TAU
4	03:44	GEM
6	12:15	CAN
8	16:48	LEO
10	18:04	VIR
12	17:43	LIB
14	17:41	ESC
16	19:40	SAG
19	00:48	CAP
21	09:18	ACU
23	20:29	PIS
26	09:10	ARI
28	22:07	TAU

OCTUBRE

1	10:04	GEM
3	19:38	CAN
6	01:50	LEO
8	04:35	VIR
10	04:50	LIB
12	04:17	ESC
14	04:51	SAG
16	08:19	CAP
18	15:39	ACU
21	02:33	PIS
23	15:21	ARI
26	04:12	TAU
28	15:48	GEM
31	01:27	CAN

NOVIEMBRE

2	08:40	LEO
4	13:08	VIR
6	15:03	LIB
8	15:21	ESC
10	15:39	SAG
12	17:52	CAP
14	23:41	ACU
17	09:33	PIS
19	22:09	ARI
22	11:00	TAU
24	22:12	GEM
27	07:10	CAN
29	14:06	LEO

DICIEMBRE

1	19:17	VIR
3	22:45	LIB
6	00:43	ESC
8	02:04	SAG
10	04:18	CAP
12	09:10	ACU
14	17:51	PIS
17	05:50	ARI
19	18:46	TAU
22	06:00	GEM
24	14:22	CAN
26	20:17	LEO
29	00:41	VIR
31	04:18	LIB

1932

ENERO
2	07:24	ESC
4	10:16	SAG
6	13:37	CAP
8	18:44	ACU
11	02:50	PIS
13	14:08	ARI
16	03:03	TAU
18	14:48	GEM
20	23:23	CAN
23	04:40	LEO
25	07:47	VIR
27	10:08	LIB
29	12:43	ESC
31	16:07	SAG

FEBRERO
2	20:39	CAP
5	02:49	ACU
7	11:15	PIS
9	22:18	ARI
12	11:05	TAU
14	23:28	GEM
17	09:03	CAN
19	14:49	LEO
21	17:25	VIR
23	18:22	LIB
25	19:20	ESC
27	21:39	SAG

MARZO
1	02:07	CAP
3	09:01	ACU
5	18:16	PIS
8	05:36	ARI
10	18:20	TAU
13	07:03	GEM
15	17:46	CAN
18	00:56	LEO
20	04:19	VIR
22	04:57	LIB
24	04:35	ESC
26	05:07	SAG
28	08:08	CAP
30	14:31	ACU

ABRIL
2	00:05	PIS
4	11:53	ARI
7	00:44	TAU
9	13:27	GEM
12	00:47	CAN
14	09:22	LEO
16	14:22	VIR
18	16:00	LIB
20	15:34	ESC
22	14:58	SAG
24	16:15	CAP
26	21:05	ACU
29	05:56	PIS

MAYO
1	17:47	ARI
4	06:46	TAU
6	19:20	GEM
9	06:35	CAN
11	15:47	LEO
13	22:14	VIR
16	01:33	LIB
18	02:15	ESC
20	01:48	SAG
22	02:13	CAP
24	05:31	ACU
26	12:58	PIS
29	00:09	ARI
31	13:05	TAU

JUNIO
3	01:33	GEM
5	12:21	CAN
7	21:15	LEO
10	04:07	VIR
12	08:42	LIB
14	11:00	ESC
16	11:46	SAG
18	12:31	CAP
20	15:12	ACU
22	21:26	PIS
25	07:34	ARI
27	20:08	TAU
30	08:35	GEM

JULIO
2	19:07	CAN
5	03:19	LEO
7	09:33	VIR
9	14:13	LIB
11	17:28	ESC
13	19:38	SAG
15	21:36	CAP
18	00:45	ACU
20	06:35	PIS
22	15:52	ARI
25	03:55	TAU
27	16:27	GEM
30	03:08	CAN

AGOSTO
1	10:57	LEO
3	16:15	VIR
5	19:56	LIB
7	22:50	ESC
10	01:32	SAG
12	04:39	CAP
14	08:54	ACU
16	15:14	PIS
19	00:18	ARI
21	11:56	TAU
24	00:34	GEM
26	11:50	CAN
28	20:03	LEO
31	00:59	VIR

SEPTIEMBRE
2	03:32	LIB
4	05:06	ESC
6	07:00	SAG
8	10:12	CAP
10	15:16	ACU
12	22:31	PIS
15	08:01	ARI
17	19:34	TAU
20	08:14	GEM
22	20:14	CAN
25	05:32	LEO
27	11:07	VIR
29	13:22	LIB

OCTUBRE
1	13:44	ESC
3	14:03	SAG
5	16:00	CAP
7	20:44	ACU
10	04:27	PIS
12	14:36	ARI
15	02:24	TAU
17	15:03	GEM
20	03:27	CAN
22	13:57	LEO
24	21:03	VIR
27	00:16	LIB
29	00:31	ESC
30	23:40	SAG

NOVIEMBRE
1	23:55	CAP
4	03:06	ACU
6	10:07	PIS
8	20:25	ARI
11	08:34	TAU
13	21:14	GEM
16	09:32	CAN
18	20:36	LEO
21	05:09	VIR
23	10:08	LIB
25	11:38	ESC
27	10:59	SAG
29	10:17	CAP

DICIEMBRE
1	11:47	ACU
3	17:08	PIS
6	02:35	ARI
8	14:42	TAU
11	03:26	GEM
13	15:28	CAN
16	02:13	LEO
18	11:09	VIR
20	17:32	LIB
22	20:53	ESC
24	21:43	SAG
26	21:31	CAP
28	22:23	ACU
31	02:17	PIS

1933

ENERO

2	10:14	ARI
4	21:37	TAU
7	10:20	GEM
9	22:17	CAN
12	08:27	LEO
14	16:42	VIR
16	23:03	LIB
19	03:25	ESC
21	05:55	SAG
23	07:18	CAP
25	08:57	ACU
27	12:31	PIS
29	19:21	ARI

FEBRERO

1	05:40	TAU
3	18:05	GEM
6	06:14	CAN
8	16:17	LEO
10	23:43	VIR
13	04:59	LIB
15	08:47	ESC
17	11:43	SAG
19	14:23	CAP
21	17:29	ACU
23	21:56	PIS
26	04:43	ARI
28	14:20	TAU

MARZO

3	02:18	GEM
5	14:43	CAN
8	01:18	LEO
10	08:42	VIR
12	13:03	LIB
14	15:28	ESC
16	17:19	SAG
18	19:47	CAP
20	23:39	ACU
23	05:16	PIS
25	12:50	ARI
27	22:32	TAU
30	10:14	GEM

ABRIL

1	22:50	CAN
4	10:17	LEO
6	18:33	VIR
8	23:01	LIB
11	00:32	ESC
13	00:52	SAG
15	01:54	CAP
17	05:03	ACU
19	10:54	PIS
21	19:14	ARI
24	05:31	TAU
26	17:18	GEM
29	05:59	CAN

MAYO

1	18:07	LEO
4	03:41	VIR
6	09:17	LIB
8	11:07	ESC
10	10:43	SAG
12	10:15	CAP
14	11:46	ACU
16	16:34	PIS
19	00:46	ARI
21	11:27	TAU
23	23:32	GEM
26	12:12	CAN
29	00:34	LEO
31	11:06	VIR

JUNIO

2	18:15	LIB
4	21:25	ESC
6	21:32	SAG
8	20:33	CAP
10	20:41	ACU
12	23:50	PIS
15	06:51	ARI
17	17:12	TAU
20	05:26	GEM
22	18:07	CAN
25	06:17	LEO
27	17:01	VIR
30	01:11	LIB

JULIO

2	05:57	ESC
4	07:32	SAG
6	07:16	CAP
8	07:05	ACU
10	09:02	PIS
12	14:31	ARI
14	23:49	TAU
17	11:45	GEM
20	00:25	CAN
22	12:19	LEO
24	22:36	VIR
27	06:45	LIB
29	12:22	ESC
31	15:27	SAG

AGOSTO

2	16:41	CAP
4	17:22	ACU
6	19:11	PIS
8	23:41	ARI
11	07:45	TAU
13	18:58	GEM
16	07:33	CAN
18	19:23	LEO
21	05:08	VIR
23	12:30	LIB
25	17:45	ESC
27	21:21	SAG
29	23:52	CAP

SEPTIEMBRE

1	02:00	ACU
3	04:44	PIS
5	09:15	ARI
7	16:35	TAU
10	03:01	GEM
12	15:25	CAN
15	03:31	LEO
17	13:14	VIR
19	19:52	LIB
22	00:00	ESC
24	02:49	SAG
26	05:23	CAP
28	08:27	ACU
30	12:27	PIS

OCTUBRE

2	17:51	ARI
5	01:18	TAU
7	11:18	GEM
9	23:30	CAN
12	12:02	LEO
14	22:25	VIR
17	05:08	LIB
19	08:28	ESC
21	09:54	SAG
23	11:14	CAP
25	13:49	ACU
27	18:18	PIS
30	00:41	ARI

NOVIEMBRE

1	08:53	TAU
3	19:02	GEM
6	07:05	CAN
8	19:58	LEO
11	07:24	VIR
13	15:13	LIB
15	18:52	ESC
17	19:35	SAG
19	19:24	CAP
21	20:21	ACU
23	23:50	PIS
26	06:13	ARI
28	15:03	TAU

DICIEMBRE

1	01:45	GEM
3	13:53	CAN
6	02:49	LEO
8	15:00	VIR
11	00:19	LIB
13	05:27	ESC
15	06:49	SAG
17	06:08	CAP
19	05:38	ACU
21	07:15	PIS
23	12:16	ARI
25	20:43	TAU
28	07:43	GEM
30	20:07	CAN

1934

ENERO

2	08:56	LEO
4	21:09	VIR
7	07:21	LIB
9	14:11	ESC
11	17:18	SAG
13	17:37	CAP
15	16:56	ACU
17	17:18	PIS
19	20:28	ARI
22	03:27	TAU
24	13:54	GEM
27	02:24	CAN
29	15:12	LEO

FEBRERO

1	03:01	VIR
3	13:00	LIB
5	20:32	ESC
8	01:15	SAG
10	03:24	CAP
12	03:57	ACU
14	04:28	PIS
16	06:40	ARI
18	12:04	TAU
20	21:17	GEM
23	09:23	CAN
25	22:14	LEO
28	09:46	VIR

MARZO

2	19:02	LIB
5	01:59	ESC
7	06:59	SAG
9	10:22	CAP
11	12:36	ACU
13	14:26	PIS
15	17:00	ARI
17	21:46	TAU
20	05:52	GEM
22	17:13	CAN
25	06:03	LEO
27	17:45	VIR
30	02:37	LIB

ABRIL

1	08:36	ESC
3	12:37	SAG
5	15:46	CAP
7	18:43	ACU
9	21:52	PIS
12	01:40	ARI
14	06:56	TAU
16	14:42	GEM
19	01:27	CAN
21	14:10	LEO
24	02:20	VIR
26	11:33	LIB
28	17:07	ESC
30	20:02	SAG

MAYO

2	21:54	CAP
5	00:06	ACU
7	03:26	PIS
9	08:09	ARI
11	14:24	TAU
13	22:38	GEM
16	09:18	CAN
18	21:55	LEO
21	10:36	VIR
23	20:43	LIB
26	02:52	ESC
28	05:29	SAG
30	06:12	CAP

JUNIO

1	06:56	ACU
3	09:07	PIS
5	13:32	ARI
7	20:17	TAU
10	05:14	GEM
12	16:14	CAN
15	04:53	LEO
17	17:52	VIR
20	04:59	LIB
22	12:25	ESC
24	15:50	SAG
26	16:25	CAP
28	16:03	ACU
30	16:38	PIS

JULIO

2	19:39	ARI
5	01:48	TAU
7	10:56	GEM
9	22:21	CAN
12	11:08	LEO
15	00:07	VIR
17	11:48	LIB
19	20:31	ESC
22	01:28	SAG
24	03:04	CAP
26	02:44	ACU
28	02:21	PIS
30	03:46	ARI

AGOSTO

1	08:25	TAU
3	16:49	GEM
6	04:13	CAN
8	17:08	LEO
11	05:59	VIR
13	17:33	LIB
16	02:51	ESC
18	09:12	SAG
20	12:27	CAP
22	13:19	ACU
24	13:08	PIS
26	13:44	ARI
28	16:55	TAU
30	23:56	GEM

SEPTIEMBRE

2	10:41	CAN
4	23:32	LEO
7	12:17	VIR
9	23:23	LIB
12	08:20	ESC
14	15:04	SAG
16	19:36	CAP
18	22:07	ACU
20	23:14	PIS
23	00:13	ARI
25	02:47	TAU
27	08:34	GEM
29	18:15	CAN

OCTUBRE

2	06:45	LEO
4	19:31	VIR
7	06:21	LIB
9	14:32	ESC
11	20:32	SAG
14	01:04	CAP
16	04:32	ACU
18	07:10	PIS
20	09:29	ARI
22	12:35	TAU
24	17:58	GEM
27	02:46	CAN
29	14:43	LEO

NOVIEMBRE

1	03:36	VIR
3	14:41	LIB
5	22:33	ESC
8	03:33	SAG
10	06:57	CAP
12	09:52	ACU
14	12:57	PIS
16	16:26	ARI
18	20:47	TAU
21	02:48	GEM
23	11:26	CAN
25	22:54	LEO
28	11:52	VIR
30	23:39	LIB

DICIEMBRE

3	08:06	ESC
5	12:53	SAG
7	15:09	CAP
9	16:34	ACU
11	18:31	PIS
13	21:51	ARI
16	02:57	TAU
18	09:58	GEM
20	19:11	CAN
23	06:38	LEO
25	19:32	VIR
28	08:00	LIB
30	17:42	ESC

1935

ENERO

1	23:27	SAG
4	01:44	CAP
6	02:04	ACU
8	02:18	PIS
10	04:03	ARI
12	08:25	TAU
14	15:43	GEM
17	01:38	CAN
19	13:27	LEO
22	02:20	VIR
24	15:00	LIB
27	01:46	ESC
29	09:11	SAG
31	12:48	CAP

FEBRERO

2	13:26	ACU
4	12:47	PIS
6	12:49	ARI
8	15:23	TAU
10	21:36	GEM
13	07:24	CAN
15	19:35	LEO
18	08:33	VIR
20	21:03	LIB
23	08:05	ESC
25	16:41	SAG
27	22:05	CAP

MARZO

2	00:16	ACU
4	00:13	PIS
5	23:41	ARI
8	00:43	TAU
10	05:12	GEM
12	13:52	CAN
15	01:48	LEO
17	14:52	VIR
20	03:08	LIB
22	13:45	ESC
24	22:24	SAG
27	04:49	CAP
29	08:42	ACU
31	10:15	PIS

ABRIL

2	10:32	ARI
4	11:18	TAU
6	14:35	GEM
8	21:49	CAN
11	08:52	LEO
13	21:47	VIR
16	10:01	LIB
18	20:10	ESC
21	04:06	SAG
23	10:14	CAP
25	14:44	ACU
27	17:40	PIS
29	19:27	ARI

MAYO

1	21:10	TAU
4	00:26	GEM
6	06:51	CAN
8	16:55	LEO
11	05:26	VIR
13	17:48	LIB
16	03:55	ESC
18	11:13	SAG
20	16:21	CAP
22	20:09	ACU
24	23:14	PIS
27	01:59	ARI
29	04:59	TAU
31	09:11	GEM

JUNIO

2	15:44	CAN
5	01:20	LEO
7	13:26	VIR
10	02:00	LIB
12	12:36	ESC
14	19:57	SAG
17	00:21	CAP
19	02:56	ACU
21	04:56	PIS
23	07:21	ARI
25	10:54	TAU
27	16:07	GEM
29	23:27	CAN

JULIO

2	09:13	LEO
4	21:09	VIR
7	09:53	LIB
9	21:15	ESC
12	05:28	SAG
14	10:03	CAP
16	11:54	ACU
18	12:31	PIS
20	13:33	ARI
22	16:21	TAU
24	21:42	GEM
27	05:44	CAN
29	16:04	LEO

AGOSTO

1	04:07	VIR
3	16:55	LIB
6	04:57	ESC
8	14:25	SAG
10	20:10	CAP
12	22:22	ACU
14	22:19	PIS
16	21:55	ARI
18	23:08	TAU
21	03:26	GEM
23	11:17	CAN
25	22:01	LEO
28	10:21	VIR
30	23:08	LIB

SEPTIEMBRE

2	11:22	ESC
4	21:49	SAG
7	05:08	CAP
9	08:44	ACU
11	09:15	PIS
13	08:21	ARI
15	08:11	TAU
17	10:48	GEM
19	17:27	CAN
22	03:50	LEO
24	16:19	VIR
27	05:06	LIB
29	17:06	ESC

OCTUBRE

2	03:41	SAG
4	12:03	CAP
6	17:21	ACU
8	19:27	PIS
10	19:21	ARI
12	18:54	TAU
14	20:18	GEM
17	01:21	CAN
19	10:36	LEO
21	22:45	VIR
24	11:32	LIB
26	23:15	ESC
29	09:18	SAG
31	17:31	CAP

NOVIEMBRE

2	23:38	ACU
5	03:21	PIS
7	04:54	ARI
9	05:29	TAU
11	06:53	GEM
13	10:57	CAN
15	18:51	LEO
18	06:11	VIR
20	18:53	LIB
23	06:36	ESC
25	16:09	SAG
27	23:29	CAP
30	05:00	ACU

DICIEMBRE

2	09:03	PIS
4	11:53	ARI
6	14:04	TAU
8	16:37	GEM
10	20:54	CAN
13	04:07	LEO
15	14:33	VIR
18	02:59	LIB
20	15:03	ESC
23	00:45	SAG
25	07:28	CAP
27	11:46	ACU
29	14:42	PIS
31	17:16	ARI

1936

ENERO

2	20:11	TAU
5	00:04	GEM
7	05:29	CAN
9	13:02	LEO
11	23:05	VIR
14	11:11	LIB
16	23:39	ESC
19	10:12	SAG
21	17:19	CAP
23	21:03	ACU
25	22:35	PIS
27	23:36	ARI
30	01:38	TAU

FEBRERO

1	05:39	GEM
3	11:58	CAN
5	20:26	LEO
8	06:48	VIR
10	18:46	LIB
13	07:25	ESC
15	18:57	SAG
18	03:21	CAP
20	07:47	ACU
22	08:56	PIS
24	08:35	ARI
26	08:51	TAU
28	11:30	GEM

MARZO

1	17:26	CAN
4	02:21	LEO
6	13:18	VIR
9	01:26	LIB
11	14:04	ESC
14	02:06	SAG
16	11:52	CAP
18	17:52	ACU
20	19:59	PIS
22	19:32	ARI
24	18:38	TAU
26	19:32	GEM
28	23:52	CAN
31	08:04	LEO

ABRIL

2	19:08	VIR
5	07:31	LIB
7	20:05	ESC
10	08:03	SAG
12	18:23	CAP
15	01:49	ACU
17	05:38	PIS
19	06:21	ARI
21	05:37	TAU
23	05:38	GEM
25	08:23	CAN
27	15:04	LEO
30	01:22	VIR

MAYO

2	13:43	LIB
5	02:17	ESC
7	13:54	SAG
9	23:57	CAP
12	07:48	ACU
14	12:53	PIS
16	15:14	ARI
18	15:48	TAU
20	16:12	GEM
22	18:20	CAN
24	23:42	LEO
27	08:48	VIR
29	20:39	LIB

JUNIO

1	09:12	ESC
3	20:38	SAG
6	06:03	CAP
8	13:18	ACU
10	18:27	PIS
12	21:47	ARI
14	23:49	TAU
17	01:30	GEM
19	04:09	CAN
21	09:06	LEO
23	17:16	VIR
26	04:24	LIB
28	16:53	ESC

JULIO

1	04:27	SAG
3	13:34	CAP
5	19:57	ACU
8	00:11	PIS
10	03:10	ARI
12	05:46	TAU
14	08:39	GEM
16	12:28	CAN
18	17:58	LEO
21	01:54	VIR
23	12:31	LIB
26	00:54	ESC
28	12:56	SAG
30	22:24	CAP

AGOSTO

2	04:26	ACU
4	07:36	PIS
6	09:22	ARI
8	11:12	TAU
10	14:12	GEM
12	18:52	CAN
15	01:20	LEO
17	09:45	VIR
19	20:17	LIB
22	08:36	ESC
24	21:10	SAG
27	07:35	CAP
29	14:13	ACU
31	17:06	PIS

SEPTIEMBRE

2	17:43	ARI
4	18:04	TAU
6	19:55	GEM
9	00:16	CAN
11	07:13	LEO
13	16:20	VIR
16	03:13	LIB
18	15:33	ESC
21	04:25	SAG
23	15:53	CAP
25	23:53	ACU
28	03:39	PIS
30	04:10	ARI

OCTUBRE

2	03:25	TAU
4	03:37	GEM
6	06:29	CAN
8	12:45	LEO
10	22:02	VIR
13	09:19	LIB
15	21:47	ESC
18	10:38	SAG
20	22:38	CAP
23	08:00	ACU
25	13:28	PIS
27	15:10	ARI
29	14:34	TAU
31	13:50	GEM

NOVIEMBRE

2	15:01	CAN
4	19:37	LEO
7	04:00	VIR
9	15:15	LIB
12	03:52	ESC
14	16:34	SAG
17	04:21	CAP
19	14:11	ACU
21	21:04	PIS
24	00:37	ARI
26	01:29	TAU
28	01:12	GEM
30	01:40	CAN

DICIEMBRE

2	04:44	LEO
4	11:31	VIR
6	21:56	LIB
9	10:28	ESC
11	23:07	SAG
14	10:26	CAP
16	19:43	ACU
19	02:44	PIS
21	07:27	ARI
23	10:06	TAU
25	11:25	GEM
27	12:37	CAN
29	15:14	LEO
31	20:46	VIR

1937

ENERO

3	05:55	LIB
5	17:58	ESC
8	06:43	SAG
10	17:54	CAP
13	02:25	ACU
15	08:29	PIS
17	12:49	ARI
19	16:07	TAU
21	18:54	GEM
23	21:38	CAN
26	01:08	LEO
28	06:31	VIR
30	14:50	LIB

FEBRERO

2	02:11	ESC
4	14:59	SAG
7	02:34	CAP
9	11:00	ACU
11	16:10	PIS
13	19:12	ARI
15	21:35	TAU
18	00:23	GEM
20	04:04	CAN
22	08:51	LEO
24	15:05	VIR
26	23:27	LIB

MARZO

1	10:23	ESC
3	23:08	SAG
6	11:23	CAP
8	20:36	ACU
11	01:50	PIS
13	04:00	ARI
15	04:54	TAU
17	06:19	GEM
19	09:26	CAN
21	14:36	LEO
23	21:44	VIR
26	06:47	LIB
28	17:51	ESC
31	06:33	SAG

ABRIL

2	19:17	CAP
5	05:39	ACU
7	12:00	PIS
9	14:29	ARI
11	14:40	TAU
13	14:35	GEM
15	16:03	CAN
17	20:12	LEO
20	03:16	VIR
22	12:51	LIB
25	00:21	ESC
27	13:05	SAG
30	01:57	CAP

MAYO

2	13:09	ACU
4	20:57	PIS
7	00:48	ARI
9	01:32	TAU
11	00:57	GEM
13	01:01	CAN
15	03:28	LEO
17	09:19	VIR
19	18:35	LIB
22	06:18	ESC
24	19:10	SAG
27	07:54	CAP
29	19:13	ACU

JUNIO

1	03:58	PIS
3	09:22	ARI
5	11:36	TAU
7	11:46	GEM
9	11:32	CAN
11	12:45	LEO
13	17:01	VIR
16	01:08	LIB
18	12:31	ESC
21	01:26	SAG
23	13:58	CAP
26	00:54	ACU
28	09:37	PIS
30	15:51	ARI

JULIO

2	19:35	TAU
4	21:16	GEM
6	21:54	CAN
8	22:59	LEO
11	02:16	VIR
13	09:04	LIB
15	19:36	ESC
18	08:20	SAG
20	20:51	CAP
23	07:20	ACU
25	15:21	PIS
27	21:16	ARI
30	01:32	TAU

AGOSTO

1	04:29	GEM
3	06:34	CAN
5	08:36	LEO
7	11:54	VIR
9	17:59	LIB
12	03:37	ESC
14	15:59	SAG
17	04:38	CAP
19	15:05	ACU
21	22:29	PIS
24	03:24	ARI
26	06:57	TAU
28	10:02	GEM
30	13:04	CAN

SEPTIEMBRE

1	16:21	LEO
3	20:35	VIR
6	02:48	LIB
8	12:00	ESC
10	23:59	SAG
13	12:52	CAP
15	23:51	ACU
18	07:19	PIS
20	11:31	ARI
22	13:50	TAU
24	15:46	GEM
26	18:25	CAN
28	22:14	LEO

OCTUBRE

1	03:29	VIR
3	10:32	LIB
5	19:55	ESC
8	07:44	SAG
10	20:47	CAP
13	08:38	ACU
15	17:04	PIS
17	21:33	ARI
19	23:10	TAU
21	23:40	GEM
24	00:47	CAN
26	03:43	LEO
28	09:02	VIR
30	16:47	LIB

NOVIEMBRE

2	02:49	ESC
4	14:46	SAG
7	03:50	CAP
9	16:19	ACU
12	02:08	PIS
14	08:00	ARI
16	10:12	TAU
18	10:10	GEM
20	09:48	CAN
22	10:55	LEO
24	14:56	VIR
26	22:22	LIB
29	08:46	ESC

DICIEMBRE

1	21:06	SAG
4	10:08	CAP
6	22:41	ACU
9	09:22	PIS
11	16:55	ARI
13	20:50	TAU
15	21:43	GEM
17	21:03	CAN
19	20:49	LEO
21	22:57	VIR
24	04:53	LIB
26	14:45	ESC
29	03:12	SAG
31	16:17	CAP

1938

ENERO

3	04:32	ACU
5	15:07	PIS
7	23:29	ARI
10	05:06	TAU
12	07:50	GEM
14	08:22	CAN
16	08:10	LEO
18	09:13	VIR
20	13:28	LIB
22	21:55	ESC
25	09:52	SAG
27	22:58	CAP
30	11:00	ACU

FEBRERO

1	20:59	PIS
4	04:55	ARI
6	10:59	TAU
8	15:08	GEM
10	17:26	CAN
12	18:34	LEO
14	19:57	VIR
16	23:28	LIB
19	06:37	ESC
21	17:34	SAG
24	06:28	CAP
26	18:36	ACU

MARZO

1	04:14	PIS
3	11:17	ARI
5	16:30	TAU
7	20:34	GEM
9	23:46	CAN
12	02:23	LEO
14	05:06	VIR
16	09:08	LIB
18	15:54	ESC
21	02:01	SAG
23	14:32	CAP
26	02:56	ACU
28	12:52	PIS
30	19:34	ARI

ABRIL

1	23:43	TAU
4	02:34	GEM
6	05:08	CAN
8	08:05	LEO
10	11:51	VIR
12	17:02	LIB
15	00:21	ESC
17	10:20	SAG
19	23:32	CAP
22	11:11	ACU
24	21:54	PIS
27	05:09	ARI
29	09:02	TAU

MAYO

1	10:45	GEM
3	11:51	CAN
5	13:42	LEO
7	17:17	VIR
9	23:06	LIB
12	07:16	ESC
14	17:41	SAG
17	05:51	CAP
19	18:38	ACU
22	06:09	PIS
24	14:36	ARI
26	19:17	TAU
28	20:52	GEM
30	20:53	CAN

JUNIO

1	21:09	LEO
3	23:22	VIR
6	04:36	LIB
8	13:01	ESC
10	23:58	SAG
13	12:21	CAP
16	01:08	ACU
18	13:03	PIS
20	22:40	ARI
23	04:50	TAU
25	07:25	GEM
27	07:28	CAN
29	06:46	LEO

JULIO

1	07:24	VIR
3	11:09	LIB
5	18:49	ESC
8	05:46	SAG
10	18:22	CAP
13	07:06	ACU
15	18:56	PIS
18	05:03	ARI
20	12:31	TAU
22	16:43	GEM
24	17:55	CAN
26	17:26	LEO
28	17:17	VIR
30	19:35	LIB

AGOSTO

2	01:50	ESC
4	12:02	SAG
7	00:34	CAP
9	13:15	ACU
12	00:45	PIS
14	10:35	ARI
16	18:26	TAU
18	23:51	GEM
21	02:40	CAN
23	03:27	LEO
25	03:43	VIR
27	05:26	LIB
29	10:26	ESC
31	19:28	SAG

SEPTIEMBRE

3	07:30	CAP
5	20:11	ACU
8	07:29	PIS
10	16:41	ARI
12	23:54	TAU
15	05:23	GEM
17	09:10	CAN
19	11:26	LEO
21	13:01	VIR
23	15:19	LIB
25	19:57	ESC
28	04:02	SAG
30	15:21	CAP

OCTUBRE

3	03:58	ACU
5	15:27	PIS
8	00:23	ARI
10	06:43	TAU
12	11:11	GEM
14	14:31	CAN
16	17:20	LEO
18	20:09	VIR
20	23:43	LIB
23	05:00	ESC
25	12:54	SAG
27	23:39	CAP
30	12:09	ACU

NOVIEMBRE

2	00:09	PIS
4	09:35	ARI
6	15:41	TAU
8	19:04	GEM
10	21:00	CAN
12	22:50	LEO
15	01:38	VIR
17	06:04	LIB
19	12:26	ESC
21	20:57	SAG
24	07:38	CAP
26	19:59	ACU
29	08:30	PIS

DICIEMBRE

1	19:03	ARI
4	02:01	TAU
6	05:19	GEM
8	06:08	CAN
10	06:18	LEO
12	07:38	VIR
14	11:28	LIB
16	18:13	ESC
19	03:31	SAG
21	14:39	CAP
24	02:59	ACU
26	15:41	PIS
29	03:15	ARI
31	11:48	TAU

1939

ENERO

2	16:20	GEM
4	17:20	CAN
6	16:32	LEO
8	16:08	VIR
10	18:11	LIB
12	23:54	ESC
15	09:10	SAG
17	20:44	CAP
20	09:15	ACU
22	21:51	PIS
25	09:42	ARI
27	19:29	TAU
30	01:50	GEM

FEBRERO

1	04:22	CAN
3	04:06	LEO
5	03:03	VIR
7	03:30	LIB
9	07:22	ESC
11	15:24	SAG
14	02:42	CAP
16	15:22	ACU
19	03:52	PIS
21	15:24	ARI
24	01:19	TAU
26	08:48	GEM
28	13:07	CAN

MARZO

2	14:30	LEO
4	14:17	VIR
6	14:26	LIB
8	17:00	ESC
10	23:23	SAG
13	09:36	CAP
15	22:02	ACU
18	10:32	PIS
20	21:41	ARI
23	06:59	TAU
25	14:15	GEM
27	19:20	CAN
29	22:15	LEO
31	22:39	VIR

ABRIL

3	00:49	LIB
5	03:22	ESC
7	08:48	SAG
9	17:47	CAP
12	05:34	ACU
14	18:05	PIS
17	05:14	ARI
19	13:57	TAU
21	20:17	GEM
24	00:44	CAN
26	03:55	LEO
28	06:27	VIR
30	09:02	LIB

MAYO

2	12:36	ESC
4	18:11	SAG
7	02:34	CAP
9	13:41	ACU
12	02:10	PIS
14	13:41	ARI
16	22:28	TAU
19	04:07	GEM
21	07:23	CAN
23	09:34	LEO
25	11:51	VIR
27	15:06	LIB
29	19:48	ESC

JUNIO

1	02:15	SAG
3	10:50	CAP
5	21:41	ACU
8	10:05	PIS
10	22:11	ARI
13	07:43	TAU
15	13:33	GEM
17	16:07	CAN
19	16:58	LEO
21	17:57	VIR
23	20:31	LIB
26	01:25	ESC
28	08:39	SAG
30	17:54	CAP

JULIO

3	04:54	ACU
5	17:18	PIS
8	05:50	ARI
10	16:27	TAU
12	23:21	GEM
15	02:16	CAN
17	02:31	LEO
19	02:08	VIR
21	03:11	LIB
23	07:04	ESC
25	14:10	SAG
27	23:51	CAP
30	11:15	ACU

AGOSTO

1	23:42	PIS
4	12:23	ARI
6	23:48	TAU
9	08:06	GEM
11	12:21	CAN
13	13:10	LEO
15	12:19	VIR
17	12:04	LIB
19	14:20	ESC
21	20:14	SAG
24	05:34	CAP
26	17:09	ACU
29	05:43	PIS
31	18:15	ARI

SEPTIEMBRE

3	05:48	TAU
5	15:02	GEM
7	20:52	CAN
9	23:12	LEO
11	23:09	VIR
13	22:39	LIB
15	23:44	ESC
18	04:02	SAG
20	12:11	CAP
22	23:24	ACU
25	12:00	PIS
28	00:22	ARI
30	11:29	TAU

OCTUBRE

2	20:38	GEM
5	03:17	CAN
7	07:10	LEO
9	08:46	VIR
11	09:16	LIB
13	10:19	ESC
15	13:36	SAG
17	20:22	CAP
20	06:40	ACU
22	19:06	PIS
25	07:28	ARI
27	18:09	TAU
30	02:31	GEM

NOVIEMBRE

1	08:42	CAN
3	13:02	LEO
5	15:57	VIR
7	18:03	LIB
9	20:14	ESC
11	23:42	SAG
14	05:42	CAP
16	15:01	ACU
19	03:00	PIS
21	15:36	ARI
24	02:23	TAU
26	10:09	GEM
28	15:12	CAN
30	18:34	LEO

DICIEMBRE

2	21:23	VIR
5	00:23	LIB
7	03:57	ESC
9	08:33	SAG
11	14:51	CAP
13	23:43	ACU
16	11:14	PIS
19	00:03	ARI
21	11:32	TAU
23	19:37	GEM
26	00:03	CAN
28	02:05	LEO
30	03:29	VIR

1940

ENERO

1	05:44	LIB
3	09:36	ESC
5	15:13	SAG
7	22:30	CAP
10	07:42	ACU
12	19:03	PIS
15	07:56	ARI
17	20:16	TAU
20	05:32	GEM
22	10:35	CAN
24	12:11	LEO
26	12:12	VIR
28	12:43	LIB
30	15:18	ESC

FEBRERO

1	20:36	SAG
4	04:27	CAP
6	14:22	ACU
9	01:59	PIS
11	14:50	ARI
14	03:36	TAU
16	14:10	GEM
18	20:47	CAN
20	23:19	LEO
22	23:12	VIR
24	22:29	LIB
26	23:14	ESC
29	02:55	SAG

MARZO

2	10:03	CAP
4	20:08	ACU
7	08:08	PIS
9	21:01	ARI
12	09:45	TAU
14	20:53	GEM
17	04:57	CAN
19	09:15	LEO
21	10:21	VIR
23	09:48	LIB
25	09:34	ESC
27	11:31	SAG
29	17:00	CAP

ABRIL

1	02:14	ACU
3	14:11	PIS
6	03:10	ARI
8	15:39	TAU
11	02:33	GEM
13	11:04	CAN
15	16:44	LEO
17	19:35	VIR
19	20:23	LIB
21	20:33	ESC
23	21:49	SAG
26	01:50	CAP
28	09:39	ACU
30	20:56	PIS

MAYO

3	09:52	ARI
5	22:13	TAU
8	08:34	GEM
10	16:34	CAN
12	22:23	LEO
15	02:18	VIR
17	04:41	LIB
19	06:12	ESC
21	08:00	SAG
23	11:35	CAP
25	18:19	ACU
28	04:39	PIS
30	17:19	ARI

JUNIO

2	05:44	TAU
4	15:50	GEM
6	23:02	CAN
9	04:01	LEO
11	07:41	VIR
13	10:44	LIB
15	13:32	ESC
17	16:34	SAG
19	20:45	CAP
22	03:15	ACU
24	12:56	PIS
27	01:13	ARI
29	13:53	TAU

JULIO

2	00:16	GEM
4	07:11	CAN
6	11:13	LEO
8	13:45	VIR
10	16:07	LIB
12	19:07	ESC
14	23:05	SAG
17	04:18	CAP
19	11:22	ACU
21	20:59	PIS
24	09:02	ARI
26	21:57	TAU
29	09:04	GEM
31	16:32	CAN

AGOSTO

2	20:20	LEO
4	21:51	VIR
6	22:50	LIB
9	00:46	ESC
11	04:29	SAG
13	10:15	CAP
15	18:08	ACU
18	04:10	PIS
20	16:14	ARI
23	05:17	TAU
25	17:13	GEM
28	01:54	CAN
30	06:32	LEO

SEPTIEMBRE

1	07:57	VIR
3	07:54	LIB
5	08:17	ESC
7	10:36	SAG
9	15:46	CAP
11	23:52	ACU
14	10:26	PIS
16	22:43	ARI
19	11:46	TAU
22	00:06	GEM
24	09:58	CAN
26	16:09	LEO
28	18:42	VIR
30	18:47	LIB

OCTUBRE

2	18:12	ESC
4	18:54	SAG
6	22:29	CAP
9	05:44	ACU
11	16:48	PIS
14	04:50	ARI
16	17:50	TAU
19	06:00	GEM
21	16:18	CAN
23	23:51	LEO
26	04:10	VIR
28	05:37	LIB
30	05:25	ESC

NOVIEMBRE

1	05:21	SAG
3	07:23	CAP
5	13:04	ACU
7	22:46	PIS
10	11:13	ARI
13	00:13	TAU
15	12:01	GEM
17	21:53	CAN
20	05:39	LEO
22	11:11	VIR
24	14:25	LIB
26	15:45	ESC
28	16:19	SAG
30	17:51	CAP

DICIEMBRE

2	22:13	ACU
5	06:36	PIS
7	18:27	ARI
10	07:28	TAU
12	19:08	GEM
15	04:20	CAN
17	11:17	LEO
19	16:35	VIR
21	20:37	LIB
23	23:30	ESC
26	01:37	SAG
28	03:59	CAP
30	08:09	ACU

1941

ENERO
1	15:35	PIS
4	02:35	ARI
6	15:29	TAU
9	03:27	GEM
11	12:34	CAN
13	18:40	LEO
15	22:46	VIR
18	02:00	LIB
20	05:40	ESC
22	08:17	SAG
24	12:01	CAP
26	17:06	ACU
29	00:35	PIS
31	11:02	ARI

FEBRERO
2	23:41	TAU
5	12:10	GEM
7	21:58	CAN
10	04:08	LEO
12	07:22	VIR
14	09:08	LIB
16	10:53	ESC
18	13:37	SAG
20	17:54	CAP
23	00:02	ACU
25	08:19	PIS
27	18:55	ARI

MARZO
2	07:24	TAU
4	20:12	GEM
7	07:04	CAN
9	14:19	LEO
11	17:52	VIR
13	18:52	LIB
15	19:03	ESC
17	20:08	SAG
19	23:25	CAP
22	05:34	ACU
24	14:30	PIS
27	01:40	ARI
29	14:14	TAU

ABRIL
1	03:07	GEM
3	14:44	CAN
5	23:26	LEO
8	04:21	VIR
10	05:55	LIB
12	05:32	ESC
14	05:08	SAG
16	06:39	CAP
18	11:31	ACU
20	20:07	PIS
23	07:35	ARI
25	20:23	TAU
28	09:11	GEM
30	20:56	CAN

MAYO
3	06:34	LEO
5	13:06	VIR
7	16:12	LIB
9	16:34	ESC
11	15:50	SAG
13	16:04	CAP
15	19:15	ACU
18	02:34	PIS
20	13:34	ARI
23	02:27	TAU
25	15:10	GEM
28	02:37	CAN
30	12:16	LEO

JUNIO
1	19:39	VIR
4	00:17	LIB
6	02:14	ESC
8	02:24	SAG
10	02:32	CAP
12	04:42	ACU
14	10:34	PIS
16	20:31	ARI
19	09:03	TAU
21	21:45	GEM
24	08:51	CAN
26	17:55	LEO
29	01:03	VIR

JULIO
1	06:17	LIB
3	09:34	ESC
5	11:14	SAG
7	12:21	CAP
9	14:36	ACU
11	19:42	PIS
14	04:35	ARI
16	16:30	TAU
19	05:10	GEM
21	16:15	CAN
24	00:48	LEO
26	07:04	VIR
28	11:14	LIB
30	15:09	ESC

AGOSTO
1	17:50	SAG
3	20:17	CAP
5	23:32	ACU
8	04:51	PIS
10	13:13	ARI
13	00:32	TAU
15	13:10	GEM
18	00:38	CAN
20	09:16	LEO
22	14:53	VIR
24	18:22	LIB
26	20:49	ESC
28	23:13	SAG
31	02:18	CAP

SEPTIEMBRE
2	06:39	ACU
4	12:52	PIS
6	21:29	ARI
9	08:32	TAU
11	21:06	GEM
14	09:09	CAN
16	18:36	LEO
19	00:29	VIR
21	03:18	LIB
23	04:24	ESC
25	05:25	SAG
27	07:45	CAP
29	12:17	ACU

OCTUBRE
1	19:18	PIS
4	04:38	ARI
6	15:52	TAU
9	04:23	GEM
11	16:53	CAN
14	03:29	LEO
16	10:36	VIR
18	13:54	LIB
20	14:26	ESC
22	14:01	SAG
24	14:40	CAP
26	18:03	ACU
29	00:51	PIS
31	10:38	ARI

NOVIEMBRE
2	22:19	TAU
5	10:53	GEM
7	23:26	CAN
10	10:49	LEO
12	19:29	VIR
15	00:22	LIB
17	01:40	ESC
19	00:54	SAG
21	00:12	CAP
23	01:47	ACU
25	07:09	PIS
27	16:27	ARI
30	04:19	TAU

DICIEMBRE
2	17:00	GEM
5	05:22	CAN
7	16:43	LEO
10	02:13	VIR
12	08:46	LIB
14	11:52	ESC
16	12:10	SAG
18	11:27	CAP
20	11:54	ACU
22	15:33	PIS
24	23:24	ARI
27	10:43	TAU
29	23:27	GEM

1942

ENERO
1	11:42	CAN
3	22:33	LEO
6	07:43	VIR
8	14:49	LIB
10	19:25	ESC
12	21:32	SAG
14	22:07	CAP
16	22:53	ACU
19	01:43	PIS
21	08:08	ARI
23	18:19	TAU
26	06:44	GEM
28	19:04	CAN
31	05:37	LEO

FEBRERO
2	13:58	VIR
4	20:18	LIB
7	00:56	ESC
9	04:07	SAG
11	06:19	CAP
13	08:28	ACU
15	11:51	PIS
17	17:47	ARI
20	02:58	TAU
22	14:48	GEM
25	03:16	CAN
27	14:06	LEO

MARZO
1	22:06	VIR
4	03:23	LIB
6	06:50	ESC
8	09:28	SAG
10	12:09	CAP
12	15:31	ACU
14	20:09	PIS
17	02:41	ARI
19	11:39	TAU
21	23:01	GEM
24	11:33	CAN
26	23:05	LEO
29	07:37	VIR
31	12:37	LIB

ABRIL
2	14:55	ESC
4	16:05	SAG
6	17:42	CAP
8	20:57	ACU
11	02:20	PIS
13	09:49	ARI
15	19:18	TAU
18	06:37	GEM
20	19:10	CAN
23	07:22	LEO
25	17:03	VIR
27	22:50	LIB
30	00:59	ESC

MAYO
2	01:03	SAG
4	01:05	CAP
6	02:56	ACU
8	07:44	PIS
10	15:32	ARI
13	01:37	TAU
15	13:15	GEM
18	01:49	CAN
20	14:21	LEO
23	01:08	VIR
25	08:22	LIB
27	11:32	ESC
29	11:39	SAG
31	10:44	CAP

JUNIO
2	11:00	ACU
4	14:14	PIS
6	21:11	ARI
9	07:16	TAU
11	19:12	GEM
14	07:50	CAN
16	20:20	LEO
19	07:34	VIR
21	16:05	LIB
23	20:51	ESC
25	22:09	SAG
27	21:30	CAP
29	21:01	ACU

JULIO
1	22:46	PIS
4	04:11	ARI
6	13:23	TAU
9	01:10	GEM
11	13:52	CAN
14	02.08	LEO
16	13:09	VIR
18	22:02	LIB
21	04:02	ESC
23	06:58	SAG
25	07:38	CAP
27	07:37	ACU
29	08:49	PIS
31	12:56	ARI

AGOSTO
2	20:48	TAU
5	07:55	GEM
7	20:31	CAN
10	08:40	LEO
12	19:09	VIR
15	03:31	LIB
17	09:38	ESC
19	13:35	SAG
21	15:47	CAP
23	17:07	ACU
25	18:56	PIS
27	22:39	ARI
30	05:29	TAU

SEPTIEMBRE
1	15:41	GEM
4	04:01	CAN
6	16:16	LEO
9	02:31	VIR
11	10:05	LIB
13	15:19	ESC
15	18:58	SAG
17	21:48	CAP
20	00:27	ACU
22	03:34	PIS
24	07:57	ARI
26	14:35	TAU
29	00:05	GEM

OCTUBRE
1	12:04	CAN
4	00:36	LEO
6	11:14	VIR
8	18:33	LIB
10	22:47	ESC
13	01:11	SAG
15	03:14	CAP
17	06:01	ACU
19	10:05	PIS
21	15:37	ARI
23	22:52	TAU
26	08:19	GEM
28	20:00	CAN
31	08:49	LEO

NOVIEMBRE
2	20:19	VIR
5	04:22	LIB
7	08:27	ESC
9	09:47	SAG
11	10:18	CAP
13	11:49	ACU
15	15:28	PIS
17	21:31	ARI
20	05:38	TAU
22	15:35	GEM
25	03:17	CAN
27	16:10	LEO
30	04:30	VIR

DICIEMBRE
2	13:56	LIB
4	19:07	ESC
6	20:34	SAG
8	20:07	CAP
10	19:57	ACU
12	21:56	PIS
15	03:05	ARI
17	11:17	TAU
19	21:46	GEM
22	09:46	CAN
24	22:36	LEO
27	11:11	VIR
29	21:45	LIB

1943

ENERO

1	04:40	ESC
3	07:34	SAG
5	07:35	CAP
7	06:42	ACU
9	07:03	PIS
11	10:21	ARI
13	17:22	TAU
16	03:39	GEM
18	15:54	CAN
21	04:44	LEO
23	17:03	VIR
26	03:47	LIB
28	11:51	ESC
30	16:34	SAG

FEBRERO

1	18:16	CAP
3	18:11	ACU
5	18:08	PIS
7	20:01	ARI
10	01:18	TAU
12	10:25	GEM
14	22:25	CAN
17	11:19	LEO
19	23:20	VIR
22	09:30	LIB
24	17:25	ESC
26	22:59	SAG

MARZO

1	02:19	CAP
3	03:57	ACU
5	04:55	PIS
7	06:42	ARI
9	10:54	TAU
11	18:39	GEM
14	05:51	CAN
16	18:41	LEO
19	06:43	VIR
21	16:21	LIB
23	23:23	ESC
26	04:24	SAG
28	08:05	CAP
30	10:57	ACU

ABRIL

1	13:27	PIS
3	16:18	ARI
5	20:38	TAU
8	03:42	GEM
10	14:03	CAN
13	02:40	LEO
15	14:59	VIR
18	00:41	LIB
20	07:04	ESC
22	10:57	SAG
24	13:40	CAP
26	16:21	ACU
28	19:36	PIS
30	23:40	ARI

MAYO

3	04:57	TAU
5	12:16	GEM
7	22:17	CAN
10	10:39	LEO
12	23:22	VIR
15	09:45	LIB
17	16:20	ESC
19	19:33	SAG
21	21:00	CAP
23	22:23	ACU
26	00:58	PIS
28	05:17	ARI
30	11:25	TAU

JUNIO

1	19:30	GEM
4	05:46	CAN
6	18:03	LEO
9	07:04	VIR
11	18:22	LIB
14	01:59	ESC
16	05:36	SAG
18	06:30	CAP
20	06:34	ACU
22	07:37	PIS
24	10:53	ARI
26	16:52	TAU
29	01:27	GEM

JULIO

1	12:14	CAN
4	00:40	LEO
6	13:45	VIR
9	01:45	LIB
11	10:41	ESC
13	15:37	SAG
15	17:07	CAP
17	16:46	ACU
19	16:31	PIS
21	18:09	ARI
23	22:53	TAU
26	07:04	GEM
28	18:04	CAN
31	06:43	LEO

AGOSTO

2	19:46	VIR
5	07:52	LIB
7	17:40	ESC
10	00:09	SAG
12	03:10	CAP
14	03:37	ACU
16	03:07	PIS
18	03:33	ARI
20	06:40	TAU
22	13:35	GEM
25	00:07	CAN
27	12:50	LEO
30	01:47	VIR

SEPTIEMBRE

1	13:34	LIB
3	23:21	ESC
6	06:39	SAG
8	11:14	CAP
10	13:18	ACU
12	13:47	PIS
14	14:09	ARI
16	16:15	TAU
18	21:43	GEM
21	07:11	CAN
23	19:34	LEO
26	08:31	VIR
28	19:57	LIB

OCTUBRE

1	05:05	ESC
3	12:03	SAG
5	17:11	CAP
7	20:40	ACU
9	22:45	PIS
12	00:12	ARI
14	02:26	TAU
16	07:07	GEM
18	15:28	CAN
21	03:13	LEO
23	16:10	VIR
26	03:38	LIB
28	12:15	ESC
30	18:15	SAG

NOVIEMBRE

1	22:37	CAP
4	02:10	ACU
6	05:16	PIS
8	08:11	ARI
10	11:33	TAU
12	16:32	GEM
15	00:23	CAN
17	11:28	LEO
20	00:22	VIR
22	12:19	LIB
24	21:09	ESC
27	02:35	SAG
29	05:43	CAP

DICIEMBRE

1	08:02	ACU
3	10:36	PIS
5	14:00	ARI
7	18:30	TAU
10	00:33	GEM
12	08:47	CAN
14	19:37	LEO
17	08:23	VIR
19	20:56	LIB
22	06:46	ESC
24	12:44	SAG
26	15:24	CAP
28	16:21	ACU
30	17:17	PIS

1944

ENERO

1	19:34	ARI
3	23:59	TAU
6	06:45	GEM
8	15:48	CAN
11	02:58	LEO
13	15:39	VIR
16	04:29	LIB
18	15:28	ESC
20	22:54	SAG
23	02:27	CAP
25	03:10	ACU
27	02:48	PIS
29	03:15	ARI
31	06:07	TAU

FEBRERO

2	12:18	GEM
4	21:40	CAN
7	09:20	LEO
9	22:08	VIR
12	10:55	LIB
14	22:24	ESC
17	07:15	SAG
19	12:33	CAP
21	14:27	ACU
23	14:09	PIS `
25	13:31	ARI
27	14:36	TAU
29	19:06	GEM

MARZO

3	03:38	CAN
5	15:20	LEO
8	04:19	VIR
10	16:56	LIB
13	04:12	ESC
15	13:31	SAG
17	20:14	CAP
19	23:55	ACU
22	00:59	PIS
24	00:42	ARI
26	01:01	TAU
28	03:59	GEM
30	11:00	CAN

ABRIL

1	21:54	LEO
4	10:49	VIR
6	23:22	LIB
9	10:12	ESC
11	19:03	SAG
14	01:56	CAP
16	06:46	ACU
18	09:28	PIS
20	10:36	ARI
22	11:29	TAU
24	13:59	GEM
26	19:49	CAN
29	05:36	LEO

MAYO

1	18:05	VIR
4	06:40	LIB
6	17:18	ESC
9	01:27	SAG
11	07:33	CAP
13	12:10	ACU
15	15:35	PIS
17	18:04	ARI
19	20:16	TAU
21	23:27	GEM
24	05:04	CAN
26	14:05	LEO
29	01:59	VIR
31	14:38	LIB

JUNIO

3	01:32	ESC
5	09:28	SAG
7	14:41	CAP
9	18:12	ACU
11	20:59	PIS
13	23:41	ARI
16	02:52	TAU
18	07:11	GEM
20	13:29	CAN
22	22:26	LEO
25	09:58	VIR
27	22:40	LIB
30	10:11	ESC

JULIO

2	18:39	SAG
4	23:42	CAP
7	02:14	ACU
9	03:39	PIS
11	05:19	ARI
13	08:17	TAU
15	13:12	GEM
17	20:22	CAN
20	05:51	LEO
22	17:25	VIR
25	06:08	LIB
27	18:17	ESC
30	03:50	SAG

AGOSTO

1	09:43	CAP
3	12:11	ACU
5	12:35	PIS
7	12:44	ARI
9	14:20	TAU
11	18:39	GEM
14	02:04	CAN
16	12:08	LEO
19	00:01	VIR
21	12:46	LIB
24	01:13	ESC
26	11:52	SAG
28	19:13	CAP
30	22:45	ACU

SEPTIEMBRE

1	23:15	PIS
3	22:27	ARI
5	22:29	TAU
8	01:14	GEM
10	07:47	CAN
12	17:51	LEO
15	06:01	VIR
17	18:48	LIB
20	07:11	ESC
22	18:17	SAG
25	02:56	CAP
27	08:10	ACU
29	09:58	PIS

OCTUBRE

1	09:30	ARI
3	08:46	TAU
5	10:00	GEM
7	14:57	CAN
10	00:04	LEO
12	12:05	VIR
15	00:56	LIB
17	13:04	ESC
19	23:50	SAG
22	08:49	CAP
24	15:19	ACU
26	18:54	PIS
28	19:54	ARI
30	19:45	TAU

NOVIEMBRE

1	20:29	GEM
4	00:05	CAN
6	07:45	LEO
8	18:59	VIR
11	07:45	LIB
13	19:48	ESC
16	06:02	SAG
18	14:20	CAP
20	20:47	ACU
23	01:19	PIS
25	03:57	ARI
27	05:23	TAU
29	06:55	GEM

DICIEMBRE

1	10:17	CAN
3	16:53	LEO
6	03:04	VIR
8	15:29	LIB
11	03:42	ESC
13	13:51	SAG
15	21:22	CAP
18	02:44	ACU
20	06:40	PIS
22	09:43	ARI
24	12:25	TAU
26	15:26	GEM
28	19:44	CAN
31	02:20	LEO

1945

ENERO
2	11:49	VIR
4	23:44	LIB
7	12:13	ESC
9	22:56	SAG
12	06:28	CAP
14	10:57	ACU
16	13:28	PIS
18	15:21	ARI
20	17:48	TAU
22	21:35	GEM
25	03:05	CAN
27	10:33	LEO
29	20:09	VIR

FEBRERO
1	07:46	LIB
3	20:23	ESC
6	07:58	SAG
8	16:30	CAP
10	21:12	ACU
12	22:53	PIS
14	23:13	ARI
17	00:05	TAU
19	03:01	GEM
21	08:43	CAN
23	16:59	LEO
26	03:14	VIR
28	14:57	LIB

MARZO
3	03:33	ESC
5	15:45	SAG
8	01:38	CAP
10	07:40	ACU
12	09:50	PIS
14	09:33	ARI
16	08:55	TAU
18	10:05	GEM
20	14:32	CAN
22	22:32	LEO
25	09:11	VIR
27	21:15	LIB
30	09:50	ESC

ABRIL
1	22:08	SAG
4	08:52	CAP
6	16:29	ACU
8	20:11	PIS
10	20:38	ARI
12	19:40	TAU
14	19:31	GEM
16	22:14	CAN
19	04:52	LEO
21	15:04	VIR
24	03:15	LIB
26	15:53	ESC
29	03:56	SAG

MAYO
1	14:40	CAP
3	23:06	ACU
6	04:21	PIS
8	06:25	ARI
10	06:25	TAU
12	06:12	GEM
14	07:51	CAN
16	12:57	LEO
18	21:56	VIR
21	09:43	LIB
23	22:21	ESC
26	10:12	SAG
28	20:25	CAP
31	04:35	ACU

JUNIO
2	10:26	PIS
4	13:51	ARI
6	15:24	TAU
8	16:15	GEM
10	18:02	CAN
12	22:20	LEO
15	06:08	VIR
17	17:07	LIB
20	05:36	ESC
22	17:28	SAG
25	03:15	CAP
27	10:37	ACU
29	15:52	PIS

JULIO
1	19:30	ARI
3	22:05	TAU
6	00:20	GEM
8	03:11	CAN
10	07:44	LEO
12	14:58	VIR
15	01:13	LIB
17	13:29	ESC
20	01:36	SAG
22	11:29	CAP
24	18:17	ACU
26	22:27	PIS
29	01:08	ARI
31	03:29	TAU

AGOSTO
2	06:24	GEM
4	10:23	CAN
6	15:53	LEO
8	23:24	VIR
11	09:21	LIB
13	21:25	ESC
16	09:56	SAG
18	20:31	CAP
21	03:33	ACU
23	07:05	PIS
25	08:30	ARI
27	09:34	TAU
29	11:47	GEM
31	16:00	CAN

SEPTIEMBRE
2	22:20	LEO
5	06:37	VIR
7	16:49	LIB
10	04:48	ESC
12	17:38	SAG
15	05:12	CAP
17	13:20	ACU
19	17:19	PIS
21	18:11	ARI
23	17:54	TAU
25	18:32	GEM
27	21:39	CAN
30	03:47	LEO

OCTUBRE
2	12:34	VIR
4	23:17	LIB
7	11:24	ESC
10	00:18	SAG
12	12:33	CAP
14	22:07	ACU
17	03:34	PIS
19	05:09	ARI
21	04:31	TAU
23	03:50	GEM
25	05:11	CAN
27	09:56	LEO
29	18:12	VIR

NOVIEMBRE
1	05:08	LIB
3	17:30	ESC
6	06:19	SAG
8	18:36	CAP
11	04:59	ACU
13	12:05	PIS
15	15:25	ARI
17	15:48	TAU
19	15:03	GEM
21	15:14	CAN
23	18:12	LEO
26	01:00	VIR
28	11:19	LIB
30	23:43	ESC

DICIEMBRE
3	12:30	SAG
6	00:24	CAP
8	10:35	ACU
10	18:21	PIS
12	23:16	ARI
15	01:30	TAU
17	02:03	GEM
19	02:28	CAN
21	04:31	LEO
23	09:44	VIR
25	18:45	LIB
28	06:43	ESC
30	19:33	SAG

1946

ENERO
2	07:11	CAP
4	16:38	ACU
6	23:47	PIS
9	04:56	ARI
11	08:26	TAU
13	10:43	GEM
15	12:33	CAN
17	15:04	LEO
19	19:41	VIR
22	03:32	LIB
24	14:40	ESC
27	03:28	SAG
29	15:18	CAP

FEBRERO
1	00:24	ACU
3	06:33	PIS
5	10:38	ARI
7	13:47	TAU
9	16:46	GEM
11	19:59	CAN
13	23:51	LEO
16	05:03	VIR
18	12:36	LIB
20	23:05	ESC
23	11:41	SAG
26	00:02	CAP
28	09:35	ACU

MARZO
2	15:25	PIS
4	18:24	ARI
6	20:09	TAU
8	22:12	GEM
11	01:29	CAN
13	06:15	LEO
15	12:33	VIR
17	20:41	LIB
20	07:05	ESC
22	19:31	SAG
25	08:18	CAP
27	18:51	ACU
30	01:26	PIS

ABRIL
1	04:17	ARI
3	04:57	TAU
5	05:25	GEM
7	07:21	CAN
9	11:38	LEO
11	18:21	VIR
14	03:14	LIB
16	14:04	ESC
19	02:30	SAG
21	15:29	CAP
24	02:57	ACU
26	10:55	PIS
28	14:46	ARI
30	15:31	TAU

MAYO
2	15:04	GEM
4	15:23	CAN
6	18:05	LEO
8	23:58	VIR
11	08:54	LIB
13	20:09	ESC
16	08:46	SAG
18	21:42	CAP
21	09:32	ACU
23	18:39	PIS
26	00:05	ARI
28	02:04	TAU
30	01:55	GEM

JUNIO
1	01:29	CAN
3	02:40	LEO
5	06:57	VIR
7	14:57	LIB
10	02:05	ESC
12	14:51	SAG
15	03:40	CAP
17	15:16	ACU
20	00:43	PIS
22	07:20	ARI
24	10:56	TAU
26	12:08	GEM
28	12:11	CAN
30	12:48	LEO

JULIO
2	15:45	VIR
4	22:21	LIB
7	08:42	ESC
9	21:21	SAG
12	10:06	CAP
14	21:17	ACU
17	06:16	PIS
19	12:59	ARI
21	17:36	TAU
23	20:19	GEM
25	21:44	CAN
27	22:58	LEO
30	01:33	VIR

AGOSTO
1	07:05	LIB
3	16:23	ESC
6	04:37	SAG
8	17:24	CAP
11	04:24	ACU
13	12:41	PIS
15	18:37	ARI
17	23:00	TAU
20	02:23	GEM
22	05:07	CAN
24	07:38	LEO
26	10:54	VIR
28	16:15	LIB
31	00:50	ESC

SEPTIEMBRE
2	12:32	SAG
5	01:24	CAP
7	12:42	ACU
9	20:46	PIS
12	01:49	ARI
14	05:04	TAU
16	07:46	GEM
18	10:42	CAN
20	14:13	LEO
22	18:38	VIR
25	00:40	LIB
27	09:13	ESC
29	20:33	SAG

OCTUBRE
2	09:30	CAP
4	21:28	ACU
7	06:09	PIS
9	11:05	ARI
11	13:21	TAU
13	14:37	GEM
15	16:23	CAN
17	19:35	LEO
20	00:36	VIR
22	07:34	LIB
24	16:41	ESC
27	04:04	SAG
29	17:00	CAP

NOVIEMBRE
1	05:37	ACU
3	15:32	PIS
5	21:28	ARI
7	23:49	TAU
10	00:08	GEM
12	00:16	CAN
14	01:53	LEO
16	06:05	VIR
18	13:13	LIB
20	22:58	ESC
23	10:44	SAG
25	23:40	CAP
28	12:30	ACU
30	23:30	PIS

DICIEMBRE
3	07:06	ARI
5	10:49	TAU
7	11:30	GEM
9	10:50	CAN
11	10:47	LEO
13	13:09	VIR
15	19:08	LIB
18	04:43	ESC
20	16:49	SAG
23	05:51	CAP
25	18:30	ACU
28	05:44	PIS
30	14:31	ARI

1947

ENERO

1	20:06	TAU
3	22:26	GEM
5	22:28	CAN
7	21:54	LEO
9	22:45	VIR
12	02:54	LIB
14	11:16	ESC
16	23:03	SAG
19	12:11	CAP
22	00:37	ACU
24	11:23	PIS
26	20:11	ARI
29	02:46	TAU
31	06:52	GEM

FEBRERO

2	08:39	CAN
4	09:02	LEO
6	09:42	VIR
8	12:40	LIB
10	19:29	ESC
13	06:16	SAG
15	19:12	CAP
18	07:39	ACU
20	17:58	PIS
23	01:58	ARI
25	08:08	TAU
27	12:47	GEM

MARZO

1	15:59	CAN
3	18:00	LEO
5	19:47	VIR
7	22:51	LIB
10	04:51	ESC
12	14:34	SAG
15	03:01	CAP
17	15:36	ACU
20	01:58	PIS
22	09:23	ARI
24	14:29	TAU
26	18:16	GEM
28	21:26	CAN
31	00:22	LEO

ABRIL

2	03:31	VIR
4	07:40	LIB
6	13:57	ESC
8	23:13	SAG
11	11:09	CAP
13	23:52	ACU
16	10:48	PIS
18	18:26	ARI
20	22:56	TAU
23	01:28	GEM
25	03:23	CAN
27	05:44	LEO
29	09:16	VIR

MAYO

1	14:24	LIB
3	21:36	ESC
6	07:10	SAG
8	18:55	CAP
11	07:41	ACU
13	19:21	PIS
16	03:57	ARI
18	08:52	TAU
20	10:52	GEM
22	11:27	CAN
24	12:18	LEO
26	14:50	VIR
28	19:54	LIB
31	03:43	ESC

JUNIO

2	13:54	SAG
5	01:52	CAP
7	14:38	ACU
10	02:47	PIS
12	12:34	ARI
14	18:46	TAU
16	21:22	GEM
18	21:33	CAN
20	21:07	LEO
22	22:02	VIR
25	01:52	LIB
27	09:17	ESC
29	19:46	SAG

JULIO

2	08:03	CAP
4	20:50	ACU
7	09:03	PIS
9	19:35	ARI
12	03:12	TAU
14	07:17	GEM
16	08:15	CAN
18	07:35	LEO
20	07:19	VIR
22	09:34	LIB
24	15:41	ESC
27	01:41	SAG
29	14:02	CAP

AGOSTO

1	02:50	ACU
3	14:49	PIS
6	01:20	ARI
8	09:44	TAU
10	15:18	GEM
12	17:50	CAN
14	18:07	LEO
16	17:49	VIR
18	19:04	LIB
20	23:45	ESC
23	08:35	SAG
25	20:31	CAP
28	09:18	ACU
30	21:04	PIS

SEPTIEMBRE

2	07:03	ARI
4	15:11	TAU
6	21:19	GEM
9	01:12	CAN
11	03:03	LEO
13	03:51	VIR
15	05:17	LIB
17	09:11	ESC
19	16:50	SAG
22	03:58	CAP
24	16:38	ACU
27	04:25	PIS
29	13:59	ARI

OCTUBRE

1	21:16	TAU
4	02:44	GEM
6	06:47	CAN
8	09:42	LEO
10	11:57	VIR
12	14:32	LIB
14	18:46	ESC
17	01:53	SAG
19	12:14	CAP
22	00:39	ACU
24	12:46	PIS
26	22:31	ARI
29	05:16	TAU
31	09:36	GEM

NOVIEMBRE

2	12:32	CAN
4	15:04	LEO
6	17:55	VIR
8	21:43	LIB
11	03:03	ESC
13	10:34	SAG
15	20:37	CAP
18	08:45	ACU
20	21:17	PIS
23	07:54	ARI
25	15:06	TAU
27	18:56	GEM
29	20:31	CAN

DICIEMBRE

1	21:30	LEO
3	23:24	VIR
6	03:14	LIB
8	09:25	ESC
10	17:50	SAG
13	04:14	CAP
15	16:16	ACU
18	04:59	PIS
20	16:37	ARI
23	01:12	TAU
25	05:47	GEM
27	07:03	CAN
29	06:42	LEO
31	06:47	VIR

1948

ENERO

2	09:10	LIB
4	14:51	ESC
6	23:41	SAG
9	10:41	CAP
11	22:54	ACU
14	11:36	PIS
16	23:44	ARI
19	09:43	TAU
21	16:02	GEM
23	18:24	CAN
25	18:00	LEO
27	16:56	VIR
29	17:30	LIB
31	21:28	ESC

FEBRERO

3	05:26	SAG
5	16:30	CAP
8	04:59	ACU
10	17:37	PIS
13	05:38	ARI
15	16:09	TAU
17	23:56	GEM
20	04:09	CAN
22	05:07	LEO
24	04:23	VIR
26	04:06	LIB
28	06:24	ESC

MARZO

1	12:42	SAG
3	22:51	CAP
6	11:15	ACU
8	23:54	PIS
11	11:33	ARI
13	21:41	TAU
16	05:46	GEM
18	11:14	CAN
20	13:58	LEO
22	14:43	VIR
24	15:02	LIB
26	16:50	ESC
28	21:47	SAG
31	06:34	CAP

ABRIL

2	18:19	ACU
5	06:56	PIS
7	18:29	ARI
10	03:59	TAU
12	11:20	GEM
14	16:42	CAN
16	20:16	LEO
18	22:31	VIR
21	00:17	LIB
23	02:50	ESC
25	07:32	SAG
27	15:22	CAP
30	02:16	ACU

MAYO

2	14:44	PIS
5	02:29	ARI
7	11:48	TAU
9	18:20	GEM
11	22:39	CAN
14	01:39	LEO
16	04:15	VIR
18	07:07	LIB
20	10:56	ESC
22	16:22	SAG
25	00:08	CAP
27	10:31	ACU
29	22:46	PIS

JUNIO

1	10:55	ARI
3	20:44	TAU
6	03:07	GEM
8	06:29	CAN
10	08:12	LEO
12	09:49	VIR
14	12:34	LIB
16	17:04	ESC
18	23:29	SAG
21	07:51	CAP
23	18:16	ACU
26	06:24	PIS
28	18:56	ARI

JULIO

1	05:40	TAU
3	12:48	GEM
5	16:07	CAN
7	16:53	LEO
9	17:04	VIR
11	18:31	LIB
13	22:28	ESC
16	05:11	SAG
18	14:14	CAP
21	01:03	ACU
23	13:13	PIS
26	01:58	ARI
28	13:34	TAU
30	22:02	GEM

AGOSTO

2	02:21	CAN
4	03:14	LEO
6	02:33	VIR
8	02:30	LIB
10	04:57	ESC
12	10:50	SAG
14	19:52	CAP
17	07:03	ACU
19	19:23	PIS
22	08:06	ARI
24	20:04	TAU
27	05:40	GEM
29	11:34	CAN
31	13:42	LEO

SEPTIEMBRE

2	13:21	VIR
4	12:36	LIB
6	13:35	ESC
8	17:52	SAG
11	01:57	CAP
13	12:59	ACU
16	01:27	PIS
18	14:02	ARI
21	01:46	TAU
23	11:40	GEM
25	18:46	CAN
27	22:35	LEO
29	23:41	VIR

OCTUBRE

1	23:30	LIB
3	23:59	ESC
6	02:55	SAG
8	09:31	CAP
10	19:43	ACU
13	08:04	PIS
15	20:37	ARI
18	07:54	TAU
20	17:15	GEM
23	00:22	CAN
25	05:10	LEO
27	07:54	VIR
29	09:16	LIB
31	10:32	ESC

NOVIEMBRE

2	13:11	SAG
4	18:40	CAP
7	03:42	ACU
9	15:34	PIS
12	04:13	ARI
14	15:24	TAU
17	00:02	GEM
19	06:12	CAN
21	10:33	LEO
23	13:49	VIR
25	16:33	LIB
27	19:19	ESC
29	22:52	SAG

DICIEMBRE

2	04:17	CAP
4	12:32	ACU
6	23:46	PIS
9	12:30	ARI
12	00:09	TAU
14	08:45	GEM
16	14:01	CAN
18	17:03	LEO
20	19:19	VIR
22	22:00	LIB
25	01:39	ESC
27	06:29	SAG
29	12:47	CAP
31	21:08	ACU

1949

ENERO

3	07:59	PIS
5	20:41	ARI
8	09:03	TAU
10	18:31	GEM
12	23:57	CAN
15	02:08	LEO
17	02:53	VIR
19	04:03	LIB
21	07:00	ESC
23	12:09	SAG
25	19:22	CAP
28	04:27	ACU
30	15:27	PIS

FEBRERO

2	04:05	ARI
4	16:57	TAU
7	03:41	GEM
9	10:23	CAN
11	13:01	LEO
13	13:06	VIR
15	12:44	LIB
17	13:53	ESC
19	17:50	SAG
22	00:51	CAP
24	10:26	ACU
26	21:54	PIS

MARZO

1	10:36	ARI
3	23:33	TAU
6	11:06	GEM
8	19:22	CAN
10	23:34	LEO
13	00:24	VIR
14	23:40	LIB
16	23:26	ESC
19	01:31	SAG
21	07:05	CAP
23	16:11	ACU
26	03:50	PIS
28	16:42	ARI
31	05:30	TAU

ABRIL

2	17:03	GEM
5	02:10	CAN
7	08:00	LEO
9	10:32	VIR
11	10:48	LIB
13	10:28	ESC
15	11:24	SAG
17	15:16	CAP
19	23:00	ACU
22	10:08	PIS
24	23:01	ARI
27	11:41	TAU
29	22:48	GEM

MAYO

2	07:44	CAN
4	14:12	LEO
6	18:12	VIR
8	20:07	LIB
10	20:54	ESC
12	21:57	SAG
15	00:57	CAP
17	07:19	ACU
19	17:27	PIS
22	06:02	ARI
24	18:42	TAU
27	05:27	GEM
29	13:39	CAN
31	19:36	LEO

JUNIO

2	23:54	VIR
5	02:58	LIB
7	05:14	ESC
9	07:24	SAG
11	10:40	CAP
13	16:27	ACU
16	01:39	PIS
18	13:45	ARI
21	02:31	TAU
23	13:20	GEM
25	21:02	CAN
28	02:01	LEO
30	05:27	VIR

JULIO

2	08:22	LIB
4	11:22	ESC
6	14:45	SAG
8	19:03	CAP
11	01:09	ACU
13	10:02	PIS
15	21:43	ARI
18	10:36	TAU
20	21:58	GEM
23	05:52	CAN
25	10:19	LEO
27	12:36	VIR
29	14:20	LIB
31	16:44	ESC

AGOSTO

2	20:25	SAG
5	01:36	CAP
7	08:34	ACU
9	17:46	PIS
12	05:20	ARI
14	18:18	TAU
17	06:23	GEM
19	15:15	CAN
21	20:08	LEO
23	21:56	VIR
25	22:25	LIB
27	23:20	ESC
30	02:01	SAG

SEPTIEMBRE

1	07:05	CAP
3	14:37	ACU
6	00:27	PIS
8	12:14	ARI
11	01:13	TAU
13	13:47	GEM
15	23:52	CAN
18	06:05	LEO
20	08:34	VIR
22	08:42	LIB
24	08:21	ESC
26	09:22	SAG
28	13:07	CAP
30	20:14	ACU

OCTUBRE

3	06:20	PIS
5	18:28	ARI
8	07:27	TAU
10	20:03	GEM
13	06:51	CAN
15	14:35	LEO
17	18:43	VIR
19	19:48	LIB
21	19:19	ESC
23	19:08	SAG
25	21:11	CAP
28	02:51	ACU
30	12:22	PIS

NOVIEMBRE

2	00:35	ARI
4	13:37	TAU
7	01:55	GEM
9	12:35	CAN
11	21:01	LEO
14	02:43	VIR
16	05:36	LIB
18	06:19	ESC
20	06:16	SAG
22	07:20	CAP
24	11:25	ACU
26	19:36	PIS
29	07:18	ARI

DICIEMBRE

1	20:22	TAU
4	08:29	GEM
6	18:32	CAN
9	02:28	LEO
11	08:32	VIR
13	12:45	LIB
15	15:14	ESC
17	16:32	SAG
19	18:00	CAP
21	21:25	ACU
24	04:20	PIS
26	15:05	ARI
29	03:58	TAU
31	16:13	GEM

1950

ENERO

3	01:57	CAN
5	08:58	LEO
7	14:06	VIR
9	18:09	LIB
11	21:28	ESC
14	00:16	SAG
16	03:07	CAP
18	07:07	ACU
20	13:42	PIS
22	23:38	ARI
25	12:08	TAU
28	00:43	GEM
30	10:50	CAN

FEBRERO

1	17:34	LEO
3	21:37	VIR
6	00:19	LIB
8	02:51	ESC
10	05:52	SAG
12	09:45	CAP
14	14:58	ACU
16	22:11	PIS
19	08:01	ARI
21	20:12	TAU
24	09:03	GEM
26	20:03	CAN

MARZO

1	03:31	LEO
3	07:25	VIR
5	09:01	LIB
7	09:56	ESC
9	11:38	SAG
11	15:07	CAP
13	20:53	ACU
16	05:00	PIS
18	15:21	ARI
21	03:33	TAU
23	16:28	GEM
26	04:17	CAN
28	13:05	LEO
30	18:01	VIR

ABRIL

1	19:41	LIB
3	19:36	ESC
5	19:37	SAG
7	21:30	CAP
10	02:25	ACU
12	10:38	PIS
14	21:32	ARI
17	10:00	TAU
19	22:55	GEM
22	11:02	CAN
24	20:58	LEO
27	03:30	VIR
29	06:25	LIB

MAYO

1	06:38	ESC
3	05:51	SAG
5	06:08	CAP
7	09:22	ACU
9	16:34	PIS
12	03:18	ARI
14	15:59	TAU
17	04:53	GEM
19	16:51	CAN
22	03:07	LEO
24	10:51	VIR
26	15:26	LIB
28	17:01	ESC
30	16:44	SAG

JUNIO

1	16:27	CAP
3	18:18	ACU
5	23:57	PIS
8	09:44	ARI
10	22:13	TAU
13	11:05	GEM
15	22:45	CAN
18	08:38	LEO
20	16:32	VIR
22	22:10	LIB
25	01:19	ESC
27	02:26	SAG
29	02:49	CAP

JULIO

1	04:20	ACU
3	08:52	PIS
5	17:25	ARI
8	05:14	TAU
10	18:02	GEM
13	05:34	CAN
15	14:53	LEO
17	22:06	VIR
20	03:34	LIB
22	07:27	ESC
24	09:56	SAG
26	11:40	CAP
28	13:56	ACU
30	18:19	PIS

AGOSTO

2	02:03	ARI
4	13:06	TAU
7	01:44	GEM
9	13:27	CAN
11	22:37	LEO
14	05:04	VIR
16	09:31	LIB
18	12:49	ESC
20	15:36	SAG
22	18:23	CAP
24	21:53	ACU
27	03:02	PIS
29	10:45	ARI
31	21:19	TAU

SEPTIEMBRE

3	09:46	GEM
5	21:54	CAN
8	07:34	LEO
10	13:55	VIR
12	17:28	LIB
14	19:27	ESC
16	21:13	SAG
18	23:49	CAP
21	04:00	ACU
23	10:10	PIS
25	18:32	ARI
28	05:09	TAU
30	17:27	GEM

OCTUBRE

3	06:00	CAN
5	16:40	LEO
7	23:54	VIR
10	03:29	LIB
12	04:31	ESC
14	04:44	SAG
16	05:56	CAP
18	09:27	ACU
20	15:53	PIS
23	00:59	ARI
25	12:03	TAU
28	00:23	GEM
30	13:04	CAN

NOVIEMBRE

2	00:38	LEO
4	09:21	VIR
6	14:10	LIB
8	15:29	ESC
10	14:52	SAG
12	14:26	CAP
14	16:15	ACU
16	21:39	PIS
19	06:40	ARI
21	18:08	TAU
24	06:39	GEM
26	19:14	CAN
29	07:02	LEO

DICIEMBRE

1	16:54	VIR
3	23:29	LIB
6	02:20	ESC
8	02:17	SAG
10	01:17	CAP
12	01:35	ACU
14	05:11	PIS
16	12:59	ARI
19	00:10	TAU
21	12:50	GEM
24	01:18	CAN
26	12:46	LEO
28	22:42	VIR
31	06:20	LIB

1951

ENERO

2	10:58	ESC
4	12:39	SAG
6	12:32	CAP
8	12:36	ACU
10	14:56	PIS
12	21:06	ARI
15	07:11	TAU
17	19:36	GEM
20	08:06	CAN
22	19:12	LEO
25	04:26	VIR
27	11:46	LIB
29	17:04	ESC
31	20:17	SAG

FEBRERO

2	21:53	CAP
4	23:04	ACU
7	01:29	PIS
9	06:43	ARI
11	15:34	TAU
14	03:19	GEM
16	15:52	CAN
19	03:01	LEO
21	11:43	VIR
23	18:01	LIB
25	22:31	ESC
28	01:50	SAG

MARZO

2	04:30	CAP
4	07:11	ACU
6	10:46	PIS
8	16:16	ARI
11	00:33	TAU
13	11:36	GEM
16	00:06	CAN
18	11:45	LEO
20	20:39	VIR
23	02:21	LIB
25	05:36	ESC
27	07:41	SAG
29	09:51	CAP
31	13:03	ACU

ABRIL

2	17:45	PIS
5	00:16	ARI
7	08:53	TAU
9	19:41	GEM
12	08:05	CAN
14	20:18	LEO
17	06:07	VIR
19	12:14	LIB
21	14:55	ESC
23	15:40	SAG
25	16:20	CAP
27	18:33	ACU
29	23:14	PIS

MAYO

2	06:27	ARI
4	15:47	TAU
7	02:51	GEM
9	15:13	CAN
12	03:50	LEO
14	14:44	VIR
16	22:06	LIB
19	01:24	ESC
21	01:44	SAG
23	01:08	CAP
25	01:42	ACU
27	05:06	PIS
29	11:54	ARI
31	21:34	TAU

JUNIO

3	09:03	GEM
5	21:32	CAN
8	10:12	LEO
10	21:47	VIR
13	06:31	LIB
15	11:17	ESC
17	12:27	SAG
19	11:38	CAP
21	11:04	ACU
23	12:50	PIS
25	18:14	ARI
28	03:18	TAU
30	14:52	GEM

JULIO

3	03:28	CAN
5	16:01	LEO
8	03:36	VIR
10	13:05	LIB
12	19:19	ESC
14	22:03	SAG
16	22:15	CAP
18	21:42	ACU
20	22:29	PIS
23	02:22	ARI
25	10:07	TAU
27	21:08	GEM
30	09:43	CAN

AGOSTO

1	22:08	LEO
4	09:19	VIR
6	18:35	LIB
9	01:24	ESC
11	05:31	SAG
13	07:19	CAP
15	07:53	ACU
17	08:53	PIS
19	11:59	ARI
21	18:27	TAU
24	04:28	GEM
26	16:45	CAN
29	05:10	LEO
31	16:00	VIR

SEPTIEMBRE

3	00:32	LIB
5	06:49	ESC
7	11:12	SAG
9	14:07	CAP
11	16:12	ACU
13	18:22	PIS
15	21:48	ARI
18	03:42	TAU
20	12:47	GEM
23	00:35	CAN
25	13:08	LEO
28	00:06	VIR
30	08:09	LIB

OCTUBRE

2	13:24	ESC
4	16:49	SAG
6	19:30	CAP
8	22:19	ACU
11	01:47	PIS
13	06:20	ARI
15	12:37	TAU
17	21:22	GEM
20	08:43	CAN
22	21:25	LEO
25	09:02	VIR
27	17:26	LIB
29	22:10	ESC

NOVIEMBRE

1	00:20	SAG
3	01:40	CAP
5	03:43	ACU
7	07:23	PIS
9	12:53	ARI
11	20:08	TAU
14	05:16	GEM
16	16:28	CAN
19	05:12	LEO
21	17:36	VIR
24	03:09	LIB
26	08:32	ESC
28	10:20	SAG
30	10:23	CAP

DICIEMBRE

2	10:45	ACU
4	13:08	PIS
6	18:18	ARI
9	02:05	TAU
11	11:54	GEM
13	23:23	CAN
16	12:05	LEO
19	00:53	VIR
21	11:41	LIB
23	18:39	ESC
25	21:27	SAG
27	21:24	CAP
29	20:36	ACU
31	21:11	PIS

1952

ENERO		
3	00:42	ARI
5	07:44	TAU
7	17:43	GEM
10	05:35	CAN
12	18:20	LEO
15	07:01	VIR
17	18:20	LIB
20	02:44	ESC
22	07:22	SAG
24	08:39	CAP
26	08:07	ACU
28	07:46	PIS
30	09:33	ARI

FEBRERO		
1	14:51	TAU
3	23:55	GEM
6	11:44	CAN
9	00:36	LEO
11	13:02	VIR
14	00:01	LIB
16	08:45	ESC
18	14:43	SAG
20	17:50	CAP
22	18:49	ACU
24	19:01	PIS
26	20:12	ARI
29	00:02	TAU

MARZO		
2	07:37	GEM
4	18:41	CAN
7	07:31	LEO
9	19:52	VIR
12	06:17	LIB
14	14:21	ESC
16	20:16	SAG
19	00:20	CAP
21	02:55	ACU
23	04:39	PIS
25	06:34	ARI
27	10:06	TAU
29	16:36	GEM

ABRIL		
1	02:39	CAN
3	15:10	LEO
6	03:41	VIR
8	13:56	LIB
10	21:14	ESC
13	02:08	SAG
15	05:42	CAP
17	08:44	ACU
19	11:41	PIS
21	14:57	ARI
23	19:15	TAU
26	01:41	GEM
28	11:06	CAN
30	23:13	LEO

MAYO		
3	11:58	VIR
5	22:39	LIB
8	05:49	ESC
10	09:51	SAG
12	12:09	CAP
14	14:15	ACU
16	17:06	PIS
18	21:07	ARI
21	02:30	TAU
23	09:38	GEM
25	19:06	CAN
28	07:00	LEO
30	19:57	VIR

JUNIO		
2	07:26	LIB
4	15:20	ESC
6	19:21	SAG
8	20:47	CAP
10	21:27	ACU
12	23:01	PIS
15	02:29	ARI
17	08:11	TAU
19	16:04	GEM
22	02:04	CAN
24	14:03	LEO
27	03:07	VIR
29	15:19	LIB

JULIO		
2	00:26	ESC
4	05:27	SAG
6	07:03	CAP
8	06:55	ACU
10	07:00	PIS
12	08:56	ARI
14	13:46	TAU
16	21:38	GEM
19	08:05	CAN
21	20:21	LEO
24	09:25	VIR
26	21:54	LIB
29	08:05	ESC
31	14:38	SAG

AGOSTO		
2	17:28	CAP
4	17:42	ACU
6	17:05	PIS
8	17:34	ARI
10	20:46	TAU
13	03:37	GEM
15	13:53	CAN
18	02:19	LEO
20	15:23	VIR
23	03:42	LIB
25	14:11	ESC
27	21:54	SAG
30	02:24	CAP

SEPTIEMBRE		
1	04:03	ACU
3	04:00	PIS
5	03:58	ARI
7	05:48	TAU
9	11:06	GEM
11	20:24	CAN
14	08:39	LEO
16	21:42	VIR
19	09:42	LIB
21	19:44	ESC
24	03:33	SAG
26	09:06	CAP
28	12:25	ACU
30	13:53	PIS

OCTUBRE		
2	14:34	ARI
4	16:06	TAU
6	20:15	GEM
9	04:16	CAN
11	15:51	LEO
14	04:51	VIR
16	16:45	LIB
19	02:10	ESC
21	09:12	SAG
23	14:29	CAP
25	18:28	ACU
27	21:23	PIS
29	23:35	ARI

NOVIEMBRE		
1	01:59	TAU
3	06:02	GEM
5	13:13	CAN
7	23:57	LEO
10	12:47	VIR
13	00:58	LIB
15	10:19	ESC
17	16:34	SAG
19	20:41	CAP
21	23:52	ACU
24	02:55	PIS
26	06:10	ARI
28	09:55	TAU
30	14:53	GEM

DICIEMBRE		
2	22:09	CAN
5	08:23	LEO
7	20:58	VIR
10	09:36	LIB
12	19:39	ESC
15	02:00	SAG
17	05:18	CAP
19	07:03	ACU
21	08:46	PIS
23	11:30	ARI
25	15:46	TAU
27	21:48	GEM
30	05:54	CAN

1953

ENERO
1	16:18	LEO
4	04:41	VIR
6	17:37	LIB
9	04:44	ESC
11	12:15	SAG
13	15:55	CAP
15	16:58	ACU
17	17:07	PIS
19	18:09	ARI
21	21:21	TAU
24	03:21	GEM
26	12:07	CAN
28	23:06	LEO
31	11:36	VIR

FEBRERO
3	00:32	LIB
5	12:21	ESC
7	21:21	SAG
10	02:32	CAP
12	04:17	ACU
14	03:58	PIS
16	03:31	ARI
18	04:51	TAU
20	09:27	GEM
22	17:48	CAN
25	05:06	LEO
27	17:51	VIR

MARZO
2	06:41	LIB
4	18:31	ESC
7	04:20	SAG
9	11:10	CAP
11	14:38	ACU
13	15:17	PIS
15	14:39	ARI
17	14:45	TAU
19	17:35	GEM
22	00:30	CAN
24	11:15	LEO
27	00:04	VIR
29	12:52	LIB

ABRIL
1	00:20	ESC
3	09:59	SAG
5	17:29	CAP
7	22:28	ACU
10	00:50	PIS
12	01:19	ARI
14	01:32	TAU
16	03:27	GEM
18	08:53	CAN
20	18:27	LEO
23	06:53	VIR
25	19:41	LIB
28	06:52	ESC
30	15:53	SAG

MAYO
2	22:55	CAP
5	04:13	ACU
7	07:47	PIS
9	09:49	ARI
11	11:12	TAU
13	13:27	GEM
15	18:17	CAN
18	02:47	LEO
20	14:31	VIR
23	03:16	LIB
25	14:33	ESC
27	23:09	SAG
30	05:17	CAP

JUNIO
1	09:46	ACU
3	13:12	PIS
5	16:02	ARI
7	18:42	TAU
9	22:03	GEM
12	03:18	CAN
14	11:28	LEO
16	22:37	VIR
19	11:17	LIB
21	22:58	ESC
24	07:48	SAG
26	13:29	CAP
28	16:52	ACU
30	19:09	PIS

JULIO
2	21:24	ARI
5	00:24	TAU
7	04:43	GEM
9	10:55	CAN
11	19:28	LEO
14	06:29	VIR
16	19:04	LIB
19	07:17	ESC
21	16:59	SAG
23	23:07	CAP
26	02:03	ACU
28	03:07	PIS
30	03:56	ARI

AGOSTO
1	05:57	TAU
3	10:11	GEM
5	17:00	CAN
8	02:16	LEO
10	13:34	VIR
13	02:09	LIB
15	14:44	ESC
18	01:30	SAG
20	08:53	CAP
22	12:29	ACU
24	13:12	PIS
26	12:46	ARI
28	13:11	TAU
30	16:07	GEM

SEPTIEMBRE
1	22:30	CAN
4	08:05	LEO
6	19:48	VIR
9	08:28	LIB
11	21:06	ESC
14	08:32	SAG
16	17:21	CAP
18	22:30	ACU
21	00:07	PIS
22	23:31	ARI
24	22:45	TAU
27	00:01	GEM
29	04:57	CAN

OCTUBRE
1	13:54	LEO
4	01:41	VIR
6	14:28	LIB
9	02:57	ESC
11	14:20	SAG
13	23:52	CAP
16	06:35	ACU
18	09:56	PIS
20	10:27	ARI
22	09:47	TAU
24	10:05	GEM
26	13:24	CAN
28	20:55	LEO
31	08:05	VIR

NOVIEMBRE
2	20:51	LIB
5	09:12	ESC
7	20:07	SAG
10	05:19	CAP
12	12:31	ACU
14	17:18	PIS
16	19:36	ARI
18	20:15	TAU
20	20:55	GEM
22	23:32	CAN
25	05:41	LEO
27	15:41	VIR
30	04:06	LIB

DICIEMBRE
2	16:31	ESC
5	03:09	SAG
7	11:33	CAP
9	18:00	ACU
11	22:47	PIS
14	02:07	ARI
16	04:23	TAU
18	06:28	GEM
20	09:40	CAN
22	15:23	LEO
25	00:24	VIR
27	12:11	LIB
30	00:43	ESC

1954

ENERO
1 11:40 SAG
3 19:46 CAP
6 01:10 ACU
8 04:43 PIS
10 07:27 ARI
12 10:10 TAU
14 13:30 GEM
16 18:01 CAN
19 00:25 LEO
21 09:14 VIR
23 20:30 LIB
26 09:04 ESC
28 20:43 SAG
31 05:27 CAP

FEBRERO
2 10:38 ACU
4 13:04 PIS
6 14:15 ARI
8 15:47 TAU
10 18:55 GEM
13 00:10 CAN
15 07:36 LEO
17 17:01 VIR
20 04:15 LIB
22 16:44 ESC
25 05:01 SAG
27 14:58 CAP

MARZO
1 21:07 ACU
3 23:33 PIS
5 23:41 ARI
7 23:33 TAU
10 01:07 GEM
12 05:38 CAN
14 13:17 LEO
16 23:22 VIR
19 10:58 LIB
21 23:27 ESC
24 11:57 SAG
26 22:56 CAP
29 06:38 ACU
31 10:17 PIS

ABRIL
2 10:40 ARI
4 09:43 TAU
6 09:40 GEM
8 12:29 CAN
10 19:06 LEO
13 05:03 VIR
15 16:58 LIB
18 05:33 ESC
20 17:55 SAG
23 05:12 CAP
25 14:03 ACU
27 19:22 PIS
29 21:09 ARI

MAYO
1 20:43 TAU
3 20:07 GEM
5 21:30 CAN
8 02:29 LEO
10 11:23 VIR
12 23:04 LIB
15 11:42 ESC
17 23:54 SAG
20 10:49 CAP
22 19:49 ACU
25 02:09 PIS
27 05:32 ARI
29 06:34 TAU
31 06:41 GEM

JUNIO
2 07:46 CAN
4 11:35 LEO
6 19:07 VIR
9 05:59 LIB
11 18:30 ESC
14 06:38 SAG
16 17:06 CAP
19 01:26 ACU
21 07:37 PIS
23 11:44 ARI
25 14:09 TAU
27 15:42 GEM
29 17:36 CAN

JULIO
1 21:17 LEO
4 03:56 VIR
6 13:54 LIB
9 02:04 ESC
11 14:19 SAG
14 00:40 CAP
16 08:20 ACU
18 13:33 PIS
20 17:08 ARI
22 19:53 TAU
24 22:31 GEM
27 01:42 CAN
29 06:11 LEO
31 12:50 VIR

AGOSTO
2 22:14 LIB
5 10:03 ESC
7 22:33 SAG
10 09:21 CAP
12 16:55 ACU
14 21:17 PIS
16 23:38 ARI
19 01:26 TAU
21 03:57 GEM
23 07:50 CAN
25 13:23 LEO
27 20:44 VIR
30 06:12 LIB

SEPTIEMBRE
1 17:49 ESC
4 06:33 SAG
6 18:10 CAP
9 02:31 ACU
11 06:55 PIS
13 08:23 ARI
15 08:45 TAU
17 09:55 GEM
19 13:13 CAN
21 19:04 LEO
24 03:11 VIR
26 13:11 LIB
29 00:52 ESC

OCTUBRE
1 13:42 SAG
4 02:05 CAP
6 11:46 ACU
8 17:17 PIS
10 18:59 ARI
12 18:32 TAU
14 18:10 GEM
16 19:50 CAN
19 00:41 LEO
21 08:45 VIR
23 19:12 LIB
26 07:11 ESC
28 19:59 SAG
31 08:37 CAP

NOVIEMBRE
2 19:23 ACU
5 02:35 PIS
7 05:43 ARI
9 05:49 TAU
11 04:51 GEM
13 05:00 CAN
15 08:03 LEO
17 14:53 VIR
20 01:03 LIB
22 13:13 ESC
25 02:02 SAG
27 14:24 CAP
30 01:20 ACU

DICIEMBRE
2 09:39 PIS
4 14:35 ARI
6 16:23 TAU
8 16:17 GEM
10 16:07 CAN
12 17:49 LEO
14 22:54 VIR
17 07:52 LIB
19 19:44 ESC
22 08:35 SAG
24 20:41 CAP
27 07:01 ACU
29 15:10 PIS
31 20:57 ARI

1955

ENERO

3	00:25	TAU
5	02:05	GEM
7	03:01	CAN
9	04:42	LEO
11	08:43	VIR
13	16:15	LIB
16	03:15	ESC
18	16:02	SAG
21	04:10	CAP
23	13:59	ACU
25	21:11	PIS
28	02:20	ARI
30	06:06	TAU

FEBRERO

1	09:03	GEM
3	11:37	CAN
5	14:29	LEO
7	18:43	VIR
10	01:34	LIB
12	11:39	ESC
15	00:08	SAG
17	12:35	CAP
19	22:33	ACU
22	05:10	PIS
24	09:06	ARI
26	11:47	TAU
28	14:24	GEM

MARZO

2	17:40	CAN
4	21:49	LEO
7	03:09	VIR
9	10:20	LIB
11	20:05	ESC
14	08:14	SAG
16	21:02	CAP
19	07:47	ACU
21	14:45	PIS
23	18:10	ARI
25	19:32	TAU
27	20:42	GEM
29	23:06	CAN

ABRIL

1	03:21	LEO
3	09:31	VIR
5	17:34	LIB
8	03:38	ESC
10	15:42	SAG
13	04:41	CAP
15	16:20	ACU
18	00:29	PIS
20	04:30	ARI
22	05:30	TAU
24	05:24	GEM
26	06:29	CAN
28	09:09	LEO
30	14:58	VIR

MAYO

2	23:26	LIB
5	10:04	ESC
7	22:19	SAG
10	11:19	CAP
12	23:30	ACU
15	08:54	PIS
17	14:21	ARI
19	16:12	TAU
21	15:57	GEM
23	15:33	CAN
25	16:53	LEO
27	21:16	VIR
30	05:08	LIB

JUNIO

1	15:54	ESC
4	04:24	SAG
6	17:21	CAP
9	05:30	ACU
11	15:32	PIS
13	22:24	ARI
16	01:50	TAU
18	02:37	GEM
20	02:16	CAN
22	02:37	LEO
24	05:27	VIR
26	11:56	LIB
28	22:05	ESC

JULIO

1	10:34	SAG
3	23:30	CAP
6	11:19	ACU
8	21:09	PIS
11	04:33	ARI
13	09:21	TAU
15	11:43	GEM
17	12:30	CAN
19	13:04	LEO
21	15:07	VIR
23	20:16	LIB
26	05:19	ESC
28	17:24	SAG
31	06:19	CAP

AGOSTO

2	17:52	ACU
5	03:04	PIS
7	10:00	ARI
9	15:03	TAU
11	18:34	GEM
13	20:51	CAN
15	22:34	LEO
18	00:58	VIR
20	05:34	LIB
22	13:38	ESC
25	01:04	SAG
27	13:57	CAP
30	01:36	ACU

SEPTIEMBRE

1	10:23	PIS
3	16:24	ARI
5	20:37	TAU
7	23:59	GEM
10	03:01	CAN
12	06:02	LEO
14	09:34	VIR
16	14:36	LIB
18	22:19	ESC
21	09:12	SAG
23	22:01	CAP
26	10:08	ACU
28	19:13	PIS

OCTUBRE

1	00:47	ARI
3	03:52	TAU
5	06:00	GEM
7	08:23	CAN
9	11:42	LEO
11	16:12	VIR
13	22:14	LIB
16	06:24	ESC
18	17:08	SAG
21	05:22	CAP
23	18:33	ACU
26	04:38	PIS
28	10:47	ARI
30	13:30	TAU

NOVIEMBRE

1	14:23	GEM
3	15:12	CAN
5	17:20	LEO
7	21:37	VIR
10	04:16	LIB
12	13:13	ESC
15	00:17	SAG
17	12:59	CAP
20	01:59	ACU
22	13:11	PIS
24	20:48	ARI
27	00:27	TAU
29	01:11	GEM

DICIEMBRE

1	00:47	CAN
3	01:08	LEO
5	03:50	VIR
7	09:49	LIB
9	19:00	ESC
12	06:34	SAG
14	19:24	CAP
17	08:20	ACU
19	20:02	PIS
22	05:06	ARI
24	10:33	TAU
26	12:33	GEM
28	12:18	CAN
30	11:37	LEO

1956

ENERO		
1	12:31	VIR
3	16:44	LIB
6	01:00	ESC
8	12:33	SAG
11	01:34	CAP
13	14:20	ACU
16	01:48	PIS
18	11:18	ARI
20	18:12	TAU
22	22:06	GEM
24	23:20	CAN
26	23:07	LEO
28	23:18	VIR
31	01:56	LIB

FEBRERO		
2	08:34	ESC
4	19:13	SAG
7	08:09	CAP
9	20:52	ACU
12	07:52	PIS
14	16:49	ARI
16	23:49	TAU
19	04:51	GEM
21	07:50	CAN
23	09:11	LEO
25	10:05	VIR
27	12:21	LIB
29	17:45	ESC

MARZO		
3	03:10	SAG
5	15:33	CAP
8	04:20	ACU
10	15:12	PIS
12	23:27	ARI
15	05:33	TAU
17	10:12	GEM
19	13:48	CAN
21	16:31	LEO
23	18:53	VIR
25	22:00	LIB
28	03:19	ESC
30	11:56	SAG

ABRIL		
1	23:38	CAP
4	12:25	ACU
6	23:38	PIS
9	07:47	ARI
11	13:04	TAU
13	16:31	GEM
15	19:15	CAN
17	22:01	LEO
20	01:17	VIR
22	05:37	LIB
24	11:45	ESC
26	20:26	SAG
29	07:45	CAP

MAYO		
1	20:28	ACU
4	08:16	PIS
6	17:06	ARI
8	22:24	TAU
11	01:01	GEM
13	02:21	CAN
15	03:52	LEO
17	06:40	VIR
19	11:26	LIB
21	18:27	ESC
24	03:47	SAG
26	15:12	CAP
29	03:52	ACU
31	16:10	PIS

JUNIO		
3	02:05	ARI
5	08:22	TAU
7	11:10	GEM
9	11:42	CAN
11	11:45	LEO
13	13:04	VIR
15	16:59	LIB
18	00:03	ESC
20	09:56	SAG
22	21:43	CAP
25	10:26	ACU
27	22:55	PIS
30	09:43	ARI

JULIO		
2	17:26	TAU
4	21:26	GEM
6	22:20	CAN
8	21:42	LEO
10	21:35	VIR
12	23:55	LIB
15	05:57	ESC
17	15:38	SAG
20	03:41	CAP
22	16:29	ACU
25	04:51	PIS
27	15:54	ARI
30	00:41	TAU

AGOSTO		
1	06:16	GEM
3	08:33	CAN
5	08:27	LEO
7	07:50	VIR
9	08:51	LIB
11	13:21	ESC
13	22:00	SAG
16	09:48	CAP
18	22:38	ACU
21	10:48	PIS
23	21:30	ARI
26	06:24	TAU
28	13:00	GEM
30	16:52	CAN

SEPTIEMBRE		
1	18:14	LEO
3	18:21	VIR
5	19:05	LIB
7	22:27	ESC
10	05:46	SAG
12	16:46	CAP
15	05:28	ACU
17	17:34	PIS
20	03:48	ARI
22	12:01	TAU
24	18:25	GEM
26	23:00	CAN
29	01:49	LEO

OCTUBRE		
1	03:25	VIR
3	05:02	LIB
5	08:19	ESC
7	14:46	SAG
10	00:48	CAP
12	13:10	ACU
15	01:25	PIS
17	11:36	ARI
19	19:08	TAU
22	00:29	GEM
24	04:24	CAN
26	07:27	LEO
28	10:10	VIR
30	13:10	LIB

NOVIEMBRE		
1	17:25	ESC
3	23:57	SAG
6	09:24	CAP
8	21:20	ACU
11	09:51	PIS
13	20:37	ARI
16	04:13	TAU
18	08:45	GEM
20	11:18	CAN
22	13:10	LEO
24	15:32	VIR
26	19:11	LIB
29	00:35	ESC

DICIEMBRE		
1	07:59	SAG
3	17:36	CAP
6	05:17	ACU
8	17:57	PIS
11	05:37	ARI
13	14:16	TAU
15	19:07	GEM
17	20:52	CAN
19	21:12	LEO
21	21:56	VIR
24	00:39	LIB
26	06:09	ESC
28	14:20	SAG
31	00:37	CAP

1957

ENERO

2	12:25	ACU
5	01:05	PIS
7	13:23	ARI
9	23:27	TAU
12	05:44	GEM
14	08:06	CAN
16	07:51	LEO
18	07:04	VIR
20	07:55	LIB
22	12:03	ESC
24	19:52	SAG
27	06:33	CAP
29	18:42	ACU

FEBRERO

1	07:21	PIS
3	19:42	ARI
6	06:38	TAU
8	14:35	GEM
10	18:39	CAN
12	19:19	LEO
14	18:17	VIR
16	17:50	LIB
18	20:06	ESC
21	02:23	SAG
23	12:27	CAP
26	00:43	ACU
28	13:25	PIS

MARZO

3	01:31	ARI
5	12:21	TAU
7	21:04	GEM
10	02:45	CAN
12	05:12	LEO
14	05:20	VIR
16	04:59	LIB
18	06:15	ESC
20	10:54	SAG
22	19:35	CAP
25	07:18	ACU
27	20:00	PIS
30	07:55	ARI

ABRIL

1	18:11	TAU
4	02:31	GEM
6	08:38	CAN
8	12:25	LEO
10	14:13	VIR
12	15:09	LIB
14	16:46	ESC
16	20:43	SAG
19	04:09	CAP
21	14:54	ACU
24	03:23	PIS
26	15:22	ARI
29	01:18	TAU

MAYO

1	08:47	GEM
3	14:09	CAN
5	17:54	LEO
7	20:37	VIR
9	22:58	LIB
12	01:49	ESC
14	06:14	SAG
16	13:14	CAP
18	23:13	ACU
21	11:21	PIS
23	23:34	ARI
26	09:43	TAU
28	16:47	GEM
30	21:06	CAN

JUNIO

1	23:46	LEO
4	02:00	VIR
6	04:46	LIB
8	08:41	ESC
10	14:10	SAG
12	21:37	CAP
15	07:24	ACU
17	19:15	PIS
20	07:46	ARI
22	18:39	TAU
25	02:07	GEM
27	06:01	CAN
29	07:31	LEO

JULIO

1	08:24	VIR
3	10:17	LIB
5	14:10	ESC
7	20:21	SAG
10	04:35	CAP
12	14:43	ACU
15	02:33	PIS
17	15:15	ARI
20	02:58	TAU
22	11:34	GEM
24	16:05	CAN
26	17:17	LEO
28	17:00	VIR
30	17:20	LIB

AGOSTO

1	20:01	ESC
4	01:48	SAG
6	10:24	CAP
8	21:02	ACU
11	09:02	PIS
13	21:46	ARI
16	10:01	TAU
18	19:52	GEM
21	01:49	CAN
23	03:51	LEO
25	03:26	VIR
27	02:42	LIB
29	03:46	ESC
31	08:08	SAG

SEPTIEMBRE

2	16:06	CAP
5	02:50	ACU
7	15:04	PIS
10	03:45	ARI
12	15:58	TAU
15	02:27	GEM
17	09:50	CAN
19	13:31	LEO
21	14:12	VIR
23	13:33	LIB
25	13:41	ESC
27	16:28	SAG
29	23:00	CAP

OCTUBRE

2	09:04	ACU
4	21:18	PIS
7	09:57	ARI
9	21:48	TAU
12	08:01	GEM
14	15:55	CAN
16	21:00	LEO
18	23:24	VIR
21	00:04	LIB
23	00:31	ESC
25	02:34	SAG
27	07:41	CAP
29	16:33	ACU

NOVIEMBRE

1	04:19	PIS
3	17:00	ARI
6	04:38	TAU
8	14:09	GEM
10	21:24	CAN
13	02:37	LEO
15	06:07	VIR
17	08:26	LIB
19	10:18	ESC
21	12:52	SAG
23	17:30	CAP
26	01:17	ACU
28	12:16	PIS

DICIEMBRE

1	00:57	ARI
3	12:48	TAU
5	22:01	GEM
8	04:16	CAN
10	08:24	LEO
12	11:29	VIR
14	14:23	LIB
16	17:36	ESC
18	21:31	SAG
21	02:47	CAP
23	10:19	ACU
25	20:41	PIS
28	09:13	ARI
30	21:38	TAU

1958

ENERO			FEBRERO			MARZO			ABRIL		
2	07:22	GEM	3	02:38	LEO	2	13:27	LEO	1	01:01	VIR
4	13:22	CAN	5	03:11	VIR	4	14:15	VIR	3	00:54	LIB
6	16:22	LEO	7	03:24	LIB	6	13:36	LIB	5	00:17	ESC
8	17:59	VIR	9	05:04	ESC	8	13:35	ESC	7	01:07	SAG
10	19:52	LIB	11	09:12	SAG	10	15:57	SAG	9	05:01	CAP
12	23:03	ESC	13	15:56	CAP	12	21:37	CAP	11	12:42	ACU
15	03:50	SAG	16	00:52	ACU	15	06:28	ACU	13	23:39	PIS
17	10:13	CAP	18	11:40	PIS	17	17:42	PIS	16	12:23	ARI
19	18:23	ACU	21	00:02	ARI	20	06:17	ARI	19	01:17	TAU
22	04:42	PIS	23	13:05	TAU	22	19:16	TAU	21	13:03	GEM
24	17:03	ARI	26	00:53	GEM	25	07:20	GEM	23	22:47	CAN
27	05:57	TAU	28	09:17	CAN	27	16:53	CAN	26	05:44	LEO
29	16:48	GEM				29	22:46	LEO	28	09:41	VIR
31	23:41	CAN							30	11:07	LIB

MAYO			JUNIO			JULIO			AGOSTO		
2	11:15	ESC	3	00:23	CAP	2	14:45	ACU	1	07:12	PIS
4	11:44	SAG	5	05:34	ACU	4	22:57	PIS	3	18:15	ARI
6	14:21	CAP	7	14:24	PIS	7	10:18	ARI	6	07:05	TAU
8	20:30	ACU	10	02:21	ARI	9	23:10	TAU	8	19:17	GEM
11	06:27	PIS	12	15:13	TAU	12	10:47	GEM	11	04:26	CAN
13	18:58	ARI	15	02:31	GEM	14	19:16	CAN	13	09:44	LEO
16	07:50	TAU	17	11:04	CAN	17	00:31	LEO	15	12:07	VIR
18	19:14	GEM	19	17:04	LEO	19	03:42	VIR	17	13:17	LIB
21	04:23	CAN	21	21:23	VIR	21	06:12	LIB	19	14:50	ESC
23	11:15	LEO	24	00:43	LIB	23	08:58	ESC	21	17:48	SAG
25	16:00	VIR	26	03:31	ESC	25	12:26	SAG	23	22:39	CAP
27	18:56	LIB	28	06:12	SAG	27	16:53	CAP	26	05:28	ACU
29	20:34	ESC	30	09:33	CAP	29	22:53	ACU	28	14:25	PIS
31	21:54	SAG							31	01:36	ARI

SEPTIEMBRE			OCTUBRE			NOVIEMBRE			DICIEMBRE		
2	14:24	TAU	2	09:51	GEM	1	03:09	CAN	3	00:18	VIR
5	03:07	GEM	4	21:01	CAN	3	12:03	LEO	5	04:31	LIB
7	13:23	CAN	7	04:51	LEO	5	17:46	VIR	7	06:29	ESC
9	19:42	LEO	9	08:50	VIR	7	20:17	LIB	9	07:02	SAG
11	22:20	VIR	11	09:44	LIB	9	20:30	ESC	11	07:47	CAP
13	22:45	LIB	13	09:12	ESC	11	20:03	SAG	13	10:38	ACU
15	22:50	ESC	15	09:09	SAG	13	20:55	CAP	15	17:12	PIS
18	00:17	SAG	17	11:23	CAP	16	00:53	ACU	18	03:46	ARI
20	04:13	CAP	19	17:04	ACU	18	08:57	PIS	20	16:38	TAU
22	11:04	ACU	22	02:20	PIS	20	20:29	ARI	23	05:09	GEM
24	20:34	PIS	24	14:11	ARI	23	09:31	TAU	25	15:33	CAN
27	08:08	ARI	27	03:08	TAU	25	22:01	GEM	27	23:34	LEO
29	20:58	TAU	29	15:50	GEM	28	08:52	CAN	30	05:41	VIR
						30	17:41	LEO			

1959

ENERO

1	10:22	LIB
3	13:42	ESC
5	15:56	SAG
7	17:50	CAP
9	20:52	ACU
12	02:40	PIS
14	12:10	ARI
17	00:33	TAU
19	13:16	GEM
21	23:47	CAN
24	07:14	LEO
26	12:14	VIR
28	15:55	LIB
30	19:06	ESC

FEBRERO

1	22:11	SAG
4	01:29	CAP
6	05:41	ACU
8	11:51	PIS
10	20:55	ARI
13	08:48	TAU
15	21:40	GEM
18	08:51	CAN
20	16:38	LEO
22	21:06	VIR
24	23:29	LIB
27	01:15	ESC

MARZO

1	03:33	SAG
3	07:06	CAP
5	12:17	ACU
7	19:26	PIS
10	04:54	ARI
12	16:37	TAU
15	05:31	GEM
17	17:28	CAN
20	02:23	LEO
22	07:28	VIR
24	09:27	LIB
26	09:54	ESC
28	10:32	SAG
30	12:49	CAP

ABRIL

1	17:42	ACU
4	01:23	PIS
6	11:33	ARI
8	23:32	TAU
11	12:25	GEM
14	00:48	CAN
16	10:55	LEO
18	17:28	VIR
20	20:19	LIB
22	20:34	ESC
24	19:59	SAG
26	20:33	CAP
28	23:56	ACU

MAYO

1	06:59	PIS
3	17:19	ARI
6	05:39	TAU
8	18:35	GEM
11	06:57	CAN
13	17:41	LEO
16	01:38	VIR
18	06:07	LIB
20	07:25	ESC
22	06:51	SAG
24	06:24	CAP
26	08:10	ACU
28	13:43	PIS
30	23:19	ARI

JUNIO

2	11:37	TAU
5	00:36	GEM
7	12:44	CAN
9	23:19	LEO
12	07:51	VIR
14	13:42	LIB
16	16:39	ESC
18	17:15	SAG
20	17:02	CAP
22	18:01	ACU
24	22:10	PIS
27	06:28	ARI
29	18:11	TAU

JULIO

2	07:06	GEM
4	19:04	CAN
7	05:08	LEO
9	13:16	VIR
11	19:27	LIB
13	23:34	ESC
16	01:42	SAG
18	02:42	CAP
20	04:05	ACU
22	07:41	PIS
24	14:54	ARI
27	01:44	TAU
29	14:24	GEM

AGOSTO

1	02:24	CAN
3	12:10	LEO
5	19:30	VIR
8	00:57	LIB
10	05:00	ESC
12	07:59	SAG
14	10:19	CAP
16	12:54	ACU
18	17:00	PIS
20	23:52	ARI
23	09:59	TAU
25	22:19	GEM
28	10:34	CAN
30	20:34	LEO

SEPTIEMBRE

2	03:31	VIR
4	07:57	LIB
6	10:53	ESC
8	13:21	SAG
10	16:05	CAP
12	19:44	ACU
15	00:54	PIS
17	08:17	ARI
19	18:13	TAU
22	06:16	GEM
24	18:50	CAN
27	05:37	LEO
29	13:04	VIR

OCTUBRE

1	17:09	LIB
3	18:54	ESC
5	19:55	SAG
7	21:39	CAP
10	01:13	ACU
12	07:06	PIS
14	15:20	ARI
17	01:40	TAU
19	13:40	GEM
22	02:23	CAN
24	14:04	LEO
26	22:49	VIR
29	03:42	LIB
31	05:14	ESC

NOVIEMBRE

2	05:02	SAG
4	05:05	CAP
6	07:14	ACU
8	12:36	PIS
10	21:10	ARI
13	08:05	TAU
15	20:17	GEM
18	08:57	CAN
20	21:04	LEO
23	07:08	VIR
25	13:42	LIB
27	16:22	ESC
29	16:12	SAG

DICIEMBRE

1	15:11	CAP
3	15:35	ACU
5	19:17	PIS
8	03:00	ARI
10	13:56	TAU
13	02:25	GEM
15	15:01	CAN
18	02:58	LEO
20	13:30	VIR
22	21:29	LIB
25	02:01	ESC
27	03:16	SAG
29	02:38	CAP
31	02:15	ACU

1960

ENERO
2	04:19	PIS
4	10:22	ARI
6	20:23	TAU
9	08:46	GEM
11	21:24	CAN
14	09:00	LEO
16	19:04	VIR
19	03:15	LIB
21	09:00	ESC
23	12:03	SAG
25	13:00	CAP
27	13:19	ACU
29	14:57	PIS
31	19:40	ARI

FEBRERO
3	04:17	TAU
5	15:59	GEM
8	04:38	CAN
10	16:09	LEO
13	01:35	VIR
15	08:56	LIB
17	14:24	ESC
19	18:12	SAG
21	20:40	CAP
23	22:33	ACU
26	01:04	PIS
28	05:38	ARI

MARZO
1	13:19	TAU
4	00:08	GEM
6	12:37	CAN
9	00:25	LEO
11	09:48	VIR
13	16:20	LIB
15	20:38	ESC
17	23:38	SAG
20	02:15	CAP
22	05:11	ACU
24	09:02	PIS
26	14:30	ARI
28	22:14	TAU
31	08:32	GEM

ABRIL
2	20:46	CAN
5	09:01	LEO
7	19:02	VIR
10	01:36	LIB
12	05:02	ESC
14	06:38	SAG
16	08:01	CAP
18	10:32	ACU
20	14:56	PIS
22	21:23	ARI
25	05:51	TAU
27	16:17	GEM
30	04:23	CAN

MAYO
2	16:59	LEO
5	03:59	VIR
7	11:31	LIB
9	15:07	ESC
11	15:56	SAG
13	15:51	CAP
15	16:52	ACU
17	20:24	PIS
20	02:56	ARI
22	12:00	TAU
24	22:55	GEM
27	11:07	CAN
29	23:51	LEO

JUNIO
1	11:38	VIR
3	20:32	LIB
6	01:20	ESC
8	02:31	SAG
10	01:48	CAP
12	01:23	ACU
14	03:18	PIS
16	08:43	ARI
18	17:34	TAU
21	04:46	GEM
23	17:10	CAN
26	05:52	LEO
28	17:53	VIR

JULIO
1	03:47	LIB
3	10:09	ESC
5	12:43	SAG
7	12:35	CAP
9	11:43	ACU
11	12:19	PIS
13	16:07	ARI
15	23:49	TAU
18	10:41	GEM
20	23:09	CAN
23	11:46	LEO
25	23:32	VIR
28	09:34	LIB
30	16:55	ESC

AGOSTO
1	21:05	SAG
3	22:26	CAP
5	22:21	ACU
7	22:43	PIS
10	01:22	ARI
12	07:36	TAU
14	17:30	GEM
17	05:43	CAN
19	18:18	LEO
22	05:42	VIR
24	15:10	LIB
26	22:24	ESC
29	03:20	SAG
31	06:09	CAP

SEPTIEMBRE
2	07:36	ACU
4	08:51	PIS
6	11:26	ARI
8	16:45	TAU
11	01:32	GEM
13	13:11	CAN
16	01:47	LEO
18	13:07	VIR
20	21:59	LIB
23	04:18	ESC
25	08:42	SAG
27	11:54	CAP
29	14:33	ACU

OCTUBRE
1	17:15	PIS
3	20:47	ARI
6	02:09	TAU
8	10:17	GEM
10	21:19	CAN
13	09:55	LEO
15	21:41	VIR
18	06:33	LIB
20	12:06	ESC
22	15:16	SAG
24	17:29	CAP
26	19:58	ACU
28	23:27	PIS
31	04:12	ARI

NOVIEMBRE
2	10:28	TAU
4	18:45	GEM
7	05:26	CAN
9	18:00	LEO
12	06:24	VIR
14	16:08	LIB
16	21:54	ESC
19	00:17	SAG
21	01:03	CAP
23	02:05	ACU
25	04:50	PIS
27	09:51	ARI
29	17:00	TAU

DICIEMBRE
2	02:01	GEM
4	12:53	CAN
7	01:22	LEO
9	14:14	VIR
12	01:11	LIB
14	08:14	ESC
16	11:07	SAG
18	11:17	CAP
20	10:49	ACU
22	11:48	PIS
24	15:35	ARI
26	22:31	TAU
29	08:02	GEM
31	19:22	CAN

1961

ENERO

3	07:54	LEO
5	20:49	VIR
8	08:32	LIB
10	17:09	ESC
12	21:41	SAG
14	22:42	CAP
16	21:56	ACU
18	21:32	PIS
20	23:27	ARI
23	04:52	TAU
25	13:50	GEM
28	01:22	CAN
30	14:06	LEO

FEBRERO

2	02:49	VIR
4	14:28	LIB
6	23:51	ESC
9	06:02	SAG
11	08:51	CAP
13	09:15	ACU
15	08:53	PIS
17	09:41	ARI
19	13:22	TAU
21	20:52	GEM
24	07:49	CAN
26	20:35	LEO

MARZO

1	09:12	VIR
3	20:22	LIB
6	05:24	ESC
8	12:04	SAG
10	16:19	CAP
12	18:29	ACU
14	19:27	PIS
16	20:33	ARI
18	23:26	TAU
21	05:33	GEM
23	15:23	CAN
26	03:49	LEO
28	16:30	VIR
31	03:22	LIB

ABRIL

2	11:37	ESC
4	17:34	SAG
6	21:52	CAP
9	01:03	ACU
11	03:32	PIS
13	05:56	ARI
15	09:17	TAU
17	14:55	GEM
19	23:50	CAN
22	11:43	LEO
25	00:31	VIR
27	11:35	LIB
29	19:27	ESC

MAYO

2	00:25	SAG
4	03:40	CAP
6	06:24	ACU
8	09:23	PIS
10	12:56	ARI
12	17:26	TAU
14	23:35	GEM
17	08:17	CAN
19	19:45	LEO
22	08:39	VIR
24	20:18	LIB
27	04:35	ESC
29	09:11	SAG
31	11:21	CAP

JUNIO

2	12:45	ACU
4	14:51	PIS
6	18:24	ARI
8	23:38	TAU
11	06:41	GEM
13	15:50	CAN
16	03:16	LEO
18	16:12	VIR
21	04:32	LIB
23	13:51	ESC
25	19:06	SAG
27	21:00	CAP
29	21:18	ACU

JULIO

1	21:53	PIS
4	00:12	ARI
6	05:02	TAU
8	12:28	GEM
10	22:13	CAN
13	09:57	LEO
15	22:55	VIR
18	11:39	LIB
20	22:05	ESC
23	04:42	SAG
25	07:29	CAP
27	07:42	ACU
29	07:13	PIS
31	07:56	ARI

AGOSTO

2	11:19	TAU
4	18:04	GEM
7	03:57	CAN
9	16:00	LEO
12	05:01	VIR
14	17:44	LIB
17	04:45	ESC
19	12:44	SAG
21	17:08	CAP
23	18:26	ACU
25	18:03	PIS
27	17:49	ARI
29	19:37	TAU

SEPTIEMBRE

1	00:53	GEM
3	10:01	CAN
5	22:01	LEO
8	11:05	VIR
10	23:34	LIB
13	10:23	ESC
15	18:55	SAG
18	00:42	CAP
20	03:44	ACU
22	04:36	PIS
24	04:40	ARI
26	05:42	TAU
28	09:32	GEM
30	17:20	CAN

OCTUBRE

3	04:44	LEO
5	17:46	VIR
8	06:04	LIB
10	16:20	ESC
13	00:21	SAG
15	06:24	CAP
17	10:37	ACU
19	13:10	PIS
21	14:36	ARI
23	16:07	TAU
25	19:25	GEM
28	02:03	CAN
30	12:30	LEO

NOVIEMBRE

2	01:18	VIR
4	13:43	LIB
6	23:41	ESC
9	06:51	SAG
11	12:00	CAP
13	16:00	ACU
15	19:19	PIS
17	22:11	ARI
20	01:03	TAU
22	04:59	GEM
24	11:21	CAN
26	21:02	LEO
29	09:26	VIR

DICIEMBRE

1	22:08	LIB
4	08:30	ESC
6	15:25	SAG
8	19:31	CAP
10	22:12	ACU
13	00:42	PIS
15	03:45	ARI
17	07:39	TAU
19	12:48	GEM
21	19:50	CAN
24	05:26	LEO
26	17:30	VIR
29	06:27	LIB
31	17:42	ESC

1962

ENERO

3	01:24	SAG
5	05:24	CAP
7	07:00	ACU
9	07:54	PIS
11	09:34	ARI
13	13:02	TAU
15	18:42	GEM
18	02:40	CAN
20	12:50	LEO
23	00:54	VIR
25	13:52	LIB
28	01:55	ESC
30	11:00	SAG

FEBRERO

1	16:10	CAP
3	17:57	ACU
5	17:53	PIS
7	17:51	ARI
9	19:35	TAU
12	00:19	GEM
14	08:20	CAN
16	19:04	LEO
19	07:27	VIR
21	20:22	LIB
24	08:37	ESC
26	18:47	SAG

MARZO

1	01:39	CAP
3	04:52	ACU
5	05:17	PIS
7	04:32	ARI
9	04:41	TAU
11	07:36	GEM
13	14:26	CAN
16	00:56	LEO
18	13:33	VIR
21	02:29	LIB
23	14:29	ESC
26	00:49	SAG
28	08:46	CAP
30	13:44	ACU

ABRIL

1	15:43	PIS
3	15:42	ARI
5	15:26	TAU
7	17:00	GEM
9	22:12	CAN
12	07:37	LEO
14	19:57	VIR
17	08:54	LIB
19	20:37	ESC
22	06:27	SAG
24	14:20	CAP
26	20:08	ACU
28	23:40	PIS

MAYO

1	01:12	ARI
3	01:50	TAU
5	03:17	GEM
7	07:28	CAN
9	15:36	LEO
12	03:12	VIR
14	16:03	LIB
17	03:43	ESC
19	13:03	SAG
21	20:09	CAP
24	01:31	ACU
26	05:30	PIS
28	08:15	ARI
30	10:17	TAU

JUNIO

1	12:41	GEM
3	16:57	CAN
6	00:24	LEO
8	11:13	VIR
10	23:51	LIB
13	11:45	ESC
15	21:04	SAG
18	03:30	CAP
20	07:49	ACU
22	10:59	PIS
24	13:43	ARI
26	16:35	TAU
28	20:10	GEM

JULIO

1	01:19	CAN
3	08:56	LEO
5	19:23	VIR
8	07:48	LIB
10	20:06	ESC
13	06:01	SAG
15	12:32	CAP
17	16:08	ACU
19	18:01	PIS
21	19:34	ARI
23	21:57	TAU
26	01:57	GEM
28	08:01	CAN
30	16:21	LEO

AGOSTO

2	02:58	VIR
4	15:18	LIB
7	03:56	ESC
9	14:49	SAG
11	22:18	CAP
14	02:08	ACU
16	03:17	PIS
18	03:26	ARI
20	04:20	TAU
22	07:28	GEM
24	13:34	CAN
26	22:30	LEO
29	09:36	VIR
31	22:01	LIB

SEPTIEMBRE

3	10:47	ESC
5	22:27	SAG
8	07:20	CAP
10	12:27	ACU
12	14:02	PIS
14	13:33	ARI
16	13:01	TAU
18	14:29	GEM
20	19:26	CAN
23	04:07	LEO
25	15:31	VIR
28	04:08	LIB
30	16:49	ESC

OCTUBRE

3	04:40	SAG
5	14:35	CAP
7	21:22	ACU
10	00:29	PIS
12	00:41	ARI
13	23:44	TAU
15	23:51	GEM
18	03:05	CAN
20	10:31	LEO
22	21:32	VIR
25	10:14	LIB
27	22:49	ESC
30	10:20	SAG

NOVIEMBRE

1	20:18	CAP
4	04:03	ACU
6	08:53	PIS
8	10:46	ARI
10	10:45	TAU
12	10:44	GEM
14	12:49	CAN
16	18:40	LEO
19	04:34	VIR
21	16:58	LIB
24	05:34	ESC
26	16:44	SAG
29	02:01	CAP

DICIEMBRE

1	09:26	ACU
3	14:54	PIS
5	18:18	ARI
7	20:00	TAU
9	21:08	GEM
11	23:22	CAN
14	04:21	LEO
16	13:00	VIR
19	00:42	LIB
21	13:18	ESC
24	00:33	SAG
26	09:19	CAP
28	15:43	ACU
30	20:21	PIS

1963

ENERO

1	23:48	ARI
4	02:34	TAU
6	05:14	GEM
8	08:42	CAN
10	14:01	LEO
12	22:07	VIR
15	09:05	LIB
17	21:36	ESC
20	09:21	SAG
22	18:24	CAP
25	00:14	ACU
27	03:35	PIS
29	05:44	ARI
31	07:55	TAU

FEBRERO

2	11:03	GEM
4	15:41	CAN
6	22:06	LEO
9	06:36	VIR
11	17:19	LIB
14	05:39	ESC
16	17:58	SAG
19	04:01	CAP
21	10:24	ACU
23	13:18	PIS
25	14:06	ARI
27	14:39	TAU

MARZO

1	16:39	GEM
3	21:08	CAN
6	04:15	LEO
8	13:34	VIR
11	00:35	LIB
13	12:52	ESC
16	01:27	SAG
18	12:35	CAP
20	20:22	ACU
23	00:05	PIS
25	00:38	ARI
26	23:57	TAU
29	00:13	GEM
31	03:14	CAN

ABRIL

2	09:46	LEO
4	19:21	VIR
7	06:50	LIB
9	19:14	ESC
12	07:49	SAG
14	19:27	CAP
17	04:35	ACU
19	09:54	PIS
21	11:30	ARI
23	10:51	TAU
25	10:07	GEM
27	11:28	CAN
29	16:25	LEO

MAYO

2	01:13	VIR
4	12:43	LIB
7	01:16	ESC
9	13:43	SAG
12	01:14	CAP
14	10:52	ACU
16	17:32	PIS
18	20:48	ARI
20	21:22	TAU
22	20:54	GEM
24	21:29	CAN
27	00:59	LEO
29	08:22	VIR
31	19:10	LIB

JUNIO

3	07:39	ESC
5	20:01	SAG
8	07:07	CAP
10	16:22	ACU
12	23:21	PIS
15	03:47	ARI
17	05:55	TAU
19	06:44	GEM
21	07:47	CAN
23	10:45	LEO
25	16:57	VIR
28	02:41	LIB
30	14:48	ESC

JULIO

3	03:12	SAG
5	14:03	CAP
7	22:37	ACU
10	04:53	PIS
12	09:17	ARI
14	12:15	TAU
16	14:28	GEM
18	16:45	CAN
20	20:16	LEO
23	02:07	VIR
25	11:03	LIB
27	22:39	ESC
30	11:08	SAG

AGOSTO

1	22:13	CAP
4	06:26	ACU
6	11:46	PIS
8	15:07	ARI
10	17:38	TAU
12	20:16	GEM
14	23:40	CAN
17	04:17	LEO
19	10:41	VIR
21	19:26	LIB
24	06:39	ESC
26	19:16	SAG
29	06:58	CAP
31	15:38	ACU

SEPTIEMBRE

2	20:38	PIS
4	22:53	ARI
7	00:03	TAU
9	01:46	GEM
11	05:08	CAN
13	10:30	LEO
15	17:48	VIR
18	03:00	LIB
20	14:11	ESC
23	02:50	SAG
25	15:16	CAP
28	01:04	ACU
30	06:47	PIS

OCTUBRE

2	08:48	ARI
4	08:50	TAU
6	08:59	GEM
8	11:01	CAN
10	15:55	LEO
12	23:35	VIR
15	09:25	LIB
17	20:53	ESC
20	09:33	SAG
22	22:21	CAP
25	09:21	ACU
27	16:37	PIS
29	19:40	ARI
31	19:43	TAU

NOVIEMBRE

2	18:49	GEM
4	19:09	CAN
6	22:24	LEO
9	05:14	VIR
11	15:08	LIB
14	02:57	ESC
16	15:40	SAG
19	04:23	CAP
21	15:52	ACU
24	00:33	PIS
26	05:25	ARI
28	06:50	TAU
30	06:15	GEM

DICIEMBRE

2	05:45	CAN
4	07:20	LEO
6	12:27	VIR
8	21:22	LIB
11	09:05	ESC
13	21:54	SAG
16	10:22	CAP
18	21:29	ACU
21	06:29	PIS
23	12:41	ARI
25	15:58	TAU
27	16:59	GEM
29	17:07	CAN
31	18:09	LEO

1964

ENERO
2	21:48	VIR
5	05:10	LIB
7	16:04	ESC
10	04:50	SAG
12	17:14	CAP
15	03:48	ACU
17	12:04	PIS
19	18:11	ARI
21	22:24	TAU
24	01:05	GEM
26	02:52	CAN
28	04:46	LEO
30	08:09	VIR

FEBRERO
1	14:26	LIB
4	00:13	ESC
6	12:36	SAG
9	01:11	CAP
11	11:40	ACU
13	19:09	PIS
16	00:10	ARI
18	03:46	TAU
20	06:48	GEM
22	09:50	CAN
24	13:11	LEO
26	17:30	VIR
28	23:47	LIB

MARZO
2	08:54	ESC
4	20:47	SAG
7	09:36	CAP
9	20:36	ACU
12	04:06	PIS
14	08:16	ARI
16	10:31	TAU
18	12:26	GEM
20	15:12	CAN
22	19:15	LEO
25	00:42	VIR
27	07:48	LIB
29	17:04	ESC

ABRIL
1	04:41	SAG
3	17:37	CAP
6	05:25	ACU
8	13:47	PIS
10	18:09	ARI
12	19:37	TAU
14	20:06	GEM
16	21:24	CAN
19	00:40	LEO
21	06:18	VIR
23	14:09	LIB
26	00:01	ESC
28	11:46	SAG

MAYO
1	00:43	CAP
3	13:07	ACU
5	22:44	PIS
8	04:16	ARI
10	06:09	TAU
12	06:02	GEM
14	05:54	CAN
16	07:32	LEO
18	12:03	VIR
20	19:42	LIB
23	05:58	ESC
25	18:04	SAG
28	07:01	CAP
30	19:33	ACU

JUNIO
2	06:02	PIS
4	13:03	ARI
6	16:20	TAU
8	16:50	GEM
10	16:17	CAN
12	16:35	LEO
14	19:28	VIR
17	01:54	LIB
19	11:50	ESC
22	00:04	SAG
24	13:02	CAP
27	01:22	ACU
29	11:57	PIS

JULIO
1	19:53	ARI
4	00:43	TAU
6	02:43	GEM
8	02:57	CAN
10	03:01	LEO
12	04:45	VIR
14	09:42	LIB
16	18:33	ESC
19	06:29	SAG
21	19:27	CAP
24	07:31	ACU
26	17:36	PIS
29	01:26	ARI
31	07:01	TAU

AGOSTO
2	10:29	GEM
4	12:13	CAN
6	13:11	LEO
8	14:51	VIR
10	18:52	LIB
13	02:32	ESC
15	13:45	SAG
18	02:39	CAP
20	14:40	ACU
23	00:14	PIS
25	07:16	ARI
27	12:24	TAU
29	16:16	GEM
31	19:14	CAN

SEPTIEMBRE
2	21:37	LEO
5	00:13	VIR
7	04:20	LIB
9	11:20	ESC
11	21:48	SAG
14	10:31	CAP
16	22:48	ACU
19	08:23	PIS
21	14:44	ARI
23	18:47	TAU
25	21:47	GEM
28	00:40	CAN
30	03:53	LEO

OCTUBRE
2	07:43	VIR
4	12:45	LIB
6	19:57	ESC
9	06:03	SAG
11	18:32	CAP
14	07:16	ACU
16	17:33	PIS
19	00:05	ARI
21	03:25	TAU
23	05:04	GEM
25	06:38	CAN
27	09:14	LEO
29	13:26	VIR
31	19:25	LIB

NOVIEMBRE
3	03:25	ESC
5	13:44	SAG
8	02:06	CAP
10	15:09	ACU
13	02:29	PIS
15	10:11	ARI
17	13:57	TAU
19	14:59	GEM
21	15:04	CAN
23	15:59	LEO
25	19:03	VIR
28	00:55	LIB
30	09:31	ESC

DICIEMBRE
2	20:24	SAG
5	08:54	CAP
7	21:58	ACU
10	10:00	PIS
12	19:13	ARI
15	00:33	TAU
17	02:22	GEM
19	02:03	CAN
21	01:31	LEO
23	02:42	VIR
25	07:05	LIB
27	15:12	ESC
30	02:21	SAG

1965

ENERO
1	15:07	CAP
4	04:05	ACU
6	16:07	PIS
9	02:09	ARI
11	09:11	TAU
13	12:49	GEM
15	13:35	CAN
17	12:58	LEO
19	12:55	VIR
21	15:28	LIB
23	22:01	ESC
26	08:33	SAG
28	21:22	CAP
31	10:18	ACU

FEBRERO
2	21:56	PIS
5	07:44	ARI
7	15:24	TAU
9	20:37	GEM
11	23:14	CAN
13	23:55	LEO
16	00:06	VIR
18	01:46	LIB
20	06:46	ESC
22	15:58	SAG
25	04:17	CAP
27	17:15	ACU

MARZO
2	04:39	PIS
4	13:45	ARI
6	20:50	TAU
9	02:15	GEM
11	06:03	CAN
13	08:23	LEO
15	09:56	VIR
17	12:04	LIB
19	16:33	ESC
22	00:37	SAG
24	12:07	CAP
27	00:59	ACU
29	12:32	PIS
31	21:19	ARI

ABRIL
3	03:29	TAU
5	07:55	GEM
7	11:25	CAN
9	14:24	LEO
11	17:15	VIR
13	20:39	LIB
16	01:42	ESC
18	09:32	SAG
20	20:24	CAP
23	09:05	ACU
25	21:03	PIS
28	06:13	ARI
30	12:04	TAU

MAYO
2	15:27	GEM
4	17:39	CAN
6	19:50	LEO
8	22:48	VIR
11	03:05	LIB
13	09:10	ESC
15	17:32	SAG
18	04:20	CAP
20	16:51	ACU
23	05:15	PIS
25	15:19	ARI
27	21:49	TAU
30	00:59	GEM

JUNIO
1	02:06	CAN
3	02:47	LEO
5	04:34	VIR
7	08:30	LIB
9	15:04	ESC
12	00:10	SAG
14	11:21	CAP
16	23:52	ACU
19	12:29	PIS
21	23:30	ARI
24	07:17	TAU
26	11:19	GEM
28	12:20	CAN
30	11:59	LEO

JULIO
2	12:12	VIR
4	14:43	LIB
6	20:38	ESC
9	05:54	SAG
11	17:29	CAP
14	06:08	ACU
16	18:45	PIS
19	06:13	ARI
21	15:14	TAU
23	20:49	GEM
25	22:54	CAN
27	22:38	LEO
29	21:55	VIR
31	22:55	LIB

AGOSTO
3	03:21	ESC
5	11:50	SAG
7	23:23	CAP
10	12:10	ACU
13	00:38	PIS
15	11:57	ARI
17	21:28	TAU
20	04:21	GEM
22	08:05	CAN
24	09:02	LEO
26	08:37	VIR
28	08:53	LIB
30	11:54	ESC

SEPTIEMBRE
1	19:00	SAG
4	05:52	CAP
6	18:34	ACU
9	06:57	PIS
11	17:50	ARI
14	02:57	TAU
16	10:07	GEM
18	15:01	CAN
20	17:36	LEO
22	18:30	VIR
24	19:16	LIB
26	21:47	ESC
29	03:43	SAG

OCTUBRE
1	13:29	CAP
4	01:49	ACU
6	14:14	PIS
9	00:54	ARI
11	09:17	TAU
13	15:40	GEM
15	20:27	CAN
17	23:52	LEO
20	02:14	VIR
22	04:21	LIB
24	07:32	ESC
26	13:10	SAG
28	22:05	CAP
31	09:50	ACU

NOVIEMBRE
2	22:23	PIS
5	09:22	ARI
7	17:30	TAU
9	22:55	GEM
12	02:30	CAN
14	05:14	LEO
16	07:55	VIR
18	11:11	LIB
20	15:37	ESC
22	21:57	SAG
25	06:46	CAP
27	18:04	ACU
30	06:40	PIS

DICIEMBRE
2	18:23	ARI
5	03:12	TAU
7	08:28	GEM
9	10:57	CAN
11	12:09	LEO
13	13:36	VIR
15	16:34	LIB
17	21:41	ESC
20	05:02	SAG
22	14:27	CAP
25	01:45	ACU
27	14:18	PIS
30	02:40	ARI

1966

ENERO

1	12:47	TAU
3	19:07	GEM
5	21:41	CAN
7	21:50	LEO
9	21:35	VIR
11	22:53	LIB
14	03:09	ESC
16	10:40	SAG
18	20:45	CAP
21	08:27	ACU
23	20:59	PIS
26	09:33	ARI
28	20:43	TAU
31	04:44	GEM

FEBRERO

2	08:41	CAN
4	09:14	LEO
6	08:12	VIR
8	07:51	LIB
10	10:15	ESC
12	16:34	SAG
15	02:26	CAP
17	14:26	ACU
20	03:06	PIS
22	15:31	ARI
25	02:54	TAU
27	12:03	GEM

MARZO

1	17:48	CAN
3	19:57	LEO
5	19:37	VIR
7	18:49	LIB
9	19:47	ESC
12	00:19	SAG
14	08:56	CAP
16	20:35	ACU
19	09:19	PIS
21	21:34	ARI
24	08:32	TAU
26	17:42	GEM
29	00:24	CAN
31	04:12	LEO

ABRIL

2	05:31	VIR
4	05:40	LIB
6	06:31	ESC
8	09:54	SAG
10	17:02	CAP
13	03:43	ACU
15	16:14	PIS
18	04:28	ARI
20	15:01	TAU
22	23:28	GEM
25	05:48	CAN
27	10:10	LEO
29	12:50	VIR

MAYO

1	14:31	LIB
3	16:24	ESC
5	19:53	SAG
8	02:13	CAP
10	11:52	ACU
12	23:55	PIS
15	12:16	ARI
17	22:50	TAU
20	06:40	GEM
22	12:01	CAN
24	15:37	LEO
26	18:23	VIR
28	21:00	LIB
31	00:12	ESC

JUNIO

2	04:39	SAG
4	11:11	CAP
6	20:21	ACU
9	07:57	PIS
11	20:27	ARI
14	07:30	TAU
16	15:27	GEM
18	20:06	CAN
20	22:29	LEO
23	00:08	VIR
25	02:23	LIB
27	06:04	ESC
29	11:32	SAG

JULIO

1	18:52	CAP
4	04:15	ACU
6	15:40	PIS
9	04:16	ARI
11	16:04	TAU
14	00:52	GEM
16	05:45	CAN
18	07:28	LEO
20	07:47	VIR
22	08:39	LIB
24	11:32	ESC
26	17:05	SAG
29	01:05	CAP
31	11:02	ACU

AGOSTO

2	22:36	PIS
5	11:15	ARI
7	23:38	TAU
10	09:39	GEM
12	15:42	CAN
14	17:51	LEO
16	17:35	VIR
18	17:06	LIB
20	18:25	ESC
22	22:51	SAG
25	06:37	CAP
27	16:56	ACU
30	04:49	PIS

SEPTIEMBRE

1	17:28	ARI
4	06:00	TAU
6	16:53	GEM
9	00:27	CAN
11	04:01	LEO
13	04:26	VIR
15	03:33	LIB
17	03:35	ESC
19	06:22	SAG
21	12:53	CAP
23	22:48	ACU
26	10:49	PIS
28	23:30	ARI

OCTUBRE

1	11:48	TAU
3	22:44	GEM
6	07:13	CAN
8	12:25	LEO
10	14:27	VIR
12	14:30	LIB
14	14:22	ESC
16	16:00	SAG
18	20:56	CAP
21	05:41	ACU
23	17:21	PIS
26	06:04	ARI
28	18:06	TAU
31	04:28	GEM

NOVIEMBRE

2	12:43	CAN
4	18:37	LEO
6	22:10	VIR
8	23:55	LIB
11	00:54	ESC
13	02:37	SAG
15	06:37	CAP
17	14:04	ACU
20	00:53	PIS
22	13:32	ARI
25	01:37	TAU
27	11:31	GEM
29	18:50	CAN

DICIEMBRE

2	00:02	LEO
4	03:49	VIR
6	06:44	LIB
8	09:18	ESC
10	12:14	SAG
12	16:31	CAP
14	23:20	ACU
17	09:18	PIS
19	21:40	ARI
22	10:08	TAU
24	20:14	GEM
27	02:59	CAN
29	06:58	LEO
31	09:34	VIR

1967

ENERO

2	12:04	LIB
4	15:17	ESC
6	19:28	SAG
9	00:54	CAP
11	08:06	ACU
13	17:45	PIS
16	05:48	ARI
18	18:40	TAU
21	05:39	GEM
23	12:51	CAN
25	16:21	LEO
27	17:37	VIR
29	18:33	LIB
31	20:44	ESC

FEBRERO

3	00:56	SAG
5	07:11	CAP
7	15:17	ACU
10	01:19	PIS
12	13:17	ARI
15	02:19	TAU
17	14:16	GEM
19	22:48	CAN
22	03:05	LEO
24	04:04	VIR
26	03:45	LIB
28	04:10	ESC

MARZO

2	06:53	SAG
4	12:36	CAP
6	21:04	ACU
9	07:42	PIS
11	19:53	ARI
14	08:55	TAU
16	21:20	GEM
19	07:10	CAN
21	13:04	LEO
23	15:09	VIR
25	14:51	LIB
27	14:11	ESC
29	15:09	SAG
31	19:11	CAP

ABRIL

3	02:49	ACU
5	13:29	PIS
8	01:57	ARI
10	14:57	TAU
13	03:15	GEM
15	13:37	CAN
17	20:55	LEO
20	00:43	VIR
22	01:42	LIB
24	01:19	ESC
26	01:27	SAG
28	03:54	CAP
30	09:58	ACU

MAYO

2	19:48	PIS
5	08:10	ARI
7	21:10	TAU
10	09:09	GEM
12	19:11	CAN
15	02:49	LEO
17	07:52	VIR
19	10:31	LIB
21	11:30	ESC
23	12:06	SAG
25	13:59	CAP
27	18:44	ACU
30	03:19	PIS

JUNIO

1	15:07	ARI
4	04:05	TAU
6	15:53	GEM
9	01:18	CAN
11	08:19	LEO
13	13:24	VIR
15	16:59	LIB
17	19:26	ESC
19	21:20	SAG
21	23:47	CAP
24	04:11	ACU
26	11:50	PIS
28	22:53	ARI

JULIO

1	11:43	TAU
3	23:39	GEM
6	08:48	CAN
8	14:59	LEO
10	19:08	VIR
12	22:20	LIB
15	01:18	ESC
17	04:23	SAG
19	08:00	CAP
21	13:00	ACU
23	20:29	PIS
26	07:01	ARI
28	19:41	TAU
31	08:01	GEM

AGOSTO

2	17:32	CAN
4	23:27	LEO
7	02:36	VIR
9	04:35	LIB
11	06:45	ESC
13	09:53	SAG
15	14:19	CAP
17	20:17	ACU
20	04:18	PIS
22	14:48	ARI
25	03:22	TAU
27	16:09	GEM
30	02:35	CAN

SEPTIEMBRE

1	09:09	LEO
3	12:08	VIR
5	13:04	LIB
7	13:45	ESC
9	15:40	SAG
11	19:43	CAP
14	02:09	ACU
16	10:53	PIS
18	21:47	ARI
21	10:21	TAU
23	23:22	GEM
26	10:46	CAN
28	18:42	LEO
30	22:39	VIR

OCTUBRE

2	23:35	LIB
4	23:15	ESC
6	23:33	SAG
9	02:04	CAP
11	07:46	ACU
13	16:38	PIS
16	03:58	ARI
18	16:42	TAU
21	05:39	GEM
23	17:28	CAN
26	02:41	LEO
28	08:20	VIR
30	10:32	LIB

NOVIEMBRE

1	10:27	ESC
3	09:52	SAG
5	10:45	CAP
7	14:46	ACU
9	22:43	PIS
12	09:59	ARI
14	22:53	TAU
17	11:41	GEM
19	23:13	CAN
22	08:48	LEO
24	15:46	VIR
26	19:49	LIB
28	21:14	ESC
30	21:11	SAG

DICIEMBRE

2	21:25	CAP
4	23:57	ACU
7	06:20	PIS
9	16:44	ARI
12	05:32	TAU
14	18:19	GEM
17	05:23	CAN
19	14:21	LEO
21	21:22	VIR
24	02:27	LIB
26	05:36	ESC
28	07:10	SAG
30	08:11	CAP

1968

ENERO

1	10:24	ACU
3	15:36	PIS
6	00:46	ARI
8	13:03	TAU
11	01:55	GEM
13	12:54	CAN
15	21:10	LEO
18	03:11	VIR
20	07:48	LIB
22	11:28	ESC
24	14:24	SAG
26	16:57	CAP
28	20:06	ACU
31	01:16	PIS

FEBRERO

2	09:40	ARI
4	21:16	TAU
7	10:09	GEM
9	21:35	CAN
12	05:50	LEO
14	11:03	VIR
16	14:22	LIB
18	17:00	ESC
20	19:48	SAG
22	23:12	CAP
25	03:37	ACU
27	09:43	PIS
29	18:15	ARI

MARZO

3	05:28	TAU
5	18:17	GEM
8	06:22	CAN
10	15:28	LEO
12	20:52	VIR
14	23:24	LIB
17	00:34	ESC
19	01:54	SAG
21	04:35	CAP
23	09:17	ACU
25	16:16	PIS
28	01:32	ARI
30	12:55	TAU

ABRIL

2	01:41	GEM
4	14:13	CAN
7	00:29	LEO
9	07:04	VIR
11	10:01	LIB
13	10:32	ESC
15	10:24	SAG
17	11:23	CAP
19	14:58	ACU
21	21:46	PIS
24	07:33	ARI
26	19:23	TAU
29	08:12	GEM

MAYO

1	20:50	CAN
4	07:54	LEO
6	15:59	VIR
8	20:21	LIB
10	21:30	ESC
12	20:54	SAG
14	20:31	CAP
16	22:22	ACU
19	03:53	PIS
21	13:15	ARI
24	01:16	TAU
26	14:13	GEM
29	02:43	CAN
31	13:54	LEO

JUNIO

2	22:53	VIR
5	04:50	LIB
7	07:31	ESC
9	07:43	SAG
11	07:06	CAP
13	07:47	ACU
15	11:43	PIS
17	19:50	ARI
20	07:26	TAU
22	20:23	GEM
25	08:43	CAN
27	19:31	LEO
30	04:27	VIR

JULIO

2	11:10	LIB
4	15:21	ESC
6	17:05	SAG
8	17:24	CAP
10	18:04	ACU
12	21:03	PIS
15	03:52	ARI
17	14:31	TAU
20	03:13	GEM
22	15:32	CAN
25	01:55	LEO
27	10:10	VIR
29	16:33	LIB
31	21:12	ESC

AGOSTO

3	00:11	SAG
5	01:58	CAP
7	03:38	ACU
9	06:46	PIS
11	12:54	ARI
13	22:36	TAU
16	10:52	GEM
18	23:16	CAN
21	09:40	LEO
23	17:21	VIR
25	22:45	LIB
28	02:39	ESC
30	05:41	SAG

SEPTIEMBRE

1	08:22	CAP
3	11:20	ACU
5	15:28	PIS
7	21:50	ARI
10	07:06	TAU
12	18:55	GEM
15	07:29	CAN
17	18:26	LEO
20	02:16	VIR
22	07:00	LIB
24	09:39	ESC
26	11:31	SAG
28	13:45	CAP
30	17:11	ACU

OCTUBRE

2	22:21	PIS
5	05:36	ARI
7	15:07	TAU
10	02:44	GEM
12	15:24	CAN
15	03:09	LEO
17	11:59	VIR
19	17:06	LIB
21	19:06	ESC
23	19:33	SAG
25	20:14	CAP
27	22:43	ACU
30	03:55	PIS

NOVIEMBRE

1	11:51	ARI
3	22:02	TAU
6	09:48	GEM
8	22:27	CAN
11	10:45	LEO
13	20:55	VIR
16	03:27	LIB
18	06:06	ESC
20	06:04	SAG
22	05:20	CAP
24	06:03	ACU
26	09:53	PIS
28	17:26	ARI

DICIEMBRE

1	03:58	TAU
3	16:06	GEM
6	04:44	CAN
8	17:03	LEO
11	04:00	VIR
13	12:09	LIB
15	16:32	ESC
17	17:28	SAG
19	16:33	CAP
21	16:00	ACU
23	18:01	PIS
26	00:03	ARI
28	09:57	TAU
30	22:12	GEM

1969

ENERO

2	10:53	CAN
4	22:55	LEO
7	09:43	VIR
9	18:33	LIB
12	00:32	ESC
14	03:19	SAG
16	03:40	CAP
18	03:17	ACU
20	04:21	PIS
22	08:44	ARI
24	17:13	TAU
27	04:54	GEM
29	17:37	CAN

FEBRERO

1	05:29	LEO
3	15:41	VIR
6	00:01	LIB
8	06:19	ESC
10	10:24	SAG
12	12:29	CAP
14	13:31	ACU
16	15:04	PIS
18	18:49	ARI
21	02:02	TAU
23	12:42	GEM
26	01:12	CAN
28	13:12	LEO

MARZO

2	23:07	VIR
5	06:34	LIB
7	11:57	ESC
9	15:48	SAG
11	18:41	CAP
13	21:10	ACU
16	00:04	PIS
18	04:27	ARI
20	11:21	TAU
22	21:13	GEM
25	09:19	CAN
27	21:37	LEO
30	07:54	VIR

ABRIL

1	15:04	LIB
3	19:23	ESC
5	21:58	SAG
8	00:05	CAP
10	02:47	ACU
12	06:42	PIS
14	12:14	ARI
16	19:44	TAU
19	05:29	GEM
21	17:18	CAN
24	05:51	LEO
26	16:57	VIR
29	00:44	LIB

MAYO

1	04:50	ESC
3	06:19	SAG
5	06:57	CAP
7	08:28	ACU
9	12:05	PIS
11	18:09	ARI
14	02:29	TAU
16	12:42	GEM
19	00:31	CAN
21	13:13	LEO
24	01:07	VIR
26	10:08	LIB
28	15:05	ESC
30	16:31	SAG

JUNIO

1	16:07	CAP
3	16:04	ACU
5	18:14	PIS
7	23:37	ARI
10	08:06	TAU
12	18:49	GEM
15	06:53	CAN
17	19:36	LEO
20	07:54	VIR
22	18:04	LIB
25	00:31	ESC
27	03:00	SAG
29	02:45	CAP

JULIO

1	01:50	ACU
3	02:27	PIS
5	06:17	ARI
7	13:54	TAU
10	00:32	GEM
12	12:48	CAN
15	01:30	LEO
17	13:43	VIR
20	00:20	LIB
22	08:04	ESC
24	12:11	SAG
26	13:10	CAP
28	12:35	ACU
30	12:31	PIS

AGOSTO

1	14:55	ARI
3	21:02	TAU
6	06:50	GEM
8	18:58	CAN
11	07:39	LEO
13	19:33	VIR
16	05:51	LIB
18	13:54	ESC
20	19:13	SAG
22	21:49	CAP
24	22:36	ACU
26	23:04	PIS
29	00:58	ARI
31	05:51	TAU

SEPTIEMBRE

2	14:24	GEM
5	01:58	CAN
7	14:37	LEO
10	02:21	VIR
12	12:02	LIB
14	19:26	ESC
17	00:43	SAG
19	04:14	CAP
21	06:32	ACU
23	08:23	PIS
25	10:56	ARI
27	15:29	TAU
29	23:06	GEM

OCTUBRE

2	09:53	CAN
4	22:26	LEO
7	10:22	VIR
9	19:49	LIB
12	02:19	ESC
14	06:34	SAG
16	09:36	CAP
18	12:22	ACU
20	15:26	PIS
22	19:18	ARI
25	00:33	TAU
27	08:01	GEM
29	18:13	CAN

NOVIEMBRE

1	06:35	LEO
3	19:01	VIR
6	04:59	LIB
8	11:18	ESC
10	14:31	SAG
12	16:09	CAP
14	17:53	ACU
16	20:53	PIS
19	01:32	ARI
21	07:53	TAU
23	15:59	GEM
26	02:11	CAN
28	14:23	LEO

DICIEMBRE

1	03:14	VIR
3	14:17	LIB
5	21:31	ESC
8	00:43	SAG
10	01:21	CAP
12	01:28	ACU
14	02:57	PIS
16	06:56	ARI
18	13:36	TAU
20	22:28	GEM
23	09:09	CAN
25	21:22	LEO
28	10:21	VIR
30	22:19	LIB

1970

ENERO
2	07:04	ESC
4	11:33	SAG
6	12:30	CAP
8	11:48	ACU
10	11:37	PIS
12	13:48	ARI
14	19:21	TAU
17	04:07	GEM
19	15:14	CAN
22	03:41	LEO
24	16:33	VIR
27	04:43	LIB
29	14:35	ESC
31	20:50	SAG

FEBRERO
2	23:22	CAP
4	23:20	ACU
6	22:38	PIS
8	23:18	ARI
11	03:00	TAU
13	10:30	GEM
15	21:17	CAN
18	09:54	LEO
20	22:42	VIR
23	10:30	LIB
25	20:24	ESC
28	03:39	SAG

MARZO
2	07:55	CAP
4	09:35	ACU
6	09:49	PIS
8	10:17	ARI
10	12:44	TAU
12	18:37	GEM
15	04:19	CAN
17	16:40	LEO
20	05:30	VIR
22	16:57	LIB
25	02:11	ESC
27	09:07	SAG
29	14:01	CAP
31	17:09	ACU

ABRIL
2	19:01	PIS
4	20:32	ARI
6	23:03	TAU
9	04:02	GEM
11	12:34	CAN
14	00:16	LEO
16	13:08	VIR
19	00:35	LIB
21	09:16	ESC
23	15:15	SAG
25	19:27	CAP
27	22:44	ACU
30	01:38	PIS

MAYO
2	04:33	ARI
4	08:05	TAU
6	13:18	GEM
8	21:17	CAN
11	08:22	LEO
13	21:11	VIR
16	09:03	LIB
18	17:50	ESC
20	23:12	SAG
23	02:14	CAP
25	04:26	ACU
27	06:59	PIS
29	10:27	ARI
31	15:04	TAU

JUNIO
2	21:10	GEM
5	05:26	CAN
7	16:17	LEO
10	05:02	VIR
12	17:28	LIB
15	03:02	ESC
17	08:39	SAG
19	11:05	CAP
21	12:01	ACU
23	13:12	PIS
25	15:53	ARI
27	20:35	TAU
30	03:25	GEM

JULIO
2	12:21	CAN
4	23:26	LEO
7	12:12	VIR
10	01:03	LIB
12	11:41	ESC
14	18:26	SAG
16	21:20	CAP
18	21:45	ACU
20	21:37	PIS
22	22:43	ARI
25	02:19	TAU
27	08:53	GEM
29	18:14	CAN

AGOSTO
1	05:45	LEO
3	18:35	VIR
6	07:33	LIB
8	18:57	ESC
11	03:08	SAG
13	07:25	CAP
15	08:31	ACU
17	08:02	PIS
19	07:51	ARI
21	09:46	TAU
23	15:04	GEM
25	23:59	CAN
28	11:39	LEO
31	00:36	VIR

SEPTIEMBRE
2	13:26	LIB
5	00:55	ESC
7	09:59	SAG
9	15:52	CAP
11	18:34	ACU
13	18:58	PIS
15	18:36	ARI
17	19:21	TAU
19	23:02	GEM
22	06:41	CAN
24	17:55	LEO
27	06:54	VIR
29	19:34	LIB

OCTUBRE
2	06:36	ESC
4	15:32	SAG
6	22:11	CAP
9	02:26	ACU
11	04:31	PIS
13	05:13	ARI
15	06:00	TAU
17	08:44	GEM
19	14:59	CAN
22	01:13	LEO
24	13:58	VIR
27	02:37	LIB
29	13:15	ESC
31	21:25	SAG

NOVIEMBRE
3	03:33	CAP
5	08:11	ACU
7	11:33	PIS
9	13:52	ARI
11	15:51	TAU
13	18:49	GEM
16	00:24	CAN
18	09:36	LEO
20	21:50	VIR
23	10:40	LIB
25	21:25	ESC
28	05:03	SAG
30	10:06	CAP

DICIEMBRE
2	13:45	ACU
4	16:56	PIS
6	20:04	ARI
8	23:25	TAU
11	03:34	GEM
13	09:33	CAN
15	18:22	LEO
18	06:05	VIR
20	19:02	LIB
23	06:28	ESC
25	14:28	SAG
27	19:02	CAP
29	21:24	ACU
31	23:08	PIS

1971

ENERO

3	01:27	ARI
5	05:01	TAU
7	10:09	GEM
9	17:09	CAN
12	02:25	LEO
14	13:58	VIR
17	02:54	LIB
19	15:04	ESC
22	00:16	SAG
24	05:33	CAP
26	07:37	ACU
28	08:02	PIS
30	08:37	ARI

FEBRERO

1	10:49	TAU
3	15:35	GEM
5	23:07	CAN
8	09:07	LEO
10	20:58	VIR
13	09:51	LIB
15	22:22	ESC
18	08:46	SAG
20	15:37	CAP
22	18:44	ACU
24	19:06	PIS
26	18:30	ARI
28	18:55	TAU

MARZO

2	22:02	GEM
5	04:48	CAN
7	14:56	LEO
10	03:11	VIR
12	16:06	LIB
15	04:32	ESC
17	15:24	SAG
19	23:38	CAP
22	04:29	ACU
24	06:08	PIS
26	05:46	ARI
28	05:16	TAU
30	06:44	GEM

ABRIL

1	11:51	CAN
3	21:06	LEO
6	09:17	VIR
8	22:17	LIB
11	10:28	ESC
13	21:04	SAG
16	05:39	CAP
18	11:46	ACU
20	15:08	PIS
22	16:09	ARI
24	16:07	TAU
26	16:59	GEM
28	20:44	CAN

MAYO

1	04:35	LEO
3	16:04	VIR
6	05:00	LIB
8	17:04	ESC
11	03:08	SAG
13	11:10	CAP
15	17:20	ACU
17	21:40	PIS
20	00:12	ARI
22	01:32	TAU
24	03:02	GEM
26	06:27	CAN
28	13:17	LEO
30	23:49	VIR

JUNIO

2	12:27	LIB
5	00:37	ESC
7	10:29	SAG
9	17:46	CAP
11	23:03	ACU
14	03:02	PIS
16	06:06	ARI
18	08:39	TAU
20	11:24	GEM
22	15:31	CAN
24	22:13	LEO
27	08:07	VIR
29	20:23	LIB

JULIO

2	08:47	ESC
4	18:59	SAG
7	02:04	CAP
9	06:27	ACU
11	09:15	PIS
13	11:33	ARI
15	14:11	TAU
17	17:47	GEM
19	22:57	CAN
22	06:17	LEO
24	16:10	VIR
27	04:12	LIB
29	16:51	ESC

AGOSTO

1	03:50	SAG
3	11:32	CAP
5	15:47	ACU
7	17:35	PIS
9	18:27	ARI
11	19:56	TAU
13	23:11	GEM
16	04:50	CAN
18	12:58	LEO
20	23:19	VIR
23	11:23	LIB
26	00:10	ESC
28	11:57	SAG
30	20:55	CAP

SEPTIEMBRE

2	02:05	ACU
4	03:51	PIS
6	03:44	ARI
8	03:38	TAU
10	05:26	GEM
12	10:21	CAN
14	18:38	LEO
17	05:29	VIR
19	17:48	LIB
22	06:34	ESC
24	18:44	SAG
27	04:53	CAP
29	11:39	ACU

OCTUBRE

1	14:37	PIS
3	14:41	ARI
5	13:42	TAU
7	13:54	GEM
9	17:11	CAN
12	00:31	LEO
14	11:17	VIR
16	23:48	LIB
19	12:31	ESC
22	00:32	SAG
24	11:06	CAP
26	19:12	ACU
28	23:57	PIS
31	01:27	ARI

NOVIEMBRE

2	00:56	TAU
4	00:28	GEM
6	02:15	CAN
8	07:57	LEO
10	17:45	VIR
13	06:06	LIB
15	18:50	ESC
18	06:30	SAG
20	16:37	CAP
23	00:53	ACU
25	06:48	PIS
27	10:04	ARI
29	11:09	TAU

DICIEMBRE

1	11:26	GEM
3	12:52	CAN
5	17:17	LEO
8	01:41	VIR
10	13:20	LIB
13	02:02	ESC
15	13:38	SAG
17	23:08	CAP
20	06:33	ACU
22	12:10	PIS
24	16:10	ARI
26	18:46	TAU
28	20:39	GEM
30	23:02	CAN

1972

ENERO

2	03:22	LEO
4	10:51	VIR
6	21:34	LIB
9	10:04	ESC
11	21:58	SAG
14	07:26	CAP
16	14:04	ACU
18	18:29	PIS
20	21:36	ARI
23	00:18	TAU
25	03:14	GEM
27	07:02	CAN
29	12:22	LEO
31	19:56	VIR

FEBRERO

3	06:07	LIB
5	18:18	ESC
8	06:38	SAG
10	16:51	CAP
12	23:37	ACU
15	03:11	PIS
17	04:51	ARI
19	06:12	TAU
21	08:36	GEM
23	12:53	CAN
25	19:15	LEO
28	03:40	VIR

MARZO

1	14:01	LIB
4	02:01	ESC
6	14:37	SAG
9	01:50	CAP
11	09:43	ACU
13	13:40	PIS
15	14:38	ARI
17	14:28	TAU
19	15:13	GEM
21	18:27	CAN
24	00:47	LEO
26	09:48	VIR
28	20:42	LIB
31	08:49	ESC

ABRIL

2	21:28	SAG
5	09:21	CAP
7	18:38	ACU
9	23:58	PIS
12	01:33	ARI
14	00:55	TAU
16	00:17	GEM
18	01:47	CAN
20	06:47	LEO
22	15:25	VIR
25	02:35	LIB
27	14:56	ESC
30	03:31	SAG

MAYO

2	15:29	CAP
5	01:36	ACU
7	08:28	PIS
9	11:35	ARI
11	11:48	TAU
13	10:58	GEM
15	11:17	CAN
17	14:38	LEO
19	21:57	VIR
22	08:37	LIB
24	21:01	ESC
27	09:34	SAG
29	21:13	CAP

JUNIO

1	07:16	ACU
3	14:53	PIS
5	19:28	ARI
7	21:15	TAU
9	21:25	GEM
11	21:45	CAN
14	00:10	LEO
16	06:04	VIR
18	15:39	LIB
21	03:43	ESC
23	16:15	SAG
26	03:37	CAP
28	13:03	ACU
30	20:19	PIS

JULIO

3	01:23	ARI
5	04:25	TAU
7	06:05	GEM
9	07:30	CAN
11	10:06	LEO
13	15:17	VIR
15	23:49	LIB
18	11:16	ESC
20	23:47	SAG
23	11:11	CAP
25	20:08	ACU
28	02:29	PIS
30	06:51	ARI

AGOSTO

1	09:58	TAU
3	12:34	GEM
5	15:18	CAN
7	18:57	LEO
10	00:23	VIR
12	08:28	LIB
14	19:20	ESC
17	07:50	SAG
19	19:38	CAP
22	04:44	ACU
24	10:29	PIS
26	13:41	ARI
28	15:43	TAU
30	17:56	GEM

SEPTIEMBRE

1	21:12	CAN
4	01:54	LEO
6	08:16	VIR
8	16:37	LIB
11	03:16	ESC
13	15:43	SAG
16	04:08	CAP
18	14:05	ACU
20	20:10	PIS
22	22:45	ARI
24	23:28	TAU
27	00:15	GEM
29	02:39	CAN

OCTUBRE

1	07:26	LEO
3	14:31	VIR
5	23:35	LIB
8	10:28	ESC
10	22:53	SAG
13	11:45	CAP
15	22:52	ACU
18	06:13	PIS
20	09:23	ARI
22	09:38	TAU
24	09:03	GEM
26	09:45	CAN
28	13:15	LEO
30	20:00	VIR

NOVIEMBRE

2	05:28	LIB
4	16:47	ESC
7	05:17	SAG
9	18:12	CAP
12	06:03	ACU
14	14:57	PIS
16	19:45	ARI
18	20:53	TAU
20	20:06	GEM
22	19:32	CAN
24	21:12	LEO
27	02:25	VIR
29	11:16	LIB

DICIEMBRE

1	22:43	ESC
4	11:23	SAG
7	00:07	CAP
9	11:54	ACU
11	21:33	PIS
14	04:00	ARI
16	07:00	TAU
18	07:25	GEM
20	06:57	CAN
22	07:35	LEO
24	11:03	VIR
26	18:22	LIB
29	05:11	ESC
31	17:52	SAG

1973

ENERO		
3	06:31	CAP
5	17:48	ACU
8	03:03	PIS
10	09:58	ARI
12	14:25	TAU
14	16:42	GEM
16	17:39	CAN
18	18:41	LEO
20	21:24	VIR
23	03:17	LIB
25	12:53	ESC
28	01:11	SAG
30	13:55	CAP

FEBRERO		
2	00:56	ACU
4	09:23	PIS
6	15:29	ARI
8	19:54	TAU
10	23:11	GEM
13	01:45	CAN
15	04:13	LEO
17	07:32	VIR
19	12:59	LIB
21	21:36	ESC
24	09:15	SAG
26	22:04	CAP

MARZO		
1	09:23	ACU
3	17:32	PIS
5	22:38	ARI
8	01:51	TAU
10	04:31	GEM
12	07:30	CAN
14	11:08	LEO
16	15:43	VIR
18	21:49	LIB
21	06:16	ESC
23	17:27	SAG
26	06:16	CAP
28	18:13	ACU
31	02:55	PIS

ABRIL		
2	07:49	ARI
4	09:59	TAU
6	11:13	GEM
8	13:05	CAN
10	16:32	LEO
12	21:47	VIR
15	04:51	LIB
17	13:52	ESC
20	01:02	SAG
22	13:50	CAP
25	02:22	ACU
27	12:10	PIS
29	17:54	ARI

MAYO		
1	20:02	TAU
3	20:16	GEM
5	20:36	CAN
7	22:37	LEO
10	03:13	VIR
12	10:31	LIB
14	20:10	ESC
17	07:42	SAG
19	20:31	CAP
22	09:18	ACU
24	20:06	PIS
27	03:15	ARI
29	06:28	TAU
31	06:53	GEM

JUNIO		
2	06:22	CAN
4	06:50	LEO
6	09:52	VIR
8	16:16	LIB
11	01:52	ESC
13	13:43	SAG
16	02:37	CAP
18	15:20	ACU
21	02:29	PIS
23	10:49	ARI
25	15:38	TAU
27	17:18	GEM
29	17:09	CAN

JULIO		
1	16:56	LEO
3	18:32	VIR
5	23:24	LIB
8	08:06	ESC
10	19:48	SAG
13	08:46	CAP
15	21:15	ACU
18	08:08	PIS
20	16:44	ARI
22	22:41	TAU
25	01:59	GEM
27	03:11	CAN
29	03:30	LEO
31	04:35	VIR

AGOSTO		
2	08:13	LIB
4	15:36	ESC
7	02:37	SAG
9	15:30	CAP
12	03:53	ACU
14	14:15	PIS
16	22:16	ARI
19	04:14	TAU
21	08:27	GEM
23	11:08	CAN
25	12:50	LEO
27	14:34	VIR
29	17:53	LIB

SEPTIEMBRE		
1	00:18	ESC
3	10:25	SAG
5	23:02	CAP
8	11:31	ACU
10	21:41	PIS
13	04:57	ARI
15	10:00	TAU
17	13:48	GEM
19	17:02	CAN
21	19:57	LEO
23	22:59	VIR
26	03:01	LIB
28	09:19	ESC
30	18:48	SAG

OCTUBRE		
3	07:03	CAP
5	19:49	ACU
8	06:24	PIS
10	13:29	ARI
12	17:37	TAU
14	20:09	GEM
16	22:29	CAN
19	01:25	LEO
21	05:19	VIR
23	10:29	LIB
25	17:28	ESC
28	02:58	SAG
30	14:58	CAP

NOVIEMBRE		
2	03:59	ACU
4	15:27	PIS
6	23:20	ARI
9	03:26	TAU
11	05:00	GEM
13	05:47	CAN
15	07:20	LEO
17	10:42	VIR
19	16:16	LIB
22	00:07	ESC
24	10:11	SAG
26	22:13	CAP
29	11:18	ACU

DICIEMBRE		
1	23:33	PIS
4	08:51	ARI
6	14:09	TAU
8	15:58	GEM
10	15:52	CAN
12	15:45	LEO
14	17:21	VIR
16	21:54	LIB
19	05:44	ESC
21	16:20	SAG
24	04:42	CAP
26	17:43	ACU
29	06:10	PIS
31	16:35	ARI

1974

ENERO
2	23:38	TAU
5	03:00	GEM
7	03:29	CAN
9	02:43	LEO
11	02:42	VIR
13	05:22	LIB
15	11:55	ESC
17	22:13	SAG
20	10:48	CAP
22	23:50	ACU
25	12:01	PIS
27	22:32	ARI
30	06:42	TAU

FEBRERO
1	11:54	GEM
3	14:06	CAN
5	14:12	LEO
7	13:52	VIR
9	15:11	LIB
11	19:58	ESC
14	05:02	SAG
16	17:16	CAP
19	06:21	ACU
21	18:16	PIS
24	04:13	ARI
26	12:12	TAU
28	18:11	GEM

MARZO
2	22:00	CAN
4	23:49	LEO
7	00:34	VIR
9	01:52	LIB
11	05:40	ESC
13	13:21	SAG
16	00:42	CAP
18	13:39	ACU
21	01:34	PIS
23	11:03	ARI
25	18:10	TAU
27	23:34	GEM
30	03:40	CAN

ABRIL
1	06:41	LEO
3	08:57	VIR
5	11:23	LIB
7	15:26	ESC
9	22:28	SAG
12	08:57	CAP
14	21:35	ACU
17	09:45	PIS
19	19:21	ARI
22	01:54	TAU
24	06:12	GEM
26	09:18	CAN
28	12:04	LEO
30	15:01	VIR

MAYO
2	18:40	LIB
4	23:44	ESC
7	07:06	SAG
9	17:16	CAP
12	05:35	ACU
14	18:04	PIS
17	04:20	ARI
19	11:11	TAU
21	14:55	GEM
23	16:46	CAN
25	18:13	LEO
27	20:26	VIR
30	00:17	LIB

JUNIO
1	06:11	ESC
3	14:22	SAG
6	00:49	CAP
8	13:03	ACU
11	01:44	PIS
13	12:53	ARI
15	20:47	TAU
18	00:59	GEM
20	02:22	CAN
22	02:30	LEO
24	03:12	VIR
26	05:58	LIB
28	11:41	ESC
30	20:21	SAG

JULIO
3	07:20	CAP
5	19:42	ACU
8	08:26	PIS
10	20:11	ARI
13	05:22	TAU
15	10:55	GEM
17	12:57	CAN
19	12:44	LEO
21	12:10	VIR
23	13:20	LIB
25	17:46	ESC
28	02:00	SAG
30	13:11	CAP

AGOSTO
2	01:47	ACU
4	14:27	PIS
7	02:16	ARI
9	12:13	TAU
11	19:16	GEM
13	22:49	CAN
15	23:27	LEO
17	22:43	VIR
19	22:45	LIB
22	01:38	ESC
24	08:35	SAG
26	19:16	CAP
29	07:53	ACU
31	20:30	PIS

SEPTIEMBRE
3	07:59	ARI
5	17:51	TAU
8	01:37	GEM
10	06:40	CAN
12	08:55	LEO
14	09:13	VIR
16	09:18	LIB
18	11:15	ESC
20	16:47	SAG
23	02:22	CAP
25	14:39	ACU
28	03:15	PIS
30	14:26	ARI

OCTUBRE
2	23:40	TAU
5	07:01	GEM
7	12:31	CAN
9	16:03	LEO
11	17:57	VIR
13	19:11	LIB
15	21:24	ESC
18	02:15	SAG
20	10:45	CAP
22	22:21	ACU
25	10:57	PIS
27	22:14	ARI
30	07:01	TAU

NOVIEMBRE
1	13:24	GEM
3	18:02	CAN
5	21:31	LEO
8	00:19	VIR
10	02:59	LIB
12	06:24	ESC
14	11:40	SAG
16	19:42	CAP
19	06:39	ACU
21	19:12	PIS
24	07:00	ARI
26	16:05	TAU
28	21:59	GEM

DICIEMBRE
1	01:22	CAN
3	03:32	LEO
5	05:41	VIR
7	08:43	LIB
9	13:14	ESC
11	19:35	SAG
14	04:04	CAP
16	14:49	ACU
19	03:13	PIS
21	15:36	ARI
24	01:45	TAU
26	08:16	GEM
28	11:16	CAN
30	12:05	LEO

1975

ENERO

1	12:33	VIR
3	14:22	LIB
5	18:39	ESC
8	01:40	SAG
10	10:59	CAP
12	22:04	ACU
15	10:24	PIS
17	23:04	ARI
20	10:22	TAU
22	18:23	GEM
24	22:21	CAN
26	23:01	LEO
28	22:14	VIR
30	22:13	LIB

FEBRERO

2	00:54	ESC
4	07:11	SAG
6	16:43	CAP
9	04:17	ACU
11	16:46	PIS
14	05:23	ARI
16	17:10	TAU
19	02:35	GEM
21	08:19	CAN
23	10:14	LEO
25	09:38	VIR
27	08:39	LIB

MARZO

1	09:34	ESC
3	14:06	SAG
5	22:40	CAP
8	10:10	ACU
10	22:50	PIS
13	11:19	ARI
15	22:53	TAU
18	08:44	GEM
20	15:49	CAN
22	19:32	LEO
24	20:22	VIR
26	19:52	LIB
28	20:08	ESC
30	23:10	SAG

ABRIL

2	06:09	CAP
4	16:46	ACU
7	05:17	PIS
9	17:45	ARI
12	04:54	TAU
14	14:15	GEM
16	21:28	CAN
19	02:15	LEO
21	04:43	VIR
23	05:42	LIB
25	06:40	ESC
27	09:20	SAG
29	15:09	CAP

MAYO

2	00:34	ACU
4	12:35	PIS
7	01:03	ARI
9	12:04	TAU
11	20:45	GEM
14	03:08	CAN
16	07:39	LEO
18	10:46	VIR
20	13:06	LIB
22	15:26	ESC
24	18:52	SAG
27	00:31	CAP
29	09:10	ACU
31	20:33	PIS

JUNIO

3	09:02	ARI
5	20:19	TAU
8	04:50	GEM
10	10:22	CAN
12	13:46	LEO
14	16:11	VIR
16	18:41	LIB
18	22:00	ESC
21	02:35	SAG
23	08:57	CAP
25	17:34	ACU
28	04:34	PIS
30	17:03	ARI

JULIO

3	04:55	TAU
5	13:59	GEM
7	19:24	CAN
9	21:51	LEO
11	22:56	VIR
14	00:22	LIB
16	03:24	ESC
18	08:33	SAG
20	15:46	CAP
23	00:56	ACU
25	11:59	PIS
28	00:28	ARI
30	12:54	TAU

AGOSTO

1	23:03	GEM
4	05:18	CAN
6	07:44	LEO
8	07:54	VIR
10	07:52	LIB
12	09:31	ESC
14	14:00	SAG
16	21:26	CAP
19	07:10	ACU
21	18:33	PIS
24	07:03	ARI
26	19:45	TAU
29	06:54	GEM
31	14:36	CAN

SEPTIEMBRE

2	18:09	LEO
4	18:30	VIR
6	17:38	LIB
8	17:46	ESC
10	20:41	SAG
13	03:12	CAP
15	12:52	ACU
18	00:32	PIS
20	13:08	ARI
23	01:44	TAU
25	13:14	GEM
27	22:08	CAN
30	03:21	LEO

OCTUBRE

2	05:04	VIR
4	04:39	LIB
6	04:09	ESC
8	05:36	SAG
10	10:29	CAP
12	19:10	ACU
15	06:41	PIS
17	19:21	ARI
20	07:44	TAU
22	18:52	GEM
25	03:58	CAN
27	10:20	LEO
29	13:47	VIR
31	14:56	LIB

NOVIEMBRE

2	15:08	ESC
4	16:11	SAG
6	19:46	CAP
9	03:00	ACU
11	13:43	PIS
14	02:18	ARI
16	14:38	TAU
19	01:15	GEM
21	09:37	CAN
23	15:49	LEO
25	20:05	VIR
27	22:48	LIB
30	00:37	ESC

DICIEMBRE

2	02:34	SAG
4	05:59	CAP
6	12:13	ACU
8	21:52	PIS
11	10:07	ARI
13	22:40	TAU
16	09:13	GEM
18	16:50	CAN
20	21:54	LEO
23	01:28	VIR
25	04:28	LIB
27	07:29	ESC
29	10:53	SAG
31	15:17	CAP

1976

ENERO

2	21:34	ACU
5	06:36	PIS
7	18:22	ARI
10	07:10	TAU
12	18:20	GEM
15	02:01	CAN
17	06:16	LEO
19	08:26	VIR
21	10:11	LIB
23	12:49	ESC
25	16:52	SAG
27	22:25	CAP
30	05:35	ACU

FEBRERO

1	14:47	PIS
4	02:18	ARI
6	15:14	TAU
9	03:17	GEM
11	11:59	CAN
13	16:33	LEO
15	18:00	VIR
17	18:15	LIB
19	19:14	ESC
21	22:19	SAG
24	03:55	CAP
26	11:49	ACU
28	21:42	PIS

MARZO

2	09:23	ARI
4	22:19	TAU
7	10:56	GEM
9	20:59	CAN
12	02:56	LEO
14	04:59	VIR
16	04:45	LIB
18	04:18	ESC
20	05:34	SAG
22	09:49	CAP
24	17:20	ACU
27	03:34	PIS
29	15:38	ARI

ABRIL

1	04:35	TAU
3	17:16	GEM
6	04:07	CAN
8	11:37	LEO
10	15:16	VIR
12	15:55	LIB
14	15:15	ESC
16	15:16	SAG
18	17:44	CAP
20	23:48	ACU
23	09:28	PIS
25	21:37	ARI
28	10:38	TAU
30	23:06	GEM

MAYO

3	09:54	CAN
5	18:10	LEO
7	23:22	VIR
10	01:40	LIB
12	02:03	ESC
14	02:05	SAG
16	03:32	CAP
18	08:03	ACU
20	16:27	PIS
23	04:08	ARI
25	17:08	TAU
28	05:23	GEM
30	15:40	CAN

JUNIO

1	23:38	LEO
4	05:22	VIR
6	09:00	LIB
8	10:59	ESC
10	12:07	SAG
12	13:46	CAP
14	17:32	ACU
17	00:44	PIS
19	11:33	ARI
22	00:22	TAU
24	12:37	GEM
26	22:30	CAN
29	05:40	LEO

JULIO

1	10:47	VIR
3	14:35	LIB
5	17:34	ESC
7	20:06	SAG
9	22:50	CAP
12	02:54	ACU
14	09:37	PIS
16	19:40	ARI
19	08:12	TAU
21	20:41	GEM
24	06:40	CAN
26	13:19	LEO
28	17:24	VIR
30	20:14	LIB

AGOSTO

1	22:56	ESC
4	02:04	SAG
6	05:55	CAP
8	10:58	ACU
10	18:01	PIS
13	03:50	ARI
15	16:06	TAU
18	04:55	GEM
20	15:34	CAN
22	22:31	LEO
25	02:04	VIR
27	03:42	LIB
29	05:06	ESC
31	07:29	SAG

SEPTIEMBRE

2	11:30	CAP
4	17:21	ACU
7	01:12	PIS
9	11:19	ARI
11	23:31	TAU
14	12:33	GEM
17	00:07	CAN
19	08:11	LEO
21	12:17	VIR
23	13:28	LIB
25	13:34	ESC
27	14:22	SAG
29	17:14	CAP

OCTUBRE

1	22:50	ACU
4	07:10	PIS
6	17:50	ARI
9	06:12	TAU
11	19:15	GEM
14	07:25	CAN
16	16:50	LEO
18	22:25	VIR
21	00:27	LIB
23	00:18	ESC
24	23:49	SAG
27	00:56	CAP
29	05:06	ACU
31	12:54	PIS

NOVIEMBRE

2	23:46	ARI
5	12:24	TAU
8	01:22	GEM
10	13:29	CAN
12	23:37	LEO
15	06:47	VIR
17	10:35	LIB
19	11:32	ESC
21	11:04	SAG
23	11:04	CAP
25	13:31	ACU
27	19:48	PIS
30	06:02	ARI

DICIEMBRE

2	18:42	TAU
5	07:39	GEM
7	19:22	CAN
10	05:13	LEO
12	12:56	VIR
14	18:14	LIB
16	21:02	ESC
18	21:55	SAG
20	22:12	CAP
22	23:49	ACU
25	04:37	PIS
27	13:32	ARI
30	01:44	TAU

1977

ENERO

1	14:43	GEM
4	02:13	CAN
6	11:21	LEO
8	18:24	VIR
10	23:48	LIB
13	03:45	ESC
15	06:19	SAG
17	08:03	CAP
19	10:13	ACU
21	14:31	PIS
23	22:20	ARI
26	09:42	TAU
28	22:38	GEM
31	10:21	CAN

FEBRERO

2	19:12	LEO
5	01:18	VIR
7	05:37	LIB
9	09:05	ESC
11	12:12	SAG
13	15:14	CAP
15	18:46	ACU
17	23:45	PIS
20	07:23	ARI
22	18:07	TAU
25	06:51	GEM
27	19:03	CAN

MARZO

2	04:26	LEO
4	10:19	VIR
6	13:35	LIB
8	15:38	ESC
10	17:42	SAG
12	20:40	CAP
15	01:01	ACU
17	07:06	PIS
19	15:24	ARI
22	02:06	TAU
24	14:39	GEM
27	03:17	CAN
29	13:41	LEO
31	20:26	VIR

ABRIL

2	23:40	LIB
5	00:40	ESC
7	01:09	SAG
9	02:41	CAP
11	06:25	ACU
13	12:50	PIS
15	21:53	ARI
18	09:03	TAU
20	21:38	GEM
23	10:26	CAN
25	21:44	LEO
28	05:53	VIR
30	10:13	LIB

MAYO

2	11:24	ESC
4	10:59	SAG
6	10:55	CAP
8	13:00	ACU
10	18:30	PIS
13	03:30	ARI
15	15:05	TAU
18	03:51	GEM
20	16:36	CAN
23	04:14	LEO
25	13:32	VIR
27	19:29	LIB
29	21:57	ESC
31	21:55	SAG

JUNIO

2	21:08	CAP
4	21:44	ACU
7	01:36	PIS
9	09:35	ARI
11	20:57	TAU
14	09:50	GEM
16	22:29	CAN
19	09:54	LEO
21	19:30	VIR
24	02:36	LIB
26	06:43	ESC
28	08:03	SAG
30	07:49	CAP

JULIO

2	07:57	ACU
4	10:32	PIS
6	17:04	ARI
9	03:34	TAU
11	16:16	GEM
14	04:50	CAN
16	15:52	LEO
19	00:59	VIR
21	08:10	LIB
23	13:14	ESC
25	16:05	SAG
27	17:15	CAP
29	18:05	ACU
31	20:24	PIS

AGOSTO

3	01:55	ARI
5	11:19	TAU
7	23:30	GEM
10	12:05	CAN
12	22:57	LEO
15	07:26	VIR
17	13:50	LIB
19	18:36	ESC
21	22:03	SAG
24	00:31	CAP
26	02:41	ACU
28	05:47	PIS
30	11:12	ARI

SEPTIEMBRE

1	19:52	TAU
4	07:28	GEM
6	20:04	CAN
9	07:14	LEO
11	15:35	VIR
13	21:08	LIB
16	00:46	ESC
18	03:29	SAG
20	06:05	CAP
22	09:13	ACU
24	13:30	PIS
26	19:41	ARI
29	04:22	TAU

OCTUBRE

1	15:34	GEM
4	04:10	CAN
6	15:58	LEO
9	00:59	VIR
11	06:30	LIB
13	09:11	ESC
15	10:28	SAG
17	11:51	CAP
19	14:37	ACU
21	19:27	PIS
24	02:35	ARI
26	11:54	TAU
28	23:09	GEM
31	11:41	CAN

NOVIEMBRE

3	00:04	LEO
5	10:17	VIR
7	16:52	LIB
9	19:43	ESC
11	20:04	SAG
13	19:51	CAP
15	21:01	ACU
18	00:59	PIS
20	08:14	ARI
22	18:10	TAU
25	05:49	GEM
27	18:21	CAN
30	06:54	LEO

DICIEMBRE

2	18:06	VIR
5	02:18	LIB
7	06:34	ESC
9	07:22	SAG
11	06:27	CAP
13	06:00	ACU
15	08:10	PIS
17	14:12	ARI
19	23:55	TAU
22	11:52	GEM
25	00:31	CAN
27	12:52	LEO
30	00:14	VIR

1978

ENERO
1	09:32	LIB
3	15:36	ESC
5	18:04	SAG
7	17:55	CAP
9	17:06	ACU
11	17:51	PIS
13	22:06	ARI
16	06:31	TAU
18	18:07	GEM
21	06:51	CAN
23	19:03	LEO
26	05:57	VIR
28	15:08	LIB
30	22:04	ESC

FEBRERO
2	02:14	SAG
4	03:51	CAP
6	04:05	ACU
8	04:48	PIS
10	07:57	ARI
12	14:51	TAU
15	01:25	GEM
17	13:56	CAN
20	02:10	LEO
22	12:40	VIR
24	21:04	LIB
27	03:29	ESC

MARZO
1	08:03	SAG
3	10:59	CAP
5	12:51	ACU
7	14:46	PIS
9	18:09	ARI
12	00:19	TAU
14	09:49	GEM
16	21:50	CAN
19	10:13	LEO
21	20:50	VIR
24	04:42	LIB
26	10:02	ESC
28	13:38	SAG
30	16:24	CAP

ABRIL
1	19:06	ACU
3	22:21	PIS
6	02:52	ARI
8	09:22	TAU
10	18:28	GEM
13	06:00	CAN
15	18:31	LEO
18	05:45	VIR
20	13:54	LIB
22	18:40	ESC
24	21:01	SAG
26	22:28	CAP
29	00:29	ACU

MAYO
1	04:01	PIS
3	09:28	ARI
5	16:53	TAU
8	02:19	GEM
10	13:42	CAN
13	02:18	LEO
15	14:16	VIR
17	23:25	LIB
20	04:39	ESC
22	06:32	SAG
24	06:42	CAP
26	07:11	ACU
28	09:37	PIS
30	14:53	ARI

JUNIO
1	22:51	TAU
4	08:54	GEM
6	20:31	CAN
9	09:08	LEO
11	21:35	VIR
14	07:56	LIB
16	14:29	ESC
18	17:02	SAG
20	16:53	CAP
22	16:08	ACU
24	16:58	PIS
26	20:54	ARI
29	04:22	TAU

JULIO
1	14:38	GEM
4	02:34	CAN
6	15:14	LEO
9	03:45	VIR
11	14:49	LIB
13	22:48	ESC
16	02:50	SAG
18	03:34	CAP
20	02:42	ACU
22	02:27	PIS
24	04:47	ARI
26	10:51	TAU
28	20:31	GEM
31	08:29	CAN

AGOSTO
2	21:11	LEO
5	09:30	VIR
7	20:30	LIB
10	05:12	ESC
12	10:43	SAG
14	13:04	CAP
16	13:16	ACU
18	13:05	PIS
20	14:30	ARI
22	19:06	TAU
25	03:32	GEM
27	15:00	CAN
30	03:40	LEO

SEPTIEMBRE
1	15:47	VIR
4	02:16	LIB
6	10:39	ESC
8	16:40	SAG
10	20:20	CAP
12	22:09	ACU
14	23:10	PIS
17	00:51	ARI
19	04:44	TAU
21	11:57	GEM
23	23:32	CAN
26	11:02	LEO
28	23:12	VIR

OCTUBRE
1	09:17	LIB
3	16:49	ESC
5	22:07	SAG
8	01:53	CAP
10	04:43	ACU
12	07:13	PIS
14	10:07	ARI
16	14:23	TAU
18	21:06	GEM
21	06:53	CAN
23	19:05	LEO
26	07:33	VIR
28	17:52	LIB
31	00:53	ESC

NOVIEMBRE
2	05:04	SAG
4	07:41	CAP
6	10:04	ACU
8	13:07	PIS
10	17:12	ARI
12	22:36	TAU
15	05:45	GEM
17	15:17	CAN
20	03:10	LEO
22	15:58	VIR
25	03:08	LIB
27	10:39	ESC
29	14:24	SAG

DICIEMBRE
1	15:45	CAP
3	16:36	ACU
5	18:37	PIS
7	22:40	ARI
10	04:51	TAU
12	12:55	GEM
14	22:51	CAN
17	10:38	LEO
19	23:35	VIR
22	11:41	LIB
24	20:33	ESC
27	01:08	SAG
29	02:16	CAP
31	01:54	ACU

1979

ENERO

2	02:09	PIS
4	04:42	ARI
6	10:18	TAU
8	18:43	GEM
11	05:15	CAN
13	17:17	LEO
16	06:11	VIR
18	18:41	LIB
21	04:51	ESC
23	11:09	SAG
25	13:28	CAP
27	13:13	ACU
29	12:26	PIS
31	13:12	ARI

FEBRERO

2	17:04	TAU
5	00:34	GEM
7	11:06	CAN
9	23:26	LEO
12	12:18	VIR
15	00:38	LIB
17	11:13	ESC
19	18:52	SAG
21	23:01	CAP
24	00:13	ACU
25	23:53	PIS
27	23:55	ARI

MARZO

2	02:10	TAU
4	07:59	GEM
6	17:35	CAN
9	05:48	LEO
11	18:43	VIR
14	06:42	LIB
16	16:50	ESC
19	00:39	SAG
21	05:57	CAP
23	08:53	ACU
25	10:05	PIS
27	10:48	ARI
29	12:37	TAU
31	17:09	GEM

ABRIL

3	01:25	CAN
5	12:58	LEO
8	01:53	VIR
10	13:46	LIB
12	23:16	ESC
15	06:19	SAG
17	11:24	CAP
19	15:03	ACU
21	17:42	PIS
23	19:52	ARI
25	22:28	TAU
28	02:49	GEM
30	10:12	CAN

MAYO

2	20:57	LEO
5	09:42	VIR
7	21:48	LIB
10	07:11	ESC
12	13:25	SAG
14	17:26	CAP
16	20:26	ACU
18	23:19	PIS
21	02:31	ARI
23	06:21	TAU
25	11:29	GEM
27	18:51	CAN
30	05:09	LEO

JUNIO

1	17:41	VIR
4	06:12	LIB
6	16:06	ESC
8	22:15	SAG
11	01:24	CAP
13	03:07	ACU
15	04:57	PIS
17	07:53	ARI
19	12:19	TAU
21	18:23	GEM
24	02:25	CAN
26	12:48	LEO
29	01:15	VIR

JULIO

1	14:09	LIB
4	00:58	ESC
6	07:56	SAG
8	11:08	CAP
10	12:00	ACU
12	12:23	PIS
14	13:58	ARI
16	17:44	TAU
19	00:00	GEM
21	08:41	CAN
23	19:31	LEO
26	08:02	VIR
28	21:07	LIB
31	08:47	ESC

AGOSTO

2	17:06	SAG
4	21:23	CAP
6	22:29	ACU
8	22:06	PIS
10	22:11	ARI
13	00:22	TAU
15	05:42	GEM
17	14:18	CAN
20	01:29	LEO
22	14:12	VIR
25	03:14	LIB
27	15:13	ESC
30	00:40	SAG

SEPTIEMBRE

1	06:34	CAP
3	09:00	ACU
5	09:04	PIS
7	08:30	ARI
9	09:13	TAU
11	12:55	GEM
13	20:28	CAN
16	07:26	LEO
18	20:16	VIR
21	09:11	LIB
23	20:55	ESC
26	06:36	SAG
28	13:41	CAP
30	17:50	ACU

OCTUBRE

2	19:24	PIS
4	19:29	ARI
6	19:45	TAU
8	22:08	GEM
11	04:10	CAN
13	14:12	LEO
16	02:52	VIR
18	15:45	LIB
21	03:03	ESC
23	12:10	SAG
25	19:12	CAP
28	00:17	ACU
30	03:30	PIS

NOVIEMBRE

1	05:10	ARI
3	06:17	TAU
5	08:26	GEM
7	13:24	CAN
9	22:15	LEO
12	10:21	VIR
14	23:17	LIB
17	10:30	ESC
19	18:57	SAG
22	01:02	CAP
24	05:37	ACU
26	09:18	PIS
28	12:17	ARI
30	14:55	TAU

DICIEMBRE

2	18:03	GEM
4	23:02	CAN
7	07:10	LEO
9	18:34	VIR
12	07:30	LIB
14	19:09	ESC
17	03:37	SAG
19	08:55	CAP
21	12:13	ACU
23	14:51	PIS
25	17:41	ARI
27	21:08	TAU
30	01:33	GEM

1980

ENERO

1	07:30	CAN
3	15:48	LEO
6	02:49	VIR
8	15:39	LIB
11	03:56	ESC
13	13:18	SAG
15	18:52	CAP
17	21:26	ACU
19	22:34	PIS
21	23:52	ARI
24	02:32	TAU
26	07:12	GEM
28	14:03	CAN
30	23:09	LEO

FEBRERO

2	10:22	VIR
4	23:05	LIB
7	11:47	ESC
9	22:20	SAG
12	05:13	CAP
14	08:20	ACU
16	08:55	PIS
18	08:43	ARI
20	09:36	TAU
22	12:59	GEM
24	19:35	CAN
27	05:11	LEO
29	16:54	VIR

MARZO

3	05:41	LIB
5	18:23	ESC
8	05:39	SAG
10	14:03	CAP
12	18:46	ACU
14	20:11	PIS
16	19:42	ARI
18	19:14	TAU
20	20:48	GEM
23	01:56	CAN
25	10:59	LEO
27	22:53	VIR
30	11:50	LIB

ABRIL

2	00:22	ESC
4	11:35	SAG
6	20:43	CAP
9	03:00	ACU
11	06:07	PIS
13	06:41	ARI
15	06:11	TAU
17	06:42	GEM
19	10:12	CAN
21	17:53	LEO
24	05:13	VIR
26	18:10	LIB
29	06:36	ESC

MAYO

1	17:22	SAG
4	02:15	CAP
6	09:04	ACU
8	13:34	PIS
10	15:45	ARI
12	16:25	TAU
14	17:08	GEM
16	19:53	CAN
19	02:15	LEO
21	12:33	VIR
24	01:12	LIB
26	13:37	ESC
29	00:05	SAG
31	08:15	CAP

JUNIO

2	14:30	ACU
4	19:11	PIS
6	22:24	ARI
9	00:30	TAU
11	02:23	GEM
13	05:30	CAN
15	11:23	LEO
17	20:48	VIR
20	08:56	LIB
22	21:27	ESC
25	08:02	SAG
27	15:47	CAP
29	21:04	ACU

JULIO

2	00:49	PIS
4	03:47	ARI
6	06:31	TAU
8	09:34	GEM
10	13:45	CAN
12	20.03	LEO
15	05:12	VIR
17	16:56	LIB
20	05:34	ESC
22	16:43	SAG
25	00:45	CAP
27	05:35	ACU
29	08:11	PIS
31	09:54	ARI

AGOSTO

2	11:56	TAU
4	15:10	GEM
6	20:13	CAN
9	03:24	LEO
11	12:55	VIR
14	00:33	LIB
16	13:16	ESC
19	01:08	SAG
21	10:12	CAP
23	15:33	ACU
25	17:44	PIS
27	18:12	ARI
29	18:42	TAU
31	20:51	GEM

SEPTIEMBRE

3	01:40	CAN
5	09:23	LEO
7	19:32	VIR
10	07:23	LIB
12	20:07	ESC
15	08:29	SAG
17	18:46	CAP
20	01:31	ACU
22	04:28	PIS
24	04:38	ARI
26	03:54	TAU
28	04:22	GEM
30	07:47	CAN

OCTUBRE

2	14:58	LEO
5	01:20	VIR
7	13:31	LIB
10	02:16	ESC
12	14:38	SAG
15	01:37	CAP
17	09:54	ACU
19	14:32	PIS
21	15:44	ARI
23	14:56	TAU
25	14:18	GEM
27	16:01	CAN
29	21:39	LEO

NOVIEMBRE

1	07:19	VIR
3	19:32	LIB
6	08:20	ESC
8	20:26	SAG
11	07:16	CAP
13	16:11	ACU
15	22:22	PIS
18	01:22	ARI
20	01:52	TAU
22	01:28	GEM
24	02:19	CAN
26	06:24	LEO
28	14:38	VIR

DICIEMBRE

1	02:14	LIB
3	15:01	ESC
6	02:58	SAG
8	13:13	CAP
10	21:37	ACU
13	04:04	PIS
15	08:22	ARI
17	10:37	TAU
19	11:40	GEM
21	13:04	CAN
23	16:34	LEO
25	23:33	VIR
28	10:06	LIB
30	22:37	ESC

1981

ENERO

2	10:43	SAG
4	20:42	CAP
7	04:13	ACU
9	09:43	PIS
11	13:44	ARI
13	16:46	TAU
15	19:18	GEM
17	22:08	CAN
20	02:22	LEO
22	09:03	VIR
24	18:46	LIB
27	06:49	ESC
29	19:12	SAG

FEBRERO

1	05:38	CAP
3	12:56	ACU
5	17:22	PIS
7	20:02	ARI
9	22:11	TAU
12	00:52	GEM
14	04:43	CAN
16	10:11	LEO
18	17:35	VIR
21	03:13	LIB
23	14:55	ESC
26	03:30	SAG
28	14:47	CAP

MARZO

2	22:51	ACU
5	03:13	PIS
7	04:49	ARI
9	05:23	TAU
11	06:43	GEM
13	10:06	CAN
15	16:03	LEO
18	00:20	VIR
20	10:31	LIB
22	22:15	ESC
25	10:52	SAG
27	22:53	CAP
30	08:16	ACU

ABRIL

1	13:42	PIS
3	15:26	ARI
5	15:05	TAU
7	14:48	GEM
9	16:34	CAN
11	21:37	LEO
14	05:57	VIR
16	16:39	LIB
19	04:40	ESC
21	17:16	SAG
24	05:32	CAP
26	15:58	ACU
28	22:57	PIS

MAYO

1	01:58	ARI
3	02:00	TAU
5	01:02	GEM
7	01:18	CAN
9	04:41	LEO
11	11:56	VIR
13	22:25	LIB
16	10:38	ESC
18	23:15	SAG
21	11:21	CAP
23	22:01	ACU
26	06:06	PIS
28	10:44	ARI
30	12:11	TAU

JUNIO

1	11:49	GEM
3	11:39	CAN
5	13:44	LEO
7	19:26	VIR
10	04:56	LIB
12	16:55	ESC
15	05:32	SAG
17	17:22	CAP
20	03:37	ACU
22	11:45	PIS
24	17:19	ARI
26	20:17	TAU
28	21:22	GEM
30	21:58	CAN

JULIO

2	23:48	LEO
5	04:27	VIR
7	12:43	LIB
10	00:02	ESC
12	12:36	SAG
15	00:20	CAP
17	10:03	ACU
19	17:26	PIS
21	22:44	ARI
24	02:19	TAU
26	04:42	GEM
28	06:42	CAN
30	09:21	LEO

AGOSTO

1	13:55	VIR
3	21:25	LIB
6	07:59	ESC
8	20:23	SAG
11	08:21	CAP
13	17:57	ACU
16	00:35	PIS
18	04:50	ARI
20	07:44	TAU
22	10:19	GEM
24	13:17	CAN
26	17:11	LEO
28	22:32	VIR
31	06:03	LIB

SEPTIEMBRE

2	16:11	ESC
5	04:24	SAG
7	16:49	CAP
10	02:59	ACU
12	09:35	PIS
14	12:56	ARI
16	14:31	TAU
18	16:00	GEM
20	18:40	CAN
22	23:09	LEO
25	05:29	VIR
27	13:41	LIB
29	23:54	ESC

OCTUBRE

2	12:00	SAG
5	00:50	CAP
7	12:02	ACU
9	19:33	PIS
11	23:02	ARI
13	23:44	TAU
15	23:42	GEM
18	00:53	CAN
20	04:35	LEO
22	11:06	VIR
24	19:57	LIB
27	06:39	ESC
29	18:49	SAG

NOVIEMBRE

1	07:47	CAP
3	19:52	ACU
6	04:53	PIS
8	09:39	ARI
10	10:45	TAU
12	10:00	GEM
14	09:38	CAN
16	11:33	LEO
18	16:54	VIR
21	01:34	LIB
23	12:37	ESC
26	01:01	SAG
28	13:53	CAP

DICIEMBRE

1	02:10	ACU
3	12:17	PIS
5	18:50	ARI
7	21:32	TAU
9	21:31	GEM
11	20:41	CAN
13	21:09	LEO
16	00:39	VIR
18	07:59	LIB
20	18:40	ESC
23	07:12	SAG
25	20:00	CAP
28	07:54	ACU
30	18:02	PIS

1982

ENERO			FEBRERO			MARZO			ABRIL		
2	01:34	ARI	2	15:21	GEM	1	20:51	GEM	2	08:37	LEO
4	06:03	TAU	4	17:19	CAN	3	23:49	CAN	4	13:19	VIR
6	07:49	GEM	6	18:51	LEO	6	02:51	LEO	6	19:27	LIB
8	08:02	CAN	8	21:26	VIR	8	06:28	VIR	9	03:34	ESC
10	08:22	LEO	11	02:03	LIB	10	11:35	LIB	11	14:08	SAG
12	10:38	VIR	13	10:17	ESC	12	19:17	ESC	14	02:42	CAP
14	16:18	LIB	15	21:46	SAG	15	06:04	SAG	16	15:19	ACU
17	01:47	ESC	18	10:37	CAP	17	18:48	CAP	19	01:20	PIS
19	14:01	SAG	20	22:16	ACU	20	06:54	ACU	21	07:24	ARI
22	02:51	CAP	23	07:10	PIS	22	16:02	PIS	23	09:59	TAU
24	14:26	ACU	25	13:18	ARI	24	21:38	ARI	25	10:49	GEM
26	23:50	PIS	27	17:33	TAU	27	00:40	TAU	27	11:44	CAN
29	06:59	ARI				29	02:45	GEM	29	14:10	LEO
31	12:04	TAU				31	05:10	CAN			

MAYO			JUNIO			JULIO			AGOSTO		
1	18:46	VIR	2	16:13	ESC	2	09:26	SAG	1	04:37	CAP
4	01:33	LIB	5	03:32	SAG	4	22:16	CAP	3	17:18	ACU
6	10:25	ESC	7	16:13	CAP	7	11:04	ACU	6	04:24	PIS
8	21:17	SAG	10	05:09	ACU	9	22:36	PIS	8	13:21	ARI
11	09:50	CAP	12	16:45	PIS	12	07:50	ARI	10	20:01	TAU
13	22:45	ACU	15	01:21	ARI	14	14:01	TAU	13	00:23	GEM
16	09:47	PIS	17	06:07	TAU	16	17:04	GEM	15	02:41	CAN
18	17:05	ARI	19	07:35	GEM	18	17:47	CAN	17	03:41	LEO
20	20:23	TAU	21	07:13	CAN	20	17:36	LEO	19	04:41	VIR
22	20:55	GEM	23	06:58	LEO	22	18:21	VIR	21	07:23	LIB
24	20:39	CAN	25	08:37	VIR	24	21:46	LIB	23	13:22	ESC
26	21:28	LEO	27	13:31	LIB	27	04:59	ESC	25	23:12	SAG
29	00:44	VIR	29	22:02	ESC	29	15:48	SAG	28	11:42	CAP
31	07:03	LIB							31	00:24	ACU

SEPTIEMBRE			OCTUBRE			NOVIEMBRE			DICIEMBRE		
2	11:11	PIS	2	03:07	ARI	2	19:23	GEM	2	05:58	CAN
4	19:25	ARI	4	08:10	TAU	4	21:00	CAN	4	06:27	LEO
7	01:28	TAU	6	11:40	GEM	6	23:11	LEO	6	08:33	VIR
9	05:58	GEM	8	14:40	CAN	9	02:41	VIR	8	13:11	LIB
11	09:19	CAN	10	17:45	LEO	11	07:46	LIB	10	20:35	ESC
13	11:47	LEO	12	21:10	VIR	13	14:43	ESC	13	06:28	SAG
15	13:58	VIR	15	01:23	LIB	15	23:52	SAG	15	18:16	CAP
17	17:04	LIB	17	07:21	ESC	18	11:22	CAP	18	07:13	ACU
19	22:33	ESC	19	16:03	SAG	21	00:21	ACU	20	19:57	PIS
22	07:31	SAG	22	03:39	CAP	23	12:43	PIS	23	06:35	ARI
24	19:32	CAP	24	16:37	ACU	25	22:08	ARI	25	13:38	TAU
27	08:22	ACU	27	04:13	PIS	28	03:32	TAU	27	16:49	GEM
29	19:19	PIS	29	12:26	ARI	30	05:36	GEM	29	17:13	CAN
			31	17:04	TAU				31	16:34	LEO

1983

ENERO		
2	16:50	VIR
4	19:45	LIB
7	02:17	ESC
9	12:14	SAG
12	00:27	CAP
14	13:27	ACU
17	02:03	PIS
19	13:09	ARI
21	21:37	TAU
24	02:41	GEM
26	04:29	CAN
28	04:11	LEO
30	03:35	VIR

FEBRERO		
1	04:48	LIB
3	09:33	ESC
5	18:29	SAG
8	06:34	CAP
10	19:41	ACU
13	08:02	PIS
15	18:47	ARI
18	03:31	TAU
20	09:53	GEM
22	13:32	CAN
24	14:47	LEO
26	14:50	VIR
28	15:31	LIB

MARZO		
2	18:51	ESC
5	02:16	SAG
7	13:30	CAP
10	02:31	ACU
12	14:48	PIS
15	01:01	ARI
17	09:05	TAU
19	15:21	GEM
21	19:53	CAN
23	22:44	LEO
26	00:19	VIR
28	01:49	LIB
30	04:58	ESC

ABRIL		
1	11:21	SAG
3	21:30	CAP
6	10:07	ACU
8	22:31	PIS
11	08:38	ARI
13	16:00	TAU
15	21:16	GEM
18	01:15	CAN
20	04:27	LEO
22	07:12	VIR
24	10:05	LIB
26	14:05	ESC
28	20:29	SAG

MAYO		
1	06:02	CAP
3	18:10	ACU
6	06:44	PIS
8	17:17	ARI
11	00:37	TAU
13	05:04	GEM
15	07:49	CAN
17	10:02	LEO
19	12:37	VIR
21	16:12	LIB
23	21:18	ESC
26	04:28	SAG
28	14:08	CAP
31	02:00	ACU

JUNIO		
2	14:43	PIS
5	02:00	ARI
7	10:06	TAU
9	14:38	GEM
11	16:33	CAN
13	17:22	LEO
15	18:39	VIR
17	21:37	LIB
20	03:00	ESC
22	10:56	SAG
24	21:09	CAP
27	09:07	ACU
29	21:52	PIS

JULIO		
2	09:48	ARI
4	19:06	TAU
7	00:42	GEM
9	02:51	CAN
11	02:54	LEO
13	02:44	VIR
15	04:11	LIB
17	08:39	ESC
19	16:32	SAG
22	03:12	CAP
24	15:27	ACU
27	04:12	PIS
29	16:22	ARI

AGOSTO		
1	02:38	TAU
3	09:44	GEM
5	13:10	CAN
7	13:38	LEO
9	12:50	VIR
11	12:52	LIB
13	15:45	ESC
15	22:34	SAG
18	09:00	CAP
20	21:26	ACU
23	10:11	PIS
25	22:09	ARI
28	08:39	TAU
30	16:50	GEM

SEPTIEMBRE		
1	21:54	CAN
3	23:48	LEO
5	23:37	VIR
7	23:14	LIB
10	00:50	ESC
12	06:09	SAG
14	15:34	CAP
17	03:46	ACU
19	16:31	PIS
22	04:11	ARI
24	14:13	TAU
26	22:25	GEM
29	04:25	CAN

OCTUBRE		
1	07:55	LEO
3	09:16	VIR
5	09:43	LIB
7	11:07	ESC
9	15:21	SAG
11	23:31	CAP
14	11:01	ACU
16	23:42	PIS
19	11:19	ARI
21	20:48	TAU
24	04:11	GEM
26	09:48	CAN
28	13:51	LEO
30	16:34	VIR

NOVIEMBRE		
1	18:31	LIB
3	20:54	ESC
6	01:10	SAG
8	08:32	CAP
10	19:11	ACU
13	07:42	PIS
15	19:37	ARI
18	05:07	TAU
20	11:46	GEM
22	16:11	CAN
24	19:20	LEO
26	22:03	VIR
29	00:58	LIB

DICIEMBRE		
1	04:41	ESC
3	09:57	SAG
5	17:29	CAP
8	03:40	ACU
10	15:54	PIS
13	04:17	ARI
15	14:34	TAU
17	21:24	GEM
20	01:03	CAN
22	02:45	LEO
24	04:02	VIR
26	06:19	LIB
28	10:27	ESC
30	16:45	SAG

1984

ENERO
2	01:08	CAP
4	11:31	ACU
6	23:35	PIS
9	12:16	ARI
11	23:37	TAU
14	07:41	GEM
16	11:48	CAN
18	12:50	LEO
20	12:36	VIR
22	13:08	LIB
24	16:05	ESC
26	22:13	SAG
29	07:13	CAP
31	18:12	ACU

FEBRERO
3	06:23	PIS
5	19:05	ARI
8	07:06	TAU
10	16:40	GEM
12	22:21	CAN
15	00:10	LEO
16	23:33	VIR
18	22:40	LIB
20	23:45	ESC
23	04:23	SAG
25	12:50	CAP
28	00:03	ACU

MARZO
1	12:30	PIS
4	01:08	ARI
6	13:10	TAU
8	23:30	GEM
11	06:49	CAN
13	10:22	LEO
15	10:48	VIR
17	09:52	LIB
19	09:50	ESC
21	12:42	SAG
23	19:37	CAP
26	06:10	ACU
28	18:38	PIS
31	07:15	ARI

ABRIL
2	18:56	TAU
5	05:05	GEM
7	13:00	CAN
9	18:02	LEO
11	20:12	VIR
13	20:30	LIB
15	20:42	ESC
17	22:45	SAG
20	04:11	CAP
22	13:28	ACU
25	01:27	PIS
27	14:03	ARI
30	01:31	TAU

MAYO
2	11:03	GEM
4	18:27	CAN
6	23:44	LEO
9	03:03	VIR
11	04:55	LIB
13	06:23	ESC
15	08:51	SAG
17	13:44	CAP
19	21:56	ACU
22	09:09	PIS
24	21:40	ARI
27	09:14	TAU
29	18:24	GEM

JUNIO
1	00:54	CAN
3	05:20	LEO
5	08:28	VIR
7	11:04	LIB
9	13:49	ESC
11	17:27	SAG
13	22:49	CAP
16	06:42	ACU
18	17:19	PIS
21	05:41	ARI
23	17:39	TAU
26	03:05	GEM
28	09:10	CAN
30	12:31	LEO

JULIO
2	14:28	VIR
4	16:28	LIB
6	19:29	ESC
9	00:04	SAG
11	06:24	CAP
13	14:42	ACU
16	01:11	PIS
18	13:27	ARI
21	01:53	TAU
23	12:11	GEM
25	18:45	CAN
27	21:42	LEO
29	22.30	VIR
31	23:04	LIB

AGOSTO
3	01:05	ESC
5	05:30	SAG
7	12:25	CAP
9	21:26	ACU
12	08:14	PIS
14	20:29	ARI
17	09:14	TAU
19	20:32	GEM
22	04:21	CAN
24	08:01	LEO
26	08:33	VIR
28	07:58	LIB
30	08:24	ESC

SEPTIEMBRE
1	11:30	SAG
3	17:56	CAP
6	03:12	ACU
8	14:25	PIS
11	02:47	ARI
13	15:34	TAU
16	03:27	GEM
18	12:37	CAN
20	17:50	LEO
22	19:20	VIR
24	18:42	LIB
26	18:05	ESC
28	19:33	SAG

OCTUBRE
1	00:29	CAP
3	09:04	ACU
5	20:20	PIS
8	08:52	ARI
10	21:29	TAU
13	09:15	GEM
15	19:01	CAN
18	01:42	LEO
20	04:57	VIR
22	05:32	LIB
24	05:09	ESC
26	05:44	SAG
28	09:06	CAP
30	16:14	ACU

NOVIEMBRE
2	02:50	PIS
4	15:21	ARI
7	03:54	TAU
9	15:11	GEM
12	00:32	CAN
14	07:34	LEO
16	12:09	VIR
18	14:30	LIB
20	15:31	ESC
22	16:35	SAG
24	19:18	CAP
27	01:07	ACU
29	10:34	PIS

DICIEMBRE
1	22:43	ARI
4	11:21	TAU
6	22:25	GEM
9	06:57	CAN
11	13:09	LEO
13	17:36	VIR
15	20:53	LIB
17	23:28	ESC
20	01:59	SAG
22	05:22	CAP
24	10:48	ACU
26	19:19	PIS
29	06:50	ARI
31	19:37	TAU

1985

ENERO

3	07:01	GEM
5	15:18	CAN
7	20:29	LEO
9	23:40	VIR
12	02:14	LIB
14	05:08	ESC
16	08:49	SAG
18	13:30	CAP
20	19:39	ACU
23	04:03	PIS
25	15:06	ARI
28	03:54	TAU
30	16:01	GEM

FEBRERO

2	01:00	CAN
4	06:03	LEO
6	08:10	VIR
8	09:11	LIB
10	10:50	ESC
12	14:10	SAG
14	19:28	CAP
17	02:37	ACU
19	11:39	PIS
21	22:43	ARI
24	11:28	TAU
27	00:12	GEM

MARZO

1	10:24	CAN
3	16:29	LEO
5	23:43	VIR
7	23:48	LIB
9	23:47	ESC
11	20:30	SAG
14	00:55	CAP
16	08:12	ACU
18	17:51	PIS
21	05:21	ARI
23	18:07	TAU
26	07:03	GEM
28	18:14	CAN
31	01:52	LEO

ABRIL

2	05:26	VIR
4	05:54	LIB
6	05:11	ESC
8	05:18	SAG
10	07:58	CAP
12	14:05	ACU
14	23:31	PIS
17	11:19	ARI
20	00:13	TAU
22	13:01	GEM
25	00:27	CAN
27	09:11	LEO
29	14:25	VIR

MAYO

1	16:23	LIB
3	16:18	ESC
5	15:57	SAG
7	17:12	CAP
9	21:39	ACU
12	05:57	PIS
14	17:26	ARI
17	06:24	TAU
19	19:02	GEM
22	06:06	CAN
24	14:55	LEO
26	21:07	VIR
29	00:41	LIB
31	02:08	ESC

JUNIO

2	02:34	SAG
4	03:35	CAP
6	06:53	ACU
8	13:47	PIS
11	00:25	ARI
13	13:12	TAU
16	01:46	GEM
18	12:33	CAN
20	20:33	LEO
23	02:33	VIR
25	06:48	LIB
27	09:38	ESC
29	11:31	SAG

JULIO

1	13:23	CAP
3	16:37	ACU
5	22:41	PIS
8	08:21	ARI
10	20:45	TAU
13	09:24	GEM
15	19:55	CAN
18	03:26	LEO
20	08:30	VIR
22	12:11	LIB
24	15:17	ESC
26	18:13	SAG
28	21:22	CAP
31	01:26	ACU

AGOSTO

2	07:34	PIS
4	16:44	ARI
7	04:42	TAU
9	17:32	GEM
12	04:29	CAN
14	11:58	LEO
16	16:16	VIR
18	18:45	LIB
20	20:52	ESC
22	23:37	SAG
25	03:25	CAP
27	08:32	ACU
29	15:26	PIS

SEPTIEMBRE

1	00:43	ARI
3	12:29	TAU
6	01:28	GEM
8	13:11	CAN
10	21:28	LEO
13	01:53	VIR
15	03:35	LIB
17	04:18	ESC
19	05:41	SAG
21	08:50	CAP
23	14:12	ACU
25	21:51	PIS
28	07:43	ARI
30	19:36	TAU

OCTUBRE

3	08:37	GEM
5	21:00	CAN
8	06:34	LEO
10	12:10	VIR
12	14:13	LIB
14	14:14	ESC
16	14:06	SAG
18	15:36	CAP
20	19:55	ACU
23	03:28	PIS
25	13:48	ARI
28	02:00	TAU
30	15:00	GEM

NOVIEMBRE

2	03:32	CAN
4	14:04	LEO
6	21:29	VIR
9	00:53	LIB
11	01:32	ESC
13	00:53	SAG
15	00:54	CAP
17	03:26	ACU
19	09:43	PIS
21	19:43	ARI
24	08:08	TAU
26	21:09	GEM
29	09:24	CAN

DICIEMBRE

1	20:00	LEO
4	04:15	VIR
6	09:34	LIB
8	11:57	ESC
10	12:14	SAG
12	12:00	CAP
14	13:16	ACU
16	17:51	PIS
19	02:37	ARI
21	14:41	TAU
24	03:46	GEM
26	15:45	CAN
29	01:45	LEO
31	09:44	VIR

1986

ENERO

2	15:46	LIB
4	19:45	ESC
6	21:48	SAG
8	22:43	CAP
11	00:02	ACU
13	03:40	PIS
15	11:04	ARI
17	22:14	TAU
20	11:13	GEM
22	23:15	CAN
25	08:48	LEO
27	15:52	VIR
29	21:11	LIB

FEBRERO

1	01:20	ESC
3	04:32	SAG
5	07:02	CAP
7	09:36	ACU
9	13:33	PIS
11	20:22	ARI
14	06:39	TAU
16	19:18	GEM
19	07:40	CAN
21	17:26	LEO
23	23:59	VIR
26	04:08	LIB
28	07:07	ESC

MARZO

2	09:52	SAG
4	12:57	CAP
6	16:43	ACU
8	21:49	PIS
11	05:04	ARI
13	15:05	TAU
16	03:24	GEM
18	16:05	CAN
21	02:39	LEO
23	09:40	VIR
25	13:23	LIB
27	15:06	ESC
29	16:21	SAG
31	18:26	CAP

ABRIL

2	22:12	ACU
5	04:04	PIS
7	12:13	ARI
9	22:37	TAU
12	10:52	GEM
14	23:43	CAN
17	11:11	LEO
19	19:25	VIR
21	23:51	LIB
24	01:16	ESC
26	01:17	SAG
28	01:42	CAP
30	04:07	ACU

MAYO

2	09:31	PIS
4	18:02	ARI
7	05:00	TAU
9	17:27	GEM
12	06:19	CAN
14	18:16	LEO
17	03:46	VIR
19	09:42	LIB
21	12:03	ESC
23	11:58	SAG
25	11:16	CAP
27	12:01	ACU
29	15:55	PIS
31	23:44	ARI

JUNIO

3	10:46	TAU
5	23:27	GEM
8	12:17	CAN
11	00:12	LEO
13	10:19	VIR
15	17:39	LIB
17	21:37	ESC
19	22:37	SAG
21	22:01	CAP
23	21:51	ACU
26	00:13	PIS
28	06:35	ARI
30	16:55	TAU

JULIO

3	05:33	GEM
5	18:20	CAN
8	05:57	LEO
10	15:51	VIR
12	23:41	LIB
15	04:59	ESC
17	07:35	SAG
19	08:11	CAP
21	08:18	ACU
23	10:00	PIS
25	15:03	ARI
28	00:12	TAU
30	12:20	GEM

AGOSTO

2	01:05	CAN
4	12:27	LEO
6	21:45	VIR
9	05:05	LIB
11	10:37	ESC
13	14:18	SAG
15	16:23	CAP
17	17:45	ACU
19	19:53	PIS
22	00:28	ARI
24	08:37	TAU
26	20:01	GEM
29	08:41	CAN
31	20:09	LEO

SEPTIEMBRE

3	05:07	VIR
5	11:34	LIB
7	16:13	ESC
9	19:41	SAG
11	22:29	CAP
14	01:08	ACU
16	04:28	PIS
18	09:34	ARI
20	17:26	TAU
23	04:14	GEM
25	16:45	CAN
28	04:40	LEO
30	13:58	VIR

OCTUBRE

2	20:04	LIB
4	23:36	ESC
7	01:49	SAG
9	03:53	CAP
11	06:46	ACU
13	11:04	PIS
15	17:14	ARI
18	01:36	TAU
20	12:16	GEM
23	00:38	CAN
25	13:03	LEO
27	23:21	VIR
30	06:05	LIB

NOVIEMBRE

1	09:20	ESC
3	10:20	SAG
5	10:49	CAP
7	12:29	ACU
9	16:30	PIS
11	23:15	ARI
14	08:25	TAU
16	19:27	GEM
19	07:47	CAN
21	20:26	LEO
24	07:47	VIR
26	16:00	LIB
28	20:14	ESC
30	21:09	SAG

DICIEMBRE

2	20:29	CAP
4	20:24	ACU
6	22:49	PIS
9	04:50	ARI
11	14:11	TAU
14	01:42	GEM
16	14:10	CAN
19	02:45	LEO
21	14:31	VIR
24	00:06	LIB
26	06:07	ESC
28	08:20	SAG
30	07:55	CAP

1987

ENERO
1	06:54	ACU
3	07:37	PIS
5	11:52	ARI
7	20:14	TAU
10	07:40	GEM
12	20:19	CAN
15	08:46	LEO
17	20:16	VIR
20	06:10	LIB
22	13:31	ESC
24	17:36	SAG
26	18:43	CAP
28	18:18	ACU
30	18:25	PIS

FEBRERO
1	21:10	ARI
4	03:54	TAU
6	14:24	GEM
9	02:56	CAN
11	15:22	LEO
14	02:27	VIR
16	11:45	LIB
18	19:05	ESC
21	00:10	SAG
23	02:58	CAP
25	04:09	ACU
27	05:08	PIS

MARZO
1	07:38	ARI
3	13:12	TAU
5	22:27	GEM
8	10:25	CAN
10	22:55	LEO
13	09:56	VIR
15	18:35	LIB
18	00:58	ESC
20	05:33	SAG
22	08:49	CAP
24	11:19	ACU
26	13:46	PIS
28	17:13	ARI
30	22:47	TAU

ABRIL
2	07:17	GEM
4	18:34	CAN
7	07:05	LEO
9	18:29	VIR
12	03:06	LIB
14	08:41	ESC
16	12:02	SAG
18	14:22	CAP
20	16:46	ACU
22	20:03	PIS
25	00:41	ARI
27	07:07	TAU
29	15:44	GEM

MAYO
2	02:40	CAN
4	15:07	LEO
7	03:08	VIR
9	12:30	LIB
11	18:10	ESC
13	20:42	SAG
15	21:37	CAP
17	22:43	ACU
20	01:25	PIS
22	06:24	ARI
24	13:40	TAU
26	22:56	GEM
29	10:00	CAN
31	22:26	LEO

JUNIO
3	10:57	VIR
5	21:25	LIB
8	04:07	ESC
10	06:54	SAG
12	07:06	CAP
14	06:46	ACU
16	07:55	PIS
18	11:57	ARI
20	19:10	TAU
23	04:55	GEM
25	16:23	CAN
28	04:53	LEO
30	17:35	VIR

JULIO
3	04:56	LIB
5	13:04	ESC
7	17:06	SAG
9	17:44	CAP
11	16:50	ACU
13	16:37	PIS
15	19:01	ARI
18	01:05	TAU
20	10:33	GEM
22	22:14	CAN
25	10:51	LEO
27	23:27	VIR
30	11:00	LIB

AGOSTO
1	20:10	ESC
4	01:48	SAG
6	03:52	CAP
8	03:38	ACU
10	03:02	PIS
12	04:10	ARI
14	08:39	TAU
16	17:00	GEM
19	04:20	CAN
21	16:59	LEO
24	05:24	VIR
26	16:36	LIB
29	01:50	ESC
31	08:25	SAG

SEPTIEMBRE
2	12:05	CAP
4	13:22	ACU
6	13:38	PIS
8	14:35	ARI
10	17:58	TAU
13	00:55	GEM
15	11:23	CAN
17	23:51	LEO
20	12:14	VIR
22	22:59	LIB
25	07:31	ESC
27	13:50	SAG
29	18:09	CAP

OCTUBRE
1	20:52	ACU
3	22:40	PIS
6	00:36	ARI
8	03:58	TAU
10	10:04	GEM
12	19:32	CAN
15	07:35	LEO
17	20:07	VIR
20	06:51	LIB
22	14:42	ESC
24	19:58	SAG
26	23:34	CAP
29	02:28	ACU
31	05:20	PIS

NOVIEMBRE
2	08:41	ARI
4	13:03	TAU
6	19:17	GEM
9	04:11	CAN
11	15:46	LEO
14	04:30	VIR
16	15:49	LIB
18	23:48	ESC
21	04:17	SAG
23	06:33	CAP
25	08:14	ACU
27	10:41	PIS
29	14:37	ARI

DICIEMBRE
1	20:06	TAU
4	03:14	GEM
6	12:21	CAN
8	23:41	LEO
11	12:31	VIR
14	00:41	LIB
16	09:42	ESC
18	14:34	SAG
20	16:08	CAP
22	16:21	ACU
24	17:11	PIS
26	20:06	ARI
29	01:37	TAU
31	09:30	GEM

1988

ENERO

2	19:17	CAN
5	06:48	LEO
7	19:36	VIR
10	08:18	LIB
12	18:40	ESC
15	00:59	SAG
17	03:16	CAP
19	03:03	ACU
21	02:28	PIS
23	03:32	ARI
25	07:37	TAU
27	15:03	GEM
30	01:12	CAN

FEBRERO

1	13:07	LEO
4	01:55	VIR
6	14:37	LIB
9	01:43	ESC
11	09:37	SAG
13	13:37	CAP
15	14:26	ACU
17	13:45	PIS
19	13:36	ARI
21	15:51	TAU
23	21:43	GEM
26	07:13	CAN
28	19:13	LEO

MARZO

2	08:07	VIR
4	20:33	LIB
7	07:28	ESC
9	16:00	SAG
11	21:32	CAP
14	00:09	ACU
16	00:43	PIS
18	00:46	ARI
20	02:06	TAU
22	06:22	GEM
24	14:28	CAN
27	01:55	LEO
29	14:50	VIR

ABRIL

1	03:06	LIB
3	13:27	ESC
5	21:30	SAG
8	03:20	CAP
10	07:11	ACU
12	09:25	PIS
14	10:48	ARI
16	12:32	TAU
18	16:11	GEM
20	23:05	CAN
23	09:35	LEO
25	22:17	VIR
28	10:38	LIB
30	20:40	ESC

MAYO

3	03:53	SAG
5	08:55	CAP
7	12:38	ACU
9	15:40	PIS
11	18:24	ARI
13	21:23	TAU
16	01:32	GEM
18	08:06	CAN
20	17:52	LEO
23	06:13	VIR
25	18:50	LIB
28	05:07	ESC
30	11:58	SAG

JUNIO

1	15:59	CAP
3	18:35	ACU
5	21:01	PIS
8	00:05	ARI
10	04:03	TAU
12	09:15	GEM
14	16:20	CAN
17	01:58	LEO
19	14:04	VIR
22	02:58	LIB
24	13:59	ESC
26	21:19	SAG
29	01:01	CAP

JULIO

1	02:30	ACU
3	03:34	PIS
5	05:38	ARI
7	09:28	TAU
9	15:17	GEM
11	23:09	CAN
14	09:12	LEO
16	21:18	VIR
19	10:23	LIB
21	22:14	ESC
24	06:43	SAG
26	11:08	CAP
28	12:26	ACU
30	12:24	PIS

AGOSTO

1	12:54	ARI
3	15:25	TAU
5	20:44	GEM
8	04:53	CAN
10	15:27	LEO
13	03:47	VIR
15	16:53	LIB
18	05:13	ESC
20	14:56	SAG
22	20:50	CAP
24	23:06	ACU
26	23:02	PIS
28	22:30	ARI
30	23:23	TAU

SEPTIEMBRE

2	03:12	GEM
4	10:38	CAN
6	21:15	LEO
9	09:49	VIR
11	22:52	LIB
14	11:08	ESC
16	21:26	SAG
19	04:46	CAP
21	08:44	ACU
23	09:52	PIS
25	09:30	ARI
27	09:29	TAU
29	11:44	GEM

OCTUBRE

1	17:39	CAN
4	03:32	LEO
6	16:02	VIR
9	05:04	LIB
11	16:59	ESC
14	02:59	SAG
16	10:45	CAP
18	16:06	ACU
20	18:59	PIS
22	20:00	ARI
24	20:23	TAU
26	21:56	GEM
29	02:29	CAN
31	11:04	LEO

NOVIEMBRE

2	23:03	VIR
5	12:05	LIB
7	23:47	ESC
10	09:07	SAG
12	16:13	CAP
14	21:37	ACU
17	01:35	PIS
19	04:13	ARI
21	06:03	TAU
23	08:13	GEM
25	12:20	CAN
27	19:53	LEO
30	07:00	VIR

DICIEMBRE

2	19:57	LIB
5	07:52	ESC
7	16:56	SAG
9	23:08	CAP
12	03:26	ACU
14	06:54	PIS
16	10:04	ARI
18	13:12	TAU
20	16:44	GEM
22	21:36	CAN
25	04:58	LEO
27	15:28	VIR
30	04:10	LIB

1989

ENERO

1	16:35	ESC
4	02:12	SAG
6	08:15	CAP
8	11:31	ACU
10	13:32	PIS
12	15:36	ARI
14	18:37	TAU
16	22:58	GEM
19	04:58	CAN
21	13:03	LEO
23	23:33	VIR
26	12:02	LIB
29	00:50	ESC
31	11:31	SAG

FEBRERO

2	18:31	CAP
4	21:52	ACU
6	22:53	PIS
8	23:19	ARI
11	00:46	TAU
13	04:23	GEM
15	10:41	CAN
17	19:34	LEO
20	06:35	VIR
22	19:06	LIB
25	07:58	ESC
27	19:30	SAG

MARZO

2	03:59	CAP
4	08:37	ACU
6	10:00	PIS
8	09:37	ARI
10	09:26	TAU
12	11:17	GEM
14	16:28	CAN
17	01:14	LEO
19	12:40	VIR
22	01:25	LIB
24	14:11	ESC
27	01:55	SAG
29	11:26	CAP
31	17:46	ACU

ABRIL

2	20:38	PIS
4	20:52	ARI
6	20:08	TAU
8	20:32	GEM
10	23:59	CAN
13	07:32	LEO
15	18:40	VIR
18	07:32	LIB
20	20:14	ESC
23	07:39	SAG
25	17:16	CAP
28	00:34	ACU
30	05:04	PIS

MAYO

2	06:51	ARI
4	06:56	TAU
6	07:04	GEM
8	09:20	CAN
10	15:24	LEO
13	01:31	VIR
15	14:08	LIB
18	02:48	ESC
20	13:53	SAG
22	22:55	CAP
25	06:02	ACU
27	11:14	PIS
29	14:26	ARI
31	16:00	TAU

JUNIO

2	17:03	GEM
4	19:18	CAN
7	00:29	LEO
9	09:30	VIR
11	21:32	LIB
14	10:12	ESC
16	21:13	SAG
19	05:42	CAP
21	11:58	ACU
23	16:37	PIS
25	20:07	ARI
27	22:46	TAU
30	01:09	GEM

JULIO

2	04:20	CAN
4	09:38	LEO
6	18:05	VIR
9	05:31	LIB
11	18:10	ESC
14	05:32	SAG
16	14:02	CAP
18	19:36	ACU
20	23:08	PIS
23	01:41	ARI
25	04:11	TAU
27	07:16	GEM
29	11:33	CAN
31	17:42	LEO

AGOSTO

3	02:20	VIR
5	13:29	LIB
8	02:06	ESC
10	14:03	SAG
12	23:17	CAP
15	05:00	ACU
17	07:46	PIS
19	09:00	ARI
21	10:11	TAU
23	12:40	GEM
25	17:14	CAN
28	00:12	LEO
30	09:30	VIR

SEPTIEMBRE

1	20:48	LIB
4	09:24	ESC
6	21:52	SAG
9	08:14	CAP
11	15:03	ACU
13	18:08	PIS
15	18:39	ARI
17	18:23	TAU
19	19:17	GEM
21	22:51	CAN
24	05:45	LEO
26	15:33	VIR
29	03:16	LIB

OCTUBRE

1	15:54	ESC
4	04:30	SAG
6	15:46	CAP
9	00:07	ACU
11	04:38	PIS
13	05:42	ARI
15	04:53	TAU
17	04:20	GEM
19	06:10	CAN
21	11:48	LEO
23	21:16	VIR
26	09:12	LIB
28	21:57	ESC
31	10:24	SAG

NOVIEMBRE

2	21:47	CAP
5	07:10	ACU
7	13:26	PIS
9	16:09	ARI
11	16:10	TAU
13	15:20	GEM
15	15:52	CAN
17	19:46	LEO
20	03:55	VIR
22	15:26	LIB
25	04:14	ESC
27	16:31	SAG
30	03:27	CAP

DICIEMBRE

2	12:43	ACU
4	19:49	PIS
7	00:12	ARI
9	02:00	TAU
11	02:16	GEM
13	02:50	CAN
15	05:42	LEO
17	12:20	VIR
19	22:46	LIB
22	11:19	ESC
24	23:38	SAG
27	10:11	CAP
29	18:39	ACU

1990

ENERO		
1	01:11	PIS
3	05:57	ARI
5	09:05	TAU
7	11:02	GEM
9	12:53	CAN
11	16:03	LEO
13	21:58	VIR
16	07:18	LIB
18	19:17	ESC
21	07:45	SAG
23	18:28	CAP
26	02:26	ACU
28	07:52	PIS
30	11:35	ARI

FEBRERO		
1	14:28	TAU
3	17:13	GEM
5	20:28	CAN
8	00:52	LEO
10	07:14	VIR
12	16:10	LIB
15	03:35	ESC
17	16:08	SAG
20	03:31	CAP
22	11:53	ACU
24	16:50	PIS
26	19:17	ARI
28	20:44	TAU

MARZO		
2	22:38	GEM
5	02:03	CAN
7	07:25	LEO
9	14:48	VIR
12	00:10	LIB
14	11:26	ESC
16	23:57	SAG
19	12:02	CAP
21	21:32	ACU
24	03:09	PIS
26	05:16	ARI
28	05:27	TAU
30	05:43	GEM

ABRIL		
1	07:51	CAN
3	12:51	LEO
5	20:43	VIR
8	06:45	LIB
10	18:19	ESC
13	06:49	SAG
15	19:16	CAP
18	05:54	ACU
20	12:58	PIS
22	15:59	ARI
24	16:04	TAU
26	15:13	GEM
28	15:40	CAN
30	19:09	LEO

MAYO		
3	02:19	VIR
5	12:29	LIB
8	00:23	ESC
10	12:57	SAG
13	01:22	CAP
15	12:31	ACU
17	20:55	PIS
20	01:32	ARI
22	02:43	TAU
24	02:01	GEM
26	01:35	CAN
28	03:30	LEO
30	09:09	VIR

JUNIO		
1	18:32	LIB
4	06:22	ESC
6	19:00	SAG
9	07:13	CAP
11	18:10	ACU
14	03:01	PIS
16	08:56	ARI
18	11:44	TAU
20	12:15	GEM
22	12:10	CAN
24	13:26	LEO
26	17:43	VIR
29	01:48	LIB

JULIO		
1	13:02	ESC
4	01:36	SAG
6	13:40	CAP
9	00:07	ACU
11	08:30	PIS
13	14:37	ARI
15	18:30	TAU
17	20:33	GEM
19	21:45	CAN
21	23:30	LEO
24	03:18	VIR
26	10:19	LIB
28	20:40	ESC
31	09:01	SAG

AGOSTO		
2	21:09	CAP
5	07:20	ACU
7	14:55	PIS
9	20:14	ARI
11	23:56	TAU
14	02:42	GEM
16	05:13	CAN
18	08:12	LEO
20	12:34	VIR
22	19:18	LIB
25	04:57	ESC
27	16:58	SAG
30	05:24	CAP

SEPTIEMBRE		
1	15:52	ACU
3	23:06	PIS
6	03:24	ARI
8	05:56	TAU
10	08:06	GEM
12	10:54	CAN
14	14:53	LEO
16	20:19	VIR
19	03:35	LIB
21	13:07	ESC
24	00:53	SAG
26	13:37	CAP
29	00:55	ACU

OCTUBRE		
1	08:43	PIS
3	12:43	ARI
5	14:07	TAU
7	14:48	GEM
9	16:30	CAN
11	20:17	LEO
14	02:21	VIR
16	10:27	LIB
18	20:25	ESC
21	08:10	SAG
23	21:04	CAP
26	09:15	ACU
28	18:23	PIS
30	23:15	ARI

NOVIEMBRE		
2	00:32	TAU
4	00:07	GEM
6	00:08	CAN
8	02:25	LEO
10	07:49	VIR
12	16:09	LIB
15	02:40	ESC
17	14:40	SAG
20	03:32	CAP
22	16:08	ACU
25	02:33	PIS
27	09:07	ARI
29	11:38	TAU

DICIEMBRE		
1	11:23	GEM
3	10:28	CAN
5	11:01	LEO
7	14:40	VIR
9	22:01	LIB
12	08:29	ESC
14	20:45	SAG
17	09:36	CAP
19	22:00	ACU
22	08:49	PIS
24	16:46	ARI
26	21:10	TAU
28	22:27	GEM
30	22:03	CAN

1991

ENERO

1	21:55	LEO
3	23:58	VIR
6	05:34	LIB
8	15:00	ESC
11	03:07	SAG
13	16:01	CAP
16	04:05	ACU
18	14:24	PIS
20	22:28	ARI
23	04:02	TAU
25	07:07	GEM
27	08:24	CAN
29	09:04	LEO
31	10:45	VIR

FEBRERO

2	15:03	LIB
4	23:02	ESC
7	10:24	SAG
9	23:17	CAP
12	11:17	ACU
14	21:00	PIS
17	04:12	ARI
19	09:25	TAU
21	13:11	GEM
23	15:57	CAN
25	18:13	LEO
27	20:51	VIR

MARZO

2	01:04	LIB
4	08:09	ESC
6	18:36	SAG
9	07:15	CAP
11	19:32	ACU
14	05:12	PIS
16	11:38	ARI
18	15:41	TAU
20	18:38	GEM
22	21:28	CAN
25	00:44	LEO
27	04:42	VIR
29	09:50	LIB
31	17:02	ESC

ABRIL

3	03:00	SAG
5	15:20	CAP
8	04:00	ACU
10	14:18	PIS
12	20:50	ARI
15	00:06	TAU
17	01:42	GEM
19	03:18	CAN
21	06:05	LEO
23	10:30	VIR
25	16:37	LIB
28	00:35	ESC
30	10:43	SAG

MAYO

2	22:55	CAP
5	11:52	ACU
7	23:05	PIS
10	06:35	ARI
12	10:08	TAU
14	11:03	GEM
16	11:15	CAN
18	12:31	LEO
20	16:01	VIR
22	22:09	LIB
25	06:42	ESC
27	17:22	SAG
30	05:41	CAP

JUNIO

1	18:42	ACU
4	06:37	PIS
6	15:26	ARI
8	20:14	TAU
10	21:37	GEM
12	21:17	CAN
14	21:11	LEO
16	23:04	VIR
19	04:02	LIB
21	12:19	ESC
23	23:17	SAG
26	11:50	CAP
29	00:48	ACU

JULIO

1	12:52	PIS
3	22:34	ARI
6	04:53	TAU
8	07:43	GEM
10	08:04	CAN
12	07:36	LEO
14	08:13	VIR
16	11:35	LIB
18	18:42	ESC
21	05:17	SAG
23	17:56	CAP
26	06:50	ACU
28	18:36	PIS
31	04:21	ARI

AGOSTO

2	11:33	TAU
4	15:55	GEM
6	17:48	CAN
8	18:10	LEO
10	18:36	VIR
12	20:53	LIB
15	02:35	ESC
17	12:12	SAG
20	00:35	CAP
22	13:28	ACU
25	00:52	PIS
27	10:02	ARI
29	17:01	TAU
31	22:03	GEM

SEPTIEMBRE

3	01:20	CAN
5	03:14	LEO
7	04:36	VIR
9	06:52	LIB
11	11:43	ESC
13	20:15	SAG
16	08:05	CAP
18	20:59	ACU
21	08:21	PIS
23	16:57	ARI
25	23:00	TAU
28	03:26	GEM
30	06:59	CAN

OCTUBRE

2	09:59	LEO
4	12:46	VIR
6	16:01	LIB
8	21:01	ESC
11	04:59	SAG
13	16:11	CAP
16	05:05	ACU
18	16:54	PIS
21	01:34	ARI
23	06:56	TAU
25	10:10	GEM
27	12:38	CAN
29	15:21	LEO
31	18:48	VIR

NOVIEMBRE

2	23:13	LIB
5	05:10	ESC
7	13:22	SAG
10	00:17	CAP
12	13:07	ACU
15	01:34	PIS
17	11:08	ARI
19	16:50	TAU
21	19:23	GEM
23	20:26	CAN
25	21:38	LEO
28	00:13	VIR
30	04:48	LIB

DICIEMBRE

2	11:34	ESC
4	20:33	SAG
7	07:42	CAP
9	20:28	ACU
12	09:20	PIS
14	20:07	ARI
17	03:11	TAU
19	06:22	GEM
21	06:55	CAN
23	06:39	LEO
25	07:25	VIR
27	10:38	LIB
29	17:04	ESC

1992

ENERO			FEBRERO			MARZO			ABRIL		
1	02:31	SAG	2	09:10	ACU	3	04:12	PIS	1	22:05	ARI
3	14:10	CAP	4	21:52	PIS	5	15:08	ARI	4	06:19	TAU
6	03:00	ACU	7	09:16	ARI	8	00:06	TAU	6	12:34	GEM
8	15:53	PIS	9	18:37	TAU	10	07:04	GEM	8	17:19	CAN
11	03:23	ARI	12	01:09	GEM	12	11:51	CAN	10	20:47	LEO
13	12:01	TAU	14	04:32	CAN	14	14:21	LEO	12	23:10	VIR
15	16:56	GEM	16	05:16	LEO	16	15:14	VIR	15	01:11	LIB
17	18:27	CAN	18	04:48	VIR	18	15:56	LIB	17	04:11	ESC
19	17:58	LEO	20	05:06	LIB	20	18:21	ESC	19	09:41	SAG
21	17:23	VIR	22	08:12	ESC	23	00:14	SAG	21	18:41	CAP
23	18:43	LIB	24	15:27	SAG	25	10:09	CAP	24	06:39	ACU
25	23:33	ESC	27	02:34	CAP	27	22:45	ACU	26	19:21	PIS
28	08:21	SAG	29	15:35	ACU	30	11:24	PIS	29	06:14	ARI
30	20:08	CAP									

MAYO			JUNIO			JULIO			AGOSTO		
1	14:10	TAU	2	06:58	CAN	1	17:16	LEO	2	03:18	LIB
3	19:29	GEM	4	08:36	LEO	3	17:38	VIR	4	06:17	ESC
5	23:10	CAN	6	10:29	VIR	5	19:28	LIB	6	12:58	SAG
8	02:08	LEO	8	13:34	LIB	7	23:54	ESC	8	23:01	CAP
10	04:57	VIR	10	18:28	ESC	10	07:18	SAG	11	11:07	ACU
12	08:06	LIB	13	01:30	SAG	12	17:16	CAP	13	23:52	PIS
14	12:16	ESC	15	10:51	CAP	15	05:04	ACU	16	12:12	ARI
16	18:23	SAG	17	22:20	ACU	17	17:45	PIS	18	23:11	TAU
19	03:14	CAP	20	11:01	PIS	20	06:08	ARI	21	07:37	GEM
21	14:44	ACU	22	23:04	ARI	22	16:37	TAU	23	12:37	CAN
24	03:26	PIS	25	08:29	TAU	24	23:45	GEM	25	14:16	LEO
26	14:53	ARI	27	14:15	GEM	27	03:09	CAN	27	13:47	VIR
28	23:17	TAU	29	16:43	CAN	29	03:40	LEO	29	13:12	LIB
31	04:20	GEM				31	03:02	VIR	31	14:39	ESC

SEPTIEMBRE			OCTUBRE			NOVIEMBRE			DICIEMBRE		
2	19:51	SAG	2	12:30	CAP	1	07:44	ACU	1	04:24	PIS
5	05:07	CAP	4	23:54	ACU	3	20:14	PIS	3	16:50	ARI
7	17:09	ACU	7	12:39	PIS	6	08:20	ARI	6	03:17	TAU
10	05:57	PIS	10	00:37	ARI	8	18:20	TAU	8	10:38	GEM
12	18:03	ARI	12	10:49	TAU	11	01:50	GEM	10	15:06	CAN
15	04:48	TAU	14	19:09	GEM	13	07:20	CAN	12	17:48	LEO
17	13:41	GEM	17	01:37	CAN	15	11:24	LEO	14	19:57	VIR
19	20:00	CAN	19	06:02	LEO	17	14:29	VIR	16	22:34	LIB
21	23:20	LEO	21	08:28	VIR	19	17:04	LIB	19	02:21	ESC
24	00:09	VIR	23	09:40	LIB	21	19:53	ESC	21	07:43	SAG
25	23:56	LIB	25	11:05	ESC	24	00:02	SAG	23	15:05	CAP
28	00:45	ESC	27	14:30	SAG	26	06:39	CAP	26	00:44	ACU
30	04:34	SAG	29	21:19	CAP	28	16:20	ACU	28	12:29	PIS
									31	01:08	ARI

1993

ENERO

2	12:31	TAU
4	20:43	GEM
7	01:11	CAN
9	02:50	LEO
11	03:21	VIR
13	04:31	LIB
15	07:43	ESC
17	13:31	SAG
19	21:47	CAP
22	08:01	ACU
24	19:48	PIS
27	08:29	ARI
29	20:38	TAU

FEBRERO

1	06:15	GEM
3	11:57	CAN
5	13:52	LEO
7	13:30	VIR
9	12:59	LIB
11	14:24	ESC
13	19:09	SAG
16	03:21	CAP
18	14:06	ACU
21	02:13	PIS
23	14:51	ARI
26	03:12	TAU
28	13:53	GEM

MARZO

2	21:17	CAN
5	00:41	LEO
7	00:53	VIR
8	23:47	LIB
10	23:41	ESC
13	02:34	SAG
15	09:29	CAP
17	19:53	ACU
20	08:12	PIS
22	20:52	ARI
25	09:00	TAU
27	19:49	GEM
30	04:15	CAN

ABRIL

1	09:22	LEO
3	11:11	VIR
5	10:55	LIB
7	10:33	ESC
9	12:11	SAG
11	17:25	CAP
14	02:37	ACU
16	14:33	PIS
19	03:15	ARI
21	15:09	TAU
24	01:28	GEM
26	09:46	CAN
28	15:40	LEO
30	19:01	VIR

MAYO

2	20:21	LIB
4	20:58	ESC
6	22:35	SAG
9	02:52	CAP
11	10:45	ACU
13	21:51	PIS
16	10:25	ARI
18	22:17	TAU
21	08:08	GEM
23	15:39	CAN
25	21:04	LEO
28	00:47	VIR
30	03:19	LIB

JUNIO

1	05:23	ESC
3	08:02	SAG
5	12:27	CAP
7	19:40	ACU
10	05:58	PIS
12	18:15	ARI
15	06:20	TAU
17	16:13	GEM
19	23:06	CAN
22	03:27	LEO
24	06:19	VIR
26	08:46	LIB
28	11:38	ESC
30	15:29	SAG

JULIO

2	20:49	CAP
5	04:15	ACU
7	14:11	PIS
10	02:12	ARI
12	14:38	TAU
15	01:08	GEM
17	08:09	CAN
19	11:48	LEO
21	13:25	VIR
23	14:40	LIB
25	17:01	ESC
27	21:14	SAG
30	03:28	CAP

AGOSTO

1	11:37	ACU
3	21:45	PIS
6	09:40	ARI
8	22:23	TAU
11	09:48	GEM
13	17:47	CAN
15	21:44	LEO
17	22:42	VIR
19	22:36	LIB
21	23:28	ESC
24	02:46	SAG
26	08:59	CAP
28	17:43	ACU
31	04:19	PIS

SEPTIEMBRE

2	16:22	ARI
5	05:10	TAU
7	17:17	GEM
10	02:38	CAN
12	07:52	LEO
14	09:21	VIR
16	08:45	LIB
18	08:16	ESC
20	09:54	SAG
22	14:55	CAP
24	23:20	ACU
27	10:14	PIS
29	22:30	ARI

OCTUBRE

2	11:14	TAU
4	23:28	GEM
7	09:43	CAN
9	16:35	LEO
11	19:37	VIR
13	19:48	LIB
15	19:02	ESC
17	19:24	SAG
19	22:43	CAP
22	05:50	ACU
24	16:18	PIS
27	04:40	ARI
29	17:21	TAU

NOVIEMBRE

1	05:14	GEM
3	15:26	CAN
5	23:07	LEO
8	03:48	VIR
10	05:43	LIB
12	06:01	ESC
14	06:21	SAG
16	08:35	CAP
18	14:09	ACU
20	23:28	PIS
23	11:31	ARI
26	00:15	TAU
28	11:49	GEM
30	21:18	CAN

DICIEMBRE

3	04:34	LEO
5	09:44	VIR
7	13:04	LIB
9	15:05	ESC
11	16:40	SAG
13	19:07	CAP
15	23:52	ACU
18	08:00	PIS
20	19:20	ARI
23	08:06	TAU
25	19:47	GEM
28	04:47	CAN
30	11:00	LEO

1994

ENERO

1	15:16	VIR
3	18:32	LIB
5	21:30	ESC
8	00:35	SAG
10	04:17	CAP
12	09:26	ACU
14	17:05	PIS
17	03:43	ARI
19	16:23	TAU
22	04:35	GEM
24	13:56	CAN
26	19:39	LEO
28	22:40	VIR
31	00:35	LIB

FEBRERO

2	02:50	ESC
4	06:15	SAG
6	11:03	CAP
8	17:17	ACU
11	01:24	PIS
13	11:50	ARI
16	00:21	TAU
18	13:06	GEM
20	23:28	CAN
23	05:48	LEO
25	08:28	VIR
27	09:07	LIB

MARZO

1	09:44	ESC
3	11:55	SAG
5	16:25	CAP
7	23:16	ACU
10	08:10	PIS
12	19:00	ARI
15	07:28	TAU
17	20:30	GEM
20	07:55	CAN
22	15:40	LEO
24	19:15	VIR
26	19:47	LIB
28	19:16	ESC
30	19:42	SAG

ABRIL

1	22:39	CAP
4	04:46	ACU
6	13:52	PIS
9	01:10	ARI
11	13:49	TAU
14	02:49	GEM
16	14:42	CAN
18	23:46	LEO
21	04:59	VIR
23	06:41	LIB
25	06:19	ESC
27	05:49	SAG
29	07:06	CAP

MAYO

1	11:35	ACU
3	19:48	PIS
6	07:02	ARI
8	19:51	TAU
11	08:44	GEM
13	20:28	CAN
16	05:59	LEO
18	12:32	VIR
20	15:55	LIB
22	16:52	ESC
24	16:44	SAG
26	17:18	CAP
28	20:20	ACU
31	03:04	PIS

JUNIO

2	13:32	ARI
5	02:15	TAU
7	15:04	GEM
10	02:23	CAN
12	11:30	LEO
14	18:17	VIR
16	22:49	LIB
19	01:21	ESC
21	02:33	SAG
23	03:38	CAP
25	06:11	ACU
27	11:45	PIS
29	21:08	ARI

JULIO

2	09:24	TAU
4	22:13	GEM
7	09:18	CAN
9	17:44	LEO
11	23:49	VIR
14	04:16	LIB
16	07:36	ESC
18	10:10	SAG
20	12:31	CAP
22	15:39	ACU
24	20:57	PIS
27	05:32	ARI
29	17:14	TAU

AGOSTO

1	06:06	GEM
3	17:23	CAN
6	01:32	LEO
8	06:43	VIR
10	10:08	LIB
12	12:57	ESC
14	15:54	SAG
16	19:19	CAP
18	23:35	ACU
21	05:28	PIS
23	13:56	ARI
26	01:14	TAU
28	14:08	GEM
31	02:01	CAN

SEPTIEMBRE

2	10:38	LEO
4	15:34	VIR
6	17:58	LIB
8	19:27	ESC
10	21:26	SAG
13	00:45	CAP
15	05:43	ACU
17	12:32	PIS
19	21:31	ARI
22	08:48	TAU
24	21:42	GEM
27	10:13	CAN
29	19:56	LEO

OCTUBRE

2	01:40	VIR
4	03:57	LIB
6	04:23	ESC
8	04:48	SAG
10	06:45	CAP
12	11:10	ACU
14	18:19	PIS
17	03:57	ARI
19	15:35	TAU
22	04:29	GEM
24	17:16	CAN
27	04:06	LEO
29	11:22	VIR
31	14:47	LIB

NOVIEMBRE

2	15:20	ESC
4	14:47	SAG
6	15:03	CAP
8	17:49	ACU
11	00:05	PIS
13	09:45	ARI
15	21:45	TAU
18	10:42	GEM
20	23:22	CAN
23	10:34	LEO
25	19:10	VIR
28	00:23	LIB
30	02:22	ESC

DICIEMBRE

2	02:14	SAG
4	01:43	CAP
6	02:53	ACU
8	07:25	PIS
10	16:04	ARI
13	03:57	TAU
15	17:01	GEM
18	05:26	CAN
20	16:14	LEO
23	01:02	VIR
25	07:28	LIB
27	11:18	ESC
29	12:46	SAG
31	12:58	CAP

1995

ENERO

2	13:40	ACU
4	16:50	PIS
6	23:57	ARI
9	10:59	TAU
11	23:58	GEM
14	12:21	CAN
16	22:37	LEO
19	06:40	VIR
21	12:55	LIB
23	17:33	ESC
25	20:38	SAG
27	22:27	CAP
30	00:04	ACU

FEBRERO

1	03:06	PIS
3	09:13	ARI
5	19:10	TAU
8	07:45	GEM
10	20:18	CAN
13	06:32	LEO
15	13:53	VIR
17	19:01	LIB
19	22:56	ESC
22	02:14	SAG
24	05:12	CAP
26	08:15	ACU
28	12:17	PIS

MARZO

2	18:31	ARI
5	03:51	TAU
7	15:56	GEM
10	04:41	CAN
12	15:29	LEO
14	22:55	VIR
17	03:19	LIB
19	05:53	ESC
21	07:58	SAG
23	10:32	CAP
25	14:11	ACU
27	19:19	PIS
30	02:27	ARI

ABRIL

1	12:00	TAU
3	23:50	GEM
6	12:41	CAN
9	00:16	LEO
11	08:40	VIR
13	13:21	LIB
15	15:14	ESC
17	15:52	SAG
19	16:55	CAP
21	19:39	ACU
24	00:52	PIS
26	08:42	ARI
28	18:54	TAU

MAYO

1	06:54	GEM
3	19:46	CAN
6	07:56	LEO
8	17:34	VIR
10	23:31	LIB
13	01:54	ESC
15	01:59	SAG
17	01:37	CAP
19	02:40	ACU
21	06:41	PIS
23	14:14	ARI
26	00:47	TAU
28	13:08	GEM
31	02:00	CAN

JUNIO

2	14:18	LEO
5	00:47	VIR
7	08:14	LIB
9	12:04	ESC
11	12:51	SAG
13	12:06	CAP
15	11:53	ACU
17	14:14	PIS
19	20:30	ARI
22	06:36	TAU
24	19:03	GEM
27	07:57	CAN
29	20:03	LEO

JULIO

2	06:36	VIR
4	14:56	LIB
6	20:20	ESC
8	22:38	SAG
10	22:44	CAP
12	22:22	ACU
14	23:38	PIS
17	04:24	ARI
19	13:21	TAU
22	01:24	GEM
24	14:17	CAN
27	02:08	LEO
29	12:13	VIR
31	20:24	LIB

AGOSTO

3	02:30	ESC
5	06:15	SAG
7	07:53	CAP
9	08:29	ACU
11	09:47	PIS
13	13:42	ARI
15	21:26	TAU
18	08:41	GEM
20	21:25	CAN
23	09:14	LEO
25	18:51	VIR
28	02:16	LIB
30	07:52	ESC

SEPTIEMBRE

1	11:58	SAG
3	14:46	CAP
5	16:48	ACU
7	19:09	PIS
9	23:15	ARI
12	06:22	TAU
14	16:49	GEM
17	05:17	CAN
19	17:20	LEO
22	03:02	VIR
24	09:51	LIB
26	14:21	ESC
28	17:31	SAG
30	20:11	CAP

OCTUBRE

2	23:00	ACU
5	02:36	PIS
7	07:43	ARI
9	15:06	TAU
12	01:11	GEM
14	13:21	CAN
17	01:47	LEO
19	12:12	VIR
21	19:16	LIB
23	23:07	ESC
26	00:57	SAG
28	02:16	CAP
30	04:24	ACU

NOVIEMBRE

1	08:18	PIS
3	14:22	ARI
5	22:36	TAU
8	08:56	GEM
10	20:58	CAN
13	09:38	LEO
15	21:03	VIR
18	05:19	LIB
20	09:41	ESC
22	10:57	SAG
24	10:49	CAP
26	11:16	ACU
28	14:00	PIS
30	19:52	ARI

DICIEMBRE

3	04:41	TAU
5	15:36	GEM
8	03:45	CAN
10	16:25	LEO
13	04:27	VIR
15	14:10	LIB
17	20:08	ESC
19	22:14	SAG
21	21:47	CAP
23	20:53	ACU
25	21:46	PIS
28	02:07	ARI
30	10:22	TAU

1996

ENERO		
1	21:30	GEM
4	09:57	CAN
6	22:31	LEO
9	10:30	VIR
11	20:56	LIB
14	04:31	ESC
16	08:26	SAG
18	09:08	CAP
20	08:16	ACU
22	08:03	PIS
24	10:38	ARI
26	17:17	TAU
29	03:43	GEM
31	16:12	CAN

FEBRERO		
3	04:47	LEO
5	16:23	VIR
8	02:31	LIB
10	10:36	ESC
12	15:59	SAG
14	18:30	CAP
16	19:01	ACU
18	19:10	PIS
20	20:59	ARI
23	02:09	TAU
25	11:15	GEM
27	23:11	CAN

MARZO		
1	11:48	LEO
3	23:14	VIR
6	08:41	LIB
8	16:06	ESC
10	21:33	SAG
13	01:09	CAP
15	03:16	ACU
17	04:51	PIS
19	07:16	ARI
21	12:00	TAU
23	20:00	GEM
26	07:07	CAN
28	19:38	LEO
31	07:16	VIR

ABRIL		
2	16:27	LIB
4	22:58	ESC
7	03:22	SAG
9	06:31	CAP
11	09:10	ACU
13	12:01	PIS
15	15:44	ARI
17	21:06	TAU
20	04:55	GEM
22	15:26	CAN
25	03:45	LEO
27	15:50	VIR
30	01:28	LIB

MAYO		
2	07:43	ESC
4	11:06	SAG
6	12:55	CAP
8	14:40	ACU
10	17:30	PIS
12	22:01	ARI
15	04:26	TAU
17	12:49	GEM
19	23:17	CAN
22	11:29	LEO
24	23:59	VIR
27	10:34	LIB
29	17:31	ESC
31	20:44	SAG

JUNIO		
2	21:30	CAP
4	21:46	ACU
6	23:20	PIS
9	03:24	ARI
11	10:12	TAU
13	19:17	GEM
16	06:09	CAN
18	18:23	LEO
21	07:08	VIR
23	18:38	LIB
26	02:54	ESC
28	07:02	SAG
30	07:48	CAP

JULIO		
2	07:06	ACU
4	07:08	PIS
6	09:43	ARI
8	15:44	TAU
11	00:53	GEM
13	12:09	CAN
16	00:32	LEO
18	13:17	VIR
21	01:15	LIB
23	10:44	ESC
25	16:25	SAG
27	18:18	CAP
29	17:48	ACU
31	17:02	PIS

AGOSTO		
2	18:06	ARI
4	22:34	TAU
7	06:50	GEM
9	17:58	CAN
12	06:30	LEO
14	19:08	VIR
17	06:56	LIB
19	16:51	ESC
21	23:49	SAG
24	03:23	CAP
26	04:11	ACU
28	03:50	PIS
30	04:16	ARI

SEPTIEMBRE		
1	07:21	TAU
3	14:09	GEM
6	00:30	CAN
8	12:55	LEO
11	01:29	VIR
13	12:52	LIB
15	22:21	ESC
18	05:32	SAG
20	10:13	CAP
22	12:40	ACU
24	13:44	PIS
26	14:47	ARI
28	17:25	TAU
30	23:02	GEM

OCTUBRE		
3	08:15	CAN
5	20:13	LEO
8	08:50	VIR
10	20:01	LIB
13	04:47	ESC
15	11:08	SAG
17	15:38	CAP
19	18:52	ACU
21	21:23	PIS
23	23:51	ARI
26	03:12	TAU
28	08:36	GEM
30	16:57	CAN

NOVIEMBRE		
2	04:17	LEO
4	16:58	VIR
7	04:30	LIB
9	13:03	ESC
11	18:27	SAG
13	21:45	CAP
16	00:15	ACU
18	03:01	PIS
20	06:35	ARI
22	11:13	TAU
24	17:21	GEM
27	01:38	CAN
29	12:31	LEO

DICIEMBRE		
2	01:12	VIR
4	13:24	LIB
6	22:40	ESC
9	03:59	SAG
11	06:16	CAP
13	07:15	ACU
15	08:45	PIS
17	11:56	ARI
19	17:11	TAU
22	00:18	GEM
24	09:15	CAN
26	20:10	LEO
29	08:46	VIR
31	21:33	LIB

1997

ENERO		
3	08:03	ESC
5	14:28	SAG
7	16:56	CAP
9	17:01	ACU
11	16:52	PIS
13	18:23	ARI
15	22:41	TAU
18	05:54	GEM
20	15:30	CAN
23	02:51	LEO
25	15:27	VIR
28	04:22	LIB
30	15:49	ESC

FEBRERO		
1	23:52	SAG
4	03:45	CAP
6	04:22	ACU
8	03:35	PIS
10	03:30	ARI
12	05:57	TAU
14	11:54	GEM
16	21:14	CAN
19	08:53	LEO
21	21:39	VIR
24	10:24	LIB
26	21:58	ESC

MARZO		
1	07:02	SAG
3	12:39	CAP
5	14:55	ACU
7	14:58	PIS
9	14:34	ARI
11	15:38	TAU
13	19:49	GEM
16	03:52	CAN
18	15:09	LEO
21	04:00	VIR
23	16:36	LIB
26	03:43	ESC
28	12:41	SAG
30	19:08	CAP

ABRIL		
1	23:00	ACU
4	00:43	PIS
6	01:20	ARI
8	02:21	TAU
10	05:29	GEM
12	12:04	CAN
14	22:23	LEO
17	11:01	VIR
19	23:37	LIB
22	10:20	ESC
24	18:33	SAG
27	00:33	CAP
29	04:51	ACU

MAYO		
1	07:51	PIS
3	10:00	ARI
5	12:05	TAU
7	15:22	GEM
9	21:14	CAN
12	06:34	LEO
14	18:44	VIR
17	07:28	LIB
19	18:13	ESC
22	01:52	SAG
24	06:52	CAP
26	10:21	ACU
28	13:19	PIS
30	16:19	ARI

JUNIO		
1	19:40	TAU
3	23:56	GEM
6	06:03	CAN
8	14:59	LEO
11	02:44	VIR
13	15:36	LIB
16	02:52	ESC
18	10:40	SAG
20	15:03	CAP
22	17:21	ACU
24	19:10	PIS
26	21:39	ARI
29	01:24	TAU

JULIO		
1	06:36	GEM
3	13:34	CAN
5	22:46	LEO
8	10:23	VIR
10	23:22	LIB
13	11:21	ESC
15	20:03	SAG
18	00:46	CAP
20	02:30	ACU
22	03:01	PIS
24	04:04	ARI
26	06:54	TAU
28	12:05	GEM
30	19:39	CAN

AGOSTO		
2	05:28	LEO
4	17:16	VIR
7	06:18	LIB
9	18:51	ESC
12	04:46	SAG
14	10:43	CAP
16	12:59	ACU
18	13:02	PIS
20	12:46	ARI
22	13:58	TAU
24	17:57	GEM
27	01:12	CAN
29	11:20	LEO
31	23:28	VIR

SEPTIEMBRE		
3	12:31	LIB
6	01:11	ESC
8	11:55	SAG
10	19:24	CAP
12	23:11	ACU
15	00:00	PIS
16	23:26	ARI
18	23:22	TAU
21	01:40	GEM
23	07:34	CAN
25	17:13	LEO
28	05:28	VIR
30	18:33	LIB

OCTUBRE		
3	06:58	ESC
5	17:44	SAG
8	02:05	CAP
10	07:30	ACU
12	10:00	PIS
14	10:26	ARI
16	10:17	TAU
18	11:27	GEM
20	15:46	CAN
23	00:11	LEO
25	12:00	VIR
28	01:06	LIB
30	13:16	ESC

NOVIEMBRE		
1	23:28	SAG
4	07:32	CAP
6	13:34	ACU
8	17:36	PIS
10	19:45	ARI
12	20:46	TAU
14	22:06	GEM
17	01:33	CAN
19	08:39	LEO
21	19:34	VIR
24	08:30	LIB
26	20:44	ESC
29	06:29	SAG

DICIEMBRE		
1	13:39	CAP
3	18:59	ACU
5	23:08	PIS
8	02:25	ARI
10	05:01	TAU
12	07:36	GEM
14	11:26	CAN
16	17:59	LEO
19	04:01	VIR
21	16:36	LIB
24	05:08	ESC
26	15:08	SAG
28	21:49	CAP
31	01:59	ACU

1998

ENERO			FEBRERO			MARZO			ABRIL		
2	04:57	PIS	2	16:26	TAU	2	00:01	TAU	2	14:11	CAN
4	07:44	ARI	4	20:10	GEM	4	02:16	GEM	4	21:37	LEO
6	10:53	TAU	7	01:58	CAN	6	07:28	CAN	7	08:26	VIR
8	14:43	GEM	9	09:58	LEO	8	15:47	LEO	9	21:05	LIB
10	19:44	CAN	11	20:11	VIR	11	02:36	VIR	12	09:57	ESC
13	02:46	LEO	14	08:18	LIB	13	14:59	LIB	14	21:53	SAG
15	12:32	VIR	16	21:14	ESC	16	03:52	ESC	17	08:06	CAP
18	00:45	LIB	19	08:57	SAG	18	15:57	SAG	19	15:42	ACU
20	13:35	ESC	21	17:30	CAP	21	01:44	CAP	21	20:07	PIS
23	00:26	SAG	23	22:11	ACU	23	08:02	ACU	23	21:31	ARI
25	07:40	CAP	25	23:43	PIS	25	10:44	PIS	25	21:10	TAU
27	11:28	ACU	27	23:43	ARI	27	10:50	ARI	27	20:56	GEM
29	13:09	PIS				29	10:07	TAU	29	22:58	CAN
31	14:22	ARI				31	10:39	GEM			

MAYO			JUNIO			JULIO			AGOSTO		
2	04:50	LEO	3	10:18	LIB	3	06:46	ESC	2	02:49	SAG
4	14:48	VIR	5	23:07	ESC	5	18:25	SAG	4	12:19	CAP
7	03:20	LIB	8	10:35	SAG	8	03:28	CAP	6	18:32	ACU
9	16:11	ESC	10	19:51	CAP	10	09:53	ACU	8	22:05	PIS
12	03:49	SAG	13	03:04	ACU	12	14:23	PIS	11	00:11	ARI
14	13:40	CAP	15	08:32	PIS	14	17:46	ARI	13	02:05	TAU
16	21:31	ACU	17	12:24	ARI	16	20:34	TAU	15	04:47	GEM
19	03:04	PIS	19	14:48	TAU	18	23:19	GEM	17	08:56	CAN
21	06:07	ARI	21	16:27	GEM	21	02:44	CAN	19	15:02	LEO
23	07:07	TAU	23	18:40	CAN	23	07:50	LEO	21	23:22	VIR
25	07:26	GEM	25	23:05	LEO	25	15:35	VIR	24	10:03	LIB
27	08:59	CAN	28	06:55	VIR	28	02:15	LIB	26	22:26	ESC
29	13:39	LEO	30	18:06	LIB	30	14:45	ESC	29	10:56	SAG
31	22:22	VIR							31	21:24	CAP

SEPTIEMBRE			OCTUBRE			NOVIEMBRE			DICIEMBRE		
3	04:22	ACU	2	18:24	PIS	1	06:28	ARI	2	16:31	GEM
5	07:49	PIS	4	19:33	ARI	3	06:13	TAU	4	16:29	CAN
7	08:53	ARI	6	18:58	TAU	5	05:12	GEM	6	18:56	LEO
9	09:17	TAU	8	18:45	GEM	7	05:40	CAN	9	01:22	VIR
11	10:41	GEM	10	20:49	CAN	9	09:34	LEO	11	11:44	LIB
13	14:21	CAN	13	02:26	LEO	11	17:38	VIR	14	00:17	ESC
15	20:49	LEO	15	11:33	VIR	14	04:59	LIB	16	12:48	SAG
18	05:53	VIR	17	23:03	LIB	16	17:42	ESC	18	23:56	CAP
20	16:58	LIB	20	11:37	ESC	19	06:14	SAG	21	09:18	ACU
23	05:23	ESC	23	00:17	SAG	21	17:46	CAP	23	16:46	PIS
25	18:06	SAG	25	12:06	CAP	24	03:44	ACU	25	22:05	ARI
28	05:31	CAP	27	21:45	ACU	26	11:15	PIS	28	01:06	TAU
30	13:54	ACU	30	03:59	PIS	28	15:35	ARI	30	02:23	GEM
						30	16:54	TAU			

1999

ENERO

1	03:16	CAN
3	05:32	LEO
5	10:50	VIR
7	19:54	LIB
10	07:50	ESC
12	20:24	SAG
15	07:30	CAP
17	16:12	ACU
19	22:41	PIS
22	03:26	ARI
24	06:53	TAU
26	09:30	GEM
28	11:58	CAN
30	15:17	LEO

FEBRERO

1	20:38	VIR
4	04:57	LIB
6	16:07	ESC
9	04:39	SAG
11	16:11	CAP
14	00:58	ACU
16	06:41	PIS
18	10:07	ARI
20	12:30	TAU
22	14:55	GEM
24	18:10	CAN
26	22:45	LEO

MARZO

1	05:06	VIR
3	13:35	LIB
6	00:23	ESC
8	12:47	SAG
11	00:55	CAP
13	10:33	ACU
15	16:31	PIS
17	19:14	ARI
19	20:10	TAU
21	21:06	GEM
23	23:34	CAN
26	04:23	LEO
28	11:35	VIR
30	20:50	LIB

ABRIL

2	07:50	ESC
4	20:08	SAG
7	08:40	CAP
9	19:25	ACU
12	02:36	PIS
14	05:47	ARI
16	06:08	TAU
18	05:40	GEM
20	06:28	CAN
22	10:07	LEO
24	17:05	VIR
27	02:47	LIB
29	14:13	ESC

MAYO

2	02:37	SAG
4	15:13	CAP
7	02:41	ACU
9	11:17	PIS
11	15:54	ARI
13	16:57	TAU
15	16:08	GEM
17	15:40	CAN
19	17:38	LEO
21	23:16	VIR
24	08:30	LIB
26	20:06	ESC
29	08:38	SAG
31	21:07	CAP

JUNIO

3	08:38	ACU
5	18:02	PIS
8	00:09	ARI
10	02:45	TAU
12	02:49	GEM
14	02:15	CAN
16	03:08	LEO
18	07:13	VIR
20	15:11	LIB
23	02:19	ESC
25	14:52	SAG
28	03:13	CAP
30	14:20	ACU

JULIO

2	23:35	PIS
5	06:22	ARI
7	10:23	TAU
9	12:01	GEM
11	12:28	CAN
13	13:27	LEO
15	16:40	VIR
17	23:20	LIB
20	09:31	ESC
22	21:49	SAG
25	10:09	CAP
27	20:55	ACU
30	05:28	PIS

AGOSTO

1	11:48	ARI
3	16:10	TAU
5	18:58	GEM
7	20:54	CAN
9	22:57	LEO
12	02:23	VIR
14	08:25	LIB
16	17:41	ESC
19	05:33	SAG
21	18:00	CAP
24	04:50	ACU
26	12:51	PIS
28	18:10	ARI
30	21:42	TAU

SEPTIEMBRE

2	00:26	GEM
4	03:11	CAN
6	06:30	LEO
8	10:58	VIR
10	17:17	LIB
13	02:09	ESC
15	13:36	SAG
18	02:15	CAP
20	13:39	ACU
22	21:52	PIS
25	02:35	ARI
27	04:52	TAU
29	06:22	GEM

OCTUBRE

1	08:32	CAN
3	12:14	LEO
5	17:41	VIR
8	00:53	LIB
10	10:02	ESC
12	21:20	SAG
15	10:05	CAP
17	22:18	ACU
20	07:34	PIS
22	12:42	ARI
24	14:26	TAU
26	14:34	GEM
28	15:10	CAN
30	17:48	LEO

NOVIEMBRE

1	23:08	VIR
4	06:58	LIB
6	16:47	ESC
9	04:16	SAG
11	17:01	CAP
14	05:47	ACU
16	16:22	PIS
18	22:58	ARI
21	01:27	TAU
23	01:15	GEM
25	00:30	CAN
27	01:20	LEO
29	05:12	VIR

DICIEMBRE

1	12:30	LIB
3	22:36	ESC
6	10:28	SAG
8	23:15	CAP
11	12:00	ACU
13	23:19	PIS
16	07:31	ARI
18	11:46	TAU
20	12:40	GEM
22	11:53	CAN
24	11:33	LEO
26	13:35	VIR
28	19:15	LIB
31	04:37	ESC

2000

ENERO
2	16:33	SAG
5	05:25	CAP
7	17:54	ACU
10	05:00	PIS
12	13:49	ARI
14	19:39	TAU
16	22:26	GEM
18	23:02	CAN
20	22:59	LEO
23	00:08	VIR
25	04:10	LIB
27	12:02	ESC
29	23:19	SAG

FEBRERO
1	12:11	CAP
4	00:32	ACU
6	11:03	PIS
8	19:18	ARI
11	01:22	TAU
13	05:24	GEM
15	07:46	CAN
17	09:12	LEO
19	10:54	VIR
21	14:22	LIB
23	20:59	ESC
26	07:11	SAG
28	19:46	CAP

MARZO
2	08:15	ACU
4	18:31	PIS
7	01:55	ARI
9	07:02	TAU
11	10:47	GEM
13	13:52	CAN
15	16:44	LEO
17	19:49	VIR
19	23:58	LIB
22	06:19	ESC
24	15:44	SAG
27	03:52	CAP
29	16:35	ACU

ABRIL
1	03:13	PIS
3	10:23	ARI
5	14:30	TAU
7	16:59	GEM
9	19:17	CAN
11	22:17	LEO
14	02:20	VIR
16	07:37	LIB
18	14:36	ESC
20	23:59	SAG
23	11:48	CAP
26	00:43	ACU
28	12:07	PIS
30	19:56	ARI

MAYO
2	23:55	TAU
5	01:24	GEM
7	02:15	CAN
9	04:02	LEO
11	07:42	VIR
13	13:28	LIB
15	21:17	ESC
18	07:10	SAG
20	19:02	CAP
23	08:01	ACU
25	20:08	PIS
28	05:09	ARI
30	10:03	TAU

JUNIO
1	11:35	GEM
3	11:31	CAN
5	11:47	LEO
7	13:58	VIR
9	19:00	LIB
12	02:56	ESC
14	13:19	SAG
17	01:28	CAP
19	14:27	ACU
22	02:53	PIS
24	12:56	ARI
26	19:20	TAU
28	22:00	GEM
30	22:10	CAN

JULIO
2	21:39	LEO
4	22:20	VIR
7	01:48	LIB
9	08:49	ESC
11	19:07	SAG
14	07:29	CAP
16	20:28	ACU
19	08:45	PIS
21	19:10	ARI
24	02:45	TAU
26	07:02	GEM
28	08:31	CAN
30	08:25	LEO

AGOSTO
1	08:28	VIR
3	10:32	LIB
5	16:05	ESC
8	01:31	SAG
10	13:45	CAP
13	02:44	ACU
15	14:42	PIS
18	00:45	ARI
20	08:32	TAU
22	13:56	GEM
24	17:01	CAN
26	18:18	LEO
28	18:56	VIR
30	20:34	LIB

SEPTIEMBRE
2	00:56	ESC
4	09:09	SAG
6	20:48	CAP
9	09:45	ACU
11	21:35	PIS
14	07:01	ARI
16	14:06	TAU
18	19:23	GEM
20	23:17	CAN
23	02:01	LEO
25	04:03	VIR
27	06:23	LIB
29	10:31	ESC

OCTUBRE
1	17:51	SAG
4	04:43	CAP
6	17:34	ACU
9	05:37	PIS
11	14:52	ARI
13	21:07	TAU
16	01:20	GEM
18	04:38	CAN
20	07:43	LEO
22	10:53	VIR
24	14:31	LIB
26	19:24	ESC
29	02:41	SAG
31	13:03	CAP

NOVIEMBRE
3	01:42	ACU
5	14:14	PIS
8	00:03	ARI
10	06:13	TAU
12	09:28	GEM
14	11:22	CAN
16	13:20	LEO
18	16:16	VIR
20	20:36	LIB
23	02:34	ESC
25	10:34	SAG
27	20:58	CAP
30	09:28	ACU

DICIEMBRE
2	22:24	PIS
5	09:18	ARI
7	16:28	TAU
9	19:51	GEM
11	20:50	CAN
13	21:10	LEO
15	22:31	VIR
18	02:02	LIB
20	08:13	ESC
22	16:58	SAG
25	03:55	CAP
27	16:26	ACU
30	05:28	PIS

Tablas de Mercurio

Cómo encontrar el planeta Mercurio en el momento de tu nacimiento

Localiza primero el año de tu nacimiento y luego busca el margen de fechas en el que se encuentra el día en que naciste. El signo que figura junto a ese margen de días es tu signo de Mercurio.

1900

Ene. 1-Ene. 8	Sagitario
Ene. 9-Ene. 28	Capricornio
Ene. 29-Feb. 14	Acuario
Feb. 15-Mar. 2	Piscis
Mar. 3-Abr. 7	Aries
Abr. 8-Abr. 16	Piscis
Abr. 17-May. 9	Aries
May. 10-May. 24	Tauro
May. 25-Jun. 7	Géminis
Jun. 8-Jun. 26	Cáncer
Jun. 27-Ago. 2	Leo
Ago. 3-Sep. 17	Virgo
Sep. 18-Oct. 5	Libra
Oct. 6-Oct. 28	Escorpio
Oct. 29-Nov. 18	Sagitario
Nov. 19-Dic. 19	Escorpio
Dic. 20-Ene. 1	Sagitario

1901

Ene. 2-Ene. 20	Capricornio
Ene. 21-Feb. 6	Acuario
Feb. 7-Abr. 14	Piscis
Abr. 15-May. 2	Aries
May. 3-May. 16	Tauro
May. 17-May. 31	Géminis
Jun. 1-Ago. 9	Cáncer
Ago. 10-Ago. 24	Leo
Ago. 25-Sep. 10	Virgo
Sep. 11-Sep. 30	Libra
Oct. 1-Dic. 5	Escorpio
Dic. 6-Dic. 25	Sagitario
Dic. 26-Ene.12	Capricornio

1902

Ene. 1-Ene. 12	Capricornio
Ene. 13-Ene. 31	Acuario
Feb. 1-Feb. 17	Piscis
Feb. 18-Mar. 18	Acuario
Mar. 19-Abr. 8	Piscis
Abr. 9-Abr. 24	Aries
Abr. 25-May. 8	Tauro
May. 9-May. 28	Géminis
May. 29-Jun. 25	Cáncer
Jun. 26-Jul. 12	Géminis
Jul. 13-Ago. 1	Cáncer
Ago. 2-Ago. 16	Leo
Ago. 17-Sep. 3	Virgo
Sep. 4-Sep. 27	Libra
Sep. 28-Oct. 14	Escorpio
Oct. 15-Nov. 9	Libra
Nov. 10-Nov. 29	Escorpio
Nov. 30-Dic. 18	Sagitario
Dic. 19-Dic. 31	Capricornio

1903

Ene. 1-Ene. 5	Capricornio
Ene. 6-Mar. 13	Acuario
Mar. 14-Abr. 1	Piscis
Abr. 2-Abr. 15	Aries
Abr. 16-May. 1	Tauro
May. 2-Jul. 9	Géminis
Jul. 10-Jul. 24	Cáncer
Jul. 25-Ago. 8	Leo
Ago. 9-Ago. 28	Virgo
Ago. 29-Nov. 3	Libra
Nov. 4-Nov. 21	Escorpio
Nov. 22-Dic. 11	Sagitario
Dic.12-Dic. 31	Capricornio

1904

Ene. 1	Capricornio
Ene. 2-Ene. 13	Acuario
Ene. 14-Feb. 14	Capricornio
Feb. 15-Mar. 6	Acuario
Mar. 7-Mar. 22	Piscis
Mar. 23-Abr. 6	Aries
Abr. 7-Jun. 13	Tauro
Jun. 14-Jun. 30	Géminis
Jul. 1-Jul. 15	Cáncer
Jul. 16-Jul. 31	Leo
Ago. 1-Ago. 27	Virgo
Ago. 28-Sep. 6	Libra
Sep. 7-Oct. 8	Virgo
Oct. 9-Oct. 25	Libra
Oct. 26-Nov. 13	Escorpio
Nov. 14-Dic. 3	Sagitario
Dic. 4-Dic. 31	Capricornio

1905

Ene. 1-Feb. 8	Capricornio
Feb. 9-Feb. 26	Acuario
Feb. 27-Mar. 14	Piscis
Mar. 15-Mar. 31	Aries
Abr. 1-Abr. 27	Tauro
Abr. 28-May. 14	Aries
May. 15-Jun. 7	Tauro
Jun. 8-Jun. 22	Géminis
Jun. 23-Jul. 6	Cáncer
Jul. 7-Jul. 26	Leo
Jul. 27-Jul. 30	Virgo
Oct. 1-Oct. 18	Libra
Oct. 19-Nov. 6	Escorpio
Nov. 7-Dic. 1	Sagitario
Dic. 2-Dic. 9	Capricornio
Dic. 10-Dic. 31	Sagitario

1906

Ene. 1-Ene. 11	Sagitario
Ene. 12-Feb. 1	Capricornio
Feb. 2-Feb. 19	Acuario
Feb. 20-Mar. 7	Piscis
Mar. 8-May. 14	Aries
May. 15-May. 30	Tauro
May. 31-Jun. 13	Géminis
Jun. 14-Jun. 29	Cáncer
Jun. 30-Sep. 6	Leo
Sep. 7-Sep. 23	Virgo
Sep. 24-Oct. 10	Libra
Oct. 11-Oct. 31	Escorpio
Nov. 1-Dic. 5	Sagitario
Dic. 6-Dic. 11	Escorpio
Dic. 12-Dic. 31	Sagitario

1907

Ene. 1-Ene. 6	Sagitario
Ene. 7-Ene. 25	Capricornio
Ene. 26-Feb. 11	Acuario
Feb. 12-Mar. 2	Piscis
Mar. 3-Mar. 13	Aries
Mar. 14-Abr. 17	Piscis
Abr. 18-May. 7	Aries
May. 8-May. 22	Tauro
May. 23-Jun. 5	Géminis
Jun. 6-Jun. 26	Cáncer
Jun. 27-Jul. 25	Leo
Jul. 26-Ago. 11	Cáncer
Ago. 12-Ago. 30	Leo
Ago. 31-Sep. 15	Virgo
Sep. 16-Oct. 4	Libra
Oct. 5-Dic. 10	Escorpio
Dic. 11-Dic. 30	Sagitario
Dic. 31	Capricornio

1908

Ene. 1-Ene. 17	Capricornio
Ene. 18-Feb. 4	Acuario
Feb. 5-Abr. 11	Piscis
Abr. 12-Abr. 28	Aries
Abr. 29-May. 12	Tauro
May. 13-May. 29	Géminis
May. 30-Ago. 5	Cáncer
Ago. 6-Ago. 21	Leo
Ago. 22-Sep. 6	Virgo
Sep. 7-Sep. 27	Libra
Sep. 28-Oct. 31	Escorpio
Nov. 1-Nov. 10	Libra
Nov. 11-Dic. 2	Escorpio
Dic. 3-Dic. 21	Sagitario
Dic. 22-Dic. 31	Capricornio

1909

Ene. 1-Ene. 9	Capricornio
Ene. 10-Mar. 16	Acuario
Mar. 17-Abr. 5	Piscis
Abr. 6-Abr. 20	Aries
Abr. 21-May. 4	Tauro
May. 5-Jul. 12	Géminis
Jul. 13-Jul. 29	Cáncer
Jul. 30-Ago. 12	Leo
Ago. 13-Ago. 31	Virgo
Sep. 1-Nov. 6	Libra
Nov. 7-Nov. 25	Escorpio
Nov. 26-Dic. 14	Sagitario
Dic. 15-Dic. 31	Capricornio

1910

Ene. 1-Ene. 2	Capricornio
Ene. 3-Ene. 30	Acuario
Ene. 31-Feb. 14	Capricornio
Feb. 15-Mar. 10	Acuario
Mar. 11-Mar. 28	Piscis
Mar. 29-Abr. 12	Aries
Abr. 13-Abr. 29	Tauro
Abr. 30-May. 31	Géminis
Jun. 1-Jun. 11	Tauro
Jun. 12-Jul. 6	Géminis
Jul. 7-Jul. 20	Cáncer
Jul. 21-Ago. 5	Leo
Ago. 6-Ago. 26	Virgo
Ago. 27-Sep. 27	Libra
Sep. 28-Oct. 11	Virgo
Oct. 12-Oct. 30	Libra
Oct. 31-Nov. 18	Escorpio
Nov. 19-Dic. 7	Sagitario
Dic. 8-Dic. 31	Capricornio

1911

Ene. 1-Feb. 12	Capricornio
Feb. 13-Mar. 3	Acuario
Mar. 4-Mar. 20	Piscis
Mar. 21-Abr. 4	Aries
Abr. 5-Jun. 12	Tauro
Jun. 13-Jun. 27	Géminis
Jun. 28-Jul. 12	Cáncer
Jul. 13-Jul. 29	Leo
Jul. 30-Oct. 5	Virgo
Oct. 6-Oct. 23	Libra
Oct. 24-Nov. 11	Escorpio
Nov. 12-Dic. 2	Sagitario
Dic. 3-Dic. 26	Capricornio
Dic. 27-Dic. 31	Sagitario

1912

Ene. 1-Ene. 14	Sagitario
Ene. 15-Feb. 6	Capricornio
Feb. 7-Feb. 24	Acuario
Feb. 25-Mar. 11	Piscis
Mar. 12-May. 15	Aries
May. 16-Jun. 4	Tauro
Jun. 5-Jun. 18	Géminis
Jun. 19-Jul. 3	Cáncer
Jul. 4-Jul. 25	Leo
Jul. 26-Ago. 20	Virgo
Ago. 21-Sep. 9	Leo
Sep. 10-Sep. 27	Virgo
Sep. 28-Oct. 14	Libra
Oct. 15-Nov. 3	Escorpio
Nov. 4-Dic. 31	Sagitario

1913

Ene. 1-Ene. 9	Sagitario
Ene. 10-Ene. 29	Capricornio
Ene. 30-Feb. 15	Acuario
Feb. 16-Mar. 3	Piscis
Mar. 4-Abr. 6	Aries
Abr. 7-Abr. 13	Piscis
Abr. 14-May. 11	Aries
May. 12-May. 27	Tauro
May. 28-Jun. 9	Géminis
Jun. 10-Jun. 27	Cáncer
Jun. 28-Sep. 3	Leo
Sep. 4-Sep. 19	Virgo
Sep. 20-Oct. 7	Libra
Oct. 8-Oct. 29	Escorpio
Oct 30-Nov. 22	Sagitario
Nov. 23-Dic. 12	Escorpio
Dic. 13-Dic. 31	Sagitario

1914

Ene. 1-Ene. 21	Capricornio
Ene. 22-Feb. 7	Acuario
Feb. 8-Abr. 15	Piscis
Abr. 16-May. 4	Aries
May. 5-May. 18	Tauro
May. 19-Jun. 2	Géminis
Jun. 3-Ago. 10	Cáncer
Ago. 11-Ago. 26	Leo
Ago. 27-Sep. 11	Virgo
Sep. 12-Oct. 1	Libra
Oct. 2-Dic. 7	Escorpio
Dic. 8-Dic. 26	Sagitario
Dic. 27-Dic. 31	Capricornio

1915

Ene. 1-Ene. 14	Capricornio
Ene. 15-Feb. 1	Acuario
Feb. 2-Feb. 22	Piscis
Feb. 23-Mar. 18	Acuario
Mar. 19-Abr. 9	Piscis
Abr. 10-Abr. 25	Aries
Abr. 26-May. 9	Tauro
May. 10-May. 28	Géminis
May. 29-Ago. 3	Cáncer
Ago. 4-Ago. 18	Leo
Ago. 19-Sep. 4	Virgo
Sep. 5-Sep. 27	Libra
Sep. 28-Oct. 20	Escorpio
Oct. 21-Nov. 10	Libra
Nov. 11-Nov. 30	Escorpio
Dic. 1-Dic. 19	Sagitario
Dic. 20-Dic. 31	Capricornio

1916

Ene. 1-Ene. 7	Capricornio
Ene. 8-Mar. 14	Acuario
Mar. 15-Abr. 1	Piscis
Abr. 2-Abr. 16	Aries
Abr. 17-May. 1	Tauro
May. 2-Jul. 9	Géminis
Jul. 10-Jul. 25	Cáncer
Jul. 26-Ago. 9	Leo
Ago. 10-Ago. 28	Virgo
Ago. 29-Nov. 3	Libra
Nov. 4-Nov. 22	Escorpio
Nov. 23-Dic. 11	Sagitario
Dic. 12-Dic. 31	Capricornio

1917

Ene. 1-Ene. 17	Acuario
Ene. 18-Feb. 14	Capricornio
Feb. 15-Mar. 7	Acuario
Mar. 8-Mar. 24	Piscis
Mar. 25-Abr. 8	Aries
Abr. 9-Jun. 13	Tauro
Jun. 14-Jul. 2	Géminis
Jul. 3-Jul. 16	Cáncer
Jul. 17-Ago. 1	Leo
Ago. 2-Ago. 25	Virgo
Ago. 26-Sep. 13	Libra
Sep. 14-Oct. 9	Virgo
Oct. 10-Oct. 27	Libra
Oct. 28-Nov. 14	Escorpio
Nov. 15-Dic. 4	Sagitario
Dic. 5-Dic. 31	Capricornio

1918

Ene. 1-Feb. 9	Capricornio
Feb. 10-Feb. 28	Acuario
Mar. 1-Mar. 16	Piscis
Mar. 17-Abr. 1	Aries
Abr. 2-Jun. 9	Tauro
Jun. 10-Jun. 23	Géminis
Jun. 24-Jul. 8	Cáncer
Jul. 9-Jul. 27	Leo
Jul. 28-Oct. 2	Virgo
Oct. 3-Oct. 19	Libra
Oct. 20-Nov. 7	Escorpio
Nov. 8-Nov. 30	Sagitario
Dic. 1-Dic. 14	Capricornio
Dic. 15-Dic. 31	Sagitario

1919

Ene. 1-Ene. 12	Sagitario
Ene. 13-Feb. 2	Capricornio
Feb. 3-Feb. 20	Acuario
Feb. 21-Mar. 8	Piscis
Mar. 9-May. 15	Aries
May. 16-Jun. 1	Tauro
Jun. 2-Jun. 15	Géminis
Jun. 16-Jul. 1	Cáncer
Jul. 2-Sep. 8	Leo
Sep. 9-Sep. 24	Virgo
Sep. 25-Oct. 12	Libra
Oct. 13-Nov. 1	Escorpio
Nov. 2-Dic. 31	Sagitario

1920

Ene. 1-Ene. 26	Capricornio
Ene. 27-Feb. 12	Acuario
Feb. 13-Mar. 1	Piscis
Mar. 2-Mar. 18	Aries
Mar. 19-Abr. 16	Piscis
Abr. 17-May. 7	Aries
May. 8-May. 23	Tauro
May. 24-Jun. 6	Géminis
Jun. 7-Jun. 25	Cáncer
Jun. 26-Ago. 1	Leo
Ago. 2-Ago. 9	Cáncer
Ago. 10-Ago. 30	Leo
Ago. 31-Sep. 15	Virgo
Sep. 16-Oct. 4	Libra
Oct. 5-Oct. 29	Virgo
Oct. 30-Nov. 9	Sagitario
Nov. 10-Dic. 10	Escorpio
Dic. 11-Dic. 30	Sagitario
Dic. 31	Capricornio

1921

Ene. 1-Feb. 4	Acuario
Feb. 5-Abr. 13	Piscis
Abr. 14-Abr. 30	Aries
May. 1-May. 14	Tauro
May. 15-May. 30	Géminis
May. 31-Ago. 7	Cáncer
Ago. 8-Ago. 22	Leo
Ago. 23-Sep. 8	Virgo
Sep. 9-Sep. 28	Libra
Sep. 29-Dic. 4	Escorpio
Dic. 5-Dic. 23	Sagitario
Dic. 24-Dic. 31	Capricornio

1922

Ene. 1-Ene. 10	Capricornio
Ene. 11-Ene. 31	Acuario
Feb. 1-Feb. 8	Piscis
Feb. 9-Mar. 17	Acuario
Mar. 18-Abr. 6	Piscis
Abr. 7-Abr. 21	Aries
Abr. 22-May. 6	Tauro
May. 7-May. 31	Géminis
Jun. 1-Jun. 9	Cáncer
Jun. 10-Jul. 12	Géminis
Jul. 13-Jul. 30	Cáncer
Jul. 31-Ago. 14	Leo
Ago. 15-Sep. 1	Virgo
Sep. 2-Sep. 30	Libra
Oct. 1-Oct. 4	Escorpio
Oct. 5-Nov. 7	Libra
Nov. 8-Nov. 26	Escorpio
Nov. 27-Dic. 16	Sagitario
Dic. 17-Dic. 31	Capricornio

1923

Ene. 1-Ene. 3	Capricornio
Ene. 4-Feb. 5	Acuario
Feb. 6-Feb. 12	Capricornio
Feb. 13-Mar. 12	Acuario
Mar. 13-Mar. 29	Piscis
Mar. 30-Abr. 13	Aries
Abr. 14-Abr. 30	Tauro
May. 1-Jul. 7	Géminis
Jul. 8-Jul. 22	Cáncer
Jul. 23-Ago. 6	Leo
Ago. 7-Ago. 26	Virgo
Ago. 27-Oct. 3	Libra
Oct. 4-Oct. 10	Virgo
Oct. 11-Nov. 1	Libra
Nov. 2-Nov. 19	Escorpio
Nov. 20-Dic. 9	Sagitario
Dic. 10-Dic. 31	Capricornio

1924

Ene. 1-Feb. 13	Capricornio
Feb. 14-Mar. 4	Acuario
Mar. 5-Mar. 20	Piscis
Mar. 21-Abr. 4	Aries
Abr. 5-Jun. 12	Tauro
Jun. 13-Jun. 28	Géminis
Jun. 29-Jul. 12	Cáncer
Jul. 13-Jul. 29	Leo
Jul. 30-Oct. 6	Virgo
Oct. 7-Oct. 23	Libra
Oct. 24-Nov. 11	Escorpio
Nov. 12-Dic. 1	Sagitario
Dic. 2-Dic. 30	Capricornio
Dic. 31	Sagitario

1925

Ene. 1-Ene. 13	Sagitario
Ene. 14-Feb. 6	Capricornio
Feb. 7-Feb. 24	Acuario
Feb. 25-Mar. 12	Piscis
Mar. 13-Mar. 31	Aries
Abr. 1-Abr. 14	Tauro
Abr. 15-May. 16	Aries
May. 17-Jun. 5	Tauro
Jun. 6-Jun. 19	Géminis
Jun. 20-Jul. 4	Cáncer
Jul. 5-Jul. 25	Leo
Jul. 26-Ago. 26	Virgo
Ago. 27-Sep. 10	Leo
Sep. 11-Sep. 28	Virgo
Sep. 29-Oct. 16	Libra
Oct. 17-Nov. 4	Escorpio
Nov. 5-Dic. 31	Sagitario

1926

Ene. 1-Ene. 10	Sagitario
Ene. 11-Ene. 30	Capricornio
Ene. 31-Feb. 16	Acuario
Feb. 17-Mar. 5	Piscis
Mar. 6-May. 12	Aries
May. 13-May. 28	Tauro
May. 29-Jun. 11	Géminis
Jun. 12-Jun. 28	Cáncer
Jun. 29-Sep. 4	Leo
Sep. 5-Sep. 20	Virgo
Sep. 21-Oct. 8	Libra
Oct. 9-Oct. 30	Escorpio
Oct. 31-Nov. 27	Sagitario
Nov. 28-Dic. 12	Escorpio
Dic. 13-Dic. 31	Sagitario

1927

Ene. 1-Ene. 4	Sagitario
Ene. 5-Ene. 23	Capricornio
Ene. 24-Feb. 9	Acuario
Feb. 10-Abr. 16	Piscis
Abr. 17-May. 5	Aries
May. 6-May. 20	Tauro
May. 21-Jun. 3	Géminis
Jun. 4-Jun. 27	Cáncer
Jun. 28-Jul. 13	Leo
Jul. 14-Ago. 11	Cáncer
Ago. 12-Ago. 27	Leo
Ago. 28-Sep. 13	Virgo
Sep. 14-Oct. 2	Libra
Oct. 3-Dic. 8	Escorpio
Dic. 9-Dic. 28	Sagitario
Dic. 29-Dic. 31	Capricornio

1928

Ene. 1-Ene. 15	Capricornio
Ene. 16-Feb. 2	Acuario
Feb. 3-Feb. 28	Piscis
Feb. 29-Mar. 17	Acuario
Mar. 18-Abr. 10	Piscis
Abr. 11-Abr. 26	Aries
Abr. 27-May. 10	Tauro
May. 11-May. 27	Géminis
May. 28-Ago. 3	Cáncer
Ago. 4-Ago. 18	Leo
Ago. 19-Sep. 4	Virgo
Sep. 5-Sep. 26	Libra
Sep. 27-Oct. 23	Escorpio
Oct. 24-Nov. 10	Libra
Nov. 11-Nov. 30	Escorpio
Dic. 1-Dic. 19	Sagitario
Dic. 20-Dic. 31	Capricornio

1929

Ene. 1-Ene. 7	Capricornio
Ene. 8-Mar. 15	Acuario
Mar. 16-Abr. 2	Piscis
Abr. 3-Abr. 18	Aries
Abr. 19-May. 2	Tauro
May. 3-Jul. 10	Géminis
Jul. 11-Jul. 26	Cáncer
Jul. 27-Ago. 10	Leo
Ago. 11-Ago. 29	Virgo
Ago. 30-Nov. 4	Libra
Nov. 5-Nov. 23	Escorpio
Nov. 24-Dic. 12	Sagitario
Dic. 13-Dic. 31	Capricornio

1930

Ene. 1	Capricornio
Ene. 2-Ene. 22	Acuario
Ene. 23-Feb. 14	Capricornio
Feb. 15-Mar. 8	Acuario
Mar. 9-Mar. 25	Piscis
Mar. 26-Abr. 9	Aries
Abr. 10-Abr. 30	Tauro
May. 1-May. 16	Géminis
May. 17-Jun. 13	Tauro
Jun. 14-Jul. 3	Géminis
Jul. 4-Jul. 18	Cáncer
Jul. 19-Ago. 3	Leo
Ago. 4-Ago. 25	Virgo
Ago. 26-Sep. 19	Libra
Sep. 20-Oct. 10	Virgo
Oct. 22-Oct. 28	Libra
Oct. 29-Nov. 16	Escorpio
Nov. 17-Dic. 5	Sagitario
Dic. 6-Dic. 31	Capricornio

1931

Ene. 1-Feb. 10	Capricornio
Feb. 11-Mar. 1	Acuario
Mar. 2-Mar. 17	Piscis
Mar. 18-Abr. 2	Aries
Abr. 3-Jun. 10	Tauro
Jun. 11-Jun. 25	Géminis
Jun. 26-Jul. 9	Cáncer
Jul. 10-Jul. 27	Leo
Jul. 28-Oct. 3	Virgo
Oct. 4-Oct. 21	Libra
Oct. 22-Nov. 9	Escorpio
Nov. 10-Dic. 1	Sagitario
Dic. 2-Dic. 19	Capricornio
Dic. 20-Dic. 31	Sagitario

1932

Ene. 1-Ene. 13	Sagitario
Ene. 14-Feb. 4	Capricornio
Feb. 5-Feb. 22	Acuario
Feb. 23-Mar. 8	Piscis
Mar. 9-May. 14	Aries
May. 15-Jun. 1	Tauro
Jun. 2-Jun. 15	Géminis
Jun. 16-Jul. 26	Leo
Jul. 27-Ago. 9	Virgo
Ago. 10-Sep. 8	Leo
Sep. 9-Sep. 25	Virgo
Sep. 26-Oct. 12	Libra
Oct. 13-Nov. 1	Escorpio
Nov. 2-Dic. 31	Sagitario

1933

Ene. 1-Ene. 7	Sagitario
Ene. 8-Ene. 26	Capricornio
Ene. 27-Feb. 13	Acuario
Feb. 14-Mar. 2	Piscis
Mar. 3-Mar. 24	Aries
Mar. 25-Abr. 16	Piscis
Abr. 17-May. 9	Aries
May. 10-May. 24	Tauro
May. 25-Jun. 7	Géminis
Jun. 8-Jun. 26	Cáncer
Jun. 27-Sep. 1	Leo
Sep. 2-Sep. 17	Virgo
Sep. 18-Oct. 5	Libra
Oct. 6-Oct. 29	Escorpio
Oct. 30-Nov. 15	Sagitario
Nov. 16-Dic. 11	Escorpio
Dic. 12-Dic. 31	Sagitario

1934

Ene. 1.Ene. 19	Capricornio
Ene. 20-Feb. 5	Acuario
Feb. 6-Abr. 15	Piscis
Abr. 16-May. 1	Aries
May. 2-May. 15	Tauro
May. 16-May. 31	Géminis
Jun. 1-Ago. 8	Cáncer
Ago. 9-Ago. 24	Leo
Ago. 25-Sep. 9	Virgo
Sep. 10-Sep. 29	Libra
Sep. 30-Dic. 5	Escorpio
Dic. 6-Dic. 24	Sagitario
Dic. 25-Dic. 31	Capricornio

1935

Ene. 1-Ene. 12	Capricornio
Ene. 13-Ene. 31	Acuario
Feb. 1-Feb. 14	Piscis
Feb. 15-Mar. 17	Acuario
Mar. 18-Abr. 7	Piscis
Abr. 8-Abr. 23	Aries
Abr. 24-May. 7	Tauro
May. 8-May. 28	Géminis
May. 29-Jun. 19	Cáncer
Jun. 20-Jul. 12	Géminis
Jul. 13-Ago. 1	Cáncer
Ago. 2-Ago. 15	Leo
Ago. 16-Sep. 2	Virgo
Sep. 3-Sep. 27	Libra
Sep. 28-Oct. 11	Escorpio
Oct. 12-Nov. 9	Libra
Nov. 10-Nov. 28	Escorpio
Nov. 29-Dic. 17	Sagitario
Dic. 18-Dic. 31	Capricornio

1936

Ene. 1-Ene. 5	Capricornio
Ene. 6-Mar. 12	Acuario
Mar. 13-Mar. 30	Piscis
Mar. 31-Abr. 14	Aries
Abr. 15-Abr. 30	Tauro
May. 1-Jul. 7	Géminis
Jul. 8-Jul. 22	Cáncer
Jul. 23-Ago. 6	Leo
Ago. 7-Ago. 26	Virgo
Ago. 27-Nov. 1	Libra
Nov. 2-Nov. 20	Escorpio
Nov. 21-Dic. 9	Sagitario
Dic. 10-Dic. 31	Capricornio

1937

Ene. 1-Ene. 8	Acuario
Ene. 9-Feb. 13	Capricornio
Feb. 14-Mar. 5	Acuario
Mar. 6-Mar. 22	Piscis
Mar. 23-Abr. 6	Aries
Abr. 7-Jun. 12	Tauro
Jun. 13-Jun. 30	Géminis
Jul. 1-Jul. 14	Cáncer
Jul. 15-Jul. 30	Leo
Jul. 31-Oct. 7	Virgo
Oct. 8-Oct. 25	Libra
Oct. 26-Nov. 12	Escorpio
Nov. 13-Dic. 2	Sagitario
Dic. 3-Dic. 31	Capricornio

1938

Ene. 1-Ene. 5	Capricornio
Ene. 6-Ene. 11	Sagitario
Ene. 12-Feb. 7	Capricornio
Feb. 8-Feb. 26	Acuario
Feb. 27-Mar. 31	Aries
Abr. 1-Abr. 22	Tauro
Abr. 23-May. 15	Aries
May. 16-Jun. 7	Tauro
Jun. 8-Jun. 21	Géminis
Jun. 22-Jul. 6	Cáncer
Jul. 7-Jul. 25	Leo
Jul. 26-Sep. 2	Virgo
Sep. 3-Sep. 9	Leo
Sep. 10-Sep. 30	Virgo
Oct. 1-Oct. 17	Libra
Oct. 18-Nov. 5	Escorpio
Nov. 6-Dic. 31	Sagitario

1939

Ene. 1-Ene. 11	Sagitario
Ene. 12-Ene. 31	Capricornio
Feb. 1-Feb. 18	Acuario
Feb. 19-Mar. 6	Piscis
Mar. 7-May. 13	Aries
May. 14-May. 30	Tauro
May. 31-Jun. 12	Géminis
Jun. 13-Jun. 29	Cáncer
Jun. 30-Sep. 6	Leo
Sep. 7-Sep. 22	Virgo
Sep. 23-Oct. 10	Libra
Oct. 11-Oct. 31	Escorpio
Nov. 1-Dic. 2	Sagitario
Dic. 3-Dic. 12	Escorpio
Dic. 13-Dic. 31	Sagitario

1940

Ene. 1-Ene. 5	Sagitario
Ene. 6-Ene. 24	Capricornio
Ene. 25-Feb. 10	Acuario
Feb. 11-Mar. 3	Piscis
Mar. 4-Mar. 7	Aries
Mar. 8-Abr. 16	Piscis
Abr. 17-May. 5	Aries
May. 6-May. 20	Tauro
May. 21-Jun. 3	Géminis
Jun. 4-Jun. 25	Cáncer
Jun. 26-Jul. 20	Leo
Jul. 21-Ago. 10	Cáncer
Ago. 11-Ago. 28	Leo
Ago. 29-Sep. 13	Virgo
Sep. 14-Oct. 2	Libra
Oct. 3-Dic. 8	Escorpio
Dic. 9-Dic. 28	Sagitario
Dic. 29-Dic. 31	Acuario

1941

Ene. 1-Feb. 2	Acuario
Feb. 3-Mar. 6	Piscis
Mar. 7-Mar. 15	Acuario
Mar. 16-Abr. 11	Piscis
Abr. 12-Abr. 27	Aries
Abr. 28-May. 12	Tauro
May. 13-May. 28	Géminis
May. 29-Ago. 5	Cáncer
Ago. 6-Ago. 20	Leo
Ago. 21-Sep. 5	Virgo
Sep. 6-Sep. 27	Libra
Sep. 28-Oct. 28	Escorpio
Oct. 29-Nov. 10	Libra
Nov. 11-Dic. 2	Escorpio
Dic. 3-Dic. 21	Sagitario
Dic. 22-Dic. 31	Capricornio

1942

Ene. 1-Ene. 8	Capricornio
Ene. 9-Mar. 16	Acuario
Mar. 17-Abr. 4	Piscis
Abr. 5-Abr. 19	Aries
Abr. 20-May. 4	Tauro
May. 5-Jul. 11	Géminis
Jul. 12-Jul. 28	Cáncer
Jul. 29-Ago. 12	Leo
Ago. 13-Nov. 6	Virgo
Nov. 7-Nov. 24	Escorpio
Nov. 25-Dic. 13	Sagitario
Dic. 14-Dic. 31	Capricornio

1943

Ene. 1-Ene. 2	Capricornio
Ene. 3-Ene. 26	Acuario
Ene. 27-Feb. 14	Capricornio
Feb. 15-Mar. 10	Acuario
Mar. 11-Mar. 27	Piscis
Mar. 28-Abr. 11	Aries
Abr. 12-Abr. 29	Tauro
Abr. 30-May. 25	Géminis
May. 26-Jun. 13	Tauro
Jun. 14-Jul. 5	Géminis
Jul. 6-Jul. 19	Cáncer
Jul. 20-Ago. 4	Leo
Ago. 5-Ago. 26	Virgo
Ago. 27-Sep. 24	Libra
Sep. 25-Oct. 10	Virgo
Oct. 11-Oct. 29	Libra
Oct. 30-Nov. 17	Escorpio
Nov. 18-Dic. 7	Sagitario
Dic. 8-Dic. 31	Capricornio

1944

Ene. 1-Feb. 11	Capricornio
Feb. 12-Mar. 2	Acuario
Mar. 3-Mar. 18	Piscis
Mar. 19-Abr. 2	Aries
Abr. 3-Jun. 10	Tauro
Jun. 11-Jul. 27	Géminis
Jul. 28-Oct. 4	Virgo
Oct. 5-Oct. 21	Libra
Oct. 22-Nov. 9	Escorpio
Nov. 10-Nov. 30	Sagitario
Dic.1-Dic. 22	Capricornio
Dic. 23-Dic. 31	Sagitario

1945

Ene. 1-Ene. 13	Sagitario
Ene. 14-Feb. 4	Capricornio
Feb. 5-Feb. 22	Acuario
Feb. 23-Mar. 10	Piscis
Mar. 11-May. 15	Aries
May. 16-Jun. 3	Tauro
Jun. 4-Jun. 17	Géminis
Jun. 18-Jul. 2	Cáncer
Jul. 3-Jul. 25	Leo
Jul. 26-Ago. 16	Virgo
Ago. 17-Sep. 9	Leo
Sep. 10-Sep. 26	Virgo
Sep. 27-Oct. 14	Libra
Oct. 15-Nov. 2	Escorpio
Nov. 3-Dic. 31	Sagitario

1946

Ene. 1-Ene. 8	Sagitario
Ene. 9-Ene. 28	Capricornio
Ene. 29-Feb. 14	Acuario
Feb. 15-Mar. 3	Piscis
Mar. 4-Mar. 31	Aries
Abr. 1-Abr. 15	Piscis
Abr. 16-May. 10	Aries
May. 11-May. 26	Tauro
May. 27-Jun. 9	Géminis
Jun. 10-Jun. 26	Cáncer
Jun. 27-Sep. 2	Leo
Sep. 3-Sep. 18	Virgo
Sep. 19-Oct. 6	Libra
Oct. 7-Oct. 29	Escorpio
Oct. 30-Nov. 19	Sagitario
Nov. 20-Dic. 12	Escorpio
Dic. 13-Dic. 31	Sagitario

1947

Ene. 1-Ene. 2	Sagitario
Ene. 3-Ene. 20	Capricornio
Ene. 21-Feb. 7	Acuario
Feb. 8-Abr. 15	Piscis
Abr. 16-May. 3	Aries
May. 4-May. 17	Tauro
May. 18-Jun. 1	Géminis
Jun. 2-Ago. 9	Cáncer
Ago. 10-Ago. 25	Leo
Ago. 26-Sep. 10	Virgo
Sep. 11-Sep. 30	Libra
Oct. 1-Dic. 6	Escorpio
Dic. 7-Dic. 25	Sagitario
Dic. 26-Dic. 31	Capricornio

1948

Ene. 1-Ene. 13	Capricornio
Ene. 14-Feb. 1	Acuario
Feb. 2-Feb. 19	Piscis
Feb. 20-Mar. 17	Acuario
Mar. 18-Abr. 8	Piscis
Abr. 9-Abr. 24	Aries
Abr. 25-May. 8	Tauro
May. 9-May. 27	Géminis
May. 28-Jun. 27	Cáncer
Jun. 28-Jul. 10	Géminis
Jul. 11-Ago. 1	Cáncer
Ago. 2-Ago. 16	Leo
Ago. 17-Sep. 2	Virgo
Sep. 3-Sep. 26	Libra
Sep. 27-Oct. 16	Escorpio
Oct. 17-Nov. 9	Libra
Nov. 10-Nov. 28	Escorpio
Nov. 29-Dic. 17	Sagitario
Dic. 18-Dic. 31	Capricornio

1949

Ene. 1-Ene. 5	Capricornio
Ene. 6-Mar. 13	Acuario
Mar. 14-Mar. 31	Piscis
Abr. 1-Abr. 15	Aries
Abr. 16-May. 1	Tauro
May. 2-Jul. 9	Géminis
Jul. 10-Jul. 24	Cáncer
Jul. 25-Ago. 8	Leo
Ago. 9-Ago. 27	Virgo
Ago. 28-Nov. 2	Libra
Nov. 3-Nov. 21	Escorpio
Nov. 22-Dic. 10	Sagitario
Dic. 11-Dic. 31	Capricornio

1950

Ene. 1-Ene. 14	Acuario
Ene. 15-Feb. 13	Capricornio
Feb. 14-Mar. 6	Acuario
Mar. 7-Mar. 23	Piscis
Mar. 24-Abr. 7	Aries
Abr. 8-Jun. 13	Tauro
Jun.14-Jul. 1	Géminis
Jul. 2-Jul. 15	Cáncer
Jul. 16-Ago. 1	Leo
Ago. 2-Ago. 26	Virgo
Ago. 27-Sep. 9	Libra
Sep. 10-Oct. 8	Virgo
Oct. 9-Oct. 26	Libra
Oct. 27-Nov. 14	Escorpio
Nov. 15-Dic. 4	Sagitario
Dic. 5-Dic. 31	Capricornio

1951

Ene. 1-Feb. 8	Capricornio
Feb. 9-Feb. 27	Acuario
Feb. 28-Mar. 15	Piscis
Mar. 16-Abr. 1	Aries
Abr. 2-Abr. 31	Tauro
May. 1-May. 14	Aries
May. 15-Jun. 8	Tauro
Jun. 9-Jun. 23	Géminis
Jun. 24-Jul. 7	Cáncer
Jul. 8-Jul. 26	Leo
Jul. 27-Oct. 1	Virgo
Oct. 2-Oct. 18	Libra
Oct. 19-Nov. 7	Escorpio
Nov. 8-Nov. 30	Sagitario
Dic. 1-Dic. 11	Capricornio
Dic. 12-Dic. 31	Sagitario

1952

Ene. 1-Ene. 12	Sagitario
Ene. 13-Feb. 2	Capricornio
Feb. 3-Feb. 19	Acuario
Feb. 20-Mar. 6	Piscis
Mar. 7-May. 13	Aries
May. 14-May. 30	Tauro
May. 31-Jun. 13	Géminis
Jun. 14-Jun. 29	Cáncer
Jun. 30-Sep. 6	Leo
Sep. 7-Sep. 22	Virgo
Sep. 23-Oct. 10	Libra
Oct. 11-Oct. 31	Escorpio
Nov. 1-Dic. 31	Sagitario

1953

Ene. 1-Ene. 5	Sagitario
Ene. 6-Ene. 24	Capricornio
Ene. 25-Feb. 10	Acuario
Feb. 11-Mar. 1	Piscis
Mar. 2-Mar. 14	Aries
Mar. 15-Abr. 16	Piscis
Abr. 17-May. 7	Aries
May. 8-May. 22	Tauro
May. 23-Jun. 5	Géminis
Jun. 6-Jun. 25	Cáncer
Jun. 26-Jul. 27	Leo
Jul. 28-Ago. 10	Cáncer
Ago. 11-Ago. 29	Leo
Ago. 30-Sep. 14	Virgo
Sep. 15-Oct. 3	Libra
Oct. 4-Oct. 30	Escorpio
Oct. 31-Nov. 5	Sagitario
Nov. 6.-Dic. 9	Escorpio
Dic. 10-Dic. 29	Sagitario
Dic. 30-Dic. 31	Capricornio

1954

Ene. 1-Ene. 7	Capricornio
Ene. 8-Feb. 3	Acuario
Feb. 4-Abr. 12	Piscis
Abr. 13-Abr. 29	Aries
Abr. 20-May. 13	Tauro
May. 14-May 29	Géminis
May. 30-Ago. 6	Cáncer
Ago. 7-Ago. 21	Leo
Ago. 22-Sep. 7	Virgo
Sep. 8-Sep. 28	Libra
Sep. 29-Nov. 3	Escorpio
Nov. 4-Nov. 10	Libra
Nov. 11-Dic. 3	Escorpio
Dic. 4-Dic. 22	Sagitario
Dic. 23-Dic. 31	Capricornio

1955

Ene. 1-Ene. 9	Capricornio
Ene. 10-Mar. 16	Acuario
Mar. 17-Abr. 5	Piscis
Abr. 6-Abr. 21	Aries
Abr. 22-May. 5	Tauro
May. 6-Jul. 12	Géminis
Jul. 13-Jul. 29	Cáncer
Jul. 30-Ago. 13	Leo
Ago. 14-Ago. 31	Virgo
Sep. 1-Nov. 7	Libra
Nov. 8-Nov. 26	Escorpio
Nov. 27-Dic. 15	Sagitario
Dic. 16-Dic. 31	Capricornio

1956

Ene. 1-Ene. 3	Capricornio
Ene. 4-Feb. 1	Acuario
Feb. 2-Feb. 14	Capricornio
Feb. 15-Mar. 10	Acuario
Mar. 11-Mar. 27	Piscis
Mar. 28-Abr. 11	Aries
Abr. 12-Abr. 28	Tauro
Abr. 29-Jul. 5	Géminis
Jul. 6-Jul. 20	Cáncer
Jul. 21-Ago. 4	Leo
Ago. 5-Ago. 25	Virgo
Ago. 26-Sep. 28	Libra
Sep. 29-Oct. 10	Virgo
Oct. 11-Oct. 30	Libra
Oct. 31-Nov. 17	Escorpio
Nov. 18-Dic. 7	Sagitario
Dic. 8-Dic. 31	Capricornio

1957

Ene. 1-Feb. 11	Capricornio
Feb. 12-Mar. 3	Acuario
Mar. 4-Mar. 19	Piscis
Mar. 20-Abr. 3	Aries
Abr. 4-Jun. 11	Tauro
Jun. 12-Jul. 29	Leo
Jul. 30-Oct. 5	Virgo
Oct.6-Oct. 22	Libra
Oct. 23-Nov. 10	Escorpio
Nov. 11-Dic. 1	Sagitario
Dic. 2-Dic. 27	Capricornio
Dic. 28-Dic. 31	Sagitario

1958

Ene. 1-Ene. 13	Sagitario
Ene. 14-Feb. 5	Capricornio
Feb. 6-Feb. 23	Acuario
Feb. 24-Mar. 11	Piscis
Mar. 12-Abr. 1	Aries
Abr. 2-Abr. 9	Tauro
Abr. 10-May. 16	Aries
May. 17-Jun. 4	Tauro
Jun. 5-Jun. 19	Géminis
Jun. 20-Jul. 3	Cáncer
Jul. 4-Jul. 25	Leo
Jul. 26-Ago. 22	Virgo
Ago. 23-Sep. 10	Leo
Sep. 11-Sep. 27	Virgo
Sep. 28-Oct. 15	Libra
Oct. 16-Nov. 4	Escorpio
Nov. 5-Dic. 31	Sagitario

1959

Ene. 1-Ene. 9	Sagitario
Ene. 10-Ene. 29	Capricornio
Ene. 30-Feb. 16	Acuario
Feb. 17-Mar. 4	Piscis
Mar. 5-May. 11	Aries
May. 12-May. 27	Tauro
May. 28-Jun. 10	Géminis
Jun. 11-Jun. 27	Cáncer
Jun. 28-Sep. 4	Leo
Sep. 5-Sep. 20	Virgo
Sep. 21-Oct. 8	Libra
Oct. 9-Oct. 30	Escorpio
Oct. 31-Nov. 24	Sagitario
Nov. 25-Dic. 12	Escorpio
Dic. 13-Dic. 31	Sagitario

1960

Ene. 1-Ene. 3	Sagitario
Ene. 4-Ene. 22	Capricornio
Ene. 23-Feb. 8	Acuario
Feb. 9-Abr. 15	Piscis
Abr. 16-May. 3	Aries
May. 4-May. 18	Tauro
May. 19-Jun. 1	Géminis
Jun. 2-Jun. 30	Cáncer
Jul. 1-Jul. 5	Leo
Jul. 6-Ago. 9	Cáncer
Ago. 10-Ago. 26	Leo
Ago. 27-Sep. 11	Virgo
Sep. 12-Sep. 30	Libra
Oct. 1-Dic. 6	Escorpio
Dic. 7-Dic. 26	Sagitario
Dic. 27-Dic. 31	Capricornio

1961

Ene. 1-Ene. 13	Capricornio
Ene. 14-Ene. 31	Acuario
Feb. 1-Feb. 23	Piscis
Feb. 24-Mar. 17	Acuario
Mar. 18-Abr. 9	Piscis
Abr. 10-Abr. 25	Aries
Abr. 26-May. 9	Tauro
May. 10-May. 27	Géminis
May. 28-Ago. 3	Cáncer
Ago. 4-Ago. 17	Leo
Ago. 18-Sep. 3	Virgo
Sep. 4-Sep. 26	Libra
Sep. 27-Oct. 21	Escorpio
Oct. 22-Nov. 9	Libra
Nov. 10-Nov. 29	Escorpio
Nov. 30-Dic. 19	Sagitario
Dic. 20-Dic. 31	Capricornio

1962

Ene. 1-Ene. 6	Capricornio
Ene. 7-Mar. 14	Acuario
Mar. 15-Abr. 2	Piscis
Abr. 3-Abr. 17	Aries
Abr. 18-May. 2	Tauro
May. 3-Jul. 10	Géminis
Jul. 11-Jul. 25	Cáncer
Jul. 26-Ago. 9	Leo
Ago. 10-Ago. 28	Virgo
Ago. 29-Nov. 4	Libra
Nov. 5-Nov. 22	Escorpio
Nov. 23-Dic. 11	Sagitario
Dic. 12-Dic. 31	Capricornio

1963

Ene. 1	Capricornio
Ene. 2-Ene. 19	Acuario
Ene. 20-Feb. 14	Capricornio
Feb. 15-Mar. 8	Acuario
Mar. 9-Mar. 25	Piscis
Mar. 26-Abr. 8	Aries
Abr. 9-May. 2	Tauro
May. 3-May. 9	Géminis
May. 10-Jun. 13	Tauro
Jun. 14-Jul. 3	Géminis
Jul. 4-Jul. 17	Cáncer
Jul. 18-Ago. 2	Leo
Ago. 3-Ago. 25	Virgo
Ago. 26-Sep. 15	Libra
Sep. 16-Oct. 9	Virgo
Oct. 10. Oct. 27	Libra
Oct. 28-Nov. 15	Escorpio
Nov. 16-Dic. 5	Sagitario
Dic. 6-Dic. 31	Capricornio

1964

Ene. 1-Feb. 9	Capricornio
Feb. 10-Feb. 28	Acuario
Feb. 29-Mar. 15	Piscis
Mar. 16-Abr. 1	Aries
Abr. 2-Jun. 8	Tauro
Jun. 9-Jun. 23	Géminis
Jun. 24-Jul. 8	Cáncer
Jul. 9-Jul. 26	Leo
Jul. 27-Oct. 2	Virgo
Oct. 3-Oct. 19	Libra
Oct. 20-Nov. 7	Escorpio
Nov. 8-Nov. 29	Sagitario
Nov. 30-Dic. 15	Capricornio
Dic. 16-Dic. 31	Sagitario

1965

Ene. 1-Ene. 12	Sagitario
Ene. 13-Feb. 2	Capricornio
Feb. 3-Feb. 20	Acuario
Feb. 21-Mar. 8	Piscis
Mar. 9-May. 14	Aries
May. 15-Jun. 1	Tauro
Jun. 2-Jun. 15	Géminis
Jun. 16-Jun. 30	Leo
Jul. 1-Ago. 2	Virgo
Ago. 3-Sep. 7	Leo
Sep. 8-Sep. 24	Virgo
Sep. 25-Oct. 11	Libra
Oct. 12-Nov. 1	Escorpio
Nov. 2-Dic. 31	Sagitario

1966

Ene. 1-Ene. 6	Sagitario
Ene. 7-Ene. 26	Capricornio
Ene. 27-Feb. 12	Acuario
Feb.13-Mar. 2	Piscis
Mar. 3-Mar. 21	Aries
Mar. 22-Abr. 16	Piscis
Abr. 17-May. 8	Aries
May. 9-May. 23	Tauro
May. 24-Jun. 6	Géminis
Jun. 7-Jun. 25	Cáncer
Jun. 26-Ago. 31	Leo
Sep. 1-Sep. 16	Virgo
Sep. 17-Oct. 4	Leo
Oct. 5-Oct. 29	Escorpio
Oct. 30-Nov. 12	Sagitario
Nov. 13-Dic. 10	Escorpio
Dic. 11-Dic. 31	Sagitario

1967

Ene. 1-Ene. 18	Capricornio
Ene. 19-Feb. 5	Acuario
Feb. 6-Abr. 13	Piscis
Abr. 14-Abr. 30	Aries
May. 1-May 15	Tauro
May. 16-May. 30	Géminis
May. 31-Ago. 7	Cáncer
Ago. 8-Ago. 23	Leo
Ago. 24-Sep. 8	Virgo
Sep. 9-Sep. 29	Cáncer
Sep. 30-Dic. 4	Escorpio
Dic. 5-Dic. 23	Sagitario
Dic. 24-Dic. 31	Capricornio

1968

Ene. 1-Ene. 11	Capricornio
Ene. 12-Ene. 31	Acuario
Feb. 1-Feb. 10	Piscis
Feb. 11-Mar. 16	Acuario
Mar. 17-Abr. 6	Piscis
Abr. 7-Abr. 21	Aries
Abr. 22-May. 5	Tauro
May. 6-May. 28	Géminis
May. 29-Jun. 12	Cáncer
Jun. 13-Jul. 12	Géminis
Jul. 13-Jul. 30	Cáncer
Jul. 31-Ago. 14	Leo
Ago. 15-Ago. 31	Virgo
Sep. 1-Sep. 27	Libra
Sep. 28-Oct. 6	Escorpio
Oct. 7-Nov. 7	Libra
Nov. 8-Nov. 26	Escorpio
Nov. 27-Dic. 15	Sagitario
Dic. 16-Dic. 31	Capricornio

1969

Ene. 1-Ene. 2	Capricornio
Ene. 3-Mar. 11	Acuario
Mar.12-Mar. 29	Piscis
Mar. 30-Abr. 13	Aries
Abr. 14-Abr. 29	Tauro
Abr. 30-Jul. 7	Géminis
Jul. 8-Jul. 21	Cáncer
Jul. 22-Ago. 6	Géminis
Ago. 7-Ago. 26	Virgo
Ago. 27-Oct. 6	Libra
Oct. 7-Oct. 8	Virgo
Oct. 9-Oct. 31	Libra
Nov. 1-Nov. 19	Escorpio
Nov. 20-Dic. 8	Sagitario
Dic. 9-Dic. 31	Capricornio

1970

Ene. 1-Feb. 12	Capricornio
Feb. 13-Mar. 4	Acuario
Mar. 5-Mar. 21	Piscis
Mar. 22-Abr. 5	Aries
Abr. 6-Jun. 12	Tauro
Jun.13-Jun. 29	Géminis
Jun. 30-Jul. 13	Cáncer
Jul. 14-Jul. 30	Leo
Jul. 21-Oct.6	Virgo
Oct. 7-Oct. 24	Libra
Oct. 25-Nov. 12	Escorpio
Nov. 13-Dic. 2	Sagitario
Dic. 3-Dic. 31	Capricornio

1971

Ene. 1	Capricornio
Ene. 2-Ene. 13	Sagitario
Ene. 14-Feb. 6	Capricornio
Feb. 7-Feb. 25	Acuario
Feb. 26-Mar. 13	Piscis
Mar. 14-Mar. 31	Aries
Abr. 1-Abr. 17	Tauro
Abr. 18-May. 16	Aries
May. 17-Jun. 6	Tauro
Jun. 7-Jun. 20	Géminis
Jun. 21-Jul. 5	Cáncer
Jul. 6-Jul. 25	Leo
Jul. 26-Ago. 28	Virgo
Ago. 29-Sep. 10	Leo
Sep. 11-Sep. 29	Virgo
Sep. 30-Oct. 16	Libra
Oct. 17-Nov. 5	Escorpio
Nov. 6-Dic. 31	Sagitario

1972

Ene. 1-Ene. 10	Sagitario
Ene. 11-Ene. 30	Capricornio
Ene. 31-Feb. 17	Acuario
Feb. 18-Mar. 4	Piscis
Mar. 5-May. 11	Aries
May. 12-May. 28	Tauro
May. 29-Jun. 11	Géminis
Jun. 12-Jun. 27	Cáncer
Jun. 28-Sep. 4	Leo
Sep. 5-Sep. 20	Virgo
Sep. 21-Oct. 8	Libra
Oct. 9-Oct. 29	Escorpio
Oct. 30-Nov. 28	Sagitario
Nov. 29-Dic. 11	Escorpio
Dic. 12-Dic. 31	Sagitario

1973

Ene. 1-Ene. 3	Sagitario
Ene. 4-Ene. 22	Capricornio
Ene. 23-Feb. 8	Acuario
Feb. 9-Abr. 15	Piscis
Abr. 16-May. 5	Aries
May. 6-May. 19	Tauro
May. 20-Jun. 3	Géminis
Jun. 4-Jun. 26	Cáncer
Jun. 27-Jul. 15	Leo
Jul. 16-Ago. 10	Cáncer
Ago. 11-Ago. 27	Leo
Ago. 28-Sep. 12	Virgo
Sep. 13-Oct. 1	Libra
Oct. 2-Dic. 7	Escorpio
Dic. 8-Dic. 27	Sagitario
Dic. 28-Dic. 31	Capricornio

1974

Ene. 1-Ene. 15	Capricornio
Ene. 16-Feb. 1	Acuario
Feb. 2-Mar. 1	Piscis
Mar. 2-Mar. 16	Acuario
Mar. 17-Abr. 10	Piscis
Abr. 11-Abr. 27	Aries
Abr. 28-May. 11	Tauro
May. 12-May. 28	Géminis
May. 29-Ago. 4	Cáncer
Ago. 5-Ago. 19	Leo
Ago. 20-Sep. 5	Virgo
Sep. 6-Sep. 27	Libra
Sep. 28-Oct. 25	Escorpio
Oct. 26-Nov. 10	Libra
Nov. 11-Dic. 1	Escorpio
Dic. 2-Dic. 20	Sagitario
Dic. 21-Dic. 31	Capricornio

1975

Ene. 1-Ene. 7	Capricornio
Ene. 8-Mar. 15	Acuario
Mar. 16-Abr. 3	Piscis
Abr. 4-Abr. 18	Aries
Abr. 19-May. 3	Tauro
May. 4-Jul. 11	Géminis
Jul. 12-Jul. 27	Cáncer
Jul. 28-Ago. 11	Leo
Ago. 12-Ago. 29	Virgo
Ago. 30-Nov. 5	Libra
Nov. 6-Nov. 24	Escorpio
Nov. 25-Dic. 13	Sagitario
Dic. 14-Dic. 31	Capricornio

1976

Ene. 1	Capricornio
Ene. 2-Ene. 24	Acuario
Ene. 25-Feb. 14	Capricornio
Feb. 15-Mar. 8	Acuario
Mar. 9-Mar. 25	Piscis
Mar. 26-Abr. 9	Aries
Abr. 10-Abr. 28	Tauro
Abr. 29-May. 18	Géminis
May. 19-Jun. 12	Tauro
Jun. 13-Jul. 3	Géminis
Jul. 4-Jul. 17	Cáncer
Jul. 18-Ago. 2	Leo
Ago. 3-Ago. 24	Virgo
Ago. 25-Sep. 20	Libra
Sep. 21-Oct. 9	Virgo
Oct. 10-Oct. 28	Libra
Oct. 29-Nov. 15	Escorpio
Nov. 16-Dic. 5	Sagitario
Dic. 6-Dic. 31	Capricornio

1977

Ene. 1-Feb. 9	Capricornio
Feb. 10-Mar. 1	Acuario
Mar. 2-Mar. 17	Piscis
Mar. 18-Abr. 2	Aries
Abr. 3-Jun. 9	Tauro
Jun. 10-Jun. 25	Géminis
Jun. 26-Jul. 9	Cáncer
Jul. 10-Jul. 27	Leo
Jul. 28-Oct. 3	Virgo
Oct. 4-Oct. 20	Libra
Oct. 21-Nov. 8	Escorpio
Nov. 9-Nov. 30	Sagitario
Dic. 1-Dic. 20	Capricornio
Dic. 21-Dic. 31	Sagitario

1978

Ene. 1-Ene. 12	Sagitario
Ene. 13-Feb. 3	Capricornio
Feb. 4-Feb. 21	Acuario
Feb. 22-Mar. 9	Piscis
Mar. 10-May. 15	Aries
May. 16-Jun. 2	Tauro
Jun. 3-Jun. 16	Géminis
Jun. 17-Jul. 1	Cáncer
Jul. 2-Jul. 26	Leo
Jul. 27-Ago. 12	Virgo
Ago. 13-Sep. 8	Leo
Sep. 9-Sep. 25	Virgo
Sep. 26-Oct. 13	Libra
Oct. 14-Nov. 2	Escorpio
Nov. 3-Dic. 31	Sagitario

1979

Ene. 1-Ene. 7	Sagitario
Ene. 8-Ene. 27	Capricornio
Ene. 28-Feb. 13	Acuario
Feb. 14-Mar. 2	Piscis
Mar. 3-Mar. 27	Aries
Mar. 28-Abr. 16	Piscis
Abr. 17-May. 9	Aries
May. 10-May. 25	Tauro
May. 26-Jun. 8	Géminis
Jun. 9-Jun. 26	Cáncer
Jun. 27-Sep. 1	Leo
Sep. 2-Sep. 17	Virgo
Sep. 18-Oct. 6	Libra
Oct. 7-Oct. 29	Escorpio
Oct. 30-Nov. 17	Sagitario
Nov. 18-Dic. 11	Escorpio
Dic. 12-Dic. 31	Sagitario

1980

Ene. 1	Sagitario
Ene. 2-Ene. 20	Capricornio
Ene. 21-Feb. 6	Acuario
Feb. 7-Abr. 13	Piscis
Abr. 14-May. 1	Aries
May. 2-May. 15	Tauro
May. 16-May. 30	Géminis
May. 31-Ago. 8	Cáncer
Ago. 9-Ago. 23	Leo
Ago. 24-Sep. 29	Virgo
Sep. 30-Dic. 4	Escorpio
Dic. 5-Dic. 24	Sagitario
Dic. 25-Dic. 31	Capricornio

1981

Ene. 1-Ene. 11	Capricornio
Ene. 12-Ene. 30	Acuario
Ene. 31-Feb. 15	Piscis
Feb. 16-Mar. 17	Acuario
Mar. 18-Abr. 7	Piscis
Abr. 8-Abr. 23	Aries
Abr. 24-May. 7	Tauro
May. 8-May. 27	Géminis
May. 28-Jun. 21	Cáncer
Jun. 22-Jul. 11	Géminis
Jul. 12-Jul. 31	Cáncer
Ago. 1-Ago. 15	Leo
Ago. 16-Sep. 1	Virgo
Sep. 2-Sep. 26	Libra
Sep. 27-Oct. 13	Escorpio
Oct. 14-Nov. 8	Libra
Nov. 9-Nov. 27	Escorpio
Nov. 28-Dic. 16	Sagitario
Dic. 17-Dic. 31	Capricornio

1982

Ene. 1-Ene. 4	Capricornio
Ene. 5-Mar. 12	Acuario
Mar. 13-Mar. 30	Piscis
Mar. 31-Abr. 14	Aries
Abr. 15-Abr. 30	Tauro
May 1-Jul. 8	Géminis
Jul. 9-Jul. 23	Cáncer
Jul. 24-Ago. 7	Leo
Ago. 8-Ago. 27	Virgo
Ago. 28-Nov. 2	Libra
Nov. 3-Nov. 20	Escorpio
Nov. 21-Dic. 9	Sagitario
Dic. 10-Dic. 31	Capricornio

1983

Ene. 1-Ene. 11	Acuario
Ene. 12-Feb. 13	Capricornio
Feb. 14-Mar. 6	Acuario
Mar. 7-Mar. 22	Piscis
Mar. 23-Abr. 6	Aries
Abr. 7-Jun. 13	Tauro
Jun. 14-Jun. 30	Géminis
Jul. 1-Jul. 14	Cáncer
Jun. 15-Jul. 31	Leo
Ago. 1-Ago. 28	Virgo
Ago. 29-Sep. 5	Libra
Sep. 6-Oct. 7	Virgo
Oct. 8-Oct. 25	Libra
Oct. 26-Nov. 13	Escorpio
Nov. 14-Dic. 3	Sagitario
Dic. 4-Dic. 31	Capricornio

1984

Ene. 1-Feb. 8	Capricornio
Feb. 9-Feb. 26	Acuario
Feb. 27-Mar. 13	Piscis
Mar. 14-Mar. 30	Aries
Mar. 31-Abr. 24	Tauro
Abr. 25-May. 14	Aries
May. 15-Jun. 6	Tauro
Jun. 7-Jun. 21	Géminis
Jun. 22- Jul. 5	Cáncer
Jul. 6-Jul. 25	Leo
Jul. 26-Sep. 29	Virgo
Sep. 30-Oct. 17	Libra
Oct. 18-Nov. 5	Escorpio
Nov. 6-Nov. 30	Sagitario
Dic. 1-Dic. 6	Capricornio
Dic. 7-Dic. 31	Sagitario

1985

Ene. 1-Ene. 10	Sagitario
Ene. 11-Ene. 31	Capricornio
Feb. 1-Feb. 17	Acuario
Feb. 18-Mar. 6	Piscis
Mar. 7-May. 13	Aries
May. 14-May. 29	Tauro
May. 30-Jun. 12	Géminis
Jun. 13-Jun. 28	Cáncer
Jun. 29-Sep. 5	Leo
Sep. 6-Sep. 21	Virgo
Sep. 22-Oct. 9	Libra
Oct. 10-Oct. 30	Escorpio
Oct. 31-Dic. 3	Sagitario
Dic. 4-Dic. 11	Escorpio
Dic. 12-Dic. 31	Sagitario

1986

Ene. 1-Ene. 4	Sagitario
Ene. 5-Ene. 24	Capricornio
Ene. 25-Feb. 10	Acuario
Feb. 11-Mar. 2	Piscis
Mar. 3-Mar. 10	Aries
Mar. 11-Abr. 16	Piscis
Abr. 17-May. 6	Aries
May. 7-May. 21	Tauro
May. 22-Jun. 4	Géminis
Jun. 5-Jun. 25	Cáncer
Jun. 26-Jul. 22	Leo
Jul. 23-Ago. 10	Cáncer
Ago. 11-Ago. 29	Leo
Ago. 30-Sep. 14	Virgo
Sep. 15-Oct. 3	Libra
Oct. 4-Dic. 9	Escorpio
Dic. 10-Dic. 28	Sagitario
Dic. 29-Dic. 31	Capricornio

1987

Ene. 1-Ene. 16	Capricornio
Ene. 17-Feb. 3	Acuario
Feb. 4-Mar. 10	Piscis
Mar. 11-Mar. 12	Acuario
Mar. 13-Abr. 11	Piscis
Abr. 12-Abr. 28	Aries
Abr. 29-May. 12	Tauro
May. 13-May. 29	Géminis
May. 30-Ago. 5	Cáncer
Ago. 6-Ago. 20	Leo
Ago. 21-Sep. 6	Virgo
Sep. 7-Sep. 27	Libra
Sep. 28-Oct. 31	Escorpio
Nov. 1-Nov. 10	Libra
Nov. 11-Dic. 2	Escorpio
Dic. 3-Dic. 21	Sagitario
Dic. 22-Dic. 31	Capricornio

1988

Ene. 1-Ene. 9	Capricornio
Ene. 10-Mar. 15	Acuario
Mar. 16-Abr. 4	Piscis
Abr. 5-Abr. 19	Aries
Abr. 20-May. 4	Tauro
May. 5-Jul. 10	Géminis
Jul. 11-Jul. 28	Cáncer
Jul. 29-Ago. 11	Leo
Ago. 12-Ago. 30	Virgo
Ago. 31-Nov. 6	Libra
Nov. 7-Nov. 24	Escorpio
Nov. 25-Dic. 13	Sagitario
Dic. 14-Dic. 31	Capricornio

1989

Ene. 1	Capricornio
Ene. 2-Ene. 28	Acuario
Ene. 29-Feb. 13	Capricornio
Feb. 14-Mar. 9	Acuario
Mar. 10-Mar. 27	Piscis
Mar. 28-Abr. 10	Aries
Abr. 11-Abr. 28	Tauro
Abr. 29-May. 27	Géminis
May. 28-Jun. 11	Tauro
Jun. 12-Jul. 5	Géminis
Jul. 6-Jul. 19	Cáncer
Jul. 20-Ago. 4	Leo
Ago. 5-Ago. 25	Virgo
Ago. 26-Sep. 25	Libra
Sep. 26-Oct. 10	Virgo
Oct. 11-Oct. 29	Libra
Oct. 30-Nov. 17	Escorpio
Nov. 18-Dic. 6	Sagitario
Dic. 7-Dic. 31	Capricornio

1990

Ene. 1-Feb. 11	Capricornio
Feb. 12-Mar. 2	Acuario
Mar. 3-Mar. 19	Piscis
Mar. 20-Abr. 3	Aries
Abr. 4-Jun. 11	Tauro
Jun. 12-Jun. 26	Géminis
Jun. 27-Jul. 10	Cáncer
Jul. 11-Jul. 28	Leo
Jul. 29-Oct. 4	Virgo
Oct. 5-Oct. 22	Libra
Oct. 23-Nov. 10	Escorpio
Nov. 11-Dic. 1	Sagitario
Dic. 2-Dic. 24	Capricornio
Dic. 25-Dic. 31	Sagitario

1991

Ene. 1-Ene. 13	Sagitario
Ene. 14-Feb. 4	Capricornio
Feb. 5-Feb. 23	Acuario
Feb. 24-Mar. 10	Piscis
Mar. 11-May. 15	Aries
May. 16-Jun. 4	Tauro
Jun. 5-Jun.18	Géminis
Jun. 19-Jul. 3	Cáncer
Jul. 4-Jul. 25	Leo
Jul. 26-Ago. 18	Virgo
Ago. 19-Sep. 9	Leo
Sep. 10-Sep. 27	Virgo
Sep. 28-Oct. 14	Libra
Oct. 15-Nov. 3	Escorpio
Nov. 4-Dic. 31	Sagitario

1992

Ene. 1-Ene. 9	Sagitario
Ene. 10-Ene. 28	Capricornio
Ene. 29-Feb. 15	Acuario
Feb. 16-Mar. 2	Piscis
Mar. 3-Abr. 2	Aries
Abr. 3-Abr. 13	Piscis
Abr. 14-May. 10	Aries
May. 11-May. 25	Tauro
May. 26-Jun. 8	Géminis
Jun. 9-Jun. 26	Cáncer
Jun. 27-Sep. 2	Leo
Sep. 3-Sep. 18	Virgo
Sep. 19-Oct. 6	Libra
Oct. 7-Oct. 28	Escorpio
Oct. 29-Nov. 20	Sagitario
Nov. 21-Dic. 11	Escorpio
Dic. 12-Dic. 31	Sagitario

1993

Ene. 1	Sagitario
Ene. 2-Ene. 20	Capricornio
Ene. 21-Feb. 6	Acuario
Feb. 7-Abr. 14	Piscis
Abr. 15-May. 2	Aries
May. 3-May. 17	Tauro
May. 18-Jun. 1	Géminis
Jun. 2-Ago. 9	Cáncer
Ago.10-Ago. 25	Leo
Ago. 26-Sep. 10	Virgo
Sep. 11-Sep. 30	Libra
Oct. 1-Dic. 6	Escorpio
Dic. 7-Dic. 25	Sagitario
Dic. 26-Dic. 31	Capricornio

1994

Ene. 1-Ene. 13	Capricornio
Ene. 14-Ene. 31	Acuario
Feb. 1-Feb. 20	Piscis
Feb. 21-Mar. 17	Acuario
Mar. 18-Abr. 8	Piscis
Abr. 9-Abr. 24	Aries
Abr. 25-May. 8	Tauro
May. 9-May. 27	Géminis
May. 28-Jul. 1	Cáncer
Jul. 2-Jul. 9	Géminis
Jul. 10-Ago. 2	Cáncer
Ago. 3-Ago. 17	Leo
Ago. 18-Sep. 3	Virgo
Sep. 4-Sep. 26	Libra
Sep. 27-Oct. 18	Escorpio
Oct. 19-Nov. 9	Libra
Nov. 10-Nov. 29	Escorpio
Nov. 30-Dic. 18	Sagitario
Dic. 19-Dic. 31	Capricornio

1995

Ene. 1-Ene. 5	Capricornio
Ene. 6-Mar. 13	Acuario
Mar. 14-Abr. 2	Piscis
Abr. 3-Abr. 16	Aries
Abr. 17-May. 1	Tauro
May. 2-Jul. 9	Géminis
Jul. 10-Jul. 24	Cáncer
Jul. 25-Ago. 9	Leo
Ago. 10-Ago. 28	Virgo
Ago. 29-Nov. 3	Libra
Nov. 4-Nov. 21	Escorpio
Nov. 22-Dic. 11	Sagitario
Dic. 12-Dic. 31	Capricornio

1996

Ene. 1-Ene. 16	Acuario
Ene. 17-Feb. 14	Capricornio
Feb. 15-Mar. 6	Acuario
Mar. 7-Mar. 23	Piscis
Mar. 24-Abr. 7	Aries
Abr. 8-Jun. 12	Tauro
Jun. 13-Jul. 1	Géminis
Jul. 2-Jul. 15	Cáncer
Jul. 16-Jul. 31	Leo
Ago. 1-Ago. 25	Virgo
Ago. 26-Sep. 11	Leo
Sep. 12-Oct. 8	Virgo
Oct. 9-Oct. 26	Libra
Oct. 27-Nov. 13	Escorpio
Nov. 14-Dic. 3	Sagitario
Dic.4-Dic. 31	Capricornio

1997

Ene. 1-Feb. 8	Capricornio
Feb. 9-Feb. 27	Acuario
Feb. 28-Mar. 15	Piscis
Mar. 16-Mar. 31	Aries
Abr. 1-May. 4	Tauro
May. 5-May. 11	Aries
May. 12-Jun. 7	Tauro
Jun. 8-Jun. 22	Géminis
Jun. 23-Jul. 7	Cáncer
Jul. 8-Jul. 26	Leo
Jul. 27-Oct. 1	Virgo
Oct. 2-Oct. 18	Libra
Oct. 19-Nov. 6	Escorpio
Nov. 7-Nov. 29	Sagitario
Nov. 30-Dic. 12	Capricornio
Dic. 13-Dic. 31	Sagitario

1998

Ene. 1-Ene. 11	Sagitario
Ene. 12-Feb. 1	Capricornio
Feb. 2-Feb. 19	Acuario
Feb. 20-Mar. 7	Piscis
Mar. 8-May. 14	Aries
May. 15-May. 31	Tauro
Jun. 1-Jun. 14	Géminis
Jun. 15-Jun. 29	Cáncer
Jun. 30-Sep. 7	Leo
Sep. 8-Sep. 23	Virgo
Sep. 24-Oct. 11	Libra
Oct. 12-Oct. 31	Escorpio
Nov. 1-Dic. 31	Sagitario

1999

Ene. 1-Ene. 6	Sagitario
Ene. 7-Ene. 25	Capricornio
Ene. 26-Feb. 11	Acuario
Feb. 12-Mar. 1	Piscis
Mar. 2-Mar. 17	Aries
Mar. 18-Abr. 16	Piscis
Abr. 17-May. 7	Aries
May. 8-May. 22	Tauro
May. 23-Jun. 6	Géminis
Jun. 7-Jun. 25	Cáncer
Jun. 26-Jul. 30	Leo
Jul. 31-Ago. 10	Cáncer
Ago. 11-Ago. 30	Leo
Ago. 31-Sep. 15	Virgo
Sep. 16-Oct. 4	Libra
Oct. 5-Oct. 29	Escorpio
Oct. 30-Nov. 8	Sagitario
Nov. 9-Dic. 10	Escorpio
Dic. 11-Dic. 30	Sagitario
Dic. 31	Capricornio

2000

Ene. 1-Ene. 17	Capricornio
Ene. 18-Feb. 4	Acuario
Feb. 5-Abr. 13	Piscis
Abr. 14-Abr. 29	Aries
Abr. 30-May. 13	Tauro
May. 14-May. 29	Géminis
May. 30-Ago. 6	Cáncer
Ago. 7-Ago. 21	Leo
Ago. 22-Sep. 6	Virgo
Sep. 7-Sep. 27	Libra
Sep. 28-Nov. 6	Escorpio
Nov. 7	Libra
Nov. 8-Dic. 2	Escorpio
Dic. 3-Dic. 22	Sagitario
Dic. 23-Dic. 31	Capricornio

Tablas de Venus

Cómo encontrar el planeta Venus en tu fecha de nacimiento

Localiza el año de tu nacimiento. Busca dentro de las fechas que aparecen agrupadas a continuación el día de tu nacimiento. El signo que figura junto al grupo que te corresponde será tu signo de Venus.

1900

Ene. 1-Ene. 19	Acuario
Ene. 20-Feb. 12	Piscis
Feb. 13-Mar. 8	Aries
Mar. 9-Abr. 3	Tauro
Abr. 4-May. 3	Géminis
May. 4-Sep. 6	Cáncer
Sep. 7-Oct. 6	Leo
Oct. 7-Nov. 1	Virgo
Nov. 2-Nov. 26	Libra
Nov. 27-Dic. 21	Escorpio
Dic. 22-Dic. 31	Sagitario

1901

Ene. 1-Ene. 14	Sagitario
Ene. 15-Feb. 7	Capricornio
Feb. 8-Mar. 3	Acuario
Mar. 4-Mar. 27	Piscis
Mar. 28-Abr. 21	Aries
Abr. 22-May. 15	Tauro
May. 16-Jun. 8	Géminis
Jun. 9-Jul. 3	Cáncer
Jul. 4-Jul. 27	Leo
Jul. 28-Ago. 21	Virgo
Ago. 22-Sep. 15	Libra
Sep. 16-Oct. 10	Escorpio
Oct. 11-Nov. 5	Sagitario
Nov. 6-Dic. 3	Capricornio
Dic. 4-Dic. 31	Acuario

1902

Ene. 1-Ene. 7	Acuario
Ene. 8-Feb. 11	Piscis
Feb. 12-Abr. 1	Acuario
Abr. 2-May. 4	Piscis
May. 5-Jun. 1	Aries
Jun. 2-Jun. 28	Tauro
Jun. 29-Jul. 23	Géminis
Jul. 24-Ago. 17	Cáncer
Ago. 18-Sep. 11	Leo
Sep. 12-Oct. 5	Virgo
Oct. 6-Oct. 29	Libra
Oct. 30-Nov. 22	Escorpio
Nov. 23-Dic. 16	Sagitario
Dic. 17-Dic. 31	Capricornio

1903

Ene. 1-Ene. 9	Capricornio
Ene. 10-Feb. 2	Acuario
Feb. 3-Feb. 26	Piscis
Feb. 27-Mar. 22	Aries
Mar. 23-Abr. 16	Tauro
Abr. 17-May. 11	Géminis
May. 12-Jun. 6	Cáncer
Jun. 7-Jul. 5	Leo
Jul. 6-Ago. 12	Virgo
Ago. 13-Sep. 11	Libra
Sep. 12-Nov. 5	Virgo
Nov. 6-Dic. 7	Libra
Dic. 8-Dic. 31	Escorpio

1904

Ene. 1-Ene. 2	Escorpio
Ene. 3-Ene. 28	Sagitario
Ene. 29-Feb. 22	Capricornio
Feb. 23-Mar. 17	Acuario
Mar. 18-Abr. 11	Piscis
Abr. 12-May. 5	Aries
May. 6-May. 30	Tauro
May. 31-Jun. 23	Géminis
Jun. 24-Jul. 18	Cáncer
Jul. 19-Ago. 12	Leo
Ago. 13-Sep. 4	Virgo
Sep. 5-Sep. 28	Libra
Sep. 29-Oct. 23	Escorpio
Oct. 24-Nov. 17	Sagitario
Nov. 18-Dic. 12	Capricornio
Dic. 13-Dic. 31	Acuario

1905

Ene. 1-Ene. 5	Acuario
Ene. 6-Ene. 31	Piscis
Feb. 1-Mar. 3	Aries
Mar. 4-Jul. 6	Tauro
Jul. 7-Ago. 4	Géminis
Ago. 5-Ago. 30	Cáncer
Ago. 31-Sep. 25	Leo
Sep. 26-Oct. 19	Virgo
Oct. 20-Nov. 12	Libra
Nov. 13-Dic. 6	Escorpio
Dic. 7-Dic. 31	Sagitario

1906

Ene. 1	Sagitario
Ene. 2-Ene. 25	Capricornio
Ene. 26-Feb. 18	Acuario
Feb. 19-Mar. 14	Piscis
Mar. 15-Abr. 7	Aries
Abr. 8-May. 1	Tauro
May. 2-May. 26	Géminis
May. 27-Jun. 20	Cáncer
Jun. 21-Jul. 15	Leo
Jul. 16-Ago. 10	Virgo
Ago. 11-Sep. 6	Libra
Sep. 7-Oct. 8	Escorpio
Oct. 9-Dic. 17	Sagitario
Dic. 18-Dic. 25	Escorpio
Dic. 26-Dic. 31	Sagitario

1907

Ene. 1-Feb. 5	Sagitario
Feb. 6-Mar. 5	Capricornio
Mar. 6-Abr. 1	Acuario
Abr. 2-Abr. 26	Piscis
Abr. 27-May. 22	Aries
May. 23-Jun. 16	Tauro
Jun. 17-Jul. 10	Géminis
Jul. 11-Ago. 4	Cáncer
Ago. 5-Ago. 28	Leo
Ago. 29-Sep. 21	Virgo
Sep. 22-Oct. 15	Libra
Oct. 16-Nov. 8	Escorpio
Nov. 9-Dic. 2	Sagitario
Dic. 3-Dic. 26	Capricornio
Dic. 27-Dic. 31	Acuario

1908

Ene. 1-Ene. 20	Acuario
Ene. 21-Feb. 13	Piscis
Feb. 14-Mar. 9	Aries
Mar. 10-Abr. 4	Tauro
Abr. 5-May. 4	Géminis
May. 5-Sep. 7	Cáncer
Sep. 8-Oct. 7	Leo
Oct. 8-Nov. 2	Virgo
Nov. 3-Nov. 27	Libra
Nov. 28-Dic. 22	Escorpio
Dic. 23-Dic. 31	Sagitario

1909

Ene. 1-Ene. 15	Sagitario
Ene. 16-Feb. 8	Capricornio
Feb. 9-Mar. 4	Acuario
Mar. 5-Mar. 28	Piscis
Mar. 29-Abr. 22	Aries
Abr. 23-May. 16	Tauro
May. 17-Jun. 9	Géminis
Jun. 10-Jul. 4	Cáncer
Jul. 5-Jul. 28	Leo
Jul. 29-Ago. 22	Virgo
Ago. 23-Sep. 16	Libra
Sep. 17-Oct. 11	Escorpio
Oct. 12-Nov. 6	Sagitario
Nov. 7-Dic. 4	Capricornio
Dic. 5-Dic. 31	Acuario

1910

Ene. 1-Ene. 8	Acuario
Ene. 9-Feb. 12	Piscis
Feb. 13-Abr. 2	Acuario
Abr. 3-May. 5	Piscis
May. 6-Jun. 2	Aries
Jun. 3-Jun. 29	Tauro
Jun. 30-Jul. 24	Géminis
Jul. 25-Ago. 18	Cáncer
Ago. 19-Sep. 12	Leo
Sep. 13-Oct. 6	Virgo
Oct. 7-Oct. 30	Libra
Oct. 31-Nov. 23	Escorpio
Nov. 24-Dic. 17	Sagitario
Dic. 18-Dic. 31	Capricornio

1911

Ene. 1-Ene. 10	Capricornio
Ene. 11-Feb. 3	Acuario
Feb. 4-Feb. 27	Piscis
Feb. 28-Mar. 23	Aries
Mar. 24-Abr. 17	Tauro
Abr. 18-May. 12	Géminis
May. 13-Jun. 7	Cáncer
Jun. 8-Jul. 6	Leo
Jul. 7-Ago. 13	Virgo
Ago. 14-Sep. 12	Libra
Sep. 13-Nov. 6	Virgo
Nov. 7-Dic. 8	Libra
Dic. 9-Dic. 31	Escorpio

1912

Ene. 1-Ene. 3	Escorpio
Ene. 4-Ene. 29	Sagitario
Ene. 30-Feb. 23	Capricornio
Feb. 24-Mar. 18	Acuario
Mar. 19-Abr. 12	Piscis
Abr. 13-May. 6	Aries
May. 7-May. 31	Tauro
Jun. 1-Jun. 24	Géminis
Jun. 25-Jul. 19	Cáncer
Jul. 20-Ago. 13	Leo
Ago. 14-Sep. 5	Virgo
Sep. 6-Sep. 29	Libra
Sep. 30-Oct. 24	Escorpio
Oct. 25-Nov. 18	Sagitario
Nov. 19-Dic. 13	Capricornio
Dic. 14-Dic. 31	Acuario

1913

Ene. 1-Ene. 6	Acuario
Ene. 7-Feb. 1	Piscis
Feb. 2-Mar. 4	Aries
Mar. 5-Jul. 7	Tauro
Jul. 8-Ago. 5	Géminis
Ago. 6-Ago. 31	Cáncer
Sep. 1-Sep. 26	Leo
Sep. 27-Oct. 20	Virgo
Oct. 21-Nov. 13	Libra
Nov. 14-Dic. 7	Escorpio
Dic. 8-Dic. 31	Sagitario

1914

Ene. 1-Ene. 24	Capricornio
Ene. 25-Feb. 17	Acuario
Feb. 18-Mar. 13	Piscis
Mar. 14-Abr. 6	Aries
Abr. 7-Abr. 30	Tauro
May. 4-May. 25	Géminis
May. 26-Jun. 19	Cáncer
Jun. 20-Jul. 14	Leo
Jul. 15-Ago. 11	Virgo
Ago. 12-Sep. 5	Libra
Sep. 6-Oct. 10	Escorpio
Oct. 11-Dic. 31	Sagitario

1915

Ene. 1-Feb. 4	Sagitario
Feb. 5-Mar. 4	Capricornio
Mar. 5-Mar. 31	Acuario
Abr. 1-Abr. 25	Piscis
Abr. 26-May. 21	Aries
May. 22-Jun. 15	Tauro
Jun. 16-Jul. 9	Géminis
Jul. 10-Ago. 3	Cáncer
Ago. 4-Ago. 27	Leo
Ago. 28-Sep. 20	Virgo
Sep. 21-Oct. 14	Libra
Oct. 15-Nov. 7	Escorpio
Nov. 8-Dic. 1	Sagitario
Dic. 2-Dic. 25	Capricornio
Dic. 26-Dic. 31	Acuario

1916

Ene. 1-Ene. 19	Acuario
Ene. 20-Feb. 12	Piscis
Feb. 13-Mar. 8	Aries
Mar. 9-Abr. 3	Tauro
Abr. 4-May. 3	Géminis
May. 4-Sep. 6	Cáncer
Sep. 7-Oct. 6	Leo
Oct. 7-Nov. 1	Virgo
Nov. 2-Nov. 26	Libra
Nov. 27-Dic. 21	Escorpio
Dic. 22-Dic. 31	Sagitario

1917

Ene. 1-Ene. 14	Sagitario
Ene. 15-Feb. 7	Capricornio
Feb. 8-Mar. 3	Acuario
Mar. 4-Mar. 27	Piscis
Mar. 28-Abr. 21	Aries
Abr. 22-May. 15	Tauro
May. 16-Jun. 8	Géminis
Jun. 9-Jul. 3	Cáncer
Jul. 4-Jul. 27	Leo
Jul. 28-Ago. 21	Virgo
Ago. 22-Sep. 15	Libra
Sep. 16-Oct. 10	Escorpio
Oct. 11-Nov. 5	Sagitario
Nov. 6-Dic. 3	Capricornio
Dic. 4-Dic. 31	Acuario

1918

Ene. 1-Ene. 7	Acuario
Ene. 8-Feb. 11	Piscis
Feb. 12-Abr. 1	Acuario
Abr. 2-May. 4	Piscis
May. 5-Jun. 1	Aries
Jun. 2-Jun. 28	Tauro
Jun. 29-Jul. 23	Géminis
Jul. 24-Ago. 17	Cáncer
Ago. 18-Sep. 11	Leo
Sep. 12-Oct. 5	Virgo
Oct. 6-Oct. 29	Libra
Oct. 30-Nov. 22	Escorpio
Nov. 23-Dic. 16	Sagitario
Dic. 17-Dic. 31	Capricornio

1919

Ene. 1-Ene. 9	Capricornio
Ene. 10-Feb. 2	Acuario
Feb. 3-Feb. 26	Piscis
Feb. 27-Mar. 22	Aries
Mar. 23-Abr. 16	Tauro
Abr. 17-May. 11	Géminis
May. 12-Jun. 6	Cáncer
Jun. 7-Jul. 5	Leo
Jul. 6-Ago. 12	Virgo
Ago. 13-Sep. 11	Libra
Sep. 12-Nov. 5	Virgo
Nov. 6-Dic. 7	Libra
Dic. 8-Dic. 31	Escorpio

1920

Ene. 1-Ene. 7	Sagitario
Ene. 8-Ene. 27	Capricornio
Ene. 28-Feb. 13	Acuario
Feb. 14-Mar. 2	Piscis
Mar. 3-Mar. 19	Aries
Mar. 20-Abr. 17	Piscis
Abr. 18-May. 8	Aries
May. 9-May. 23	Tauro
May. 24-Jun. 6	Géminis
Jun. 7-Jun. 26	Cáncer
Jun. 27-Ago. 2	Leo
Ago. 3-Ago. 10	Cáncer
Ago. 11-Ago. 31	Leo
Sep. 1-Sep. 16	Virgo
Sep. 17-Oct. 4	Libra
Oct. 5-Oct. 30	Escorpio
Oct. 31-Nov. 9	Sagitario
Nov. 10-Dic. 10	Escorpio
Dic. 11-Dic. 30	Sagitario
Dic. 31	Capricornio

1921

Ene. 1-Ene. 18	Capricornio
Ene. 19-Feb. 4	Acuario
Feb. 5-Abr. 14	Piscis
Abr. 15-Abr. 30	Aries
May. 1-May. 14	Tauro
May. 15-May. 30	Géminis
May. 31-Ago. 7	Cáncer
Ago. 8-Ago. 22	Leo
Ago. 23-Sep. 8	Virgo
Sep. 9-Sep. 28	Libra
Sep. 29-Dic. 4	Escorpio
Dic. 5-Dic. 23	Sagitario
Dic. 24-Dic. 31	Capricornio

1922

Ene. 1-Ene. 24	Capricornio
Ene. 25-Feb. 17	Acuario
Feb. 18-Mar. 13	Piscis
Mar. 14-Abr. 6	Aries
Abr. 7-Abr. 30	Tauro
May. 1-May. 25	Géminis
May. 26-Jun. 19	Cáncer
Jun. 20-Jul. 14	Leo
Jul. 15-Ago. 11	Virgo
Ago. 12-Sep. 5	Libra
Sep. 6-Oct. 10	Escorpio
Oct. 11-Dic. 31	Sagitario

1923

Ene. 1-Feb. 4	Sagitario
Feb. 5-Mar. 4	Capricornio
Mar. 5-Mar. 31	Acuario
Abr. 1-Abr. 25	Piscis
Abr. 26-May. 21	Aries
May. 22-Jun. 15	Tauro
Jun. 16-Jul. 9	Géminis
Jul. 10-Ago. 3	Cáncer
Ago. 4-Ago. 27	Leo
Ago. 28-Sep. 20	Virgo
Sep. 21-Oct. 14	Libra
Oct. 15-Nov. 7	Escorpio
Nov. 8-Dic. 1	Sagitario
Dic. 2-Dic. 25	Capricornio
Dic. 26-Dic. 31	Acuario

1924

Ene. 1-Ene. 19	Acuario
Ene. 20-Feb. 12	Piscis
Feb. 13-Mar. 8	Aries
Mar. 9-Abr. 3	Tauro
Abr. 4-May. 3	Géminis
May. 4-Sep. 6	Cáncer
Sep. 7-Oct. 6	Leo
Oct. 7-Nov. 1	Virgo
Nov. 2-Nov. 26	Libra
Nov. 27-Dic. 21	Escorpio
Dic. 22-Dic. 31	Sagitario

1925

Ene. 1-Ene. 14	Sagitario
Ene. 15-Feb. 7	Capricornio
Feb. 8-Mar. 3	Acuario
Mar. 4-Mar. 27	Piscis
Mar. 28-Abr. 21	Aries
Abr. 22-May. 15	Tauro
May. 16-Jun. 8	Géminis
Jun. 9-Jul. 3	Cáncer
Jul. 4-Jul. 27	Leo
Jul. 28-Ago. 21	Virgo
Ago. 22-Sep. 15	Libra
Sep. 16-Oct. 10	Escorpio
Oct. 11-Nov. 5	Sagitario
Nov. 6-Dic. 3	Capricornio
Dic. 4-Dic. 31	Acuario

1926

Ene. 1-Ene. 7	Acuario
Ene. 8-Feb. 11	Piscis
Feb. 12-Abr. 1	Acuario
Abr. 2-May. 4	Piscis
May. 5-Jun. 1	Aries
Jun. 2-Jun. 28	Tauro
Jun. 29-Jul. 23	Géminis
Jul. 24-Ago. 17	Cáncer
Ago. 18-Sep. 11	Leo
Sep. 12-Oct. 5	Virgo
Oct. 6-Oct. 29	Libra
Oct. 30-Nov. 22	Escorpio
Nov. 23-Dic. 16	Sagitario
Dic. 17-Dic. 31	Capricornio

1927

Ene. 1-Ene. 9	Capricornio
Ene. 10-Feb. 2	Acuario
Feb. 3-Feb. 26	Piscis
Feb. 27-Mar. 22	Aries
Mar. 23-Abr. 16	Tauro
Abr. 17-May. 11	Géminis
May. 12-Jun. 6	Cáncer
Jun. 7-Jul. 5	Leo
Jul. 6-Ago. 12	Virgo
Ago. 13-Sep. 11	Libra
Sep. 12-Nov. 5	Virgo
Nov. 6-Dic. 7	Libra
Dic. 8-Dic. 31	Escorpio

1928

Ene. 1-Ene. 2	Escorpio
Ene. 3-Ene. 28	Sagitario
Ene. 29-Feb. 22	Capricornio
Feb. 23-Mar. 17	Acuario
Mar. 18-Abr. 11	Piscis
Abr. 12-May. 5	Aries
May. 6-May. 30	Tauro
May. 31-Jun. 23	Géminis
Jun. 24-Jul. 18	Cáncer
Jul. 19-Ago. 12	Leo
Ago. 13-Sep. 4	Virgo
Sep. 5-Sep. 28	Libra
Sep. 29-Oct. 23	Escorpio
Oct. 24-Nov. 17	Sagitario
Nov. 18-Dic. 12	Capricornio
Dic. 13-Dic. 31	Acuario

1929

Ene. 1-Ene. 5	Acuario
Ene. 6-Ene. 31	Piscis
Feb. 1-Mar. 3	Aries
Mar. 4-Jul. 6	Tauro
Jul. 7-Ago. 4	Géminis
Ago. 5-Ago. 30	Cáncer
Ago. 31-Sep. 25	Leo
Sep. 26-Oct. 19	Virgo
Oct. 20-Nov. 12	Libra
Nov. 13-Dic. 6	Escorpio
Dic. 7-Dic. 31	Sagitario

1930

Ene. 1-Ene. 23	Capricornio
Ene. 24-Feb. 16	Acuario
Feb. 17-Mar. 12	Piscis
Mar. 13-Abr. 5	Aries
Abr. 6-Abr. 29	Tauro
Abr. 30-May. 24	Géminis
May. 25-Jun. 18	Cáncer
Jun. 19-Jul. 13	Leo
Jul. 14-Ago. 9	Virgo
Ago. 10-Sep. 6	Libra
Sep. 7-Oct. 12	Escorpio
Oct. 13-Nov. 22	Sagitario
Nov. 23-Dic. 31	Escorpio

1931

Ene. 1-Feb. 3	Sagitario
Feb. 4-Mar. 3	Capricornio
Mar. 4-Mar. 30	Acuario
Mar. 31-Abr. 24	Piscis
Abr. 25-May. 20	Aries
May. 21-Jun. 14	Tauro
Jun. 15-Jul. 8	Géminis
Jul. 9-Ago. 2	Cáncer
Ago. 3-Ago. 26	Leo
Ago. 27-Sep. 19	Virgo
Sep. 20-Oct. 13	Libra
Oct. 14-Nov. 6	Escorpio
Nov. 7-Nov. 30	Sagitario
Dic. 1-Dic. 24	Capricornio
Dic. 25-Dic. 31	Acuario

1932

Ene. 1-Ene. 18	Acuario
Ene. 19-Feb. 11	Piscis
Feb. 12-Mar. 7	Aries
Mar. 8-Abr. 2	Tauro
Abr. 3-May. 2	Géminis
May. 3-Sep. 5	Cáncer
Sep. 6-Oct. 5	Leo
Oct. 6-Oct. 31	Virgo
Nov. 1-Nov. 25	Libra
Nov. 26-Dic. 20	Escorpio
Dic. 21-Dic. 31	Sagitario

1933

Ene. 1-Ene. 13	Sagitario
Ene. 14-Feb. 6	Capricornio
Feb. 7-Mar. 2	Acuario
Mar. 3-Mar. 26	Piscis
Mar. 27-Abr. 20	Aries
Abr. 21-May. 14	Tauro
May. 15-Jun. 7	Géminis
Jun. 8-Jul. 2	Cáncer
Jul. 3-Jul. 26	Leo
Jul. 27-Ago. 20	Virgo
Ago. 21-Sep. 16	Libra
Sep. 17-Oct. 9	Escorpio
Oct. 10-Nov. 4	Sagitario
Nov. 5-Dic. 2	Capricornio
Dic. 3-Dic. 31	Acuario

1934

Ene. 1-Ene. 6	Acuario
Ene. 7-Feb. 10	Piscis
Feb. 11-Mar. 31	Acuario
Abr. 1-May. 3	Piscis
May. 4-May. 31	Aries
Jun. 1-Jun. 27	Tauro
Jun. 28-Jul. 22	Géminis
Jul. 23-Ago. 16	Cáncer
Ago. 17-Sep. 10	Leo
Sep. 11-Oct. 4	Virgo
Oct. 5-Oct. 28	Libra
Oct. 29-Nov. 21	Escorpio
Nov. 22-Dic. 15	Sagitario
Dic. 16-Dic. 31	Capricornio

1935

Ene. 1-Ene. 8	Capricornio
Ene. 9-Feb. 1	Acuario
Feb. 2-Feb. 25	Piscis
Feb. 26-Mar. 21	Aries
Mar. 22-Abr. 15	Tauro
Abr. 16-May. 10	Géminis
May. 11-Jun. 5	Cáncer
Jun. 6-Jul. 4	Leo
Jul. 5-Ago. 11	Virgo
Ago. 12-Sep. 10	Libra
Sep. 11-Nov. 4	Virgo
Nov. 5-Dic. 6	Libra
Dic. 7-Dic. 31	Escorpio

1936

Ene. 1	Escorpio
Ene. 2-Ene. 27	Sagitario
Ene. 28-Feb. 21	Capricornio
Feb. 22-Mar. 16	Acuario
Mar. 17-Abr. 10	Piscis
Abr. 11-May. 4	Aries
May. 5-May. 29	Tauro
May. 30-Jun. 22	Géminis
Jun. 23-Jul. 17	Cáncer
Jul. 18-Ago. 11	Leo
Ago. 12-Sep. 3	Virgo
Sep. 4-Sep. 27	Libra
Sep. 28-Oct. 22	Escorpio
Oct. 23-Nov. 16	Sagitario
Nov. 17-Dic. 11	Capricornio
Dic. 12-Dic. 31	Acuario

1937

Ene. 1-Ene. 4	Acuario
Ene. 5-Ene. 30	Piscis
Ene. 31-Mar. 2	Aries
Mar. 3-Jul. 5	Tauro
Jul. 6-Ago. 3	Géminis
Ago. 4-Ago. 29	Cáncer
Ago. 30-Sep. 24	Leo
Sep. 25-Oct. 18	Virgo
Oct. 19-Nov. 11	Libra
Nov. 12-Dic. 5	Escorpio
Dic. 6-Dic. 31	Sagitario

1938

Ene. 1-Ene. 22	Capricornio
Ene. 23-Feb. 15	Acuario
Feb. 16-Mar. 11	Piscis
Mar. 12-Abr. 4	Aries
Abr. 5-Abr. 28	Tauro
Abr. 29-May. 23	Géminis
May. 24-Jun. 17	Cáncer
Jun. 18-Jul. 12	Leo
Jul. 13-Ago. 9	Virgo
Ago. 10-Sep. 3	Libra
Sep. 4-Oct. 13	Escorpio
Oct. 14-Dic. 31	Sagitario

1939

Ene. 1-Feb. 2	Sagitario
Feb. 3-Mar. 2	Capricornio
Mar. 3-Mar. 29	Acuario
Mar. 30-Abr. 23	Piscis
Abr. 24-May. 19	Aries
May. 20-Jun. 13	Tauro
Jun. 14-Jul. 7	Géminis
Jul. 8-Ago. 1	Cáncer
Ago. 2-Ago. 25	Leo
Ago. 26-Sep. 18	Virgo
Sep. 19-Oct. 12	Libra
Oct. 13-Nov. 5	Escorpio
Nov. 6-Nov. 29	Sagitario
Nov. 30-Dic. 23	Capricornio
Dic. 24-Dic. 31	Acuario

1940

Ene. 1-Ene. 17	Acuario
Ene. 18-Feb. 10	Piscis
Feb. 11-Mar. 6	Aries
Mar. 7-Abr. 1	Tauro
Abr. 2-May. 1	Géminis
May. 2-Sep. 4	Cáncer
Sep. 5-Oct. 4	Leo
Oct. 5-Oct. 30	Virgo
Oct. 31-Nov. 24	Libra
Nov. 25-Dic. 19	Escorpio
Dic. 20-Dic. 31	Sagitario

1941

Ene. 1-Ene. 12	Sagitario
Ene. 13-Feb. 5	Capricornio
Feb. 6-Mar. 1	Acuario
Mar. 2-Mar. 25	Piscis
Mar. 26-Abr. 19	Aries
Abr. 20-May. 13	Tauro
May. 14-Jun. 6	Géminis
Jun. 7-Jul. 1	Cáncer
Jul. 2-Jul. 25	Leo
Jul. 26-Ago. 19	Virgo
Ago. 20-Sep. 15	Libra
Sep. 16-Oct. 8	Escorpio
Oct. 9-Nov. 3	Sagitario
Nov. 4-Dic. 1	Capricornio
Dic. 2-Dic. 31	Acuario

1942

Ene. 1-Ene. 5	Acuario
Ene. 6-Feb. 9	Piscis
Feb. 10-Mar. 30	Acuario
Mar. 31-May. 2	Piscis
May. 3-May. 30	Aries
May. 31-Jun. 26	Tauro
Jun. 27-Jul. 21	Géminis
Jul. 22-Ago. 15	Cáncer
Ago. 16-Sep. 9	Leo
Sep. 10-Oct. 3	Virgo
Oct. 4-Oct. 27	Libra
Oct. 28-Nov. 20	Escorpio
Nov. 21-Dic. 16	Sagitario
Dic. 17-Dic. 31	Capricornio

1943

Ene. 1-Ene. 7	Capricornio
Ene. 8-Ene. 31	Acuario
Feb. 1-Feb. 24	Piscis
Feb. 25-Mar. 20	Aries
Mar. 21-Abr. 14	Tauro
Abr. 15-May. 9	Géminis
May. 10-Jun. 4	Cáncer
Jun. 5-Jul. 3	Leo
Jul. 4-Ago. 10	Virgo
Ago. 11-Sep. 9	Libra
Sep. 10-Nov. 3	Virgo
Nov. 4-Dic. 5	Libra
Dic. 6-Dic. 31	Escorpio

1944

Ene. 1-Ene. 26	Sagitario
Ene. 27-Feb. 20	Capricornio
Feb. 21-Mar. 15	Acuario
Mar. 16-Abr. 9	Piscis
Abr. 10-May. 3	Aries
May. 4-May. 28	Tauro
May. 29-Jun. 21	Géminis
Jun. 22-Jul. 16	Cáncer
Jul. 17-Ago. 10	Leo
Ago. 11-Sep. 2	Virgo
Sep. 3-Sep. 26	Libra
Sep. 27-Oct. 21	Escorpio
Oct. 22-Nov. 15	Sagitario
Nov. 16-Dic. 10	Capricornio
Dic. 11-Dic. 31	Acuario

1945

Ene. 1-Ene. 3	Acuario
Ene. 4-Ene. 29	Piscis
Ene. 30-Mar. 1	Aries
Mar. 2-Jul. 4	Tauro
Jul. 5-Ago. 2	Géminis
Ago. 3-Ago. 28	Cáncer
Ago. 29-Sep. 23	Leo
Sep. 24-Oct. 17	Virgo
Oct. 18-Nov. 10	Libra
Nov. 11-Dic. 4	Escorpio
Dic. 5-Dic. 31	Sagitario

1946

Ene. 1-Ene. 22	Capricornio
Ene. 23-Feb. 15	Acuario
Feb. 16-Mar. 11	Piscis
Mar. 12-Abr. 4	Aries
Abr. 5-Abr. 28	Tauro
Abr. 29-May. 23	Géminis
May. 24-Jun. 17	Cáncer
Jun. 18-Jul. 12	Leo
Jul. 13-Ago. 9	Virgo
Ago. 10-Sep. 6	Libra
Sep. 7-Oct. 16	Escorpio
Oct. 17-Dic. 31	Sagitario

1947

Ene. 1-Feb. 2	Sagitario
Feb. 3-Mar. 2	Capricornio
Mar. 3-Mar. 29	Acuario
Mar. 30-Abr. 23	Piscis
Abr. 24-May. 19	Aries
May. 20-Jun. 13	Tauro
Jun. 14-Jul. 7	Géminis
Jul. 8-Ago. 1	Cáncer
Ago. 2-Ago. 25	Leo
Ago. 26-Sep. 18	Virgo
Sep. 19-Oct. 12	Libra
Oct. 13-Nov. 5	Escorpio
Nov. 6-Nov. 29	Sagitario
Nov. 30-Dic. 23	Capricornio
Dic. 24-Dic. 31	Acuario

1948

Ene. 1-Ene. 17	Acuario
Ene. 18-Feb. 10	Piscis
Feb. 11-Mar. 6	Aries
Mar. 7-Abr. 1	Tauro
Abr. 2-May. 1	Géminis
May. 2-Sep. 4	Cáncer
Sep. 5-Oct. 4	Leo
Oct. 5-Oct. 30	Virgo
Oct. 31-Nov. 24	Libra
Nov. 25-Dic. 19	Escorpio
Dic. 20-Dic. 31	Sagitario

1949

Ene. 1-Feb. 12	Sagitario
Feb. 13-Feb. 28	Acuario
Mar. 2-Mar. 25	Piscis
Mar. 26-Abr. 19	Aries
Abr. 20-May. 13	Tauro
May. 14-Jun. 6	Géminis
Jun. 7-Jul. 1	Cáncer
Jul. 2-Jul. 25	Leo
Jul. 26-Ago. 19	Virgo
Ago. 20-Sep. 15	Libra
Sep. 16-Oct. 8	Escorpio
Oct. 9-Nov. 3	Sagitario
Nov. 4-Dic. 1	Capricornio
Dic. 2-Dic. 31	Acuario

1950

Ene. 1-Ene. 5	Acuario
Ene. 6-Feb. 9	Piscis
Feb. 10-Mar. 30	Acuario
Mar. 31-May. 2	Piscis
May. 3-May. 30	Aries
May. 31-Jun. 26	Tauro
Jun. 27-Jul. 21	Géminis
Jul. 22-Ago. 15	Cáncer
Ago. 16-Sep. 9	Leo
Sep. 10-Oct. 3	Virgo
Oct. 4-Oct. 27	Libra
Oct. 28-Nov. 20	Escorpio
Nov. 21-Dic. 16	Sagitario
Dic. 17-Dic. 31	Capricornio

1951

Ene. 1-Ene. 7	Capricornio
Ene. 8-Ene. 31	Acuario
Feb. 1-Feb. 24	Piscis
Feb. 25-Mar. 20	Aries
Mar. 21-Abr. 14	Tauro
Abr. 15-May. 9	Géminis
May. 10-Jun. 4	Cáncer
Jun. 5-Jul. 3	Leo
Jul. 4-Ago. 10	Virgo
Ago. 11-Sep. 9	Libra
Sep. 10-Nov. 3	Virgo
Nov. 4-Dic. 5	Libra
Dic. 6-Dic. 31	Escorpio

1952

Ene. 1-Ene. 26	Sagitario
Ene. 27-Feb. 20	Capricornio
Feb. 21-Mar. 15	Acuario
Mar. 16-Abr. 9	Piscis
Abr. 10-May. 3	Aries
May. 4-May. 28	Tauro
May. 29-Jun. 21	Géminis
Jun. 22-Jul. 16	Cáncer
Jul. 17-Ago. 10	Leo
Ago. 11-Sep. 2	Virgo
Sep. 3-Sep. 26	Libra
Sep. 27-Oct. 21	Escorpio
Oct. 22-Nov. 15	Sagitario
Nov. 16-Dic. 10	Capricornio
Dic. 11-Dic. 31	Acuario

1953

Ene. 1-Ene. 3	Acuario
Ene. 4-Ene. 29	Piscis
Ene. 30-Mar. 1	Aries
Mar. 2-Jul. 4	Tauro
Jul. 5-Ago. 2	Géminis
Ago. 3-Ago. 28	Cáncer
Ago. 29-Sep. 23	Leo
Sep. 24-Oct. 17	Virgo
Oct. 18-Nov. 10	Libra
Nov. 11-Dic. 4	Escorpio
Dic. 5-Dic. 31	Sagitario

1954

Ene. 1-Ene. 21	Capricornio
Ene. 22-Feb. 14	Acuario
Feb. 15-Mar. 10	Piscis
Mar. 11-Abr. 3	Aries
Abr. 4-Abr. 27	Tauro
Abr. 28-May. 22	Géminis
May. 23-Jun. 16	Cáncer
Jun. 17-Jul. 11	Leo
Jul. 12-Ago. 8	Virgo
Ago. 9-Sep. 6	Libra
Sep. 7-Oct. 23	Escorpio
Oct. 24-Oct. 26	Sagitario
Oct. 27-Dic. 31	Escorpio

1955

Ene. 1-Feb. 1	Sagitario
Feb. 2-Mar. 1	Capricornio
Mar. 2-Mar. 28	Acuario
Mar. 29-Abr. 22	Piscis
Abr. 23-May. 18	Aries
May. 19-Jun. 12	Tauro
Jun. 13-Jul. 6	Géminis
Jul. 7-Jul. 31	Cáncer
Ago. 1-Ago. 24	Leo
Ago. 25-Sep. 17	Virgo
Sep. 18-Oct. 11	Libra
Oct. 12-Nov. 4	Escorpio
Nov. 5-Nov. 28	Sagitario
Nov. 29-Dic. 22	Capricornio
Dic. 23-Dic. 31	Acuario

1956

Ene. 1-Ene. 16	Acuario
Ene. 17-Feb. 9	Piscis
Feb. 10-Mar. 5	Aries
Mar. 6-Mar. 31	Tauro
Abr. 1-Abr. 30	Géminis
May. 1-Sep. 3	Cáncer
Sep. 4-Oct. 3	Leo
Oct. 4-Oct. 29	Virgo
Oct. 30-Nov. 23	Libra
Nov. 24-Dic. 18	Escorpío
Dic. 19-Dic. 31	Sagitario

1957

Ene. 1-Feb. 12	Capricornio
Feb. 13-Feb. 28	Acuario
Mar. 1-Mar. 24	Piscis
Mar. 25-Abr. 18	Aries
Abr. 19-May. 12	Tauro
May. 13-Jun. 5	Géminis
Jun. 6-Jun. 30	Cáncer
Jul. 1-Jul. 24	Leo
Jul. 25-Ago. 18	Virgo
Ago. 19-Sep. 14	Libra
Sep. 15-Oct. 7	Escorpio
Oct. 8-Nov. 2	Sagitario
Nov. 3-Nov. 30	Capricornio
Dic. 1-Dic. 31	Acuario

1958

Ene. 1-Ene. 4	Acuario
Ene. 5-Feb. 8	Piscis
Feb. 9-Mar. 29	Acuario
Mar. 30-May. 1	Piscis
May. 2-May. 29	Aries
May. 30-Jun. 25	Tauro
Jun. 26-Jul. 20	Géminis
Jul. 21-Ago. 14	Cáncer
Ago. 15-Sep. 8	Leo
Sep. 9-Oct. 2	Virgo
Oct. 3-Oct. 26	Libra
Oct. 27-Nov. 19	Escorpio
Nov. 20-Dic. 15	Sagitario
Dic. 16-Dic. 31	Capricornio

1959

Ene. 1-Ene. 6	Capricornio
Ene. 7-Ene. 30	Acuario
Ene. 31-Feb. 23	Piscis
Feb. 24-Mar. 19	Aries
Mar. 20-Abr. 13	Tauro
Abr. 14-May. 10	Géminis
May. 11-Jun. 3	Cáncer
Jun. 4-Jul. 2	Leo
Jul. 3-Ago. 9	Virgo
Ago. 10-Sep. 8	Libra
Sep. 9-Nov. 2	Virgo
Nov. 3-Dic. 4	Libra
Dic. 5-Dic. 31	Escorpio

1960

Ene. 1-Ene. 25	Sagitario
Ene. 26-Feb. 19	Capricornio
Feb. 20-Mar. 14	Acuario
Mar. 15-Abr. 8	Piscis
Abr. 9-May. 2	Aries
May. 3-May. 27	Tauro
May. 28-Jun. 20	Géminis
Jun. 21-Jul. 15	Cáncer
Jul. 16-Ago. 9	Leo
Ago. 10-Sep. 1	Virgo
Sep. 2-Sep. 25	Libra
Sep. 26-Oct. 20	Escorpio
Oct. 21-Nov. 14	Sagitario
Nov. 15-Dic. 9	Capricornio
Dic. 10-Dic. 31	Acuario

1961

Ene. 1-Ene. 2	Acuario
Ene. 3-Ene. 28	Piscis
Ene. 29-Feb. 28	Aries
Mar. 1-Jul. 3	Tauro
Jul. 4-Ago. 1	Géminis
Ago. 2-Ago. 27	Cáncer
Ago. 28-Sep. 22	Leo
Sep. 23-Oct. 16	Virgo
Oct. 17-Nov. 9	Libra
Nov. 10-Dic. 3	Escorpio
Dic. 4-Dic. 31	Sagitario

1962

Ene. 1-Ene. 21	Capricornio
Ene. 22-Feb. 14	Acuario
Feb. 15-Mar. 10	Piscis
Mar. 11-Abr. 3	Aries
Abr. 4-Abr. 27	Tauro
Abr. 28-May. 22	Géminis
May. 23-Jun. 16	Cáncer
Jun. 17-Jul. 11	Leo
Jul. 12-Ago. 8	Virgo
Ago. 9-Sep. 2	Libra
Sep. 3-Dic. 31	Escorpio

1963

Ene. 1-Feb. 1	Sagitario
Feb. 2-Mar. 1	Capricornio
Mar. 2-Mar. 28	Acuario
Mar. 29-Abr. 22	Piscis
Abr. 23-May. 18	Aries
May. 19-Jun. 12	Tauro
Jun. 13-Jul. 6	Géminis
Jul. 7-Jul. 31	Cáncer
Ago. 1-Ago. 24	Leo
Ago. 25-Sep. 17	Virgo
Sep. 18-Oct. 11	Libra
Oct. 12-Nov. 4	Escorpio
Nov. 5-Nov. 28	Sagitario
Nov. 29-Dic. 22	Capricornio
Dic. 23-Dic. 31	Acuario

1964

Ene. 1-Ene. 16	Acuario
Ene. 17-Feb. 9	Piscis
Feb. 10-Mar. 5	Aries
Mar. 6-Mar. 31	Tauro
Abr. 1-Abr. 30	Géminis
May. 1-Sep. 3	Cáncer
Sep. 4-Oct. 3	Leo
Oct. 4-Oct. 29	Virgo
Oct. 30-Nov. 23	Libra
Nov. 24-Dic. 18	Escorpio
Dic. 19-Dic. 31	Sagitario

1965

Ene. 1-Ene. 11	Sagitario
Ene. 12-Feb. 4	Capricornio
Feb. 5-Feb. 28	Acuario
Mar. 1-Mar. 21	Piscis
Mar. 22-Abr. 18	Aries
Abr. 19-May. 12	Tauro
May. 13-Jun. 5	Géminis
Jun. 6-Jun. 30	Cáncer
Jul. 1-Jul. 24	Leo
Jul. 25-Ago. 18	Virgo
Ago. 19-Sep. 14	Libra
Sep. 15-Oct. 7	Escorpio
Oct. 8-Nov. 2	Sagitario
Nov. 3-Nov. 30	Capricornio
Dic. 1-Dic. 31	Acuario

1966

Ene. 1-Ene. 4	Acuario
Ene. 5-Feb. 8	Piscis
Feb. 9-Mar. 29	Acuario
Mar. 30-May. 1	Piscis
May. 2-May. 29	Aries
May. 30-Jun. 25	Tauro
Jun. 26-Jul. 20	Géminis
Jul. 21-Ago. 14	Cáncer
Ago. 15-Sep. 8	Leo
Sep. 9-Oct. 2	Virgo
Oct. 3-Oct. 26	Libra
Oct. 27-Nov. 19	Escorpio
Nov. 20-Dic. 15	Sagitario
Dic. 16-Dic. 31	Capricornio

1967

Ene. 1-Ene. 6	Capricornio
Ene. 7-Ene. 30	Acuario
Ene. 31-Feb. 23	Piscis
Feb. 24-Mar. 19	Aries
Mar. 20-Abr. 13	Tauro
Abr. 14-May. 10	Géminis
May. 11-Jun. 3	Cáncer
Jun. 4-Jul. 2	Leo
Jul. 3-Ago. 9	Virgo
Ago. 10-Sep. 8	Libra
Sep. 9-Nov. 2	Virgo
Nov. 3-Dic. 4	Libra
Dic. 5-Dic. 31	Escorpio

1968

Ene. 1-Ene. 25	Sagitario
Ene. 26-Feb. 19	Capricornio
Feb. 20-Mar. 14	Acuario
Mar. 15-Abr. 8	Piscis
Abr. 9-May. 2	Aries
May. 3-May. 27	Tauro
May. 28-Jun. 20	Géminis
Jun. 21-Jul. 15	Cáncer
Jul. 16-Ago. 9	Leo
Ago. 10-Sep. 1	Virgo
Sep. 2-Sep. 25	Libra
Sep. 26-Oct. 20	Escorpio
Oct. 21-Nov. 14	Sagitario
Nov. 15-Dic. 9	Capricornio
Dic. 10-Dic. 31	Acuario

1969

Ene. 1-Ene. 2	Acuario
Ene. 3-Ene. 28	Piscis
Ene. 29-Feb. 28	Aries
Mar. 1-Jul. 3	Tauro
Jul. 4-Ago. 1	Géminis
Ago. 2-Ago. 27	Cáncer
Ago. 28-Sep. 22	Leo
Sep. 23-Oct. 16	Virgo
Oct. 17-Nov. 9	Libra
Nov. 10-Dic. 3	Escorpio
Dic. 4-Dic. 31	Sagitario

1970

Ene. 1-Ene. 20	Capricornio
Ene. 21-Feb. 13	Acuario
Feb. 14-Mar. 9	Piscis
Mar. 10-Abr. 2	Aries
Abr. 3-Abr. 26	Tauro
Abr. 27-May. 21	Géminis
May. 22-Jun. 15	Cáncer
Jun. 16-Jul. 10	Leo
Jul. 11-Ago. 7	Virgo
Ago. 8-Sep. 1	Libra
Sep. 2-Oct. 22	Escorpio
Oct. 23-Dic. 31	Sagitario

1971

Ene. 1-Ene. 7	Escorpio
Ene. 8-Feb. 5	Sagitario
Feb. 6-Mar. 4	Capricornio
Mar. 5-Mar. 29	Acuario
Mar. 30-Abr. 23	Piscis
Abr. 24-May. 18	Aries
May. 19-Jun. 10	Tauro
Jun. 11-Jul. 6	Géminis
Jul. 7-Jul. 31	Cáncer
Ago. 1-Ago. 24	Leo
Ago. 25-Sep. 17	Virgo
Sep. 18-Oct. 11	Libra
Oct. 12-Nov. 5	Escorpio
Nov. 6-Nov. 29	Sagitario
Nov. 30-Dic. 23	Capricornio
Dic. 24-Dic. 31	Acuario

1972

Ene. 1-Ene. 16	Acuario
Ene. 17-Feb. 10	Piscis
Feb. 11-Mar. 7	Aries
Mar. 8-Abr. 3	Tauro
Abr. 4-May. 10	Géminis
May. 11-Jun. 11	Cáncer
Jun. 12-Ago. 6	Géminis
Ago. 7-Sep. 7	Cáncer
Sep. 8-Oct. 5	Leo
Oct. 6-Oct. 30	Virgo
Oct. 31-Nov. 24	Libra
Nov. 25-Dic. 18	Escorpio
Dic. 19-Dic. 31	Sagitario

1973

Ene. 1-Ene. 11	Sagitario
Ene. 12-Feb. 4	Capricornio
Feb. 5-Feb. 28	Acuario
Mar. 1-Mar. 24	Piscis
Mar. 25-Abr. 18	Aries
Abr. 19-May. 12	Tauro
May. 13-Jun. 5	Géminis
Jun. 6-Jun. 30	Cáncer
Jul. 1-Jul. 25	Leo
Jul. 26-Ago. 19	Virgo
Ago. 20-Sep. 14	Libra
Sep. 15-Oct. 9	Escorpio
Oct. 10-Nov. 5	Sagitario
Nov. 6-Dic. 7	Capricornio
Dic. 8-Dic. 31	Acuario

1974

Ene. 1-Ene. 29	Acuario
Ene. 30-Feb. 28	Capricornio
Mar. 1-Abr. 6	Acuario
Abr. 7-May. 4	Piscis
May. 5-May. 31	Aries
Jun. 1-Jun. 25	Tauro
Jun. 26-Jul. 21	Géminis
Jul. 22-Ago. 14	Cáncer
Ago. 15-Sep. 8	Leo
Sep. 9-Oct. 2	Virgo
Oct. 3-Oct. 26	Libra
Oct. 27-Nov. 19	Escorpio
Nov. 20-Dic. 13	Sagitario
Dic. 14-Dic. 31	Capricornio

1975

Ene. 1-Ene. 6	Capricornio
Ene. 7-Ene. 30	Acuario
Ene. 31-Feb. 23	Piscis
Feb. 24-Mar. 19	Aries
Mar. 20-Abr. 13	Tauro
Abr. 14-May. 9	Géminis
May. 10-Jun. 6	Cáncer
Jun. 7-Jul. 9	Leo
Jul. 10-Sep. 2	Virgo
Sep. 3-Oct. 4	Leo
Oct. 5-Nov. 9	Virgo
Nov. 10-Dic. 7	Libra
Dic. 8-Dic. 31	Escorpio

1976

Ene. 1-Ene. 2	Virgo
Ene. 3-Ene. 26	Sagitario
Ene. 27-Feb. 19	Capricornio
Feb. 20-Mar. 15	Acuario
Mar. 16-Abr. 8	Piscis
Abr. 9-May. 2	Aries
May. 3-May. 26	Tauro
May. 27-Jun. 20	Géminis
Jun. 21-Jul. 14	Cáncer
Jul. 15-Ago. 8	Leo
Ago. 9-Sep. 1	Virgo
Sep. 2-Sep. 26	Libra
Sep. 27-Oct. 20	Escorpio
Oct. 21-Nov. 14	Sagitario
Nov. 15-Dic. 9	Capricornio
Dic. 10-Dic. 31	Acuario

1977

Ene. 1-Ene.4	Acuario
Ene. 5-Feb. 2	Piscis
Feb. 3-Jun. 6	Aries
Jun. 7-Jul. 6	Tauro
Jul. 7-Ago. 2	Géminis
Ago. 3-Ago. 28	Cáncer
Ago. 29-Sep. 22	Leo
Sep. 23-Oct. 17	Libra
Oct. 18-Nov. 10	Virgo
Nov. 11-Dic. 4	Escorpio
Dic. 5-Dic. 27	Sagitario
Dic. 28-Dic. 31	Capricornio

1978

Ene. 1-Ene. 12	Sagitario
Ene. 13-Feb. 4	Capricornio
Feb. 5-Feb. 21	Acuario
Feb. 22-Mar. 9	Piscis
Mar. 10-May. 15	Aries
May. 16-Jun. 3	Tauro
Jun. 4-Jun. 16	Géminis
Jun. 17-Jul. 1	Cáncer
Jul. 2-Jul. 26	Leo
Jul. 27-Ago. 12	Virgo
Ago. 13-Sep. 8	Leo
Sep. 9-Sep. 25	Virgo
Sep. 26-Oct. 13	Libra
Oct. 14-Nov. 2	Escorpio
Nov. 3-Dic. 31	Sagitario

1979

Ene. 1-Ene. 7	Sagitario
Ene. 8-Ene. 28	Capricornio
Ene. 29-Feb. 13	Acuario
Feb. 14-Mar. 2	Piscis
Mar. 3-Mar. 27	Aries
Mar. 28-Abr. 17	Piscis
Abr. 18-May. 9	Aries
May. 10-May. 25	Tauro
May. 26-Jun. 8	Géminis
Jun. 9-Jun. 26	Cáncer
Jun. 27-Sep. 1	Leo
Sep. 2-Sep. 18	Virgo
Sep. 19-Oct. 6	Libra
Oct. 7-Oct. 29	Escorpio
Oct. 30-Nov. 17	Sagitario
Nov. 18-Dic. 11	Escorpio
Dic. 12-Dic. 31	Sagitario

1980

Ene. 1-Ene. 16	Acuario
Ene. 17-Feb. 9	Piscis
Feb. 10-Mar. 6	Aries
Mar. 7-Abr. 3	Tauro
Abr. 4-May. 12	Géminis
May. 13-Jun. 5	Cáncer
Jun. 6-Ago. 6	Géminis
Ago. 7-Sep. 7	Cáncer
Sep. 8-Oct. 4	Leo
Oct. 5-Oct. 30	Virgo
Oct. 31-Nov. 24	Libra
Nov. 25-Dic. 18	Escorpio
Dic. 19-Dic. 31	Sagitario

1981

Ene. 1-Ene. 11	Sagitario
Ene. 12-Feb. 4	Capricornio
Feb. 5-Feb. 28	Acuario
Mar. 1-Mar. 24	Piscis
Mar. 25-Abr. 17	Aries
Abr. 18-May. 11	Tauro
May. 12-Jun. 6	Géminis
Jun. 7-Jun. 30	Cáncer
Jul. 1-Jul. 24	Leo
Jul. 25-Ago. 18	Virgo
Ago. 19-Sep. 12	Libra
Sep. 13-Oct. 8	Escorpio
Oct. 9-Nov. 5	Sagitario
Nov. 6-Dic. 7	Capricornio
Dic. 8-Dic. 31	Acuario

1982

Ene. 4-Ene. 22	Acuario
Ene. 23-Mar. 2	Capricornio
Mar. 3-Abr. 6	Acuario
Abr. 7-May. 4	Piscis
May. 5-May. 30	Aries
May. 31-Jun. 25	Tauro
Jun. 26-Jul. 20	Géminis
Jul. 21-Ago. 14	Cáncer
Ago. 15-Sep. 7	Leo
Sep. 8-Oct. 2	Virgo
Oct. 3-Oct. 26	Libra
Oct. 27-Nov. 18	Escorpio
Nov. 19-Dic. 12	Sagitario
Dic. 13-Dic. 31	Capricornio

1983

Ene. 1-Ene. 5	Capricornio
Ene. 6-Ene. 29	Acuario
Ene. 30-Feb. 22	Piscis
Feb. 23-Mar. 19	Aries
Mar. 20-Abr. 13	Tauro
Abr. 14-May. 9	Géminis
May. 10-Jun. 6	Cáncer
Jun. 7-Jul. 10	Leo
Jul. 11-Ago. 28	Virgo
Ago. 29-Oct. 5	Leo
Oct. 6-Nov. 9	Virgo
Nov. 10-Dic. 6	Libra
Dic. 7-Dic. 31	Escorpio

1984

Ene.1	Escorpio
Ene. 2-Ene. 25	Sagitario
Ene. 26-Feb. 19	Capricornio
Feb. 20-Mar. 14	Acuario
Mar. 15-Abr. 7	Piscis
Abr. 8-May. 2	Aries
May. 3-May. 26	Tauro
May. 27-Jun. 20	Géminis
Jun. 21-Jul. 14	Cáncer
Jul. 15-Ago. 7	Leo
Ago. 8-Sep. 1	Virgo
Sep. 2-Sep. 24	Libra
Sep. 25-Oct. 20	Escorpio
Oct. 21-Nov. 15	Sagitario
Nov. 16-Dic. 9	Capricornio
Dic. 10-Dic. 31	Acuario

1985

Ene. 1-Ene. 4	Acuario
Ene. 5-Feb. 2	Piscis
Feb. 3-Jun. 6	Aries
Jun. 7-Jul. 6	Tauro
Jul. 7-Ago. 22	Géminis
Ago. 23-Sep. 2	Libra
Sep. 3-Sep. 28	Cáncer
Sep. 29-Nov. 9	Leo
Nov. 10-Dic. 3	Escorpio
Dic. 4-Dic. 27	Sagitario
Dic. 28-Dic. 31	Capricornio

1986

Ene. 1-Ene. 15	Capricornio
Ene. 16-Feb. 9	Acuario
Feb. 10-Mar. 9	Piscis
Mar. 10-Abr. 2	Aries
Abr. 3-Abr. 26	Tauro
Abr. 27-May. 21	Géminis
May. 22-Jun. 15	Cáncer
Jun. 16-Jul. 11	Leo
Jul. 12-Ago. 7	Virgo
Ago. 8-Sep. 7	Libra
Sep. 8-Dic. 31	Escorpio

1987

Ene. 1-Ene. 7	Escorpio
Ene. 8-Feb. 4	Sagitario
Feb. 5-Mar. 3	Capricornio
Mar. 4-Mar. 28	Acuario
Mar. 29-Abr. 22	Piscis
Abr. 23-May. 17	Aries
May. 18-Jun. 11	Tauro
Jun. 12-Jul. 5	Géminis
Jul. 6-Jul. 30	Cáncer
Jul. 31-Ago. 23	Leo
Ago. 24-Oct. 10	Libra
Oct. 11-Nov. 3	Escorpio
Nov. 4-Nov. 28	Sagitario
Nov. 29-Dic. 22	Capricornio
Dic. 23-Dic. 31	Acuario

1988

Ene. 1-Ene. 15	Acuario
Ene. 16-Feb. 9	Piscis
Feb. 10-Mar. 6	Aries
Mar. 7-Abr. 4	Tauro
Abr. 5-May. 17	Géminis
May. 18-May. 28	Cáncer
May. 29-Ago. 6	Géminis
Ago. 7-Sep. 7	Cáncer
Sep. 8-Oct. 4	Leo
Oct. 5-Oct. 29	Virgo
Oct. 30-Nov. 23	Libra
Nov. 24-Dic. 17	Escorpio
Dic. 18-Dic. 31	Sagitario

1989

Ene. 1-Ene. 10	Sagitario
Ene. 11-Feb. 3	Capricornio
Feb. 4-Feb. 27	Acuario
Feb. 28-Abr. 2	Piscis
Abr. 3-Abr. 26	Tauro
Abr. 27-May. 21	Géminis
May. 22-Jun. 15	Cáncer
Jun. 16-Jul. 11	Leo
Jul. 12-Ago. 7	Virgo
Ago. 8-Sep. 7	Libra
Sep. 8-Dic. 31	Escorpio

1990

Ene. 1-Ene. 16	Acuario
Ene. 17-Mar. 3	Capricornio
Mar. 4-Abr. 6	Acuario
Abr. 7-May. 4	Piscis
May. 5-May. 30	Aries
May. 31-Jun. 25	Tauro
Jun. 26-Jul. 20	Géminis
Jul. 21-Ago. 13	Cáncer
Ago. 14-Sep. 7	Leo
Sep. 8-Oct. 2	Virgo
Oct. 3-Oct. 26	Libra
Oct. 27-Nov. 18	Escorpio
Nov. 19-Dic. 12	Sagitario
Dic. 13-Dic. 31	Capricornio

1991

Ene. 1-Ene. 4	Capricornio
Ene. 5-Ene. 28	Acuario
Ene. 29-Feb. 21	Piscis
Feb. 22-Mar. 17	Aries
Mar. 18-Abr. 12	Tauro
Abr. 13-May. 8	Géminis
May. 9-Jun. 5	Cáncer
Jun. 6-Jul. 10	Leo
Jul. 11-Ago. 20	Virgo
Ago. 21-Oct. 5	Leo
Oct. 6-Nov. 8	Virgo
Nov. 9-Dic. 5	Libra
Dic. 6-Dic. 30	Escorpio
Dic. 31	Sagitario

1992

Ene. 1-Ene. 24	Sagitario
Ene. 25-Feb. 17	Capricornio
Feb. 18-Mar. 12	Acuario
Mar. 13-Abr. 6	Piscis
Abr. 7-Abr. 30	Aries
May. 1-May. 25	Tauro
May. 26-Jun. 18	Géminis
Jun. 19-Jul. 12	Cáncer
Jul. 13-Ago. 6	Leo
Ago. 7-Ago. 30	Virgo
Ago. 31-Sep. 24	Libra
Sep. 25-Oct. 18	Escorpio
Oct. 19-Nov. 12	Sagitario
Nov. 13-Dic. 7	Capricornio
Dic. 8-Dic. 31	Acuario

1993

Ene. 1-Ene. 2	Acuario
Ene. 3-Feb. 1	Piscis
Feb. 2-Jun. 5	Aries
Jun. 6-Jul. 5	Tauro
Jul. 6-Jul. 31	Géminis
Ago. 1-Ago. 26	Cáncer
Ago. 27-Sep. 20	Leo
Sep. 21-Oct. 15	Virgo
Oct. 16-Nov. 8	Libra
Nov. 9-Dic. 1	Escorpio
Dic. 2-Dic. 25	Sagitario
Dic. 26-Dic. 31	Capricornio

1994

Ene. 1-Ene. 18	Capricornio
Ene. 19-Feb. 11	Acuario
Feb. 12-Mar. 7	Piscis
Mar. 8-Mar. 31	Aries
Abr. 1-Abr. 25	Tauro
Abr. 26-May. 20	Géminis
May. 21-Jun. 14	Cáncer
Jun. 15-Jul. 10	Leo
Jul. 11-Ago. 6	Virgo
Ago. 7-Sep. 6	Libra
Sep. 7-Dic. 31	Escorpio

1995

Ene. 1-Ene. 6	Escorpio
Ene. 7-Feb. 3	Sagitario
Feb. 4-Mar. 1	Capricornio
Mar. 2-Mar. 27	Acuario
Mar. 28-Abr. 21	Piscis
Abr. 22-May. 15	Aries
May. 16-Jun. 9	Tauro
Jun. 10-Jul. 4	Géminis
Jul. 5-Jul. 28	Cáncer
Jul. 29-Ago. 22	Leo
Ago. 23-Sep. 15	Virgo
Sep. 16-Oct. 9	Libra
Oct. 10-Nov. 2	Escorpio
Nov. 3-Nov. 26	Sagitario
Nov. 27-Dic. 20	Capricornio
Dic. 21-Dic. 31	Acuario

1996

Ene. 1-Ene. 14	Acuario
Ene. 15-Feb. 8	Piscis
Feb. 9-Mar. 5	Aries
Mar. 6-Abr. 2	Tauro
Abr. 3-Ago. 6	Géminis
Ago. 7-Sep. 6	Cáncer
Sep. 7-Oct. 3	Leo
Oct. 4-Oct. 28	Virgo
Oct. 29-Nov. 22	Libra
Nov. 23-Dic. 16	Escorpio
Dic. 17-Dic. 31	Sagitario

1997

Ene. 1-Ene. 9	Sagitario
Ene. 10-Feb. 2	Capricornio
Feb. 3-Feb. 26	Acuario
Feb. 27-Mar. 22	Piscis
Mar. 23-Abr. 15	Aries
Abr. 16-May. 9	Tauro
May. 10-Jun. 3	Géminis
Jun. 4-Jun. 27	Cáncer
Jun. 28-Jul. 22	Leo
Jul. 23-Ago. 16	Virgo
Ago. 17-Sep. 11	Libra
Sep. 12-Oct. 7	Escorpio
Oct. 8-Nov. 4	Sagitario
Nov. 5-Dic. 11	Capricornio
Dic. 12-Dic. 31	Acuario

1998

Ene. 1-Ene. 8	Acuario
Ene. 9-Mar. 3	Capricornio
Mar. 4-Abr. 5	Acuario
Abr. 6-May. 2	Piscis
May. 3-May. 28	Aries
May. 29-Jun. 23	Tauro
Jun. 24-Jul. 18	Géminis
Jul. 19-Ago. 12	Cáncer
Ago. 13-Sep. 5	Leo
Sep. 6-Sep. 29	Virgo
Sep. 30-Oct. 23	Libra
Oct. 24-Nov. 16	Escorpio
Nov. 17-Dic. 10	Sagitario
Dic. 11-Dic. 31	Capricornio

1999

Ene. 1-Ene. 3	Capricornio
Ene. 4-Ene. 27	Acuario
Ene. 28-Feb. 20	Piscis
Feb. 21-Mar. 17	Aries
Mar. 18-Abr. 11	Tauro
Abr. 12-May. 7	Géminis
May. 8-Jun. 4	Cáncer
Jun. 5-Jul. 11	Leo
Jul. 12-Ago. 14	Virgo
Ago. 15-Oct. 6	Leo
Oct. 7-Nov. 8	Virgo
Nov. 9-Dic. 4	Libra
Dic. 5-Dic. 30	Escorpio
Dic. 31	Sagitario

2000

Ene. 1-Ene. 23	Sagitario
Ene. 24-Feb. 17	Capricornio
Feb. 18-Mar. 12	Acuario
Mar. 13-Abr. 5	Piscis
Abr. 6-Abr. 30	Aries
May. 1-May. 24	Tauro
May. 25-Jun. 17	Géminis
Jun. 18-Jul. 12	Cáncer
Jul. 13-Ago. 5	Leo
Ago. 6-Ago. 30	Virgo
Ago. 31-Sep. 23	Libra
Sep. 24-Oct. 18	Escorpio
Oct. 19-Nov. 12	Sagitario
Nov. 13-Dic. 7	Capricornio
Dic. 8-Dic. 31	Acuario

6

Tablas de Marte

Cómo encontrar el planeta Marte en la fecha de tu nacimiento

Localiza el año de tu nacimiento. Busca dentro de las fechas que aparecen agrupadas a continuación el día de tu nacimiento. El signo que figura junto al grupo que te corresponde será tu signo de Marte.

1900		1901	
Ene. 1-Ene. 22	Capricornio	Ene. 1-Mar. 1	Virgo
Ene. 23-Mar. 1	Acuario	Mar. 2-May. 10	Leo
Mar. 2-Abr. 7	Piscis	May. 11-Jul. 13	Virgo
Abr. 8-May. 16	Aries	Jul. 14-Ago. 31	Libra
May. 17-Jun. 26	Tauro	Sep. 1-Oct. 14	Escorpio
Jun. 27-Ago. 9	Géminis	Oct. 15-Nov. 23	Sagitario
Ago. 10-Sep. 26	Cáncer	Nov. 24-Dic. 31	Capricornio
Sep. 27-Nov. 22	Leo		
Nov. 23-Dic. 31	Virgo		

1902

Ene. 1	Capricornio
Ene. 2-Feb. 8	Acuario
Feb. 9-Mar. 17	Piscis
Mar. 18-Abr. 26	Aries
Abr. 27-Jun. 6	Tauro
Jun. 7-Jul. 20	Géminis
Jul. 21-Sep. 4	Cáncer
Sep. 5-Oct. 23	Leo
Oct. 24-Dic. 19	Virgo
Dic. 20-Dic. 31	Libra

1903

Ene. 1-Abr. 19	Libra
Abr. 20-May. 30	Virgo
May. 31-Ago. 6	Libra
Ago. 7-Sep. 22	Escorpio
Sep. 23-Nov. 2	Sagitario
Nov. 3-Dic. 11	Capricornio
Dic. 12-Dic. 31	Acuario

1904

Ene. 1-Ene. 19	Acuario
Ene. 20-Feb. 26	Piscis
Feb. 27-Abr. 6	Aries
Abr. 7-May. 17	Tauro
May. 18-Jun. 30	Géminis
Jul. 1-Ago. 14	Cáncer
Ago. 15-Oct. 1	Leo
Oct. 2-Nov. 19	Virgo
Nov. 20-Dic. 31	Libra

1905

Ene. 1-Ene. 13	Libra
Ene. 14-Ago. 21	Escorpio
Ago. 22-Oct. 7	Sagitario
Oct. 8-Nov. 17	Capricornio
Nov. 18-Dic. 27	Acuario
Dic. 28-Dic. 31	Piscis

1906

Ene. 1-Feb. 4	Piscis
Feb. 5-Mar. 16	Aries
Mar. 17-Abr. 28	Tauro
Abr. 29-Jun. 11	Géminis
Jun. 12-Jul. 27	Cáncer
Jul. 28-Sep. 12	Leo
Sep. 13-Oct. 29	Virgo
Oct. 30-Dic. 16	Libra
Dic. 17-Dic. 31	Escorpio

1907

Ene. 1-Feb. 4	Escorpio
Feb. 5-Abr. 1	Sagitario
Abr. 2-Oct. 13	Capricornio
Oct. 14-Nov. 28	Acuario
Nov. 29-Dic. 31	Piscis

1908

Ene. 1-Ene. 10	Piscis
Ene. 11-Feb. 22	Aries
Feb. 23-Abr. 6	Tauro
Abr. 7-May. 22	Géminis
May. 23-Jul. 7	Cáncer
Jul. 8-Ago. 23	Leo
Ago. 24-Oct. 9	Virgo
Oct. 10-Nov. 25	Libra
Nov. 26-Dic. 31	Escorpio

1909

Ene. 1-Ene. 9	Escorpio
Ene. 10-Feb. 23	Sagitario
Feb. 24-Abr. 9	Capricornio
Abr. 10-May. 25	Acuario
May. 26-Jul. 20	Piscis
Jul. 21-Sep. 26	Aries
Sep. 27-Nov. 20	Piscis
Nov. 21-Dic. 31	Aries

1910

Ene. 1-Feb. 22	Aries
Feb. 23-Mar. 13	Tauro
Mar. 14-May. 1	Géminis
May. 2-Jun. 18	Cáncer
Jun. 19-Ago. 5	Leo
Ago. 6-Sep. 21	Virgo
Sep. 22-Nov. 6	Libra
Nov. 7-Dic. 19	Escorpio
Dic. 20-Dic. 31	Sagitario

1911

Ene. 1-Ene. 31	Sagitario
Feb. 1-Mar. 13	Capricornio
Mar. 14-Abr. 22	Acuario
Abr. 23-Jun. 2	Piscis
Jun. 3-Jul. 15	Aries
Jul. 16-Sep. 5	Tauro
Sep. 6-Nov. 29	Géminis
Nov. 30-Dic. 31	Tauro

1912

Ene. 1-Ene. 30	Tauro
Ene. 31-Abr. 4	Géminis
Abr. 5-May. 27	Cáncer
May. 28-Jul. 16	Leo
Jul. 17-Sep. 2	Virgo
Sep. 3-Oct. 17	Libra
Oct. 18-Nov. 29	Escorpio
Nov. 30-Dic. 31	Sagitario

1913

Ene. 1-Ene. 10	Sagitario
Ene. 11-Feb. 18	Capricornio
Feb. 19-Mar. 29	Acuario
Mar. 30-May. 7	Piscis
May. 8-Jun. 16	Aries
Jun. 17-Jul. 28	Tauro
Jul. 29-Sep. 15	Géminis
Sep. 16-Dic. 31	Cáncer

1914

Ene. 1-May. 1	Cáncer
May. 2-Jun. 25	Leo
Jun. 26-Ago. 14	Virgo
Ago. 15-Sep. 28	Libra
Sep. 29-Nov. 10	Escorpio
Nov. 11-Dic. 21	Sagitario
Dic. 22-Dic. 31	Capricornio

1915

Ene. 1-Ene. 29	Capricornio
Ene. 30-Mar. 9	Acuario
Mar. 10-Abr. 16	Piscis
Abr. 17-May. 25	Aries
May. 26-Jul. 5	Tauro
Jul. 6-Ago. 18	Géminis
Ago. 19-Oct. 7	Cáncer
Oct. 8-Dic. 31	Leo

1916

Ene. 1-May. 28	Leo
May. 29-Jul. 22	Virgo
Jul. 23-Sep. 8	Libra
Sep. 9-Oct. 21	Escorpio
Oct. 22-Dic. 1	Sagitario
Dic. 2-Dic. 31	Capricornio

1917

Ene. 1-Ene. 9	Capricornio
Ene. 10-Feb. 16	Acuario
Feb. 17-Mar. 26	Piscis
Mar. 27-May. 4	Aries
May. 5-Jun. 14	Tauro
Jun. 15-Jul. 27	Géminis
Jul. 28-Sep. 11	Cáncer
Sep. 12-Nov. 1	Leo
Nov. 2-Dic. 31	Virgo

1918

Ene. 1-Ene. 10	Virgo
Ene. 11-Feb. 25	Libra
Feb. 26-Jun. 23	Virgo
Jun. 24-Ago. 16	Libra
Ago. 17-Sep. 30	Escorpio
Oct. 1-Nov. 10	Sagitario
Nov. 11-Dic. 19	Capricornio
Dic. 20-Dic. 31	Acuario

1919

Ene. 1-Ene. 26	Acuario
Ene. 27-Mar. 6	Piscis
Mar. 7-Abr. 14	Aries
Abr. 15-May. 25	Tauro
May. 26-Jul. 8	Géminis
Jul. 9-Ago. 22	Cáncer
Ago. 23-Oct. 9	Leo
Oct. 10-Nov. 29	Virgo
Nov. 30-Dic. 31	Libra

1920

Ene. 1-Ene. 31	Libra
Feb. 1-Abr. 23	Escorpio
Abr. 24-Jul. 10	Libra
Jul. 11-Sep. 4	Escorpio
Sep. 5-Oct. 18	Sagitario
Oct. 19-Nov. 27	Capricornio
Nov. 28-Dic. 31	Acuario

1921

Ene. 1-Ene. 4	Acuario
Ene. 5-Feb. 12	Piscis
Feb. 13-Mar. 24	Aries
Mar. 25-May. 5	Tauro
May. 6-Jun. 10	Géminis
Jun. 11-Ago. 2	Cáncer
Ago. 3-Sep. 18	Leo
Sep. 19-Nov. 6	Virgo
Nov. 7-Dic. 25	Libra
Dic. 26-Dic. 31	Escorpio

1922

Ene. 1-Feb. 18	Escorpio
Feb. 19-Sep. 13	Sagitario
Sep. 14-Oct. 30	Capricornio
Oct. 31-Dic. 11	Acuario
Dic. 12-Dic. 31	Piscis

1923

Ene. 1-Ene. 20	Piscis
Ene. 21-Mar. 3	Aries
Mar. 4-Abr. 15	Tauro
Abr. 16-May. 30	Géminis
May. 31-Jul. 15	Cáncer
Jul. 16-Ago. 31	Leo
Sep. 1-Oct. 17	Virgo
Oct. 18-Dic. 3	Libra
Dic. 4-Dic. 31	Escorpio

1924

Ene. 1-Feb. 19	Escorpio
Feb. 20-Mar. 6	Sagitario
Mar. 7-Abr. 24	Capricornio
Abr. 25-Jun. 24	Acuario
Jun. 25-Ago. 24	Piscis
Ago. 25-Oct. 19	Acuario
Oct. 20-Dic. 18	Piscis
Dic. 19-Dic. 31	Aries

1925

Ene. 1-Feb. 4	Aries
Feb. 5-Mar. 23	Tauro
Mar. 24-May. 9	Géminis
May. 10-Jun. 25	Cáncer
Jun. 26-Ago. 12	Leo
Ago. 13-Sep. 28	Virgo
Sep. 29-Nov. 13	Libra
Nov. 14-Dic. 27	Escorpio
Dic. 28-Dic. 31	Sagitario

1926

Ene. 1-Feb. 8	Sagitario
Feb. 9-Mar. 22	Capricornio
Mar. 23-May. 3	Acuario
May. 4-Jun. 14	Piscis
Jun. 15-Jul. 31	Aries
Ago. 1-Dic. 31	Tauro

1927

Ene. 1-Feb. 21	Tauro
Feb. 22-Abr. 16	Géminis
Abr. 17-Jun. 5	Cáncer
Jun. 6-Jul. 24	Leo
Jul. 25-Sep. 10	Virgo
Sep. 11-Oct. 25	Libra
Oct. 26-Dic. 7	Escorpio
Dic. 8-Dic. 31	Sagitario

1928

Ene. 1-Ene. 18	Sagitario
Ene. 19-Feb. 27	Capricornio
Feb. 28-Abr. 7	Acuario
Abr. 8-May. 16	Piscis
May. 17-Jun. 25	Aries
Jun. 26-Ago. 8	Tauro
Ago. 9-Oct. 2	Géminis
Oct. 3-Dic. 19	Cáncer
Dic. 20-Dic. 31	Géminis

1929

Ene. 1-Mar. 10	Géminis
Mar. 11-May. 12	Cáncer
May. 13-Jul. 3	Leo
Jul. 4-Ago. 21	Virgo
Ago. 22-Oct. 5	Libra
Oct. 6-Nov. 18	Escorpio
Nov. 19-Dic. 28	Sagitario
Dic. 29-Dic. 31	Capricornio

1930

Ene. 1-Feb. 6	Capricornio
Feb. 7-Mar. 16	Acuario
Mar. 17-Abr. 24	Piscis
Abr. 25-Jun. 2	Aries
Jun. 3-Jul. 14	Tauro
Jul. 14-Ago. 27	Géminis
Ago. 28-Oct. 20	Cáncer
Oct. 21-Dic. 31	Leo

1931

Ene. 1-Feb. 15	Leo
Feb. 16-Mar. 29	Cáncer
Mar. 30-Jun. 9	Leo
Jun. 10-Jul. 31	Virgo
Ago. 1-Sep. 16	Libra
Sep. 17-Oct. 29	Escorpio
Oct. 30-Dic. 9	Sagitario
Dic. 10-Dic. 31	Capricornio

1932

Ene. 1-Ene. 17	Capricornio
Ene. 18-Feb. 24	Acuario
Feb. 25-Abr. 2	Piscis
Abr. 3-May. 11	Aries
May. 12-Jun. 21	Tauro
Jun. 22-Ago. 3	Géminis
Ago. 4-Sep. 19	Cáncer
Sep. 20-Nov. 12	Leo
Nov. 13-Dic. 31	Virgo

1933

Ene. 1-Jul. 5	Virgo
Jul. 6-Ago. 25	Libra
Ago. 26-Oct. 8	Escorpio
Oct. 9-Nov. 18	Sagitario
Nov. 19-Dic. 27	Capricornio
Dic. 28-Dic. 31	Acuario

1934

Ene. 1-Feb. 3	Acuario
Feb. 4-Mar. 13	Piscis
Mar. 14-Abr. 21	Aries
Abr. 22-Jun. 1	Tauro
Jun. 2-Jul. 14	Géminis
Jul. 15-Ago. 29	Cáncer
Ago. 30-Oct. 17	Leo
Oct. 18-Dic. 10	Virgo
Dic. 11-Dic. 31	Libra

1935

Ene. 1-Jul. 28	Libra
Jul. 29-Sep. 15	Escorpio
Sep. 16-Oct. 27	Sagitario
Oct. 28-Dic. 6	Capricornio
Dic. 7-Dic. 31	Acuario

1936

Ene. 1-Ene. 13	Acuario
Ene. 14-Feb. 21	Piscis
Feb. 22-Mar. 31	Aries
Abr. 1-May. 12	Tauro
May. 13-Jun. 24	Géminis
Jun. 25-Ago. 9	Cáncer
Ago. 10-Sep. 25	Leo
Sep. 26-Nov. 13	Virgo
Nov. 14-Dic. 31	Libra

1937

Ene. 1-Mar. 12	Escorpio
Mar. 13-May. 13	Sagitario
May. 14-Ago. 7	Escorpio
Ago. 8-Sep. 29	Sagitario
Sep. 30-Nov. 10	Capricornio
Nov. 11-Dic. 20	Acuario
Dic. 21-Dic. 31	Piscis

1938

Ene. 1-Ene. 29	Piscis
Ene. 30-Mar. 11	Aries
Mar. 12-Abr. 22	Tauro
Abr. 23-Jun. 6	Géminis
Jun. 7-Jul. 21	Cáncer
Jul. 22-Sep. 6	Leo
Sep. 7-Oct. 24	Virgo
Oct. 25-Dic. 10	Libra
Dic. 11-Dic. 31	Escorpio

1939

Ene. 1-Ene. 28	Escorpio
Ene. 29-Mar. 30	Sagitario
Mar. 31-May. 23	Capricornio
May. 24-Jul. 20	Acuario
Jul. 21-Sep. 23	Capricornio
Sep. 24-Nov. 18	Acuario
Nov. 19-Dic. 31	Piscis

1940

Ene. 1-Ene. 2	Piscis
Ene. 3-Feb. 16	Aries
Feb. 17-Mar. 31	Tauro
Abr. 1-May. 16	Géminis
May. 17-Jul. 2	Cáncer
Jul. 3-Ago. 18	Leo
Ago. 19-Oct. 4	Virgo
Oct. 5-Nov. 19	Libra
Nov. 20-Dic. 31	Escorpio

1941

Ene. 1-Ene. 3	Escorpio
Ene. 4-Feb. 16	Sagitario
Feb. 17-Abr. 1	Capricornio
Abr. 2-May. 15	Acuario
May. 16-Jul. 1	Piscis
Jul. 2-Dic. 31	Aries

1942

Ene. 1-Ene. 10	Aries
Ene. 11-Mar. 6	Tauro
Mar. 7-Abr. 25	Géminis
Abr. 26-Jun. 13	Cáncer
Jun. 14-Jul. 31	Leo
Ago. 1-Sep. 16	Virgo
Sep. 17-Oct. 31	Libra
Nov. 1-Dic. 14	Escorpio
Dic. 15-Dic. 31	Sagitario

1943

Ene. 1-Ene. 25	Sagitario
Ene. 26-Mar. 7	Capricornio
Mar. 8-Abr. 16	Acuario
Abr. 17-May. 26	Piscis
May. 27-Jun. 6	Aries
Jun. 7-Ago. 22	Tauro
Ago. 23-Dic. 31	Géminis

1944

Ene. 1-Mar. 27	Géminis
Mar. 28-May. 21	Cáncer
May. 22-Jul. 11	Leo
Jul. 12-Ago. 28	Virgo
Ago. 29-Oct. 12	Libra
Oct. 13-Nov. 24	Escorpio
Nov. 25-Dic. 31	Sagitario

1945

Ene. 1-Ene. 4	Sagitario
Ene. 5-Feb. 13	Capricornio
Feb. 14-Mar. 24	Acuario
Mar. 25-May. 1	Piscis
May. 2-Jun. 10	Aries
Jun. 11-Jul. 22	Tauro
Jul. 23-Sep. 6	Géminis
Sep. 7-Nov. 10	Cáncer
Nov. 11-Dic. 25	Leo
Dic. 26-Dic. 31	Cáncer

1946

Ene. 1-Abr. 21	Cáncer
Abr. 22-Jun. 19	Leo
Jun. 20-Ago. 8	Virgo
Ago. 9-Sep. 23	Libra
Sep. 24-Nov. 5	Escorpio
Nov. 6-Dic. 16	Sagitario
Dic. 17-Dic. 31	Capricornio

1947

Ene. 1-Ene. 24	Capricornio
Ene. 25-Mar. 3	Acuario
Mar. 4-Abr. 10	Piscis
Abr. 11-May. 20	Aries
May. 21-Jun. 30	Tauro
Jul. 1-Ago. 12	Géminis
Ago. 13-Sep. 30	Cáncer
Oct. 1-Nov. 30	Leo
Dic. 1-Dic. 31	Virgo

1948

Ene. 1-Feb. 11	Virgo
Feb. 12-May. 17	Leo
May. 18-Jul. 16	Virgo
Jul. 17-Sep. 2	Libra
Sep. 3-Oct. 16	Escorpio
Oct. 17-Nov. 25	Sagitario
Nov. 26-Dic. 31	Capricornio

1949

Ene. 1-Ene. 3	Capricornio
Ene. 4-Feb. 10	Acuario
Feb. 11-Mar. 20	Piscis
Mar. 21-Abr. 29	Aries
Abr. 30-Jun. 9	Tauro
Jun. 10-Jul. 22	Géminis
Jul. 23-Sep. 6	Cáncer
Sep. 7-Oct. 26	Leo
Oct. 27-Dic. 25	Virgo
Dic. 26-Dic. 31	Libra

1950

Ene. 1-Mar. 27	Libra
Mar. 28-Jun. 10	Virgo
Jun. 11-Ago. 9	Libra
Ago. 10-Sep. 24	Escorpio
Sep. 25-Nov. 5	Sagitario
Nov. 6-Dic. 14	Capricornio
Dic. 15-Dic. 31	Acuario

1951

Ene. 1-Ene. 21	Acuario
Ene. 22-Feb. 28	Piscis
Mar. 1-Abr. 9	Aries
Abr. 10-May. 20	Tauro
May. 21-Jul. 2	Géminis
Jul. 3-Ago. 17	Cáncer
Ago. 18-Oct. 3	Leo
Oct. 4-Nov. 23	Virgo
Nov. 24-Dic. 31	Libra

1952

Ene. 1-Ene. 19	Libra
Ene. 20-Ago. 26	Escorpio
Ago. 27-Oct. 11	Sagitario
Oct. 12-Nov. 20	Capricornio
Nov. 21-Dic. 29	Acuario
Dic. 30-Dic. 31	Piscis

1953

Ene. 1-Feb. 7	Piscis
Feb. 8-Mar. 19	Aries
Mar. 20-Abr. 30	Tauro
May. 1-Jun. 13	Géminis
Jun. 14-Jul. 28	Cáncer
Jul. 29-Sep. 13	Leo
Sep. 14-Oct. 31	Virgo
Nov. 1-Dic. 19	Libra
Dic. 20-Dic. 31	Escorpio

1954

Ene. 1-Feb. 8	Escorpio
Feb. 9-Abr. 11	Sagitario
Abr. 12-Jul. 2	Capricornio
Jul. 3-Ago. 23	Sagitario
Ago. 24-Oct. 20	Capricornio
Oct. 21-Dic. 3	Acuario
Dic. 4-Dic. 31	Piscis

1955

Ene. 1-Ene. 14	Piscis
Ene. 15-Feb. 25	Aries
Feb. 26-Abr. 9	Tauro
Abr. 10-May. 25	Géminis
May. 26-Jul. 10	Cáncer
Jul. 11-Ago. 26	Leo
Ago. 27-Oct. 12	Virgo
Oct. 13-Nov. 28	Libra
Nov. 29-Dic. 31	Escorpio

1956

Ene. 1-Ene. 13	Escorpio
Ene. 14-Feb. 27	Sagitario
Feb. 28-Abr. 13	Capricornio
Abr. 14-Jun. 2	Acuario
Jun. 3-Dic. 5	Piscis
Dic. 6-Dic. 31	Aries

1957

Ene. 1-Feb. 27	Aries
Feb. 28-Mar. 16	Tauro
Mar. 17-May. 3	Géminis
May. 4-Jun. 20	Cáncer
Jun. 21-Ago. 7	Leo
Ago. 8-Sep. 23	Virgo
Sep. 24-Nov. 7	Libra
Nov. 8-Dic. 22	Escorpio
Dic. 23-Dic. 31	Sagitario

1958

Ene. 1-Feb. 2	Sagitario
Feb. 3-Mar. 16	Capricornio
Mar. 17-Abr. 26	Acuario
Abr. 27-Jun. 6	Piscis
Jun. 7-Jul. 20	Aries
Jul. 21-Sep. 20	Tauro
Sep. 21-Oct. 28	Géminis
Oct. 29-Dic. 31	Tauro

1959

Ene. 1-Feb. 9	Tauro
Feb. 10-Abr. 9	Géminis
Abr. 10-May. 31	Cáncer
Jun. 1-Jul. 19	Leo
Jul. 20-Sep. 4	Virgo
Sep. 5-Oct. 20	Libra
Oct. 21-Dic. 2	Escorpio
Dic. 3-Dic. 31	Sagitario

1960

Ene. 1-Ene. 13	Sagitario
Ene. 14-Feb. 22	Capricornio
Feb. 23-Abr. 1	Acuario
Abr. 2-May. 10	Piscis
May. 11-Jun. 19	Aries
Jun. 20-Ago. 1	Tauro
Ago. 2-Sep. 20	Géminis
Sep. 21-Dic. 31	Cáncer

1961

Ene. 1-May. 5	Cáncer
May. 6-Jun. 27	Leo
Jun. 28-Ago. 16	Virgo
Ago. 17-Sep. 30	Libra
Oct. 1-Nov. 12	Escorpio
Nov. 13-Dic. 23	Sagitario
Dic. 24-Dic. 31	Capricornio

1962

Ene. 1-Ene. 31	Capricornio
Feb. 1-Mar. 11	Acuario
Mar. 12-Abr. 18	Piscis
Abr. 19-May. 27	Aries
May. 28-Jul. 8	Tauro
Jul. 9-Ago. 21	Géminis
Ago. 22-Oct.10	Cáncer
Oct. 11-Dic. 31	Leo

1963

Ene. 1-Jun. 2	Leo
Jun. 3-Jul. 26	Virgo
Jul. 27-Sep. 11	Libra
Sep. 12-Oct. 24	Escorpio
Oct. 25-Dic. 4	Sagitario
Dic. 5-Dic. 31	Capricornio

1964

Ene. 1-Ene. 12	Capricornio
Ene. 13-Feb. 19	Acuario
Feb. 20-Mar. 28	Piscis
Mar. 29-May. 6	Aries
May. 7-Jun. 16	Tauro
Jun. 17-Jul. 29	Géminis
Jul. 30-Sep. 14	Cáncer
Sep. 15-Nov. 5	Leo
Nov. 6-Dic. 31	Virgo

1965

Ene. 1-Jun. 28	Virgo
Jun. 29-Ago. 19	Libra
Ago. 20. Oct. 3	Escorpio
Oct. 4-Nov. 13	Sagitario
Nov. 14-Dic. 22	Capricornio
Dic. 23-Dic. 31	Acuario

1966

Ene. 1-Ene. 29	Acuario
Ene. 30-Mar. 8	Piscis
Mar. 9-Abr. 16	Aries
Abr. 17-May. 27	Tauro
May. 28-Jul. 10	Géminis
Jul. 11-Ago. 24	Cáncer
Ago. 25-Oct. 11	Leo
Oct. 12-Dic. 3	Virgo
Dic. 4-Dic. 31	Libra

1967

Ene. 1-Feb. 11	Libra
Feb. 12-Mar. 31	Escorpio
Abr. 1-Jul. 18	Libra
Jul. 19-Sep. 9	Escorpio
Sep. 10-Oct. 22	Sagitario
Oct. 23-Nov. 30	Capricornio
Dic. 1-Dic. 31	Acuario

1968

Ene. 1-Ene. 8	Acuario
Ene. 9-Feb. 16	Piscis
Feb. 17-Mar. 26	Aries
Mar. 27-May. 7	Tauro
May. 8-Jun.20	Géminis
Jun. 21-Ago. 4	Cáncer
Ago. 5-Sep. 20	Leo
Sep. 21-Oct. 8	Virgo
Oct. 9-Dic. 28	Libra
Dic. 29-Dic. 31	Escorpio

1969

Ene. 1-Feb. 24	Escorpio
Feb. 25-Sep. 20	Sagitario
Sep. 21-Nov. 3	Capricornio
Nov. 4-Dic. 13	Acuario
Dic. 14-Dic. 31	Piscis

1970

Ene. 1-Ene. 23	Piscis
Ene. 24-Mar. 6	Aries
Mar. 7-Abr. 17	Tauro
Abr. 18-Jun. 1	Géminis
Jun. 2-Jul. 17	Cáncer
Jul. 18-Sep. 2	Leo
Sep. 3-Oct. 19	Virgo
Oct. 20-Dic. 5	Libra
Dic. 6-Dic. 31	Escorpio

1971

Ene. 1-Ene. 23	Escorpio
Ene. 24-Mar. 12	Sagitario
Mar. 13-May. 3	Capricornio
May. 4-Nov. 6	Acuario
Nov. 7-Dic. 26	Piscis
Dic. 27-Dic. 31	Aries

1972

Ene. 1-Feb. 10	Aries
Feb. 11-Mar. 27	Tauro
Mar. 28-May. 12	Géminis
May. 13-Jun. 28	Cáncer
Jun. 29-Ago. 15	Leo
Ago. 16-Sep. 30	Virgo
Oct. 1-Nov. 15	Libra
Nov. 16-Dic. 30	Escorpio
Dic. 31	Sagitario

1973

Ene. 1-Feb. 12	Sagitario
Feb. 13-Mar. 26	Capricornio
Mar. 27-May. 8	Acuario
May. 9-Jun. 20	Piscis
Jun. 21-Ago. 12	Aries
Ago. 13-Oct. 29	Tauro
Oct. 30-Dic. 24	Aires
Dic. 25-Dic. 31	Tauro

1974

Ene. 1-Feb. 27	Tauro
Feb. 28-Abr. 20	Géminis
Abr. 21-Jun. 9	Cáncer
Jun. 10-Jul. 27	Leo
Jul. 28-Sep. 12	Virgo
Sep. 13-Oct. 28	Libra
Oct. 29-Dic. 10	Escorpio
Dic. 11-Dic. 31	Sagitario

1975

Ene. 1-Ene. 21	Sagitario
Ene. 22-Mar. 3	Capricornio
Mar. 4-Abr. 11	Acuario
Abr. 12-May. 21	Piscis
May. 22-Jul. 1	Aries
Jul. 2-Ago. 14	Tauro
Ago. 15-Oct. 17	Géminis
Oct. 18-Nov. 25	Cáncer
Nov. 26-Dic. 31	Géminis

1976

Ene. 1-Mar. 18	Géminis
Mar. 19-May. 16	Cáncer
May. 17-Jul. 6	Leo
Jul. 7-Ago. 24	Virgo
Ago. 25-Oct. 8	Libra
Oct. 9-Nov. 20	Escorpio
Nov. 21-Dic. 31	Sagitario

1977

Ene. 1-Ene. 2	Sagitario
Ene. 3-Feb. 9	Capricornio
Feb. 10-Mar. 20	Acuario
Mar. 21-Abr. 27	Piscis
Abr. 28-Jun. 6	Aries
Jun. 7-Jul. 17	Tauro
Jul. 18-Sep. 1	Géminis
Sep. 2-Oct. 26	Cáncer
Oct. 27-Dic. 31	Leo

1978

Ene. 1-Ene. 26	Leo
Ene. 27-Abr. 10	Cáncer
Abr. 11-Jun. 14	Leo
Jun. 15-Ago. 4	Virgo
Ago. 5-Sep. 19	Libra
Sep. 20-Nov. 2	Escorpio
Nov. 3-Dic. 12	Sagitario
Dic. 13-Dic. 31	Capricornio

1979

Ene. 1-Ene. 20	Capricornio
Ene. 21-Feb. 27	Acuario
Feb. 28-Abr. 7	Piscis
Abr. 8-May. 16	Aries
May. 17-Jun. 26	Tauro
Jun. 27-Ago. 8	Géminis
Ago. 9-Sep. 24	Cáncer
Sep. 25-Nov. 19	Leo
Nov. 20-Dic. 31	Virgo

1980

Ene. 1-Mar. 11	Virgo
Mar. 12-May. 4	Libra
May. 5-Jul. 10	Escorpio
Jul. 11-Ago. 29	Sagitario
Ago. 30-Oct. 12	Capricornio
Oct. 13-Nov. 22	Acuario
Nov. 23-Dic. 31	Piscis

1981

Ene. 1-Feb. 9	Acuario
Feb. 10-Mar. 17	Piscis
Mar. 18-Abr. 25	Aries
Abr. 26-Jun. 6	Tauro
Jun. 7-Jul. 19	Géminis
Jul. 20-Sep. 2	Cáncer
Sep. 3-Oct. 21	Leo
Oct. 22-Dic. 16	Virgo
Dic. 17-Dic. 31	Libra

1982

Ene. 1-Ago. 3	Libra
Ago. 4-Sep. 20	Escorpio
Sep. 21-Nov. 1	Sagitario
Nov. 2-Dic. 12	Capricornio
Dic. 13-Dic. 31	Acuario

1983

Ene. 1-Ene. 17	Acuario
Ene. 18-Feb. 22	Piscis
Feb. 23-Abr. 5	Aries
Abr. 6-May. 16	Tauro
May. 17-Jun. 29	Géminis
Jun. 30-Ago. 13	Cáncer
Ago. 14-Sep. 29	Leo
Sep. 30-Oct. 18	Virgo
Oct. 19-Dic. 31	Libra

1984

Ene. 1-Ene. 12	Libra
Ene. 13-Ago. 17	Escorpio
Ago. 18-Oct. 5	Sagitario
Oct. 6-Nov. 13	Capricornio
Nov. 14-Dic. 25	Acuario
Dic. 26-Dic. 31	Piscis

1985

Ene. 1-Feb. 2	Piscis
Feb. 3-Mar. 15	Aries
Mar. 16-Abr. 26	Tauro
Abr. 27-Jun. 10	Géminis
Jun. 11-Jul. 26	Cáncer
Jul. 27-Ago. 10	Leo
Ago. 11-Oct. 27	Virgo
Oct. 28-Dic. 14	Libra
Dic. 15-Dic. 31	Escorpio

1986

Ene. 1-Feb. 2	Escorpio
Feb. 3-Mar. 28	Sagitario
Mar. 29-Oct. 9	Capricornio
Oct. 10-Nov. 26	Acuario
Nov. 27-Dic. 31	Piscis

1987

Ene. 1-Ene. 8	Piscis
Ene. 9-Feb. 20	Aries
Feb. 21-Abr. 5	Tauro
Abr. 6-May. 21	Géminis
May. 22-Jul. 6	Cáncer
Jul. 7-Ago. 22	Leo
Ago. 23-Oct. 8	Virgo
Oct. 9-Nov. 24	Libra
Nov. 25-Dic. 31	Escorpio

1988

Ene. 1-Ene. 8	Escorpio
Ene. 9-Feb. 22	Sagitario
Feb. 23-Abr. 6	Capricornio
Abr. 7-May. 23	Virgo
May. 24-Jul. 13	Piscis
Jul. 14-Dic. 31	Aries

1989

Ene. 1-Ene. 19	Aries
Ene. 20-Mar. 11	Tauro
Mar. 12-Abr. 29	Géminis
Abr. 30-Jun. 16	Cáncer
Jun. 17-Ago. 3	Leo
Ago. 4-Sep. 19	Virgo
Sep. 20-Nov. 4	Libra
Nov. 5-Dic. 18	Escorpio
Dic. 19-Dic. 31	Sagitario

1990

Ene. 1-Ene. 29	Sagitario
Ene. 30-Mar. 11	Capricornio
Mar. 12-Abr. 20	Acuario
Abr. 21-May. 31	Piscis
Jun. 1-Jul. 12	Aries
Jul. 13-Ago. 31	Tauro
Sep. 1-Dic. 14	Géminis
Dic. 15-Dic. 31	Tauro

1991

Ene. 1-Ene. 21	Géminis
Ene. 22-Abr. 3	Cáncer
Abr. 4-May. 26	Leo
May. 27-Jul. 15	Virgo
Jul. 16-Sep. 1	Libra
Sep. 2-Oct. 15	Escorpio
Oct. 16-Nov. 29	Sagitario
Nov. 30-Dic. 31	Capricornio

1992

Ene. 1-Ene. 8	Sagitario
Ene. 9-Feb. 17	Capricornio
Feb. 18-Mar. 27	Acuario
Mar. 28-May. 4	Piscis
May. 5-Jun. 13	Aries
Jun. 14-Jul. 25	Tauro
Jul. 26-Sep. 12	Géminis
Sep. 13-Dic. 31	Cáncer

1993

Ene. 1-Abr. 26	Cáncer
Abr. 27-Jun. 22	Leo
Jun. 23-Ago. 11	Virgo
Ago. 12-Sep. 26	Libra
Sep. 27-Nov. 8	Escorpio
Nov. 9-Dic. 20	Sagitario
Dic. 21-Dic. 31	Capricornio

1994

Ene. 1-Mar. 6	Acuario
Mar. 7-Abr. 13	Piscis
Abr. 14-May. 22	Aries
May. 23-Jul. 2	Tauro
Jul. 3-Ago. 15	Géminis
Ago. 16-Oct. 3	Cáncer
Oct. 4-Dic. 11	Leo
Dic. 12-Dic. 31	Virgo

1995

Ene. 1-Ene. 22	Virgo
Ene. 23-May. 24	Leo
May. 25-Jul. 20	Virgo
Jul. 21-Sep. 6	Libra
Sep. 7-Oct. 20	Escorpio
Oct. 21-Nov. 30	Sagitario
Dic. 1-Dic. 31	Capricornio

1996

Ene. 1-Ene. 7	Capricornio
Ene. 8-Feb. 15	Acuario
Feb. 16-Mar. 24	Piscis
Mar. 25-May. 1	Aries
May. 2-Jun. 11	Tauro
Jun. 12-Jul. 24	Géminis
Jul. 25-Sep. 8	Cáncer
Sep. 9-Oct. 29	Leo
Oct. 30-Dic. 31	Virgo

1997

Ene. 1-Ene. 3	Virgo
Ene. 4-Mar. 8	Libra
Mar. 9-Jun. 17	Virgo
Jun. 18-Ago. 13	Libra
Ago. 14-Sep. 27	Escorpio
Sep. 28-Nov. 8	Sagitario
Nov. 9-Dic. 17	Capricornio
Dic. 18-Dic. 31	Acuario

1998

Ene. 1-Ene. 24	Acuario
Ene. 25-Mar. 3	Piscis
Mar. 4-Abr. 12	Aries
Abr. 13-May. 23	Tauro
May. 24-Jul. 5	Géminis
Jul. 6-Ago. 19	Cáncer
Ago. 20-Oct. 6	Leo
Oct. 7-Nov. 26	Virgo
Nov. 27-Dic. 31	Libra

1999

Ene. 1-Ene. 25	Libra
Ene. 26-May. 4	Escorpio
May. 5-Jul. 4	Libra
Jul. 5-Sep. 1	Escorpio
Sep. 2-Oct. 16	Sagitario
Oct. 17-Nov. 25	Capricornio
Nov. 26-Dic. 31	Acuario

2000

Ene. 1-Ene. 3	Acuario
Ene. 4-Feb. 11	Piscis
Feb. 12-Mar. 22	Aries
Mar. 23-May. 2	Tauro
May. 3-Jun. 15	Géminis
Jun. 16-Jul. 31	Cáncer
Ago. 1-Sep. 16	Leo
Sep. 17-Nov. 3	Virgo
Nov. 4-Dic. 22	Libra
Dic. 23-Dic. 31	Escorpio

Tablas de Júpiter

Cómo encontrar el planeta Júpiter en la fecha de tu nacimiento

Localiza el día de tu nacimiento dentro del grupo de fechas (mes, día y año) que figuran a continuación. El signo que aparece a la derecha será tu signo de Júpiter.

Ene. 1, 1901-Ene. 18, 1901	Sagitario
Ene. 19, 1901-Feb. 6, 1902	Capricornio
Feb. 7, 1902-Feb. 19, 1903	Acuario
Feb. 20, 1903-Feb. 29, 1904	Piscis
Mar. 1, 1904-Ago. 8, 1904	Aries
Ago. 9, 1904-Ago. 31, 1904	Tauro
Sep. 1, 1904-Mar. 7, 1905	Aries
Mar. 8, 1905-Jul. 20, 1905	Tauro
Jul. 21, 1905-Dic. 4, 1905	Géminis
Dic. 5, 1905-Mar. 9, 1906	Tauro
Mar. 10, 1906-Jul. 30, 1906	Géminis
Jul. 31, 1906-Ago. 18, 1907	Cáncer
Ago. 19, 1907-Sep. 11, 1908	Leo
Sep. 12, 1908-Oct. 11, 1909	Virgo
Oct. 12, 1909-Nov. 11, 1910	Libra

Nov. 12, 1910-Dic. 9, 1911	Escorpio
Dic. 10, 1911-Ene. 2, 1913	Sagitario
Ene. 3, 1913-Ene. 21, 1914	Capricornio
Ene. 22, 1914-Feb. 3, 1915	Acuario
Feb. 4, 1915-Feb. 11, 1916	Piscis
Feb. 12, 1916-Jun. 25, 1916	Aries
Jun. 26, 1916-Oct. 26, 1916	Tauro
Oct. 27, 1916-Feb. 12, 1917	Aries
Feb. 13, 1917-Jun. 29, 1917	Tauro
Jun. 30, 1917-Jul. 12, 1918	Géminis
Jul. 13, 1918-Ago. 1, 1919	Cáncer
Ago. 2, 1919-Ago. 26, 1920	Leo
Ago. 27, 1920-Sep. 25, 1921	Virgo
Sep. 26, 1921-Oct. 26, 1922	Libra
Oct. 27, 1922-Nov. 24, 1923	Escorpio
Nov. 25, 1923-Dic. 17, 1924	Sagitario
Dic. 18, 1924-Ene. 5, 1926	Capricornio
Ene. 6, 1926-Ene. 17, 1927	Acuario
Ene. 18, 1927-Jun. 5, 1927	Piscis
Jun. 6, 1927-Sep. 10, 1927	Aries
Sep. 11, 1927-Ene. 22, 1928	Piscis
Ene. 23, 1928-Jun. 3, 1928	Aries
Jun. 4, 1928-Jun. 11, 1929	Tauro
Jun. 12, 1929-Jun. 26, 1930	Géminis
Jun. 27, 1930-Jul. 16, 1931	Cáncer
Jul. 17, 1931-Ago. 10, 1932	Leo
Ago. 11, 1932-Sep. 9, 1933	Virgo
Sep. 10, 1933-Oct. 10, 1934	Libra
Oct. 11, 1934-Nov. 8, 1935	Escorpio
Nov. 9, 1935-Dic. 1, 1936	Sagitario
Dic. 2, 1936-Dic. 19, 1937	Capricornio
Dic. 20, 1937-May. 13, 1938	Acuario
May. 14, 1938-Jul. 29, 1938	Piscis
Jul. 30, 1938-Dic. 28, 1938	Acuario
Dic. 29, 1938-May. 10, 1939	Piscis
May. 11, 1939-Oct. 29, 1939	Aries
Oct. 30, 1939-Dic. 19, 1939	Piscis

Dic. 20, 1939-May. 15, 1940	Aries
May. 16, 1940-May. 25, 1941	Tauro
May. 26, 1941-Jun. 9, 1942	Géminis
Jun. 10, 1942-Jun. 29, 1943	Cáncer
Jun. 30, 1943-Jul. 25, 1944	Leo
Jul. 26, 1944-Ago. 24, 1945	Virgo
Ago. 25, 1945-Sep. 24, 1946	Libra
Sep. 25, 1946-Oct. 23, 1947	Escorpio
Oct. 24, 1947-Nov. 14, 1948	Sagitario
Nov. 15, 1948-Abr. 11, 1949	Capricornio
Abr. 12, 1949-Jun. 26, 1949	Acuario
Jun. 27, 1949-Nov. 29, 1949	Capricornio
Nov. 30, 1949-Abr. 14, 1950	Acuario
Abr. 15, 1950-Sep. 14, 1950	Piscis
Sep. 15, 1950-Dic. 1, 1950	Acuario
Dic. 2, 1950-Abr. 20, 1951	Piscis
Abr. 21, 1951-Abr. 27, 1952	Aries
Abr. 28, 1952-May. 8, 1953	Tauro
May. 9, 1953-May. 23, 1954	Géminis
May. 24, 1954-Jun. 11, 1955	Cáncer
Jun. 12, 1955-Nov. 16, 1955	Leo
Nov. 17, 1955-Ene. 17, 1956	Virgo
Ene. 18, 1956-Jul. 6, 1956	Leo
Jul. 7, 1956-Dic. 11, 1956	Virgo
Dic. 12, 1956-Feb. 18, 1957	Libra
Feb. 19, 1957-Ago. 5, 1957	Escorpio
Ago. 6, 1957-Ene. 12, 1958	Libra
Ene. 13, 1958-Mar. 19, 1958	Escorpio
Mar. 20, 1958-Sep. 6, 1958	Libra
Sep. 7, 1958-Feb. 9, 1959	Escorpio
Feb. 10, 1959-Abr. 23, 1959	Sagitario
Abr. 24, 1959-Oct. 4, 1959	Escorpio
Oct. 5, 1959-Feb. 29, 1960	Sagitario
Mar. 1, 1960-Jun. 9, 1960	Capricornio
Jun. 10, 1960-Oct. 24, 1960	Sagitario
Oct. 25, 1960-Mar. 14, 1961	Capricornio
Mar. 15, 1961-Ago. 11, 1961	Acuario

Ago. 12, 1961-Nov. 3, 1961	Capricornio
Nov. 4, 1961-Mar. 24, 1962	Acuario
Mar. 25, 1962-Abr. 3, 1963	Piscis
Abr. 4, 1963-Abr. 11, 1964	Aries
Abr. 12, 1964-Abr. 21, 1965	Tauro
Abr. 22, 1965-Sep. 20, 1965	Géminis
Sep. 21, 1965-Nov. 16, 1965	Cáncer
Nov. 17, 1965-May. 4, 1966	Géminis
May. 5, 1966-Sep. 26, 1966	Cáncer
Sep. 27, 1966-Ene. 15, 1967	Leo
Ene. 16, 1967-May. 22, 1967	Cáncer
May. 23, 1967-Oct. 18, 1967	Leo
Oct. 19, 1967-Feb. 26, 1968	Virgo
Feb. 27, 1968-Jun. 14, 1968	Leo
Jun. 15, 1968-Nov. 14, 1968	Virgo
Nov. 15, 1968-Mar. 29, 1969	Libra
Mar. 30, 1969-Jul. 14, 1969	Virgo
Jul. 15, 1969-Dic. 15, 1969	Libra
Dic. 16, 1969-Abr. 29, 1970	Escorpio
Abr. 30, 1970-Ago. 14, 1970	Libra
Ago. 15, 1970-Ene. 13, 1971	Escorpio
Ene. 14, 1971-Jun. 4, 1971	Sagitario
Jun. 5, 1971-Sep. 10, 1971	Escorpio
Sep. 11, 1971-Feb. 5, 1972	Sagitario
Feb. 6, 1972-Jul. 23, 1972	Capricornio
Jul. 24, 1972-Sep. 24, 1972	Sagitario
Sep. 25, 1972-Feb. 22, 1973	Capricornio
Feb. 23, 1973-Mar. 7, 1974	Acuario
Mar. 8, 1974-Mar. 17, 1975	Piscis
Mar. 18, 1975-Mar. 25, 1976	Aries
Mar. 26, 1976-Ago. 22, 1976	Tauro
Ago. 23, 1976-Oct. 15, 1976	Géminis
Oct. 16, 1976-Abr. 2, 1977	Tauro
Abr. 3, 1977-Ago. 19, 1977	Géminis
Ago. 20, 1977-Dic. 29, 1977	Cáncer
Dic. 30, 1977-Abr. 11, 1978	Géminis
Abr. 12, 1978-Sep. 4, 1978	Cáncer

Sep. 5, 1978-Feb. 27, 1979	Leo
Feb. 28, 1979-Abr. 19, 1979	Cáncer
Abr. 20, 1979-Sep. 28, 1979	Leo
Sep. 29, 1979-Oct. 26, 1980	Virgo
Oct. 27, 1980-Nov. 26, 1981	Libra
Nov. 27, 1981-Dic. 25, 1982	Escorpio
Dic. 26, 1982-Ene. 18, 1984	Sagitario
Ene. 19, 1984-Feb. 5, 1985	Capricornio
Feb. 6, 1985-Feb. 19, 1986	Acuario
Feb. 20, 1986-Mar. 1, 1987	Piscis
Mar. 2, 1987-Mar. 7, 1988	Aries
Mar. 8, 1988-Jul. 21, 1988	Tauro
Jul. 22, 1988-Nov. 29, 1988	Géminis
Nov. 30, 1988-Mar. 10, 1989	Tauro
Mar. 11, 1989-Jul. 29, 1989	Géminis
Jul. 30, 1989-Ago. 17, 1990	Cáncer
Ago. 18, 1990-Sep. 11, 1991	Leo
Sep. 12, 1991-Oct. 9, 1992	Virgo
Oct. 10, 1992-Nov. 9, 1993	Libra
Nov. 10, 1993-Dic. 8, 1994	Escorpio
Dic. 9, 1994-Ene. 2, 1996	Sagitario
Ene. 3, 1996-Ene. 20, 1997	Capricornio
Ene. 21, 1997-Feb. 3, 1998	Acuario
Feb. 4, 1998-Feb. 12, 1999	Piscis
Feb. 13, 1999-Jun. 27, 1999	Aries
Jun. 28, 1999-Oct. 22, 1999	Tauro
Oct. 23, 1999-Dic. 31, 1999	Aries

8

Tablas de Saturno

Cómo encontrar el planeta Saturno en la fecha de tu nacimiento

Busca el día de tu nacimiento dentro del grupo de fechas que figura a continuación. El signo que aparezca a la derecha será tu signo de Saturno.

Ene. 1, 1900-Ene. 20, 1900	Sagitario
Ene. 21, 1900-Jul. 18, 1900	Capricornio
Jul. 19, 1900-Oct. 16, 1900	Sagitario
Oct. 17, 1900-Ene. 19, 1903	Capricornio
Ene. 20, 1903-Abr. 12, 1905	Acuario
Abr. 13, 1905-Ago. 16, 1905	Piscis
Ago. 17, 1905-Ene. 7, 1906	Acuario
Ene. 8, 1906-Mar. 18, 1908	Piscis
Mar. 19, 1908-May. 16, 1910	Aries
May. 17, 1910-Dic. 14, 1910	Tauro
Dic. 15, 1910-Ene. 19, 1911	Aries
Ene. 20, 1911-Jul. 6, 1912	Tauro
Jul. 7, 1912-Nov. 30, 1912	Géminis
Dic. 1, 1912-Mar. 25, 1913	Tauro
Mar. 26, 1913-Ago. 24, 1914	Géminis

Ago. 25, 1914-Dic. 6, 1914	Cáncer
Dic. 7, 1914-May. 11, 1915	Géminis
May. 12, 1915-Oct. 16, 1916	Cáncer
Oct. 17, 1916-Dic. 7, 1916	Leo
Dic. 8, 1916-Jun. 23, 1917	Cáncer
Jun. 24, 1917-Ago. 11, 1919	Leo
Ago. 12, 1919-Oct. 7, 1921	Virgo
Oct. 8, 1921-Dic. 19, 1923	Libra
Dic. 20, 1923-Abr. 5, 1924	Escorpio
Abr. 6, 1924-Sep. 13, 1924	Libra
Sep. 14, 1924-Dic. 2, 1926	Escorpio
Dic. 3, 1926-Mar. 29, 1929	Sagitario
Mar. 30, 1929-May. 4, 1929	Capricornio
May. 5, 1929-Nov. 29, 1929	Sagitario
Nov. 30, 1929-Feb. 22, 1932	Capricornio
Feb. 23, 1932-Ago. 12, 1932	Acuario
Ago. 13, 1932-Nov. 18, 1932	Capricornio
Nov. 19, 1932-Feb. 13, 1935	Acuario
Feb. 14, 1935-Abr. 24, 1937	Piscis
Abr. 25, 1937-Oct. 17, 1937	Aries
Oct. 18, 1937-Ene. 13, 1938	Piscis
Ene. 14, 1938-Jul. 5, 1939	Aries
Jul. 6, 1939-Sep. 21, 1939	Tauro
Sep. 22, 1939-Mar. 19, 1940	Aries
Mar. 20, 1940-May. 7, 1942	Tauro
May. 8, 1942-Jun. 19, 1944	Géminis
Jun. 20, 1944-Ago. 1, 1946	Cáncer
Ago. 2, 1946-Sep. 18, 1948	Leo
Sep. 19, 1948-Abr. 2, 1949	Virgo
Abr. 3, 1949-May. 28, 1949	Leo
May. 29, 1949-Nov. 19, 1950	Virgo
Nov. 20, 1950-Mar. 6, 1951	Libra
Mar. 7, 1951-Ago. 12, 1951	Virgo
Ago. 13, 1951-Oct. 21, 1953	Libra
Oct. 22, 1953-Ene. 11, 1956	Escorpio
Ene. 12, 1956-May. 13, 1956	Sagitario
May. 14, 1956-Oct. 9, 1956	Escorpio

Oct. 10, 1956-Ene. 4, 1959	Sagitario
Ene. 5, 1959-Ene. 9, 1962	Capricornio
Ene. 10, 1962-Dic. 16, 1964	Acuario
Dic. 17, 1964-Mar. 2, 1967	Piscis
Mar. 3, 1967-Abr. 28, 1969	Aries
Abr. 29, 1969-Jun. 18, 1971	Tauro
Jun. 19, 1971-Ene. 10, 1972	Géminis
Ene. 11, 1972-Feb. 21, 1972	Tauro
Feb. 22, 1972-Ago. 1, 1973	Géminis
Ago. 2, 1973-Ene. 7, 1974	Cáncer
Ene. 8, 1974-Abr. 18, 1974	Géminis
Abr. 19, 1974-Sep. 17, 1975	Cáncer
Sep. 18, 1975-Ene. 14, 1976	Leo
Ene. 15, 1976-Jun. 5, 1976	Cáncer
Jun. 6, 1976-Nov. 17, 1977	Leo
Nov. 18, 1977-Ene. 5, 1978	Virgo
Ene. 6, 1978-Jul. 26, 1978	Leo
Jul. 27, 1978-Sep. 21, 1980	Virgo
Sep. 22, 1980-Nov. 30, 1982	Libra
Dic. 1, 1982-May. 6, 1983	Escorpio
May. 7, 1983-Ago. 24, 1983	Libra
Ago. 25, 1983-Nov. 17, 1985	Escorpio
Nov. 18, 1985-Feb. 13, 1988	Sagitario
Feb. 14, 1988-Jun. 10, 1988	Capricornio
Jun. 11, 1988-Nov. 12, 1988	Sagitario
Nov. 13, 1988-Feb. 7, 1991	Capricornio
Feb. 8, 1991-May. 21, 1993	Acuario
May. 22, 1993-Jun. 30, 1993	Piscis
Jul. 1, 1993-Ene. 28, 1994	Acuario
Ene. 29, 1994-Abr. 6, 1996	Piscis
Abr. 7, 1996-Jun. 9, 1998	Aries
Jun. 10, 1998-Oct. 25, 1998	Tauro
Oct. 26, 1998-Mar. 1, 1999	Aries
Mar. 2, 1999-Dic. 31, 1999	Tauro

Tablas de Urano

Cómo encontrar el planeta Urano en la fecha de tu nacimiento

Busca el día de tu nacimiento dentro del grupo de fechas que aparece a continuación. El signo que figure a la derecha será tu signo de Urano.

Sep. 11, 1898-Dic. 19, 1904	Sagitario
Dic. 20, 1904-Ene. 30, 1912	Capricornio
Ene. 31, 1912-Sep. 4, 1912	Acuario
Sep. 5, 1912-Nov. 11, 1912	Capricornio
Nov. 12, 1912-Mar. 31, 1919	Acuario
Abr. 1, 1919-Ago. 16, 1919	Piscis
Ago. 17, 1919-Ene. 21, 1920	Acuario
Ene. 22, 1920-Mar. 30, 1927	Piscis
Mar. 31, 1927-Nov. 4, 1927	Aries
Nov. 5, 1927-Ene. 12, 1928	Piscis
Ene. 13, 1928-Jun. 6, 1934	Aries
Jun. 7, 1934-Oct. 9, 1934	Tauro
Oct. 10, 1934-Mar. 28, 1935	Aries
Mar. 29, 1935-Ago. 6, 1941	Tauro
Ago. 7, 1941-Oct. 4, 1941	Géminis

Oct. 5, 1941-May. 13, 1942	Tauro
May. 14, 1942-Ago. 29, 1948	Géminis
Ago. 30, 1948-Nov. 11, 1948	Cáncer
Nov. 12, 1948-Jun. 9, 1949	Géminis
Jun. 10, 1949-Ago. 23, 1955	Cáncer
Ago. 24, 1955-Ene. 27, 1956	Leo
Ene. 28, 1956-Jun. 8, 1956	Cáncer
Jun. 9, 1956-Oct. 31, 1961	Leo
Nov. 1, 1961-Ene. 11, 1962	Virgo
Ene. 12, 1962-Ago. 8, 1962	Leo
Ago. 9, 1962-Sep. 27, 1968	Virgo
Sep. 28, 1968-May. 20, 1969	Libra
May. 21, 1969-Jun. 23, 1969	Virgo
Jun. 24, 1969-Nov. 22, 1974	Libra
Nov. 23, 1974-May. 2, 1975	Escorpio
May. 3, 1975-Sep. 5, 1975	Libra
Sep. 6, 1975-Feb. 18, 1981	Escorpio
Feb. 19, 1981-Mar. 21, 1981	Sagitario
Mar. 22, 1981-Nov. 16, 1981	Escorpio
Nov. 17, 1981-Dic. 2, 1988	Sagitario
Dic. 3, 1988-Abr. 1, 1995	Capricornio
Abr. 2, 1995-Jun. 9, 1995	Acuario
Jun. 10, 1995-Ene. 12, 1996	Capricornio
Ene. 13, 1996-Ene. 1, 2000	Acuario

10

Tablas de Neptuno

Cómo encontrar el planeta Neptuno en el día de tu nacimiento

Localiza el día de tu nacimiento dentro del grupo de fechas que figura a continuación. El signo que aparezca a la derecha será tu signo de Neptuno.

Ene. 1, 1890-Jul. 19, 1901	Géminis
Jul. 20, 1901-Dic. 25, 1901	Cáncer
Dic. 26, 1901-May. 19, 1902	Géminis
May. 20, 1902-Sep. 22, 1914	Cáncer
Sep. 23, 1914-Dic. 14, 1914	Leo
Dic. 15, 1914-Jul. 18, 1915	Cáncer
Jul. 19, 1915-Mar. 19, 1916	Leo
Mar. 20, 1916-May. 1, 1916	Cáncer
May. 2, 1916-Sep. 20, 1928	Leo
Sep. 21, 1928-Feb. 19, 1929	Virgo
Feb. 20, 1929-Jul. 23, 1929	Leo
Jul. 24, 1929-Oct. 3, 1942	Virgo
Oct. 4, 1942-Abr. 16, 1943	Libra
Abr. 17, 1943-Ago. 2, 1943	Virgo
Ago. 3, 1943-Dic. 24, 1955	Libra

Dic. 25, 1955-Mar. 12, 1956	Escorpio
Mar. 13, 1956-Oct. 19, 1956	Libra
Oct. 20, 1956-Jun. 14, 1957	Escorpio
Jun. 15, 1957-Ago. 5, 1957	Libra
Ago. 6, 1957-Ene. 4, 1970	Escorpio
Ene. 5, 1970-May. 3, 1970	Sagitario
May. 4, 1970-Nov. 5, 1970	Escorpio
Nov. 6, 1970-Ene. 19, 1984	Sagitario
Ene. 20, 1984-Jun. 22, 1984	Capricornio
Jun. 23, 1984-Nov. 21, 1984	Sagitario
Nov. 22, 1984-Ene. 28, 1998	Capricornio
Ene. 29, 1998-Ago. 22, 1998	Acuario
Ago. 23, 1998-Nov. 27, 1999	Capricornio
Nov. 28, 1999-Dic. 31, 1999	Acuario

Tablas de Plutón

Cómo encontrar el planeta Plutón en la fecha de tu nacimiento

Busca el día de tu nacimiento dentro del grupo de fechas que figura a continuación. El signo que figure a la derecha será tu signo de Plutón.

Ene. 1, 1900-Ago. 23, 1912	Géminis
Ago. 24, 1912-Sep. 23, 1912	Cáncer
Sep. 24, 1912-Jun. 20, 1913	Géminis
Jun. 21, 1913-Dic. 31, 1913	Cáncer
Ene. 1, 1914-Jun. 15, 1914	Géminis
Jun. 16, 1914-Nov. 1, 1937	Cáncer
Nov. 2, 1937-Nov. 30, 1937	Leo
Dic. 1, 1937-Ago. 31, 1938	Cáncer
Sep. 1, 1938-Dic. 31, 1938	Leo
Ene. 1, 1939-Mar. 6, 1939	Cáncer
Mar. 7, 1939-Oct. 1, 1956	Leo
Oct. 2, 1956-Ene. 31, 1957	Virgo
Feb. 1, 1957-Sep. 1, 1957	Leo
Sep. 2, 1957-Oct. 5, 1971	Virgo
Oct. 6, 1971-Abr. 18, 1972	Libra

Abr. 19, 1972-Jul. 30, 1972	Virgo
Jul. 31, 1972-Nov. 4, 1983	Libra
Nov. 5, 1983-May. 18, 1984	Escorpio
May. 19, 1984-Jun. 1, 1984	Libra
Jun. 2, 1984-Jul. 8, 1984	Escorpio
Jul. 9, 1984-Jul. 31, 1984	Libra
Ago. 1, 1984-Ene. 15, 1995	Escorpio
Ene. 16, 1995-Abr. 21, 1995	Sagitario
Abr. 22, 1995-Nov. 9, 1995	Escorpio
Nov. 10, 1995-Dic. 31, 2000	Sagitario

Apéndices

Bendición
para casarse

Que vuestro matrimonio os brinde todas las intensas emociones
que todo matrimonio debería tener,
y que la vida os dé también paciencia, tolerancia y comprensión.
Que siempre os necesitéis el uno al otro,
pero no para llenar vuestro vacío, sino
para ayudaros a conocer vuestra propia plenitud.
Un valle necesita a una montaña para ser algo completo;
el valle no hace que la montaña sea menor, sino mayor;
y el valle es más valle porque tiene una montaña alzándose
sobre él.
Que así sea entre los dos.
Que os necesitéis el uno al otro, pero no por debilidad.
Que os queráis el uno al otro, pero no por necesidad.
Que os atraigáis el uno al otro, pero no para obligar.
Que os abracéis el uno al otro, pero no para encerrar.
Que todo lo superéis con mutua ayuda
y no falléis en los pequeños detalles.
Que busquéis el lado bueno de las cosas y os digáis «¡te amo!»
siempre que podáis, sin dar importancia a los pequeños defectos.
Si las peleas os separan,
que ambos deseéis tener el juicio suficiente para ser el primero
en rectificar.

Que participéis del misterio de saber que estáis presentes
el uno con el otro,
de un modo físico y espiritual; la presencia cálida y próxima
que sentís cuando estáis los dos juntos,
pero también cuando estáis en habitaciones diferentes
e incluso en ciudades lejanas.
Que encontréis la felicidad y la alcancéis por querer haceros felices
mutuamente.
Que encontréis el amor y lo alcancéis por querer amaros
mutuamente.
Gracias, Dios mío,
por estar aquí con nosotros
y por bendecir este matrimonio.
Amén.

JAMES DILLET FREEMAN

La parte que más me gusta, de ahí que quiera compartirla con vosotros, es la que dice: «Que encontréis la felicidad y la alcancéis por querer haceros felices mutuamente.» Es un pensamiento muy bonito sea cual sea el nivel de compromiso que tengáis.

✶ Consejos ✶ para fijar la fecha de una boda según los movimientos de Mercurio

Sólo unas palabras sobre el movimiento retrógrado de Mercurio. Cuando decimos que Mercurio es retrógrado, nos referimos al movimiento que efectúa en sentido contrario del movimiento directo. Mercurio rige el lenguaje, nuestro intelecto y todo lo relacionado con los contratos. Cuando el movimiento del planeta es retrógrado, pueden producirse retrasos y equívocos, puesto que se mueve en sentido contrario a los mejores resultados astrológicos. Dicho de otro modo, todo se vuelve complicado y confuso. Cuando pienso en Mercurio retrógrado, siempre me viene a la cabeza el prefijo «re». «Re-hacer», «re-organizar», «re-construir», «re-escribir», etc. «Sí» se convierte en «no». Las reservas, la correspondencia y los viajes se complican mucho. ¿Y quién quiere que eso ocurra el día de su boda?

Afortunadamente, Mercurio sólo es retrógrado unas cuantas veces al año. Evitadlo si podéis. Alejaos de Mercurio retrógrado y vuestros días importantes serán memorables por lo que tienen que ser. ¿Por qué vamos a luchar contra eso?

1989	Del 16 de enero al 5 de febrero
	Del 12 de mayo al 5 de junio
	Del 11 de septiembre al 3 de octubre

1990   Del 30 de enero al 20 de febrero
        Del 23 de abril al 17 de mayo
        Del 25 de agosto al 17 de septiembre
        Del 14 de diciembre al 3 de enero

1991   Del 4 de abril al 28 de abril
        Del 7 de agosto al 31 de septiembre
        Del 28 de noviembre al 18 de diciembre

1992   Del 17 de marzo al 9 de abril
        Del 20 de julio al 13 de agosto
        Del 11 de noviembre al 1 de diciembre

1993   Del 22 de marzo al 27 de marzo
        Del 1 de julio al 25 de julio
        Del 25 de octubre al 15 de noviembre

1994   Del 11 de febrero al 5 de marzo
        Del 12 de junio al 6 de julio
        Del 9 de octubre al 30 de noviembre

1995   Del 26 de enero al 15 de febrero
        Del 24 de mayo al 17 de junio
        Del 22 de septiembre al 14 de octubre

1996   Del 9 de enero al 29 de febrero
        Del 3 de mayo al 27 de mayo
        Del 4 de septiembre al 26 de septiembre
        Del 23 de diciembre al 12 de enero

1997   Del 15 de abril al 8 de mayo
        Del 17 de agosto al 10 de septiembre
        Del 7 de diciembre al 27 de diciembre

1998   Del 27 de marzo al 20 de abril
        Del 31 de julio al 23 de agosto
        Del 21 de noviembre al 11 de diciembre

1999   Del 10 de marzo al 2 de abril
Del 12 de julio al 6 de agosto
Del 5 de noviembre al 25 de noviembre

2000   Del 21 de febrero al 14 de marzo
Del 23 de junio al 17 de julio
Del 18 de octubre al 8 de noviembre

Permisos

«Los planetas», Linda Goodman, *Gooberz,* Hampton Roads Publishing Company.

«¿Por qué anoche soñé con Saturno?», Linda Goodman, *Gooberz,* Hampton Roads Publishing Company.

Tablas de Signos del Sol, *Aura: A Teaching Manual,* Carolyn Reynolds.

Signos ascendentes para hombres, *The Book of Lovers,* Carolyn Reynolds. Llewellyn Publications.

Signos ascendentes para mujeres, *The Book of Lovers,* Carolyn Reynolds, Llewellyn Publications.

Entrada de los signos lunares 1900-2000, *The Book of Lovers,* Carolyn Reynolds, Llewellyn Publications.

Tablas de Júpiter, Saturno, Neptuno, Urano y Plutón, *Star Mates,* Carolyn Reynolds.

«Bendición para casarse». *A Book of Marriage Charts,* Emylu Hughes, American Federation of Astrologers.

Fuentes

The History of Astrology, Zolar, Arco Publishing Co., Inc.

Llewellyn's 1994 Moon Sign Book, Llewellyn's Publication Worldwide.

✦ Rectificaciones ✦

«Errar es humano», de modo que pese a todos nuestros buenos propósitos, es posible que exista algún error en las tablas de los planetas. Nosotras no hemos conseguido encontrar ninguno. Pero si tú descubres alguno, por favor, comunícanoslo. Gracias.

✦ Recordatorio ✦
de Linda

El Sol   Nuestro carácter
La Luna   Nuestras necesidades emocionales
Mercurio   Comunicación: «¿Podemos hablar?»
Venus   Nuestra capacidad para amar y ser amados
Marte   Energías básicas
Júpiter   Donde encontramos nuestra buena suerte
Saturno   Compromiso
Urano   Necesidad de espacio (y mucho)
Neptuno   Ideales románticos
Plutón   Nuestro poder para transformar, atraer o repeler
Ascendente   Nuestra personalidad

«Recordad esto: el amor puede vencer las influencias de los planetas...
Incluso puede llegar a eliminar el karma.»

LINDA GOODMAN

Sobre las autoras

A Linda Goodman se la conoce como la Nostradamus de la actualidad. Es la autora que más libros ha vendido sobre astrología en el mundo entero. A su primer libro, *Los signos del zodíaco y su carácter*, le debemos que la astrología se haya convertido en algo tan conocido por todos, y lo cierto es que el público lo recibió tan bien que enseguida escaló los primeros puestos de la lista de libros más vendidos del *Times*; algo inaudito, sobre todo tratándose de un libro sobre astrología. Su siguiente libro, *Los signos del zodíaco y el amor*, ocupó los primeros puestos de libros más vendidos en nueve listas diferentes, y con *Los signos del zodíaco y las estrellas* —otro best-séller— Linda nos dio los conocimientos básicos de metafísica y numerología. Debido a su atractivo universal, sus libros se han traducido a muchas lenguas y pueden comprarse en cualquier rincón del mundo. Muchos hogares tienen por lo menos uno de sus libros y la mayoría de los astrólogos de hoy en día reconocen que su influencia fue decisiva a la hora de decidirse a estudiar astrología. Aunque fue una de las personas más buscadas para conseguir una entrevista, Linda siempre prefirió quedar al margen de todo, por lo que se buscó un hogar a tres mil metros de altitud sobre el nivel del mar en Cripple Creek, Colorado, y allí se quedó investigando y escribiendo sobre los misterios del universo hasta su muerte, acaecida en 1995. Linda fue autora, además, de otros libros de poesía y prosa como *Trígonos de Venus a medianoche* y *Gooberz*. Uno de sus grandes deseos era que se la recordara no sólo por lo que a la astrología se refiere, sino también por su poesía, y en este terreno también fue una autora insuperable.

CAROLYN REYNOLDS ha sido astróloga profesional durante casi veinte años. Su experiencia en periodismo y en labores sociales le han ayudado a conseguir una visión muy poco habitual de la astrología, que ofrece a sus clientes y a los lectores de sus horóscopos diarios. Carolyn vive en Palm Springs con su marido, Patrick, y su perro, *Stevie,* y cada día busca su inspiración en las montañas de Santa Rosa. Es también autora de *El libro de los amantes*.

CRYSTAL BUSH vive en California y sobre ella pesa la responsabilidad de ser la directora de todos los proyectos que tengan algo que ver con Linda Goodman. En la actualidad, Crystal y Carolyn están al frente de la Escuela de Astrología Linda Goodman de Los Ángeles, en la que se ofrecen cursillos y seminarios sobre astrología por todo el mundo. Para más información, escribid a:

LINDA GOODMAN ENTERPRISES, 1007 Montana Avenue # 721 Santa Monica, CA 90403. USA

Visite nuestra página WEB www.lindagoodman.net
Nuestra dirección de e-mail es: crystal@lindagoodman.net

ESTE LIBRO HA SIDO IMPRESO
EN LOS TALLERES DE
HUROPE, S. L.
LIMA, 3 BIS. BARCELONA